社科文献  学术文库

文史哲研究系列

秦汉交通史稿

A DRAFT HISTORY OF TRANSPORTATION
DURING QIN AND HAN DYNASTIES

王子今　著

社会科学文献出版社
SOCIAL SCIENCES ACADEMIC PRESS (CHINA)

出版说明

社会科学文献出版社成立于 1985 年。三十年来，特别是 1998 年二次创业以来，秉持"创社科经典，出传世文献"的出版理念和"权威、前沿、原创"的产品定位，社科文献人以专业的精神、用心的态度，在学术出版领域辛勤耕耘，将一个员工不过二十、年最高出书百余种的小社，发展为员工超过三百人、年出书近两千种、广受业界和学界关注，并有一定国际知名度的专业学术出版机构。

"旧书不厌百回读，熟读深思子自知。"经典是人类文化思想精粹的积淀，是文化思想传承的重要载体。作为出版者，也许最大的安慰和骄傲，就是经典能出自自己之手。早在 2010 年社会科学文献出版社成立二十五周年之际，我们就开始筹划出版社科文献学术文库，全面梳理已出版的学术著作，希望从中选出精品力作，纳入文库，以此回望我们走过的路，作为对自己成长历程的一种纪念。然工作启动后我们方知这实在不是一件容易的事。对于文库入选图书的具体范围、入选标准以及文库的最终目标等，大家多有分歧，多次讨论也难以一致。慎重起见，我们放缓工作节奏，多方征求学界意见，走访业内同仁，围绕上述文库入选标准等反复研讨，终于达成以下共识：

一、社科文献学术文库是学术精品的传播平台。入选文库的图书必须是出版五年以上、对学科发展有重要影响、得到学界广泛认可的精品力作。

二、社科文献学术文库是一个开放的平台。主要呈现社科文献出版社创立以来长期的学术出版积淀，是对我们以往学术出版发展历程与重要学术成果的集中展示。同时，文库也收录外社出版的学术精品。

三、社科文献学术文库遵从学界认识与判断。在遵循一般学术图书基本要求的前提下，文库将严格以学术价值为取舍，以学界专家意见为准绳，入选文库的书目最终都须通过该学术领域权威学者的审核。

四、社科文献学术文库遵循严格的学术规范。学术规范是学术研究、学术交流和学术传播的基础，只有遵守共同的学术规范才能真正实现学术的交流与传播，学者也才能在此基础上切磋琢磨、砥砺学问，共同推动学术的进步。因而文库要在学术规范上从严要求。

根据以上共识，我们制定了文库操作方案，对入选范围、标准、程序、学术规范等一一做了规定。社科文献学术文库收录当代中国学者的哲学社会科学优秀原创理论著作，分为文史哲、社会政法、经济、国际问题、马克思主义五个系列。文库以基础理论研究为主，包括专著和主题明确的文集，应用对策研究暂不列入。

多年来，海内外学界为社科文献出版社的成长提供了丰富营养，给予了鼎力支持。社科文献也在努力为学者、学界、学术贡献着力量。在此，学术出版者、学人、学界，已经成为一个学术共同体。我们恳切希望学界同仁和我们一道做好文库出版工作，让经典名篇"传之其人，通邑大都"，启迪后学，薪火不灭。

社会科学文献出版社

2015 年 8 月

社科文献学术文库学术委员会

（以姓氏笔画为序）

作者简介

王子今　中国人民大学国学院教授，中国秦汉史研究会顾问，中国河洛文化研究会副会长，国务院学位委员会第六届、第七届学科评议组成员。出版《秦汉区域文化研究》《睡虎地秦简〈日书〉甲种疏证》《秦汉时期生态环境研究》《秦汉边疆与民族问题》《秦汉称谓研究》《秦汉交通考古》《秦汉名物丛考》《匈奴经营西域研究》《汉简河西社会史料研究》《长沙简牍研究》《秦汉儿童的世界》《秦始皇直道考察与研究》等学术专著40余部。

《秦汉交通史稿》 内容简介

　　《秦汉交通史稿》是国家社会科学基金项目"秦汉交通史研究"的最终成果，中共中央党校出版社 1994 年 7 月初版，曾经通过首届国家图书奖初选，1999 年 9 月获国家社会科学基金项目优秀成果三等奖。2013 年 1 月列入"当代中国人文大系"，由中国人民大学出版社推出增订版。本次列入"社科文献学术文库"，由社会科学文献出版社出版。

　　秦汉时期是中国交通史进程的重要历史阶段。《秦汉交通史稿》作为第一部全面考察秦汉交通史的学术专著，分别就"秦汉时期交通发展的历史基础""秦汉交通道路建设""秦汉津桥""秦汉车辆制作""秦汉陆路运输动力的开发""秦汉内河运输""秦汉近海航运与海外交通""秦汉造船业""秦汉都市交通""秦汉主要文化区的交通结构""秦汉仓制与主要粮路""秦汉产业分布及运销区划""秦汉运输业""秦汉人口迁移与人口流动""秦汉通信形式""秦汉域外通路""秦汉文明的交通史背景""秦汉人的交通心理与交通习尚"等学术主题展开论述。基本研究路径在于坚持实证原则，注意考古文物资料与传世文献资料的结合。对秦汉交通史遗存的实地调查，也是作者特殊重视的研究方式。

《秦汉交通史稿》的前期成果和阶段性成果，为 123 篇学术论文和 3 篇考古调查简报。参与林甘泉先生主编《中国经济通史·秦汉经济卷》、张岂之先生主编《中国历史》6 卷本及《中国历史十五讲》中有关交通方面内容的撰写，也与《秦汉交通史稿》的研究有密切关系。书中所附 161 幅插图，形象地对秦汉交通方式给予了具体说明。《秦汉交通史稿》的写作，曾经得到何兹全先生、史念海先生、方诗铭先生、田余庆先生、田昌五先生、孙达人先生、林剑鸣先生的关怀和指教。

李学勤先生在序文中写道："秦汉史这片园地，本已为好多代学者开垦耕耘，要想别开生面，殊非易事，王子今同志却能独具只眼，选取秦汉交通史这个专题，广征博引，条分缕析，运用新的方法，提出新的观点，又没有故意立异之处，确实是一部很有价值的学术著作。我认为，研究秦汉史的，研究中国交通史的，以及关心古代历史和文化的所有读者，都能从这部著作获得裨益。特别是书内提出的不少问题和线索，会使读者有所启发，绝非仅仅罗列史实而已。"《光明日报》《历史研究》《社会科学报》《北京社会科学》《学术界》和香港《中国书评》，以及日本《中国研究月刊》等报刊发表的多篇书评，对于《秦汉交通史稿》给予了肯定的评价。

Abstract

A Draft History of Transportation during Qin and Han Dynasties is the final output of a research project supported by a grant from the Chinese Fund for the Humanities and Social Sciences. The first edition was published in July, 1994 by the Central Party School Press. The book was short-listed for the inaugural National Book Award, and in September 1999 won third place in the National Fund for the Humanities and Social Sciences Outstanding Research Contest. In January 2013 the book was included in the Contemporary Chinese Humanities Reader Series, and a revised and expanded edition was published by Renmin University of China Press.

The Qin and Han dynasties was an important period for the development of transportation in China. This is the first systematic study of this subject, and covers a broad range of topics, including historical background, development of road transportation, river crossings and bridges, vehicles, new sources of power for land transport, inland navigation, coastal and maritime transport, shipbuilding, urban transportation, transport system in major regions of advanced cultural development, granary system and major grain shipping routes, geographical distribution of industries and the distribution system, freight transport, population migration and population flow, modes of correspondence, cross-border connections, the civilizational significance of transportation, and mentality and customs associated with transportation.

The pursuit of empirical evidence, both archaeological and archival, is the cornerstone of this research. Fieldwork at historical sites is also of particular importance to the author. Earlier versions of parts of this book had previously appeared in 123 journal articles and three archaeological reports. This research also benefited greatly from the author's involvement in a number of other book projects, including *Economic History of China, Volume on the Economy of the Qin and Han Dynasties* (chief editor Lin Ganquan), the six-volume *Chinese History* (chief editor Zhang Qizhi) and *Fifteen Lectures on Chinese History* (written by Zhang Qizhi). The 161 figures in the book provide vivid supplements to the text. While working on this project, the author received generous support and valuable advise from many scholars, including He Ziquan, Shi Nianhai, Fang Shiming, Tian Yuqing, Tian Changwu, Sun Daren and Lin Jianming. In his preface, Li Xueqin put it this way: "Producing genuinely original work in the history of the Qin and Han period, a field in which a massive body of scholarship going back many generations already exists, is no easy task for anybody. Yet Wang Zijin saw in transportation history a topic with vast research potential. Wang was thorough in his research, rigorous in his analysis, and innovative in his methodology, and yet never tried to be novel for the sake of novelty. This is no doubt a worthy piece of scholarship. It is my belief that Qin and Han scholars, researchers studying transportation history, and those among the general public interested in ancient and cultural history would all have much to learn from reading this book. Many of the questions raised by the author and his suggestions for how they might be answered contain theoretical insights of the kind that merely delineating historical facts cannot produce." The book has received favorable reviews from *Guangming Daily*, *Historical Research*, *Social Sciences Weekly*, *Social Sciences of Beijing*, *Academics*, *China Book Review*, a Hong Kong publication, and *China Studies Monthly*, a Japanese journal.

李学勤教授序

  中国历史上的交通运输，是一项非常重要的学术课题，很早就有人着手研究。仅以专著而论，1923 年已经有王㻃的《交通史》出版，但这本书和 1928 年印行的袁德宣《交通史略》一样，内容过于简单。1937 年，白寿彝先生的《中国交通史》作为商务印书馆《中国文化史丛书》之一出版，赅括扼要，不愧为这一领域大辂椎轮之作，交通史成为一个学科分支于是奠立。此后交通史的研究多向专题发展，有不少学者从事，但有分量的论著还不很多，若干重大问题悬而未决。

  交通史一般被认为是经济史的组成部分，近年出版的各种书目都是这样分类的。实际上交通史作为一个学科分支，牵涉的方面很广，不止与经济的种种内涵，如农业、工业、贸易、赋税等等息息相关，和国家政治组织、文化传播、民族关系、对外的交往，也无不有着相当密切的联系。所以对交通史的探讨会对整个历史文化研究起重要的推进作用。

  中国的交通事业发轫甚早。《史记·夏本纪》载，夏禹"陆行乘车，水行乘船，泥行乘橇，山行乘檋（类似钉鞋的防跌用具），左准绳，右规矩，载四时，以开九州，通九道，陂九泽，度九山"，这种传说反映了远古时期交通的开辟。殷周时期，交通逐渐发达，舟车所至，范围已很广泛。到了汉代，全国的交通网基本齐备。过去，史念海先生撰有《秦汉时期国内之交通路线》一文，原刊于《文史杂志》三卷一、二期，1991年又收入《河山集》四集。这篇论文开宗明义便说："西汉建国，历年四百，瓜瓞绵延，无与伦比。其提封所及，东起辽海，西迄流沙，南逾五岭，北际朔漠，疆域之广，规模之宏，不惟为后世人士所乐道，抑且为吾民族活动之基础。此伟大之帝国所以能历久而不隳者，固赖其政治之优良与夫制度之精密，然其时交通之发达要亦其一因也。"文中还说明，"嬴秦传国虽仅二世，然其统一宇内则开两汉之先路，而典章制度又多为刘氏所遵循，故秦汉二代似若各为起讫，第一考其帝国之素质，固仍先后一贯而不可强事区分者也"。秦人兼并六国，完成中国的再统一后，对全境交通曾有许多建设和规划，汉代规模宏大的交通系统即沿之而形成，为后世交通的继续发展奠定了基本格局。秦汉交通史研究的重要性于是可见。可是，尽管如此，长期以来在秦汉交通史方面一直没有较为详细系统的专著，实在是学术界的憾事。现在，这一缺憾已经由王子今同志的这部《秦汉交通史稿》补足了。

王子今同志现在中央党校任教。他原来出身于西北大学，如所周知，西北大学历史系夙以秦汉史研究著称。记得30年前，我随侯外庐先生去西大参加校庆，侯先生是新中国成立后第一任西北大学校长，以老校长的身份返校，受到学校上上下下的欢迎。在历史系举行的欢迎宴会上，我见到各位教授，如陈登原、冉昭德、马长寿、陈直、黄晖等先生。他们在学术上各有专精，然而都对秦汉史多有贡献。西北大学成为秦汉史研究的中心之一，洵非偶然。经过"文化大革命"时期，历史系老成凋谢。1980年我再到西北大学，上述几位之中仅存的陈直先生，刚好在约定与我重见的时候过世了，使我哀痛无已。堪称大幸的是，系中多年来培养了不少中青年学者，继承秦汉史研究的统绪，发扬光大，做出了大量新的成果。王子今同志正是其间的一人。

西北大学的秦汉史研究传统，以深入全面为特点，注意文献与考古结合，社会和思想并重。王子今同志在这样的训练背景下，就秦汉历史、文化的诸多方面，分别深入探索，所撰论文多篇，不仅学风踏实，而且富有文采。秦汉史这片园地，本已为好多代学者开垦耕耘，要想别开生面，殊非易事，王子今同志却能独具只眼，选取秦汉交通史这个专题，广征博引，条分缕析，运用新的方法，提出新的观点，又没有故意立异之处，确实是一部很有价值的学术著作。我认为，研究秦汉史的，研究中国交通史的，以及关心古代历史和文化的所有读者，都能从这部著作获得裨益。特别是书内提出的不少问题和线索，会使读者有所启发，绝非仅仅罗列史实而已。承王子今同志命我写一小序，欣愉之余，谨志数言如上，望读者指正。

李学勤

1992 年 7 月

于北京昌运宫

目　录

Contents

Chapter Sixteen   The Civilizational Significance of
Transportation

Chapter Seventeen   Mentality and Customs Associated with
Transportation

导　言

一　交通史与人类文明的总进程

早在人类历史的初年，远古先民们在艰难的环境中为求得生存和发展，往往不得不辗转迁徙，跋山涉水，披荆斩棘。在开始经营农耕养殖之后，依然"披山通道，未尝宁居"。[①] 早期交通的发展，是人类距今最久远的富于开创意义的成就之一。最原始的道路和航线，形成人类文明在这个星球上留下的最初的印迹。中国远古传说中著名的夸父追日[②]、愚公移山[③]等故事，即借助神话方式，使得人类早期开拓交通事业的英雄

[①] 《史记·五帝本纪》："天下有不顺者，黄帝从而征之，平者去之，披山通道，未尝宁居。""东至于海，登丸山，及岱宗。西至于空桐，登鸡头。南至于江，登熊、湘。北逐荤粥，合符釜山，而邑于涿鹿之阿。迁徙往来无常处。"

[②] 《山海经·海外北经》："夸父与日逐走，入日。渴欲得饮，饮于河渭。河渭不足，北饮大泽。未至，道渴而死。弃其杖，化为邓林。"

[③] 《列子·汤问》："太形、王屋二山，方七百里，高万仞；本在冀州之南，河阳之北。北山愚公者，年且九十，面山而居。惩山北之塞，出入之迂也，聚室而谋，曰：'吾与汝毕力平险，指通豫南，达于汉阴，可乎？'……遂率子孙荷担者三夫，叩石垦壤，箕畚运于渤海之尾。""帝感其诚，命夸蛾氏二子负二山，一厝朔东，一厝雍南。自此，冀之南、汉之阴无陇断焉。"

业绩保持着经久的生命力和强烈的感染力。

在漫长的数以万年计的人类社会的发展历程中，交通的进步总是同人口和需求的增长，同生产力的发展，同文化的演进呈同步的趋势。

在探索史前文化的面貌时可以发现，时代愈古远，则不同生活情境下人群相互间的文化差异愈明显，甚至相距不远的人类居住遗址的同时代的出土物也表现出鲜明的各自相异的特点。经过长期的交往与沟通，才逐渐显现越来越突出的文化共同性，于是导致具有共同文化特点的部落、部族、部族联盟乃至民族的形成。

交通系统的完备程度决定古代国家的领土规模、防御能力和行政效能。交通系统是统一国家形成与存在的首要条件。社会生产的发展也以交通发达程度为必要条件。生产技术的革新、生产工具的发明以及生产组织管理方式的进步，通过交通条件可以成千成万倍地扩大影响，收取效益，从而推动整个社会的前进。相反，在相互隔绝的情况下，每一种发明往往"必须重新开始"，历史上甚至多有相当发达的生产力和一度极灿烂的文明由于与其他地区交通阻断以致终于衰落毁灭的事例。① 从社会史、文化史的角度来看，交通网的布局、密度及其通行效率，决定了文化圈的范围和规模，甚至交通的速度也对社会生产和生活的节奏有重要的影响。

---

① 马克思和恩格斯指出："某一个地方创造出来的生产力，特别是发明，在往后的发展中是否会失传，取决于交往扩展的情况。当交往只限于毗邻地区的时候，每一种发明在每一个地方都必须重新开始；一切纯粹偶然的事件，例如蛮族的入侵，甚至是通常的战争，都足以使一个具有发达生产力和高度需求的国家处于一切必须从头开始的境地。在历史发展的最初阶段，每天都重新发明，而且每个地方都是单独进行的。发达的生产力，即使在通商相当广泛的情况下，也难免遭到彻底的毁灭。关于这一点，腓尼基人的例子就可以说明。由于腓尼基民族被排挤于商业之外，由于亚历山大的征服以及继之而来的衰落，腓尼基人的大部分发明长期失传了。另外一个例子是中世纪的玻璃绘画术的遭遇。只有在交往具有世界性质，并以大工业为基础的时候，只有在一切民族都卷入竞争的时候，保存住已创造的生产力才有了保障。"《德意志意识形态》，《马克思恩格斯全集》第 3 卷，人民出版社，2002，第 61~62 页。

　　人类不断深化对自身历史的认识。马克思和恩格斯重视"生产"对于历史进步的意义。他们同时又突出强调"交往"的作用，认为："而生产本身又是以个人之间的交往为前提的。这种交往的形式又是由生产决定的。"他们指出："各民族之间的相互关系取决于每一个民族的生产力、分工和内部交往的发展程度。这个原理是公认的。然而不仅一个民族与其他民族的关系，而且一个民族本身的整个内部结构都取决于它的生产以及内部和外部的交往的发展程度。"① 在论说"生产力"和"交往"对于"全部文明的历史"的意义时，他们甚至曾经取用"交往和生产力"的表述方式。② "交往"置于"生产力"之前。此说"交往"，实与"交通"近义。有交通理论研究者说，"交通这个术语，从最广义的解释说来，是指人类互相间关系的全部而言"③。所谓"人类互相间关系的全部"，可以理解为"交往"。中国古代文献中，我们也可以看到"通其交往"（《尉缭子》卷三《分塞令》）、"通交往"④ 的说法。

　　交通发展在历史进程中的突出作用，使得交通史逐渐成为学人瞩目的研究课题。

二　交通史研究的对象

　　交通，古籍中意义或为交和会通。《易·泰》说："小往大来，吉，亨。"《象传》："小往大来，吉，亨。则是天地交而万物通也。"《管子·度地》："桓公曰：'当何时作之？'管子曰：'春三月，天地

---

　　① 马克思和恩格斯：《德意志意识形态》，《马克思恩格斯全集》第3卷，人民出版社，2002，第24页。

　　② 马克思和恩格斯：《德意志意识形态》，《马克思恩格斯全集》第3卷，人民出版社，2002，第56页。

　　③ 鲍尔格蒂（R. Von der Borght）：《交通论》（*Das Ver kehrswesen*）。转引自余松筠编著《交通经济学》，商务印书馆，1936，第3~4页。

　　④ （明）归有光：《震川集》卷八；（晋）皇甫谧：《高士传》卷中《上总制书》

干燥，水纠列之时也。山川涸落，天气下，地气上，万物交通，故事已，新事未起，草木黄生可食。寒暑调，日夜分。分之后，夜日益短，昼日益长，利以作土功之事。土乃益刚……'"所谓"交通"，是体现出生机、活力和新鲜气息的运动形式。秦汉史籍中"交通"往往取交往之意。《史记·黥布列传》："布已论输丽山，丽山之徒数十万人，布皆与其徒长豪桀交通。"《史记·魏其武安侯列传》说，灌夫"诸所与交通，无非豪桀大猾"。《汉书·江充传》：赵太子丹"交通郡国豪猾，攻剽为奸，吏不能禁"。《礼记·乐记》："周道四达，礼乐交通。""交通"与"四达"并称，言交汇通达，无所不至。而陶渊明《桃花源记》所谓"阡陌交通，鸡犬相闻"，则更近于今义。

今人所谓"交通"，意义也有狭义和广义的不同。狭义的交通，指有意识地完成的人与物的空间位置的转移。广义的交通则除此之外，又包括通信等信息传递方式的运用。前引马克思、恩格斯《德意志意识形态》中关于"交往"的论述，实际上涉及一般所谓"交通"的更宽广层面的社会文化意义。交通除了人员与物资的直接的转运输送之外，还应包括社会交往的若干其他形式。在这一认识的基点上来讨论秦汉时代交通发展的现象和规律及其对于社会文化面貌的作用，应当是有意义的。我们基本赞同这样的意见："交通为诸社会现象生成不可避的必然的手段。换句话说，政治，经济，宗教，军事，与其他一切社会现象之成立，当依赖于交通之支持。因此交通发达，当直接影响于上述各方面。"①

由此出发设计的研究路径，除对当时交通发展的具体形态进行必要的技术层面的考论，进而研究交通的具体的生产机能，分析交通的直接的经济作用之外，对交通的社会的功用和文化的机能也投注相当多的注意力，对交通发展状况对于社会文化史进程的影响，交通在社

---

① 余松筠编著《交通经济学》，商务印书馆，1936，第37页。

会生活中的地位和作用，都希图有所探索，以增进对历史的全面认识。

三　秦汉交通在中国古代交通史中的地位

公元前 221 年，秦始皇兼并六国，建立了大一统的高度集权的专制主义政权——秦王朝。此后 440 年间，除秦汉之际和两汉之际出现短暂的分裂局面而外，始终维持着中央集权的专制帝国的统治。

秦汉时期，是中国历史上特别重要的时期。在这一时期，阶级关系发生深刻变化，新的生产关系得以形成。以汉族为主体的中华民族实现思想文化的真正统一，也始于秦汉时期。中国专制主义制度的基本特点，也在秦汉时期表现出来。从生产力的发展水平看，秦汉时期主要社会经济部门农业的发展，完成了重要的飞跃。人们常常注意到，汉代主要的农业生产工具和耕作方式，甚至直到近世仍没有根本的变化。

交通事业在秦汉时期得到了空前的发展。专制主义政权始终将发展交通作为主要行政内容之一。逐步建立并不断完备的交通运输系统，成为秦汉王朝存在与发展的强大支柱，为政治安定、经济繁荣、文化统一发挥出积极的作用。秦汉交通的主要形式为以后两千年交通事业的发展奠定了基本格局。

考察秦汉时期交通发展的状况，我们看到，在这一时期，沟通黄河流域、长江流域、珠江流域各主要经济区的交通网已经基本形成；舟车等运输工具的制作已达到相当高的水平；路桥等交通设施的建设出现了新的形式，运输动力也得到空前规模的开发；交通运输的组织管理方式也逐步走向完善；连通域外的主要交通线已经初步开通；在当时堪称世界先进的交通条件下，以华夏族为主体的多民族共同创造的统一的文化——汉文化已经初步形成。

呈示这样一部以秦汉时期的交通发展作为研究对象的成果，笔者除了希望以新的视角更全面地、更真切地描绘秦汉社会文化风貌而外，还试图仿效生物学研究中"切片"以供显微和超显微观察的技术步骤，通过对秦汉这一历史阶段交通状况的考察和研究，增进对整个中国古代交通史之特点与规律的认识。

序 章
秦汉时期交通发展的历史基础

一 先秦交通事业的成就

远古先民由文化特质差异甚为显著的较小的群体，经过长期的交往逐渐实现文化融合，以致"九族既睦"，"协和万邦"（《尚书·尧典》）。从考古资料看，年代愈早，各遗址间文化面貌的差异就愈明显，年代稍晚，相互之间的共同点则逐渐增多。[①] 在千万年相互交往的作用下，风习各异的原始人群逐渐融并为较大的文化集团——部族与部族联盟。到了原始时代末期，以黄河中游为中心，随着进一步的文化融合，又形成了新的文化共同体——华夏族。

交通事业的发展直接推动了文明的进步。

在浙江馀姚河姆渡新石器时代遗址的考古发掘中，有木桨出

[①] 参看殷稼《秦安大地湾一期遗址与新石器时代早期文化的几个问题》，《西北大学77级学生毕业论文选集》（社会科学部分）。

土，说明最晚在距今七千年前人们已经用桨推动水上运载工具了。① 在距今五千年左右的浙江杭州水田畈和吴兴钱山漾等地的新石器时代遗址中，也都发现木桨。② 《易·系辞下》："刳木为舟，剡木为楫，舟楫之利，以济不通，致远以利天下。"这种最简易的水上交通工具的出现，正是以石器时代的技术水平为基础的。③ 陕西宝鸡北首岭遗址出土的船形陶壶④，则说明当时已经出现了结构较为复杂的船型。

《山海经·海内经》："奚仲生吉光，吉光是始以木为车。"《墨子·非儒下》："奚仲作车。"《太平御览》卷七七二则说，"黄帝造车，故号轩辕氏"。《淮南子·说山》："见飞蓬转而知为车。"估计在陶器制作中采用轮制技术前后，工匠一定已经能够创制车轮了。最初的车辆当然是以人力为动力。在河南发现的早期城址中，登封王城岗夏代城址没有发现城门遗迹，淮阳平粮台古城已经发掘的南城门，门道路土仅宽 1.7 米⑤。可见，设使当时车辆已应用于交通，在最重要的交通道路上，其通行密度仍是很有限的。

恩格斯在《家庭、私有制和国家的起源》中指出，在蒙昧时代的中级阶段，人们"不再受气候和地域的限制了"，他们"沿着河流和海岸"移动，散布至"地球上的大部分地区"。⑥ 远古人类的出行和迁徙，往往沿着川道移动。我国原始时代的居住遗址，多分布于河流

---

① 浙江省文管会、浙江省博物馆：《河姆渡遗址第一期发掘报告》，《考古学报》1978年第 1 期。

② 浙江省文管会：《杭州水田畈遗址发掘报告》，《考古学报》1960 年第 2 期；《吴兴钱山漾遗址第一、二次发掘报告》，《考古学报》1960 年第 2 期。

③ 恩格斯在《家庭、私有制和国家的起源》中指出："火和石斧通常已经使人能够制造独木舟。"《马克思恩格斯选集》第 4 卷，人民出版社，2012，第 31 页。

④ 中国社会科学院考古研究所：《宝鸡北首岭》，文物出版社，1983。

⑤ 河南省文物研究所、周口地区文化局文物科：《河南淮阳平粮台龙山文化城址试掘简报》，《文物》1983 年第 3 期。

⑥ 《马克思恩格斯选集》第 4 卷，人民出版社，2012，第 30 页。

两侧。河流两侧一般地势较平阔，亦少密林阻隔，除用水便利外，河流还可以提供丰富的水产。人类逐步征服山原，开辟山路交通，应当是在凿井技术得以普及，定居点可以远离水滨之后，大致即传说中"禹敷土，随山刊木，定高山大川"（《禹贡》）、"奕奕梁山，维禹甸之"（《诗·大雅·韩奕》）、"信彼南山，维禹甸之"（《诗·小雅·信南山》）的时代。①《淮南子·齐俗》说，"禹之时天下大雨，禹令民聚土积薪，择丘陵而处之。"世界各民族共有的洪水传说，表明人类都经过由单一的水滨交通转而发展山原交通的道路。《史记·夏本纪》说，禹为平治洪水，奔走四方，"陆行乘车，水行乘船，泥行乘橇，山行乘檋"，以"开九州，通九道，陂九泽，度九山"。《淮南子·修务》称此为"乘四载"。可见，当时已经出现适用于不同交通条件的多种交通形式。

在河南郑州、辉县和安阳的殷代墓葬中，大量发现出产于新疆的玉和出产于南海的贝。《尚书·酒诰》有"肇牵车牛，远服贾"语，看来，殷人的交通贸易关系确实已经伸布到非常广阔的地域。

殷墟卜辞中多见象车之形的"车"字，如⊕、車、、、、、、、、等。此外，还多有作为重要的交通史资料的殷代后期车马坑和车马器等遗迹、遗物出土。从卜辞内容看，车往往为王室贵族田猎游乐服务，当时战车还是体现军队实力的主要军事装备，车同时又被作为奉献于先祖的重要祭品之一。虽然当时马车尚未普遍应用于社会经济生活之中，然而这种交通工具的出现，在中国古代交通史进程中具有重大的意义。

先秦典籍中多有殷人"作服牛"或"仆牛"的记载。《山海经·大荒东经》："王亥托于有易、河伯仆牛。有易杀王亥，取仆牛。"

---

①　参看王子今《"度九山"：夏禹传说的农耕开发史解读》,《河南科技大学学报》（社会科学版）2003 年第 4 期;《"息壤"神话与早期夏史》,《中州学刊》2003 年第 5 期。

《世本·作》："胲作服牛。"胲，据说即王亥。《管子·轻重戊》："殷人之王，立皂牢，服牛马以为民利，而天下化之。"有的学者指出，卜辞中可以看到以牛作交通运输动力的资料，例如；

贞：乎（呼）省专（传）牛？（《合》220）

以为可以作为驿传用牛的例证。又如：

贞：追，氏（氏）牛？（《戩》98）
贞：追，弗其氏（氏）牛？（《后》下40.7）

论者以为"氏，至也"（《说文·氏部》），卜辞内容是卜问应否以牛车去追赶某人。① 牛经驯养而用于驮运挽车且可"以为民利"，表明交通运输的发展进入了新的历史阶段。

甲骨文中"行"字作 ，象四达之衢。《尔雅·释宫》："行，道也。"卜辞中可见"向行"" 行""義行"等，均以地方命名道路。卜辞中又可见 字，于省吾《甲骨文字释林》释作"砅字之初文"。《说文·水部》："砅，履石渡水也。"是指在河中放置踏步的墩石以为最简单的涉渡设施。济渡较大的河流则采用结船并列而成的浮桥。卜辞可见 、 等字，郭沫若《金文丛考》均释为"造"，即《方言》卷九所谓"艁舟谓之浮梁"的"艁"。卜辞可见" 川于之（兹）"（《人》2146），即谓于此地造设舟桥以济川。

殷代水运已经得到初步发展。卜辞中结构不尽相同的"舟"字，说明当时的木船已有多种形制。《尚书·盘庚中》："若乘舟，汝弗济，

---

① 温少峰、袁庭栋：《殷墟卜辞研究——科学技术篇》，四川社会科学出版社，1983，第262～263页。

臭厥载。"是舟用于济河。卜辞所见"臣涉，舟征（延）臽（陷），弗告"（《合》109），也指渡河之舟。然而卜辞中所见舟字（《京》1724），即象川流中泛舟之形，又如舟字（《前》6.2.4》），则显然非指渡船，或以为象征沿河航行的船队。卜辞又有"贞：追凡？贞：凡追？"（《遗》566）"戊戌卜：方其凡？"（《铁》237.1）凡，字形作

Ħ或Ħ，推想是早期利用顺风行船的帆。

于省吾《甲骨文字释林》曾讨论卜辞中的"逃"字，以为逃是遙的初文，"逃与遙为本字，驲为后起的代字"。《说文·马部》："驲，传也。"卜辞中所见乘逃而行的文字，说明殷代已经出现以传递信息为主要职能的早期驲传制度。[1]

周王朝是依靠在各地分封诸侯，设置政治军事据点以为藩屏，来维护中央政权的统治的。这种政治体制要求各地与周王室保持密切的联系。以车兵为军队主力的特点也要求各地有平阔的大道相通。西周青铜器铭文和文献称当时由周王室修筑，通往各地的大路为"周行"或"周道"。[2] 如《诗·小雅·大东》："佻佻公子，行彼周行"；"周道如砥，其直如矢。"《诗·小雅·何草不黄》："有栈之车，行彼周道。"西周晚期青铜器散氏盘铭文："封于翼道，封于原道，封于周道。"《左传·襄公五年》也说到"周道挺挺，我心扃扃。""周行"与"周道"开筑平直宽阔，植有树木表道蕃蔽，途中可能还有供应食宿的设施。[3]

周昭王时，连年南征荆楚。陕西扶风出土的墙盘铭文记述昭王功

① 于省吾：《殷代的交通工具和驲传制度》，《东北人民大学人文科学学报》1955年第2期。

② 顾颉刚：《周道与周行》，《史林杂识初编》，中华书局，1963，第121～124页；杨升南：《说"周行""周道"——西周时期的交通初探》，《西周史研究》（人文杂志丛刊第二辑）。

③ 《国语·周语中》："周制有之曰：列树以表道。"《周礼·秋官司寇·野庐氏》："野庐氏掌达国道路，至于四畿。比国郊及野之道路、宿息、井、树。"郑玄注："宿息，庐之属，宾客所宿及昼止者也，井共饮食，树为蕃蔽。"《国语·周语中》："（周制）立鄙食以守路。"韦昭注："鄙，四鄙也。十里有庐，庐有饮食也。"

业，说："弘鲁昭王，广笞荆楚，唯狩南行。"战争的结局以昭王"南征而不复"（《左传·僖公四年》），死于汉水而告终。然而自此之后周人的影响南抵江汉地方，楚人也打通了北上的道路。穆王和宣王时代，还曾经组织对徐淮地区的夷人势力的大规模战争。克劳塞维茨曾经说："战争是一种人类交往的行为。"① 陕西武功出土的作于周宣王十八年（前810）的驹父盨，铭文记载驹父被派遣往南淮夷索取贡赋，往返历时三个月，那里的"尖邦"（小大之邦）无不接受王命。可见当时东南地区已经与中原地区建立了较为密切的联系。②

晋武帝太康二年（281），汲人不准发魏襄王墓所得古籍中有《穆天子传》，前卷记周穆王西巡狩事迹。周穆王十三年，穆王乘造父所驾八骏之车从镐京出发进入犬戎地区，又溯黄河登昆仑，抵达西王母之邦。西王母所居，有说在青藏高原，有说在帕米尔高原，有人还考证远至中亚地区甚至在波斯或欧洲。③ 这部书虽多浪漫色彩，然而又有一定的历史事实以为根据。史籍记载，周穆王曾"欲肆其心，周行天下"（《左传·昭公十二年》），"西巡狩，乐而忘归"（《史记·秦本纪》），并曾征伐犬戎，"得四白狼四白鹿以归"（《史记·周本纪》）。据说是强迫图腾为白狼、白鹿的八个部族内附。周穆王会西王母于瑶池的传说得以产生，正是因为他曾经对于推动与西方各族的交往有积极的贡献。关于《穆天子传》的性质，历来存在不同的认识。有人曾经把它归入"起居注类"，有人则将其列入"别史类"或者"传记类"之中。大致都看作历史记载。然而清人编纂的《四库全

---

① 克劳塞维茨：《战争论》第1卷，中国人民解放军军事科学院译，解放军出版社，1964，第179页。

② 吴大焱等：《陕西武功县出土驹父盨盖》，《文物》1976年第5期；唐兰：《用青铜器铭文来研究西周史》，《文物》1976年第6期；李学勤：《兮甲盘与驹父盨——论西周末年周朝与淮夷的关系》，《西周史研究》（人文杂志丛刊第二辑）。

③ 参看顾实《穆天子传西征讲疏》，中国书店，1990；岑仲勉：《中外史地考证》，中华书局，1962。

书》却又将其改隶"小说家类"。不过，许多学者注意到《穆天子传》中记录的名物制度一般都与古代礼书的内容大致相合，因此认为内容基本可信。可能正是出于这样的考虑，《四部丛刊》和《四部备要》仍然把《穆天子传》归入"史部"之中。事实上，周穆王西行事迹，在其他史学经典中是有踪迹可察的。《左传·昭公十二年》说到周穆王"周行天下"的事迹。与《穆天子传》同出于汲冢的《竹书纪年》也有周穆王西征的明确记载。司马迁在《史记·秦本纪》和《赵世家》中，也记述了造父为周穆王驾车西行巡狩，见西王母，乐而忘归的故事。[①]

　　春秋时期的交通建设有了新的发展。大致在这一时期，太行山、秦岭等险山峻岭都已经有车路通行。[②] 周定王时，单襄公奉使自宋赴楚，途经陈国，看到道路不修，馆舍不整，于是预料陈国将亡（《国语·周语中》）。可见交通设施是否修整，是体现政府行政能力的重要标志。晋平公当政，晋国道路馆舍失修，也受到郑国政治家子产的批评（《左传·襄公三十一年》）。

　　春秋时期，一些较开明的君主采取"轻关易道，通商宽农"（《国语·晋语四》）的政策，促进了经济生活的活跃。当时的商人"群聚而州处，察其四时，而监其乡之资，以知其市之贾，负任担荷，服牛轺马，以周四方，以其所有，易其所无，市贱鬻贵"（《国语·齐语》）。以交通运输为条件的商业的发展，甚至不因政治军事局势之多变而停滞。在晋、楚两国对抗的时候，楚地的木材皮料仍可贩运入晋，即所谓"虽楚有材，晋实用之"（《左传·襄公五年》）。

　　春秋时期交通发展的另一突出特点，是传遽邮驿制度的建立与健

---

① 王子今：《穆天子神话和早期中西交通》，《学习时报》2001 年 6 月 11 日。
② 《国语·晋语四》："襄王避昭叔之难，居于郑地汜。使来告难。""（晋文公）乃行赂于草中之戎与丽土之狄，以启东道。"（《国语集解》，第 350～351 页）《左传·定公五年》："秦子蒲、子虎帅车五百乘以救楚。"

全。《周礼·地官司徒·遗人》："凡国野之道，十里有庐，庐有饮食。三十里有宿，宿有路室，路室有委。五十里有市，市有候馆，候馆有积。"《管子·大匡》："三十里置遽委焉。"遽，就是传。由政府沿交通要道设立交通站，置备车马及专职管理人员，遇紧急情形，则乘传疾驰，次第相继，以迅速通达。秦军袭郑，郑商人弦高途中以十二牛犒秦师，又"使遽告于郑"（《左传·僖公三十三年》）。晋国梁山崩，"晋侯以传召伯宗"，以求"捷之速也"（《左传·成公五年》）。郑国内乱，子产闻之，"惧弗及，乘遽而至"（《左传·昭公二年》）。孔子说："德之流行，速于置邮而传命。"（《孟子·公孙丑上》）可见，当时中原各国大致都已经建立了这种邮驿之制。

《左传·哀公九年》记载，"秋，吴城邗，沟通江、淮。"邗沟的开通，促进了南北文化的交融。此后，吴王夫差为了引舟北上，称霸中原，又把邗沟向北延伸，沟通了淮河以北的水路。《国语·吴语》："吴王夫差既杀申胥，不稔于岁，乃起师北征。阙为深沟，通于商、鲁之间，北属之沂，西属之济，以会晋公午于黄池。"

春秋青铜器纹饰已常见反映舟战的图象，说明造船及航行技术已经可以为水路航运提供条件。《左传·僖公十三年》记载，"晋荐饥"，"秦于是乎输粟于晋，自雍及绛相继，命之曰汎舟之役"。这是我国历史上第一次大规模河运的记录。史籍还可见近海航行的资料。《左传·哀公十年》：吴大夫徐承"帅舟师将自海入齐，齐人败之，吴师乃还"。《国语·吴语》：越王勾践袭吴，命范蠡等"率师沿海溯淮以绝吴路"。范蠡在灭吴之后，"装其轻宝珠玉，自与其私徒属乘舟浮海以行，终不反"（《史记·越王句践世家》）。孔子所谓"道不行，乘桴浮于海"（《论语·公冶长》），也反映近海航运条件的成熟。

战国时期的商业运输更为发达。"北海则有走马吠犬焉，然而中国得而畜使之；南海则有羽翮、齿革、曾青、丹干焉，然而中国得而财之；东海则有紫、紶、鱼、盐焉，然而中国得而衣食之；西海则有皮革、文旄焉，然而中国得而用之。"（《荀子·王制》）商人为了"市贾倍徙"，不顾"关梁之难，盗贼之危"（《墨子·贵义》），"倍道兼行，夜以续日，千里而不远"（《管子·禁藏》）。

战国时期，列国都注意开拓境内的道路，国际交通的条件也有所改善。《战国策·魏策一》说到魏地交通，"魏地方不至千里"，"地四平，诸侯四通，条达辐凑，无有名山大川之阻。从郑至梁，不过百里；从陈至梁，二百余里。马驰人趋，不待倦而至梁。"当时各地区间，已经有"巨涂""小涂"等不同等级的道路相联系。① 见诸史籍的已有定名的交通要道，有从成皋至函谷关的"成皋之路"，楚国从南阳东出伏牛山通往中原的"夏路"（《史记·越王句践世家》），秦国由汉中入蜀的"石牛道"（《华阳国志·蜀志》），赵、魏、齐之间的"午道"（《战国策·赵策二》《史记·楚世家》《苏秦列传》《张仪列传》），上党通达河内的"太行之道"② 等。

当时有些地方的交通优势，已经非常突出。这样的条件，或者促进了空前的区域繁荣，或者提升了当地的政治地位。③

《考工记》列述百工技艺，首先说到制作车轮、车舆、车辕的轮人、舆人、辀人。所谓"周人上舆，故一器而工聚焉者，车为多"，也说明车辆制造技术与其他手工工艺的关系。据《墨子·鲁问》，当时的工匠已经能够制作"任五十石之重"的运输车辆。④

《战国策·魏策一》记载，张仪说魏王，有"粟粮漕庾，不下十

---

① 《荀子·荣辱》："巨涂则让，小涂则殆。"唐人杨倞注："谓行于道涂，大道并行则让之，小道可单行则后之。"
② 《史记·白起王翦列传》称之为"南阳太行道"，《张仪列传》称之为"屯留之道"。
③ 参看史念海《释〈史记·货殖列传〉所说的"陶为天下之中"兼论战国时代的经济都会》，《河山集》，三联书店，1963；王子今《论战国晚期河洛地区成为会盟中心的原因》，《中州学刊》2006 年第 4 期。
④ 《墨子·鲁问》："子墨子谓公输子曰：子之为䨄也，不如翟之为车辖。须臾斲三寸之木，而任五十石之重。"同一事，《韩非子·外储说左上》作："引三十石之任，致远力多，久于岁数。"

万"语。鲍彪注："漕，水运。庾，水漕仓。"大约开通于魏惠王十年
（前360）的鸿沟是继邗沟之后又一条著名的运河。鸿沟沟通河、淮，
促进了南北交通往来。出土于安徽寿县的鄂君启节是可以说明当时
水运发展水平的实物资料。鄂君启节年代大致为楚怀王六年（前
323），除包括铭刻有关陆运内容的车节外，又有舟节。舟节规定，
"屯三舟为一舿（舸），五十舿（舸）"，所通行的水路以江、汉两水
系为主，东至邗沟，西至汉江上游，南则沿湘、资、沅、澧、庐诸
水分别可至上游。[①] 由此可知楚国地域内水运开发的成就。由水运限
定150船与陆运车50乘相当，可以推想当时每艘运船的排水量还是
相当有限的。

　　《禹贡》是大致成书于战国时期的地理学名著[②]，其中论述各地
风土物产及贡输通路，体现出作者在当时交通条件下所掌握的丰富的
地理知识。很可能成书于战国时期的《山海经》《逸周书》等文献，
也提供了同样的信息。通过《穆天子传》的记载还可以看到，当时人
们对包括现今新疆以至中亚地区在内的广阔地方山川形势与风土人情
的初步了解，也反映交通进步的史实。战国时期中原与阿尔泰地区的
文化交往，已经有考古资料作为实证。[③]

　　以交通事业的发展为条件，战国时期出现了一种引人注目的文
化现象，即士的兴起和游说之风的形成。列国游士"足迹接乎诸侯
之境，车轨结乎千里之外"（《庄子·胠箧》）。孟子"后车数十乘，
从者数百人，以传食于诸侯"（《孟子·滕文公下》）。苏秦始而"羸
縢履蹻，负书担橐"，终则"伏轼撙衔，横历天下"（《战国策·秦

---

　　① 殷涤非等：《寿县出土的"鄂君启金节"》，《文物参考资料》1958年第4期；黄盛
璋：《关于鄂君启节地理考证与交通路线的复原问题》，《中华文史论丛》第5辑；黄盛璋：
《鄂君启节地理问题若干补正》，《历史地理论集》，人民出版社，1982。
　　② 史念海：《论〈禹贡〉的著作年代》，《河山集》二集，三联书店，1981。
　　③ 〔苏〕C.N.鲁金科：《论中国与阿尔泰部落的古代关系》，《考古学报》1957年第2
期。

策一》）。① 士的活跃与世袭贵族的没落相联系，标志束缚社会活力的血缘与地缘的羁绊终于被斩断。当时的士游历四方，促进了各地区间的文化交往，也直接有益于社会的进步。当时比较著名的士，大多"率其群徒，辩其谈说"（《荀子·儒效》），身边有众多的追随者。而这些求学从师的"群徒"，往往千里负笈，不辞远道，由各地集聚而来。以春秋末年开聚众讲学之风的孔子为例，《史记·仲尼弟子列传》列孔子弟子 77 人。除原文著明者外，又据注引郑玄说及《孔子家语》，可知籍贯者共 59 人，其中鲁人不过 29 人，其余则为齐人、卫人、陈人、宋人、晋人，以至来自僻远之地的楚人和秦人。

在富于流动性的士异常活跃的情况下，原有的政治结构也发生变化，各国高级官员都已未必任用本国人，"客卿"受到信用已经成为相当普遍的现象。以秦国为例，自秦武王二年（前 309）初置丞相起，历任丞相已知籍贯者凡 14 人，而其中可确定为秦人者仅任职于武王、昭王时代的樗里疾 1 人。②

战国时期，多有"带甲百余万，车千乘，骑万匹"的军事强国，兼并战争往往动员数以十万计的军役。不仅调集大量运输力量用于军运，削弱了整个社会正常的交通经济，而且战争常常致使已有的道路、桥梁等交通设施遭受破坏，使车、船及人力畜力等运输力量致于毁废。即使在战事暂时平息，各国相互对峙的相对和平的时期，闭关而相互戒备的各国仍往往断绝交通，"守四封之内"，竭力"备边境，完要塞，谨关梁，塞蹊径"（《吕氏春秋·孟冬纪》）。各地区的交通系统相互隔绝，也限制了全国交通的发展。这一状况，直到秦靳灭六国，建立了大一统的专制主义王朝之后，才得以改变。

---

① 《战国策·赵策一》说到"雒阳乘轩车苏秦"开始游历生活的艰苦情形："家贫亲老，无罢车驽马，桑轮蓬箧，嬴滕，负书担橐，触尘埃，蒙霜露，越漳、河，足重茧，日百而舍……"

② 据马非百《秦集史·丞相表》，中华书局，1982。

二 秦国交通优势与秦的统一

考察秦文化的特征，可以发现其中具有某些利于交通发展的传统因素。

秦人早期习于游徙生活，与此相关，传说中秦先祖事迹多以致力于交通活动著称于世。"费昌当夏桀之时，去夏归商，为汤御。"孟戏、中衍亦才技不凡，"帝太戊闻而卜之使御，吉，遂致使御而妻之"。而"蜚廉善走"，"以材力事殷纣"。其后造父更是交通史上著名的人物，《史记·秦本纪》：

> 造父以善御幸于周缪王，得骥、温骊、骅骝、騄耳之驷，西巡狩，乐而忘归。徐偃王作乱，造父为缪王御，长驱归周，一日千里以救乱。缪王以赵城封造父，造父族由此为赵氏。①

造父又成为天际星名②，而后来居于犬丘的非子，则以"好马及畜，善养息之"，为周孝王"主马与汧渭之间"，以"马大蕃息"深受信用。秦人立国，也直接与一次重要的交通活动有关，即"周避犬戎难，东徙雒邑，襄公以兵送周平王。平王封襄公为诸侯，赐之岐以西之地"（《史记·秦本纪》）。

《诗·秦风》中数见体现秦人"有车马之好"（《毛传》）的诗句。所谓"有车邻邻，有马白颠"（《车邻》），"驷驖孔阜，六辔在手"，"游于北园，四马既闲"（《驷驖》），以及"四牡孔阜，六辔在

---

① 《史记·赵世家》："造父幸于周缪王。造父取骥之乘匹，与桃林盗骊、骅骝、绿耳，献之缪王。缪王使造父御，西巡狩，见西王母，乐之忘归。而徐偃王反，缪王日驰千里马，攻徐偃王，大破之。乃赐造父以赵城，由此为赵氏。"
② 《晋书·天文志上》："传舍南河中五星曰造父，御官也，一曰司马，或曰伯乐。星亡，马大贵。"

手。骐骝是中，騧骊是骖"（《小戎》）等，都表现出秦人对车马出行的专好。①

图序 -1　秦都咸阳三号宫殿遗址壁画驷车图
（东壁第四间中段）

《史记·封禅书》记载秦时四方诸祠，唯地处关中者有车马之祭，谓"此皆在雍州之域，近天子之都，故加车一乘，驹驷四"。雍有四畤，"畤驹四匹，木禺龙栾车一驷，木禺车马一驷，各如其帝色"。汉文帝十三年（前167），以"方内艾安，民人靡疾，间者比年登"，于是"增诸神祠"，"其河、湫、汉水加玉各二，及诸祠，各增广坛场，珪币俎豆以差加之"，唯关西诸畤不同，"增雍五畤路车各一乘，驾被具；西畤、畦畤禺车各一乘，禺马四匹，驾被具"。这一祭祀方式，应是继承了秦人的传统。

---

①　司马贞《索隐》："禺，一音寓，寄也。寄龙形于木，寓马亦然。一音偶，亦谓偶其形于木也。"木禺应同木偶，实即木制模型。《汉书·郊祀志上》则作"木寓龙一驷，木寓车马一驷"。

献物用车马，意义并不在于"此皆在雍州之域，近天子之都"，而实际上是"且因秦故祠"（《汉书·郊祀志下》匡衡语），沿袭统一前秦国本土的制度，西汉一仍其旧，表现出对秦地传统风习的尊重。秦人祭祀天帝时奉献车马或车马模型，可以从一个侧面反映其传统观念中对于交通的重视。

《华阳国志·蜀志》记蜀地风习，说到"工商致结驷连骑"，"归女有百两之从车"，并指出"原其由来，染秦化故也"。认为这种讲究车骑队列规模的习尚，是受秦风影响所致。作为目前已知中国最早的壁画资料的秦都咸阳三号宫殿遗址发现的秦宫壁画中，残存表现车马仪仗的图象。① 秦宫廷装饰以车马出行作为画面主题，可谓开汉代风气之先。

秦国僻处西北，居于山河环护的四塞之内，必须在交往中取得主动，方能接受中原文化的积极影响，并不断张大国势，逐步东进。

据说蜀卢帝攻秦，曾至于雍（《华阳国志·蜀志》）。又有关于蜀王曾猎褒谷，遇秦惠文王的历史记载②。《水经注·沔水》引来敏《本蜀论》："秦惠王欲伐蜀而不知道，作五石牛，以金置尾下，言能屎金。蜀王负力，令五丁引之，成道。秦使张仪、司马错寻路灭蜀，因曰石牛道。"③ 可见秦岭川陕古道的最初开通，曾经秦人和蜀人共同努力。至于战国时期，有关秦国势的论述已见"栈道千里，通于蜀汉"语（《战国策·秦策三》《史记·范雎蔡泽列传》），秦人对蜀道

① 咸阳市文管会、咸阳市博物馆、咸阳地区文管会：《秦都咸阳第三号宫殿建筑遗址发掘简报》，《考古与文物》1980 年第 2 期。

② 《汉唐地理书钞》辑《蜀王本纪》："蜀王徙万余人传猎褒谷，卒见秦惠王。"《华阳国志·蜀志》："周显王之世，蜀王有褒、汉之地。因猎谷中，与秦惠王遇。"阚骃《十三州志》："昔蜀王从卒数千，出猎于褒谷，秦惠王亦畋于山中。"（丛书集成初编本，商务印书馆，1936，第 47 页）

③ 《艺文类聚》卷九四引《蜀王本纪》、《史记·留侯世家》张守节《正义》引《括地志》及阚骃《十三州志》略同。而《汉唐地理书钞》辑《蜀王本纪》《华阳国志·蜀志》《述异记》等，则谓秦献五美女于蜀，蜀遣五丁迎之。

的经营为世人瞩目。由于秦人修筑通往巴蜀的栈道，显著改善了秦岭巴山道路的通行条件。秦军循栈道据有巴蜀，取得这一地区的人力物力资源，改变了与东方强国的实力对比，形成了对主要敌国楚国两面夹击的战略态势，对于最终实现统一有极其重要的意义。①

春秋时期，秦晋之间的黄河水面曾架设临时的浮桥。秦后子鍼"享晋侯，造舟于河，十里舍车，自雍及绛。归取酬币，终事八反"（《左传·昭公元年》）。《尔雅·释水》郭璞注：造舟，"比舡为桥"。邢昺疏："言造舟者，比舡于水，加版于上，即今之浮桥。"② 黄河历史上第一座常设的浮桥，也是秦国修建，即秦昭襄王五十年（前257）"初作河桥"（《史记·秦本纪》）。《燕丹子》卷上记述：燕太子丹质于秦，欲求归，"秦王不得已而遣之，为机发之桥，欲陷丹。丹过之，桥为不发。"所谓"机发之桥"的故事得以流传，似乎也可以从一个侧面反映秦国桥梁建造技术的水平。

秦国交通发展的又一突出例证，是车辆制作技术的进步。

中国早期车辆均为单辕。单辕车须系驾二头或四头牲畜，双辕车则可系驾一头牲畜。陕西凤翔战国初期秦墓 BM103 出土 2 件牛车模型，牛一牡一牝，两车车辆形制相同，出土时陶车轮置于牛身后两侧，其间有木质车辕及轴、舆等车具朽痕，可以看到车辕为 2 根。③ 这是我国发现的最早的双辕车模型，也是世界最早的标志双辕车产生的实物资料。双辕车的出现，体现了交通工具史上的重大进步。两件牛车模型出土于同一座小型墓葬中，且牛为一牡一牝，还可以说明秦国民间运输生产资料的普及程度。独轮车这种对于交通

---

① 参看王子今《秦兼并蜀地的意义与蜀人对秦文化的认同》，《四川师范大学学报》1998 年第 2 期。

② 《元和郡县图志·关内道二》："（朝邑县）河桥，本秦后子鍼奔晋，造舟于河，通秦、晋之道。"

③ 吴镇烽、尚志儒：《陕西凤翔八旗屯秦国墓葬发掘简报》，《文物资料丛刊》第 3 辑，文物出版社，1980。

道路条件要求甚低的使用轻巧灵便的新车型，很可能也是秦人最早使用。

图序－2　凤翔战国秦墓出土双辕牛车模型

秦人除了拥有双辕车等先进车型的发明权而外，投入经济生活的运车数量之多也是空前的。秦景公三十六年（前541），秦后子鍼适晋，"其车千乘"（《左传·昭公元年》）。秦昭襄王三十六年（前271），穰侯免相，出关就封邑时，"辎车千乘有余"（《史记·穰侯列传》）。当时还曾"使县官给车牛以徙"（《史记·范睢蔡泽列传》），动员了官府运输力量。往往集中数逾千乘的运输车辆的大规模的交通活动，可以说明秦国交通事业的发展和运输力量的雄厚。

秦国还充分利用水路运输条件发展航运。《石鼓文·雷雨》：

萋萋□□，舫舟囱逮。

□□自廊，徒驭汤汤。

佳舟以衍（行），或阴或阳。

极深以𢦏，□于水一方。

郭沫若以为"追叙由汧源出发攻戎救周时事"。"舫舟，竝船也。囱读为恩遽之恩。"廊，"当是蒲谷之蒲之本字"。"郑樵谓极即楫字，案乃假借为楫。"𢀖，"疑是□之古文，象形"。① 可见秦人很早就沿境内河流从事水上运输。《左传·僖公十三年》记述秦输粟于晋"自雍及绛相继"的所谓"泛舟之役"，杜预《集解》："从渭水运入河、汾。"② 这是史籍所载规模空前的运输活动。《战国策·楚策一》记载张仪说楚王时，也说到秦国的水上航运能力：

> 秦西有巴蜀，方船积粟，起于汶山，循江而下，至郢三千余里。舫船载卒，一舫载五十人，与三月之粮，下水而浮，一日行三百余里；里数虽多，不费汗马之劳，不至十日而距扦关。

辩士游说，虽多夸饰之辞，然而应当是以一定的事实基础为依据的。秦国较早就可以"水通粮"，确实曾经是列国以为国力强盛而"不可与战"的重要因素之一（《战国策·赵策一》）。

"泛舟之役"而外，秦史上另一次大规模粮运的记载，是秦昭襄王十二年（前295）"予楚粟五万石"一事（《史记·秦本纪》）。按照汉代运粮车辆的载重指标每车25石计③，运送5万石粮食需组织多达2000辆运车的浩荡车队。

《商君书·垦令》有"送粮无取僦"语，湖北云梦睡虎地秦简《效律》也规定："上节（即）发委输，百姓或之县就（僦）及移输者，以律论之。"可见秦在战国时期已经出现营运以取僦值的私营运输活动，而政府对其严加限制，可以反映"上发委输"这种运输形式

---

① 郭沫若：《石鼓文研究》，科学出版社，1982，第46～48、73页。

② 《史记·秦本纪》："卒与之粟，以船漕车转，自雍相望至绛。"所谓"船漕车转"，即取水陆联运形式。

③ 《九章算术·均输》中有关"均输粟"的算题，所列条件有"一车载二十五斛"。根据居延汉简中有关粮运的简文，可知这一数额是符合汉代运输生产的实际的。

的组织管理高度集中又极其严密的特点。秦国运输组织的这一形式，对整个秦汉时期都表现出十分明显的持久影响。

秦国运输组织以法律形式保证其集中程度和运行效率的特点，带有浓重的军事化的色彩，其形成，显然与战争频仍的历史背景有关。

秦国善于"远攻"（《史记·范睢蔡泽列传》），较早创大军团长距离远征的历史记录。秦穆公谋取郑国，即派遣大军"径数国千里而袭人"（《史记·秦本纪》）。秦军还曾远至宋、楚等国境内作战。秦统一战争中，调动数以十万计的大军连年出击，无疑也需要凭借强大的运输力量保证后勤供给。以秦灭楚的战役为例，秦军出动兵力达 60 万，以秦汉时通例折算，每天士卒口粮就多达 66667 石①，若无法由当地征集，以车载 25 石计，则需要 2667 辆运车转送，如若运程超过 4 日，则每日军粮都需万辆以上的辎重车队承运。这一数字尚不包括军马的食料刍藁。然而楚地战事持续长达"岁余"（《史记·白起王翦列传》），军运数额之巨可以想见。显然，秦国优越于其他各国的交通条件，是能够以强大的军事力量完成统一的重要因素之一。

秦国国君大多不避尘露之苦，以频繁的出行作为主要政务内容之一。除所谓"勤劳本事"，"临察四方"（《史记·秦始皇本纪》）而外，迁都于咸阳之后，以距上帝之畤及宗庙所在雍城之遥远，也不得不往复辛苦奔波。秦王行迹超逾关中地区者，除前述惠文王于褒谷会蜀王外，在统一战争期间，史籍中又可见如下记载：

秦惠文王

（1）九年，"与魏王会应"。（《史记·秦本纪》）

---

① 居延汉简所见戍卒口粮标准，一般每人每月为三石三斗三升少。云梦睡虎地秦简《传食律》："御史卒人使者，食糲米半斗"，"使者之从者，食粝米半斗"，与此相近。《汉书·赵充国传》："以一马自佗负三十日食，为米二斛四斗，麦八斛。"则日近三斗五升，或包括战马食料。

（2）十二年，"会龙门"。（《史记·六国年表》）

（3）"（更元）五年，王游之北河。"（《史记·秦本纪》）

（4）"（更元）十二年，王与梁王会临晋。"（《史记·秦本纪》）

（5）"魏襄王七年，秦王来见于蒲坂关。"（《水经注·河水四》引《汲冢竹书纪年》）

秦武王

（1）"武王元年，与魏惠王会临晋。"（《史记·秦本纪》）

（2）"三年，与韩襄王会临晋外。"（《史记·秦本纪》）

秦昭襄王

（1）"三年，王冠，与楚王会黄棘。"（《史记·秦本纪》）

（2）十七年，"王之宜阳"。（《史记·秦本纪》）

（3）"二十年，王之汉中。"（《史记·秦本纪》）

（4）二十年，"又之上郡、北河"。（《史记·秦本纪》）

（5）二十二年，"与楚王会宛"。（《史记·秦本纪》）

（6）二十二年，"与赵王会中阳"。（《史记·秦本纪》）

（7）二十三年，"王与魏王会宜阳"。（《史记·秦本纪》）

（8）二十三年，"与韩王会新城"。（《史记·秦本纪》）

（9）"二十四年，与楚王会鄢。"（《史记·秦本纪》）

（10）二十四年，与楚王"又会穰"。（《史记·秦本纪》）

（11）二十五年，"与韩王会新城"。（《史记·秦本纪》）

（12）二十五年，"与魏王会新明邑"。（《史记·秦本纪》）

（13）二十八年，与赵惠文王"会黾池"。（《史记·六国年表》）

（14）二十九年，"王与楚王会襄陵"。（《史记·秦本纪》）

（15）四十六年，"王之南郑"。（《史记·六国年表》）

（16）四十七年，"秦王闻赵食道绝，王自之河内，赐民爵各一级，发年十五以上悉诣长平，遮绝赵救及粮食"。（《史记·白起王翦列传》）

秦王政

（1）"十三年，桓齮攻赵平阳，杀赵将扈辄，斩首十万。王之河南。"（《史记·秦始皇本纪》）

（2）"十九年，王翦、羌瘣尽定取赵地东阳，得赵王。引兵欲攻燕，屯中山。秦王之邯郸，诸尝与王生赵时母家有仇怨，皆阬之。秦王还，从太原、上郡归。"（《史记·秦始皇本纪》）

（3）"二十三年，秦王复召王翦，强起之，使将击荆。取陈以南至平舆，虏荆王。秦王游至郢陈。"（《史记·秦始皇本纪》）①

他们通过这种出游方式，除进行必要的外交活动外，往往亲自视察部队，即秦始皇二十八年（前219）琅邪台刻石所谓"东抚东土，以省卒士"（《史记·秦始皇本纪》）。② 此外，有时还亲临前线组织指挥战役行动，为统一事业的实现做出了积极的努力。

秦穆公"益国十二，开地千里，遂霸西戎"（《史记·秦本纪》），秦人正是于"破西戎，有其地"之后，得以"东雄诸侯"的（《汉书·地理志下》）。大约正当战国时期，波斯人、希伯来人已经称中国为"赛尼""希尼"，以后又出现西语"支那"（China）之称。这应当都是"秦"的音译。由于秦人与西北方向各部族的频繁交往，使得域外诸侯称中国为"秦"。③ 秦国与西部各族交好，也保证了对东方各国的战争的胜利进行。

---

① 秦王政亲至楚地新占领区的这次出行，云梦睡虎地秦简《编年记》中对于当时楚地的战争背景有所记录。简文写道："廿三年，兴，攻荆，□□守阳□死。四月，昌文君死。"睡虎地秦墓竹简整理小组解释说，"兴，指军兴，征发军队"。"昌文君，据《史记·秦始皇本纪》曾与昌平君同时为秦臣，参预攻嫪毐。"睡虎地秦墓竹简整理小组：《睡虎地秦墓竹简》，文物出版社，1978，第13页。
② 参看王子今《秦国君远行史迹考述》，《秦文化论丛》第8辑，陕西人民出版社，2001。
③ 林剑鸣：《秦史稿》，上海人民出版社，1981，第50～51、54页。也有人认为"支那"为"荆"的对音，"支那"一称由来于楚国的对外影响。参看苏仲湘《论"支那"一词的起源与荆的历史和文化》，《历史研究》1979年第4期。

云梦睡虎地秦简《日书》作为"择日类书籍",作为"选择通书",是"珍贵的古代数术资料"。①"当日应是一种家喻户晓的选择书"②,许多学者因此看作反映战国晚期秦、楚中下层社会生活的重要资料。③ 其中许多内容可以反映当时人们对于交通的观念。总计 423 支简中,简文直接涉及出行归返者达 151 支,占 35.7%。在各项卜问内容中,与"行"有关者显然数量最多。这说明在当时的社会生活中,出行已经占据重要地位。简文又可见有关"远行""长行""久行"等行归宜忌的文字,以及所谓"去其邦"的内容,这似乎可以说明长距离以至穿越国境的交通活动已经相当普遍。《日书》作为社会中下层人所使用的数术书,而内容多见"制车""乘车""乘车马"等文句,可以说明当时作为主要陆运工具的车辆已经比较普及。④

睡虎地《日书》分甲、乙二种。两种《日书》开头几节有这样的对应关系:甲种的《除》,乙种无题;甲种的《秦除》,乙种称《徐(除)》;甲种的《稷辰》,乙种名《秦》。李学勤据此指出:"每种《日书》都包括两套建除,一套显然是秦人的建除,一套应属楚人,《稷辰》则专出于秦。"⑤ 分析对比这两套建除中有关"行"的内容,我们可以看到,楚人行忌显然远较秦人繁密。一般公认"秦俗多忌讳之禁"(贾谊:《过秦论》),而《日书》行忌则楚俗偏多,推想这应当也与秦国交通事业的发展较其他各国先进有关。

天水放马滩 1 号秦墓出土的年代为战国晚期的木板地图,可以提供

---

① 刘乐贤:《睡虎地秦简日书研究》,文津出版社,1994,第 4、423 页。

② 曾宪通:《〈睡虎地秦简日书研究〉序》,文津出版社,1994,第 5 页。

③ 参看李学勤《睡虎地秦简〈日书〉与楚、秦社会》,《江汉考古》1985 年第 4 期;《日书》研读班(导师:林剑鸣)《日书:秦国社会的一面镜子》,《文博》1986 年第 5 期。

④ 参看王子今《睡虎地秦简〈日书〉秦楚行忌比较》,《秦文化论丛》第 2 辑,西北大学出版社,1993;《睡虎地秦简〈日书〉所反映的秦楚交通状况》,《国际简牍学会会刊》第 1 号,兰台出版社,1993;《睡虎地秦简〈日书〉所见行归宜忌》,《江汉考古》1994 年第 2 期。

⑤ 李学勤:《睡虎地秦简〈日书〉与楚、秦社会》,《江汉考古》1985 年第 4 期。

重要的交通史料。图中往往明确绘出交通道路，有些还标记道里数字，如"去谷口可五里"，"宛到口廿五里"等，图中关隘称"闭"，用特殊形象符号表示，共计6处，由此也可以了解秦交通管理制度的严格。①

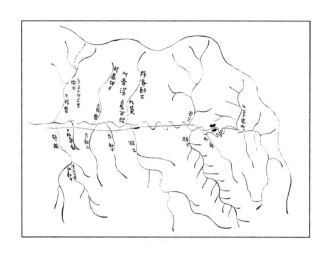

图序－3　天水放马滩秦墓出土标示道路与关隘的木板地图（M1.12A）

由于交通条件比较完备，交通技术比较先进，运输力量比较雄厚，使得秦国军队可以适应长期远征的艰难条件，不断得到充足的兵员、物资的补充，因而军力强盛，百战不疲。此外，秦国交通的发展，有利于秦人向东西南北全方位地接受和吸取其他地区文化的积极因素，使秦文化具有较为开放的富于进取性的特点，于是"地无四方，民无异国"，"民以殷盛，国以富强"（李斯：《谏逐客书》）。秦人交通建设的优势，无疑也是秦国能够顺应历史大势，连年东进，在秦始皇一代终于完成统一大业的基本因素之一。②

① 何双全：《天水放马滩秦墓出土地图初探》，《文物》1989 年第 2 期；曹婉如：《有关天水放马滩秦墓出土地图的几个问题》，《文物》1989 年第 12 期；王子今：《秦人经营的陇山通路》，《文博》1990 年第 5 期。

② 参看王子今《秦国交通的发展与秦的统一》，《史林》1989 年第 4 期；《秦始皇嬴政的统一事业》，《秦汉史论——何清谷教授八十华诞庆祝文集》，三秦出版社，2009；《秦统一原因的技术层面考察》，《社会科学战线》2009 年第 9 期。

第一章

秦汉交通道路建设

一　全国陆路交通网的形成

秦始皇二十六年（前221）实现统一之后，分天下以为三十六郡，以"诸侯初破，燕、齐、荆地远"，急切需要加强交通以巩固统一。于是立即致力于全国交通网的建立，在战国交通的基础上，"决通川防，夷去险阻"（《史记·秦始皇本纪》），经过修整与沟通，将各国道路纳入以全国为规模的交通系统之中。在秦始皇时代，大致由这样一些主要交通干线纵横交错，结成了全国陆路交通网的大纲。

三川东海道　秦始皇三十五年（前212），"立石东海上朐界中，以为秦东门"（《史记·秦始皇本纪》）。这条大路即由关中东向直指海滨。其与黄河并行的区段，曾有"敖道""成皋道"之称。楚汉战争中刘邦军与项羽军攻守进退，曾据三川东海道反复争夺。西汉长安和东汉洛阳两个重要都市，由这条道路得以交通。由于所联系地区经济地位重要，人口亦较密集，于是成为秦汉时期承当运输量最大的交

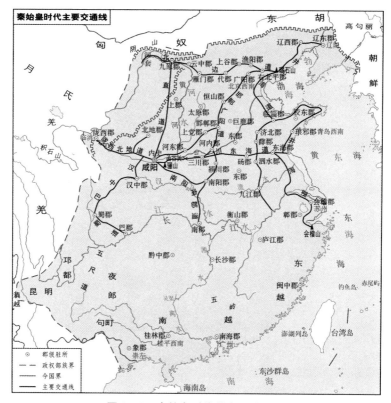

图1-1　秦始皇时代的主要交通线

通干线。① 对于这条"沟通长安、洛阳两大都邑的交通干道"的历史

---

① 章巽《秦帝国的主要交通线》(《学术月刊》1957年第2期)一文以为由关中向正东的大道在三川地区即向东北东方向折入齐地,中国历史博物馆通史陈列《秦开辟驰道示意图》亦从此说。王京阳《关于秦始皇几次出巡路线的探讨》(《人文杂志》1980年第3期))、曹尔琴《秦始皇的驰道和法家路线》〔《西北大学学报》(自然科学版)1975年第1期〕等文意见也相近。这似与当时情形不尽符合。秦在朐县界中立石以为秦东门,正应有直向正东的大道。史念海《河山集》附《战国时代经济都会图》中所绘关中向东的道路直达彭城。他在《秦汉时代国内之交通路线》(《文史杂志》第3卷第1、2期,收入《河山集》四集,陕西师范大学出版社,1991)文中考证沛公西行路线:"沛公发彭城,过砀郡,经阳城杠里,北攻昌邑。昌邑未下,乃西袭陈留,进攻开封,与秦将杨熊会战于白马。沛公此行,当系遵秦皇二十九年东游琅邪归来所行之驰道。"劳榦《论汉代之陆运与水运》("中央研究院"《历史语言研究所集刊》第16本,收入《劳榦学术论文集甲编》,艺文印书馆,1976)中也说道:"道路之中枢,实在梁国。"楚汉战争时两军在荥阳、彭城之间反复争夺,以及汉景帝时吴楚叛军正是在梁国受阻,终于致败的史实,均可支持此说。

作用、通行条件和具体走向，多有研究者进行了认真的勘察考论。①

南阳南郡道　出武关东南向，经南阳至于南郡，使关中平原与江汉平原得以沟通，又通过水陆交错的形式"南极吴、楚"（《汉书·贾山传》），与长江中下游衡山、会稽地区相联系。商鞅封地在这条古道上。② 史念海说，此即"秦始皇二十八年北归及三十七年南游之途也"。③ 秦始皇二十八年（前219）之行，得到睡虎地秦简《编年记》"【廿八年】，今过安陆"（三五贰）的证实。④ 其实，在实现统一之前，秦王政二十三年（前224），"秦王游至郢陈"（《史记·秦始皇本纪》），很可能也经由此道。也就是说，这条道路秦始皇或许曾三次经行。秦末，刘邦由这条道路先项羽入关。周亚夫平定吴楚七国之乱，即由此道行洛阳。这条大道汉时又曾经称为"武关道"。⑤ 由《史记·货殖列传》"南阳西通武关"可知，因南阳地方"成为当时联络南北地区的最大商业城市和经济重心"，这条道路形成"交通盛况"。⑥

邯郸广阳道　经河东、上党，或由河内北上至邯郸、广阳、右北平，通达燕赵。这条大道战国时已具有重要地位。史念海曾经指出："太行山东边有一条主要道路，与太行山平行，纵贯南北，赵国都城

---

①　辛德勇：《崤山古道考证》，《古代交通与地理文献研究》，中华书局，1996。另有严耕望《唐代交通图考》第1卷《京都关内区·长安洛阳道》，中研院历史语言研究所，1985；胡德经《两京古道考辨》，《史学月刊》1986年第2期；王文楚《西安洛阳间陆路交通的历史发展》，《古代交通地理丛考》，中华书局，1996。

②　王子今、焦南峰、周苏平：《陕西丹凤商邑遗址》，《考古》1989年第7期。

③　史念海：《秦汉时代国内之交通路线》，《文史杂志》第3卷第1、2期，收入《河山集》四集，陕西师范大学出版社，1991。

④　睡虎地秦墓竹简整理小组：《睡虎地秦墓竹简》，文物出版社，1990，释文第7页。

⑤　《后汉书·王允传》："将兵出武关道，以讨袁术为名，实欲分路征卓。"武关道先秦时期就是秦楚交往的主要通道。王开主编《陕西古代道路交通史》也有关于武关道的考论。人民交通出版社，1989。

⑥　王文楚：《历史时期南阳盆地与中原地区间的交通发展》，《古代交通地理丛考》，中华书局，1996，第1~5页。

邯郸与燕国都城蓟都是在这条交通线上。"① 秦汉时期的北岳，就在这条交通线上。②

陇西北地道 由关中通向西北，是为著名的"丝绸之路"的东段。秦统一后，秦始皇二十七年（前220）第一次出巡即经此道西行，即《史记·秦始皇本纪》："二十七年，始皇巡陇西、北地，出鸡头山，过回中。"后来汉武帝出巡，也曾经经由这条道路。如元鼎五年（前112）"郊雍，至陇西，西登崆峒"（《史记·封禅书》）。元封四年（前107），又曾"通回中道，遂北出萧关"（《汉书·武帝纪》）。这条古道的某些路段，与秦人东进关中的路线有关，又成为促进东西文化交流的丝绸之路的干道。③

汉中巴蜀道 秦据有巴蜀，当以跨越秦岭的畅通道路作为基本条件之一。秦岭山路险厄，工程极其艰巨。开通之后又历经拓修完善，形成故道、褒斜道、灉骆道、子午道数条南逾秦岭的路线。蜀道南段诸线路中，较为艰险者又有著名的阴平道。刘邦至汉中，"从杜南入蚀中"，还定三秦，亦通过秦岭栈道，"从故道还"（《史记·高祖本纪》）。汉武帝时，曾以"故道多阪，回远"，"发数万人作褒斜道五百余里"（《史记·河渠书》）。汉平帝元始五年（5）秋，王莽"以

---

① 史念海：《释〈史记·货殖列传〉所说的"陶为天下之中"兼论战国时代的经济都会》，《河山集》，三联书店，1963，第124页。秦始皇出巡曾行经这条道路的部分区段。汉高祖七年（前200）攻韩王信，导致平城之围，《史记·高祖本纪》："高祖自平城过赵、雒阳，至长安"，也经由此道。刘秀经营河北，初则"晨夜不敢入城邑，舍食道傍"，后"有白衣老父在道旁"指其驰赴信都，方得立足，又循此道平定蓟、中山、邯郸，"行至鄗"，"命有司设坛场于鄗南千秋亭五成陌"，以傍此大道之战略优势即皇帝位（《后汉书·光武帝纪上》）。

② 参看王子今《关于秦始皇二十九年"过恒山"——兼说秦时"北岳"的地理定位》，《秦文化论丛》第11辑，三秦出版社，2004；《〈封龙山颂〉及〈白石神君碑〉北岳考论》，《文物春秋》2004年第4期。

③ 关于这条道路的走向、规模和历史演变，可参看鲜肖威《甘肃境内的丝绸之路》，《兰州大学学报》（社会科学版）1980年第2期；吴礽骧《两关以东的"丝绸之路"》，《兰州大学学报》（社会科学版）1980年第4期；王子今《秦人经营的陇山通路》，《文博》1990年第5期。

皇后有子孙瑞，通子午道"（《汉书·王莽传上》）。"后以子午，堑路
尵难，更随围谷，复通堂光"（《隶释》卷四《司隶校尉杨君孟文石
门颂》）。曹真伐蜀，曾由骆谷进军。姜维北上，亦曾"率众出骆谷"
（《三国志·蜀书·后主传》）。邓艾伐蜀，则经阴平道行险地取胜（《三
国志·魏书·邓艾传》）。① 一些线路的栈道遗迹，至今犹有遗存。

图 1-2　旬邑秦直道遗迹

直道　《史记·秦始皇本纪》："三十五年，除道，道九原抵云
阳，堑山堙谷，直通之。"《六国年表》：秦始皇三十五年（前212），
"为直道，道九原，通甘泉"。《蒙恬列传》："始皇欲游天下，道九
原，直抵甘泉，乃使蒙恬通道，自九原抵甘泉，堑山堙谷，千八百
里。道未就。"秦始皇三十七年（前210），秦始皇出巡途中死于沙丘
平台，"行从直道至咸阳，发丧"（《史记·秦始皇本纪》）。直道从甘

---

① 参看黄盛璋《川陕交通的历史发展》，《历史地理论集》，人民出版社，1982；辛德
勇《汉〈杨孟文石门颂〉堂光道新解》，《中国历史地理论丛》1990年第1辑；严耕望《阴
平道辩》，《新亚学报》第9卷第2期；鲜肖威《阴平道初探》，《中国历史地理论丛》1988
年第2辑。

泉宫北行 1800 里直抵边防重镇九原。秦代经营的交通大道多利用战国原有道路，只有直道是在秦统一后规划施工，开拓出可以体现秦帝国行政效率的南北大通道。司马迁行经直道全程，曾经发感慨说："吾适北边，自直道归，行观蒙恬所为秦筑长城亭障，堑山堙谷，通直道，固轻百姓力矣！"（《史记·蒙恬列传》）[1] 直道对于当时交通结构的形成意义重大。[2] 对于秦直道的走向，认识则存在严重分歧。[3] 近年考古工作的收获，使若干疑问得以澄清。发掘收获以断代明确的出土资料，大致可以否定以为秦直道并非南北笔直，而推断其路线向西北迂回至于华池、定边的意见。[4]

图 1 - 3　旬邑秦直道石门关

①　史念海曾自秦汉甘泉宫遗址北上对直道进行实地考察，1975 年即发表《秦始皇直道遗迹的探索》一文（《陕西师范大学学报》1975 年第 3 期，《文物》1975 年第 10 期）。20 世纪 80 年代已发表直道考察的收获有《画家靳之林徒步三千里考察秦始皇直道》，《光明日报》1984 年 8 月 19 日；王开《"秦直道"新探》，《西北史地》1987 年第 2 期；贺清海、王开《毛乌素沙漠中秦汉"直道"遗迹探寻》，《西北史地》1988 年第 2 期；孙相武《秦直道调查记》，《文博》1988 年第 4 期；延安地区文物普查队《延安境内秦直道调查报告之一》，《考古与文物》1989 年第 1 期。《陕西交通史志通讯》1986 年第 5 期还曾刊出《秦直道实地考察专辑》。

②　辛德勇：《秦汉直道研究与直道遗迹的历史价值》，《中国历史地理论丛》2006 年第 1 期；王子今：《秦直道的历史文化观照》，《人文杂志》2005 年第 5 期。

③　参看史念海《直道和甘泉宫遗迹质疑》，《中国历史地理论丛》1988 年第 3 辑；吕卓民《秦直道歧义辨析》，《中国历史地理论丛》1990 年第 1 辑。

④　《2009 全国十大考古新发现·陕西富县秦直道遗址》，《中国文物报》2010 年 6 月 11 日；《陕西富县秦直道遗址：秦代的国家级高速公路》，《光明日报》2010 年 6 月 12 日。

**图 1-4　富县秦直道遗迹（陕西省考古
研究院张在明提供）**

　　北边道　秦统一后，在战国长城基础上营建新的长城防线。因施工与布防的需要，沿长城出现了横贯东西的交通大道。《史记·秦始皇本纪》：秦始皇三十二年（前215），"巡北边，从上郡入"。三十七年（前210），出巡途中病故，李斯、赵高秘不发丧，棺载辒辌车中，"从井陉抵九原"而后归，特意绕行北边，说明此次出巡的既定路线是巡行北边后回归咸阳。后来，汉武帝亦曾巡行北边。《史记·封禅书》：汉武帝元封元年（前110）"自辽西历北边至九原"，"反至甘泉"。显然，北边道自有可适应浩荡的帝王乘舆车骑队列通过的规模。汉代对秦王朝营建的长城防线又增修延长，至西汉晚期，"北边自敦煌至辽东万一千五百余里"（《汉书·赵充国传》）。修筑长城调用工役数以十万计，沿线又常年集结重兵警备戍守，并曾以北边各郡为基地出军北击匈奴。显然，北边道必须具备可供组织施工、调动部队、转运军需物资的通行条件。汉顺帝时，乌桓侵扰云中，一次就曾"遮截道上商贾车牛千余两"（《后汉书·乌桓传》）。可见，在向边地多次大规模移民之后，北边道又成为繁忙的民用运输线。以往讨论秦汉交通，一般未曾重视这条道路的重要作用。关于秦汉时期北边道的形制特征及历史意义，应当予以重视。[①]

并海道 《史记·秦始皇本纪》记载，秦始皇统一天下后凡五次出巡，其中四次行至海滨，往往并海而行。二十八年（前219）第二次出巡，上泰山，又"并勃海以东，过黄、腄，穷成山，登之罘，立石颂秦德焉而去，南登琅邪"。二十九年（前218）第三次出巡，又"登之罘"，"旋，遂至琅邪"。三十二年（前215）第四次出巡，"之碣石"，"刻碣石门"。三十七年（前210）第五次出巡，上会稽，望于南海，"还过吴，从江乘渡，并海上，北至琅邪"，又由之罘"并海西至平原津"。秦二世巡行郡县，曾"到碣石，并海，南至会稽"，又"遂至辽东而还"。《史记·封禅书》说，汉武帝也曾自泰山"并海上，北至碣石"。《汉书·武帝纪》记载，元封元年（前110），"行自泰山，复东巡海上，至碣石"。元封五年（前106），由江淮"北至琅邪，并海，所过礼祠其名山大川"。显然，沿渤海、黄海海滨，当时有一条交通大道。这条大道与三川东海道、邯郸广阳道相交，将富庶的齐楚之地与其他地区沟通，用以调集各种物资，具有直接支撑中央专制政权的重要作用。以往关于秦汉交通的论著大多忽视了这条重要道路，几种秦汉交通图中也往往只绘出秦始皇出巡时行经的并海路线，即循黄海海岸和渤海南岸的地段[②]，而忽略了这条道路的北段。由秦二世和汉武帝"并海"而行的记载，可知当时沿渤海西岸亦有大道通行，是为东汉所谓"傍海道"（《三国志·魏书·武帝纪》）。[③]

---

① 参看王子今《秦汉长城与北边交通》，《历史研究》1988年第6期。

② 史念海曾指出："江乘渡江，北即广陵，广陵为邗沟所由始，可循之北越淮水，以达彭城。古时海滨尚未淤积，广陵、彭城之东距海较今为近，史文所言并海北行者，亦犹二十八年东行之时并渤海以至成山、之罘也。平原濒河水，沙丘属巨鹿，其间平坦，当有驰道。"《秦汉时代国内之交通路线》，《文史杂志》第3卷第1、2期，收入《河山集》四集，陕西师范大学出版社，1991。

③ 参看王子今《秦汉时代的并海道》，《中国历史地理论丛》1988年第2辑。

以往北边道和并海道被忽视的主要原因，在于论者往往从秦帝国中央集权的特点出发，过分强调了所谓以咸阳为中心向四方辐射（或者说向东作折扇式展开）的道路规划方针①。其实，从现有资料看，这两条道路的通行状况，对于秦汉大一统帝国的生存，具有极其重要的意义。元鼎三年（前114），汉武帝"北出萧关，从数万骑，猎新秦中，以勒边兵而归。新秦中或千里无亭徼，于是诛北地太守以下"（《史记·平准书》《汉书·食货志下》）。天汉二年（前99），"泰山、琅邪群盗徐勃等阻山攻城，道路不通"，汉武帝特"遣直指使者暴胜之等衣绣衣杖斧分部逐捕"（《汉书·武帝纪》）。足见最高统治者对北边道和并海道交通形势的重视。

秦代形成的陆路交通网在汉时又历经拓修完善，并随疆土的扩展进一步延伸。由汉中巴蜀道向南，秦代有不能通车的"五尺道"。汉武帝时为加强对西南地区控制，大力建设道路，"开路西南夷，凿山通道千余里，以广巴蜀"，"作者数万人"（《史记·平准书》）。②元光六年（前129）"南夷始置邮亭"（《史记·汉兴以来将相名臣年表》）。陇西北地道再向西北，一支入青海羌人活动地区③，一支经河西向西域，成为沟通东西文化的丝绸之路④。北边道也向东西拓展，秦时北边"起临洮，至辽东"（《史记·蒙恬列传》），西汉时"北边

---

① 研究秦汉交通的论著大多持与此类同的见解，一些国外学者也赞同这一观点，例如汤因比《历史研究》一书中就写道："古代中国统一国家的革命的建立者秦始皇帝，就是由他的京城向四面八方辐射出去的公路的建造者。"曹未风等译节录本，上海人民出版社，1966，下册，第25~26页。

② 东汉时期西南方向的交通道路建设，有荥经何君阁道石刻以为物证。王子今：《荥经何君阁道石刻再发现的意义》，《中国古代文明研究与学术史：李学勤教授俪七十寿庆纪念文集》，河北大学出版社，2006。

③ 《汉书·赵充国传》记载，赵充国"治湟狭以西道桥七十所，令可至鲜水左右"，所谓"从枕席上过师"。前又称"临羌东至浩亹"，"其间邮亭多坏败者"，可见道路早已开通。赵充国攻西羌时，金城与长安间770公里，紧急文书，七日可得往返。

④ 《后汉书·西域传》论曰："汉世张骞怀致远之略，班超奋封侯之志，终能立功西遐，羁服外域"，"立屯田于膏腴之野，列邮置于要害之路。驰命走驿，不绝于时月。"

自敦煌至辽东"已达"万一千五百余里"（《汉书·赵充国传》），辽东以东，又有玄菟、乐浪二郡。东汉时江南道路的建设又有发展，比较著名的有零陵、桂阳交通干线的开通。[①]

秦汉时代，重要的交通干线已通达各主要经济区，由东向西在彭城、荥阳、长安结成交通枢纽，此外，又有疏密交错的交通支线结织成网，形成全国规模的交通系统，其中有的支线在历史演进中又发展为重要的干线。有些看起来并未形成明确线形结构的道路，也在交通生活中发生着重要的作用。

秦汉陆路交通网的形成，不仅对于当时政治、经济、军事和文化的发展，起到了积极的作用，而且为后世交通道路的规划和建设，确定了大致的格局。

二 驰道与驰道制度

《史记·秦始皇本纪》记载：秦始皇二十七年（前220），"治驰道"。驰道的修筑，是秦汉交通建设事业中最具时代特色的成就。通过秦始皇和秦二世出巡的路线，可以知道驰道当时已经结成全国陆路交通网的基本要络。曾经作为秦中央政权主要决策者之一的左丞相李斯被赵高拘执，在狱中上书自陈，历数功绩有七项，其中包括"治驰道，兴游观，以见主之得意"（《史记·李斯列传》）。可见修治驰道是统治短暂的秦王朝行政活动的主要内容之一。

关于驰道的形制，西汉人贾山说："道广五十步，三丈而树，厚筑其外，隐以金椎，树以青松。为驰道之丽至于此，使其后世曾不得邪径而讬足焉。"（《汉书·贾山传》）贾山关于"驰道之丽"的描述，

---

① 《后汉书·郑弘传》："旧交阯七郡贡献转运，皆从东冶，泛海而至，风波艰阻，沈溺相系。弘奏开零陵、桂阳峤道，于是夷通，至今遂为常路。"《后汉书·循吏列传·卫飒》：飒为桂阳太守，"凿山通道五百余里，列亭传，置邮驿"。

有的学者曾以为真实性可疑，"或有辩士夸饰之言"。① "道广五十步"，相当于现今尺度 69 米左右。考古工作者曾在陕西咸阳窑店镇南的东龙村以东 150 米处，发现一条南北向古道路遗迹，路宽 50 米，筑于生土之上，两侧为汉代文化层②。这条道路，北为秦都咸阳的宫殿区，向南正与汉长安城的横门相对。以秦宫布局"象天极"的规划意图分析③，这条道路应当是南北沟通咸阳宫与阿房宫的交通干道，当时自然应归入驰道交通系统之中。另外，秦咸阳宫附近发现的 1 号大道位于北墙以北约 220 米处，"路面已有破坏，现存最宽处为 54.4 米，一般在 40～50 米之间，路面中间高于两侧 10～15 厘米，呈鱼脊状"，"大道南北两旁均为淤泥，似为路面泄水之阳沟"④。从形制和规模分析，这条道路可能与驰道有关。据调查，陕西潼关以东的秦汉驰道遗迹，路面宽 45 米以上⑤。秦始皇时代所修筑的直道，其遗迹在陕西淳化、旬邑、黄陵、富县、甘泉等地发现多处，路面宽度往往也有 50～60 米⑥。看来贾山关于驰道规模的记述，并非虚言。所谓"三丈而树"，王先谦《汉书补注》："王先慎曰：三丈，中央之地，惟皇帝得行，树之以为界也。《三辅黄图》云：'汉令：诸侯有制得行驰道中者，行旁道，无得行中央三丈也。不如令，没入其车马。'盖沿秦制。"杨树达《汉书窥管》卷六则以为，"三丈而树，谓道之两旁每三丈植一树"。"厚筑其外"，指路基构筑务求坚实，两侧形成宽缓的

---

①　劳榦：《论汉代之陆运与水运》，"中央研究院"《历史语言研究所集刊》第 16 本，收入《劳榦学术论文集甲编》，艺文印书馆，1976。

②　孙德润、李绥成、马建熙：《渭河三桥初探》，《考古与文物》丛刊第 3 号《陕西省考古学会第一届年会论文集》（1983 年 11 月）。

③　《史记·秦始皇本纪》："焉作信宫渭南，已更命信宫为极庙，象天极。"《三辅黄图》卷一"阿房宫"："周驰为复道，度渭属之咸阳，以象太极阁道抵营室也。"

④　陕西省考古研究所：《秦都咸阳考古报告》，科学出版社，2004，第 212 页。

⑤　胡德经：《洛阳—长安两京古道考察》，《中州今古》1986 年第 1 期。

⑥　陕西省交通史志编辑部古代组：《陕西古代交通史》（部分章节讨论稿），1983 年 1 月。

路坡。所谓"隐以金椎",王先谦《汉书补注》:"周寿昌曰:'隐'即'稳'字,以金椎筑之使坚稳也。"陈直《汉书新证》又举《全后汉文》卷九八《开通褒斜道石刻》中"益州东至京师,去就安隐"句借稳为隐,证实周说不误。敦煌汉简可见"诸子途中皆安隐"简文(161),亦可以为补证。

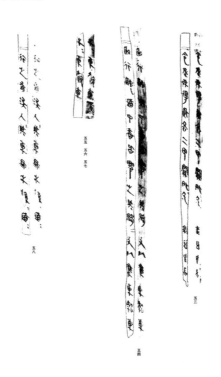

图1-5 龙岗秦简有关驰道制度的简例

《史记·孝景本纪》:六年"后九月,伐驰道树,殖兰池"。梁玉绳《史记志疑》以为,"此文曰'伐',则不得言'殖'矣"。或以为"殖"当作"填"①,然而"后九月"时已秋尽冬初,水害季节已过,不必伐木堰填。其实此处之"伐",是指砍斫采条,"殖"则是指蕃

① 裴骃《集解》:徐广曰:"殖,一作'填'。"《史记会注考证》引张守节《正义》:刘伯庄云:"此时兰池毁溢,故堰填。"

息栽植。兰池宫地势濒水,宜选作苗圃地。而"后九月",时令正宜扦插育苗①。驰道行道树生长繁茂,因而用作采条基树,所育苗木,可能又植于新辟道路两旁。"伐驰道树殖兰池",是我国开始采用秋冬季采条覆土,春季掘土栽植的"休眠枝埋藏技术"的最早记载。由此可知,驰道两侧除贾山所谓"树以青松"外,又有杨柳一类易于扦插繁殖的树种,用作行道树者,当时还有柏、梓、槐、桧、檀、榆等等。②

秦始皇筑九原抵云阳的道路,"堑山堙谷,直通之"(《史记·秦始皇本纪》)。贾山也说,驰道的规划,可以"使其后世曾不得邪径而讬足"。可见驰道选线尽量追求平直,减缓坡度,扩大曲线半径,以便于提高通行速度。《史记·滑稽列传》褚先生补述:魏文侯时,西门豹为邺令,发民凿十二渠,民人以给足富。"十二渠经绝驰道,到汉之立,而长吏以为十二渠桥绝驰道,相比近,不可;欲合渠水,且至驰道合三渠为一桥。邺民人父老不肯听长吏,以为西门君所为也,贤君之法式不可更也。长吏终听置之。"可见驰道选线异常审慎,地方官员不能擅自更动,于是为了减少渠桥,宁可改变原有渠道的走向。历代地理书以及许多地方志中常常可以看到有关秦汉驰道遗迹的记载。驰道许多路段作为千古不易的交通通道的事实,也说明驰道设计选线的合理性能够经受历史的考验。

---

① 曹丕《柳赋》序:"昔建安五年,上与袁绍战于官渡。是时余始植斯柳。自彼迄今,十有五载矣。"曹袁官渡决战,正在秋九月至冬十月间。据郑万钧主编《中国树木志》,杨柳科树木扦插育苗,有"秋季落叶后采条"者(中国林业出版社,1985,第1961页)。关于"伐驰道树殖兰池"的解释,详见王子今《"伐驰道树殖兰池"解》,《中国史研究》1988年第3期。

② 《古诗十九首》:"驱车上东门,遥望郭北墓。白杨何萧萧,松柏夹广路。"《乐府诗集》卷八四《离歌》:"晨行梓道中,梓叶相切磨。"《隶释》卷三《张公神碑》:"□□□□大路畔兮,亭长阖□□扦难兮,列种槐梓方茂烂兮。"《水经注·瓠子水》记成阳尧陵庙:"栝柏数株,檀马成林,二陵南北,列驰道迳通。"栝即桧树。檀马,王国维《水经注校》:"或谓檀与駮马也。"又陆机《诗·秦风·晨风》疏:"駮马,梓榆也。"

驰道"厚筑其外",颜师古注:"筑令坚实,而使隆高耳。"即通过多层夯筑,使整个路面高于地表。《汉书·宣元六王传·东平思王刘宇》:"哀帝时,无盐危山土自起覆草,如驰道状。"也说明驰道路面一般高于原地表。从陕西甘泉桥镇方家河直道遗迹的路基断面,还可以看到清晰的夯层。① 方家河秦直道遗迹据说在大面积夯筑填方的路基外侧"夯筑出数个平面方形隔墙,隔墙内填土以形成护坡或路面"。这种建筑形式亦见于陕西富县桦沟口段直道遗迹②,或可作为"厚筑其外"的解说。

贾山说,秦"为驰道于天下,东穷燕齐,南极吴楚,江湖之上,濒海之观毕至"(《汉书·贾山传》)。据《史记·平准书》记载,汉武帝得宝鼎,立后土、太一祠,公卿开始讨论封禅事宜,于是"天下郡国皆豫治道桥,缮故宫,及当驰道县,县治官储,设供具,而望以待幸"。汉武帝可能通过的驰道,当时几乎遍达"天下郡国"。史籍中明确可见的各地驰道,除前引邺地驰道外,又有《史记·绛侯周勃世家》:击臧荼易下,"所将卒当驰道为多";击匈奴平城下,"所将卒当驰道为多"。司马贞《索隐》:"或以驰道为秦之驰道。"③ 驰道伸展,直至北边。《汉书·王䜣传》记载,右扶风至安定、北地一线,

① 据陕西省考古研究所张燕所提供 1984 年实地考察所得资料。

② 2009 年陕西省考古研究院张在明研究员主持的对陕西富县直道遗迹桦沟口段的发掘,对于路基结构、路面状况、护坡形式、排水系统以及规模可观的很可能性质为关卡的高等级道路附属建筑遗存进行了全面的揭露和分析,充实了我们对于秦汉交通建设成就的认识。参看张在明《陕西富县秦直道遗址》,《2009 年度全国十大考古新发现终评会》,第 36~38 页;《二〇〇九全国十大考古新发现·陕西富县秦直道遗址》,《中国文物报》2010 年 6 月 11 日;王子今《陕西富县秦直道遗址:秦代的国家级高速公路》,《光明日报》2010 年 6 月 12 日。

③ 《汉书·周勃传》颜师古注谓"当驰道"即"当高祖所行之前",《汉书补注》:"刘攽曰:'驰道犹言乘舆耳。'……沈钦韩曰:'谓敌人驰车冲突之道当之者功为多也。'"王先谦赞同颜、刘之说。显然这些误解与历代学者对秦汉北边道的意义认识不足有关。陈直《史记新证》:"周勃攻战之地,属于燕之驰道。"天津人民出版社,1979,第 113 页。看来对此处"驰道"的理解,不必旁生新意。"当驰道",可能指在围攻敌军或与之对抗时阵地正当驰道,因而承担了抗击敌军主力的任务。

也有驰道。① 据《水经注》可知，在郦道元的时代，白马至长垣间，以及苦县、聊城等地，仍可见驰道遗迹。② 西汉白马、长垣、苦县、聊城等，都是"当驰道县"。据说湖南零陵一带，也有驰道遗存。③

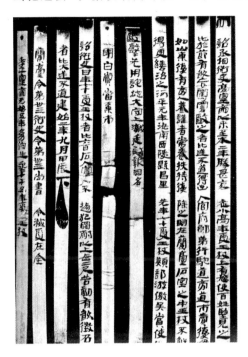

图 1—6　武威汉简有关驰道制度的简例

《礼记·曲礼》中说到国君遇灾年时自为贬损诸事，包括"驰道不除"。或许"驰道"之称最初可早至先秦，然而当时尚未形成完备的道路制度。孔颖达解释说："驰道，正道，如今御路也。是君驰走车马之处，故曰驰道也。除，治也。不治，谓不除于草莱也"《说

---

① 《汉书·王诉传》："征为右辅都尉，守右扶风。上数出幸安定、北地，过扶风，宫馆驰道修治，供张办。武帝嘉之。"

② 《水经注·济水二》：韦城"有驰道，自城属于长垣，濮渠东绝驰道，东迳长垣县故城北"。《阴沟水》：苦县"城之四门，列筑驰道"。《河水五》：聊城县故城"南门有驰道，绝水南出"。《肥水》又有所谓"玄康南路驰道"。

③ 《读史方舆纪要》卷八一《永州府》。

文·马部》："驰，大驱也。"段玉裁注："驰亦驱也，较大而疾耳。"
看来，驰道是区别于普通道路的高速道路。秦始皇三十六年（前
211），"使者从关东夜过华阴平舒道，有人持璧遮使者"，作"今年
祖龙死"的预言①，说明驰道可驰车夜行。昌邑王刘贺入长安，日中
出发，晡时已达定陶，行一百三十五里（《汉书·武五子传·昌邑哀
王刘髆》），这在当时确是罕见的高速。刘贺幸方舆，亦"曾不半日而
驰二百里"（《汉书·王吉传》），也可以说明驰道的通行速度。

从史籍记载可知，当时有不允许随意穿行驰道的严格规定。汉成
帝为太子时，元帝急召，他以太子身份，仍"不敢绝驰道"，绕行至
直城门，"得绝乃度"。此后元帝"乃著令，令太子得绝驰道云"
（《汉书·成帝纪》）。驰道不能随处"横度"，大约设置有专门的平交
道口，以使行人"得绝"而"度"。史念海曾指出："畿辅之地，殆
因车驾频出，故禁止吏人穿行。若其他各地则不闻有此，是吏民亦可
行其上矣。"②确实"畿辅"以外的"其他各地"没有看到禁令如此
严格的实例。

秦汉驰道制度的另一严格规定，是非经特许，不得行驰道中。云
梦龙岗秦简有涉及"驰道"的内容：

敢行驰道中者，皆鋈（迁）之；其骑及以乘车、轺车☒（五四）

☒牛、牛☒（五五）

☒车☐☒（五六）

☒輓车（五七）

行之，有（又）没入其车、马、牛县、道【官】，县、道☒
（五八）

---

① 梁玉绳《史记志疑》卷五以为"今年"当作"明年"，甚确。
② 史念海：《秦汉时代国内之交通路线》，《文史杂志》第 3 卷第 1、2 期，收入《河山集》四集，陕西师范大学出版社，1991。

整理者以为这几枚简可以缀合，释文为："敢行驰道中者，皆罾（迁）之；其骑及以乘车、轺车（五四）牛、牛（五五）车、輓车（五七）行之，有（又）没入其车、马、牛县、道【官】，县、道☐（五八）。"① 简文记录了禁行"驰道中"的制度。

汉武帝尊奉其乳母，"乳母所言，未尝不听"，于是"有诏得令乳母乘车行驰道中"（《史记·滑稽列传》褚先生补述）。未有诏令而行驰道中，当受严厉处罚。翟方进为丞相司直，曾因行驰道中受到劾奏，"没入车马"（《汉书·翟方进传》）。汉哀帝时丞相掾史行驰道中，也曾被司隶鲍宣拘止，没入其车马（《汉书·鲍宣传》）。汉武帝时禁令最为严格，《汉书·江充传》记载，馆陶长公主行驰道中，直指绣衣使者江充拦截斥问，公主说："有太后诏。"江充则说："独公主得行，车骑皆不得。"于是"尽劾没入官"。② 江充又曾逢太子家使乘车马行驰道中，也加以扣押。太子请求从宽处理，江充严词拒绝，一时"大见信用，威震京师"。

《汉书·江充传》颜师古注引如淳曰："《令乙》：骑乘车马行驰道中，已论者没入车马被具。"《汉书·鲍宣传》颜师古注引如淳曰："《令》：诸使有制得行驰道中者，行旁道，无得行中央三丈也。"甘肃武威两次出土体现汉代尊老养老制度的汉简王杖诏令册。1981 年发现的本始二年（前 72）诏令简中，有王杖主"得出入官府节第，行驰道中"的内容。1959 年出土的"王杖十简"中，则作"得出入官府即（节）第，行驰道旁道"。③ 其内容或有可能互相转

---

① 中国文物研究所、湖北省文物考古研究所：《龙岗秦简》，中华书局，2001，第 95 页。

② 王先谦《汉书补注》：陈景云曰：据《功臣表》知馆陶公主卒于元狩之末，"及江充贵幸，主没已十余年。'馆陶'字误无疑"。然而即使"字误无疑"，似未可疑驰道拦车事为乌有。

③ 考古研究所编辑室：《武威磨咀子汉墓出土王杖十简释文》，《考古》1960 年第 9 期。武威县博物馆：《武威新出王杖诏令册》，《汉简研究文集》，甘肃人民出版社，1984。

抄，而文字出现更动，原义当不矛盾①，证实了如淳"得行驰道中者，行旁道"之说。这样看来，当时驰道是路面分划为三的具有分隔带的多车道道路。有三条分行线以区分等级，实际上也适应了行车速度不同的事实。"中央三丈"是所谓"天子道"。② 经过特许的贵族官僚可行旁道。经 2008 年汉长安城直城门发掘，考古学者发现，"中门道的地面与其他门道的地面有着比较明显的区别，为抹泥地面，表面光滑平整，基本上看不到使用的痕迹"。"出现这种情况，可能是因为中门道属于驰道，为皇帝专用而很少使用，其他门道则为一般官吏和平民长期使用。"③ 这种交通道路规则固然充满浓重的专制色彩，体现出等级尊卑关系，然而在当时针对社会各阶层所拥有交通工具质量、数量差别悬殊的现实，其存在，又具有一定的历史合理性。作为最早的具有分隔带的道路，驰道在交通道路史上也具有值得重视的地位。

驰道虽有严格禁行的制度，如《盐铁论·刑德》所谓"今驰道经营陵陆，纡周天下，是以万里为民阱也"，然而事实上这种禁令的实际执行程度仍是有限的。前引史念海说"畿辅之地"较"其他各地"禁令严格，"殆因车驾频出，故禁止吏人穿行"。其实，即使在畿辅之地，驰道禁行史例也仅见于汉武帝执政后。汉并天下之初，朝仪"简易"，甚至"群臣饮酒争功，醉或妄呼，拔剑击柱"，至叔孙通定仪礼后，方"莫不振恐肃敬"（《史记·刘敬叔孙通列传》），当时交通等级制度也不会十分严格。汉文帝有出行途中遭遇平民的故

---

① 武威县博物馆《武威新出王杖诏令册》（执笔党寿山）一文认为"王杖十简"中"本二年"，"'本'下漏书'始'字"，应依 1981 年 9 月新得王杖诏令册更正为"本始二年"。《汉简研究文集》，甘肃人民出版社，1984。

② 《史记·秦始皇本纪》：二十七年，"治驰道"。裴骃《集解》："应劭曰：'驰道，天子道也，道若今之中道然。'"

③ 中国社会科学院考古研究所汉长安城工作队：《西安汉长安城直城门遗址 2008 年发掘简报》，《考古》2009 年第 5 期。

事。① 到汉宣帝时，当时人已经注意到"今驰道不小也，而民公犯之，以其罚罪之轻也"，又有"乘骑车马行驰道中，吏举苟而不止"情形（《盐铁论·刑德》）。驰道制度实际上已受到严重破坏，当权者已无法对违禁者进行严厉处罚。到了汉平帝元始元年（1）六月，终于"罢明光宫及三辅驰道"（《汉书·平帝纪》）。罢三辅驰道不可能是毁断已有道路，应理解为禁行"驰道中"的制度终于废止。驰道制度的这一变化，不仅仅是皇权衰落的标志，应当说也是顺应了交通事业进一步发展的要求，是以乘马和高速车辆的空前普及为背景的。

《史记·秦始皇本纪》"治驰道"句下，裴骃《集解》引应劭曰："道若今之中道然。"可见东汉时仍有近似于驰道的皇家专用道路。《太平御览》卷一九五引陆机《洛阳记》："宫门及城中大道皆分作三，中央御道，两边筑土墙，高四尺余，外分之，唯公卿、尚书，章服，从中道，凡人皆行左右。"曹植"尝乘车行驰道中，开司马门出。太祖大怒，公车令坐死。由是重诸侯科禁，而植宠日衰"（《三国志·魏书·陈思王植传》）。汉魏之际都城中大约又有驰道制度，但可能只局限于宫城及附近大道的部分区段，不像西汉中晚期那样全线都禁止通行了。

三　通田作之道，正阡陌之界

《史记·齐太公世家》：齐顷公八年，晋军败齐，齐侯请和，晋人

---

① 《史记·张释之冯唐列传》："上行出中渭桥，有一人从桥下走出，乘舆马惊。于是使骑捕，属之廷尉。释之治问。曰：'县人来，闻跸，匿桥下。久之，以为行已过，即出，见乘舆车骑，即走耳。'廷尉奏当，一人犯跸，当罚金。文帝怒曰：'此人亲惊吾马，吾马赖柔和，令他马，固不败伤我乎？而廷尉乃当之罚金！'释之曰：'法者天子所与天下公共也。今法如此而更重之，是法不信于民也。且方其时，上使立诛之则已。今既下廷尉，廷尉，天下之平也，一倾而天下用法皆为轻重，民安所措其手足？唯陛下察之。'良久，上曰：'廷尉当是也。'"这一"犯跸"案例，论罪似并不依据禁行驰道中的制度。

"令齐东亩"。裴骃《集解》："服虔曰：'欲令齐陇亩东行。'"司马贞《索隐》："垄亩东行，则晋车马东向齐行易也。"可见先秦时期农田道路对于交通的意义已经受到相当程度的重视。对于历史进程有不可否认的显著影响的商鞅变法，包括"为田开阡陌"的措施。事见《史记·秦本纪》《秦始皇本纪》《六国年表》《商君列传》。《战国策·秦策三》和《史记·范睢蔡泽列传》则称作"决裂阡陌"。西汉时人区博称之为"置阡陌"（《汉书·王莽传中》）。《汉书·地理志下》颜师古注引三国时人张晏的说法，称为"开立阡陌"。杜佑《通典》也解释为"立阡陌""制阡陌"。《汉书·食货志上》"阡陌"作"仟伯"，都是指田间道路。《史记·商君列传》张守节《正义》："南北曰阡，东西曰陌。按：谓驿塍也。""开阡陌"，是以道路分割田亩，有改革旧田制、重新规划土地的意义，同时，也必然使农田交通状况有所改进。

四川青川郝家坪 50 号战国墓出土了秦更修为田律木牍，内容是秦武王时关于田制的律令，值得注意的是其中有关于田间道路的严格规定：

> 田广一步，袤八则，为畛。亩二畛，一百（陌）道。百亩为顷，一千（阡）道，道广三步。

其中还规定：

> 以秋八月，修封埒（埒），正彊（疆）畔，及發千（阡）百（陌）之大草；九月，大除道及阪险；十月，为桥，修波（陂）隄，利津沱（渡），鲜草离。非除道之时而有陷败不可行，辄为之。

新的《为田律》规定，农田宽 1 步，长 240 步，就要造畛。每亩两条畛，一条陌道。100 亩为 1 顷，一条阡道，道宽 3 步。在秋季八月，修筑封埒，划定田界，并除去阡陌上生长的草；九月，大规模修治道路和难行的地方；十月，造桥，修筑池塘水堤，使渡口和桥梁畅通，清除杂草。不在规定修治道路的时节，如道路破坏不能通行，也应立即修治。①

这样，农田和道路的规划相结合，以道路作田界，同时在农田间结成了阡、陌、畛纵横交错的有系统的交通网络。而且又以法令的形式，规定对农田道路为主的一系列交通设施定期进行修治养护。律文确定阡道应宽 3 步，即 18 尺，约合今 4.16 米，可以两车交会，畅行无碍。律文内容对陌和畛的宽度没有规定。《说文·田部》："百（陌）广六尺。"而秦制"舆六尺"（《史记·秦始皇本纪》），陌道的宽度正容车轨相通。

云梦睡虎地秦简《语书》中说到南郡守腾修"田令"事，《秦律十八种》又有所谓《田律》，汉代也有《田令》《田律》②。萧何捃摭秦法，汉律多有继承秦代律令的内容。湖北江陵张家山西汉前期墓葬出土竹简所载汉律，也有与四川青川郝家坪木牍秦武王二年更修《为田律》诏令类同的内容，"袤八则"，作"袤二百囗步"，"阡"的规划有所不同，而且以"乡部主邑中道，田主田道"明确了田间道路养护的责任：

> 田广一步，袤二百卌步，为畛，亩二畛，一佰（陌）道；百亩为顷，十顷一千（阡）道，道广二丈。恒以秋七月除千（阡）

---

① 四川省博物馆、青川县文化馆：《青川县出土秦更修田律木牍》，《文物》1982 年第 1期；李学勤：《青川郝家坪木牍研究》，《文物》1982 年第 10 期；胡平生、韩自强：《解读青川秦墓木牍的一把钥匙》，《文史》第 26 辑，中华书局，1986。

② 《后汉书·黄香传》："（黄）香曰：'《田令》：'商者不农'……"《周礼·秋官司寇·士师》郑玄注："野有《田律》。"

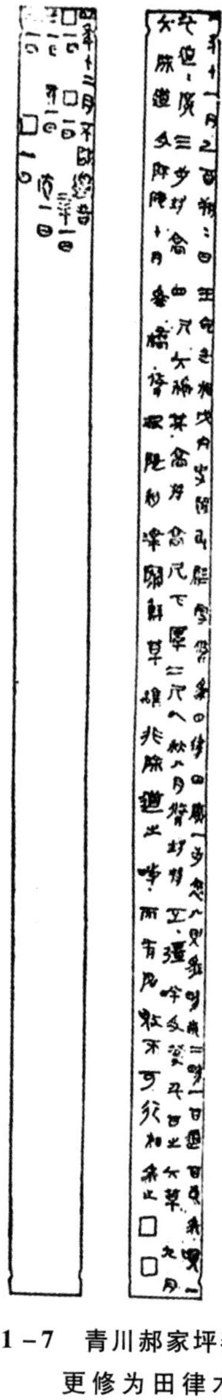

图 1-7 青川郝家坪秦
更修为田律木牍

佰（陌）之大草；九月大除（二四六）道□阪险；十月为桥，修波（陂）堤，利津梁。虽非除道之时而有陷败不可行，辄为之。乡部主邑中道，田主田（二四七）道。道有陷败不可行者，罚其啬夫、吏主者黄金各二两。盗侵饮道，千（阡）佰（陌）及堑土〈之〉，罚金二两。（二四八）

据整理小组的意见，"田主田道"，"上'田'字，官名，此处应指田典"[①]。秦汉时期政府关于农田制度的律令中一直有关于田间道路的严格规定，可见对农田运输的重视。张家山汉简与郝家坪秦牍比较，"阡"的密度有所不同，但是宽度达 4.62 米，通行规格更高了。

成书于秦昭王以后的云梦睡虎地秦简《法律答问》中有这样的条文：

"盗徙封，赎耐。"可（何）如为"封"？"封"即田千佰。顷半（畔）"封"殹（也），且非是？而盗徙之，赎耐，可（何）重也？是，不重。（六四）

① 张家山二四七号汉墓竹简整理小组：《张家山汉墓竹简〔二四七号墓〕》（释文修订本），文物出版社，2006，第42页。最后一句整理小组释文："□□□□□及□土，罚金二两。"据彭浩、陈伟、工藤元男主编《二年律令与奏谳书》补释。《二年律令与奏谳书——张家山二四七号汉墓出土法律文献释读》，上海古籍出版社，2007，第189页。最后"〈之〉"的处理方式，似可存疑。

指出，"封"就是田地的阡陌，如私加移动，便判处赎耐，判处并不算重。① 可见，田间阡陌除交通作用之外，又是具有法定意义的绝不允许私自移动的田界。西汉中期以后，土地逐渐私有，土地买卖成为普遍而频繁的社会现象，于是开始出现所谓"买地券"。买地券形式为钱地交割过程的记录，关于所交易土地的位置、四至，多涉及作为地区标志和地界的大道，例如：

序号	买 地 券 名 称	土 地 位 置	土地四至
1	建宁二年（169）王未卿买地铅券	皋门亭部什三郘西	
2	建宁四年（171）孙成买地铅券	广德亭部罗陌	西尽大道
3	熹平五年（176）刘元台买地砖券		南至官道
4	光和元年（178）曹仲成买地铅券	长谷亭部马岭佰北	南尽松道
5	光和二年（179）王当买地铅券	谷郏亭部三佰西	
6	光和五年（182）刘公买地砖券	□东佰南	有"东仟西仟南佰北佰"
7	光和七年（184）樊利家买地铅券	石梁亭部桓千东比是佰北	南尽佰
8	中平五年（188）房桃枝买地铅券	广德亭部罗西比□步兵道东	

券文中"千"即"阡"，"郘""佰"即"陌"②。云南昆明塔密村东汉墓出土的内容类似于买地券的延光四年（125）刻石，也可见田北

---

① 整理小组译文："'私自移封，应赎耐。'什么叫'封'？'封'就是田地的阡陌。百亩田的田界是算做'封'，还是不算做'封'？如私加移动，便判处赎耐，是否太重？算做'封'，判处并不算重。"睡虎地秦墓竹简整理小组：《睡虎地秦墓竹简》，文物出版社，1990，释文，第108页。

② 学术界对传世买地券的真伪历来有不同的意见，本书从方诗铭说。参看方诗铭《从徐胜买地券论汉代"地券"的鉴别》，《文物》1973年第5期；又《再论"地券"的鉴别——答李寿冈先生》，《文物》1979年第8期。所举买地券的出处：（1）《贞松堂集古遗文》卷一五；（2）并见《地券征存》《蒿里遗珍》《芒洛冢墓遗文续编》；（3）蒋华《扬州甘泉山出土东汉刘元台买地砖券》，《文物》1980年第6期；（4）现藏日本中村书道博物馆，转引自仁井田陞《中国法制史研究（土地法、取引法）》，1960，东京版；（5）洛阳博物馆《洛阳东汉光和二年王当墓发掘简报》，《文物》1980年第6期；（6）河北省文化局文物工作队：《望都二号汉墓》，文物出版社，1959；（7）《贞松堂集古遗文》卷一五；（8）并见《贞松堂集古遗文》卷一五《地券征存》。

距"□西大道"的文字①。在私有土地分割已经十分破碎的情况下，仍往往与阡陌这样的道路接临，由此可以体现农田道路的分布密度。

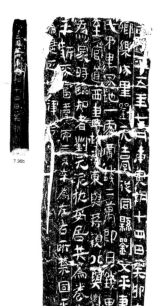

7.36b

**图1-8 扬州甘泉山出土
刘元台买地砖券**

当时田亩形式有所谓"东亩""南亩"之说。②河南内黄三杨庄汉代聚落农田遗址发现的田垄为南北方向。③《史记·秦本纪》司马贞《索隐》："《风俗通》曰：'南北曰阡，东西曰陌。河东以东西为阡，南北为陌。'"阡陌制度因地区而有所不同，因而秦汉时代田间道路的具体形式现在尚无法确知，但是我们可以知道当时的农田道路建设确实是有相对统一的规划的。《汉书·晁错传》记载，汉文帝时曾筹划往北方边地大规模移民，在讨论新的农业经济区的建设规划时，晁错就特别强调"通田作之道，正阡陌之界"。前引买地券中所见陌道以"三佰（陌）""什（十）三邵（陌）"

① 张增祺：《从出土文物看战国至西汉时期云南和中原地区的密切联系》，《文物》1978年第10期。

② 《史记·齐太公世家》："晋军追齐至马陵。齐侯请以宝器谢，不听；必得笑克者萧桐叔子，令齐东亩。"裴骃《集解》："服虔曰：'欲令齐陇亩东行。'"司马贞《索隐》："垄亩东行，则晋车马东向齐行易也。"《史记·平准书》："民不齐出于南亩"，《汉书·食货志下》："民不齐出南亩"，颜师古注："言农人尚少，不皆务耕种也。"又《汉书·李寻传》："皆使就南亩"，颜师古注："遣归农业。"《汉书·晁错传》："离南畮"，颜师古注："畮，古亩字也。南亩，耕种之处也。"

③ 河南省文物考古研究所、内黄县文物保护管理所：《河南内黄县三杨庄汉代庭院遗址》，《考古》2004年第7期；刘海旺：《首次发现的汉代农业间里遗址——中国河南内黄三杨庄汉代聚落遗址初识》，《考古发掘与历史复原》，《法国汉学》第11辑，中华书局，2006；刘海旺、张履鹏：《国内首次发现汉代村落遗址简介》，《古今农业》2008年第3期；韩同超：《汉代华北的耕作与环境：关于三杨庄遗址内农田垄作的探讨》，《中国历史地理论丛》2010年第1期。

命名，也表现出阡陌确实是在统一规划下开通的。

秦汉时代的农田道路在全国交通道路体系中的作用正相当于秦汉整个经济肌体中的活跃的微循环系统。这是以农业为主体经济形式的秦汉帝国得以保持活力的因素之一。①

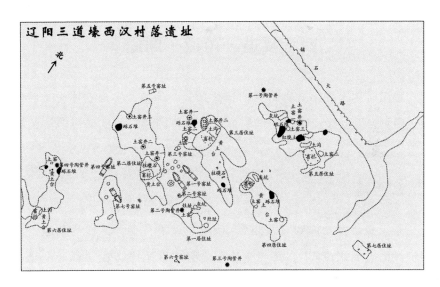

图 1-9　辽阳三道壕西汉村落遗址"铺石大路"

汉成帝阳朔四年（前21）诏："方东作时，其令二千石勉劝农桑，出入阡陌，致劳来之。"（《汉书·成帝纪》）要求高级地方行政官员通过农田道路，到现场进行生产鼓动。据《汉书·循吏传·召信臣》记载，召信臣任县长和郡太守时，"好为民兴利，务在富之"，他就做到了"躬劝耕农，出入阡陌，止舍离乡亭，稀有安居时"。农田道路的畅通，便利了耕种、管理、收获时的农田运输，对于农业生产的发展有显著的意义。《盐铁论·水旱》："器不善者不集，农事急，輓运衍之阡陌之间，民相与市买。"铁制农具也以此直接输送到田间。

———————

① 参看王子今《秦汉农田道路与农田运输》，《中国农史》1991年第3期；《秦汉时期京畿的阡陌交通》，《西安古代交通文献汇辑》，《西安古代交通志》，陕西人民出版社，1997。

通过考古发掘，可以看到秦汉农田道路的实际遗存。辽宁辽阳三道壕西汉村落遗址中，在农民居住地点北面发现铺石大路，路面上有明显的两排并列的辙迹，据发掘报告执笔者说，由此"可以想象当时大车往来各走一辙，畅行无阻的情况"[①]。

四　复道·甬道·阁道

秦汉时期出现了几种特殊的道路形式。例如，实现立体交叉的复道，两侧筑壁以保证通行安全的甬道，以"阁梁"方式跨越险阻的栈道等。

1. 复道

秦汉史籍多处说到"复道"。秦始皇大治宫室，曾"为复道，自阿房渡渭，属之咸阳"，又"令咸阳之旁二百里内宫观二百七十复道甬道相连"（《史记·秦始皇本纪》）。西汉长安"桂宫周匝十里，内有复道，横北渡，西至神明台"（《艺文类聚》卷六四引《三辅故事》）。"北宫有紫房复道通未央宫"，汉哀帝祖母傅太后居北宫，"从复道朝夕至帝所"，由于往来方便，以致经常干扰最高行政事务，"使上不得直道行"（《汉书·孔光传》）。复道这种特殊的交通道路，或可长达数十里。梁孝王"大治宫室，为复道，自宫连属于平台三十余里"（《史记·梁孝王世家》）。

《史记·留侯世家》记述如下史事：

> （汉六年）上已封大功臣二十余人，其余日夜争功不决，未得行封。上在雒阳南宫，从复道望见诸将往往相与坐沙中语。上

---

① 东北博物馆：《辽阳三道壕西汉村落遗址》，《考古学报》1957年第1期。

图 1-10　武威雷台汉墓出土有复道结构的陶楼

曰："此何语？"留侯曰："陛下不知乎？此谋反耳。"

刘邦于是从张良计，先封"平生所憎"之雍齿以示群臣，平息了不安定情绪。这里所谓"复道"，裴骃《集解》引如淳曰："上下有道，故谓之复道。"看来，复道是类似陆上高架桥式的空中道路，因而刘邦可以居高临下窥见诸将偶语。江苏徐州汉画象石有表现人似乎循屋顶行走于两座楼阁之间的画面，大概可以说明复道的形式，与宫殿建筑比较，这当然是极其苟简的复道结构。① 1969 年甘肃武威雷台汉墓出土的陶楼，四隅角楼以及门楼之间有道凌空相通，这种建筑形式，或称"飞桥""天桥"，提供了复道的实体模型。②

---

① 江苏省文物管理委员会：《江苏徐州汉画象石》，科学出版社，1959。

② 甘博文《甘肃武威雷台东汉墓清理简报》："院墙四角，各有一方形望楼，望楼之间以飞桥相连，桥身两侧皆有障墙，成悬槽之式，以防外面敌人之射袭。"《文物》1972 年第 2 期。甘肃省博物馆《武威雷台汉墓》："院墙四隅上建角楼，高二层。各角楼之间和门楼，均架设有栏杆与天桥相通。"《考古学报》1974 年第 2 期。

图 1-11　焦作汉墓出土有复道结构的陶楼

"复"字，甲骨文作复（《粹》1058），金文作复（《揚从盨》），金文与《说文·亯部》亯字有相近处。《说文》："亯，度也，民所度居也，从回，象城郭之重，两亭相对也。"复道，正是相对的亭楼之间相与连通的空中道路。

汉文帝行中渭桥，曾有人从桥下走出，惊乘舆马（《史记·张释之冯唐列传》）。王莽时灞桥失火被焚毁，据说火灾起因是寄居桥下的贫民取暖用火不慎（《汉书·王莽传下》）。看来，秦汉桥梁建筑已包括平阔滩地上长长的引桥。复道之出现，无异于引桥在陆上的延长。有的学者称这种建筑形式为"飞桥"或"天桥"，似乎注意到这种复道设计的最初起由是受到桥梁建筑的启发。而关于秦始皇"为复道，自阿房渡渭"（《史记·秦始皇本纪》）以及西汉桂宫"有复道，横北渡"（《艺文类聚》卷六四引《三辅故事》）等记载所见"渡"字，可以印证这一推论。

复道，即上下有道，尊贵者行复道上，有利于保证安全。然而，这样的理解仍不足以完整地说明复道的作用。应当看到，复道凌空而过，并不必与下边的道路方向一致。因此，在行人车马繁错拥杂的地段，复道的出现，也显然起到便利交通的作用。

《史记·刘敬叔孙通列传》中说到汉惠帝在长安城中筑作复道的经过：

> 孝惠帝为东朝长乐宫，及间往，数跸烦人，乃作复道，方筑武库南。叔孙生奏事，因请间曰："陛下何自筑复道高寝，衣冠月出游高庙？高庙，汉太祖，奈何令后世子孙乘宗庙道上行哉？"孝惠帝大惧，曰："急坏之。"叔孙生曰："人主无过举。今已作，百姓皆知之，今坏此，则示有过举。愿陛下为原庙渭北，衣冠月出游之，益广多宗庙，大孝之本也。"上遒诏有司立原庙。原庙起，以复道故。

这一段复道，用于"东朝长乐宫"，可避免"数跸烦人"，不再动辄清道戒严，影响交通，显然是一种立体交叉形式。讨论秦汉时代的复道，当然不能忽视它作为我国早期立体交叉道路的意义。

东汉时，高台建筑逐渐减少，随着建筑技术的进步，高层楼阁大量增加，复道也随之得到发展。《后汉书·光武帝纪上》李贤注引蔡质《汉典职仪》："南宫至北宫，中央作大屋，复道，三道行，天子从中道，从官夹左右，十步一卫。两宫相去七里。"是南北宫间有划分三条分行带并留有侍卫位置的复道长达7里。《后汉书·窦武传》记载，王甫与郑飒"共劫太后，夺玺书，令中谒者守南宫，闭门，绝复道"。据《后汉书·百官志四》，宫中甚至专门设置称作"复道丞"的职官。

复道不仅仅是一种宫室建筑形式，又是军事防御系统中的有效结构之一。《墨子》书中《号令》《杂守》等篇都说到作为城防工事的复道。湖南长沙马王堆3号汉墓出土帛书《驻军图》中，标识"箭道"二字的城堡上可看到向南有道路蜿蜒折下，旁边标有"复道"二字。可见汉代军事建筑中确实有复道的形式。城堡设置复道的一面与其他两面比较，正缺少崛起的亭楼，复道本身或可作为补充。复道伸向河边，意图似为控制渡口，并与对岸的"周都尉军"接应。①

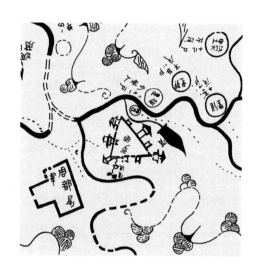

图 1-12　长沙马王堆 3 号汉墓出土《驻军图》所见复道

秦汉复道，是建筑史上的杰作，也是总结交通史时不应当忽视的重大发明。②

2. 甬道

《史记·秦始皇本纪》：秦始皇二十七年（前220），"自极庙道通郦山，作甘泉前殿，筑甬道，自咸阳属之"。所谓"甬道"，裴骃《集解》："应劭曰：'筑垣墙如街巷。'"张守节《正义》："应劭云：'谓于驰道外筑墙，天子于中行，外人不见。'"

---

① 《马王堆汉墓帛书古地图》，文物出版社，1977。
② 参看王子今、马振智《秦汉"复道"考》，《文博》1984 年第 3 期。

秦始皇三十五年（前212），卢生进言，"人主所居而人臣知之，则害于神"。"愿上所居宫毋令人知，然后不死之药殆可得也。"于是秦始皇"乃令咸阳之旁二百里内宫观二百七十复道甬道相连，帷帐钟鼓美人充之，各案署不移徙。行所幸，有言其处者，罪死"。甬道作为欲禁秘宫事，以令"外人不见"的特殊道路，如《风俗通义·正失》所谓"通同〔甬〕道，隐形体"，其形式可能确实为"筑垣墙如街巷"。《淮南子·本经》关于宫殿建筑豪华靡丽，也说到"修为墙垣，甬道相连"。《太平御览》卷一九五引陆机《洛阳记》，说到当时宫门及城中大道皆分作三，在中央御道两边筑作高四尺余的土墙，其主要作用在于严格分划路面，以避两侧扰攘，保证中央御道的畅通，并不足以遮蔽车马旌旗，而"毋令人知"。然而这种路侧筑墙的方式，当自甬道演化而来。

与秦汉宫殿区的"甬道"极其类似的建筑形式，有唐长安城的所谓"夹城"。唐长安城的"夹城"，是紧傍城东墙又另筑一墙，与城东墙之间仅留一通道，宽10～23米。修筑目的，是为保证皇帝安全潜行于大明宫、兴庆宫和曲江风景区之间。通道走向与城墙平行，全长7970米。其修筑年代，当唐玄宗开元时期。① 《资治通鉴》卷七"秦始皇帝二十七年"："作甘泉前殿，筑甬道自咸阳属之。"胡三省注："甬道，唐夹城之类也。"由唐长安城"夹城"的情形，可以推想秦汉宫殿区甬道的形式。

《汉书·邹阳传》说，梁孝王"尝上书，愿赐容车之地，径至长乐宫，自使梁国士众筑作甬道朝太后"。王先谦《汉书补注》："自王邸至太后宫门筑甬道通往来。"此事因"天子不许"，终于未遂。如王先谦说不误，当主要因梁王专用"甬道"构筑于长安城中，作为天下

---

① 陕西省文物管理委员会：《唐长安城地基初步探测》，《考古学报》1958年第3期；中国科学院考古研究所：《唐长安大明宫》，科学出版社，1959；宿白：《隋唐长安城和洛阳城》，《考古》1978年第6期。宿白又称此"夹城"为"复壁"。

之尊的皇帝的威权受到损害。推想各地诸王所居可能也都存在"甬道"建筑。"甬道",是交通特权的标志。

秦汉时代还有专门作为军事运输道路形式的"甬道"。

秦末,反秦起义军与秦军主力章邯部在"钜鹿"决战。《史记·项羽本纪》记载:

> 章邯令王离、涉间围钜鹿,章邯军其南,筑甬道而输之粟。

裴骃《集解》:"应劭曰:'恐敌抄辎重,故筑墙垣如街巷也。'"项羽军破釜沉舟,"与秦军遇,九战,绝其甬道,大破之"。看来破坏或阻断其"甬道",是取胜关键。《史记·张耳陈余列传》也说,章邯军"筑甬道属河,饷王离。王离兵食多,急攻钜鹿","项羽兵数绝章邯甬道,王离军乏食,项羽悉引兵渡河,遂破章邯"。

楚汉战争期间,项羽、刘邦两军曾数次于荥阳、成皋一带对峙。《史记·高祖本纪》:

> 汉王军荥阳南,筑甬道属之河,以取敖仓。与项羽相距岁余。项羽数侵夺汉甬道,汉军乏食,遂围汉王。汉王请和,割荥阳以西者为汉。

《项羽本纪》所记略同。"甬道",张守节《正义》:"韦昭云:'起土筑墙,中间为道。'""甬道"之争夺,又成为胜负的关键。

不唯刘邦军曾于荥阳修筑"甬道"以转运军粮,项羽军亦然。《史记·高祖功臣侯者年表》:

> (博阳侯陈濞)击项羽荥阳,绝甬道。
> (蒯成侯周緤)击项羽军荥阳,绝甬道。

是刘、项军各有输粮"甬道",其位置、走向当各不同。刘邦取粮敖仓。《史记·傅靳蒯成列传》谓周緤"东绝甬道",可知项羽军粮当输自东方。

"甬道"的基本形式是在道路两侧夯土筑壁。我们现在或者会以为工程浩巨,不可思议。然而这种特殊的道路形式,正如恩格斯所指出,是历史上确曾存在的"形式比较奇特,而且现在已经过时的工事"。恩格斯说,"野战筑城工事具有和军队同样悠久的历史。在野战筑城法方面,古代军队甚至比现代军队掌握得还要好得多"①。罗马军团的营地四周有围墙、壕沟和土堤,"所有这些工事都由兵士自己构筑,他们使用丁字镐和铲子像使用剑和矛一样灵巧"②。克劳塞维茨曾指出,"经常补给军队的交通线"的价值"取决于有无要塞或地形障碍作掩护"。他在《战争论》这部军事学名著中还强调,"只有那些有专门设施的道路才构成真正的交通线体系"③。从中国军事史的资料看,先秦秦汉时期战争中工事构筑、道路开通、桥梁架设等任务都已由直接作战的车、步、骑兵兼而承当。据《司马法》,周代军队辎重车辆配备掘土所用的"锄"和筑墙工具"板筑"。④ 《史记·黥布列传》:

　　项王伐齐,身负板筑,以为士卒先。

裴骃《集解》:"李奇曰:'板,墙板也。筑,杵也。'"可知担任攻击任务的野战部队也有"板筑"一类工具作为必备的军用器材,士兵需

---

① 恩格斯:《筑城》,《马克思恩格斯全集》第 14 卷,第 351～352 页。
② 恩格斯:《野营》,《马克思恩格斯全集》第 14 卷,第 279 页。
③ 克劳塞维茨:《战争论》,解放军出版社,1964,第 622～623 页。
④ 《左传·宣公十一年》:"称畚筑。"孔颖达疏:"《正义》曰:畚者盛土之器,筑者筑土之杵。《司马法》:'辇车所载二筑'是也。"《司马法佚文》:"夏后氏谓辇曰余车,殷曰胡奴车,周曰辎辇。辇有一斧一斤一凿一梩一锄,周辇加二版二筑。"

承担构造壁垒等土方工程任务。当时，在必要的情况下，可以在往复通过的重要的交通线两侧构筑土壁，形成"甬道"，以隐匿运输车队，或阻遏敌军兵车骑队的冲击，以使运行迟缓的辎重车取得躲避转移的时机，从而保证军需物资运输的安全。

"甬道"这种特殊道路，在军事上的应用年代并不很长。曹操击马超、韩遂，在河潼大战中应用的"甬道"，形式已发生重要变化，即所谓"连车树栅，为甬道而南"（《三国志·魏书·武帝纪》），裴松之注："今魏武不筑垣墙，但连车树栅以扞两面。""甬道"这一道路形式的衰微，可能主要由于野战部队的机动性加强了，战争中长期对垒的情形已渐少见，而运输车队的车速加快，运输效率显著提高，可能也是促成这一演变的重要原因之一。① 而"连车"所需车数可以得到满足，也是以拥有车辆之充备为条件的。

3.阁道（栈道）

阁道或栈道这种交通道路形式的普遍应用标志着交通史上的重大进步。在我国山区居多的地理条件下，各地区间的政治、经济联系和文化交往，凭借这种道路形式发展到了新的阶段。

《史记·秦始皇本纪》：阿房宫"周驰为阁道，自殿下直抵南山"。《三辅黄图》卷一："离宫别馆，弥山跨谷，辇道相属，阁道通骊山八十余里。"《汉书·元后传》：王凤"大治第室，起土山渐台，洞门高廊阁道，连属弥望"。阁道，一般以为是仿楼阁的架空通道②，值得注意的是，这里所谓阁道往往与山地交通有关，其形式其实与克服山阻的栈道相同。栈道、阁道可以互称。《史记·高祖本纪》：汉王之国，"从杜南入蚀中，去辄烧绝栈道"。司马贞《索隐》："栈道，

---

① 参看王子今《秦汉"甬道"考》，《文博》1993年第2期。

② 或以为"阁道也就是复道"，是"上有屋顶"的"天桥"。《桥梁史话》编写组：《桥梁史话》，上海科学技术出版社，1979，第27页。

阁道也。""崔浩云:'险绝之处,傍凿山岩,而施版梁为阁。'"《战国策·齐策六》:田单"为栈道木阁而迎王与后于城阳山中"。《后汉书·隗嚣传》:"诏嚣当从天水伐蜀,因此欲以溃其心腹。嚣复上言:'白水险阻,栈阁绝败。'"李贤注:"栈阁者,山路悬险,栈木为阁道。"栈道、阁道,其实形同名异。《墨子·备城门》:"凿扇上为栈",其实也指棚阁。栈道又称为阁道的实例相当多,例如:

《华阳国志·蜀志》:"(唐蒙)斩石为阁道。"

《三国志·蜀书·刘二牧传》:"(张鲁)住汉中,断绝谷阁,杀害汉使。"

《三国志·魏书·徐晃传》:"(刘备)遣陈式等十余营绝马鸣阁道。晃别征破之,贼自投山谷,多死者。太祖闻,甚喜,假晃节,令曰:'此阁道,汉中之险要咽喉也。刘备欲断绝外内,以取汉中。将军一举,克夺贼计,善之善者也。'"

《华阳国志·刘后主志》:"丞相亮治斜谷阁,运粮谷口。"

《初学记》卷八引《华阳国志》:"诸葛亮相蜀,凿石架空,为飞梁阁道,以通蜀、汉。"

《水经注·沔水》:"诸葛亮《与兄瑾书》云:'前赵子龙退军,烧坏赤崖以北阁道。"

《三国志·蜀书·魏延传》:"率所领径先南归,所过烧绝阁道。"

《三国志·魏书·邓艾传》:"自阴平道行无人之地七百余里,凿山通道,造作桥阁,山高谷深,至为艰险。"

栈道常常以"阁"命名。[①] 如《隶释》卷四《蜀郡太守何君阁道

---

① 例如《华阳国志·汉中志》:广汉、德阳"有剑阁道三十里,至险,有阁尉"。《水经注·漾水》:"西去大剑三十里,连山绝险,飞阁通衢,故谓之剑阁也。"

碑》：

> 蜀郡太守平陵何君遣掾临邛舒鲔将徒治道，造尊楗阁，袤五
> 十五丈，用功千一百九十八日。建武中元二年六月就，道史任云
> 陈春主。

洪适说："栈路谓之阁道，非楼阁之阁也。"[1] 而宫室建筑中的"阁道"[2]，除取义楼阁相连而外，可能形式也与作为险山通路的阁道（栈道）有相近的地方。或说"阁道本是古代天文学上的术语"，"古人称宫际天桥为阁道，含有将人间帝王居处比成天上宫阙之意"。[3] 其实，"阁道"体现的人文和天文相印合的关系可能恰好相反。天际星象所谓"阁道"[4]，可能是人间现象的反映。

"栈路谓之阁道"的见解是可取的。《史记·高祖本纪》："去辄烧绝栈道"，司马贞《索隐》："栈道，阁道也……崔浩云：'险绝之处，傍凿山岩，而施版梁为阁。'"[5] 栈道称作"阁道"的实例集中发现于最初大规模开通栈道的秦与巴蜀间跨越秦岭和巴山的地

---

① 除《蜀郡太守何君阁道碑》外，《隶释》卷四《李翕析里桥郙阁颂》、《隶释》卷一六《刘让阁道题字》、《隶续》卷一五《汉安长陈君阁道碑》等，所谓"阁"和"阁道"，都是说栈道、栈路。《石门颂》关于栈道工程，说到"或解高格，下就平易"。其中"高格"所反映的栈道制制，可以通过《西狭颂》关于栈道与周围地貌形势之关系所谓"缘崖俾阁，两山壁立，隆崇造云，下有不测之溪，厄笮促迫"增进理解。"格"，就是"阁"。王子今：《"汉三颂"交通工程技术史料丛说》，《南都学坛》2011年第1期。

② 例如《后汉书·何进传》：张让、段珪等劫太后，天子及陈留王，"从复道走北宫，尚书卢植执戈于阁道窗下，仰数段珪。段珪等惧，乃释太后。太后投阁得免"。

③ 《桥梁史话》编写组：《桥梁史话》，上海科学技术出版社，1979，第27页。

④ 《史记·秦始皇本纪》："（阿房宫）周驰为阁道，自殿下直抵南山。表南山之颠以为阙。为复道，自阿房渡渭，属之咸阳，以象天极阁道绝汉抵营室也。"《史记·天官书》："（紫宫）后六星绝汉抵营室，曰阁道。"司马贞《索隐》："案：《乐汁图》云'阁道，北斗辅'。石氏云'阁道六星，神所乘也'。"张守节《正义》："阁道六星在王良北，飞阁之道，天子欲游别宫之道。"

⑤ 《汉书·高帝纪上》："烧绝栈道。"颜师古注："栈即阁也，今谓之阁道。"《汉书·张良传》："行，烧绝栈道。"颜师古注："栈道，阁道也。"

段。《战国策·秦策三》："栈道千里于蜀汉。"《史记·货殖列传》："巴蜀亦沃野……然四塞，栈道千里，无所不通。"川陕之间最早的有可靠依据的交往始于商周之际①，然而道路状况得以改良并长期畅通，主要还在于战国时秦人对栈道的经营。从关于所谓"石牛道"的传说②，可以知道川陕栈道南段的开拓，其历史功绩应当归于蜀人。

秦汉之际，由关中南逾秦岭的栈道已经不止一条。刘邦就封汉中，张良建议："王何不烧绝所过栈道，示天下无还心。"于是烧绝栈道，而另取道还定三秦。据汉桓帝建和二年（148）王升《司隶校尉杨君孟文石门颂序》：

> 余谷之川，其泽南隆，八方所达，益域为充。高祖受命，兴于汉中，道由子午，出散入秦。建定帝位，以汉诋焉。后以子午，涂路噎难，更随围谷，复通堂光。凡此四道，垓鬲尤艰。至于永平，其有四年，诏书开余，凿通石门。中遭元二，西夷虐残，桥梁断绝，子午复循。

综合文献资料和实地勘查的收获，我们看到，秦汉时代通过秦岭的主要的栈道大致有下述五条。

褒斜道　褒斜道在秦岭栈道中最负盛名。《史记·货殖列传》：巴蜀四塞，"栈道千里，无所不通，唯褒斜绾毂其口。"所谓"余

---

① 周武王伐纣，至于商郊牧野誓师，"诸侯兵会者车四千乘"，其中包括"庸、蜀、羌、髳、微、纑、彭、濮人"（《史记·周本纪》）。蜀人即蜀地诸侯。裴骃《集解》引孔安国曰："髳、微在巴蜀。"

② 《华阳国志·蜀志》：秦惠王"作石牛五头，朝泻金其后，曰'牛便金'，有养卒百人。蜀人悦之，使使请石牛。惠王许之。乃遣五丁迎石牛，既不便金，怒，遣还之。乃嘲秦人曰'东方牧犊儿'。秦人笑之曰：'吾虽牧犊，当得蜀也。'"《水经注·沔水》引来敏《本蜀论》："秦惠王欲伐蜀而不知道，作五石牛，以金置尾下，言能屎金。蜀王负力，令五丁引之，成道。秦使张仪、司马错寻路灭蜀，因曰'石牛道'。"

谷之川""诏书开余","余"亦即"斜"。褒斜道以南循褒水,北出斜谷而得名。汉武帝时,"发数万人作褒斜道五百余里"(《史记·河渠书》)。据《金石萃编》卷五《开通褒斜道石刻》,汉明帝永平六年(63)又曾"开通褒余道"。《后汉书·顺帝纪》记载,汉安帝延光四年(125),"诏益州刺史罢子午道,通褒斜路"。据《司隶校尉杨孟文石门颂序》及《右扶风丞李君开通阁道记》,可知至少在汉桓帝建和二年(148)、永寿元年(155),又对褒斜道进行过局部改建和维修。三国时期,这条道路又称作"斜谷道",在魏蜀两国的战争中多次被作为行军路线。经考古工作者调查,沿线发现多处当时栈道的遗存。① 著名的石门遗迹,就是这条古栈道最重要的遗迹之一。

图 1－13 褒斜道栈道遗迹

① 陕西省考古研究所:《褒斜道石门附近栈道遗迹及题刻的调查》,《文物》1964 年第 11 期。陕西省文物管理委员会、陕西省博物馆陕南工作组:《褒斜道连云栈南段调查简报》,《文物》1964 年第 11 期。秦中行、李自智、赵化成:《褒斜栈道调查记》,《考古与文物》1980 年第 4 期。

故道　故道又称嘉陵道，是刘邦自汉中"出散入秦"的通道，大体沿嘉陵江北段，即与今宝成铁路的线路并行。秦即有"故道"县，县治在今陕西宝鸡南。《水经注·渭水上》：捍水"出周道谷，北迳武都故道县之故城西"。而西周中晚期铜器散氏盘铭文中亦有"周道"。据王国维考订，周散国在散关一带，此"周道"即《水经注》"周道谷"之"周道"。① 可见这条道路的开通年代相当早。《后汉书·隗嚣传》所谓"白水险阻，栈道败绝"，是说故道在今陕西略阳白水江一带的地段，故道有由此通向天水地区的栈道。

子午道　《史记·高祖本纪》：汉王之国，"从杜南入蚀中"。程大昌《雍录》："此之蚀中，若非骆谷，即是子午也。"《资治通鉴》胡三省注、《读史方舆纪要》、《史记会注考证》都据《司隶校尉杨君孟文石门颂序》所谓"高祖受命，兴于汉中，道由子午，出散入秦"，以为"蚀中"或即子午谷。《三国志·蜀书·魏延传》记述魏延向诸葛亮建议，"欲请兵万人，与亮异道会于潼关，如韩信故事"。裴松之注引《魏略》说，其具体路线是"直从褒中出，循秦岭而东，当子午而北"，直抵长安。由所谓"韩信故事"，可知"道由子午，出散入秦"或许是刘邦分兵而出，北定三秦的路线。看来，子午道在秦汉之际已经通行大致是没有疑义的。《汉书·王莽传上》：元始四年（公元4），"莽以皇后有子孙瑞，通子午道。子午道从杜陵直绝南山"。东汉末年，关中流民多由子午道南下汉中。曹魏军也曾经由子午道伐蜀。李之勤曾对子午道的历史变迁进行深入的考证。② 我们在对子午道秦岭北段进行实地考察时，也发现丰富的迹象鲜明的古栈道遗存。③

---

① 王国维《散氏盘跋》写道："'散氏'者即《水经·渭水注》'大散关''大散岭'之'散'，又铭中'濂水'即《渭水注》中之'扞水'，'周道'即'周道谷'，'大沽'者即《漾水注》之'故道水'。"《观堂集林》卷一八。

② 李之勤：《历史上的子午道》，《西北大学学报》（哲学社会科学版）1981年第2期。

③ 王子今、周苏平：《子午道秦岭北段栈道遗迹调查简报》，《文博》1987年第4期。

图 1-14　子午道栈道遗迹

灙骆道　《司隶校尉杨孟文石门颂序》："更随围谷，复通堂光。"黄盛璋指出："围谷不见于史，但韦谷（即围谷）在骆谷附近，相去很近，古通道或由出韦谷，这条路当即骆谷道的前身。"① 灙骆道北出骆谷，南傍灙水。"堂光"，可能也与南段所沿灙水河谷有关。据《三国志·魏书·曹爽传》，"正始五年，爽乃西至长安，大发卒六七万人，从骆谷入"。延熙二十年（257），姜维曾自灙骆道北上（《三国志·蜀书·后主传》）。景元四年（263），"锺会由骆谷伐蜀"（《三国志·魏书·三少帝纪》）。在陕西周至西骆峪、洋县华阳镇等地的调查中，曾发现灙骆道栈道的遗迹。② 辛德勇曾论证"堂光道"是"灙骆道的前身"，指出"围谷""即今泥河"。他认为"堂光"得名与"以武功县为安汉公采地，名曰汉光邑"（《汉书·王莽传上》），而

---

① 黄盛璋：《川陕道路的历史发展》，《历史地理论集》，人民出版社，1982，第207页。
② 参看王子今《〈禹贡〉黑水与堂光古道》，《文博》1994年第2期。张在明、周苏平、秦建明、王子今对灙骆道栈道遗迹进行调查的收获，见张在明主编《中国文物地图集·陕西分册》，西安地图出版社，1998，上册，第74～75、158～159、190～191、310～311、424～426页；下册，第152～153、336、989～990页。

新室既建，王莽又改称"新光"（《汉书·地理志上》）有关，因此，"现在最早只能把傥骆道有据可依的开通时间上限定在西汉平帝元始五年十二月以后"。① 其实，似乎不能完全排除"汉光"或"新光"地名确定于后，而"党光"道名应用于先的可能；也不能完全排除这条古道路虽未必早已定名"堂光"，然而实际开通却先于"汉光""新光"地名的可能。这条道路定名"堂光"之所谓"光"，有可能另有所据。②

武关道　上述 4 条道路都是由关中通向巴蜀的道路。通过秦岭的著名道路还有由关中往东南通向南阳盆地的武关道。武关道行经的丹江川道曾为秦、楚两国反复争夺。武关道作为秦、楚通道也曾发挥出重要的作用。吴王阖闾和伍子胥伐楚，攻破楚都，楚大夫申包胥由武关道奔秦告急，"立依于庭墙而哭，日夜不绝声，勺饮不入口，七日"，"秦师乃出"（《左传·定公四年》）。秦师"五百乘以救楚"，败吴师（《左传·定公五年》）。秦军驰援楚国经由的道路，即武关道。秦昭襄王十二年（前295），"予楚粟五万石"（《史记·秦本

---

① 辛德勇：《汉〈杨孟文石门颂〉堂光道新解——兼析傥骆道的开通时间》，《古代交通与地理文献研究》，中华书局，1996。

② 今发源于太白山南麓折行东北，在周至县东入渭的黑河，先曾称芒水。"芒"与"光"通假之例多见。"汉光""新光"地名用"光"字，有可能取义于"芒水""芒谷"之"芒"。如果"堂光道"定名确与芒水有关，则王莽专政前可能先自有名，其路线之北段当经由今黑河谷道。《汉书·翟方进传》所谓负倚芒竹，《魏书·崔延伯传》所谓军屯黑水，都说明黑水谷道路以战略地位之重要久已为军事家所看重。此外，《三国志·蜀书·后主传》："延熙二十年，闻魏大将军诸葛诞据寿春以叛，姜维复率众出骆谷，至芒水。"《姜维传》："维前往芒水，皆倚山为营。"与秦岭北麓"黑水"对应，秦岭南麓亦有"黑水"。《水经注·沔水上》："汉水又东，黑水注之，水出北山，南流入汉。庾仲雍曰：'黑水去高桥三十里。'《诸葛亮笺》云：'朝发南郑，暮宿黑水，四五十里。'指谓是水也，道则百里也。"与傥骆道相关地名用"黨""儻""儻"字。《说文·黑部》："黨，不鲜也。从黑。""黑，北方色也。"得名"堂光道"之前，这条可能久已开通的古道不妨称之为"黑水道"。秦岭南北相互对应的两条"黑水"之命名，或许即由于梁州人起初视此为北上交通雍州的正道。由这一分析出发理解《禹贡》所谓"华阳黑水惟梁州"，"黑水西河惟雍州"，或许也可以得到接近历史真实的认识。参看王子今《〈禹贡〉黑水与堂光古道》，《文博》1994年第 2 期。

图 1－15　潇骆道栈道遗迹

纪》），大约2000辆以上的运粮车队，也经行武关道赴楚。秦始皇曾经由武关道出巡。刘邦先项羽入关中，摧毁秦王朝的最后统治基地，也是由于经过武关道一路战事顺利。经调查，陕西蓝田蓝桥河和商县黑龙口等地都有栈道遗迹分布。前者的年代大致可以推定为战国秦汉时期。①

　　秦岭地区是秦汉时代栈道比较集中的地区，由于关中是当时最重要的政治、经济中心，于是与关中交通的秦岭栈道具有特殊的意义。当时比较著名的栈道，还有入蜀重要通路剑阁道②、阴平道③，以及川滇栈道等④。河南三门峡也发现了秦汉时期的栈道遗迹，栈道内侧

---

　　①　王子今、焦南峰：《古武关道栈道遗迹调查简报》，《考古与文物》1986年第2期；王子今：《武关道蓝桥河栈道形制及设计通行能力的推想》，《栈道历史研究与3S技术应用国际学术研讨会论文集》，陕西人民教育出版社，2008。

　　②　《水经注·漾水》："西去大剑三十里，连山绝险，飞阁通衢，故谓之剑阁也。"《元和郡县图志·剑南道下》："剑阁道，自利州益昌县界西南十里，至大剑镇合今驿道。秦惠王使张仪、司马错从石牛道伐蜀，即此也。后诸葛亮相蜀，又凿石驾空为飞梁阁道，以通行路。"

　　③　《三国志·魏书·邓艾传》载邓艾伐蜀，于阴平道"凿山通道，造作桥阁"事。《舆地纪胜》卷一八六记述阴平栈道遗迹。参看冯汉镛《栈道考》，《人文杂志》1957年第3期。

　　④　《水经注·江水一》："（汉武帝）使县令南通僰道，费功无成，唐蒙南入，斩之，乃凿石开阁，以通南中，迄于建宁二千余里，山道广丈余，深三四丈，其鑿凿之迹犹存。"

图 1 - 16　武关道栈道遗迹

石壁保留有汉桓帝"和平元年"（150）题刻。① 山西垣曲与黄河漕运有关的栈道遗迹发现"建武十一年"（35）题刻。②

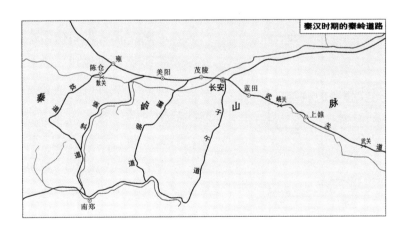

图 1 - 17　秦汉时期的秦岭道路

---

① 中国科学院考古研究所：《三门峡漕运遗迹》，科学出版社，1959。

② 山西省考古研究所、山西大学考古专业、运城市文物工作站：《黄河漕运遗迹（山西段）》，科学技术文献出版社，2004，第3、177页。

栈道这一道路形式，是我国古代为克服山险发展交通的一项伟大创造。关于秦汉栈道的具体形制，《水经注·沔水上》有如下记述：

> （褒水）西北出衙岭山，东南迳大石门，历故栈道下谷，俗谓千梁无柱也。诸葛亮《与兄瑾书》云：前赵子龙退军，烧坏赤崖以北阁道。缘谷一百余里，其阁梁一头入山腹，其一头立柱于水中。今水大而急，不得安柱，此其穷极不可强也。又云：顷大水暴出，赤崖以南桥阁悉坏，时赵子龙与邓伯苗，一戍赤崖屯田，一戍赤崖口，但得缘崖，与伯苗相闻而已。后诸葛亮死于五丈原，魏延先退而焚之，谓是道也。自后按旧修路者，悉无复水中柱，迳涉者，浮梁振动，无不摇心眩目也。

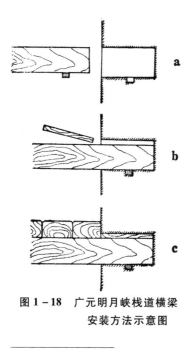

图 1-18 广元明月峡栈道横梁安装方法示意图

考察栈道遗迹，其形式一种即所谓"千梁无柱"，另一种即"其阁梁一头入山腹，其一头立柱于水中"。在原先路面较宽的地段，立柱往往多至数排。其形制正如《析里桥郙阁颂》中所谓"缘崖凿石，处稳定柱，临深长渊，三百余丈，接木相连，号为万柱"。四川广元明月峡等处的栈道遗迹，发现在横梁基孔的底部另外凿出小方孔，估计是特意加工的榫孔，用以固定栈道横梁，以防止其脱落。[1] 这种极巧妙

---

① 参看陆敬严《古代栈道横梁安装方法初探》，《自然科学史研究》1984年第4期。

且简便而可靠的方式，体现出秦汉栈道设计与施工人员的非凡的巧思。

五　道路的修筑和养护

秦汉中央政府重视结成全国交通网要络的交通干线的修筑，在全国范围内大规模调发劳力，由朝廷重臣亲自规划指挥。秦治驰道，左丞相李斯是工程的主持者。[①] 直道的修筑，则由将军蒙恬负责。这些浩大的工程，所用卒徒数以十万计，工期也延续较久，成为影响秦末政治局势的重要因素之一。汉武帝元光五年（前130）"发巴蜀治南夷道，又发卒万人治雁门阻险"，元封四年（前107）"通回中道"等事，都录入帝纪。作褒斜道，也由汉武帝亲自决策动工（《史记·河渠书》）。东汉道路施工，也往往奉诏而行。[②] 重要道路的修筑工程要由最高统治集团统一规划。汉宣帝时黄霸为京兆尹，"坐发民治驰道不先以闻"，竟致"劾乏军兴，连贬秩"（《汉书·循吏传·黄霸》）。

秦汉时代交通道路的建设，不仅常集中征调大批劳动力，而且普遍使用先进工具，采用先进技术。从秦岭诸栈道以及三门峡栈道的遗迹，可以知道削凿山石的部分和安插梁柱的石孔应使用铁工具方能完成。褒斜道上褒城以北著名的石门，是世界最早的可通行车辆的人工交通隧道，长14米，宽3.95～4.75米，隧道内壁未发现使用钻凿工

---

① 《史记·李斯列传》："二世乃使高案丞相狱，治罪，责斯与子由谋反状，皆收捕宗族宾客。……李斯乃从狱中上书曰：'臣为丞相治民，三十余年矣……'"自陈罪责凡七，其中包括"治驰道，兴游观，以见主之得意。罪六矣"。

② 《开通褒斜道石刻》："永平六年，汉中郡以诏书受广汉、蜀郡、巴郡徒二千六百九十人，开通褒余道。"《后汉书·顺帝纪》：延光四年，"诏益州刺史罢子午道，通褒斜路"。《司隶校尉杨君孟文石门颂序》："至于永平，其有四年，诏书开余，凿通石门"，后杨孟文，"深执忠优，数上奏请，有司议驳，君遂执争，百辽（寮）咸从，帝用是听"。开通重要道路，有时经有司辩议，皇帝裁决。

具的遗痕。据说因"石坚不受斧凿",于是石工"以火锻炼开通石门"①。《隶释》卷四《武都太守李翕西狭颂》:"常繇道徒,鑢烧破析,刻臼摧嵬,减高就埤,平夷正曲,柙致土石。"《后汉书·虞诩传》:"由沮至下辩数十里,皆烧石剪木,开凿船道。"看来当时确曾以火烧水激的方式摧毁阻隔交通的山岩。石门洞壁比较匀整,超挖量不大,方向也相当端直。石门的开通,可以体现秦汉道路开拓的技术水平。

秦时修筑驰道,"隐以金椎",即以金属工具夯击使路基坚实稳固。汉高祖长陵陵园门迹宽达 23 米,又有路土残存,出土有直径 7 厘米的铁质夯头,或许即当时所谓"金椎"的实物遗存。②

通过考古发掘所发现的秦汉道路遗迹多呈中央高、两侧低的形式,以利排水。调查和发掘简报中常描述为"呈鱼脊形""龟背形""断面呈弧形"③。栎阳故城中的古道路遗迹路中与两侧高差达 20~30 厘米。④ 驰道则表现出更高级的形式,即经多层夯筑,使整个路面高于地表。这种厚筑路基以保证土质道路良好排水性能的方式,较西方要早许多年。⑤

---

① 石门遗址潘矩墉题刻。

② 石兴邦、马建熙、孙德润:《长陵建制及其有关问题——汉刘邦长陵勘察记存》,《考古与文物》1984 年第 2 期。

③ 《说文·九部》:"馗,九达道也,似龟背,故谓之馗。"段玉裁注:"龟背中高而四下,馗之四面无不可通,似之。"《释名·释道》则作"逵",称:"九达曰逵。"道中隆起,是秦汉交通大道的普遍形式。

④ 陕西省文物管理委员会:《秦都栎阳遗址初步勘探记》,《文物》1966 年第 1 期。从栎阳城址的特点分析,年代似不宜断定为战国,而以汉城的可能性大。参看王子今《秦献公都栎阳说质疑》,《考古与文物》1982 年第 5 期;《栎阳非秦都辨》,《考古与文物》1990 年第 3 期。考古工作者 1980 年 4 月至 1981 年 12 月对栎阳城遗址又进行了 4 个季度的勘探和试掘,勘探出道路 13 条,其中 6 条为秦汉时期道路,7 条为汉代道路。见中国社会科学院考古研究所栎阳发掘队《秦汉栎阳城遗址的勘探和试掘》,《考古学报》1985 年第 3 期。

⑤ 〔苏〕A. K. 比鲁利亚《交通运输学概论》中指出:"在 16 世纪到 17 世纪间,法国模仿罗马的型式进行了一些道路建筑,而将道路石子层的厚度减少到了 0.50~0.65 公尺。""结构的主要缺点是它的表面部分与地面一样高。因此,周围的水流入了敷石子的槽子内,也就使泥土松软,石子下陷。通常,这些道路的通行性能不良。""以后,在道路建筑中产生了新的观念。已经认识到必须用提高路面的方法使泥土路基干燥。还是在 18 世纪末叶,第一条这种结构的道路在俄国筑成了。在欧洲其他国家,类似结构的道路到 19 世纪才推广起来。"周明镜译,人民交通出版社,1956,第 34~36 页。

为增强道路的抗水性和稳定性，保证通行免受天时影响，筑路工匠们不仅将传统的夯土技术应用于道路建设，对刚性路面的追求还使得有条件的地方出现了沙质路面和石质路面。西安阎家村古建筑遗址发现沙质路面，在估计早至秦代的斜坡道上则用河砾和褐红色灰泥掺和墁成地面，"至今仍很光滑整齐"。① 用石片、卵石、砾石铺筑的道路遗迹有多处发现，如秦始皇陵园②、汉华仓遗址③、西安西郊汉代建筑遗址④、西安任家坡汉代陵园⑤、汉景帝阳陵⑥、南阳汉代铁工厂遗址⑦、辽阳三道壕西汉村落遗址⑧、福建崇安城村汉城遗址⑨等等。山东曲阜发现的西汉路面包含较多的铁渣、硫渣和红烧土等，据推断可能与附近的西汉冶铁遗址有关⑩，当是为克服渗水性特意利用冶铸废料来改变路面材料的构成。又《水经注·瓠子水》记成阳尧陵庙，说"驰道径通，皆以砖砌之"。大致在东汉时陶质建材逐渐普及，有的道路已出现了以砖铺砌的地段。汉云陵邑遗址确实曾发现卵石路面两侧夹砌条砖的情形⑪。

《韩非子·有度》："先王立司南以端朝夕。"是磁针定向技术至迟在战国时已被应用。秦汉城市规划较先秦有显著的演变，方正规整者居多，城内道路也大多端正平直，磁针指向仪器可能已应用于市政工程。长途运输线路的规划也要求不失方向，以求近捷，在往往由政

---

① 刘致平：《西安西北郊古代建筑遗址勘查初记》，《文物参考资料》1957 年第 3 期。

② 徐苹芳：《中国秦汉魏晋南北朝时代的陵园和茔域》，《考古》1981 年第 6 期。

③ 陕西省考古研究所华仓考古队：《汉华仓遗址勘查记》，《考古与文物》1981 年第 3 期。

④ 祁英涛：《西安的几处汉代建筑遗址》，《文物参考资料》1957 年第 5 期。

⑤ 王学理、吴镇烽：《西安任家坡汉陵从葬坑的发掘》，《考古》1976 年第 2 期。

⑥ 王丕忠、张子波、孙德润：《汉景帝阳陵调查简报》，《考古与文物》1980 年创刊号。

⑦ 河南省文化局文物工作队：《南阳汉代铁工厂发掘简报》，《文物》1960 年第 1 期。

⑧ 东北博物馆：《辽阳三道壕西汉村落遗址》，《考古学报》1957 年第 1 期。

⑨ 福建省文物管理委员会：《福建崇安城村汉城遗址试掘》，《考古》1960 年第 10 期。

⑩ 山东省文物考古研究所等：《曲阜鲁国故城》，齐鲁书社，1982。

⑪ 姚生民：《汉云陵、云陵邑勘查记》，《考古与文物》1982 年第 4 期。

府官员主持勘测设计的情况下，可能也已使用这类先进的测量工具。有学者根据远距离人文地理景观之间有一定规律性关系的情形，推定当时有"超长建筑基线"存在，其显示空间可涉及数百公里。[①] 这样的观念和技术，也会影响交通道路的规划。

汉武帝时开漕渠，"令齐人水工徐伯表"（《史记·河渠书》），颜师古以为"表"即"巡行穿渠之处而表记之，今之竖标是"（《汉书·沟洫志》注）。当时水利工程中的测量，"案图书，观地形，令水工准高下"（《汉书·沟洫志》），如果测量出现误差，则可能"渠成而水不流"（《后汉书·王梁传》）。西汉时曾开通称为"井渠"的龙首渠，"往往为井，井下相通行水"（《史记·河渠书》），说明当时熟练的勘测人员竟能于地下求得水平。道路的规划也需力求平缓以减省运输工耗，在秦汉车辆尚不具备制动装置的情况下，道路的坡度还直接关系运输安全。汉武帝时曾以故道多阪回远而通褒斜道，在规划时曾考虑船漕车转的水陆联运方式，看来，先进的水利勘测技术必然也应用于道路的勘测选线。

《管子·地图》强调，"凡兵主者，必先审知地图"，尤其应明确"辕辕之险，滥车之水"，"通谷经川"之所在以及"道里之远近"。《周礼·夏官·量人》："营军之垒舍，量其市朝州涂军社之所里，邦国之地与天下之涂数，皆书而藏之。"天水放马滩 1 号秦墓出土 7 幅绘在松木板上的地图，其中 4 幅绘有关隘，M1：7B、8B、11B 面"特别用醒目的图例标出关隘的位置，注名为'闭'"。M1：12A 面绘有"道路以及重要关卡"。M1：21A 面也绘有"关隘"。M1：9"标出大小关口 5 处"，还有 6 处注明间距之里程，如"苦谷最到口廿五里""杨谷材八里""松材十五里""大松材

---

① 参看秦建明、张在明、杨政《陕西发现以汉长安城为中心的西汉南北向超长建筑基线》，《文物》1995 年第 3 期。

八里""卅里相谷"等。① 这些地图绘制的年代大致可确定为秦王政八年（前239）。天水放马滩5号汉墓年代为西汉文景时期，随葬器物中有纸质地图1幅，纸面用细黑线条绘出山川和道路。②

长沙马王堆3号汉墓出土的古地图也明确标识出交通道路。地形图中陆路交通线用粗细较均匀的实线表示，除桂阳外，其余7个县治之间均可以清晰地看到相连结的道路。在已经超出墓主驻防范围的邻近地区已不标识乡里，却仍绘出道路，可以判读出来的道路共有20多条。在驻军图中，用红色虚线标出道路，有的还特别注明道路里程。③

李陵击匈奴，"出居延北行三十日，至浚稽山止营，举图所过山川地形，使麾下骑陈步乐还以闻"（《汉书·李广传》）。道路经由走向，是当时地理知识最基本的内容之一。④ 大约远征至于新地，制图还报当地山川交通形势，是主将的责任。马援为刘秀筹谋军事，曾"聚米为山谷，指画形執，开示众军所道径往来，分析曲折，昭然可晓"（《后汉书·马援传》）。其形式，实际上已经相当于近代军事上常用以研究地形、敌情和作战方案的沙盘。

对山川道路要达到如此清晰、精确的认识，除一些地段通过直接测量外，必然还要进行大量的间接测量，即使用汉代数学名著

---

① 何双全：《天水放马滩秦墓出土地图初探》，《文物》1989年第2期；曹婉如：《有关天水放马滩秦墓出土地图的几个问题》，《文物》1989年第12期；甘肃省文物考古研究所：《天水放马滩秦简》，中华书局，2009，第120页。

② 甘肃省文物考古研究所、天水市北道区文化馆：《甘肃天水放马滩战国秦汉墓群的发掘》，《文物》1989年第2期。

③ 《马王堆汉墓帛书古地图》，文物出版社，1977；谭其骧：《二千一百多年前的一幅地图》，《文物》1975年第2期；詹立波：《马王堆汉墓出土的守备图探讨》，《文物》1976年第1期；张修桂：《马王堆汉墓出土地形图拼接复原中的若干问题》，《自然科学史研究》1984年第3期。

④ 《史记·李将军列传》说，李广从大将军卫青击匈奴，"出东道，东道少回远"，而"军亡导，或失道，后大将军"。李广以出军"迷失道"，且以"年六十矣，终不能复对刀笔之吏"，于是"引刀自刭"。是为交通道路条件对于战争胜负至为重要的著名史例。

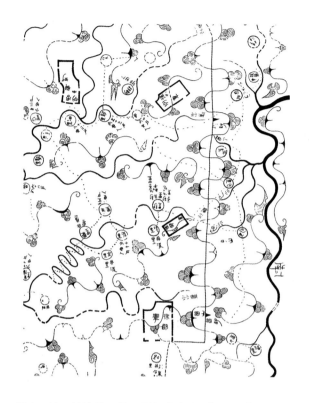

图 1 - 19　长沙马王堆 3 号汉墓出土《驻军图》复原图
局部（图中虚线为道路）

《九章算术》中记载的立表法、连索法、参直法，以及三国时魏人刘徽著入《海岛算经》一书中的重表、累矩、三望和四望等测量方法。而欧洲 16 世纪出版物中关于通过二望测量的记载，较刘徽书已迟出一千多年。① 秦汉道路所以四通八达，布局亦较为合理，许多线路选线之精确，至今仍为现代道路所依循，筑路人员尤其善于征服山险，以致能够成就如直道这种长"千八百里""堑山堙谷"而"直通之"的大道，应用当时领先于世界的测量技术，显

---

① 参看沈康身《〈九章算术〉与刘徽的测量术》，《〈九章算术〉与刘徽》，北京师范大学出版社，1982，第 181～189 页。

然是重要条件之一。

秦汉交通道路建设的成就应主要归功于筑路者的辛勤劳作。《盐铁论·水旱》："县官以徒复作，缮治道桥。"可见道路的修筑养护，往往由身份最低下的徒承担。《古刻丛钞》载《建平郫县石刻》、《隶释》卷四载《蜀郡太守何君阁道碑》、《金石萃编》卷五载《开通褒斜道石刻》等，都说到以徒治道事。陈直指出："褒城《石门颂》叙石门为司隶校尉杨孟文所开凿，虽未说明用徒来开凿，但杨孟文官司隶校尉，是管理刑徒的，开凿石门的巨工，则必然如是。"[①] 汉代徒的身份虽与奴隶有所不同，在艰辛的筑路工程中，仍可看到奴隶制生产方式的阴影。汉武帝开西南夷道，《史记·司马相如列传》说"士卒多物故"，《西南夷列传》也说"士罢饿离湿，死者甚众"。身份为"士卒"者尚且如此，《太平御览》卷六四二引孔融《肉刑论》说"今之洛阳道桥，作徒因于厮役，十死一生"，可见徒的遭遇更为悲惨。《开通褒斜道石刻》中说："永平六年，汉中郡以诏书受广汉、蜀郡、巴郡徒二千六百九十人，开通褒余道"，"最凡用功七十六万六千八百余人"，"九年四月成就"。参照《隶释》卷四《广汉长王君治石路碑》"功夫九百余日"，《蜀郡太守何君阁道碑》"用功千一百九十八日"，推断此处"用功"数，也是所用劳动日的总和。从永平六年到九年四月，工期至少在 820 日以上，如此则需用徒的人数不应超过935 人，而石刻内容明确说到开工时受"徒二千六百九十人"。数字如此悬殊，应有徒在工程中大量伤病以至"物故"的因素在内。可见，秦汉交通道路的发展，竟是以千万劳动者的血汗和生命为代价的。

由于秦汉道路多为土质柔性路面，雨雪之后往往车辙积水，牛蹄

·① 　陈直：《两汉经济史料论丛》，陕西人民出版社，1980，第 261 页。

生涔[①]，泥淖难以行车[②]，有时行人也难以通过[③]，甚至“泥涂至膝”（《淮南子·览冥》）。秦二世元年（前209），陈胜、吴广等戍卒九百人屯大泽乡，“会天大雨，道不通，度以失期。失期，法皆斩”（《史记·陈涉世家》），成为导致爆发推翻秦王朝的大起义的直接原因。《四民月令·五月》：“淋雨将降，储米谷薪炭，以备道路陷淖不通。”是为消极的应备措施。另一方面，对于不可轻易中断的重要的交通线路，则不得不积极改善道路状况，特别注意加强其排水性能，除高筑路基，并于道路两侧开掘排水沟之外，还十分重视道路的经常性养护。中央政府要求地方各级行政管理机构都以养护维修道路，保证运输畅通作为主要责任。义纵曾为右内史，汉武帝幸甘泉，见“道不治”，怒而衔之，当年义纵即以阻滞杨可告缗竟至论罪弃市（《汉书·酷吏传·义纵》）。位列九卿，管理诸陵县的太常，也有因交通道路状况不良而遭贬斥的[④]。地方还往往各设道桥掾，主办道桥养护管理事务。[⑤]根据四川青川秦墓出土秦更修为田律木牍，除“大除道及阪险”外，“非除道之时而有陷败不可行，辄为之”。张家山汉简《二年律令》也说：“九月大除道□阪险……虽非除道之时而有陷败不可行，辄为之。”“乡部主邑中道，田主田道。道有陷败不可行者，罚其啬夫、吏

① 《淮南子·俶真》：“夫牛蹄之涔，无尺之鲤。”《氾论》：“夫牛蹏之涔，不能生鳣鲔。”

② 《汉书·韦贤传》：韦玄成等“以列侯侍祀孝惠庙，当晨入庙，天雨淖，不驾驷马车而骑至庙下。有司劾奏，等辈数人皆削爵为关内侯”。蔡邕《述行赋》：“余有行于京洛兮，遘淫雨之经时。涂迍邅其蹇连兮，潦汙滞而为灾。乘马蹯而不进兮，心郁悒而愤思。”“玄云黯以凝结兮，集零雨之溱溱。路阻败而无轨兮，涂瀐溺而难遵。”“伫淹留以候霁兮，感忧心之殷殷。”

③ 《史记·日者列传》：“天新雨，道少人。”（第3216页）

④ 《汉书·百官公卿表下》：汉武帝元朔三年（前126），蓼侯孔臧为太常，因“南陵桥坏，衣冠道绝”而免职（第771页，又见《高惠高后文功臣表》）。太始四年（前93），江邹侯靳石“坐为太常行幸离宫道桥苦恶，大仆敬声系以谒闻，赦免”。

⑤ “道桥掾”职名，见《隶释》卷一五《蜀郡属国辛通达李仲曾造桥碑》，《隶续》卷一一《武都太守李翕天井道碑》《武都太守耿勋碑》，《隶续》卷一五《汉安长陈君阁道碑》，《水经注·榖水》引《上东门石桥右柱铭》。

主者黄金各二两。盗侵飤道，千（阡）佰（陌）及堑土〈之〉，罚金二两。"养护道路在芟刈荒草而外，还需增培路土，即《说文·土部》所谓"坴，以土增大道上"。在土地私有制确立之后，田间阡陌的养护，一般由邻近田主分段经营，即王褒《僮约》所谓"研陌杜垺"。①

皇帝出行，"郡国皆豫治道"（《汉书·食货志下》），道路养护，竟成为人民劳役负担的主要内容和政府财政开支的主要项目之一。正如《汉书·郊祀志》所说，"郡县治道共张，吏民困苦，百官烦费"。有的官吏为逢迎上司，专意为其维修道路。朱买臣赴会稽太守任，"会稽闻太守且至，发民除道"，役人中有朱买臣故妻、妻夫（《汉书·朱买臣传》）。可见这类劳役征调民力之苛重，有时倾户征发，妇女也不能幸免。有的地方官"发人牛修道桥"，路逢"田叟"，竟然劫夺其车牛充役（《后汉书·逸民列传·韩康》）。陈忠上安帝疏曾如此描述当时情形："长吏惶怖谴责，或邪谄自媚，发人修道，缮理亭传，多设储跱，征役无度，老弱相随，动有万计"，百姓"顿踣呼嗟，莫不叩心"（《后汉书·陈宠传》）。

尽管秦汉时代道路养护的目的和方式在一定程度上体现出强权政治奴役民众的特点，但是在客观上便利交通运输，促进经济发展的意义却是不可否认的。在对原有道路养护维修的过程中，有时也加以部分改造，如《隶续》卷一五《成皋令任伯嗣碑》所谓"□南移北，徙狭就宽，直枉正曲，以险为安，隤高夷窊，显敞平端"。也有将"过者慄慄，载乘为下"，"涉秋霖漉"，"稽滞商旅"的栈阁结构改建为"安宁之石道"，使"岁数千两"的通行效率更加提高的情形（《隶释》卷四《析里桥郙阁颂》）。

①　"研"谓平整夯实。宇都宫清吉在《汉代社会经济研究》一书第九章"《僮约》研究"中指出："垺字当作界字。界字中世俗作堺字，与垺字形近而讹也。"〔日〕宇都宫清吉：《漢代社會經濟研究》，弘文堂，1955。

第二章

秦汉津桥

一 江河津渡设置

秦汉时期江河津渡的设置对于交通事业的发展有重要的意义。

黄河流域和长江流域是早期华夏族生息繁衍的最初基地。远古先民们起初活动于江河及其主要支流两岸的二阶台地上。因自然环境的变迁和部族战争的胜负等原因，原始人群有时不得不往复横渡。从黄河流域新石器时代文化遗址的分布形势看来，滔滔大河已不能作为文化传布的严重障碍。

《尚书·盘庚中》："盘庚作，惟涉河以民迁。"殷人定都凡七处，至少有三次渡河迁居。这是大规模的部族迁徙，至于贡赋、商运、行军时渡河的情形，一定更为频繁。然而横渡条件最为适宜的河津的位置，不仅决定于经千百年交通活动考验的交通大道的走向，而且必须以对常年水文情况的了解为条件方能确定。

《禹贡》记导河工程，底柱以下，"又东
至于孟津"。《左传·昭公四年》："周武有孟
津之誓。"《史记·周本纪》："九年，武王上
祭于毕。东观兵，至于盟津。""武王渡河，
中流，白鱼跃入王舟中"，"是时，诸侯不期
而会盟津者八百诸侯"。"十一年十二月戊
午，师毕渡盟津，诸侯咸会。"于是有牧野
之役。盟津即孟津。先秦时期著名河津还有

茅津和棘津。《左传·文公三年》："秦伯伐晋，济河焚舟，取王官，及
郊。晋人不出，遂自茅津济，封殽尸而还。遂霸西戎。"杜预以为"茅
津在河东大阳县西"。又《左传·昭公十七年》："晋荀吴帅师涉自棘
津。"孟津在今河南孟津东北，茅津在今河南三门峡西，棘津在今河南
淇县南。①

《诗·卫风·河广》："谁谓河广，一苇杭之。""谁谓河广，曾不
容刀。"杭，通航。刀，即"舠"，《说文·舟部》作"𦨴"："𦨴，小
船也。"②虽然当时济渡黄河似乎已并不十分困难，然而大多数黄河津
渡的形成以及河津位置的相对稳定，是在秦汉时期交通空前发展的形
势下实现的。

黄河上游水势浅缓处，当多有便于涉渡，对济渡工具要求不高的
河段。邓训击羌，即曾"发湟中六千人"，"缝革为船，置于箄上以度
河"（《后汉书·邓禹传》）。地点在今青海贵德东。《水经》："河水
又东，临津溪水注之。"由溪水定名，可以知道附近有河津设置。

在定襄郡西南，有河津名君子济。《水经》："（河水）又南过赤

---

①　谭其骧主编《中国历史地图集》第 2 册，中国地图出版社，1982，第 24～25、22～
23 页。

②　段玉裁《说文解字注》："各本无此字。《卫风》'曾不容刀'，《释文》曰：'《说文》
作舠，小船也。'《正义》曰：'《说文》作舠，小船也。'合据补于末。"

城东，又南过定襄桐过县西。"陈桥驿点校《水经注》卷三《河水》
说到"君子济"："定襄郡，汉高帝六年置，王莽之得降也。桐过县，
王莽更名椅桐者也。河水于二县之间，济有'君子'之名。皇魏桓帝
十一年，西幸榆中，东行代地。洛阳大贾赍金货随帝后行。夜迷失
道，往投津长，曰：'子封送之。'渡河，贾人卒死，津长埋之。其子
寻求父丧。发冢举尸。资囊一无所损。其子悉以金与之，津长不受。
事闻于帝，帝曰：'君子也。'即名其津为君子济。济在云中城西南二
百余里。"① 其中"皇魏桓帝十一年"，多种刻本作"昔汉桓帝十三
年"。② 文渊阁四库全书本《水经注》注文关于"河水于二县之间，
济有'君子'之名"写道："案此十三字，原本及近刻并讹作
《经》。"又写道："案'皇魏'近刻讹作'昔汉'，'一'讹作
'三'。"③ 然而秦汉时期北边定襄、云中、五原一带长期是军事外交
重心所在，黄河津渡必然相当密集。这处津渡两晋南北朝时大受重
视，北族政权多次用以攻战。其事虽晚，然而《水经》已见"君子
济"之说，也有一些学者确信。如明代学者周婴说，"桑氏已著济名，
则事在汉桓之先矣。"(《卮林》卷一《析郦》"君子济"条)王国维
校《水经注校》也以为"河水于二县之间，济有'君子'之名"是
《水经》原文。④ 《说郛》卷一〇八下桑钦撰《水经》卷上《河水》
也有"河水于二县之间，济有'君子'之名"文字。⑤

① "君子济"应当就是《魏书》和《北史》中多次记述的"君子津"。《魏书·太宗明
元帝纪》："至于黄河，从君子津西渡。"可知津渡在黄河南流河段。
② 如清人沈炳巽《水经注集释订讹》卷三《河水》，赵一清《水经注释》卷三《河
水》。文渊阁四库全书本。
③ 陈桥驿点校《水经注》一仍其说。上海古籍出版社，1990，第53页。《水经注疏》：
"河水于二县之间，济有'君子'之名"，"朱此十三字讹作《经》，戴改《注》。全、赵同。"
"皇魏桓帝十三年"，"朱讹作昔汉桓帝十三年"。杨守敬、熊会贞疏，段熙仲点校，陈桥驿复
校，江苏古籍出版社，1989，第238~239页。
④ 王国维校《水经注校》，袁英光、刘寅生整理标点，上海人民出版社，1984，第86页。
⑤ 周婴以为"桓即猗㐌，差无乖爽"。《卮林》卷一《析郦》"君子济"条。然而猗㐌
时代"洛阳大贾赍金货随帝后行"的可能性以及由"榆中"至"代地"的路线也存在疑点。

黄河奔腾南下，再东折向海，秦汉时期著名的津渡依次又可见采桑津、汾阴津、蒲津、风陵津、郖津、大阳津、小平津、平阴津、孟津、五社津、成皋津、卷津、杜氏津、延津、围津、白马津、平原津、鬲津、仓亭津、厌次津等。

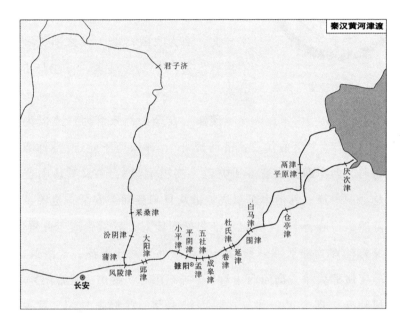

图 2-2　秦汉黄河津渡

采桑津　在今陕西宜川与山西吉县间。《左传·僖公八年》：晋"败狄于采桑"。杜预《集解》：平阳北屈县西南有采桑津。《续汉书·郡国志一》："（河东郡）北屈，有壶口山，有采桑津。"成书于东汉三国前后的《水经》也记载："河水又南为采桑津。"

汾阴津　在今陕西韩城南，东为汾阴，西为夏阳。《史记·淮阴侯列传》：刘邦以韩信为左丞相，出兵"击魏，魏王盛兵蒲坂，塞临晋，信乃益为疑兵，陈船欲度临晋，而伏兵从夏阳以木罂缻渡军，袭安邑"。汉武帝在汾阴置后土祠，于是繁盛一时，宣元成诸帝，纷纷亲幸巡祭，大约都由汾阴津东渡，即匡衡、张谭奏言所谓"汾阴则渡

图 2-3 "船室"瓦当

大川，有风波舟楫之危"（《汉书·郊祀志下》）。刘秀令邓禹定关中，"遂渡汾阴河，入夏阳"（《后汉书·邓禹传》）。陕西韩城汉扶荔宫遗址曾采集到汉代建筑遗物"舩室"瓦当。[1] 陈直《汉书新证》："舩为船字异文，当为收藏行船工具之所，疑为辑濯附属之室。"[2] 船室建置，可能与汾阴津有关。

蒲津 在今山西永济西。或以为《左传·文公三年》"秦伯伐晋，济河焚舟"，即取道于此。[3] 蒲津以东岸蒲坂得名，西岸即为临晋。《史记·高祖本纪》："汉王从临晋渡"，东进与项羽争锋。韩信率军东进，欲从夏阳渡河袭安邑，也曾"为疑兵，陈船欲度临晋"（《史记·淮阴侯列传》）。汉武帝时于此置蒲关。东汉又称蒲津为蒲坂津。曹操与马超、韩遂战于河潼，"潜遣徐晃、朱灵等夜渡蒲坂津，据河西为营"（《三国志·魏书·武帝纪》）。

风陵津 即今风陵渡，在陕西潼关北。曹操击马超、韩遂，曾"自潼关北渡"（《三国志·魏书·武帝纪》）。《续汉书·郡国志一》王先谦《集解》："（蒲坂）有风陵关，一名风陵津。魏武西征'自潼关北渡'即此。"《元和郡县图志·关内道二》：潼关"河之北岸则风陵津，北至蒲关六十余里"。

邬津 在今河南灵宝西北。建安十年（205），河东郡掾卫固等反，使兵数千人绝陕津，杜畿前往镇抚，"不得渡"，"遂诡道从邬津渡"（《三国志·魏书·杜畿传》）。邬津，《水经注·河水四》《汉武故事》作"窦津"，《穆天子传》及《水经注·河水四》又作

---

① 王玉清：《陕西韩城芝川汉扶荔宫遗址的发现》，《考古》1961 年第 3 期。
② 陈直：《汉书新证》，天津人民出版社，1979，第 116、195 页。
③ 参看《辞海·地理分册·历史地理》，上海辞书出版社，1978，第 260 页。

"湢津"。①

大阳津　在今河南三门峡与山西平陆间。北岸为大阳，南岸为陕县，又名陕津、茅津。《史记·秦本纪》："缪公任好元年，自将伐茅津。"张守节《正义》："刘伯庄云：戎号也。《括地志》云：茅津及茅城在陕州河北县西二十里。"《后汉书·邓禹传》：邓禹"进围安邑，数月未能下。更始大将军樊参将数万人，度大阳欲攻禹"。李贤注："大阳，县，属河东郡。《前书音义》曰：'大河之阳。'《春秋》：'秦伯伐晋，自茅津济。'杜预云：'河东大阳县也。'"《三国志·魏书·杜畿传》：卫固等"使兵数千人绝陕津"。《水经注·河水四》："河北对茅城"，"津亦取名焉"。《左传·文公三年》秦伯伐晋，"自茅津济"即此。

小平津　在今河南孟津东北。《后汉书·灵帝纪》：张让、段珪"劫少帝、陈留王走小平津"。② 东汉末，黄巾起义爆发，"诏敕州郡修理攻守，简练器械，自函谷、大谷、广城、伊阙、镮辕、旋门、孟津、小平津诸关，并置都尉"（《后汉书·皇甫嵩传》）。小平津列为八关之一。

平阴津　在小平津东。《史记·高祖本纪》：汉王"下河内，虏殷王，置河内郡。南渡平阴津，至雒阳"。史籍又多见秦末至楚汉相争时"绝河津"的记载，如：

赵别将司马卬方欲渡河入关，沛公乃北攻平阴，绝河津。（《史记·高祖本纪》）

三年，魏王豹谒归视亲疾，至即绝河津，反为楚。（《史记·

---

① 《水经注·河水四》："……河水于此，有湢津之名。说者咸云，汉武微行柏谷，遇辱窦门，又感其妻深识之馈，既返玉阶，厚赏赉焉，赐以河津，令其鬻渡，今窦津是也。"

② 《后汉书·何进传》："张让、段珪等因迫，遂将帝与陈留王数十人步出谷门，奔小平津。"

高祖本纪》）

从攻阳武，下辕、缑氏，绝河津。（《史记·曹相国世家》，张守节《正义》："津，济渡处。《括地志》云：'平阴故津在洛州洛阳县东北五十里。'"）

攻颍阳、缑氏，绝河津。（《史记·绛侯周勃世家》，张守节《正义》："即古平阴津，在洛州洛阳县东北五十里。"）

（郦商）从沛公攻缑氏，绝河津，破秦军洛阳东。（《史记·樊郦滕灌列传》）

（灌婴）北绝河津，南破南阳守齮阳城东，遂定南阳郡。（《史记·樊郦滕灌列传》）

平阴津通称"河津"，或可说明在黄河中游早期文明得以发育的时代，这里曾经是黄河最重要的南北渡口。也许应当注意到，这处津渡联系的两岸地方，是夏文化的重要基地。

孟津　《后汉书·光武帝纪上》："时更始使大司马朱鲔、舞阴王李轶等屯洛阳，光武亦令冯异守孟津以拒之。"李贤注："孔安国注《尚书》云：'孟，地名，在洛北，都道所凑，古今以为津。'""俗名治戍津，今河阳县津也。"冯异当时拜为"孟津将军"（《后汉书·冯异传》）。东汉末，孟津与小平津均为卫护洛阳的八关之一。《后汉书·袁绍传》：韩馥从事赵浮、程涣"将强弩万人屯孟津"。《三国志·魏书·武帝纪》："使勃海引河内之众临孟津。"《三国志·魏书·陈群传》："缮治金墉城西宫及孟津别宫。"孟津置别宫，可见当时是洛阳通往北方交通干线上的主要津渡。①

---

①　关于孟津、平阴津、小平津的位置关系，可参看《读史方舆纪要》卷四八《河南三》："孟津旧县，在县东二十里。周武王伐纣，师渡孟津是也。""平阴城，在今县东一里。""其地亦为津济处。沛公北攻平阴，绝河津南，战洛阳东。汉二年，南渡平阴津，至洛阳。""小平城，在今县西北，旧志云，汉平阴县城北有河津曰小平津。津上有城。灵帝时河南八关之一也。"

五社津　在今河南巩县与温县间。《后汉书·光武帝纪上》："遣耿弇率强弩将军陈俊军五社津，备荥阳以东。"《水经注·河水五》：河水"又东过巩县北，河水于此有五社渡，为五社津"。① 《后汉书·寇恂传》："朱鲔闻光武北而河内孤，使讨难将军苏茂、副将军贾彊将兵三万余人，度巩河攻温。"《水经注·河水五》记此事谓"从五社津渡，攻温"。《后汉书·贾复传》还记载，建武二年（26），刘秀"遣（贾）复与骑都尉阴识、骁骑将军刘植南度五社津击邬（王）"。

成皋津　在今河南温县东南。《史记·高祖本纪》："汉王跳，独与滕公共车出成皋玉门，北渡河，驰宿脩武。"《项羽本纪》作"独与滕公出成皋北门，渡河走脩武"。是津在成皋正北。

卷津　在今河南新乡西南。《后汉书·章帝纪》："（建初七年）九月甲戌，幸偃师，东涉卷津，至河内。"李贤注："卷，县名，属河南郡也。"《水经注·河水五》："晋楚之战，晋军争济，舟中之指可掬，楚庄祀河告成而还，即是处也。"

杜氏津　在今河南原阳西北。《三国志·魏书·于禁传》："太祖复使禁别将屯原武，击（袁）绍别营于杜氏津。"卢弼《三国志集解》："谢锺英曰：杜氏津在今原武县西北。"

延津　在今河南汲县南。《水经》："河水又东北，通谓之延津。"《续汉书·郡国志三》："陈留郡酸枣。"李贤注："《左传》郑太叔至于廪延，杜预曰县北有延津。""东有地乌巢，曹公破袁绍处。"《三国志·魏书·袁绍传》："会（董）卓西入关，绍还军延津。"与曹操军决战，又曾渡河追击，"至延津南"（《三国志·魏书·武帝纪》）② 。又《于禁传》：官渡战时，曹操"遣步卒二千人，使禁将，守延津以拒（袁）绍"。

---

① 《后汉书·光武帝纪上》李贤注引《水经注》："巩县北有五社津，一名土社津。"
② 《三国志·魏书·袁绍传》作"壁延津南"。裴松之注引《献帝传》沮授谏曰："今宜留屯延津，分兵官渡……"

围津 在今河南滑县南。《荀子·强国》：秦"在魏者乃据围津"。杨倞注："圉当为围。"《水经注·河水五》："白马有韦乡、韦城，故津亦有韦津之称。《史记》所谓下修武，渡韦津者也。"《史记·曹相国世家》《汉书·曹参传》俱作"围津"。裴骃《集解》："东郡白马有围津。"司马贞《索隐》："顾氏按：《水经注》白马津有韦乡、韦津城。'围'与'韦'同，古今字变尔。"《战国策·魏策三》与《史记·魏世家》作"垝津"。长沙马王堆3号汉墓出土帛书《战国纵横家书》中《朱己谓魏王章》亦作"垝津"。

白马津 在今河南滑县东北。《史记·高祖本纪》：汉王听郎中郑中计，"使卢绾、刘贾将卒二万人，骑数百，渡白马津，入楚地。"《史记·郦生陆贾列传》："据敖仓之粟，塞成皋之险，守白马之津，杜大行之阪，距蜚狐之口，天下后服者先亡矣。"白马津南为白马县，北为黎阳县，固又称黎阳津。

平原津 在今山东平原西。《战国策·秦策五》："司空马去赵，渡平原。平原津令郭遗劳而问。"《史记·秦始皇本纪》：秦始皇东巡，"至平原津而病"。裴骃《集解》："徐广曰：'渡河而西。'"张守节《正义》："今德州平原县南六十里有张公故城，城东有水津焉。后名张公渡，恐此平原郡古津也。《汉书》公孙弘平津侯，亦近此。盖平津即此津，始皇渡此津而疾。"

鬲津 在今山东德州南。《汉书·地理志上》：平原郡鬲县，"平当以为鬲津。莽曰河平亭"。《沟洫志》记许商语，鬲津为"古说九河之名"之一，今见在"鬲县中"。平原津和鬲津所在于王莽执政时黄河改道之后已经远离河道。从王莽改称鬲津为"河平亭"，可以看到这一津渡终于废置的情形。

仓亭津 在今山东阳谷北。《水经》："河水于范县东北流，为仓亭津。"《水经注·河水五》："《述征记》曰：'仓亭津在范县界，去东阿六十里。'《魏土地记》曰：'津在武阳县东北七十里。'津，河济名也。"东汉末仓亭津附近曾发生战事。《三国志·魏书·武帝纪》：建安六年（201），"夏四月，扬兵河上，击（袁）绍仓亭军，破之"。《程昱传》："昱又遣别骑绝仓亭津，陈宫至，不得渡。"

厌次津 在今山东惠民东南。据《水经注·河水五》，汉安帝永初二年（108），"剧贼"毕毫等乘船寇平原，平原县令刘雄及门下小吏所辅"浮舟追至厌次津，与贼合战"。[①]清人胡渭《禹贡锥指》卷十三中之下："《齐乘》以滨州北士伤河为鬲津，云即汉时所辅求代刘雄处。今按辅代雄处为厌次津，在今武定州南，东汉大河之经流。"

黄河下游津渡见于史籍者又有长寿津、棘津、濮阳津、郭口津、委粟津、四渎津、鹿角津、漯沃津等。[②]

根据史籍及古地学书中提供的关于秦汉时期黄河主要津渡所处大致位置的资料，我们可以看到，当时重要河津的分布疏密合度，黄河中下游地区临河各郡大致都有通过黄河天险的渡口以联系两岸交通。下游近海处，由于决滥频繁，往往形成称作"别河""别渎"的分流汉道，如《水经注·河水五》所谓"又东散绝，无复津径"，造成交通的一定困难，而大河主道上，仍分布有密集的津渡。

由黄河津渡的分布，可以知道当时经济重心地区河内、河南[③]及魏郡、东郡间南北通路的重要。津渡最为集中的，是各以河内、河南郡之间的孟津和魏郡、东郡间的白马津为中心的河段。

孟津西与平阴津、小平津邻近，东有五社津、成皋津。《三国

---

① 《后汉书·独行列传·刘茂》："永初二年，剧贼毕豪等入平原界，县令刘雄将吏士乘船追之。至厌次河，与贼合战。雄败，执雄，以矛刺之。时小吏所辅前叩头哀求，愿以身代雄。豪等纵雄而刺辅，贯心洞背即死。东郡太守捕得豪等，具以状上。诏书追伤之，赐钱二十万，除父奉为郎中。"

② 《水经》："河水又东北，为长寿津。""又东北径广川县故城西，又东径棘津亭南。""河水东北流，而径濮阳县北，为濮阳津。""河水又东北径卫国县南，东为郭口津。""河水又东北径委粟津。""河水又东北流，径四渎津。""河水自平原左径安德城东，而北为鹿角津。""河水又东北为漯沃津。"

③ 河南地区大致即秦三川郡、西汉河南郡、东汉河南尹治地。

志·魏书·董卓传》："河内太守王匡遣泰山兵屯河阳津，将以图卓。卓遣疑兵若将于平阴渡者，潜遣锐众从小平北渡，绕击其后，大破之津北，死者略尽。"可见小平津、平阴津、孟津（河阳津）的位置极其接近。

白马津左近则有延津、围津，以及棘津、濮阳津等等。①

进行关于秦汉黄河津渡的讨论，人们自然会注意到在河道稳定的中游地区，两汉时有西河郡隔河东西分治的特殊现象。据《汉书·地理志下》，西汉西河郡有 36 县，可考者 20 县，河西 12 县，河东 8 县，郡治在河西平定（今陕西府谷西北）。据《续汉书·郡国志五》，东汉西河郡有 13 县，可考者 10 县，河西 5 县，河东 5 县②，郡治在河东离石（今山西离石）。西河郡的设置，充分说明当时隔河相望的陕晋两地可以通过多处津渡便利地往来交通。然而史籍中未见西河郡黄河津名，可见除上文引述重要津渡外，显然还有许多津渡在当时交通中发挥着作用而史书阙载。汉文帝三年（前 177），"帝自甘泉之高奴，因幸太原，见故群臣，皆赐之。举功行赏，诸民里赐牛酒。复晋阳中都民三岁。留游太原十余日"（《史记·孝文本纪》）。此次出行，由高奴东北至太原，很可能就是经西河郡境内的河津东渡黄河。③

秦汉时期，江南的开发尚受到多种条件的限制。人们对长江水文情况的认识远远不及黄河，当时联系江南地区的陆路交通并不发达，沿江聚落的规模以及分布密度也与黄河有相当明显的差异。这些条件决定了当时长江津渡的作用与通行能力都不能与黄河渡津相比。《荀子·子道》："孔子曰：'昔者江出于嶓山，其始出也，其源可以滥觞，及其至江之津也，不放舟，不避风，则不可涉也。'"当时中原地区人

---

① 参看王子今《秦汉黄河津渡考》，《中国历史地理论丛》1989 年第 3 期。

② 谭其骧主编《中国历史地图集》第 2 册第 17～18 页图列西汉西河郡无考县名 16，第 59～60 页图列东汉西河郡无考县名 3。

③ 参看王子今《西河郡建置与汉代山陕交通》，《晋阳学刊》1990 年第 6 期；《论汉文帝三年太原之行》，《晋阳学刊》2005 年第 4 期。

对江津涉渡的困难已经有所认识。

见诸史籍的较为著名的长江津渡，有秦始皇二十八年（前219）至南郡"浮江，至湘山祠，逢大风，几不得渡"的江津①，以及秦始皇三十七年（前210）南至会稽，"还过吴，从江乘渡"所经位于江乘县的江津（《史记·秦始皇本纪》）。又项羽垓下战败后，"乃欲东渡乌江，乌江亭长舣船待"（《史记·项羽本纪》），位于乌江亭的江津。此外，犍为郡南安县（今四川乐山北）有鱼涪津②，沙羡、樊口等处也都有江津③。当然还会有许多秦汉时期的长江津渡或并不著于史籍。西汉临江郡国12，东汉临江11郡，其中有5个郡跨江而治，即越巂、犍为、巴郡、南郡、江夏。这一事实说明，在今湖北广济以西的长江上游和中游，江津分布的密度和通行频率很可能超过下游地段。

当时其他江河上也各有通行往来的津渡。见诸史籍的，有淮水的安风津（《三国志·魏书·毌丘俭传》），湟水的郑伯津（《汉书·地理志下》），兰仓水的兰津（《后汉书·西南夷传》），雉水的造津（《续汉书·五行志三》注补引谢承《后汉书》），汉水的长柳渡（《水经》）、汉津（《三国志·魏书·徐晃传》），漳水的薄落津（《三国志·魏书·袁绍传》裴松之注引《英雄记》），以及宛陵的浦里航（《后汉书·方术列传·李南》）、建业的南津（《三国志·吴书·吴主

---

① 由南郡浮江，津渡大约在江陵地区。《左传·庄公十九年》："楚子御之，大败于津。"杜预《集解》："津，楚地，或曰江陵县有津乡。"《水经注·江水二》："应劭曰：南郡江陵有津乡。""洲上有奉城，故江津长所治。"

② 《后汉书·吴汉传》："（建武）十二年春，与公孙述将魏党、公孙永战于鱼涪津，大破之。"李贤注："《续汉书》曰：'犍为郡南安县有渔涪津，在县北，临大江。'《南中志》曰：'渔涪津广数百步。'"

③ 《水经注·江水三》："江水又东径小军山南。临侧江津，东有小军浦。"又"鄂县北，江水右得樊口。庾仲雍《江水记》云：谷里袁口，江津南入，历樊山上下三百里，通新兴马头二治，樊口之北有湾，昔孙权装大船，名之曰长安，亦曰大船，载坐直之士三千人，与群臣泛舟江津。"

传》）等等。

津渡的设置，要考虑到河流的水位、流速以及两岸地势等条件。《史记·秦始皇本纪》：秦始皇三十七年（前210），出巡"临浙江，水波恶，乃西百二十里从狭中渡"。选择江面较狭窄处作为渡口。《荀子·子道》还说到涉渡"避风"的要求，即所谓"不放舟，不避风，则不可涉也"。放舟，即方舟，并船而渡，以加强稳性。一般津渡的渡船需保证载重车辆通过，被迫弃车济渡者，属于非常情形。^①当时还普遍采用从浅水处涉渡的方式。《水经注·沔水下》："沔水又东偏浅，冬月可涉渡，谓之交湖，兵戎之交，多自此济。"冬季渡河，还常常利用冰封的条件。《后汉书·光武帝纪上》："至呼沱河，无船，适遇冰合，得过，未毕数车而陷。"因这种方式之便利，于是有以所谓"陷冰丸"破冰以阻止渡河的策略。如《后汉书·臧洪传》：焦和"又恐贼乘冻而过，命多作陷冰丸，以投于河"。^②

《太平御览》卷五九一引《汉书》："武帝幸河东，祠后土，顾帝京，欣然中流，与群臣宴饮，上欢甚，乃自作《秋风辞》。"其中有"泛楼舡兮济汾、河，横中流兮扬素波，箫鼓鸣兮发棹歌"句。可见在重要的津渡，甚至备有楼船以为帝王乘度之用。汉元帝酎祭宗庙，出便门，欲御楼船，御史大夫薛广德"当乘舆车，免冠顿首曰：'宜从桥'"。光禄大夫张猛也以"乘船危，就桥安，圣主不乘危"相谏，于是"乃从桥"（《汉书·薛广德传》）。显然渭河津渡也备有楼船。

二　桥梁工程

桥梁，是陆路交通系统中借以跨越河川险阻的建筑形式。秦汉时

---

① 《后汉书·公孙瓒传》：黄巾军"弃其车重数万辆，奔走度河"。
② 《汉书·郊祀志下》载谷永语，方士有"坚冰淖溺"之术。注引晋灼曰："方士诈以药石若陷冰丸投之冰上，冰即消液，因假为神仙道使然也。"《隋书·经籍志三》有"《扁鹊陷冰丸方》"一卷。

期，在交通空前发达的情况下，桥梁建设也进入新的阶段。根据竺可桢的研究成果，战国至西汉是我国历史上比较温暖湿润的时期①，当时黄河流域的自然景观较现今大不相同，河流水量较现今大，沟渠湖沼也较现今密集，因而桥梁对于交通的意义更为重要。当时说到交通条件，往往"道桥"并称。在对于秦汉交通道路的讨论中，我们可以看到，有些道路形式，如栈道、复道等，就是以桥梁建造技术的发展为基础而得以出现和推广的。

秦汉时期最负盛名的桥梁是长安附近的渭河三桥。

据《诗·大雅·大明》，周文王娶亲，"亲迎于渭，造舟为梁"，以船只比接为浮桥②。秦始皇时代已经有沟通渭河南北形式为石柱木梁的多跨长桥，将渭北咸阳宫与渭南阿房宫连结为浑然一体的宏大宫殿区。③ 西汉都城长安见于记载的渭桥有三座，这就是由东向西排列的渭桥、中渭桥、便桥，或依所处方位称作东渭桥、中渭桥、西渭桥。

图 2-4 和林格尔汉墓壁画"渭水桥"图

---

① 竺可桢：《中国近五千年来气候变迁的初步研究》，《竺可桢文集》，科学出版社，1979。

② 《尔雅·释水》："天子造舟。"郭璞注："比舡为桥。"《方言》卷九："舼舟谓之浮梁。"郭璞注："即今浮桥。"造，舼，义通于"靠"。

③ 《史记·孝文本纪》司马贞《索隐》引《三辅故事》："咸阳宫在渭北，兴乐宫在渭南，秦昭王通两宫之间，作渭桥，长三百八十步。"《三辅黄图》卷一："阿房宫，亦曰阿城，惠文王造，宫未成而亡。始皇广其宫，规恢三百余里。""周驰为复道，度渭属之咸阳。"

东渭桥位于长安通往河东的大道上，汉文帝从代国启程赴长安即皇帝位，丞相以下文武百官就集合在这里迎接。[①] 内蒙古和林格尔新店子汉墓壁画中有描绘一座长桥的画面，桥上横梁下可以看到榜题"渭水桥"三字。[②] 据考证，这座"渭水桥"就是长安东渭桥，然而所描绘的，大约已经是东汉晚期的情景。[③] 汉墓壁画多用以显示墓主身份和经历，这幅壁画的意义可能就在于表现墓主由繁阳迁长安令时，曾行经这座名桥。看来，这座宏伟壮观的渭桥当时曾成为长安的标志。

中渭桥即横桥。《三辅黄图》卷六引《三辅旧事》："秦造横桥，汉承秦制，广六丈三百八十步，置都水令以掌之，号为石柱桥。"[④] 折合现代尺度，桥宽超过13.8米，接近中国现代大中城市四车道桥梁的宽度（15米）。《史记·张释之冯唐列传》记述，"上行出中渭桥，有一人从桥下走出，乘舆马惊。于是使骑捕，属之廷尉。释之治问，曰：'县人来，闻跸，匿桥下。久之，以为行已过，即出，见乘舆车骑，即走耳。'廷尉奏当，一人犯跸，当罚金"。行人可藏身桥下，大约平阔滩地上有连接正桥和路堤的引桥。《水经注·渭水下》引《三辅黄图》："后董卓入关，遂焚此桥，魏武帝更修之。"然而曹操所重修者，"桥广三丈六尺"，规模已经远不及汉中渭桥。

西渭桥又称便桥或便门桥。《汉书·武帝纪》：建元三年（前138），"赐徙茂陵者户钱二十万，田二顷。初作便门桥"。颜师古注："便门，长安城北面西头门，即平门也。古者平便皆同字。于此道作

---

① 《史记·孝文本纪》："至高陵休止，而使宋昌先驰之长安观变。昌至渭桥，丞相以下皆迎。宋昌还报，代王驰至渭桥，群臣拜谒称臣。"
② 内蒙古自治区博物馆文物工作队：《和林格尔汉墓壁画》，内蒙古人民出版社，1978。
③ 壁画榜题有"西河长史所治离石城府舍"，汉西河郡郡治永和五年（140）由平定徙至离石，同时墓主任西河长史后又屡经升迁，下葬年代必当晚于永和五年。
④ 陈直《三辅黄图校证》以为都水令当为"横桥都水令"。陕西人民出版社，1980，第139页。

图 2 - 5　沙河古桥遗存

桥，跨渡渭水以趋茂陵，其道易直。"《三辅黄图》卷六："便门桥，武帝建元三年初作此桥，在便门外，跨渭水，通茂陵。"根据有些考古工作者的调查资料，认为西渭桥桥址在今陕西咸阳马家寨西。① 近年来，在咸阳资村以南的沙河古道内发现 2 座木构古桥，方向分别为北偏西 5°和北偏东 30°。其中 1 号桥已发现清理了 16 排 145 根桥桩，残存总长度 106 米，宽 16 米左右。2 号桥清理出 5 排 40 余根桥桩，长 30 余米，宽 10 米左右。从现场清理情形看，2 号桥的保存情况和结构状况表明其年代晚于 1 号桥。据 ^{14}C 测定年代，1 号桥距今 2140 ± 70 年。主持发掘清理的考古工作者认为，"1 号桥应是汉魏时的西渭桥，2 号桥是隋唐时的西渭桥"②。此外，亦于陕西咸阳附近旧曾出土的"便"字汉代瓦当，有的学者推测或即西渭桥遗物。③ 沙河古桥的

① 孙德润、李绥成、马建熙：《渭河三桥初探》，《陕西省考古学会第一届年会论文集》（《考古与文物》丛刊第三号），1983 年。

② 段清波、吴春：《西渭桥地望考》，《考古与文物》1990 年第 6 期；陕西省考古研究所：《西渭桥遗址》，《考古与文物》1992 年第 2 期。

③ "便"字汉瓦当载《金石萃编》卷二二《瓦当文字三十三种》。陈直《秦汉瓦当概述》："按《三辅黄图》云：'便门桥，武帝建元二年初作此桥，在便门外，跨渭水通茂陵。'旧说以为桥瓦，然与现今出土之地不相符。"《文物》1963 年第 11 期。韩钊、焦南峰《新编秦汉瓦当图录》则指出："汉制各帝陵多建有便殿，此当为便殿之遗物。"三秦出版社，1987，第 165 页。

发现，引起了交通史学者和历史地理学者的高度重视。^{14}C测定桥桩木材年龄为 2140 年左右，正当西汉初期。这在桥梁建筑史上具有标尺性的意义。对于沙河古桥的性质尚有不同意见。研究者或以为所发现的是西汉沣河桥遗址。[①] 相关考古资料对于说明秦汉交通建设水准的价值，无疑是重要的。

2012 年以来，仅长安城北发现了三组七座渭桥。包括战国晚期修建的厨城门四号桥，西汉及东汉魏晋两次修建的厨城门一号桥，西汉晚期至东汉早期修建的洛城门桥等[②]，为秦汉桥梁史考察提供了新的认识基础。

长安附近的桥梁除渭桥外，还有横跨泾水的泾桥[③]，秦官印有文曰"长夷泾桥"者[④]，可作为实物证明。此外，城东还有宣平门桥[⑤]、饮马桥[⑥]、霸桥等。王莽地皇三年（22）二月，霸桥火灾，修复后以其地位重要，更名"霸桥为长存桥"（《汉书·王莽传下》）。霸桥地当长安往关东必经之地，"汉人送客至此桥，折柳赠别"（《三辅黄图》卷六），于是成为世代沿袭的风习。

2006 年，西安市文物保护考古所在汉长安城西南角未央宫遗址与建章宫遗址之间发掘了一处古桥遗存。考古学者根据遗迹现象推算，"该古桥木桩东西长度至少应有 50 米，也就是说该桥的宽度应在 50

---

① 参看辛德勇《论西渭桥的位置与新近发现的沙河古桥》，《历史地理》第 11 辑，上海人民出版社，1993，收入《古代交通与地理文献研究》，中华书局，1996。

② 陕西省考古研究院、中国社会科学院考古研究所、西安市文物保护考古研究院渭桥考古队：《西安市汉长安城北渭桥遗址》，《考古》2014 年第 7 期。

③ 杜笃《论都赋》有"桥泾、渭"语，见《后汉书·文苑列传·杜笃》。又《后汉书·章帝纪》："又幸长平，御池阳宫，东至高陵，造舟于泾而还。"《初学记》卷六引薛莹《后汉书》作"造舟至于泾而还"。

④ 罗福颐：《待时轩印存》。

⑤ 《后汉书·董卓传》裴松之注引《献帝起居注》："初，天子出，到宣平门，当度桥，（郭）汜兵数百人遮桥曰：'是天子非？'车不得前。"

⑥ 《三辅黄图》卷六："饮马桥，在宣平门外。"《史记·樊郦滕灌列传》司马贞《索隐》："案：姚氏云'《三辅故事》曰滕文公墓在饮马桥东大道南，俗谓之马冢。'"

米以上。桥的长度尚不好确定，但从对遗址周围的勘探和调查看，这一段古涵河的河床宽约 60 米，再加上引桥，推测这座古桥的长度至少应在 100 米以上"。"从地理位置看，这座古桥应是古涵河上的桥梁。涵河古称'沉水'，其上游是'漓水'。"① 现今涵河作为渭河一级支流，径流量"年际变化大，年内分配不均"，"洪汛期径流量大，约占年径流量的 80% 以上；而枯水季节常断流"②。但秦汉时期当水量可观。古桥位于秦汉时期均列入皇家祠祀对象的这条河流上，有连通主要宫殿区的功能，当时在桥梁工程和交通规划方面都应当居于较高等级。

图 2-6　《待时轩印存》著录"长夷泾桥"印

《史记·滑稽列传》褚先生补述：西门豹"发民凿十二渠"，"十二渠经绝驰道，到汉之立，而长吏以为十二渠桥绝驰道，相比近，不可。欲合渠水，且至驰道合三渠为一桥。邺民人父老不肯听长吏，以为西门君所为也，贤君之法式不可更也。长吏终听置之"。十二渠桥"相比近"，虽然是极其密集的特例，但一般情况下，因河渠纵横，当时桥梁这种主要交通设施的数量仍是十分可观的。赵充国经营金城湟中，曾"治湟陿以西道桥七十所，令可至鲜水左右"，"从枕席上过师"（《汉书·赵充国传》）。湟陿在今青海西宁东，距鲜水海（青海湖）不过百数十里，由高原冻土地带的施工效率，也可以说明当时桥梁的修造能力。

梁桥、拱桥、索桥这几种主要的桥梁型式，在秦汉时期都已经基本具备。

---

① 王自力：《西安发掘汉代涵河木桥遗址》，《中国文物报》2006 年 12 月 29 日。

② 穆根胥：《西安地区水资源分布图》，《西安地区环境地质图集》，西安地图出版社，1999，第 9 页。

图2-7 山东苍山兰陵画象石所见砖石结构梁桥

渭桥和霸桥都是多跨的梁桥。《水经注·渭水下》引《三辅黄图》中记述，"渭水贯都，以象天汉，横桥南度，以法牵牛"。"广六丈，南北三百八十步，六十八间，七百五十柱，百二十二梁。桥之南北有堤，激立石柱，柱南，京兆立之，柱北，冯翊立之。有令丞，各领徒一千五百人。桥之北首，垒石水中，故谓之石柱桥也。"① 也有学者以为渭桥木柱。② 估计桥之南北立石柱，桥中或又用木柱，木石结合，则柱数750，而间分68，为数不尽的疑问可以得到合理解释。而且据《水经注·渭水下》，"秦始皇造桥，铁镦重不胜，故刻石作力士孟贲等像以祭之，镦乃可移动也"。或以为铁镦即打桩铁椎，也可证渭桥木柱之说。《初学记》卷七：渭桥、横桥、便桥，"并跨渭，以木为梁。汉又作霸桥，以石为梁"③。渭河三桥均为木梁似无疑义。因而董卓可以焚桥。但"巫蛊之祸"后，汉武帝"焚苏文于横桥上"（《汉书·武五子传·戾太子刘据》），说明桥面又不可能完全是木结构。桥南北两端是否采用木结构、砖石结构甚至与部分使用金属材料相结合的方式，可以留待后证。前说沙河古桥确实发现异常金属结构，其作用尚未得到合理解说。关于霸桥，则有王莽地皇三年（22）"二月，霸桥灾，数千人以水沃救，不灭"的记载，最终"桥尽火

---

① 或作"桥南京兆主之，桥北冯翊主之"。
② 参看茅以昇主编《中国古桥技术史》，北京出版社，1986，第21页。
③ 王莽地皇三年（22）霸桥火灾后，重建的新桥可能是石柱石梁。

灭"，据说"大司空行视考问，或云寒民舍居桥下，疑以火自燎，为此灾也"（《汉书·王莽传下》），可以说明是木结构为主。

图 2-8　山东苍山前姚画象石所见斗拱木柱梁桥

汉代画象中体现梁桥形式的实例，还有山东沂南汉画象石，四川成都羊子山 2 号墓汉画象砖，山东临沂白庄汉画象石，山东苍山下庄城前村汉画象石，以及苍山向城前姚汉画象石，等等。梁桥往往成为汉代画象的主要题材之一，说明梁桥已经成为当时桥梁中最有代表性的桥型，其修造技术已经为各地区普遍应用。

图 2-9　成都羊子山汉画象砖木梁桥画面

《初学记》卷七引《齐地记》："秦始皇作石桥，欲渡海观日出处。旧说始皇以术召石，石自行，至今皆东首，隐轸似鞭挞瘢，势似驱逐。"这虽然只是一种传说，但其中透露出当时可能已出现石梁柱桥的信息。《水经注·穀水》记建春门石桥："桥首建两石柱，桥之右柱铭云：'阳嘉四年乙酉壬申，诏书以城下漕渠，东通河济，南引江淮，方贡委输，所由而至。使中谒者魏郡清渊马宪监作石桥梁柱……主石作右北平山仲，三月起作，八月毕成。'"可见当时修建石梁柱桥的施工效率也相当高。通过山东苍山兰陵汉画象石表现桥梁的画面，可以看到以砖或石材砌筑桥柱的桥梁形式。[①] 而山东嘉祥武梁祠石室西间东面画象石所见梁桥，更明确表现出石作技术应用于桥梁工程。

图 2 - 10   新都汉画象砖所见桥面微拱的梁桥

拱桥出现的可靠资料最早见于汉代。[②] 班固《西都赋》有"因瑰材而究奇，抗应龙之虹梁"句，李善注："应龙虹梁，梁形似龙而曲如虹也。"通过山东沂水韩家曲汉画象石以龙表现虹的画面，可以推知所谓"抗应龙之虹梁"，很可能是指拱桥。

---

①　原石存山东苍山县文化馆，见山东省博物馆、山东省文物考古研究所编《山东汉画象石选集》，齐鲁书社，1982。

②　李亚农认为："甲骨文 （桥）字的存在，不容许我们怀疑殷人已经创造了石拱桥的铁的事实。"（《殷代社会生活》，上海人民出版社，1955，第 113 页）但以桥释 并未得到学术界的普遍赞同。于省吾释 为虹，中国科学院考古研究所编《甲骨文编》从于说（中华书局，1965）。

图 2 – 11　彭州汉画象砖所见斜柱支撑的早期拱桥

拱桥在墩台之间以拱形结构承重，以增大跨度，增加荷载，其施工工艺和结构力学的实践都显示出新的水平。拱下形成较大空间，也利于水上航运的发展。

四川新都山土的汉画象砖有表现车马过桥题材者，桥为三孔木梁柱桥，桥面大略呈弧形，以往曾经有人认为这种弧形木梁桥的出现始自唐代，新都汉画象砖的发现，可以将这种桥型的最初年代提前到汉代。人们很自然地会联想到，这种扩大桥下净空以便利通航的桥型，必然会对拱桥的出现发生启示作用。江苏溧水出土汉画象砖可以看到下有立柱支撑的拱桥，所表现的应当是汉代拱桥的早期形态。《水经注·穀水》引《上东门石桥右柱铭》中，说到"监作石桥梁柱，敦敕工匠，尽要妙之巧，攒立重石，累高周距，桥工路博，流通万里"，可见所修建的并非一般的石梁柱桥，"攒立重石，累高周距"，意在不影响桥下通漕之便。所谓"尽要妙之巧"者，很可能是指对起拱技术的巧妙应用。

拱桥的出现是以拱券技术为基础的。从汉墓发掘的资料看，大约汉武帝元狩年间至昭帝时期，带竖井墓道的小砖券墓及仿照这种

图 2 - 12　山东沂水韩家曲汉画象石所见"应龙虹梁"画面

小砖券墓而筑作的弧形土洞墓开始出现。大致在宣帝时期，小砖券墓逐渐流行。这一时期的空心砖墓也常常模仿拱券顶的形式搭设折边墓顶。① 河南洛阳发现的 2 座西汉时期的壁画墓，主室用空心砖构筑梯形拱顶，两侧耳室用小砖拱券。② 拱桥正是在拱券建筑形式成熟之后，才得以出现并逐步普及于公共交通形式的。

山东邹县高庄前营汉画象石有所谓"升鼎图"，画面可见挽绳的力士站立在拱桥上。河南南阳英庄汉画象石，以及山东嘉祥五老洼汉画象石等，也是反映汉代拱桥形式的珍贵的文物资料。

关于拱桥最初出现的具体年代，有的论著推定"我国至迟在东汉晚期已有了拱桥"③，有的论著则断言"我国的拱桥始建于东汉中后期"④，根据出土文物资料分析，这样的认识似乎仍失之于保守。

山东嘉祥五老洼汉画象石的年代，据判断"属于孺子婴及汉明帝

① 参看洛阳区考古发掘队《洛阳烧沟汉墓》，科学出版社，1959。
② 河南省文化局文物工作队：《洛阳西汉壁画墓发掘报告》，《考古学报》1964 年第 2 期；洛阳博物馆：《洛阳西汉卜千秋壁画墓发掘简报》，《文物》1977 年第 6 期。
③ 茅以昇主编《中国古桥技术史》，北京出版社，1986，第 61 页。
④ 潘洪萱：《古代桥梁史话》，中华书局，1982，第 26 页。

时期的可能性比较大"。① 河南南阳英庄汉画象石，画面上同一河流上相距不远并列两座拱桥，可以说明这种桥型当时的普及程度。发掘者认为，其年代"不早于王莽时期，不晚于东汉初年"。② 由此可以推知，大约在两汉之际到东汉初期，拱桥无疑已经成为交通建设的重要成就。

图 2 - 13　新野樊集 M24 画象砖拱桥画面

近年清理的河南新野樊集汉画象砖墓的收获，又可以增进对于拱桥最初出现年代的认识。其中 M24、M35、M36、M39 门楣画象砖均可看到表现拱桥的画面。关于这些墓葬的年代，发掘者认为，"上限不早于武帝时期，下限不晚于新莽时期"③。这就是说，拱桥的始建年代，又可以提早到西汉中晚期。

河南新野樊集汉画象砖墓中 M24、M35、M39 所出画象砖以及新野北安乐寨村东汉画象砖上拱桥的图形④，已经表现出典型的弓形拱或圆弧拱的特征，其拱矢（两拱脚连结线到拱顶的高度）和跨度之间的"矢跨比"分别为 1∶4.86，1∶7.56，1∶5.09。这一事实，可以修

---

① 朱锡禄：《嘉祥五老洼发现一批汉画象石》，《文物》1982 年第 5 期。

② 南阳地区文物工作队、南阳县文化馆：《河南南阳县英庄汉画象石墓》，《文物》1984 年第 3 期。

③ 河南省南阳地区文物研究所：《新野樊集汉画象砖墓》，《考古学报》1990 年第 4 期。

④ 吕品、周到：《河南新野新出土的汉代画象砖》，《考古》1965 年第 1 期。

正有的学者提出的弓形拱桥的出现始于公元 7 世纪的认识。① 所谓弓形拱桥的出现，实际上至少应当理解为西汉人的文化创造之一。矢跨比愈小，则拱的推力愈大。圆弧拱桥或弓形拱桥可以在不加高路面的情况下，加大拱跨，在汉代车辆尚不具备制动装置的情况下，限制桥高，无疑也有利于车辆上下通行。②

图 2－14　新野樊集 M36 画象砖拱桥画面

汉代拱桥的建造，是桥梁工程史上一项具有重要意义的创举。正是以汉代的拱桥为基础，后来发展演化出在世界桥梁史上久负盛誉的我国古桥艺术中最为多姿多彩的不同风格的拱桥的造型。

索桥又称悬桥、絙桥，竹索桥又称笮桥。索桥一般是在山崖陡立，水流湍急，难以立柱作墩的条件下得以发展的桥梁形式。

《汉书·西域传上》记述"去长安九千九百五十里"的乌秅国

---

① 罗伯特·坦普尔在《中国——发现和发明的国度》一书中介绍了中国的 100 个"世界第一"。其中"弓形拱桥"一节中指出："当中国匠师最先认识到拱并不一定是半圆时，就发生了一项概念上的突破：建造一座桥可以不以传统的半圆拱为基础，而以弓形拱为基础。""按这种方式建造的桥，比按半圆形拱建造的桥花费材料少而强度大。这项进步发生在公元 7 世纪的中国。它是天才匠师李春的杰作。"祖文娟译，《科技日报》1987 年 4 月 29 日。茅以昇主编《中国古桥技术史》中已经指出："我国圆弧拱的建造年代当在隋代以前，因为赵州桥（安济桥）已是大跨度的圆弧拱。"北京出版社，1986，第 71 页。汉代画象资料为中国早期弓形拱桥或圆弧拱桥的出现提供了实证。实际上东汉砖券穹隆顶墓所出现的圆弧拱或椭圆拱的形式，已经可以说明这种新型拱桥产生的技术基础。

② 王子今：《汉代拱桥考述》，《远望集：陕西省考古研究所华诞 40 周年纪念文集》，陕西人民美术出版社，1998。

的交通条件：“其西则有县度，去阳关五千八百八十八里，去都护治所五千二十里。县度者，石山也，溪谷不通，以绳索相引而度云。”颜师古注：“县绳而度也。县，古悬字耳。”又杜钦说大将军王凤曰：“又有三池、盘石阪，道陿者六七寸，长者径三十里。临峥嵘不测之深，行者骑步相持，绳索相引，二千余里乃到县度。畜队，未半阬谷尽靡碎；人堕，势不得相收视。险阻危害，不可胜言。”据《水经注·河水一》所记法显的经历，“二千余里”应为“二十余里”之误[①]。“以绳相引而度”，估计近似于独索吊桥或称溜索桥、溜筒桥。这是西境的索桥，在我国西南地区索桥的发展也较早。据《太平寰宇记》卷七八，茂州“梁普通三年置绳州，取桃关之路以绳为桥，因作州称”。南北朝绳州地当汉代蜀郡蚕陵，在今四川茂汶西北。

秦汉时期西南地区多有以“筰”或“筰”命名的部族和地区。《史记·西南夷列传》：“自巂以东北，君长以什数，徙、筰都最大。自筰以东北，君长以什数，冉駹最大。”《汉书·地理志上》说，越嶲郡有定筰、筰秦、大筰诸县。“定筰”，颜师古注：“本筰都也。”《元和郡县图志·剑南道中》：“昆明县，本汉定筰县也。周武帝之定筰镇。凡言筰者，夷人于大江水上置藤桥谓之‘筰’，其定筰、大筰皆是近水置筰桥处。”筰字从竹，原当为竹索、竹缆。《太平御览》卷七一引《纂文》：“竹索谓之筰，茅索谓之索。”据《华阳国志·蜀志》，李冰在蜀郡造七桥，其中夷里桥“亦曰笮桥”，桥以竹索为之[②]。《水

---

① 《水经注·河水一》：“释法显曰：度葱岭，已入北天竺境，于此顺岭西南行十五日，其道艰阻，崖岸险绝，其山惟石，壁立千仞，临之目眩，欲进则投足无所。下有水，名新头河，昔人有凿石通路施倚梯者，凡度七百梯，度已，蹑悬絚过河，河两岸相去咸八十步。九译所绝，汉之张骞、甘英皆不至也。余诊诸史传，即所谓罽宾之境。有盘石之隥，道狭尺余，行者骑步相持，絚桥相引，二十许里，方到县度，阻险危害，不可胜言。”

② 《太平寰宇记》卷七二：“笮桥去州西四里，亦名夷星桥，又名笮桥，以竹索为之，因名。”

经注·江水一》："江水又东别为沱。"绵虒县"即汶山郡治，刘备之所置也，渡江有笮桥"。是岷江也有竹索桥。《隶释》卷一五《蜀郡属国辛通达李仲曾造桥碑》中有"造此笮桥"语，是为汉代建造索桥的确切记录。

陕西留坝有所谓樊河，旧有铁索桥，明嘉靖八年（1529）碑刻称，系樊哙于汉高祖元年所建，故名樊河桥。然而至今未见确切记载和考古资料证实秦汉铁索桥的存在。但是当时冶铁工艺已经相当进步，金属链条制作技术在秦代已比较成熟。[①]《汉书·王莽传下》：王莽地皇二年（21），"民犯铸钱，伍人相坐，没入为官奴婢。其男子槛车，儿女子步，以铁锁琅当其颈，传诣钟官，以十万数"。颜师古注："琅当，长锁也。"元人戴侗《六书故》："今人以银铛之类相连属者为链。"《后汉书·崔骃传》："董卓以是收（崔）烈付郿狱锢之，银铛铁锁。"可见铁链的应用在汉代并不罕见。有的学者根据这些条件，推想"公元前2世纪时的樊河桥已可能是铁索桥"。[②]西晋伐吴时，楼船东下，"吴人于江险碛要害之处，并以铁锁横截之"（《晋书·王濬传》）。由此推测，汉代在水面较为狭窄的江河横系铁索，技术上不会存在很大问题。明人杨慎在《南诏野史》一书中，也记录了关于汉代铁索桥的传说："兰津桥在景东厅城西南兰沧江。两岸峭壁飞泉俯映江中，地势险绝。以铁索系南北为桥，东汉明帝时建。"

---

① 《说文·革部》："鞁，车驾具也。"段玉裁注："鞁所包者多。靮其大者，《封禅书》言：'雍五畤，路车各一乘，驾被具；西畤、畦畤，禺车各一乘，禺马四匹，驾被具。''被'即'鞁'字也。"据发掘报告，秦始皇陵1号铜车马上的鞁具"有牵引、控御、止车以及马身上的装具等不同的类别，绝大部分由青铜构件制作而成，但是也有少部分鞁具如勒、缰索等由金质、银质的构件制成"。2号铜车马的系驾鞁具和1号铜车马的鞁具"基本相同，都是铜质或金、银质构件"。秦始皇兵马俑博物馆、陕西省考古研究所：《秦始皇陵铜车马发掘报告》，文物出版社，1998，第64、193页。其中靮、辔、䪌、□、缰、胁驱、络头、颈靼等大都是用一节节金属构件组成的"链条"。

② 茅以昇主编《中国古桥技术史》，北京出版社，1986，第114页。

秦汉时期还有一种应用比较普遍的桥梁型式，这就是浮桥。

关于黄河上第一座浮桥的记载，见于公元前 541 年秦后子鍼奔晋，"造舟于河"（《左传·昭公元年》）。① 后子鍼的路线"自雍及绛"，桥址或在蒲坂津，或在汾阴津。这座浮桥是用后即废的临时性浮桥。《史记·秦本纪》：秦昭襄王五十年（前 257）"初作河桥"。这是黄河上第一座相对正式的浮桥。张守节《正义》："此桥在同州临晋县东，渡河至蒲州，今蒲津桥也。"② 《后汉书·西羌传》：汉和帝永元五年（93），贯友代聂尚为护羌校尉，攻迷唐，斩获八百余级，"收麦数万斛，遂夹逢留大河筑城坞，作大航，造河桥，欲度兵击迷唐"。迷唐于是远依赐支河曲。永元十年（98），"和帝令迷唐将其种人还大、小榆谷，迷唐以为汉作河桥，兵来无常，故地不可复居，辞以种人饥饿，不肯远出"。足见这座黄河浮桥重要的战略意义。另一座著名的黄河浮桥，则是西晋时期由杜预主持修造的。

东汉初年还曾成功地在长江上修建浮桥。《水经注·江水二》："汉建武十一年，公孙述遣其大司徒任满、翼江王田戎将兵数万，据险为浮桥，横江以绝水路，营垒跨山以塞陆道。光武遣吴汉、岑彭将六万人击荆门，汉等率舟师攻之，直冲浮桥，因风纵火，遂斩满等矣。"造此浮桥的目的在于加强防守，然而最终在强攻下失利。《后汉书·岑彭传》记述荆门浮桥形式："横江水起浮桥、斗楼、立攒柱绝水道。"后岑彭、吴汉军乘风火攻，"风怒火盛，桥楼崩烧"。

---

① 参看王子今《"造舟为梁"及早期浮桥史探考》，《文博》1998 年第 4 期。

② 陆敬言在《自然科学史研究》4 卷 1 期发表的《蒲津大浮桥考》一文中主要利用唐以后的资料讨论蒲津浮桥问题，没有涉及后子鍼浮桥的位置，也投有提出蒲津浮桥即秦昭王所建的确切证据。但是我们根据秦汉道路走向以及与之相关的津桥位置的勘定一般比较合理，因而可以经受历史考验的事实，可以认为张守节的推断大致可信。

此外，史籍中还可见乐嘉城颍水浮桥[①]、洛阳洛水浮桥[②]、潼关渭水浮桥[③]、成都沱江浮桥[④]、邺县漳水浮桥[⑤]等等。

战国秦汉时期，铁器的普及大大促进了建筑工程对石料的应用，为石桥的大量出现提供了物质基础。这一变化，对于桥梁的实用、经济、美观，有着划时代的进步作用。石拱石梁桥的发展，延长了桥梁使用期限，减少了维修更新费用，同时也有利于提高结构理论和施工技术的水平。

除木桥和石桥外，当时还有因地制宜，就地取其他材料构筑桥梁的情形。诸葛亮曾在武功水作竹桥。[⑥]《后汉书·班超传》："焉耆国有苇桥之险。（焉耆王）广乃绝桥，不欲令汉军入国，超更从它道厉度。"[⑦] 联系到河西汉代长城遗址有夯层中夹芦苇层的情形，可能苇桥之得名，也在于利用芦苇作为辅助建桥材料。

三 津桥的管理

云梦睡虎地秦简《为吏之道》中有"除害兴利"一节，每句四字，内容多为官吏常用词语，整理者推测是供学习做吏的人使用的识

---

① 《三国志·魏书·邓艾传》：毌丘俭起事，邓艾出兵，"兼道进军，先趣乐嘉城，作浮桥"。

② 《三国志·魏书·曹爽传》："宣王部勒兵马，先据武库，遂出屯洛水浮桥。"又见《蒋济传》裴松之注引《世语》："济随司马宣王屯洛水浮桥。"《太平御览》卷七三引《魏略》："洛阳城西洛水浮桥，三处三柱，三公象也。"

③ 《三国志·魏书·武帝纪》：曹操击马超、韩遂，"乃多设疑兵，潜以舟载兵入渭，为浮桥，夜，分兵结营于渭南"。

④ 《后汉书·吴汉传》：吴汉"将步骑二万余人进逼成都，去城十余里，阻江北为营，作浮桥，使副将武威将军刘尚将万余人屯于江南，相去二十余里"。

⑤ 《太平御览》卷七三引《郡国志》："漳水，建武十一年造紫陌浮桥于水上。"

⑥ 《水经注·渭水中》："《诸葛亮表》云：臣遣虎步监孟琰据武功水东，司马懿因水长攻琰营，臣作竹桥，越水射之，桥成，驰去。"

⑦ 李贤注："由带以上为厉，由膝以下为揭，见《尔雅》也。"

字课本。① 其中可见"千（阡）佰（陌）津桥"语，看来津桥管理是当时政府行政内容的重要项目之一。

《左传·昭公二十四年》："王子朝用成周之宝珪于河"，"津人得诸河上"。是河津管理人员曾经称作"津人"。战国时期已经有管理津渡的专职官吏。《吴越春秋·阖闾内传》："（椒丘䜣）过淮津，欲饮马于津。津吏曰：'水中有神。'"《列女传·辩通·赵津女娟传》："初，简子南击楚，与津吏期。简子至，津吏醉卧，不能渡。"《战国策·秦策五》则有"平原津令"，"平原津令"又称作"平原令"②，大约重要的津渡，其主管官吏，地位可相当于县级职官。

秦汉时期管理津渡的官吏称"守津吏"或"津吏"。《后汉书·方术列传·段翳》："时有就其学者，虽未至，必豫知其姓名。尝告守津吏曰：'某日当有诸生二人，荷担问翳舍处者，幸为告之。'后竟如其言。"后又有其生至于葭萌，"与吏争度，津吏械破从者头"事。陈直《汉书新证》："汉代关之外有津。《十钟山房印举》举二、54页，有'宜阳津印'，交错文，有界格，当为津吏所用，其范围当较关吏为小。"此"宜阳津印"者，一般归入秦官印③。《水经注·河水三》关于"君子济"的记述中，津吏称作"津长"。《汉官》所列河南尹员吏中有监津渠漕水掾，其中就有包括"监津掾"这一主管津渡的职官。

汉鼓吹曲辞《铙歌·上陵》："上陵何美美，下津风以寒。问客从何来，言从水中央。桂树为君船，青丝为君笮，木兰为君櫂，黄

---

① 睡虎地秦墓竹简整理小组：《睡虎地秦墓竹简》，文物出版社，1978，第280页。

② 《战国策·秦策五》："司空马去赵，渡平原。平原津令郭遗劳而问：'秦兵下赵，上客从赵来，赵事何如？'司空马言其为赵王计而弗用，赵必亡。平原令曰：'以上客料之，赵何时亡？'"鲍彪注："《列女传》有赵津吏，盖此官也。"

③ "宜阳津印"，上海博物馆藏印。罗福颐主编《秦汉南北朝官印征存》："此为宜阳掌津关渡口之官印。"列入秦官印中。文物出版社，1987，第6页。

金错其间。"说明有的津渡用船有牵系的缆绳"筭"。很有可能当时已经采用两岸系索的方式以防止渡船顺流漂移，也可能利用跨河缆索曳行。

2004 年 4～6 月出土于长沙东牌楼 7 号古井的东汉末期简，其中可见"津卒"字样：

出钱·雇东津卒五人四月直　▢（130）

简文内容体现了某种以"钱"支付"雇""直"的经济关系。因为文字残缺，我们不能确切解说完整的文意。但是"津卒"称谓以"卒"标示的身份特征，却透露出比较重要的历史文化信息。

同一批简中有"津史"（78A）称谓与"捕盗史"（78A）、"金曹"（78B）等并列，整理者注释："'津史'，史籍未见，应为郡、县列曹属吏之一，专掌修治津梁道路。"① 其实，"'津史'，史籍未见"之说不确。《通典》卷四〇《职官二十二·秩品五·大唐官品》说到"诸仓关津史"。如果说"'津史'，史籍未见"，是指东汉"史籍未见"，则应注意到东汉史籍出现过"津吏"。② 东牌楼东汉简整理者关于"津史""专掌修治津梁道路"的意见，可能也是未必成立的。"津史"即"津吏"，应是管理津渡的官员，或者说是管理关津的官

---

① 长沙市文物考古研究所、中国文物研究所：《长沙东牌楼东汉简牍》，文物出版社，2006，释文第 106～107 页。

② 《后汉书·方术列传上·段翳》："段翳字元章，广汉新都人也。习《易经》，明风角。时有就其学者，虽未至，必豫知其姓名。尝告守津吏曰：'某日当有诸生二人，荷担问翳舍处者，幸为告之。'后竟如其言。又有一生来学，积年，自谓略究要术，辞归乡里。翳为合膏药，并以简书封于筒中，告生曰：'有急发视之。'生到葭萌，与吏争度，津吏樸破从者头。生开筒得书，言到葭萌，与吏斗头破者，以此膏裹之。生用其言，创者即愈。生叹服，乃还卒业。"事亦见《华阳国志》卷一〇中《广汉士女》。又《列女传》卷六《辩通传》"赵津女娟"、《吴越春秋》卷四《阖闾内传》也可见"津吏"称谓。

员。战国秦汉文献"津关"①或"关津"②往往连称，简牍资料亦多见相关实证③。"津吏""津史"之职能似与"关吏"类同，主要是检查，控制出入经过，而并非交通建设，至少不是"专掌修治津梁道路"。贾谊《过秦论》："缮津关，据险塞，修甲兵而守之。"《淮南子·兵略》："硖路津关，大山名塞"，"一人守隘，而千人弗敢过也"。杜笃《论都赋》说到关中地形，有"杜口绝津，朔方无从"语。刘秀曾拜冯异为孟津将军，守孟津以拒更始军（《后汉书·光武帝纪上》《冯异传》）。汉灵帝中平元年（184），黄巾起义爆发，为加强京师卫戍，环洛阳"置八关都尉官"（《后汉书·灵帝纪》），"八关"即包括小平津和孟津。津渡和关隘同样，除作为军事设施之外，又有警备治安作用。王莽专政，曾规定："吏民出入，持布钱以副符传，不持者，厨传勿舍，关津苛留。"（《汉书·王莽传中》）《三国志·魏书·文帝纪》裴松之注引《魏书》"庚戌令"："关津所以通商旅，池苑所以御灾荒，设禁重税，非所以便民；其除池籞之禁，轻关津之税，皆复什一。"可见津与关相同，又常常兼有税收稽查作用。

简文所见"津卒"应与"津史"存在某种关联。汉代文献和出土资料中所见与交通行为有关者又有"关卒"以及"邮卒""驿卒"

---

①　如《通典》卷一四九引孙膑曰："败其津关，发其桥梁。"《史记·秦始皇本纪》引贾谊《过秦论》："缮津关，据险塞，修甲兵而守之。"《史记·孝景本纪》："（四年）复置津关，用传出入。"《淮南子·兵略》："硖路津关，大山名塞，龙蛇蟠，却笠居，羊肠道，发笱门，一人守隘而千人莫敢过也，此谓地势。"《淮南子·修务》："申包胥……于是乃赢粮跣走，跋涉谷行，上峭山，赴深溪，游川水，犯津关，蹠蒙笼，蹶沙石，蹠达膝，曾茧重胝，七日七夜至于秦庭。"

②　《释名·释书契》："示，示也。过所至关津以示之也。"《汉书·王莽传中》："吏民出入，持钱以副符传。不持者，厨传勿舍，关津苛留。"

③　如居延汉简："县河津门亭"（7.33），"门亭鄣河津金关毋苛止环复传敢言之"（36.3），"自致张掖逢过河津关如律令"（37.2），"一编［移］过所县道河津金关毋苛留止如律令敢言"（43.12A），"河津金关毋苛留□"（97.9），"移过所县道河津关……"（170.3A），"所县河津关遣"（192.29），"移过所河津金关毋苛留止如律令"（218.2），"乘□□过所县河津"（218.78），"过所县河津马田……"（303.12A），"谒移过所县邑门亭河津关毋苛留敢言之"（495.12，506.20A）；敦煌汉简："龙勒写大鸿胪挈令津关"（2027）。

"车卒""漕卒""棹卒"等,似可反映交通条件优先服务于军事以及交通管理的军事化特征。[1]

津吏的职能还在于负责渡河过程的技术性管理,维持渡河的秩序。由于船渡的不安全因素很多,即所谓"乘船危"(《汉书·薛广德传》),如果缺乏组织管理,不仅会影响通行效率,还可能造成人员和物资的损失。为此,有关官员有时不得不以强力手段维持秩序。除上文引述"津吏棳破从者头"外,又可见《三国志·魏书·贾逵传》:"从至黎阳,津渡者乱行,逵斩之,乃整。"[2]

袁绍击破公孙瓒军,引军南到浊漳水上的薄落津,"与宾客诸将共会"(《三国志·魏书·袁绍传》裴松之注引《英雄记》)。《水经注·浊漳水》记载:"漳水又历经县故城西,水有故津,谓之薄落津。昔袁本初还自易京,上已届此,率其宾从,禊饮于斯津矣。"可以容纳大批官员在此禊饮,说明这个津渡有条件较好的附属建筑。汉瓦当文字有作"津门"者,曾经有学者以为与东汉洛阳十二城门中"津门"有关。[3] 然而旧说"津门"至北魏方改称"津阳门"不确。《晋书·宣帝纪》:"车驾送出津阳门。"罗福颐编《汉印文字征》有"津阳门候"印(十一·十)。[4] 改称"津阳门"事或在汉时,因而似不能完全排除"津门"瓦当原属于津渡建筑的可能。

---

① 参看王子今《说长沙东牌楼简所见"津吏"》,《湖南省博物馆馆刊》第 6 辑,岳麓书社,2010;《长沙东牌楼汉简"津卒"称谓及相关问题》,《中华文史论丛》2010 年第 1 期。

② 津渡秩序发生混乱的状况,可以汉献帝在李傕军追击下连夜抢渡陕津的情形为例。《后汉书·董卓传》:"帝步出营,临河欲济,岸高十余丈,乃以绢缒而下。余人或匍匐岸侧,或从上自投,死亡伤残,不复相知。争赴舡者,不可禁制,董承以戈击披之,断手指于舟中者可掬。"

③ 陈直《秦汉瓦当概述》谓"津门疑汉代宫殿中之门名"。《文物》1963 年第 11 期。收入《摹庐丛著七种》一书中时,则又改订为"津门……东汉十二城门之名"。齐鲁书社,1981,第 346 页。

④ 同书又收录"宜阳津印"(十一·十)。罗福颐主编《秦汉南北朝官印征存》则以为秦印。文物出版社,1987,第 6 页。

　　桥梁建造与管理是秦汉交通事业的重要内容。政府中有"道桥掾"作为负责此项事务的专员。《隶续》卷一一《武都太守李翕天井道碑》有"西部道桥掾李禔"，《武都太守耿勋碑》作"西部道桥掾下辨李禔"。《隶释》卷一五《蜀郡属国辛通达李仲曾造桥碑》有"领南部道桥掾军功卒史汉嘉杜沂"，又见"领道"职名，其中有"领道杜沂"，可知"领南部道桥掾"或可简称"领道"。领，意为兼领，又有暂时署守之意。① 汉武帝以后，为加强对少数族居人口多数的边地的统治，往往分部设置都尉。西部都尉属下职官，"领南部道桥掾军功卒史汉嘉杜沂"，其主官主职为"军功卒史"。显然，边郡地区交通的开发和管理，具有明显的军事意义。汉顺帝永建五年（130）《隶续》卷一五《汉安长陈君阁道碑》可见"道桥掾董□"，《水经注·穀水》引阳嘉四年（135）《上东门石桥右柱铭》中，也可见河南尹属官"道桥掾成皋卑国"，看来地方行政机关属吏也往往有"道桥掾"。黄留珠指出，"道桥掾之所以有'西部''南部'的分别，很显然与分部设置都尉以及督邮分部行县，出于同一道理"②。

　　由于桥梁是极其重要的交通设施，因而备受执政者重视。一代名相诸葛亮主持蜀汉朝政，就"好治官府、次舍、桥梁、道路"（《三国志·蜀书·诸葛亮传》裴松之注引《袁子》）。秦汉时期的地方行政长官以维修境内桥梁作为基本职任之一，桥梁不修，则失其"吏职"，被视为"不能"（《汉书·薛宣传》）。汉武帝元朔三年（前126）以南陵桥坏，太常孔臧被免职。③ 太始四年（前93），因"道桥苦恶"，太常靳石也受到处分（《汉书·高惠高后文功臣表》）。

---

① 参看安作璋、熊铁基《秦汉官制史稿》，齐鲁书社，1985，第365～366页。

② 黄留珠：《汉碑所见"道桥掾"考》，《文博》1988年第6期，收入《秦汉历史文化论稿》，三秦出版社，2002。

③ 《史记·高祖功臣侯者年表》："元朔三年，（蓼）侯臧坐为太常，南陵桥坏，衣冠车不得度，国除。"《汉书·百官公卿表下》作"坐南陵桥坏衣冠道绝免"。《高惠高后文功臣表》："坐为太常衣冠道桥坏不得度，免。"

当时的桥梁，以其交通作用之重要，往往还被作为正式的公众礼仪场所。汉文帝赴长安，"使宋昌先驰之长安观变。昌至渭桥，丞相以下皆迎。宋昌还报，代王驰至渭桥，群臣拜谒称臣。代王下车拜。太尉（周勃）进曰：'愿请间言。'宋昌曰：'所言公，公言之。所言私，王者不受私。'太尉乃跪上天子玺符。"（《史记·孝文本纪》）甘露三年（前51），匈奴呼韩邪单于来朝。宣帝自甘泉归长安，"诏单于毋谒，其左右当户之群皆列观，蛮夷君长王侯迎者数万人，夹道陈。上登渭桥，咸称万岁"（《汉书·宣帝纪》）。一般吏民霸桥折柳送别，也说明霸桥在当时人意识中的地位。

汉武帝征和二年（前91），发生了史称"巫蛊之祸"的著名的政治事件。汉武帝晚年，社会矛盾日益尖锐。太子刘据主张推行宽舒温和的政策，表现出与汉武帝政见不同。汉武帝信用的江充、苏文利用这一背景，制造了太子宫埋木人行巫蛊的冤案。刘据无以自明，愤而起兵杀江充，与政府军战于长安城中。后兵败出逃，在追捕中自杀。征和三年（前90），汉军西征失利，汉武帝有所悔悟。次年，颁布了被誉为"仁圣之所悔"的轮台诏。实现政策转变的重要标志，是为太子刘据平冤，"族灭江充家，焚苏文于横桥上"（《汉书·武五子传·戾太子刘据》）。据《三辅黄图》卷六，横桥"置都水令以掌之"，是长安最重要的桥梁，因而有时作为行刑之所以昭示世人。

建武十二年（36），吴汉击公孙述，公孙述"募敢死士五千余人，以配（延）岑于市桥，伪建旗帜，鸣鼓挑战，而潜遣奇兵出吴汉军后，袭击破汉"（《后汉书·公孙述传》）[1]。吴汉又"遣轻骑烧成都市桥，武阳以东诸小城皆降"（《后汉书·吴汉传》）。由此看来，汉代画象中有关桥梁的画面多描绘激烈争战的场面，与其他许多画面同

----

[1] 李贤注："市桥即七星之一桥也。李膺《益州记》曰：'冲星桥，旧市桥也，在今成都县西南四里。'"

样，也具有纪史的意义。成都市桥不仅成为重要的军事据点，于是兵家必争，桥本身的安危也成为城防是否成功的象征。吴汉一举焚烧市桥，对敌方形成极大的震撼力量，军威慑伏数百里。

从现有资料看，各地桥梁的维修养护，多支用自民间征收的专款。甘肃甘谷出土汉桓帝延熹元年（158）简中说到，当时所谓"道桥钱"的征敛，刘氏宗室也不能幸免，以至于竟然"役使不得安土业"。① 而汉章帝元和元年（84）南巡狩，"命司空自将徒支柱桥梁"（《后汉书·章帝纪》），当是非常情形。其南行路线，经章陵（今湖北枣阳南）至于江陵（今湖北江陵），"还幸宛"，正行经水道密集地区。② 桥梁修整有严格的质量要求。例如魏军南下伐蜀，锺会"统十余万众，分从斜谷、骆谷入。先命牙门将许仪在前治道，会在后行，而桥穿，马足陷，于是斩仪"。许仪是许褚之子，"有功王室，犹不

图 2 - 15 甘谷十字坡汉简
（5A）有关
"道桥钱"简文

原贷。诸军闻之，莫不震竦"（《三国志·魏书·锺会传》）。

---

① 张学正：《甘谷汉简考释》，《汉简研究文集》，甘肃人民出版社，1984。
② 《后汉书·章帝纪》：九月辛丑"幸章陵"，"冬十月己未，进幸江陵。诏庐江太守祠南岳，又诏长沙、零陵太守祠长沙定王、春陵节侯、郁林府君。还，幸宛。十一月己丑，车驾还宫"。其南行路线在计划中或许还曾延伸至于庐江、长沙、零陵，沿途桥梁修治，当势不可免。

第三章

秦汉车辆制作

一　军车与军运

　　军，金文作🅰️（《庚壶》）、🅱️（《郾右军矛》）。《说文·车部》："军，圜围也"，"从包省，从车。车，兵车也"。段玉裁注："包省当作勹。勹，裹也。勹车，会意也。"对于"车，兵车也"，段玉裁说："此释从车之意。惟车是兵车，故勹车为军也。"秦汉时期车辆制造业所提供的运输工具，较先秦车辆性能有所改进，型式有所创新，数量亦大为增加。这一情形可以通过对军车和军运的分析得到说明。

　　自春秋晚期起，车战作为主要作战方式走向衰落，然而秦代以至汉初，兵车在战争中仍然发挥着相当重要的作用。秦始皇陵兵马俑的军阵构成仍然表现为以战车为主辅以步骑的形式。[①] 秦始皇陵封土西

[①]　参看始皇陵秦俑坑考古发掘队《临潼县秦俑坑试掘第一号简报》，《文物》1975 年第 11 期；《秦始皇陵东侧第二号兵马俑坑钻探试掘简报》，《文物》1978 年第 5 期；《秦始皇陵东侧第三号兵马俑坑清理简报》，《文物》1979 年第 12 期。

北

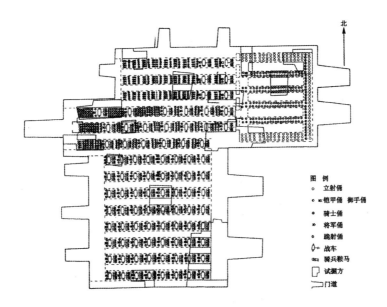

图 例

○ 立射俑

● 铠甲俑 御手俑

◆ 骑士俑

✕ 将军俑

● 跪射俑

⊙── 战车

骑兵鞍马

▢ 试掘方

▢ 门道

图 3 - 1　秦始皇陵 2 号兵马俑坑战车队列

侧出土的一号铜车上除御官俑的佩剑之外，还装备有弩、矢、盾、承弓器等兵器①，有的学者指出，"这车上虽只有御者居中，但从武器的配置情况看，左面还应有持弩的车左，右面还应有持盾和长兵器的车右"。"从一号车上装备武器这一重要特征看来，它应当代表当时的战车，也就是古书中常提到的兵车、戎路之类。"② 其实，秦末战争以及楚汉战争中，仍可看到车战是基本作战形式之一。③ 汉文帝拜冯唐为车骑都尉，"主中尉及郡国军士"（《史记·张释之冯唐列传》）。裴骃《集解》引服虔曰以为"车士"即"车战之士"。汉文帝六年（前174），男子但等七十人与棘蒲侯柴武太子奇谋"以輂车四十乘反谷

---

① 陕西省秦俑考古队：《秦始皇陵一号铜车马清理简报》，《文物》1991 年第 1 期。

② 孙机：《略论始皇陵一号铜车》，《文物》1991 年第 1 期。

③ 《史记·陈涉世家》记载，陈涉为首的起义军集结兵力以壮大反秦军事实力，攻陈时，已有"车六七百乘"。周文至关，则有"车千乘"。《项羽本纪》也说到"沛公则置车骑"。《绛侯周勃世家》所谓"击章邯车骑"以及《樊郦滕灌列传》夏侯婴数"以兵车趣攻战疾"论功赐爵的记述，也都说明兵车在战争中的作用。

口"(《史记·淮南衡山列传》)①。裴骃《集解》引徐广曰:"大车驾马曰輂。"这种在非常情况下以运输车辆权充兵车的史例,又有"巫蛊之祸"时卫太子刘据起兵斩江充,"发中厩车载射士,出武库兵"(《汉书·武五子传·刘据》),而以武力镇压刘据部众的丞相刘屈氂军也遵照汉武帝的命令,"捕斩反者","以牛车为橹"(《汉书·刘屈氂传》)。卫青、霍去病与匈奴战塞外,亦曾"令武刚车自环为营"(《史记·卫将军骠骑列传》)。大致到了汉武帝时代,车战已不再是常规作战方式,军队中兵车的配置和使用已无定制,而运输车辆则表现出越来越突出的作用。

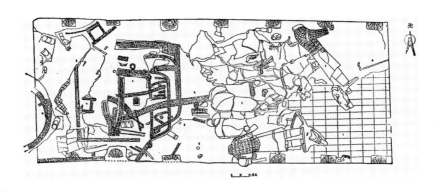

图 3-2　秦始皇陵 2 号兵马俑坑战车遗存

秦汉军队组织系统及各部人员、装备的编配制度,十分重视运输军需给养的辎重车队的组成。

楚汉战争时,韩信击赵,李左车以井陉之道数百里"车不得方轨"的形势,断定汉军粮食必在后,建议出奇兵"从间道绝其辎重"(《史记·淮阴侯列传》)。汉武帝元狩二年(前121),霍去病击匈奴有功,武帝诏令益封,说道:"辎重人众慴慹者弗取",即自诩因辎重物资之雄厚,以至不必向降服的敌国勒取(《史记·卫将军骠骑列

---

① 《汉书·淮南王传》作"輂车",颜师古注:"輂车,人輓行以载兵器也。""輂车"当为转抄之讹。王念孙《读书杂志》"汉书之九"辩说甚详。中华书局,1991,第 295 页。

传》）。李陵任骑都尉，汉武帝以为有李广之风，欲使为李广利将辎重，可见辎重车队在远征军中的地位。李陵力请"愿得自当一队"，所部亦有所辖辎重，于匈奴围中，曾"军居两山间，以大车为营"。王先谦《汉书补注》引沈钦韩曰："陵以此车载辎重，固行阵，备冲突。""要其临斗，乃用步骑，未尝以车战也。"指出军中车辆的主要作用在于运输作战物资。李陵出师时，"关东群盗妻子徙边者随军为卒妻妇，大匿车中"，军中辎重车当有车体容积较大的棚蔽式车厢。李陵军陷于匈奴围中，"一日五十万矢皆尽，即弃车去。士尚三千余人，徒折车辐而持之"（《汉书·李广传》）。折车辐一方面可手持以作兵器，另一方面又使车辆严重破坏至于毁废，以不使为敌所用。卫太子刘据"发中厩车载射士，出武库兵"，李陵矢尽弃车，以及东汉灵帝时零陵太守杨琁镇压苍梧、桂阳起义时"为兵车，专毂弓弩"（《后汉书·杨琁传》），都说明有些军车大约是专门装载消耗量较大的箭矢一类作战物资的。

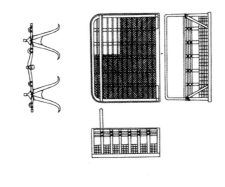

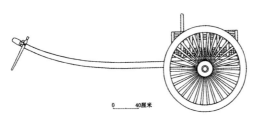

0　　40厘米

图 3 - 3　秦始皇陵 2 号兵马俑坑战车复原图

司马迁曾批评霍去病出征时"天子为遣太官赍数十乘,既还,重车余弃粱肉,而士有饥者"(《史记·卫将军骠骑列传》)。王先谦《汉书补注》以"太官主膳食"及下文"重车余弃粱肉",判定"此'赍'字专以食言"。看来,汉代军队中有时为高级军官所备食品专车竟可至数十乘。

《史记·卫将军骠骑列传》记载,汉武帝元狩四年(前119)春,匈奴闻卫青、霍去病北上,"乃悉远北其辎重,皆以精兵待幕北"。可见以游牧为主要生产方式的北方少数族,当时也已普遍使用车辆运输军需。[①] 赵充国击先零,先零"望见大军,弃车重",辎重车数量之多,赵充国一战即缴获"车四千余两"(《汉书·赵充国传》)。汉安帝永初三年(109),耿夔破南匈奴三千余人,"获穹庐车重千余两"(《后汉书·耿夔传》)。《后汉书·西域传·车师》记载,汉顺帝阳嘉三年(134)夏,以千五百人掩击北匈奴,"斩数百级",俘获妇女数百人,所缴获装备中竟有"车千余两"。

东汉时期军队中辎重车的数量显著增多。东汉初,邓禹破河东,获河东都尉所辖辎重达千余乘(《后汉书·邓禹传》)。张步军号称二十万众,辎重至万辆左右(《后汉书·耿弇传》)。汉和帝永元元年

---

① 草原交通较早使用车辆。阴山岩画相关内容的刻绘年代可能相当于汉代。王子今:《阴山岩画古车图像与早期草原交通》,《文博》2008年第6期。许多迹象表明,匈奴制车业当时已达到相当成熟的水平。《汉书·匈奴传下》记载,"匈奴有斗入汉地,直张掖郡,生奇材木",汉成帝时,汉使夏侯藩"擅称诏从单于求地",单于以"匈奴西边诸侯作穹庐及车,皆仰此山材木",不许。《盐铁论·散不足》:"胡车相随而鸣。"《汉书·扬雄传》载《长杨赋》:"硏辖鞈,破穹庐。"颜师古注引应劭曰:"鞈鞈,匈奴车也。"《盐铁论·论功》还说有"匈奴车器无银黄丝漆之饰,素成而务坚"。匈奴制作的车器的特点,是朴陋无华,然而坚固耐用。匈奴木质和铜质车具多有出土,其中有些部件的形制自有特色,动物形竿头饰件制作精致,造型逼真,尤为引人注目。匈奴墓葬中出土的器形较大较为厚重的铜铃,有的学者认为是车铃。参看内蒙古博物馆、内蒙古文物工作队《内蒙古准格尔旗玉隆太的匈奴墓》,《考古》1977年第2期;盖山林:《内蒙古自治区准格尔旗速机沟出土一批铜器》,《文物》1965年第2期;塔拉、梁京明:《呼鲁斯太匈奴墓》,《文物》1980年第7期;策·道尔吉苏荣:《北匈奴》,乌兰巴托科学委员会,1961;田广金、郭素新:《鄂尔多斯式青铜器》,文物出版社,1986。

（89），窦宪率骁骑三万北征匈奴，勒石燕然，去塞三千余里，行军深入交通条件并不理想的北边大漠，军车竟"万有三千余乘"，号称"长毂四分，云辎蔽路"（《后汉书·窦宪传》）①。东汉末年黄巾起义军被统治者诬为"蛾贼"（即"蚁贼"），行军转战，往往携妻将子，各部也多拥有数量惊人的辎重车。汉献帝初平二年（191）与公孙瓒军战于东光南的十余万众，受挫后"弃其车重数万两"（《后汉书·公孙瓒传》）。张梁部众与皇甫嵩军遇广宗，一战失利，牺牲八万余人，被焚毁的车重也多至三万余辆（《后汉书·皇甫嵩传》）。

在农业始终被作为主体经济形式的中国古代，战争往往是人员和物资大规模实现地域移动，完成空间位置变更的最显著的历史现象。当我们考察秦汉时期车辆制作对于交通运输发展的意义时，首先注意到军运的效率与军车的数量。马克思十分重视通过军队的历史验证马克思主义关于生产力和生产关系之间联系的理论原则。他指出，"一般说来，军队在经济的发展中起着重要的作用"，"大规模运用机器也是在军队里首先开始的"，"部门内部的分工也是在军队里首先实行的"。他还认为，军队的历史对全部历史有非常明显的概括意义。② 集中民间运输力量，将其强制性地纳入军事化的体制之中，是秦汉帝国加强国防建设的主要措施之一。晁错曾经说到汉时以车骑复卒的制度："今令民有车骑马一匹者，复卒三人。车骑者，天下武备也，故为复卒。"（《汉书·食货志上》）据《汉书·刘屈氂传》载录汉武帝征和二年（前91）春诏，丞相公孙贺"使内郡自省作车，又令耕者自转"，致使"武备衰减"，成为终致"父子死狱中，家族"的主要罪状之一。在居于绝对优先的地位的情势下，军运较其他运输活动组

---

① 《后汉书·南匈奴列传》："永元元年，以（耿）秉为征西将军，与车骑将军窦宪率骑八千，与度辽兵及南单于众三万骑，出朔方击北虏，大破之。"则汉军为三万八千骑。

② 《马克思致恩格斯（1857年9月25日）》，《马克思恩格斯全集》第29卷，第183页。

织较为集中，力量较为雄厚，因而效率亦较高。通过秦汉帝王穷兵极武所依恃的强大的军运力量，也可以看到当时整个社会运输生产力的发展。

二　制车技术的普及与提高

秦汉民间运车数量的空前增长，突出体现了当时制车技术的普及程度。

据《史记·货殖列传》记载，秦时迁孔氏于南阳，后致富，"连车骑，游诸侯，因通商贾之利"。周地有师史，"转毂以百数，贾郡国，无所不至"。承相李斯为寿，"置酒于家"，"门廷车骑以千数"（《史记·李斯列传》）。到了司马迁所处的时代，往往有"轺车百乘，牛车千两"的富户，其经济实力可"比千乘之家"（《史记·货殖列传》）。上层阶级的社会活动，往往会集车马达千百数。陈豨过赵，"宾客随之者千余乘"（《汉书·卢绾传》）。疏广还乡，送者车数百辆（《汉书·疏广传》）。剧孟母死，"客送丧车千余乘"（《汉书·爰盎传》）。楼护母死，"送葬者致车二三千两"（《汉书·游侠传·楼护》）。长安附近有时甚至有数以万计的车辆集结运动。汉武帝元狩二年（前121），匈奴浑邪王"率数万众来降，于是汉发车三万两迎之"（《汉书·食货志下》）①。《汉书·酷吏传·田延年》记述田延年贪污运费一案，说到为营建昭帝陵，"大司农取民牛车三万两为僦，载沙便桥下，送致方上"。雇用运载沙石的牛车达三万辆之多。②

《意林》引《风俗通义》："光武车驾徒都洛阳，载素简纸经凡二

---

① 《史记·平准书》作"汉发车二万乘迎之"，《汉书·汲黯传》亦作"汉发车二万乘"。

② 此"取民牛车三万两为僦"，从字面看，似不排除以辆次合计的可能，然而《汉书·酷吏传·田延年》中说到"车直千钱，延年上簿诈增僦直车二千"，以僦值之高，似不以次计。且河沙湿重，车载有限，使用三万辆牛车是可能的。车数为整数，也合于政府通过行政系统调派的一般情形。

图3-4　安平汉墓壁画君车出行图

千两。"东汉初，窦融奏事京师，"官属宾客相随，驾乘千余两"
（《后汉书·窦融传》）。汉灵帝时，张让执政，宾客求谒者"车恒数
百千两"（《后汉书·宦者列传·张让》）。《后汉书·蔡邕传》记载，
汉灵帝熹平四年（175）书碑刻立正定经文，碑始立，观视摹写者车
乘日千余辆，竟填塞街陌。范滂自京师南归，"汝南、南阳士大夫迎
之者数千两"（《后汉书·党锢列传·范滂》）。郭太返乡里，亦有京
师衣冠诸儒车数千辆送至河上（《后汉书·郭太传》）。尽管传统史家
历来轻视物质生产活动，往往总是以上层社会人物的言行作为记述重
点，但我们还是可以通过这种种现象想见当时交通运输"牛马车舆，
填塞道路"（《后汉书·王符传》）、"车如流水，马如游龙"（《后汉
书·皇后纪·明德马皇后》）的繁荣景象。

　　东汉时期，车辆制作技术已经相当普及。《隶释》卷一五《郑子
真宅舍残碑》："车舍一区万□□"，反映一般中产之家多已拥有乘车
及专用的为停置、保养车辆而修造的建筑设施。当时有的官僚豪富家
中甚至专有"造车匠"。① 山东嘉祥洪山汉画象石有以表现工匠制作

---

　　① 《后汉书·应奉传》："奉少聪明，自为童儿及长，凡所经履，莫不暗记。"李贤注引
谢承《后汉书》："奉年二十时，尝诣彭城相袁贺，贺时出行闭门，造车匠于内开扇出半面视
奉，奉即委去。后数十年于路见车匠，识而呼之。"

图 3-5　武氏祠画象车马出行图

车辆为题材的画面。① 王褒《僮约》所谓"持斧入山，断辇裁辕"②，说明田庄中僮奴也要从事与制作车辆有关的劳作。

图 3-6　嘉祥洪山出土汉画象石制作车轮画面

辽宁辽阳三道壕西汉村落遗址中，六处农民居住址有五处发现残车具③，可见车辆也已普遍应用于一般农户的生产与生活中。江苏睢宁双沟出土的汉画象石，可见车辆用于农田运输。其他一些汉代画象也可以提供类似的资料。从河南密县打虎亭汉墓出土汉代画象表现收

① 山东省博物馆、山东省文物考古研究所：《山东汉画象石选集》，齐鲁书社，1982，图181。

② 宋刊本"辇"作"榘"，此据《太平御览》卷五九八引文。

③ 东北博物馆：《辽阳三道壕西汉村落遗址》，《考古学报》1957年第1期。

图 3-7　邹城出土汉画象石制作车轮画面

租场面的画面看，交纳租粮的农户有的也拥有载运谷米的运输车辆。[①]
《三国志·魏书·仓慈传》裴松之注引《魏略》说，颜斐为京兆太守，"课民以闲月取车材，使转相教匠作车"，"一二年间，家家有丁车、大牛"。也记述了民间运输车辆普及的程度。

图 3-8　睢宁双沟汉画象石所见农田运输车辆

《周礼·考工记》："一器而工聚焉者，车为多。"《续汉书·舆服志上》："一器而群工致巧者，车最多。"生产和流通的发展推动交通运输业的进步，促进车辆制造业生产水平的提高。由于车辆的设计和制作可以较为及时地反映当时科学技术的发展水平，可以较为集中地体现手工业部门各个行业的生产技能，因而不仅车辆制造业产品的数量可以作为当时社会生产力发展程度的重要标志之一，其性能和质量，尤其可以提供较具体的例证。

---

① 安金槐、王与刚：《密县打虎亭汉代画象石墓和壁画墓》，《文物》1972 年第 10 期。

图 3 - 9 和林格尔汉墓壁画农耕图

秦始皇陵封土西侧出土的铜车马作为第一个大一统专制主义帝国第一代君主的陪葬物,可以代表当时制车工艺的顶峰。通过对已经修复的 1 号铜车及 2 号铜车的研究,可以发现其性能在许多方面显然已经超过了先秦时期的车辆。

图 3 - 10 秦始皇陵 1 号铜车马侧视图

例如,《周礼·考工记》说:"察车自轮始。"又说:"凡察车之道,欲其朴属而微至。不朴属无以为完久也,不微至无以为戚速也。"车辆设计及制作,除了力求坚致牢固即"朴属"以外,还应追求所谓"微至",以利于提高行驶速度。考古工作者曾着重分析过 2 号铜车车轮形制的特点："牙的着地面窄便于在泥途行驶；牙的中部圆鼓和骹呈圆柱体可以利用离心力作用，使车行泥地不易带泥；毂中的穿中部大，这样贯轴后，只有毂穿之两端与轴相接，可以减少摩擦力，使车行比较轻捷。"[①] 据秦始皇陵兵马俑博物馆的考古工作者见告，已经修复的秦陵铜车，车轮仍可转动自如。对毂的结构，我们还可以做这样的补充：毂中的穿贯轴后中有空隙，当是为了储注一定的润滑油。《史记·田敬仲完世家》："豨膏棘轴，所以为滑也。"云梦睡虎地秦简《司空》律中也可以看到关于车辆养护和使用时加润滑用"脂"的详细规定。[②] 秦始皇陵1号铜车轮径超过2号铜车，毂穿的形制与2号铜车相近，而牙的尺度则更突出"微至"的要求，因而两辆车相比，"1号车较为轻巧灵便"。[③]

图 3 – 11　秦始皇陵 2 号铜车马

车辕长度的变化也可以作为体现车辆形制进步的标志之一。殷周车辆辕长多在3米以下，仅洛阳下瑶村151号墓16号车达到320厘米。春秋时期车辕长度多在3米左右。而秦始皇陵兵马俑坑发现的车

①　袁仲一、程学华：《秦陵二号铜车马》，《考古与文物丛刊》第一号。

②　云梦睡虎地秦简《司空》律规定："官有金钱者自为买脂、胶，毋（无）金钱者乃月为言脂、胶，期躐。""一脂、攻间大车一辆（两），用胶一两、脂二锤。""为车不劳，称议脂之。"据睡虎地秦墓竹简整理小组译文，大意为"有钱财的官府应自为车辆购买脂、胶，没有钱财的可每月报领脂、胶，以足用为度"。"每加油和修缮一辆大车，用胶一两、脂三分之二两。""如车运行不快，可酌量加油。"《秦律十八种·司空》，睡虎地秦墓竹简整理小组：《睡虎地秦墓竹简》，文物出版社，1990，释文第50页。

③　陕西省秦俑考古队：《秦始皇陵一号铜车马清理简报》，《文物》1991年第1期。

辕遗迹分别长 350 厘米、370 厘米、380 厘米、390 厘米、396 厘米。作为实物模型的秦始皇陵 1 号铜车辕长 183.4 厘米,铜马约为真马的二分之一,依此推算,则所代表的真实车辆辕长约为 366.8 厘米,与兵马俑坑辕长资料相当。而 2 号铜车辕长达到 246 厘米,按比例推算则辕长可达 492 厘米。辕长的增加,必然以材料强度和制车工匠技术的提高为保证。《战国策·韩策一》记载,张仪说韩王时曾经谈到"秦马之良":"蹄间三寻者,不可胜数也。"与所谓"库车不便马"(《史记·循吏列传》)同样,增长车辕,方能系驾更高大的马种。同样的马,车辕较长亦更利于驰骋,同时在高速行驶时可以减弱由系马跃行所引起的颠簸震动的幅度。而且以轴为杠杆支点,车辆前部与后部重量不当悬殊,因而辕长总与车舆进深成正比。辕长增加,可适当提高装载量,作为乘车,则亦可为乘者提供较大的空间,此外,还可以明显改善御者的工作条件。秦始皇陵 2 号铜车将车舆分作封闭的前后二室的形制,是目前考古资料中所见较早的一例。

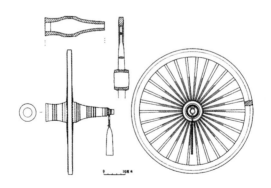

图 3−12 秦始皇陵 2 号车右轮正侧视图

最高车速和最大载重量是体现车辆性能的两项主要指标。

延光四年(125),汉安帝崩于叶县道中,"行四日,驱驰还宫"(《后汉书·皇后纪·安思阎皇后》)。以现今最便捷路线的里程计,日行 60 公里左右。这是特殊情况下皇帝乘舆行速较高时的情形。

《九章算术·均输》说到一般载货运车的运行速度，"空车日行七十里，重车日行五十里"。居延出土"建武三年候粟君所责寇恩事"简册中，说到寇恩载鱼自居延至觻得，行二十余日。① 据陈梦家考证，居延至肩水间邮路长约250公里②。居延汉简：

> 肩水候官并山隧长公乘司马成中劳二岁八月十四日能书会计治官民颇知律令武年卅二岁长七尺五寸觻得成汉里家去官六百里（13.7）
>
> 肩水候官始安隧长公乘许宗　中功一劳一岁十五日　能书会计治官民颇知律令文年廿六岁长七尺五寸觻得千秋里家去官六百里（37.57）

均可证肩水至觻得600里，因而居延至觻得总距离超过汉制1200里。③寇恩行二十余日，正与《九章算术》"重车日行五十里"的记载大致相合。

在非常情况下，乘车行进速度可以更高。项羽大败刘邦于彭城，"楚骑追汉王，汉王急，推堕孝惠、鲁元车下，滕公常下收载之。如是者三。曰：'虽急不可以驱，奈何弃之？'于是遂得脱"（《史记·项羽本纪》）。刘邦乘车加载二人竟然能够逃脱素称"轻利剽遫"的

---

① 甘肃居延考古队简册整理小组：《"建武三年候粟君所责寇恩事"释文》，《文物》1978年第1期。甘肃省文物考古研究所、甘肃省博物馆、文化部古文献研究室、中国社会科学院历史研究所编《居延新简》"从觻得自食为业将车到居延□行道廿余日"（E.P.F22：18－19）。文物出版社，1990，第476页。

② 陈梦家：《汉简考述》，《考古学报》1963年第1期，收入《汉简缀述》，中华书局，1980。

③ 依杨宽《中国历代尺度考》（商务印书馆，1955，重版）中汉制一里相当于414米的比率折算，250公里约合603汉里。则根据对居延地区汉代邮程的考证，认为"一汉里相当于325米的直线距离"，"用400或414米折合则太大"。《汉简考述》，《考古学报》1963年第1期，《汉简缀述》，中华书局，1980，第32页。如此，则居延至肩水769里，至觻得约1369里。以现今公路营运线路里程（经由酒泉）计，居延至觻得大约527公里。

楚骑①的追击，可以推想其车速之高。从前引昌邑王刘贺日中至晡时行百三十五里的记载看，汉代乘车的车速可以达到每小时 45～67.5 里。② 所谓"侍从者马死相望于道"（《汉书·武五子传·昌邑哀王刘髆》），也说驰车速度可以超过骑者。《汉书·王吉传》说，刘贺幸方舆，"曾不半日而驰二百里"，也是可以说明秦汉车速的例证。《左传·定公十三年》记载，传车自河内发，"必数日而后及绛"。传车为通信用高速车，河内至绛四五百里，两相比较，可以看到秦汉车速的明显提高。

关于先秦车辆的载重能力，有达到 30 石至 50 石之说。《韩非子·外储说左上》："墨子曰：'吾不如为车輗者巧也，用咫尺之木，不费一朝之事，而引三十石之任，致远力多，久于岁数。'"《墨子·鲁问》："须臾刘三寸之木，而任五十石之重。"不过诸子书中语有时重论辩效能，不免夸张，未可以为实证。从《九章算术·均输》中关于"均输粟""均赋粟"的算题所提供的情况看，汉代运粮车的载重标准一般为 25 斛。裘锡圭《汉简零拾》一文涉及汉简有关以车运粮的资料，引用每车所载粮食为 25 石的简文多至十数例，并指出，"雇佣的僦人和服役的将车者输送粮食的时候，大概一般比较严格地遵守二十五石一车的常规"③。行至居延的车辆多属长途运车，尚可达到这一水平，足见当时车辆运载能力之强。《商君书·垦令》："车牛舆重设必当名，然则往速徕疾，则业不败农。"高亨注："车牛所载的重量

---

① 《史记·留侯世家》："楚人剽疾"。《史记·绛侯周勃世家》："楚兵剽轻，难与争锋。"《史记·礼书》："（楚人）轻利剽遫，卒如熛风。"都说到楚骑机动性强、行进速度快的特点。

② 据陈梦家《汉简年历表叙》引西汉简牍资料，"日中为正午一段时间"，相当于 13 时，"铺时在日昳之后"，相当于 15～16 时。《汉简缀述》，中华书局，1980，第 249～250、253 页。

③ 裘锡圭：《汉简零拾》，《文史》第 12 辑，中华书局，1981。所举简例，如："入粟大石廿五石　车一两"（59.2），"槥得常乐里王禹●尉将　车二两麦五十石☑（253.5），入粟大石百石　车四两□□尉史李宗将☑"（122.6）等。

在服役时必须和官册所注明的重量相当。"① 大概汉时车载 25 石也是政府为保证车队运行速度和交通道路畅通而统一限定的定额。居延汉简有"入粟三十斛　车一两"简例（E. P. T14：5），敦煌汉简又可见如下简文："入□□□三升少　布单卷百五十二支　车十六两　粟米五百六石六斗六升大　正月丁未。"（1866）若只计"粟米"，车均26.63 石。"车十九两"或释作"车十六两"。若理解为"车十六两"载"粟米五百六石六斗六升大"，则每辆车载运接近 32 石。又有"☑车三两载米糒百五石"简文（802）②，则平均车载达 35 石。《九章算术·方程》有"载四十石至阪"的算题，也说明实际载重量有远超过25 石的情形。

长途运车需额外加载御者途中用粮与用物，秦汉时期车制又经历了由单辕车向双辕车的演变，考虑到这些因素，则大体可以肯定，秦汉车辆的实际载重量和利用效率是超过先秦车辆的。

秦汉时期，政府拥有大量运输车辆。云梦睡虎地秦简《金布律》中有为都官的官长和佐史分配牛车的条文。③ 对公车的修理、保养、折损上报和废弃，法律都有详细而明确的规定。④《华阳国志·蜀志》记述成都城市地理，说道："西又有车官城。""车官城"可能即因官营制车机构得名。云梦睡虎地秦简《为吏之道》："道傷（易）车利，

---

① 高亨：《商君书注译》，中华书局，1974，第 29～30 页。

② 吴礽骧、李永良、马建华释校《敦煌汉简释文》，甘肃人民出版社，1991，第 197、82 页。

③ 云梦睡虎地秦简《金布律》："都官有秩吏及离官啬夫"，"十人，车牛一两（辆），见牛者一人。""都官之佐、史冗者"，"十五人，车牛一两（辆），见牛者一人；不盈十人者，各与其官长共乘、车牛"。"都官佐、史不盈十五人者，七人以上鼠（予）车牛、仆"，"小官毌（无）啬夫者，以此鼠（予）仆、车牛"。《睡虎地秦墓竹简》，文物出版社，1990，释文第 37 页。

④ 云梦睡虎地秦简《金布律》："传车、大车轮，葆缮参邪，可殹（也）。韦革、红器相补缮。取不可葆缮者，乃粪之。"《司空》律："大车辕不胜任，折轵上，皆为用而出之。"此外，还有关于保养修理车辆即以"脂""胶"等与"为铁攻（工）"，以攻公大车"，"攻间大车"的条文。所谓"为铁攻（工）"，寨岭小组译文以为"要设立铁工作坊，来修缮官有的大车"。《睡虎地秦墓竹简》，文物出版社，1990，释文第 41、49、50 页。

精而勿致，兴之必疾，夜以椄（接）日。观民之诈，罔服必固。"据
睡虎地秦墓竹简整理小组的注释，"这两句大意是说要考察百姓所制
作的车辆，使之坚固耐用"①。公车还可"假"与官用或私用，然而
一旦伤损，则主管者和领用者皆当治罪。② 秦时由司空役使刑徒制车，
保证车辆质量的措施也列入法律条文。③ 汉武帝时，由桑弘羊主持推
行均输制度，当时曾规定"召工官治车诸器"（《史记·平准书》），
与运输活动的统一调度和集中管理相适应，官营车辆制造业的作用
也得以加强。居延汉简中可见"为罢卒治车"语（13.33A），又有
"☐下为车五百廿五两"（262.8），"戍卒且罢当豫缮治车毋材木"
（E.P.T58：43）等内容，说明远在边地，也有政府管理的专门制作
车辆的生产部门。

《盐铁论·国疾》说："车器难就而易败"，又说"车不累岁"，
强调车器制作工艺复杂而又易于摧败毁损，如果连续运行，正常使用
时间往往不能超过一年。而当时从事转运者则大多"近者数千里，远
者过万里，历二期"（《盐铁论·徭役》）。显然，车辆的保养维修对
于交通运输有非常重要的意义。居延汉简中可以看到进行长途转输的
运输车辆常常携带斧、斤、锯、钳、椎等修理用工具，有的还有承
轴、承釭一类备用部件。④

敦煌汉简中还有关于车器登记册书的线索，如：

---

① 《睡虎地秦墓竹简》，文物出版社，1990，释文第172～173页。
② 云梦睡虎地秦简《司空》律："官府叚（假）公车牛者☐☐☐叚（假）人所。或私
用公车牛，及叚（假）人食牛不善，牛赘（瘠）；不攻间车，车空失，大车轵纹（緤）；及不
芥（介）车，车蕃（藩）盖强折列（裂），其主车牛者及吏、官长皆有罪。"《睡虎地秦墓竹
简》，文物出版社，1990，释文第49页。
③ 云梦睡虎地秦简《司空》律："（城旦舂）为大车折（轐），辄治（笞）之。"所谓
《秦律杂抄》中，还有"大车殿，赀司空啬夫一盾，徒治（笞）五十"的规定。《睡虎地秦
墓竹简》，文物出版社，1990，释文第53、84页。
④ 如："第二长别田令史婴德车一两，斧二，斤二，釭一·少一，☐一·少一，楄二，
楄六，承轴一，承釭一小木五，釜一，鞅索豫十不输，车屋三不输，驹相二·少二"（47.5）。
"第廿九车父白马亭里富武都，桐六其一伤，斧二，斤二，大钳一，小钳一"（67.2）。

　　□釚器軏却□车用缸铜直簿（1839）

　　駹軏阳朔二年闰月都领币车兵　车釚器车用缸铜费直簿
（1840）

可见运输车辆备用部件的管理当有严明的制度。居延汉简中又多见关
于车辆"折伤"的记载①，并往往注明"折伤"部件的名称。可以推
知当地必当有修复破损车辆的专门机构。居延汉简有"甘露元年十一
月所假都尉库折伤承车轴剌"（E. P. T65：459），"☑户关破坏治车辐
☑"（E. P. F25：34）等，可知车具"折伤"最多的是轴和轮。居延
出土"建武三年候粟君所责寇恩事"简册中，寇恩被迫"以大车半櫼
轴一直万钱"（E. P. F22：24）交粟君抵押，用至"币（敝）败今欲
归恩不肯受"（E. P. F22：32），可知当时如大车轴这样的车辆部件可
以通用。车器制作规格的标准化显然可以便利车辆的维修，同时也说
明当时的车辆制造业具有一定的生产规模，产品及零件、部件的类
型、尺寸等均有大致统一的规格，或许有近似于后世所谓"标准化"
的程式。

三　车型的改进与创新

　　秦汉时期，随着车辆制造业的进步，一些传统车型得到改进，适
应不同运输需要的新的车型也陆续出现并逐步得以普及。诸如四轮
车、双辕车、独轮车等车型的出现和普遍应用，对后世车辆型式产生

---

　　①　居延出土汉简中多有关于车辆"折伤"的内容，例如："☑囚圗贾不四百车轲折轴
一"（136.26），"闰月余圍轴十一折□"（52.30），"轮一具楱柔福六辆，杕轴完"（72.53），
"☑其六十五两折伤，卅二两完"（582.16），"掫甲渠正月尽三月四时出折伤牛车二两吏失亡
以□□□"（甲附30），"☑其七两折伤□栌可缮，六两完☑"（E. P. T56：135），"一两其一
轮载乏空偏尽一轮一和折，一两贝丘第五车一□，一两贝丘第九车三，一两贝丘第十一车，
一两完圊第廿车卩"（24.6）。从简582.16的内容看，"折伤"率超过67%。

了显著的影响。双辕车和独轮车的推广，对于促进交通事业发展的意义尤其重要。

四轮车　在中国古代，四轮车似乎是一种晚出的车型。[①] 汉代有关四轮车的画象或描绘鬼神传说，或写摹戏乐活动。这种车辆行驶较为平稳，车体长，承重量大，然而对于道路的要求较高，因而在汉代社会生活中实际上应用并不广泛。《汉书·王莽传下》："（王莽）造华盖九重，高八丈一尺，金瑵羽葆，载以祕机四轮车，驾六马，力士三百人黄衣帻，车上人击鼓，輓者皆呼'登仙'。莽出，令在前，百官窃言'此似輀车，非仙物也。'"颜师古注："輀车，载丧车。"《续汉书·礼仪志下·大丧》："太仆驾四轮辒为宾车。"古殡葬用车，有所谓"輴""輇""輴""蜃车"等。[②]《周礼·地官司徒·遂师》："蜃车之役"，郑玄注："蜃车，柩路也。柩路载柳，四轮迫地而行，有似于蜃，因取名焉。"河北满城西汉中山靖王刘胜墓中，在棺椁遗迹堆积下出土铜轮四副，或许即这种载柩车"四轮辒"的遗存。[③]

双辕车　最早的双辕车模型发现于战国时期秦墓中。[④] 通过考古资料可知秦代已经使用双辕轺车。[⑤] 年代可确定为西汉初年文景时期

---

　　① 国外学术界有这样一种认识，以为车轮的数目在远古时期以四轮为多，后来双轮战车才逐渐发展起来。有的著作甚至明确断定，中国殷商以来虽以双轮车居多，但仍然有四轮车存在。日本《世界大百科事典》，平凡社，1956。其实，从现有考古资料看，中国先秦时期似未曾普遍使用四轮车这种车型。

　　② 《礼记·檀弓上》："天子之殡也，菆涂龙輴以椁。"《礼记·丧大记》："君殡用輴"，"君葬用輴"，"大夫葬用輴"。郑玄注："大夫龙輴，此言輴非也，輴皆当为载以轻车之輇，声之误也。"《说文·车部》："輴，车约輴也。""一曰下棺曰輴。"《周礼·地官司徒·遂师》："大丧，使帅其属以幄帟先，道野役；及窆，抱磨，共丘笼及蜃车之役。"

　　③ 中国社会科学院考古研究所、河北省博物馆文物管理处：《满城汉墓发掘报告》，文物出版社，1980。

　　④ 吴镇烽、尚志儒：《陕西凤翔八旗屯秦国墓葬发掘简报》，《文物资料丛刊》第3辑，文物出版社，1980。

　　⑤ 魏怀珩：《甘肃平凉庙庄的两座战国墓》，《考古与文物》1982年第5期。简报中谈到甘肃秦安上袁家秦代墓葬中曾经发现"驾一马的轺车"的遗迹。

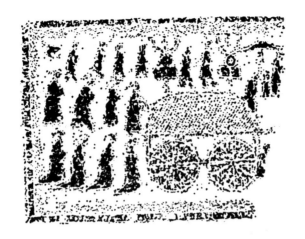

图 3 - 13 微山沟南汉画象石所见四轮车

的湖北江陵 167 号汉墓中出土双辕马车模型，遣策曰"轺一乘"。[1] 较早出现的双辕车可能主要是牛力牵引的运车，汉初马车也已逐渐普遍采用双辕。长沙马王堆 3 号汉墓出土帛书《天文气象杂占》中，在象征双辕的双道纵线的图形下，有文字曰："如辕，死者盈万。"[2] 这也可以说明，双辕车当时已经成为具有代表性的车型。

双辕车可驾一马或一牛，节省了运输动力，提高了运输效率，促进了运输生产中畜力的应用。双辕车的普遍使用，对于交通事业的发展具有划时代的意义。

双辕车普遍采用胸带式系驾法，承力部位在马的胸前，使轭变成一个支点，只起支撑衡、辕的作用，于是较早期轭靷式系驾法更为简便实用，实现了系驾方式的重大进步。据孙机考论，在西方，装置双辕的车辆到中世纪才开始推广，在这种车辆上出现胸带式系驾法，则

---

① 凤凰山 167 号汉墓发掘整理小组：《江陵凤凰山 167 号汉墓发掘简报》；吉林大学历史系考古专业赴纪南城开门办学小分队：《凤凰山 167 号汉墓遣策考释》，《文物》1976 年第 10 期。

② 《长沙马王堆三号墓出土西汉帛书〈天文气象杂占〉》，《中国文物》第 1 期，文物出版社，1979。

图 3 - 14　成都扬子山 1 号墓汉画象砖车马出行图

不早于公元 8 世纪。然而到那时，中国车辆的系驾方式则已经向鞍套式过渡了。①

图 3 - 15　辽阳北园汉墓壁画车马出行图

《公羊传·隐公元年》："赗者盖以马，以乘马束帛"，徐彦疏："《书传》云'士乘饰车两马，庶人单马木车'是也。"可见汉代"单

---

①　孙机：《从胸式系驾法到鞍套式系驾法——我国古代车制略说》，《考古》1980 年第 5 期；《始皇陵二号铜车马对车制研究的新启示》，《文物》1983 年第 7 期；《中国古代马车的系驾法》，《自然科学史研究》1984 年第 2 期。

马木车"即双辕车首先在下层社会得到普及。江陵凤凰山 167 号汉墓出土西汉初年轺车模型"双辕一衡",然而发掘简报所谓"套双马,服（驾辕）、骖（拉套）各一"①,或许是车制演变时期的特殊情形。河北满城汉墓年代当西汉中期,其中 2 号墓随葬的 4 辆车均为独辀车,1 号墓随葬的 6 辆车中仅 1 号车和 6 号车下分别发现马骨架一具和三具,可能是双辕车,其余皆为独辀车。② 西汉末年至于东汉形成王车三马的制度③,说明双辕车经过相当长的时期方为社会上层所逐渐接受。

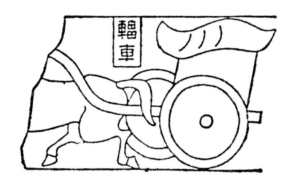

图 3 – 16　潘祖荫旧藏汉画象石"辎车"

---

①　凤凰山 167 号汉墓发掘整理小组：《江陵凤凰山一六七号汉墓发掘简报》,《文物》1976 年第 10 期。

②　中国社会科学院考古研究所、河北省博物馆文物管理处：《满城汉墓发掘报告》,文物出版社,1980。

③　《后汉书·刘玄传》：更始二年（24）二月,"更始自洛阳而西。初发,李松奉引,马惊奔,触北宫铁柱〔门〕,三马皆死"。事又见《续汉书·五行志五·马祸》。《后汉书·刘盆子传》：赤眉引兵而西,"盆子乘王车,驾三马,从数百骑"。判定死于汉宣帝五凤三年（前 55）的中山怀王刘修的墓葬中,"前右室主要放置车马,共有车三辆","其中两辆为四马车,一辆为三马车"。河北省文物研究所：《河北定县 40 号汉墓发掘简报》,《文物》1981年第 8 期。这辆三马车与河北满城中山靖王刘胜墓中的 6 号车同样可以作为王车三马的实证。不过可以看出,这种车型在西汉中期王室贵族多种乘车中,居于较为次要的位置。两汉之际双辕车时兴于上层社会之后,系驾三马的乘车则成为地位尊贵的标志。《续汉书·舆服志上》：太皇太后、皇太后"非法驾,则乘紫罽軿车","左右骓,驾三马"。皇太子、皇子、皇子为王、皇孙"皆左右骓,驾三"。

双辕车大致在两汉之际，已经成为陆路交通运输的主体车型。双辕车在汉代得到普及推广，是世界交通史上的一件大事。汉代人制作和使用的双辕车，对此后两千年运输车辆的形制体现出重要的影响。

图 3－17　和林格尔汉墓壁画"轺车"

独轮车　刘仙洲研究中国古代交通运输机械曾经有极其重要的发现。他由《说文·车部》中所谓"軿，车轖规也，一曰一轮车"，推断在许慎著此书时，独轮车已经应用于交通活动中。史籍中多有汉时人使用"鹿车"的记载。如《后汉书·赵熹传》：赵熹"以泥涂仲伯妇面，载以鹿车，身自推之"，《杜林传》：杜林"身推鹿车，载致弟丧"①。鹿车，瞿中溶《汉武梁祠堂石刻画像考》解释说，"鹿，当是鹿卢之谓，即辘轳也。"刘仙洲同意这种意见，并以王重民等编《敦

---

① 又如《后汉书·儒林列传·任末》："友人董奉德于洛阳病亡，末乃躬推鹿车，载奉德丧致其墓所。"《后汉书·独行列传·范冉》："遭党人禁锢，遂推鹿车，载妻子，捃拾自资。"《后汉书·列女传·鲍宣妻》："妻乃悉归侍御服饰，更著短布裳，与宣共挽鹿车归乡里。"《三国志·魏书·司马芝传》："以鹿车推载母。"《三国志·魏书·庞淯传》裴松之注引皇甫谧《列女传》：庞娥亲"遂弃家事，乘鹿车伺（李）寿"。《三国志·蜀书·费祎传》："（董）允白父和请车，和遣后鹿车给之。允有难载之色，祎便从前先上。"鹿车，又写作露车。《后汉书·灵帝纪》："帝与陈留王协夜步逐荧光行数里，得民家露车，共乘之。"《三国志·魏书·董卓传》裴松之注引张璠《汉纪》："兄弟独夜步行欲还宫，闇瞑，逐萤火而行，数里，得民家以露车载送。"

煌变文集》卷八句道兴撰《搜神记》不用"鹿车"而用"辘车"作旁证，以为"鹿车"即独轮车，认为其创始时期当在西汉晚期。[1] 史树青也提出论证，指出："鹿车的鹿字，应作辘轳解，是轮轴类的引重器"，"传世汉代铜器中，有一种活轴铜灯，灯盌可仰可合，俗称辘轳灯，意也取此。所以鹿车就是一个轮轴的车。"[2]

图3－18　彭州义和出土汉画象砖所见独轮车

图3－19　新都新农出土汉画象砖所见独轮车

《盐铁论》中《非鞅》《遵道》《散不足》《世务》等篇都说到所谓"椎车"。《散不足》："古者椎车无柔"。或以为"柔"同"輮"。

①　刘仙洲：《我国独轮车的创始时期应上推到西汉晚年》，《文物》1964年第6期。
②　史树青：《有关汉代独轮车的几个问题》，《文物》1964年第6期。

张敦仁《盐铁论考证》说，"椎车者，但斫一木使外圆，以为车轮，不用三材也"。萧统《文选序》也说："椎轮为大辂之始"。西汉的早期独轮车，车轮制作可能和这种原始车轮相近，即直接截取原木并不进行认真加工，轮体有一定厚度，正便于推行时操纵保持平衡。由于车轮浑整厚重酷似辘轳，因而得名辘车。辘车后又称鹿车。句道兴《搜神记》述千乘人董永故事："小失其母，独养老父，家贫困苦，至于农月，与辘车推父于田头树荫下，与人客作，供养不阙。"又谓事本"昔刘向《孝子图》"，而董永"前汉人也"，其中"辘车"之称，或许即保留古意。《说文·车部》所谓"輂，车轹规也。一曰一轮车"，又说明这种车轮与"车轹规"相似。段玉裁注："规者，圜之匡郭也。"亦即"轹之范"。曲弯木材制作车辋所用之规范，正应当是略小于车轮的规整的实体圆柱形。《说文·车部》又说，"轪，纺车也。从车，圭声，读若狂。一曰一轮车"。轪为绞线之筌象形，而"一曰一轮车"者，除纺车与独轮车有形近之处而外，或许也与"轪"的读音与"圜之匡郭"之"匡"相近有关。

据秦始皇陵兵马俑坑2号坑发掘资料，当时地面有"印痕清晰，辙与辙之间无明显对应关系"的车辙印迹，发掘报告执笔者说，这些车辙"疑为独轮车遗迹"，相应图版直接标明为"独轮车印"。[1] 如果"独轮车印"的判断成立，可以证明这种车型当时已经投入使用，则独轮车的发明和使用，可以提前到秦代。有学者据此认为，"至晚在秦代时独轮车已经发明，并已应用于生产运输"。考虑到从最初发明到实际应用之间的过程，"那么独轮车很可能在秦统一前即先秦时期已经发明"。联系许多历史迹象，可以推定独轮车的发明权很可能应当归于秦人。[2]

---

[1] 秦始皇兵马俑博物馆：《秦始皇陵二号兵马俑坑发掘报告》第一分册，科学出版社，2009，第113~118页，图版四一。

[2] 赵宠亮：《独轮车至晚在秦代已经发明》，《中国文物报》2010年7月21日。

图 3-20　武氏祠董永故事画面所见独轮车

《三国志·蜀书·诸葛亮传》说，诸葛亮"性长于巧思"，曾创制"木牛流马"。《诸葛氏集》二十四篇中列有《传运》篇。裴松之注引《亮集》"作木牛流马法"：木牛，"牛仰双辕，人行六尺，牛行四步。载一岁粮，日行二十里，而人不大劳。"流马"后杠与等版方囊二枚"，"每枚受米二斛三斗"。木牛流马，一般公认是人力推挽的独轮车。所以不再称作鹿车者，应已经过重大改进。鹿车一般推载一至二人。木牛流马则用以运输军粮。

图 3-21　彭州升平出土汉画象砖所见独轮车

从史籍记载和文物资料看，独轮车在东汉时期已经成为十分普及的运输工具。《三国志·魏书·苏则传》裴松之注引《魏略》说，苏则讥嘲吉茂："我诚不能效汝塞塞驱鹿车驰也。"可见这种运输车辆多为下层劳动者习用，甚至也成了他们卑贱身份的标志。

由于制作简便，操纵灵活，对道路的要求也不高，独轮车在汉代社会生产和社会生活中发挥了显著的作用，它的出现和普及，在交通运输史上具有重要的意义。

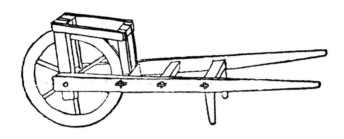

图 3 - 22　汉代独轮车复原模型

秦汉时期，用以输送人员的乘车，为适应乘员的不同身份和不同需要，出现了多种多样的型式。

《史记·秦始皇本纪》记载，秦始皇出巡途中崩于沙丘平台，"棺载辒辌车中"，归于咸阳乃发丧。《汉书·霍光传》："载光尸枢以辒辌车。"颜师古注："辒辌本安车也，可以卧息。"秦始皇陵 2 号铜车马一条辔绳末端有刻文："安车第一"①，由此可知此车也应当是安车。刘邦曾带病出征，"彊载辒车，卧而护之"（《史记·留侯世家》）。《汉书·张敞传》："君母出门，则乘辎輧。"《释名·释车》"辎、輧之形同，有邸曰辎，无邸曰輧。" 辎车和輧车也应归入安车一类。与安车相对应的车型是立车。《列女传·齐孝孟姬》："妾闻妃后踰阈，必乘安车辎輧。""今立车无輧，非所敢受命。"《续汉书·舆服志上》："安车、立车"，刘昭注补："蔡邕曰：'五安五立。'徐广曰：'立乘曰高车，坐乘曰安车。'" 安车大致是往往设有屏帷的可以卧息

---

① 袁仲一、程学华释作"口车第一"。《秦陵二号铜车马》，《考古与文物》丛刊第 1 号。此从孙机说，见《始皇陵二号铜车马对车制研究的新启示》，《文物》1983 年第 7 期。

的乘车。而车上不设屏帷的形制较为轻便的乘车则称作轺车。《说文·车部》所列乘车还有轩车、轻车、辂车等。《释名·释车》则又有路车、容车、衣车、猎车、小车以及"庶人所乘"之役车、栈车等。因分类标准不同,有些车名所代指的车型往往相互交重。这种现象,也体现出秦汉车型的繁多复杂。通过汉墓出土画象可以看到,达官豪族拥有多种类型的乘车以招摇炫耀,成为一时风尚。

用以运输物资的载重车辆,在秦汉时期也出现多种型式。例如《说文·车部》:"辇,大车驾马者也。"是一般运车驾牛,称"大车",驾马者则称"辇车"。

图 3 - 23　武威磨咀子汉墓出土木雕牛车

辽宁辽阳东汉晚期墓葬壁画中可见载瓮车的图像,画面内容表现了装载流质货物的运车的特殊型式[1]。秦汉时期车辆装载物往往以布囊或革囊作为包装形式。《说文·橐部》:"橐,囊也。""橐,车上大橐。"又说:"橐,囊也。""囊,橐也。"[2] 居延汉简也可见"三石布

---

① 李文信:《辽阳发现的三座壁画古墓》,《文物参考资料》1955 年第 5 期。
② 段玉裁注:"按许云:'橐,囊也。''囊,橐也。'浑言之也。《大雅》毛传曰:'小曰橐,大曰囊。'高诱注《战国策》曰:'无底曰囊,有底曰橐。'皆析言之也。"又说,"橐,囊也","囊,橐也","疑当云'橐,小囊也','囊,橐也',则同异皆见。全书之例如此。此盖有夺字"。段玉裁注又写道:"又《诗释文》引《说文》:'无底曰囊,有底曰橐。'与各本绝异。"

囊一"（E. P. T59：7）"革橐一盛糒三斗米五斗"（E. P. T68：22）等。① 简文或称之为"卷""券""卷"。② 诸葛亮"流马""后杠与等版方囊二枚"，"每枚受米二斛三斗"，也采用类似的装载方式。汉代画象中还可以看到车辆上运载布囊盛装的物品的画面。

图 3－24　广汉大堆子出土汉画象砖纳粮图

然而秦汉时期运输车辆更为通行的装载方式是散装。山东沂南汉画象石墓中室南面石刻表现入储谷物的情形，画面中可以看到 3 辆运载散装谷粟的牛车③。又汉光武帝建武三年（27），刘秀军与赤眉军战于渑池，赤眉军佯败，"弃辎重走，车皆载土，以豆覆其上"，诱使刘秀军邓弘部饥卒争夺，于是"引还击弘，弘军溃乱"（《后汉书·冯异传》）。由此可知军中辎重车载运军粮一般也取散装形式。甘肃武

---

① 居延汉简又可见以所谓"布纬"作为军粮包装形式者，如"布纬糒三斗"（181.8），"布纬三糒九斗"（E. J. T. 37：1552）等。有学者以为"布纬约可裹束糒粮于身，近似后世所谓'军粮袋'之类"。见初师宾《汉边塞守御器备考略》，《汉简研究文集》，甘肃人民出版社，1984，第 155 页。但以"三斗"军粮裹束于身，当无法行军作战。可知此说尚可商榷。

② 例如："卒陈偃　粟一卷三斗三升"（57.19），"士吏尹忠　糜一卷三斗三升自取又二月食糜一卷三斗三升卒陈襄取"（57.20），"▨□粟一卷□粟，▨□□□二卷□粟"（48.12B），"▨囲二卷以给北部候长"（232.18），"▨四卷"（234.20），"第四出四卷以给▨"（236.35），"人卷七枚　隧长安国受尉▨"（275.1），"受降卒张鸣·出廿卷付仓石·出六卷以给肩水卒"（433.3＋433.32），"▨卷以给候史出二卷给北部候长●出二卷以给▨"（433.8）。

③ 南京博物院、山东省文物管理处：《沂南古画象石墓发掘报告》，文化部文物管理局，1956。

图 3 -25　广汉罗家包出土汉画象砖纳粮图

威磨咀子汉墓出土牛车模型中残留粮食遗迹，显然是作为散装运粮车的模拟明器随葬。[①] 武威雷台汉墓出土 3 辆铜制大车模型，"舆内尚留有粟粒痕迹"，发掘者推测是"载粮用的'辎车'"，其装载方式大致也是散装。这座汉墓还出土形制与大车略同的铜制辇车模型，3 辆铜辇车所驾 3 匹马的胸前均铭刻车主某某及"辇车马"字样。[②] 散装运输的普及，可以节省包装材料，简化工序，减少损失，如果仓储设备良好，也利于装卸作业的完成。武威雷台汉墓铜制大车模型后部有能够自由启闭的车门，显然可以方便装卸。散装需解决防雨防尘问题，并要求车厢结构严密，以不致漏失。四川广汉大堆子汉画象砖收缴谷米的画面中所表现的载重马车，车厢方正严整一如武威雷台汉墓所出铜车模型，但车厢前端又有一挡板。[③]

此外，青海西宁南滩汉墓出土木制牛车模型结构也与上述车型大致类同。[④] 估计这是当时通行的运车型式之一，武威雷台铜车应当也

---

① 甘肃省博物馆：《武威磨咀子三座汉墓发掘简报》，《文物》1972 年第 12 期。
② 甘肃省博物馆：《武威雷台汉墓》，《考古学报》1974 年第 2 期。
③ 高文编《四川汉代画像砖》，上海人民美术出版社，1987，图二〇。
④ 青海省文物管理委员会：《西宁市南滩汉墓》，《考古》1964 年第 5 期。

图 3 - 26　武威雷台汉墓出土铜辇车

有活动的前挡板，可能模型未作细致体现。这种车厢规整的车型，可以根据装载容积大致估算载物重量，不必以小量器——计量，因而可以提高装载效率，适宜于大规模运输。

随着秦汉时期交通事业的进步，车辆这种重要交通工具的型式尤其可以灵敏地体现各地区间文化交往的发展。

日本学者江上波夫曾经论证匈奴移动的住所"穹庐"是一种上有篷围可以居住的车辆，又可称为"车庐"（《晋书·四夷传·北狄》）。《周礼·考工记》所谓"胡无弓车"之"弓车"，也就是这种"穹车"。[①] 而《史记·李斯列传》所谓"辒辌车"，《季布栾布列传》所谓"广柳车"，《周礼·地官司徒·乡师》郑玄注引《司马法》所谓"胡奴车"等，都是匈奴车辆传入内地后出现的不同的译名形式。[②] 如果此说能够成立，那么则说明甚至匈奴制车工匠创造出的车辆型式，也对中原车制产生过积极的影响。

秦汉时期，还有见诸史籍记载的用于军事的特型车。如：

轻车　《周礼·春官宗伯·车仆》："车仆掌戎路之萃，广车之

---

① 《释名·释兵》："弓，穹也，张之穹隆然也。"
② 〔日〕江上波夫：《匈奴的住所》，王子今译，《西北史地》1991 年第 3 期。关于所谓"胡奴车"，又见《释名·释车》："胡奴车，东胡以罪没入官为奴者引之，殷所制也。"

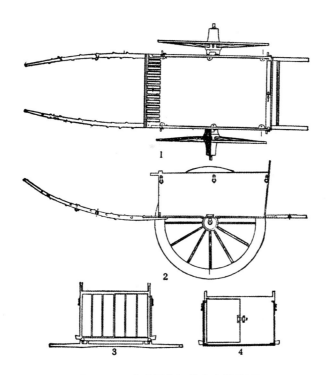

图 3 - 27　武威雷台汉墓辇车结构图

莘，阙车之莘，苹车之莘，轻车之莘。"郑玄注："莘犹副也，此五者皆兵车，所谓五戎也。"轻车，所用驰敌致师之车也。"《史记·卫将军骠骑列传》："（张）次公父隆，轻车武射也。"《汉书·晁错传》："若夫平原易地，轻车突骑，则匈奴之众易挠乱也"，"平地通道，则以轻车材官制之"。《汉书·宣帝纪》：本始二年（前72）秋，"大发兴调关东轻车锐卒"击匈奴。《汉书·霍光传》：霍光薨，"发材官轻车北军五校士军陈至茂陵，以送其葬。"汉武帝时，李蔡、公孙贺皆曾为"轻车将军"（《史记·李将军列传》《卫将军骠骑列传》）。可见当时有以"轻车"为主要装备的兵种。

　　轺车　《史记·淮南衡山列传》：衡山王刘赐有逆计，使宾客"作轺车镞矢"。裴骃《集解》："徐广曰：'轺车，战车也。'"《说文·车部》"轺，楼车也。"《后汉书·光武帝纪上》：王寻、王邑攻昆阳，

"冲軯橦城。"

轀车　　《说文·车部》："轀，兵车也。"《释名·释车》："轀车，戎者所乘也。"

轒车　　《说文·车部》："轒，陷敶车也。"轒车，应即《后汉书·光武帝纪上》所谓冲车。《淮南子·览冥》："大冲车，高重京"，高诱注："冲车，大铁著其辕端，马被甲，车被兵，所以冲于敌城也。"

轈车　　《说文·车部》："轈，兵车高如巢以望敌也。"《后汉书·光武帝纪上》："云车十余丈，瞰临城中。"此"云车"应即"轈车"一类。

钩车　　《释名·释车》："钩车，以行为陈，钩般曲直有正，夏所制也。"《太平御览》卷三三四引《古司马兵法》："戎车，夏曰钩车，先正也。"

元戎车　　《释名·释车》："元戎车，在军前启突敌陈，周所制也。"

轒辒车　　《孙子·谋攻》："攻城之法，为不得已。修橹轒辒，具器械，三月而后成。"曹操注："轒辒者，轒牀也。轒牀其下四轮，从中推之至城下也。"

这些适应于各种特殊需要而出现的车型，在秦汉时期仍应用于实战，当经过改进和革新，因而也可以反映秦汉车辆制作技术的水平。

马克思曾经指出："**交通工具的增加和改良**，自然会对劳动生产力发生影响：使生产同一商品所需要的**劳动时间减少**，并建立了精神与贸易的发展所必需的交往。"[1] 秦汉时期车辆数量的"增加"与质量的"改良"，确实曾为当时经济与文化的发展"所必需的交往"提供了重要的条件。

---

① 马克思：《机器。自然力和科学的应用》，人民出版社，1978，第220页。

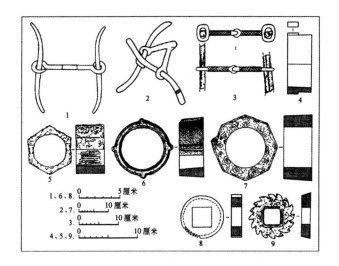

1~3.马衔与马镳（永城柿园 SM1∶1532、广州南越王墓 C∶241、临淄齐王墓 K4∶21-13）
4~7.车钏（临淄齐王墓 K4∶18、西安龙首村 M2∶79、镇平姚庄 H1∶35、汉长安城桂宫遗址
T1③∶23） 8.正齿轮（长武丁家 DJ∶10） 9.棘轮（镇平尧庄 H1∶37）

图 3-28　秦汉铁制车具

　　然而，在秦汉车辆制造业取得空前进步，交通运输也体现出历史性发展的另一面，我们看到在作为生产资料的运输车辆尚不能满足社会需求的情况下，贵族、官僚和豪富却使数以万千计的车辆归于单纯消费资料的事实。皇帝出行，乘舆大驾"属车八十一乘，备千乘万骑"（《续汉书·舆服志上》）。汉武帝时，丞相府客馆也"坏以为马厩车库"（《汉书·公孙弘传》）。豪族权贵往往乘鲜车，御良马，"出入逾侈，辎轩蔽日"（《后汉书·李固传》），车骑数量成为测度其财富和地位的标尺。东汉把握朝柄的宦官，其仆从甚至也"皆乘牛车而从列骑"（《后汉书·宦者列传·单超》）。有影响的在野派社会活动家，也往往"出入从车常百余乘"（《后汉书·周荣传》）。从汉代画象和汉墓随葬的车马模型，可以形象地看到上层人物"车徒甚盛"（《后汉书·许劭传》），"云行于塗，毂击于道"（《盐铁论·刺权》）的出行场面。为满足豪华奢侈生活的需要，造成了车辆这种运输生产

资料的极大浪费。东汉末，刘焉割据益州，"阴图异计"，"造作乘舆车具千余乘"，后遇火灾，"车具荡尽"，甚至"延及民家"（《三国志·蜀书·刘二牧传》）。大量的车辆初则闲置，终而焚毁，与此同时，下层劳动者却因运输工具的匮乏，不得不备受"负担"之苦。对比之强烈，正如《盐铁论·取下》所谓"乘坚策良，列骑成行者，不知负檐步行者之劳也"，反映出社会矛盾之尖锐以及制度与文化的阴暗影响对于交通运输发展的阻碍。

第四章

秦汉陆路运输动力的开发

一 人力转输: 担负与挽辂

秦汉时期，人力仍然是陆路运输的主要动力之一，人力"担负"也是陆路运输的基本形式之一。①

图 4 - 1 大邑安仁出土汉画象砖收获画面

---

① 参看王子今《四川汉代画像中的"担负"画面》，《四川文物》2002 年第 1 期。

《史记·律书》赞美文景之治天下"和乐"的升平景象，说道："百姓无内外之繇，得息肩于田亩。"以百姓得以"息肩"体现轻徭政策之利，说明以"担负"形式从事徭役往往使百姓被迫背离"田亩"，承受沉重的苦难。

图 4－2　新都汉画象砖挑担形象

秦汉征发徭役的主要内容当首推大型土木工程和大规模的运输活动，而土木工程修建也不能缺少运输这一重要环节。《淮南子·精神》："今夫繇者，揭钁臿，负笼土，盐汗交流，喘息薄喉。"高诱注："繇，役也。今河东谓治道为繇道。""笼，受土笼也。""负笼土"，即土木建筑工程中最常见的短途运输形式。《九章算术·均输》中列有算题：

> 今有负笼重一石一十七斤，行七十六步，五十返。今负笼重一石，行百步，问返几何？
>
> 答曰：四十三返、六十分返之二十三。

所反映的正是这一类用工数量极大的劳役内容。遗存至今的秦阿房宫前殿的夯土台基东西 1300～1400 米，南北 500～600 米，北高 8 米，南高 3～4 米，夯土计约 427 万立方米。依《九章算术·商功》"穿地四，为壤五，为坚三"的比率折算，夯土（即所谓"坚"）427 万方，当合松土（即所谓"壤"）711.6 万方。又有算题称"土笼积一尺六寸"，"秋程人功行五十九里半"，以负土路程为平均 10 里计算（现存夯土台基东西 1300～1400 米，依陈梦家汉里相当于 325 米说，已近 4.3 里），仅运土所需劳动日即达 3436 万，相当于 10 万人近一年的工作量。秦始皇陵封土"其高五十余丈，周回五里有余"（《汉书·楚元王传》），土方量达 1102.5 万立方米。地宫以平均深度 20 米计，土方量也达 498.5 万立方米。复土时完成地宫和封土的夯土土方，共需运输土方 2586.7 万立方米。由于挖掘地宫出土仅 624.4 万立方米，因而需由他处挖掘运送土方 1962.3 万立方米。据《水经注·渭水》，取土在 5 里外的鱼池。仍依《九章算术·商功》的劳动工率折算，复土工程用工数量合计约 9790.7 万工作日。骊山复土工期自秦始皇三十七年（前210）九月至秦二世元年（前 209）四月。[1] 考虑到降水日、土忌日等对施工的影响以及施工队伍中管理、后勤人员的数量，可以估算其用工数量。据测算，复土工程中运输土方的劳作多达 9472.4 万工作日，大略占用工总数的 96.7%。[2]

不仅各种大型土木工程施工中繁重的短途运输需大规模征调徭役，使百姓不得"息肩"，使用民力之酷烈，尤其在于行程常常至于千百里的长途转运。

---

[1] 《史记·秦始皇本纪》：秦始皇三十七年（前210）"九月，葬始皇郦山"。秦二世元年（前209）"四月，二世还至咸阳，曰：'先帝为咸阳朝廷小，故营阿房宫。为室堂未就，会上崩，罢其作者，复土郦山。郦山事大毕，今释阿房宫弗就，则是章先帝举事过也。'复作阿房宫"。

[2] 《史记·秦始皇本纪》："始皇初即位，穿治郦山，及并天下，天下徒送诣七十余万人"，"隐宫徒刑者七十余万人，乃分作阿房宫，或作丽山"。关于秦始皇陵用工人数的记载，还有《史记·黥布列传》"丽山之徒数十万人"，《汉书·贾山传》"（始皇）死葬乎骊山，吏徒数十万，旷日十年"，《文献通考·王制考》引《汉旧仪》："使丞相斯将天下刑人徒隶七十二万人作陵"，《水经注·渭水》"作者七十万人，积年方成"，等等。关于复土工程用工数量的推算，可参看王子今《秦始皇陵复土工程用工人数论证》，《文博》1987 年第 1 期。

图4-3 郫县出土制盐画象砖背负画面

秦始皇多所兴作，"输将起海上而来"（《新书·属远》），一时
"丁壮丈夫，西至临洮、狄道，东至会稽、浮石，南至豫章、桂林，
北至飞狐、阳原，道路死人以沟量"（《淮南子·氾论》），以致不得
不发"丁女转输"，役者"苦不聊生，自经于道树，死者相望"（《史
记·平津侯主父列传》）。

图4-4 晋宁石寨山6号墓
　　　出土铜啄背负形象

《史记·平准书》记述汉武帝时通西
南夷道工程之艰巨："作者数万人，千里
负担馈粮，率十余锺致一石。"裴骃《集
解》："《汉书音义》曰：'锺六石四
斗。'"这种落后的运输方式的社会劳动
消耗（物质消耗和劳动消耗）或劳动占
用达到惊人的程度，而运输经济效益极
低，甚至总运输量中仅有15.6%抵达目
的地。

《史记·匈奴列传》记载：汉武帝元
狩四年（前119）春出击匈奴，"乃粟马，
发十万骑，私负从马凡十四万匹，粮重不
与焉"。对于"私负从马"的意义有不同
认识，但对于所谓"粮重"，则多依《汉

书·匈奴传上》颜师古注"负戴粮食者"说。《汉书·李广利传》记载，汉武帝太初三年（前102）李广利再击大宛，"出敦煌六万人，负私从者不与"。颜师古注："负私粮食及私从者，不在六万人数中也。"诸葛亮北伐，魏延献计由子午谷突袭长安，请求率"精兵五千，负粮五千，直从褒中出"（《三国志·蜀书·魏延传》裴松之注引《魏略》）。作战人员与从事人力"担负"的运输人员的比例达到一比一。曹真伐蜀，杨阜上疏也说"转运之劳，担负之苦，所费以多"（《三国志·魏书·杨阜传》）。看来，战争中军需物资的运输常常采用人力"担负"的形式。

《后汉书·董卓传》记载，李傕、郭汜乱关中，汉献帝仓皇东归，流落大阳，"百官饥饿，河内太守张杨使数千人负米贡饷"。汉朝廷遂得以辗转经安邑还至洛阳。张杨先使人"缮修洛宫"，作杨安殿。"张杨以为己功，故因以'杨'名殿。"当时为"百官""贡饷"的方式，是"使数千人负米"。

图4-5　晋宁石寨山13号墓出土铜
　　　　贮贝器负物形象一

图4-6　晋宁石寨山13号墓出土
　　　　铜贮贝器负物形象二

人力"担负"虽然运输经济效益极低，然而在某些情况下也可以发挥重要的作用，而且以征调民力数量之多，往往对社会造成幅度较大的影响。对秦汉时期的交通运输进行全面考察，不可不注意这种落后的运输方式。

采用人力"担负"这种运输形式，一方面是由于交通道路条件的限定，如《新语·资质》所谓"广者无舟车之通，狭者无步檐之蹊"，但是更主要的原因在于运输工具及畜力，譬如车马的缺乏。[①] 西汉初年，"自天子不能具钧驷，而将相或乘牛车"（《史记·平准书》），天子用车也未必系驾纯色的马，高级官僚有的也不得不乘坐牛车，可能投入运输业的畜力可以想见。汉武帝时代，畜牧业取得突出发展，然而一般民户仍未必具有置备车马的财力。汉武帝建元元年（前140），"遣使者安车蒲轮，束帛加璧，征鲁申公"（《汉书·武帝纪》）[②]。又"以安车蒲轮征（枚）乘"（《汉书·枚乘传》）。有的知识分子从帝王征召，甚至要"卖田百亩以供车马"（《汉书·贡禹传》）。"担负"自然成为贫苦人民从事转输劳役的普遍方式。《汉书·儿宽传》记述汉武帝时左内史收租税情形，"大家牛车，小家担负，输租繦属不绝"，即体现出不同社会等级运输能力的差别。

图 4-7　滕县黄家岭出土汉画象石担负画面

---

① 参看王子今《四川汉代画像中的"担负"画面》，《四川文物》2002年第1期。

② 《汉书·儒林传·申公》："上使使束帛加璧，安车以蒲裹轮，驾驷迎申公。"

人力车辆的普遍应用也说明秦汉时期人力曾作为主要运输动力之一。

《史记·货殖列传》说，"秦破赵，迁卓氏。卓氏见虏略，独夫妻推辇，行诣迁处"。其"迁处"远至位于今四川邛崃的临邛。除人力推动的辇车外，当时更多见人力牵挽的车辆。娄敬戍陇西行经洛阳，建议刘邦定都关中，即"脱輓辂"而进言（《史记·刘敬叔孙通列传》）。

图4-8　乐山麻浩东汉崖墓石刻推挽辇车图

《说文·车部》："輓，引车也。"从汉代人的记载看，这种人力牵挽的车辆曾经作为秦汉时期大规模转输的主力。主父偃说，秦皇帝"使蒙恬将兵攻胡，辟地千里，以河为境"，"然后发天下丁男以守北河"，"又使天下蜚刍輓粟，起于黄、腄、琅邪负海之郡，转输北河，率三十锺而致一石"。严安也说：秦"使蒙恬将兵以北攻胡，辟地进境，戍于北河，蜚刍輓粟以随其后"（《史记·平津侯主父列传》）。《淮南子·兵略》说，二世皇帝"兴万乘之驾，而作阿房之宫，发闾左之戍，收太半之赋，百姓之随逮肆刑輓辂首路死者，一旦不知千万之数"。高诱注："辂，輓辇横木也。"《淮南子·人间》："（秦皇）发卒五十万，使蒙公、杨翁子将，筑修城，西属流沙，北击辽水，东结朝鲜，中国内郡輓车而饷之。""当此之时，男子不得修农亩，妇人不得剡麻考缕,嬴弱服格于道。"汉代转输徭役仍大量使用这种人力车辆。《盐铁论·未通》说到"老弱负辂于路"的情形,甚至"今五十已上至六十,与子孙服辇输,并给繇役"。《汉书·李广利传》所谓"载糒给贰师,转车人徒相连属至敦煌",即强调转车"人徒",很可能也取所谓"辇输"的形式。《淮南子·览冥》描述战国兼并"举兵而相角"的情景,写道:

> 质壮轻足者为甲卒千里之外,家老嬴弱凄怆于内,厮徒马圉,轵车奉饷,道路辽远,霜雪亟集,短褐不完,人嬴车弊,泥垒至膝,相携于道,奋首于路,身枕格而死。

"奋首于路",高诱注:"民疲于役,顿仆于路","言疲困也"。"身枕格而死",王念孙解释说,"谓困极而仆,身枕辇车之木而死也"。格"与辂同,谓辇车之横木也"。其描绘之真切,其实当以秦汉时"辇车"运输的体验和印象作为基础。

图 4-9 江苏昌梨水库 1 号东汉墓画象石挽车图

《战国策·燕策二》:"车士之引车也,三人不能行,索二人、五人,而车因行矣。"汉时引车者似乎多为每车六人。《淮南子·说山》有"引车者二六"的说法,高诱注:"辕三人,两辕六人,故谓二六,一说十二人。"《九章算术·均输》说到"均赋粟"的一般运载定额:

"六人共车，车载二十五斛，重车日行五十里，空车日行七十里，载输之间各一日。"《九章算术·商功》中关于土木工程中的"载土"车，也说到"程行五十八里，六人共车，车载三十四尺七寸"。看来，"六人共车"是比较普遍的情形。

在山东滕县黄家岭出土的汉画象石中，可以看到三人挽车的画面，从通常所见汉画表现方式的一般规律看，正体现所谓"六人共车"。

图 4－10 滕县黄家岭出土汉画象石挽车图

居延汉简中还可以发现反映一车用卒多人的资料，如：

●右弟六车卒廿人（230.10）

右弟一车十人（29.9）

右馆陶第卅车十人（81.1）

□□囷四车十人（221.5）

●右第三车十人（276.3）

━右新阳第一车十人（515.16）

●右第三车十人（E.P.T53：43）

■右第十一车十人（E.P.T53：45）①

---

① "●右第三车十人"（276.3）与"■右新阳第一车十人"（515.16）《居延汉简甲乙编》分别作"●右第三卒十人"，"■右新阳符一车十二"，依谢桂华、李均明、朱国炤《居延汉简释文合校》（文物出版社，1987）订正。

此外，"□□十三率十人"（213.25），"□□弟□年十八"（234.34），
"☑右第八车十□☑"（238.13）《居延汉简甲乙编》图版清晰度不够，
依文意并参考前引诸例，或当分别释作"▬第十三车十人"，"□弟
黍年十八"，"·右弟八车十"。

《盐铁论·褒贤》："戍卒陈胜释辁辂，首为叛逆。"看来当时戍
卒行赴戍所，往往都要挽引运车。人力挽车每车必当多人，因而娄敬
能够在行进中"脱辁辂"向刘邦进言。远戍河西者每车也有少于六人
的情形，如：

戍卒□圉里石尊　第卅车□人（477.4）

但仍以十人为多，大约十人共车体现当时戍卒"辁车"长途行进前往
戍地的一般制度。

以《九章算术·商功》中关于运土的算题为例，"负土往来"，
"土笼积一尺六寸，秋程人功行五十九里半"；"载土往来"，则"程
行五十八里，六人共车，车载三十四尺七寸"。挽车"载土"速度与
额定运程甚至低于"负土"步行，其运输效率大约相当于人力"负
土"的3.5倍。

二　马政及其促进交通发展的作用

使用马匹作为运输动力对于秦汉时期的交通发展有显著的推进作
用。因而秦汉马政以及以养马业为主的畜牧经济与交通事业的进步有
直接的关系。

秦人久有重视养马的传统。非子"好马及畜，善养息之"，曾为
周人"主马于汧渭之间"，以"马大蕃息"开始活跃于社会政治生活
中（《史记·秦本纪》）。战国时七雄兼并，秦国以"秦马之良，戎兵

之众，探前趹后，蹄间三寻者，不可称数也"（《战国策·韩策一》），
显示出与其他各国军事实力对比的优势。

图 4－11　"马甲天下"瓦当

实现了大一统的秦王朝依然注重以行政手段保护和促进养马业
的发展。《史记·货殖列传》："乌氏倮畜牧"，"畜至用谷量马牛。
秦始皇帝令倮比封君，以时与列臣朝请"。秦始皇陵兵马俑坑出土的
陶马，可以反映秦时养马业非同寻常的成就。考古工作者在秦始皇
陵东侧的上焦村西探出马厩坑 93 座，试掘了 37 座，出土器物上的
刻辞，有"三厩""中厩""宫厩""左厩""大厩"等字样，有的
考古学者曾依此推测，"秦王朝的宫廷厩苑名称至少有 8 个，即大
厩、宫厩、左厩、中厩、右厩、一厩、二厩、三厩等"①。《史记·李
斯列传》记载公子高上书："先帝无恙时，臣入则赐食，出则乘舆。
御府之衣，臣得赐之；中厩之宝马，臣得赐之。"是"中厩"为皇
帝个人服务的例证。李斯《谏逐客书》有"骏良駃騠，不实外厩"
语，"外厩"可能是与"中厩"相对应的其他诸厩的统称。湖北云
梦睡虎地出土秦简《厩苑律》中，也有关于"其大厩、中厩、宫厩

---

① 袁仲一：《秦代陶文》，三秦出版社，1987，第 67~69 页。秦俑坑考古队：《秦始皇
陵东侧马厩坑钻探清理简报》，《考古与文物》1980 年第 4 期。

马牛"的内容。

传世官印有"龙马厩将""右马厩将""左马厩将""左中马将""小马厩将""小田南厩"等，著名印学家罗福颐判定为秦官印。^① 此外，张良"以厩将从起下邳"^②，王陵"以客从起丰，以厩将别定东郡、南阳"（《史记·高祖功臣侯者年表》），也证明秦时有"厩将"官职。秦代养马机构之完备，还表现在地方行政部门中也有"厩"的设置。从高祖起兵，以功封汝阴侯的夏侯婴，原先即"为沛厩司御"（《史记·樊郦滕灌列传》）。

云梦睡虎地秦简《厩苑律》中，可见关于马牛畜牧、管理的条文。规定"将牧公马牛，马【牛】死者，亟谒死所县，县亟诊而入之，其入之其弗亟而令败者，令以其未败直（值）赏（偿）之"。"其大厩、中厩、宫厩马牛殹（也），以其筋、革、角及其贾（价）钱效，其人诣其官。其乘服公马牛亡马者而死县，县诊而杂买（卖）其肉，即入其筋、革、角，及素（索）入其贾（价）钱。钱少律者，令其人备之而告官，官告马牛县出之。"《秦律杂抄》还可见这样的内容：

> ●蓦马五尺八寸以上，不胜任，奔挚（鸷）不如令，县司马赀二甲，令、丞各一甲。先赋蓦马，马备，乃粼从军者，到军课之，马殿，令、丞二甲；司马赀二甲，法（废）。

蓦马体高应在五尺八寸以上，饲养和驯用未达到标准，主管官吏县司马以及其上司县令、县丞都要受到处罚。在考核中马被评为下等，司

---

① 罗福颐：《秦汉南北朝官印征存》，文物出版社，1987，第5～6页。
② 《史记·留侯世家》："景驹自立为楚假王，在留。良欲往从之，道遇沛公。沛公将数千人，略地下邳西，遂属焉。沛公拜良为厩将。"

马不仅要受处罚，还当革职永不叙用。① 特别值得注意的是，"先赋募马，马备，乃鄰从军者"，马对于军国的意义，在某种意义上甚至超过"从军者"。

《秦律》还规定，马烙印标记出现差误，官啬夫要受到惩处。② 已驾车奔驰过的马，若不及时卸套，当罚一盾。③ 佐、吏以上官吏驮运行李的马，若用以贸易牟利，当处以流放之刑。④ 对于入境马匹，也有严格的检疫防疫制度。⑤

"入刍稾"，即所谓"入刍稾之税，以供国用"，是秦政苛暴的标志之一。⑥《史记·秦始皇本纪》："下调郡县转输菽粟刍藁。"所谓"蜚刍輓粟"，"蜚刍"，就是刍稾转输。对养马饲料"刍稾"的强行征收，反映秦王朝对养马的特殊重视。云梦睡虎地秦简《田律》有关于征收刍稾的条文：

> 入顷刍稾，以其受田之数，无狠（垦）不狠（垦），顷入刍三石、稾二石。刍自黄䅸及蘴束以上皆受之。入刍稾，相输度，可殹（也）。　田律

据睡虎地秦墓竹简整理小组的译文：每顷田地应缴的"刍稾"，按照

---

① 这是关于军马质量的要求。关于一般官员乘马及役马，又有如下条文："肤吏乘马笃、挈（觭），及不会肤期，赀各一盾。马劳课殿，赀厩啬夫一甲，令、丞、佐、史各一盾。马劳课殿，赀皂啬夫一盾。"马行迟缓，马体瘠瘦，不参加评比，以及服役的劳绩被评为下等，有关官吏都要受到处罚。
② 云梦睡虎地秦简《效律》："马牛误职（识）耳，及物之不能相易者，赀官啬夫一盾。"
③ 云梦睡虎地秦简《秦律杂抄》："●志马舍乘车马后，毋敢炊饻，犯令，赀一盾。已驰马不去车，赀一盾。"
④ 云梦睡虎地秦简《秦律杂抄》："吏自佐、史以上负从马、守书私卒，令市取钱焉，皆罨（迁）。"
⑤ 云梦睡虎地秦简《法律答问》："'者（诸）侯客来者，以火炎其衡厄（轭）。'炎可（何）？当者（诸）侯不治骚马，骚马虫皆丽衡厄（轭）鞅靷辕靷，是以炎之。"
⑥《淮南子·氾论》："秦之时，高为台榭，大为苑囿，远为驰道，铸金人，发適戍，入刍稾，头会箕赋，输于少府。""入刍稾"，高诱注："入刍稾之税，以供国用也。"

所受田地的数量缴纳，不论垦种与否，每顷缴纳刍三石、"藁"二石。刍从干叶和乱草够一束以上均收。缴纳"刍藁"时，可以运来称量。云梦睡虎地秦简《仓律》还有关于"刍藁"出仓、入仓、储积、核验的详细规定，例如：

> 入禾稼、刍藁，辄为廥籍，上内史。●刍藁各万石一积，咸阳二万一积，其出入、增积及效如禾。　　仓

《仓律》还规定，一积"刍藁"出尽时，应向县廷上报多余或不足之数。如未出尽而数额已足，应报告县廷，由县廷命长吏会同一起封仓，并参与出仓，向县廷上报所出数量；如余数较少，可以全部称量。仓如在都邑，当由有关部门参与出仓①。

对于驾车马牛的饲料，也有严格的发放定额，管理制度相当严格，如：

> 乘马服牛稟，过二月弗稟、弗致者，皆止，勿稟、致。稟大田而毋（无）恒籍者，以其致到日稟之，勿深致。　　田律

驾车马牛饲料过期两个月没有领取或送发者，都截止不再领发。向大田领取而未设固定账目的，按照其领取凭证所到日期发放，不得超过凭证规定的定量。②《松淡阁印史》著录秦"厩田仓印"，当可看作能够说明这一制度的文物。

---

① 律文为："禾、刍藁积索（索）出日，上赢不备县廷，出之未索（索）而已备者，言县廷，廷令长吏杂封其廥，与出之，辄上数廷；其少，欲一县之，可殿（也）。廥才（在）都邑，当□□□□□□□者与杂出之。仓"
② 又如云梦睡虎地秦简《仓律》："驾传马，一食禾，其顾来有（又）一食禾，皆八马共。其数驾，毋过日一食。驾县马劳，有（又）益壶〈壹〉禾之。　仓律"

扬雄《太仆箴》写道："肃肃太仆，车马是供。"太仆是亲自为帝王驾车的高级侍从，也是全国马政的主管长官。《汉书·百官公卿表上》记述秦汉时期太仆所属机构及其职能：

> 太仆，秦官，掌舆马，有两丞。属官有大厩、未央、家马三令，各五丞一尉。又车府、路軨、骑马、骏马四令丞；又龙马、闲驹、橐泉、騊駼、承华五监长丞；又边郡六牧师菀令，各三丞；又牧橐、昆蹏令丞皆属焉。中太仆掌皇太后舆马，不常置也。武帝太初元年更名家马为挏马，初置路軨。

颜师古注："家马者，主供天子私用，非大祀戎事军国所须，故谓之家马也。""《汉官仪》云牧师诸菀三十六所，分置北边，西边，分养马三十万头。"

图4－12　和林格尔汉墓壁画牧马图

太仆主持马政的证明，还有汉文帝二年（前178）诏："太仆见马遗财足，余皆以给传置"（《汉书·文帝纪》）；汉元帝初元元年（前48）诏："太仆减谷食马"；杜延年为太仆因"苑马多死，官奴婢乏衣食，延年坐免官"（《汉书·杜延年传》）。

汉景帝时，"始造苑马以广用"（《汉书·食货志上》）。汉景帝六年（前151）匈奴"入上郡，取苑马"（《汉书·景帝纪》），可见苑马的数量和质量已使"其畜之所多则马"（《史记·匈奴列传》）的匈奴人垂涎。汉武帝即位初，即诏令"罢苑马，以赐贫民"（《汉书·武帝纪》）。颜师古注："养马之苑，旧禁百姓不得刍牧采樵，今罢之。"看来，"苑"这种官营牧场占地范围之广，已对民生有所妨害。《通典·职官七·诸卿上》说到"太仆卿"设置，关于所谓"六厩"，有注文曰："或曰六厩谓未央、承华、騊駼、龙马、辂軨、大厩也，马皆万匹。武帝承文景蓄积，海内殷富，厩马有四十万匹。"汉印可见"右苑泉印""莘闺苑监""右牧官印""北地牧师骑丞"等例，此外，又可见所谓"未央厩丞""未央厩监""厩印""长沙厩印""马府""中马府""外马"等，显然也都是当时官府养马机构用印。汉"马甲天下"瓦当，同样可以看作意义相近的文物遗存。

　　性质可能属于郡国马政机构用印的文物也多有发现。如"齐中左马""齐中右马"等。又有陈直以为"郡国养马官吏所用的印文"即"马丞的印"，如"代马丞印""西河马丞""虢县马丞""汾阳马丞印""陕县马丞印""故市马丞印""僞陵马承印""甄城马丞印""赣榆马丞印""昌县马丞印""上虞马丞印""睢陵马丞印""原都马丞印""圜阳马丞印""下密马丞印""东平陆马丞""随邑马丞印""寘安马丞印""洽平马丞印""鄭县马丞印""济南马丞"等。陈直认为，"所系地名，近起三辅，远达边郡，可见当时郡国养马的范围，相当广大"①。相关现象，体现马政受到的重视。②

---

　　①　陈直在《汉代的马政》一文中指出，"'洽平'《汉志》误作'治平'，当为王莽时物"。《文史考古论丛》，天津古籍出版社，1988，第327～328页。以为"马丞印"即"郡国养马官吏所用"的意见，又见《汉书新证》，天津人民出版社，1979，第137页。
　　②　承北京大学历史系孙闻博提示，由罗福颐《秦汉魏晋南北朝官印征存》620、621、624、636、637、643、644、646等可知，同类官印至少有"徒丞""马丞""空丞"三种，王献唐《五灯精舍印话》认为是新莽时对照司徒、司马、司空而将县佐官改称的结果，"徒丞为汉制县丞"，"马丞为汉制县尉"，"空丞为汉制司空"（齐鲁书社，1985，第282页）。王说限于县级似并不全面。从《征存》以外的其他印谱看，涉者以县为多，但其实　（转下页注）

汉初对马匹拥有形式的控制，见于张家山汉简《二年律令》。① 司马迁分析经济形势，以汉初"自天子不能具钧驷，而将相或乘牛车"，"马一匹则百金"的情形和汉武帝初年"众庶街巷有马，阡陌之间成群，而乘字牝者傧不得聚会"两相比照，通过社会拥有马这种主要运输动力的数量变化，说明了经过文景之治后社会经济振兴的新局面（《史记·平准书》）。马匹的生聚蕃息并大量用作运输动力，推动了车骑的普及，从而促进了交通运输的发展。一时"重装商贾，周流天下，道无不通"（《史记·淮南衡山列传》），"千里游敖，冠盖相望，乘坚策肥"（《汉书·食货志上》）。大规模的交通活动，甚至往往"车骑靁起，隐天动地"，"缤乎淫淫，班乎裔裔"（《史记·司马相如列传》）。

汉初马这种主要运输动力严重缺乏的状况得以缓和，是通过政府一系列政策的推行而实现的，如发展官营养马业，鼓励民间养马，严禁优良种马外流，等等。

《汉书·食货志上》记载，晁错向汉文帝建议令民入粟边以受爵免罪时，曾说道："今令民有车骑马一匹者，复卒三人。车骑者，天下武备也，故为复卒。"汉景帝"始造苑马以广用，宫室列馆车马益增修矣"。《汉书·景帝纪》记载，汉景帝中元四年（前146）春，"御史大夫（卫）绾奏禁马高五尺九寸以上，齿未平，不得出关"。颜师古注引服虔曰："马十岁，齿下平。"谢成侠《中国养马史》以汉尺相当于23厘米折算，五尺九寸合135.7厘米，认为"当时禁出

（接上页注②）也有郡的。饶宗颐、李均明《新莽简辑证》在王氏基础上认为，"新莽将县丞一分为三，分别称'马丞''徒丞''空丞'"，同时指出，时间上以为此制，"但马丞、徒丞、空丞并非新莽执政即有之，或新莽中期所改，而早期仍见县丞之称，如上引《合校》288.30所见"（新文丰出版公司，1995，第141～142页）。其说没有注意到称"马丞""徒丞""空丞"者，亦有汉名郡、县。参见任常中《关于汉马丞、徒丞、空丞印问题》，《中原文物》1983年第3期。今按：以《周礼·夏官司马·大司马》主持所谓"制军""教治兵"职能而以"司马"为名，理解"马丞"职任对于军事的意义，也是有益的。

①　参看陈伟《张家山汉简〈津关令〉中的涉马诸令研究》，《考古学报》2003年第1期，收入《燕说集》，商务印书馆，2011。

关的是指关中比较好的壮龄马匹，这样的体高就我国今日当地的马种而言，可以说是很优秀的体尺了"①。若依汉尺为 23.1 厘米的比率计算，五尺九寸合 136.29 厘米。1969 年陕西西安发现汉宣帝甘露二年（前 52）铜方炉铭文记有长度，实测知汉尺相当于 23.75 厘米，以此折算则五尺九寸合 140.125 厘米。与现代马种比较，可知汉时体高五尺九寸的马确实属于相当优良的马种。② 严禁优良种马外流，对养马业的繁荣有积极的意义，当时也有对域外邦国实行封锁的作用，实际上或许对诸侯国养马业的发展也有所限制。居延汉简中多见记录马匹年齿与体高的简文，如：

马一匹白牡齿七岁高六尺（65.12）

□□驿马一匹骓驳牡齿十四岁高五尺八寸　　上　　调习（142.26A）

廿四驿马一匹骓牡左剽齿八岁高五尺八寸　　上　　调习（E. P. C1：1）

止害隧驿马一匹骓驳牡左剽齿十四岁高五尺八寸　　中　　调习（231.20＋71.47）

☒囡齿三岁高六尺驾☒（457.6）

马一匹骓牡左剽齿九岁高五尺八☒（510.27）

☒一匹骓牡左剽齿七岁高五尺八寸三月辛未入（乙附4）

---

① 谢成侠：《中国养马史》，科学出版社，1959，第 34 页。

② 谢成侠、沙凤苞著《养马学》第四章"马匹品种"说到我国目前马种中主要的六种：蒙古马、河曲马、西南马、哈萨克马、伊犁马及三河马，又指出，"前四种为原始品种或土产种，后二种为杂种马或过渡品种"。考察前四种马的体高，蒙古马126～128 厘米，河曲马126～142 厘米（今按：谢成侠《中国养马史》数据为140，科学出版社，1959），西南马105～125 厘米，哈萨克马133～136 厘米。（畜牧兽医图书出版社，1958，第 100～108 页）需要指出的是，现代马体测定，体高是自鬐甲顶点至地面的垂直距离，当较背部和腰部稍高，若汉时测量背部或腰部，则与现代马体高的指标还有距离。

等。①《汉书·昭帝纪》记载，汉昭帝始元五年（前82）夏，"罢天下亭母马及马弩关"。孟康解释说："旧马高五尺六寸齿未平，弩十石以上，皆不得出关，今不禁也。"然而从居延西汉晚期简仍可见关于马匹年齿体高的记录看，汉景帝时颁布的这一禁令仍保持着久远的历史影响。

汉景帝"始造苑马以广用"（《汉书·食货志上》），颜师古注引如淳曰："《汉仪注》太仆牧师诸苑三十六所，分布北边、西边。以郎为苑监，官奴婢三万人，养马三十万匹。"大致这时汉帝国官营养马业已经初具规模。谢成侠《中国养马史》中写道，"像这样国家大规模经营养马，至少在公元前的世界史上是罕闻的先例。虽然在公元前500年波斯王大流士时代，曾在小亚细亚的美几亚及亚美尼亚设立牧场养马达五万匹，但后者已成为世界文化史上常被引用的重要资料，而未闻汉帝国大举养马的史迹"②。

《汉书·景帝纪》记载，汉景帝后元二年（前142），"春，以岁不登，禁内郡食马粟，没入之"。说明当时内郡民间养马也得到发展，其数量之多，已影响到灾年饥民救济口粮的保证。以往讨论西汉马政，往往重武帝而轻文景。其实文景时期的某些政策已经为发展养马业，大量提供交通运输的动力奠定了基础。

汉武帝当政时对匈奴作战的需要刺激了养马业的发展，尽管因战事频繁导致马匹数量的大量损耗③，汉武帝时代马政的成功仍在历史

---

① 居延所出内容类似的简文还有"居延令史晋□　□□□□里☑，马一匹騽牝齿九岁高七尺☑，五月□□入"（15.13），"马一匹骊牝齿十二岁高☑"（154.15），"☑骍牡齿十一岁高六尺"（169.10），"候长苏长　马一匹骊牡齿桼岁高五尺桼寸☑"（225.44），"☑□騽牡马一匹齿九岁高六尺三寸所"（275.7），"☑左剽齿五岁高五尺九寸"（504.2），"轺车一乘马一匹骊牡齿九高六尺　□□□南入"（506.3），以及18.13、43.9、53.15、62.13、77.22、78.36、81.8B、81.8C、149.23、521.33、E.P.T5：10等。

② 谢成侠：《中国养马史》，科学出版社，1959，第95页。

③ 《汉书·食货志下》记载，汉武帝元朔二年（前127），卫青出击匈奴，"汉军士马死者十余万"。元狩四年（前119），卫青、霍去病"大出击胡"，"军马死者十余万匹"。《汉书·霍去病传》："两军之出塞，塞阅官及私马凡十四万匹，而后入塞者不满三万匹。"《汉书·霍去病传》："自青围单于后十四岁而卒，竟不复击匈奴者，以汉马少。"

上留下了不可磨灭的印迹。

汉武帝时代养马业的空前发展是以对匈奴用兵多使用骑兵为背景的。骑兵兴起于战国时期，当时仅作为车兵的辅助兵种，"易则多其车，险则多其骑"（《孙膑兵法·八阵》）。秦代骑兵已经成为主要兵种之一①。陕西咸阳杨家湾汉墓出土的骑士俑群，则真实地体现了西汉前期骑兵的雄壮阵容②。汉文帝三年（前177），"令丞相（灌）婴将骑八万五千击匈奴"（《汉书·灌婴传》）。十四年（前166），"以中尉周舍、郎中令张武为将军，发车千乘，骑十万，军长安旁以备胡寇"（《史记·匈奴列传》）。汉武帝时代，骑兵的作战能力得到进一步加强，部队组织也更加健全完备。当时设有专门用以组训骑兵的屯骑校尉、越骑校尉、长水校尉、胡骑校尉，并置羽林骑。③ 远征匈奴，往往调动数以万计的骑兵，远征军总指挥官，即有以"骠骑"为号者。④ 汉武帝元封元年（前110），曾"亲帅师"，"行自云阳，北历上郡、西河、五原，出长城，北登单于台，至朔方，临北河。勒兵十八万骑，旌旗径千余里，威震匈奴"（《汉书·武帝纪》）。而实际上发骑士十万，调用的马匹则往往远远超过十万。例如汉武帝元狩四年（前119）出军，"乃粟马，发十万骑，私负从马凡十四万匹，粮重不与焉"（《汉书·匈奴传上》）。

---

① 据《史记·张仪列传》，张仪说韩王，谓"秦带甲百余万，车千乘，骑万匹"，又说到"秦马之良，戎兵之众，探前趹后，蹄间三寻腾者，不可胜数"。可见战国时期秦国骑兵作战实力已居优势地位。《史记·樊郦滕灌列传》说，"楚骑来众，汉王乃择军中可为骑将者，皆推故秦骑士重泉人李必、骆甲习骑兵，今为校尉，可为骑将"。可见秦代已经有独立的骑兵部队。

② 陕西省文管会、博物馆，咸阳市博物馆：《咸阳杨家湾汉墓发掘简报》，《文物》1977年第10期。

③ 汉王朝军事建制中所谓"胡骑""越骑"值得重视。参看王子今《两汉军队中的"胡骑"》，《中国史研究》2007年第3期；《汉朝军制中的"越骑"部队》，《史学月刊》2010年第2期。

④ 《史记·卫将军骠骑列传》："元狩二年春，以冠军侯（霍）去病为骠骑将军，将万骑出陇西，有功。"骠骑将军权位与最高军事长官相当。《汉书·霍去病传》："去病日以亲贵，比大将军。""去病骑兵车重与大将军军等。""乃置大司马位，大将军、票骑将军皆为大司马。定令，令票骑将军秩禄与大将军等。"

辽宁辽阳三道壕西汉村落遗址土有"军厩"字样的陶器①，说明当时社会对军马驯养的普遍重视。《汉书·食货志下》记载，"天子为伐胡故，盛养马，马之往来食长安者数万匹，卒掌者关中不足，乃调旁近郡"。皇帝甚至以"解乘舆驷"作为鼓励发展养马的宣传手段。当时还采取"除千夫、五大夫为吏，不欲者出马"的方式补充军用。汉武帝还增加赋算口钱，"以补车骑马"②。汉武帝时加强马政的重要措施还有：

　　元狩五年（前118），"天下马少，平牡马匹二十万。"（《汉书·武帝纪》）（颜师古注引如淳曰："贵平牡马贾，欲使人竞畜马。"）

　　元鼎四年（前113），"官假马母，三岁而归，及息什一，以除告缗，用充入新秦中。"（《汉书·食货志下》）（颜师古注引李奇曰："边有官马，今令民能畜官母马者，满三岁归之，十母马还官一驹，此为息什一也。"）

　　元鼎五年（前112），"车骑马乏，县官钱少，买马难得，乃著令，令封君以下至三百石吏以上差出牝马天下亭，亭有畜字马，岁课息。"（《汉书·食货志下》）③

　　太初二年（前103），"籍吏民马，补车骑马。"（《汉书·武帝纪》）（颜师古注："籍者，总入籍录而取之。"）

汉武帝对于运输动力开发的贡献，还表现在经营西北时特别重视引进

---

①　东北博物馆：《辽阳三道壕西汉村落遗址》，《考古学报》1957年第1期。

②　《汉书·贡禹传》："武帝征伐四夷，重赋子民，民产子三岁则出口钱。"《汉书·昭帝纪》颜师古注引如淳曰："《汉仪注》：民年七岁至十四出口赋钱，人二十三。二十钱以食天子，其三钱者，武帝加口钱以补车骑马。"

③　《史记·惠景间侯者年表》：犁侯召延元封六年"坐不出持马，斩，国除"。《汉书·高惠高后文功臣表》：黎侯召延"元封六年坐不出持马，要斩"。颜师古注："时发马给军，匿而不出也。"《潜夫论·断讼》也说，"黎阳侯邵延坐不出持马，身斩国除"。程一枝《史诠》以为今本"特"作"持"，误。元封六年距元鼎五年时已七年，一为牝马，一为特马，当是另一次令封君出马事。

异域优良马种，使内地原有马种得以改良①。汉武帝元狩三年（前120）得"天马"，太初四年（前101）得"宛马"，是中国养马史上的大事。所谓"天马徕，从西极，涉流沙，九夷服"，"天马徕，历无草，径千里，循东道"（《汉书·礼乐志》载《郊祀歌·天马》），本身既是重要的交通活动，同时又成为文化交往的象征。西域苜蓿等牧草作物的引入，对于内地养马业的发展也有重要的意义。②

正如《盐铁论·散不足》所谓"夫一马伏枥，当中家六口之食，亡丁男一人之事"，对马政的特殊重视，曾经形成民众沉重的负担。汉武帝晚年经历"巫蛊之祸"后，对以往"扰劳天下"的政策有所"追悔"，宣布"自今事有伤害百姓、靡费天下者，悉罢之！"（《资治通鉴》卷二二"汉武帝征和四年"）又以西征失利为时机，颁布著名的轮台之诏，称"当今务在禁苛暴，止擅赋，力本农，修马复令以补缺，毋乏武备而已"，并要求"郡国二千石各上进畜马方略补边状，与计对"（《汉书·西域传下》）。行政重心的扭转包括马政的调整。

自汉昭帝起，对武帝时马政诸政策又进行若干具体的修正。《汉书·昭帝纪》记载：始元四年（前83）"秋七月，诏曰：'比岁不登，民匮于食，流庸未尽还，往时令民共出马，其止勿出。诸给中都官者，且减之'"。始元五年（前82），"夏，罢天下亭母马及马弩关"。元凤二年（前79）六月，又诏令："颇省乘舆马及苑马，以补边郡三辅传马。其令郡国毋敛今年马口钱。"《汉书·元帝纪》记载，初元元年（前48）三月，"以三辅、太常、郡国公田及苑可省者振业贫民"，六月"以民疾疫"，"省苑马，以振困乏"。九月关东大水，又令"太仆减谷食马"。二年（前47）又"诏罢黄门乘舆狗马"。据《汉书·

---

① 参看谢成侠《中国养马史》，科学出版社，1959；张廷皓《论西汉鎏金铜马的科学价值》，《西北大学学报》（哲学社会科学版）1983年第3期。

② 《史记·大宛列传》："（宛左右）马嗜苜蓿。汉使取其实来，于是天子始种苜蓿、蒲陶肥饶地。及天马多，外国使来众，则离宫别观旁尽种蒲萄、苜蓿极望。"汉武帝时引入的是苜蓿属紫苜蓿。

成帝纪》，建始二年（前31）也曾"罢六厩"，"减乘舆厩马"。《续汉书·百官志二》说："旧有六厩，皆六百石令，中兴省约，但置一厩。后置左骏令、厩，别主乘舆御马，后或并省。又有牧师苑，皆令官，主养马，分在河西六郡界中，中兴皆省，唯汉阳有流马苑。"① 汉和帝永元五年（93）二月，"诏有司省减内外厩及凉州诸苑马"（《后汉书·和帝纪》）。汉安帝永初元年（107）九月，诏令"厩马非乘舆常所御者，皆减半食"（《后汉书·安帝纪》）。

应当注意到，自西汉后期起对马政的调整，是以北边、西边军事压力已逐渐减轻为背景的。由于军马需求数量骤减，这一政策转变并不导致社会交通运输力量的显著短缺。汉元帝初元五年（前44）于"省苑马"之后，还曾"赐宗室子有属籍者马一匹至二驷"（《汉书·元帝纪》）。在曾"罢六厩"，"减乘舆厩马"的汉成帝崩后，哀帝初即位，绥和二年（前7），年号尚未改，即"赐宗室王子有属者马各一驷"（《汉书·哀帝纪》）。而"宗室子"有属籍者至汉平帝元始年间多至十余万人②，元成时亦当有十万人左右。宗室赐马事，实际受益者的数量颇大，而马匹的需用量亦相当可观。

可能由于国家养马机构能力的衰减，在必要时政府不得不以强制形式征调民间马匹。王莽天凤六年（19），"令公卿以下至郡县黄绶皆保养军马，多少各以秩为差"。地皇元年（20），"乘传使者经历郡国，日且十辈"，"传车马不能足，赋取道中车马，取办于民"（《汉书·王莽传下》）。汉灵帝光和四年（181），"初置骡骥厩丞，领受郡国调马。豪右辜榷，马一匹至二百万"。中平元年（184）攻剿黄巾军，又曾"诏公卿出马"（《后汉书·灵帝纪》）。

由于罢减厩苑被看作仁政的标志，因而史书往往作突出记载，而

---

① 刘昭注补："《古今注》曰：'汉安元年七月，置承华厩令，秩六百石。'"
② 《汉书·平帝纪》载元始五年（5）诏："惟宗室子皆太祖高皇帝子孙及兄弟吴顷、楚元之后，汉元至今，十有余万人，虽有王侯之属，莫能相纠。"

复置事则多疏而不记。如汉成帝"罢六厩",而《续汉书》又谓"旧有六厩","中兴省约,但置一厩"。《续汉书》说到西汉牧师菀"主养马,分在河西六郡界中,中兴皆省,唯汉阳有流马菀",而汉和帝时又有省减"凉州诸苑马"事。

总之,西汉后期至于东汉较汉武帝时马政有所"省约",但就此似不宜有废弛败坏的误解。所谓"行天莫如龙,行地莫如马,马者,甲兵之本,国之大用"(《后汉书·马援传》),始终受到重视。汉明帝永平十五年(72)窦固击匈奴,通西域,指挥四万三千骑远征(《后汉书·窦固传》)。汉和帝永元元年(89)窦宪北征,所部也有"骁骑三万"(《后汉书·窦宪传》)。东汉以马匹之充足,交通形势仍然有"车如流水,马如游龙"(《后汉书·皇后纪上·明德马皇后》)、"千乘雷起,万骑纷纭"(班固《东都赋》)的场面。

《汉书·艺文志》"形法"中列有"《相六畜》三十八卷"。有学者指出,汉世"六畜主要在马"。[1]《三国志·魏书·夏侯玄传》裴松之注引《魏氏春秋》说到"本出汉世"之《马经》。长沙马王堆汉墓出土帛书中有约5200字的《相马经》,其绝大部分内容为今本所无,其抄写年代,大致为汉高祖时期至汉文帝初年。据说"孝武皇帝时,善相马者东门京铸作铜马法献之,有诏立马于鲁班门外,则更名鲁班门曰金马门"。马援南征,"于交阯得骆越铜鼓,乃铸为马式,还上之","有诏置于宣德殿下,以为名马式焉"(《后汉书·马援传》)。陕西茂陵出土"阳信家"铜器中有一件鎏金铜马,"马的肌肉和筋骨的雕刻符合解剖比例,马体匀称合度"[2],其年代大致为汉武帝时期。[3] 有的学者认为,"阳信家"即卫青的妻子阳信长公主之家,这件鎏金铜

① 陈直:《汉代的马政》,《文史考古论丛》,天津古籍出版社,1988,第328页。
② 咸阳地区文管会、茂陵博物馆:《陕西茂陵一号无名冢一号从葬坑的发掘》,《文物》1982年第9期。
③ 负安志:《谈"阳信家"铜器》,《文物》1982年第9期。

马"是专门鉴定大宛马的铜马式",是"迄今为止所发现的世界上第一个鉴别良马的标准模型"。①

《后汉书·马援传》说,马援扶风茂陵人,曾"亡命北地","转游陇汉间",从事田牧,"至有牛马羊数千头",于是"好骑,善别名马"。马援曾自述所受"相马骨法"的师承关系:

西河子舆→西河仪长孺→茂陵丁君都→成纪杨子阿→茂陵马援(曾活动于北地、陇汉间)

看来,体现当时领先于世界的畜牧科技水平的相马技术,在养马业较为集中、交通较为发达的地区产生并逐步完善,因而也可以说明这一技术同养马业生产实践的关系,以及养马业同交通发展的关系。

《史记·货殖列传》举"富者必用奇胜"诸例,说道:"马医,浅方,张里击锺。"居延汉简有简文涉及"马病"与"治马"者(T. P. T43:2),敦煌汉简中又可见汉代兽医治马病之方:

● 治马伤水方薑桂细辛皂荚付子各三分远志五分桔梗五分□子十五枚☒(2000)

● 治马脊方石南草五分☒(2004)

●治马脊方石方□□(1996)

☒□为十二九宿册　食马以一九吞之(2030)②

---

① 张廷皓:《西汉鎏金铜马的科学价值》,《农业考古》1985年第1期。

② 陈直以《广韵》脊"肉败臭也",判定简465与简473为"治人食腐败马肉中毒之方,是治人之方,不是治马病之方"。《玺印木简中发现的古代医学史料》,《文物考古论丛》,天津古籍出版社,1988,第294页。脊,又作胺,《集韵》:"肉败臭",《博雅》:"败也。"然而此二简文例与简2000"治马伤水方"完全相同,仍当为治马病之方。马可能传染的坏死杆菌病可以导致患部溃疡、分泌脓性物,急性鼻疽等病症也会引起皮肤或皮下组织溃破,这有可能就是被解释为"肉败臭"的"脊"。

居延汉简也可见：

治马欬涕出方取戎盐三指撮三□□☒ （155.8）①

马医之方发现于河西边地，也有助于全面认识汉代养马业发展的实际水平。

交通发展的需要，促进了养马业的进步。而养马业的成就，又显著改善了交通条件。

三　驴骡骆驼的引进

秦汉时期，大量的驴、骡、骆驼等西方"奇畜"作为驮负和引车动力引入内地经济生活，也成为交通发展的重要条件之一。

顾炎武《日知录》卷二九有"驴赢"条，注意到秦汉时期驴、骡的引进："自秦以上，传记无言驴者。意其虽有，而非人家所常畜也。""尝考驴之为物，至汉而名，至孝武而得充上林，至孝灵而贵幸。然其种大抵出于塞外。"《逸周书》说到，正北空同、大夏、莎车、匈奴、楼烦、月氏诸国以橐驼、野马、騊駼、駃騠为献。据说"驴父马母曰赢，马父驴母曰駃騠"。《吕氏春秋·爱士》："赵简子有两白骡而甚爱之。"李斯《谏逐客书》说，"必秦国之所生然后可"，则"骏良駃騠，不实外厩"（《史记·李斯列传》）。邹阳于狱中上书梁孝王，说到"苏秦相燕，燕人恶之于王，王按剑而怒，食以駃騠"（《史记·鲁仲连邹阳列传》）。《史记·匈奴列传》写道，"其奇畜则

---

① 《居延汉简甲乙编》"欬"作"头"，"撮"作"挟"。此据《居延叹简释文合校》。马王堆汉墓帛书《五十二病方》中药物剂量单位，有"三指撮""三指大撮""三指撮到节"。《说文·手部》："撮，四圭也"，"亦三指撮也"。《汉书·律历志上》："量多少者不失圭撮。"颜师古注引应劭曰："四圭曰撮，三指撮之也。""挟"应即"撮"。

橐驼、驴赢、䭊䮭、驒騠、騊駼。"司马相如《上林赋》又说到汉武帝时以"騊駼、橐驼、蛩蛩、驒騠、䭊䮭、驴骡"充入上林事。其种出于塞外的驴骡等,起初只是因珍奇而名贵,以观赏价值畜养,尚未进入社会经济生活。然而自汉武帝时代起,基于交通发展的迫切需要等原因,"赢驴驼驘,衔尾入塞,驒騠騄马,尽为我畜"(《盐铁论·力耕》)。大规模引入之后,则往往用作交通运输的动力。

贾谊《吊屈原赋》:"腾驾罢牛兮骖蹇驴。"《史记·日者列传》:"骐骥不能与罢驴为驷。"东方朔《七谏·谬谏》:"驾蹇驴而无策。"刘向《九叹·愍命》:"却骐骥以转运兮,腾驴骡以驰逐。"扬雄《反离骚》:"骋骅骝以曲囏兮,驴骡连蹇而齐足。"颜师古注:"言使骏马驰骛于屈曲艰阻之中,则与驴骡齐足也。"驴骡得以作为文学象征,正由于当时已经被普遍使用于交通运输,"转运""于屈曲艰阻之中"。上层社会以骐骥驰逐为时尚而不齿驴骡之蹇疲,则反映出驯调驴骡用于运输,也是由下层劳动者创始。汉灵帝光和四年(181)于后宫"驾四驴,帝躬自操辔,驱驰周旋,京师转相放效"(《后汉书·灵帝纪》),史书录为丑闻。[1] 司马彪曾经严厉批评道:"夫驴乃服重致远,上下山谷,野人之所用耳,何有帝王君子而骖服之乎!"并以为"迟钝之畜,而今贵之",是"国且大乱,贤愚倒植"的征兆(《续汉书·五行志一》)。

《史记·大宛列传》记载,汉武帝太初三年(前102),益发军再击大宛,"岁余而出敦煌者六万人,负私从者不与。牛十万,马三万余匹,驴骡橐它以万数。多赍粮,兵弩甚设,天下骚动"。说明驴骡等西方"奇畜"在交通运输活动中已经表现出相当重要的作用。敦煌所出西汉晚期简中,也可以看到驴应用于交通的内容,如:

---

① 《续汉书·五行志一》:"灵帝于宫中西园驾四白驴,躬自操辔,驱驰周旋,以为大乐。于是公卿贵戚转相放效,至乘辎𫐐以为骑从,互相侵夺,贾与马齐。"

图 4 - 13　滕州黄安岭汉画象石驴车图

▢降归义乌孙女子

　复帛献驴一匹骅牡

　两拔齿二岁封颈以

　敦煌王都尉章（1906）

　▨▢武威郡张掖长▢▢驴一▢▨（1913）

不过，从现有资料看，驴骡等大致较早在西北地区用作运输动力①，后来方逐渐为中原人骑乘役使。骡则因特殊的繁育方式，数量更为有限。

东汉时期，驴骡用于交通运输的情形更加普遍。杜笃《论都赋》中，有"驱骡驴，驭宛马，鞭驶骁"的文辞（《后汉书·杜笃传》）。武都"运道艰险，舟车不通"，曾使"驴马负载"（《后汉书·虞诩

---

① 《说文·马部》：驴"似马，长耳"。段玉裁注：驴骡等"太史公皆谓为匈奴奇畜，本中国所不用，故字皆不见经传，盖秦人造之耳"。《汉书·常惠传》写道，汉宣帝本始二年（前72），"汉大发十五万骑，五将军分道出"击匈奴。"以惠为校尉，持节护乌孙兵。昆弥自将翕侯以下五万余骑从西方入至右谷蠡庭，获单于父行及嫂居次，名王骑将以下三万九千人，得马牛驴骡橐佗五万余匹……"据《汉书·西域传下》，"（龟兹王）后数来朝贺，乐汉衣服制度，归其国，治宫室，作徼道周卫，出入传呼，撞钟鼓，如汉家仪。外国胡人皆曰：'驴非驴，马非马，若龟兹王，所谓骡也。'"由"驴非驴，马非马，若龟兹王，所谓骡也"俗语，应当考虑到龟兹等西域地方作为驴骡引入原生地的情形。

图 4 - 14　邹城石墙村汉画象石驴车图

传》)。《说文·木部》所谓"极，驴上负也"正可以为证。段玉裁解
释说："当云'驴上所以负也'，浅人删之耳。《广韵》云'驴上负
版'，盖若今驮鞍。"东汉时北边"建屯田"，"发委输"供给军士，
并赐边民，亦曾以"驴车转运"(《后汉书·杜茂传》)。汉灵帝中平
元年（184），北地先零羌及枹罕河关人起义，夜有流星光照营中，
"驴马尽鸣"(《后汉书·董卓传》)，说明驴还被用作主要军运动力。
河内向栩"骑驴入市"(《后汉书·独行列传·向栩》)，蓟子训"驾
驴车"诣许下(《后汉书·方术列传·蓟子训》)，都说明中原役用驴
的情形。《太平御览》卷九○一引《风俗通义》说，当时"凡人相骂
曰死驴，丑恶之称也。董卓陵虐王室，执政皆如死驴"。巴蜀地区亦
有用驴挽车情形，成都人张楷"家贫无以为业，常乘驴车至县卖药"
(《后汉书·张霸传》)。诸葛瑾面长，孙权曾以驴取笑之(《三国志·
吴书·诸葛恪传》)①，可见到东汉末年，江南地区也已不再视驴为珍

---

　①　《三国志·吴书·诸葛恪传》："恪父瑾面长似驴，孙权大会群臣，使人牵一驴入，
长检其面，题曰诸葛子瑜。恪跪曰：'乞请笔益两字。'因听与笔，恪续其下曰：'之驴。'举
坐欢笑，乃以驴赐恪。"裴松之注引恪《别传》又说到，"(孙)权尝飨蜀使费祎，先逆敕群
臣：'使至，伏食勿起。'祎至，权为辍食，而群下不起，祎啁之曰：'凤凰来翔，骐骥吐哺，
驴骡无知，伏食如故。'"恪又为趣答。是为巴蜀地区和江汉地区俱已多见驴骡的例证。

稀的"奇畜"了。

驴较适宜于"屈曲艰阻"的山地运输，又堪粗食，寿命长于马，抗病力也较其他马属动物强。骡则又有挽力强的特点。因而驴骡都很快在交通运输中成为普及型动力。

图4-15　西丰西岔沟青铜饰牌所见驴车

汉明帝永平年间（58～75）曾计划从都虑至羊肠仓通漕，"太原吏人苦役，连年无成，转运所经三百八十九隘，前后没溺死者不可胜算"。于是汉章帝建初三年（78）"遂罢其役，更用驴辇"，成功地承担起转运任务，"岁省费亿万计，全活徒士数千人"（《后汉书·邓禹传》）。这一史例说明"驴辇"曾经成为大规模运输的主力。王褒《僮约》以"食马牛驴"[①]、"调治马驴"作为庄园中主要劳作内容，又体现出驴骡在更普遍的社会经济生活中的作用。诸葛恪败曹魏军，"获车乘牛马驴骡各数千"（《三国志·吴书·诸葛恪传》），也说明驴骡普遍用于军运。

汉文帝六年（前174），匈奴冒顿单于遗汉书，"使郎中係零浅奉书请，献橐他一匹，骑马二匹，驾二驷"（《史记·匈奴列传》）。骆驼与骑乘驾车用马并列，当亦作为交通运输动力奉赠。居延汉简中可

———————

①　日本学者宇都宫清吉《僮约研究》中"《僮约》校勘记"说到，《初学记》"餧食马牛"四字《类聚》作"食马牛驴"四字。今按：《太平御览》卷五〇〇引文作"饮食马牛"。

以看到使用骆驼运输的简文，如：

> 出茭三石　四月庚辰候长霸以食橐他六匹行塞□壹宿匹二钧
> （285.11）

又收房□长赵宣"见塞外有野橐佗"，以张宗马"出塞逐橐他，行可卅余里，得橐他一匹，还未到队，宗马萃僵死，宣以死马及所得橐他归宗，宗不肯"（229.1，229.2），虽然价值不相抵，但当地应当都以"橐佗"骑乘驮运。敦煌汉简亦可见：

> ☑长从者陈君房持□橐佗一匹叩叩头头☑（1923）

骆驼又多属于官有，如敦煌汉简：

> 出茭一钧七斤半斤　　以食长罗侯垒尉史官橐他一匹三月
> 丁未发至煎都行道食率三食食十二斤半斤（2066）

以及罗布淖尔汉简：

> □□□□□家属六人官驼二匹食率匹二斗（41）

"官驼"或"官橐他"食料有统一的定量，而"行道食"又有特殊的标准。

东方朔《七谏·谬谏》中写道，"要褭奔亡兮，腾驾橐驼"。洪兴祖注引应劭曰："要褭，古之骏马，赤喙玄身，日行五千里。"此句正可与刘向所谓"却骐骥以转运兮，腾驴骡以驰逐"对照读，说明骆驼一般是不用来牵引乘车的。然而河南密县发现的汉代画象却可以看

图 4-16　新密汉画象砖驼车图

到骆驼驾车的画面①，说明骆驼不仅已引入中原，在交通运输中的使
用范围也有所扩展。可以想见，当时可能还有使用骆驼以系挽载重货
运车辆的情形。

图 4-17　微山两城汉画象石负重骆驼图

《后汉书·耿恭传》记载，汉章帝建初元年（76）正月，汉军会
击车师，"斩首三千八百级，获生口三千余人，驼驴马牛羊三万七千
头"。掠获骆驼居于诸畜之首，当然主要是由于骆驼对于交通运输具
有重要的意义。

---

①　密县文管会等编《密县汉画像砖》，中州书画社，1983。

四　牛车的推广

《周礼·地官司徒·载师》说到以"牛田""任远郊之地"。郑玄注："牛田者，以养公家之牛。"《周礼·地官司徒·牛人》又说，"牛人掌养国之公牛，以待国之政令"。所畜养的牛，有祭祀用的"享牛"，祷祝用的"求牛"，飨宾用的"膳羞之牛"，赏功用的"犒（犒）牛"，丧葬用的"奠牛"，其次才是用于军运的牛，"凡会同、军旅、行役，共（供）其兵车之牛，与其牵傍，以载公任器"。

然而到了秦汉时期，牛作为交通运输动力的功用受到突出的重视。

云梦睡虎地秦简《田律》有关于"服牛禀"即发放驾车用牛饲料的规定。《厩苑律》还有如下条文：

> 今课县、都官公服牛各一课，卒岁，十牛以上而三分一死；不〔盈〕十牛以下，及受服牛者卒岁死牛三以上，吏主者、徒食牛者及令、丞皆有罪。内史课县，大（太）仓课都官及受服者。□□①

整理小组译文："现在每年对各县、各都官的官有驾车用牛考核一次，有十头牛以上的，一年间死了三分之一；不满十头牛的，以及领用牛的一年间死了三头以上的，主管牛的吏、饲牛的徒和令、丞都有罪。由内史考核各县，太仓考核各都官和领用牛的人。"②《金布律》还规定，官吏以不同级别根据不同标准配予车牛和看牛的人：都官有秩吏

---

① 原律名残缺，睡虎地秦墓竹简整理小组以为"根据内容应属厩苑律"，《周礼》郑玄注"公家之牛"，秦简《厩苑律》"公服牛"，汉时又称"官牛"，如居延汉简："出菱八十束　以食官牛"（217.13），敦煌研究院收藏的汉简："●右条官牛将转入□□"（1），李均明、何双全编《散见简牍合辑》，文物出版社，1990，第1页。

② 《睡虎地秦墓竹简》，文物出版社，1990，第25页。

及离官啬夫，"十人，车牛一两（辆），见牛者一人"。都官之佐、史冗者，"十五人，车牛一两（辆），见牛者一人"；不盈十人者，各与其官长共车牛。"都官佐、史不盈十五人者，七人以上鼠（予）车牛、仆"，"小官毋（无）啬夫者，以此鼠（予）仆、车牛"。《司空》律又有关于官有牛车使用与保养的规定。

汉并天下后，张良问刘邦："今陛下能放牛不复输积乎？"刘邦答道："未能也。"（《史记·留侯世家》）可知秦汉之际牛车已成为进行"输积"的主力。汉代牛车始终在物资运输中发挥重要作用。向政府缴纳租米，往往"大家牛车，小家负担"（《汉书·兒宽传》）。大司农营建帝陵，至于"取民牛车三万两为僦"（《汉书·酷吏传·田延年》）。居延汉简中可以看到有关以牛车载运的简文，如"以牛车就载藉田仓为事"（E. P. T43：92），又如：

取之左等曰道远册车牛载即不肯予□☑（18.11）

发牛车各载一□☑（268.39）

又有"牛车名籍"：

☑里贾陵年卅长七尺三寸黑色牛车一两　符第六百八一☑（11.4）

☑圆牛车一两　弓一矢廿四剑一　三月己丑出　大麦（37.6+340.38）

☑□　牛车一两（250.19）

□　牛车一两（306.3A）

牛车一两　卩（340.8）

用牛车名籍（43.25B）

又可见所谓"牛籍"①，如：

> 力牛一黑特左斩齿八岁絜七尺八寸 （491.8）
>
> 牛一黑牝左斩齿三岁久左右□□ （510.28）
>
> 牛一黑特左斩齿五岁絜七尺三寸□□ （517.14）
>
> 产犗一白牡左斩毋久 （520.2）②

简文所见牛数可多至数十头，如"牛□一"（334.15），甚至有的多达数百头，如"□十头犊廿凡六百五十头"（41.11A）。

西汉墓葬也有以牛车模型随葬者，反映有条件的民户往往拥有私家车牛，墓葬出土简牍所书随葬器物清单，可见"牛车一乘载□□三束"，"牛一匹名黑"，"小奴皂刍牛"（江陵凤凰山8号汉墓）；"牛车一两"（江陵凤凰山168号汉墓）；"牛者一人大奴一人"，"牛牛车一两"（江陵凤凰山167号汉墓），"牡牛一有车一乘乘件者一人"（江陵凤凰山169号汉墓）等内容③。

---

①　居延汉简有原题名为"牛籍"的文书，如："□田五日令史宫移牛籍大守府求乐不得乐吏毋告劾亡满三日五日以上"（36.2）。

②　可归入"牛籍"者，还有简120.29，149.29，510.12，512.6，512.25，512.34，514.41，515.19，517.16等。沈元《居延汉简牛籍校释》一文列举牛籍残简10简，并认为其中5简"格式又完全相同，很可能原来就是一'册'"。该文还以为，这批简"独独出在屯田资料集中地的大湾，无疑也是屯田资料的一部分。""这批牛籍上的牛，既不是用来拉车的，又不是当作食物的，只可能是大湾出土的有关屯田事宜的簿籍的一部分，只可能是耕牛。"（《考古》1962年第8期）此结论难免武断之嫌。沈文认为，"用来拉车的"牛，"它们的'籍'是完全另一种格式"，"都是牛车并提的"。此说未能将"牛籍"与"牛车名籍"加以区分。且沈文自己所举"大湾汉简关于牛的记载"中，即有"□服牛当日食六升大用谷四石诈增回囚"（509.20），"服牛"很可能是用于转运之牛，而并非专门的耕牛。仅仅以出土地点在大湾，就断定列于此牛籍中的这些牛"不是用来拉车的"，似缺乏足够论据。

③　金立：《江陵凤凰山八号汉墓竹简试释》，《文物》1976年第6期；纪南城凤凰山一六八号汉墓发掘整理组：《湖北江陵凤凰山一六八号汉墓发掘简报》，《文物》1975年第9期；文物月刊编辑部：《关于凤凰山一六八号汉墓座谈纪要》，《文物》1975年第9期；凤凰山一六七号汉墓发掘整理小组：《江陵凤凰山一六七号汉墓发掘简报》，《文物》1976年第10期；吉林大学历史系考古专业赴纪南城开门办学小分队：《凤凰山一六七号汉墓遣策考释》，《文物》1976年第10期；俞伟超：《古史分期问题的考古学观察（一）》，《文物》1981年第5期；陈振裕：《从凤凰山简牍看文景时期的农业生产》，《农业考古》1982年第1期。

东汉牛车运输更为普遍,《艺文类聚》卷八五引《风俗通义》:"建武之初,军役驱动,牛亦损耗,农业颇废。"《后汉书·乌桓传》:"乌桓寇云中,遮截道上商贾车牛千余两。"说明当时军用辎重车和商贾载货车已经多用牛力牵挽。《潜夫论·浮侈》说,棺椁用木,"京师贵戚必欲江南檽梓豫章梗柟",而采伐转运艰辛,"会众然后能动担,牛列然后能致水",《后汉书·王符传》所载则作"会众而后动,多牛而后致"。都说到牛在运输中的作用。《论衡·效力》:"重任之车,强力之牛乃能挽之。是任车上阪,强牛引前,力人推后,乃能升逾。"也反映牛车已普遍应用于交通运输。

《汉书·匈奴传下》说,"计一人三百日食,用糒十八斛,非牛力不能胜;牛又当自赍食,加二十斛"。《汉书·赵充国传》:"军马一月之食,度支田士一岁。"可知马的饲料用量相当于牛的十数倍。日本学者吉田武纪统计挽牛马的平均速度,牛为 1.170 米/秒,马为 1.361 米/秒。则挽牛日行 70 里,挽马不过日行 81 里。而牛马役用能力比较,马的瞬间最大牵引力为 900～1000 公斤,公牛则为 1000～1200 公斤。[①] 牛对饲料的要求甚低,而且行速虽慢,但力强耐久,因而逐渐成为应用最为普遍的运输动力。

《盐铁论·散不足》说,古者"庶人之乘马者,足以代其劳而已,故行则服轭,止则就犁"。可见民间畜力一般兼充挽犁挽车二任。江苏睢宁双沟出土的汉画象石表现农耕的画面中,则各有引车之牛和曳犁之牛,耕作时引车牛即卸轭放逸[②],这一情景说明当时一般农家牛的数量增多,往往已拥有专作运输动力的牛。牛车的空前普及,是东汉交通运输发展的重要标志之一。这一时期的墓葬多出土牛车模型,而墓葬中所出壁画及画象石、画象砖,也多见描绘牛车出行的画面。看来当时所谓

---

① 〔日〕吉田武纪:《耕牛的使役与饲养》,刘恒译,农业出版社,1963,第79页,第1页。

② 江苏省文物管理委员会:《江苏徐州汉画象石》,科学出版社,1959,图81。

"家家有丁车、大牛"（《三国志·魏书·仓慈传》裴松之注引《魏略》），已经成为交通发达地区较为普遍的情形。《续汉书·礼仪志下》："朝臣中二千石、将军、使者吊祭，郡国二千石、六百石以至黄绶，皆赐常车驿牛赠祭。"可见当时已经有官营交通部门管理的"驿牛"出现。东汉时期还曾创制出以牛力牵引的特型战车。《后汉书·南匈奴传》："帝造战车，可驾数牛，上作楼橹，置于塞上，以拒匈奴。"

图 4－18　滕州桑村镇西户口村汉画象石牛车图

汉初马匹不足时，方以牛供骑乘。如《史记·平准书》"将相或乘牛车"，《史记·五宗世家》"其后诸侯贫者或乘牛车"。《后汉书·光武帝纪上》说："光武初骑牛，杀新野尉乃得马。"汉献帝避李傕渡河东，史书以"乃御牛车"形容其窘困之状（《后汉书·董卓传》）。汉时人观念中以为"乘牛车者齐于编人"（《后汉书·朱浮传》），而为尊贵者所不齿。然而从史籍记载看，自东汉中晚期起，士人乘坐牛车渐成风气。"（刘）宽尝行，有人失牛者，乃就宽车中认之。宽无所言，下驾步归。"（《后汉书·刘宽传》）韩康自乘柴车应聘，"至亭，亭长以韩征君当过，方发人牛修道桥。及见康柴车幅巾，以为田叟也，使夺其牛。康即释驾与之。"（《后汉书·逸民列传·韩康》）刘翊自载东归，"逢知故困馁于路，不忍委去，因杀所驾牛，以救其乏"（《后汉书·独行列传·刘翊》）。鲁肃曾对孙权说："今肃迎（曹）操，操当以肃还付乡党，品其名位，犹不失下曹从事，乘犊车，从吏卒，交游士林，累官故不失州郡也。"（《三国志·吴书·鲁肃传》）士风之转变，当有较复杂的原因①，而牛普遍用以运输从而提高了在经济生活、文化生活中的地位，无疑也是重要因素之一。

图 4 - 19　滕州桑村镇大郭村汉画象石牛车图

居延汉简中有关于分配卒徒养牛的简文，如"积廿九人养牛"（512.1）。刘盆子在赤眉军中，就曾"主匈牧牛，号曰'牛吏'"（《后汉书·刘盆子传》）。黄宪"世贫贱，父为牛医"，也被蔑称为"牛医儿"（《后汉书·黄宪传》）。敦煌汉简中有牛医方：

冶药以和膏炊令沸涂牛领食（2034）

当是当时牛医经验的总结。《续汉书·五行志四》记载两次牛疫，都与大规模的交通运输活动相联系："明帝永平十八年，牛疫死。是岁遣窦固等征西域。""章帝建初四年冬，京都牛大疫。""或曰是年六月马太后崩，土功非时兴故也。"发远征与兴土功，都需要调用大量牛车从事转运。由此可以联想到"牛吏""牛医"一类卑贱者，当时对于交通事业的发展其实有重要的贡献。

---

① 参看王子今《两汉人的生活节奏》，《秦汉史论丛》第 5 辑，法律出版社，1992。

第五章

秦汉内河航运

一　黄河水系航运

秦汉时期以粮食为主的物资运输称作"转漕"。《说文·水部》："漕，水转毂也。"《史记·平准书》："转漕甚辽远，自山东咸被其劳。"司马贞《索隐》："一云车运曰转，水运曰漕也。"秦王朝和西汉王朝居关中而役天下，黄河水系的漕运成为当时中央专制政权赖以维持生存的主动脉。

早在战国时期，黄河水运已经得到初步发展。

《禹贡》是成书于战国时期的地理学名著。《禹贡》规划出九州贡道，即各地向都城进贡的路线。各条贡道都尽量遵由水路，没有适宜的水路时才经行陆路：

冀州——夹右碣石入于河。

兖州——浮于济、漯，达于河。

青州——浮于汶，达于济。

徐州——浮于淮、泗，达于河。

扬州——沿于江海，达于淮、泗。

荆州——浮于江、沱、潜、汉，逾于洛，至于南河。

豫州——浮于洛，达于河。

梁州——西倾因桓是来，浮于潜，逾于沔，入于渭，乱于河。

雍州——浮于积石，至于龙门西河，会于渭汭。

史念海考证，《禹贡》是魏国士人在梁惠王自安邑即位至迁都大梁这一期间撰著成书的，是在魏国霸业基础上设想出来的大一统事业的宏图[1]。所谓"西河""南河"，正是以魏地为中心形成的称谓。据《战国策·魏策一》，张仪说魏王时，说到"粟粮漕庚，不下十万"。魏前后所都安邑（山西夏县西北）、大梁（河南开封西北）之间，最便利的通路亦为循河上下。《禹贡》九州贡道皆归于河，至少可以说明作者所熟悉的黄河航道当时是畅通的。

秦统一后，秦始皇推动交通发展的措施之一，有所谓"决通川防，夷去险阻"[2]，包括清除战国时各国在战争状态中设置的河运航道上的障碍。楚汉战争期间，刘邦军事集团充分利用了黄河河道航运的便利，在萧何的主持下，兵员和物资得到源源不断的补充，因而虽百战百败，终于凭借持久的后勤工作的优势在垓下决战中击败项羽。萧何以"常从关中遣军补其处"，"转漕关中，给食不乏"功列第一，"赐带剑履上殿，入朝不趋"（《史记·萧相国世家》）。

两汉时代，黄河水系的漕运得到了新的发展。

---

① 史念海：《论〈禹贡〉的著作年代》，《河山集》二集，三联书店，1981，第391 ~ 415页。

② 《史记·秦始皇本纪》。"决通川防"又作"决通堤防"。

《水经注·河水二》有关于东汉时黄河上游航运的记载：

> 永元五年，贯友代聂尚为护羌校尉，攻迷唐，斩获八百余级，收其熟麦数万斛，于逢留河上筑城以盛麦，且作大船。

"逢留河"，即黄河流经青海贵德、尖扎间的河段，又称为"逢留大河"。

汉代黄河水运仍以中下游最为发达。汉惠帝和吕后当政时，"漕转山东粟以给中都官，岁不过数十万石"，至武帝元鼎中，"下河漕度四百万石，及官自籴乃足"，到了桑弘羊主持"均输"时，"山东漕益岁六百万石"（《史记·平准书》）。600万石粟，按照汉代运车"一车载二十五斛"的载重指标①计，陆运则需用车24万辆，以1船承载约相当于20车左右②核算，仍需用船12000艘，确实形成"水行满河"（《汉书·枚乘传》），"大船万艘，转漕相过"（《后汉书·文苑列传·杜笃》）的情形。

汉武帝以后，常年漕运大约在400万石。据《汉书·食货志上》，宣帝五凤年间，大司农中丞耿寿昌建议改革漕事，奏言："故事，岁漕关东穀四百万斛以给京师，用卒六万人。宜籴三辅、弘农、河东、上党、太原郡穀足供京师，可以省关东漕卒过半。"据说天子从其计，而"漕事果便"。然而除三辅外，其他诸郡粟穀运往长安，仍不能排除采取水运方式的可能。由于黄河漕运直接关系着中央政府的工作效能，甚至对于西汉王朝的生存也有至关重要的意义，因而尽管"更砥柱之限，败亡甚多，而亦烦费"（《史记·河渠书》），汉王朝仍坚定

---

① 《九章算术·均输》。这一运载规格还可以得到汉简资料的证实，参看裘锡圭《汉简零拾》，《文史》第12辑，中华书局，1981。

② 《史记·淮南衡山列传》："上取江陵木以为船，一船之载当中国数十两车。"《释名·释船》谓船型最大者为"五百斛"，其载重量相当于20辆运车。

不移地投入大量人力物力，确保漕运的畅通。只有汉昭帝元凤三年（前78）因关东水灾，曾诏令"其止四年勿漕"（《汉书·昭帝纪》）。

《史记·平准书》说，汉武帝时，卜式为成皋令，以"将漕最"，拜为齐王太傅。说明河运沿线有关郡县的地方长官应以漕运作为主要职责之一。

黄河水道被利用通漕的最主要区段是河东、河内二郡与弘农、河南二郡之间的河道，即敖仓所在的荥阳至华仓所在的船司空之间的区段。《三国志·魏书·杜畿传》说到陶河即孟津一带河段，三国时还曾试行大型船舶楼船①，说明到东汉末年，这段航道的通行条件还是比较好的。

黄河漕运的最大困难在于三门峡难以克服的险阻。这里河面狭窄，多奇石浅滩，水势湍急，有著名的砥柱之险。汉武帝时，河东守番系曾经建议在皮氏（今山西河津）、汾阴（今山西万荣西）一带开创粮食生产基地，避开三门峡天险，"穀从渭上，与关中无异，而砥柱之东可无复漕"。汉武帝采纳了这一意见，发卒数万人作渠田。"数岁，河移徙，渠不利，则田者不能偿种。久之，河东渠田废。"此后又有人提出将关东粮食由南阳溯汉水再经褒斜道北运的计划，以为"褒水通沔，斜水通渭，皆可以行船漕"，建议"漕从南阳上沔入褒，褒之绝水至斜，间百余里，以车转，从斜下下渭"，同样"便于砥柱之漕"。然而施工后发现"水湍石，不可漕"，预期的目的没有达到（《史记·河渠书》）。汉成帝鸿嘉元年（前20），又曾进行过一次征服三门峡险阻的尝试。丞相史杨焉提出："从河上下，患底柱隘，可镌广之。"即以人力开拓三门峡航道，使之深广以便通行。成帝"从其言，使焉镌之。镌之裁没水中，不能去，而令水益湍怒，为害甚于

---

① 《三国志·魏书·杜畿传》："（杜畿）受诏作御楼船，于陶河试船，遇风没。"又《水经注·河水五》："（孟津）又谓之为陶河。魏尚书仆射杜畿，以帝将幸许，试楼船，覆于陶河。"

故"。开凿后，碎石沉落水中，无法清除，于是水流更为急湍，漕运的困难甚至较以往更为严重（《汉书·沟洫志》）。

三门峡存留至今的古代漕运遗迹中可以看到挽纤人所行栈道，汉光武帝"建武十一年"（35）题刻①和汉桓帝和平元年（150）题刻②，都是年代明确的交通史迹遗存。《水经注·河水四》说到这一河段航行条件的险恶："激石云洄，漰波怒溢，合有一十九滩，水流迅急，势同三峡，破害舟船，自古所患。""虽世代加功，水流湍济，涛波尚屯，及其商舟是次，鲜不踯躅难济。"

西汉河、渭之交有船司空县，属京兆尹。《汉书·地理志上》："船司空，莽曰船利。"颜师古注："本主船之官，遂以为县。"王先谦《汉书补注》："何焯曰：《百官表》'都司空'注：'如淳云：律，司空主水及罪人。'船既司空所主，兼有罚作船之徒役皆在此县也。"《水经注·渭水下》：渭水"东入于河，春秋之渭汭也"。"水会，即船司空所在矣。"《三辅黄图》有船库官，后改为县。船司空附近有华仓③，于是由东至西形成了敖仓→华仓→太仓递次相继的转运路线。在当时最高执政集团的统治思想中，这一转运路线具有有利于机动地控制全局的效能。即所谓"诸侯安定，河渭漕輓天下，西给京师；诸侯有变，顺流而下，足以委输"（《史记·留侯世家》）。船司空位于河渭交会之处，成为这一漕运系统的中继站。传世汉印有"船司空丞"印④，是明确属于船司空的遗物。

渭河航运在黄河水系航运中居于突出地位。《诗·大雅·大明》：

---

① 山西省考古研究所、山西大学考古专业、运城市文物工作站：《黄河漕运遗迹（山西段）》，科学技术文献出版社，2004，第3～177页。

② 中国科学院考古研究所：《三门峡漕运遗迹》，科学出版社，1959。

③ 陕西省考古研究所华仓考古队：《汉华仓遗址勘查记》，《考古与文物》1981年第3期；《汉华仓遗址发掘简报》，《考古与文物》1982年第6期；陕西省考古研究所：《西汉京师仓》，文物出版社，1990。

④ 《汉印文字证》八·十八。

"文定厥祥，亲迎于渭。造舟为梁，不显其光。"具备数量众多的规格统一的舟船，体现出组织较大规模水运的条件已经成熟。《左传·僖公十三年》记载，公元前647年，晋荐饥，秦人输粟于晋，"自雍及绛相继，命之曰'汎舟之役'"。杜预《集解》："从渭水运入河、汾。"《国语·晋语三》："是故汎舟于河，归籴于晋。"这是关于政府组织河渭水运的第一次明确的记载。① 秦人所谓"水通粮"，成为形成"不可与战"之优越国力的重要因素。②

渭河航运对于政治经济的突出作用，更体现于秦统一之后。秦都咸阳，汉都长安，关中政治文化重心地带惊人数额的消费，主要仰仗关东漕运维持。除平时"河渭漕輓天下，西给京师"外，非常时期又有萧何以关中物资"转漕给军"的史例。在楚汉相持于荥阳，"军无见粮"之际，"萧何转道关中，给食不乏"（《史记·萧相国世家》），也曾利用渭河航道。

渭河是一条靠雨水补给的多沙性河流。流量、沙量变化与流域降雨条件、地面覆盖物质密切相关。秦汉时期气候较现今温暖湿润③，上游、中游的森林亦尚未受到破坏④，渭河当时的航运条件当远远优于后世。《太平御览》卷六二引《淮南子》："渭水多力宜黍。"所谓"多力"，可能即强调其宜于航运的特点。然而渭河自古亦以迂曲多沙

---

① 《史记·秦本纪》："以船漕车转，自雍相望至绛。"以为取水陆联运形式。

② 《战国策·赵策一》记载，赵豹警告赵王应避免与秦国对抗："秦以牛田，水通粮，其死士皆列之于上地，令严政行，不可与战。王自图之！"据《华阳国志·蜀志》，李冰曾经开通多处水上航路，于所谓"触山胁溷崖，水脉漂疾，破害舟船"之处，"发卒凿平溷崖，通正水道。""乃壅江作堋，穿郫江、检江，别支流双过郡下，以行舟船。岷山多梓、柏、大竹，颓随水流，坐致材木，功省用饶。""水道""舟船"作为运输条件，使秦国的经济储备得以充实，使秦军的战争实力得以提升。参看王子今《秦统一原因的技术层面考察》，《社会科学战线》2009年第9期。

③ 竺可桢：《中国近五千年来气候变迁的初步研究》，《竺可桢文集》，科学出版社，1979；王子今：《秦汉时期生态环境研究》，北京大学出版社，2007。

④ 史念海：《论历史时期黄土高原生态平衡的失调及其影响》，《河山集》三集，人民出版社，1988。

著名，水量不能四季充足。《史记·河渠书》记述，汉武帝时，大司农郑当时曾指出："异时关东漕粟从渭中上，度六月而罢，而漕水道九百余里，时有难处。"由于下游曲流已经相当发育，不利航运，于是建议开凿漕渠。漕渠开通之后，渭河漕运未必完全废止。楼船一类大型船只，依然可以沿渭河航线通行。① 杜笃《论都赋》：

> 鸿渭之流，径入于河，大船万艘，转漕相过，东综沧海，西纲流沙。②

肯定了渭河航运对于加强各地区之间的联系，贯通东西的重要作用。黄盛璋认为，杜笃壮年正当西汉末年，所描述渭河漕运的情况，至少体现了西汉后期情形，"大约漕渠通航不利，必然又改由渭运了"③。王莽令孔仁、严尤、陈茂击下江、新市、平林义军，"各从吏士百余人，乘船从渭入河，至华阴乃出乘传，到部募士"（《汉书·王莽传下》）。更始帝避赤眉军，也曾经避于渭中船上④。建武十八年（42），汉光武帝巡行关中东返时，也曾经行渭河水道⑤。可见直到东汉初年，渭河航运仍是关中地区与关东地区相联系的主要途径。大约东汉末期，渭河水运已渐次衰落。建安十六年（211）曹操击马超、韩遂，"潜以舟载兵入渭"，分兵结营于渭南（《三国志·魏书·武帝纪》），

---

① 《汉书·薛广德传》："（元帝）酎祭宗庙，出便门，欲御楼船。"

② 《后汉书·杜笃传》。

③ 黄盛璋：《历史上的渭河水运》，《历史地理论集》，人民出版社，1982。

④ 《太平御览》卷六四三引谢承《后汉书》："赤眉入长安时，式侯恭以弟盆子为赤眉所尊，故自系。赤眉至，更始奔走，式侯从狱中参械出街中，逢京兆尹解恽，呼曰：'解君载我，我更始之忠臣也。'即帝败，我弟又为赤眉所立。'恽使后车载之，前行见定陶王刘礼〔祉〕，解其械言：'帝在渭中舡上。'遂相随见更始。"

⑤ 《后汉书·光武帝纪下》：建武十八年（42）春二月"甲寅，西巡狩，幸长安。三月壬午，祠高庙，遂有事十一陵。历冯翊界，进幸蒲坂，祠后土"。左冯翊与京兆尹以泾、渭为界，"历冯翊界"，当即循渭河水道东行。杜笃《论都赋》记叙此事，也说："遂天旋云游，造舟于渭，北航泾流。""东横乎大河。"（《后汉书·杜笃传》。）

舟行似只限于临近潼关的渭河河道。《淮南子·原道》说："舟行宜多水。"东汉以后，由于气候、植被等条件的变化，渭河下游形成"渭曲苇深土泞，无所用力"①，"渭川水力，大小无常，流浅沙深，即成阻阂，计其途路，数百而已，动移气序，不能往复，泛舟之役，人亦劳止"（《隋书·食货志》）的状况，水文条件已经越来越不适宜发展航运了②。

杜笃《论都赋》中，说到"造舟于渭，北航泾流"，说明泾河某些区段当时也可以通航。那种认为关中河流只有渭河航运得到开发的认识③，似乎不尽符合历史事实。

黄河中下游的一些其他河道，也曾经留下通航的记载。

《水经注·汾水》记载了汉明帝永平年间自都虑至羊肠仓之间的水利工程，设计者规划在完工后，"将凭汾水以漕太原"。可见汾河在汉时可以通航。汉武帝《秋风辞》中也说到汾河可行楼船。④《后汉书·王梁传》："梁穿渠引穀水注洛阳城下，东写巩川，及渠成而水不流。"《水经注·穀水》："后张纯堰洛而通漕，洛中公私穰瞻。"⑤又引阳嘉四年《上东门石桥右柱铭》："东通河济，南引江淮，方贡委输所由而至。"可见东汉时洛水、穀水航运的发展。曹植《洛神赋》有"御轻舟而上泝，浮长川而忘反"句（《曹子建集》卷三），也体现洛河有相当长的河段可以行舟。《水经注·穀水》又引《洛阳地记》曰："大城东有太仓，仓下运船，常有千计。"

---

① 《资治通鉴·梁武帝大同三年》，又《北史·斛律羌举传》作"渭曲土泞，无所用力"。

② 参看中国科学院地理研究所渭河研究组《渭河下游河流地貌》，科学出版社，1983。

③ 黄盛璋在《历史上的渭河水运》一文中指出，"关中河流能用于水运的只有渭河"，"此外泾河、洛河虽也是关中大河之一，但古今都无舟楫之利"。《历史地理论集》，人民出版社，1982，第 148 页。

④ 汉武帝《秋风辞》："汎楼船兮济汾河，横中流兮扬素波，箫鼓鸣兮发櫂歌。欢乐极兮哀情多，少壮几时兮奈老何。"（《文选》卷四五。）

⑤ 《后汉书·张纯传》：建武二十三年（47），"上穿阳渠，引洛水为漕，百姓得其利"。

《洛阳地记》大约是西晋时书，可见直到晋代，洛阳内河运输依然一派繁荣气象。《水经注·河水五》还记载了黄河下游支流漯水的通航状况：

> 漯水又北迳聊城县故城西，城内有金城，周匝有水，南门有驰道，绝水南出，自外泛舟而行矣。

《后汉书·独行列传·刘茂》："永初二年，剧贼毕豪等入平原界，县令刘雄将吏士乘船追之，至厌次河，与贼合战。"李贤注："厌次县之河也。"《水经注·河水五》："汉安帝永初二年，剧贼毕毫等数百乘船寇平原，县令刘雄、门下小吏所辅，浮舟追至厌次津。"由厌次河可以"乘船""浮舟"通航的情形，可以推想黄河下游若干纷歧杂出的支流，大约也具有较便利的航行条件。

当时北部中国可以通航的河流，还有呼沱河、石臼河等。《后汉书·章帝纪》："（建初三年）夏四月己巳，罢常山呼沱石臼河漕。"今天的永定河当时称温水，《后汉书·王霸传》："（王霸）颇识边事，数上书言宜与匈奴结和亲，又陈委输可从温水漕，以省陆转输之劳，事皆施行。"这是利用永定河通航的最早记载。不过这些河流用于通漕的作用，显然不能与黄河水系的航运相比。

二　长江水系航运

长江水系航运在战国时期已经得到初步发展。

《禹贡》称荆州贡道，"浮于江、沱、潜、汉"。安徽寿县丘家花园出土的鄂君启节，是战国时楚王颁发给鄂君的免税凭证。1957年4月出土4件，其中车节3，舟节1，做于公元前323年。1960年又发现舟节1。舟节应用的路线，涉及长江、汉江、油水、澧水、沅水、资水、湘江以及巢湖等水域。长江通航区段，自江陵直至镇江①。可见当时长江水系的航运，已经相当发达。

关于秦汉时期长江上游通航的记载，见于《华阳国志·南中志》：

> 自僰道至朱提有水、步道。水道有黑水及羊官水，至险，难行。

同书又记载了诸葛亮南征，"自安上由水路入越嶲"的传说。《后汉书·哀牢夷传》：

> 建武二十三年，其王贤栗遣兵乘箄船，南下江、汉，击附塞夷鹿茤。鹿茤人弱，为所禽获。于是震雷病雨，南风飘起，水为逆流，翻涌二百余里，箄船沈没，哀牢之众，溺死数千人。

哀牢箄船，大约也经行今金沙江水面。云南江川、晋宁铜鼓图象中关于行舟的画面，当大致有助于我们推想当时箄船浮江的情形。不过，由于长江上游航行条件艰险，这一区段的航运对于当时的社会经济文化并未形成重要的影响。

《战国策·燕策二》记载苏代对燕王谈述秦国的强横，其中说到秦人对楚人的警告：

> 蜀地之甲，轻舟浮于汶，乘夏水而下江，五日而至郢。汉中之甲，乘舟出于巴，乘夏水而下汉，四日而至五渚。寡人积甲宛，东下随，知者不及谋，勇者不及怒，寡人如射隼矣。②

---

① 参见黄盛璋《关于鄂君启节地理考证与交通路线的复原问题》，《历史地理论集》，人民出版社，1982，第263~285页。

② 事又见《史记·苏秦列传》。

张仪为秦离间连横，说楚王时，也曾说道：

秦西有巴蜀，方船积粟，起于汶山，循江而下，至郢三千余里。舫船载卒，一舫载五十人，与三月之粮，下水而浮，一日行三百余里，里数虽多，不费马汗之劳，不至十日而距扞关。①

对于航程，航速以至运载工具的形式和运载量都有具体的描述，可以看作关于江汉航运开通的比较明确记录。《史记·秦本纪》：秦昭襄王二十七年（前280），"使司马错发陇西，因蜀攻楚黔中，拔之"。《华阳国志·蜀志》："司马错率巴、蜀众十万，大舶船万艘，米六百万斛，浮江伐楚，取商於之地为黔中郡。"这些记载，也可以在讨论长江航运史时参考。

秦汉时期长江水系航运继续得到发展。

云梦睡虎地秦简《日书》是可以反映当时社会生活风貌的数术书，其中可见所谓"可以行水"（乙种七二正壹）、"可以水"（一〇〇壹）、"行水吉"（甲种四正贰）、"不可以船行"（甲种九七背贰，九八背贰，一二八背，乙种四四贰）等内容，说明秦代江汉地区"行水""船行"已经成为十分普及的运输方式。② 《史记·高祖本纪》

---

① 《战国策·楚策一》。事又见《史记·张仪列传》，"马汗之劳"作"牛马之劳"。
② 整理小组注释："行水，乘船。《周礼·考工记》：'作车以行陆，作舟以行水。'"刘乐贤也以为，"行水是乘船的意思"。《睡虎地秦简日书研究》，文津出版社，1994，第112页。吴小强沿袭此说，解作"乘船"（《秦简日书集释》，岳麓书社，2000，第39页）。然而李家浩指出，"按简文以'行水'与'凿井'并列，其义非是'乘船'。'行水'除作行于水上讲外，还作使水流通讲。后一种讲法的'行水'犹言'治水'，屡见于古书。《孟子·离娄下》：'如智者若禹之行水也，则无恶于智矣。禹之行水也，行其所无事也。'赵岐注：'禹之用智，决江疏河，因水之性，因地之宜，引之就下，行其空虚无事之处。'《礼记·月令》：'季夏之月……土润溽暑，大雨时行，烧薙行水，利以杀草，如以热汤，可以粪田畴，可以美土疆。'《淮南子·时则》：'毋行水，毋发藏。'据此，秦简'行水'当指治水利，而江陵九店楚简"行水事"，"当指治水利之事"。李家浩还说，"'行水事'也可以说成'水事'"。又引夏玮瑛《吕氏春秋上农四篇校释》中对于《吕氏春秋·上农》"夺之以水事，是谓籥"的解释（中国农业出版社，1979，第22页）："刘熙《释名》：'籥，跃也，气跃（转下页注）

说，刘邦出汉中定三秦，东进雒阳，为义帝发丧。并遣使者告诸侯，扬言当"悉发关内兵，收三河士，南浮江汉以下，愿从诸侯王击楚之杀义帝者"。郦食其说齐王，夸示刘邦军威，也说到"诸侯之兵四面而至，蜀汉之粟方船而下"（《史记·郦生陆贾列传》）。汉武帝元鼎二年（前115），江南水灾，中央政府曾利用长江航运的便利，"下巴蜀之粟致之江陵"，赈救饥民（《汉书·武帝纪》）。

图 5 - 1　江陵毛家园 1 号西汉墓出土独木舟

四川出土汉画象砖体现江上行筏的画面，反映出川江航运之最简便的方式，而当时长途营运的运输船舶则应是为加强稳性而设计的"方船""舫船"以及承载量更大的"大舶船"等。《华阳国志·巴志》记述一次长江水害，江州"结舫水居五百余家，承三江之会，夏水涨盛，坏散颠溺，死者无数"。这些结舫水居的民家，可能就是专以水运为生的船户，即《水经注》所谓"舟子"。《水经注·江水

（接上页注②）出也。'……疑此'篙'，即'跃'之借义字。该是今之所谓'冒进'的意思。'水事'，指治水利之事，如浚河修渠等。治水事，要在农间的时候；若当农时而治水事，就是夺于农时。治水事，本是为农的一件好事，但若是夺去农时而为之，这就叫做冒进了。"（湖北省文物考古研究所、北京大学中文系：《九店楚简》，中华书局，2000，第82～83页）刘增贵亦持此说，以为"行水""恐仍应释为开渠引水等开凿水利之事"（刘增贵：《秦简〈日书〉中的出行礼俗与信仰》，"中央研究院"《历史语言研究所集刊》第72本第3分，2001年9月）。今按：简文所见：（1）"交日，利以实事。凿井，吉。以祭门、行、行水，吉。"（四正贰）（2）"敫，是胃又小逆，毋大央。可以穿井、行水、盖屋、饮乐、外除。亡者，不得。不可取妇、家女、出入货及生。不可临官、饮食、乐、祠祀。"（三八正）（3）"心，不可祠及行，凶。可以行水。取妻，妻悍。生子，人爱之。"（七二正壹）（3）显然不可言"'行水'与'凿井'并列"，"'行水'每与凿井并言"。（1）"凿井"与"行水"间又有"祭门、行"等。只有（2）"穿井、行水"并列，但是下文又有"盖屋、饮乐"等。还有一个问题，就是《日书》所列事项，都是以个人或家族为主体的行为，而古代"治水事"多是政府组织的工程，一般农户只是以劳力形式参与，不可能有关于动工或者停工的决策权。民间通行的《日书》以"治水事"的"吉"或"凶"作为关心对象，令人难以理解。参看王子今《睡虎地秦简〈日书〉甲种疏证》，湖北教育出版社，2003。

一》说到江峡中"淫预石",即所谓"滟滪滩","滟滪大如象,瞿塘不可上;滟滪大如马,瞿塘不可下"①。据说"滟滪"音近"犹预",因"舟子取途不决,名曰犹预"。②《汉书·地理志上》:巴郡"鱼复,江关都尉治"。正是依此江险扼守江航要隘。江关的设置,也可以说明长江航运的密度与规模。《续汉书·郡国志五》"巴郡鱼复"条下曰:"扜水有扜关",以为即战国楚关。《括地志》则以为故扜关在今湖北宜阳西。《封泥考略》有"扜关长印""扜关尉印"。这里所谓"扜关",疑即"扞关"③,曾经是重要的关防。"扜关"或"扞关"作为最重要的五关之一④,其设置临江,自是因长江航运的开发已经比较成熟。关长、关尉除军事防卫之外,也负有管理交通运输的责任。

秦汉时期长江水系中,以三峡以下江面水运条件最为优越。由此出发,陆抗临终上疏吴主,忧虑"西陵、建平、国之蕃表","若敌汎舟顺流,舳舻千里,星奔电迈,俄然行至,非可恃援他部以救倒县也",主张"如其有虞,当倾国争之"(《三国志·吴书·陆逊传》)。《水经注·江水三》:

> 樊口之北有湾,昔孙权装大船,名之曰"长安",亦曰"大舶",载坐直之士三千人,与群臣泛舟江津。

---

① (明)陈循等《寰宇通志》卷六五《夔州府》引《水经注》。
② (宋)祝穆《方舆胜揽》卷五七《夔州·山川》引《水经注》。
③ "扜"多讹作"扞"。《山海经·大荒南经》:"有人方扜弓射黄蛇"。《韩非子·说林下》:"弱子扜弓,慈母入室闭户。"则作"扜弓"。又《吕氏春秋·贵卒》"管仲扜弓射公子小白,中钩"及《壅塞》"因扜弓而射之"亦同。《汉书·西域传上》"扜弥国",《史记·大宛列传》作"扜罙"。
④ 参看王子今、刘华祝《说张家山汉简〈二年律令·津关令〉所见五关》,《中国历史文物》2003年第1期,收入《张家山汉简〈二年律令〉研究文集》,广西师范大学出版社,2007。

历史上规模空前的水战——赤壁之战，就发生在这一带江面上。《三国志·吴书·周瑜传》说，"刘表治水军，蒙冲斗舰，乃以千数，（曹）操悉浮以沿江"，"船舰首尾相接"。而孙权、刘备联军亦有"关羽水军精甲万人，刘琦合江夏战士亦不下万人"，"周瑜、程普、鲁肃等水军三万"（《三国志·蜀书·诸葛亮传》）。

《水经注·江水二》说，江陵今城，"楚船官地也"。江陵地区曾经是楚文化的中心，又是当时辽阔的楚地的水陆交通中心。江陵汉墓出土的木船模型，可以说明这一地区航运的发达和普及。江陵凤凰山8号汉墓以及可确定为下葬于汉文帝十三年（前167）五月的168号墓，都出土木船模型。168号墓木船模型与辒车、安车、骑马俑、奴婢俑等都置于头箱，似乎可以体现墓主对于出行的专好。8号墓"遣策"有文曰"大舟皆（？）廿三桨"，两侧各23桨，确实是较大的航船。"遣策"偶人籍所记"大奴×棹"内容者就多至6简。168号墓除木船模型外，还出土船工俑5。① 江陵凤凰山10号汉墓出土2号木牍正面文字为"中柉共侍约"，背面书写"中柉柉长张伯"等人"相与为柉约"的内容。或以为所谓"柉"，根据字形构造以及简牍字义分析，意同"贩"字，大约是指从事贩运的合作组织。"贩"字从"舟"作"柉"，正符合这一地区多利用舟船往返贸易的实际。②

江陵汉墓出土木船模型所体现的实际应用的船型，与汉武帝推行算缗令时所谓"船五丈以上一算"（《史记·平准书》）的规格比较，还有相当大的差距。司马迁在《史记·货殖列传》中关于巨富之家经济实力的叙述中有所谓"船长千丈"语，若以"船长五丈"计，当拥有运船200艘之多。民间如此雄厚的航运力量，很可能多集中于曾

---

① 长江流域第二期文物考古工作人员训练班：《湖北江陵凤凰山西汉墓发掘简报》，《文物》1974年第6期；纪南城凤凰山一六八号汉墓发掘整理组：《湖北江陵凤凰山一六八号汉墓发掘简报》，《文物》1975年第9期。

② 参看弘一《江陵凤凰山十号汉墓简牍初探》，《文物》1974年第6期；黄盛璋《江陵凤凰山汉墓简牍与历史地理研究》，《历史地理论集》，人民出版社，1982，第456～479页。

作为楚文化基地的江汉地区。

《史记·秦始皇本纪》：秦始皇三十七年（前210），"行至云梦，望祀虞舜于九疑山，浮江下，观籍柯，渡海渚，过丹阳"。《汉书·武帝纪》：元封五年（前106），"行南巡狩，至于盛唐，望祀虞舜于九嶷。登灊天柱山，自寻阳浮江，亲射蛟江中，获之。舳舻千里，薄枞阳而出，作《盛唐枞阳之歌》"。盛唐在今安徽六安，寻阳在今湖北广济，枞阳即今安徽枞阳。"舳舻千里"，颜师古注引李斐曰："舳，船后持柂处也。舻，船前头刺櫂处也。言其船多，前后相衔，千里不绝也。"秦皇汉武随行浩荡船队的巡游，无疑是长江航运史上盛事。孙吴经营长江下游。航运事业得到进一步的发展。史籍记载当时规模较大的运输活动，有赤乌十年（247）徙武昌宫材瓦治建康宫（《三国志·吴书·吴主传》裴松之注引《江表传》）以及孙皓迁都武昌，"扬土百姓溯流供给，以为患苦"（《三国志·吴书·陆凯传》）等。

长江支流的航运在战国时期已经有初步的发展。《水经注·青衣水》引《竹书纪年》中，已可看到关于岷江早期通航的记录："梁惠成王十年，瑕阳人自秦道岷山青衣水来归。"《华阳国志·蜀志》：李冰"穿郫江、检江，别支流双过郡下，以行舟船。岷山多梓、柏、大竹，颓随水流，坐致材木，功省用饶"。沫水"水脉漂疾，破害舟船，历代患之"，李冰于是"发卒凿平溷崖，通正水道"。秦汉时期，这些水道的航运历经开发整治，又达到新的水平。刘邦伐楚，萧何在后方给运军需物资，据说其中就有蜀汉经水路输送的军粮。《华阳国志·蜀志》："汉祖自汉中出三秦伐楚，萧何发蜀汉米万船以给助军粮。"汉武帝时，曾试图开发褒水航运而未成功。汉安帝元初二年（115），武都太守虞诩"自沮至下辩数十里，皆烧石剪木，开漕船道"，"于是水运通利，岁省四千余万"，开通了嘉陵江上游的航道（《后汉书·虞诩传》）。处于沅水和延江上游的西南边郡牂柯之得名，据说也与航运有关。①

汉江航运开发较早，周昭王南征，就在泛舟汉水时意外丧生。②《水经注·沔水》载诸葛亮笺："朝发南郑，暮宿黑水，四五十里。"有可能体现了汉江上游的通航情况。据《水经注·江水三》，江汉汇合处有所谓"船官浦"："江之右岸有船官浦"，"是曰黄军浦，昔吴将黄盖军师所屯，故浦得其名，亦商舟之所会矣"。

里耶秦简和张家山汉简都有反映湘江和洞庭湖水道通航的信息。③《水经注·湘水》记述湘江上有船官：湘水"又迳船官西，湘洲商舟之所次也，北对长沙郡"。长沙汉墓出土的木船模型，是体现湘江航运状况的实物资料。④湘江又有地名称"关下"，郦道元以为"是商舟改装之始"。长沙走马楼简提供的资料，可以反映东汉末年湘江通航帆船的制作技术等级。⑤

此外，《水经注·赣水》说，赣水有"钓圻邸阁"。《水经注·涢水》：涢水"初流浅狭，远乃广厚，可以浮舟栰，巨川矣"。是知赣水、涢水等支流当时也可以通行舟船。

长江水系航运对于全国经济文化的作用当时稍逊于黄河水系航运，然而其发展显著促进了长江流域经济文化的进步，并且为以后全国经济重心向东南地区的转移奠定了基础。

---

① 《汉书·地理志上》颜师古注："牂柯，系船杙也。《华阳国志》云：楚顷襄王时，遣庄蹻伐夜郎，军至且兰，椓船于岸而步战。既灭夜郎，以且兰有椓船牂柯处，乃改其名为牂柯。"

② 《左传·僖公四年》：齐侯以诸侯之师伐楚，质问楚子："昭王南征而不复，寡人是问。"对曰："昭王之不复，君其问诸水滨。"杜预《集解》：昭王"南巡守，涉汉，船坏而溺"。皇甫谧《帝王世纪》："昭王在位五十一年，以德衰南征，及济于汉，楚人恶之，乃以胶船进王。王御船至中流，胶液船解，王及祭公俱没于水中而崩。"

③ 王子今：《秦汉时期湘江洞庭水路邮驿的初步考察——以里耶秦简和张家山汉简为视窗》，《湖南社会科学》2004年第5期。

④ 中国科学院考古研究所：《长沙发掘报告》，科学出版社，1957。

⑤ 王子今：《走马楼舟船属具简与中国帆船史的新认识》，《文物》2005年第1期。

三　珠江水系航运

秦汉时期，岭南经济文化已经达到相当高的水平，并且在许多方面表现出与内地接近的趋向。这一进步，是以水运的发展作为重要基础的。珠江水系的早期航运，还为南海交通的开拓准备了必要的条件。

图 5-2　会理 3 号铜鼓行舟图

秦始皇时，曾"使尉屠睢将楼船之士南攻百越"（《史记·平津侯主父列传》）。军称"楼船"，显然是以水军为主力。《淮南子·人间》记述各部队集结地点：

> （秦皇）使尉屠睢发卒五十万为五军。一军塞镡城之领，一军守九疑之塞，一军处番禺之都，一军守南野之界，一军结馀干之水。

护应番禺秦军的四军，分别据洭江、湘江、赣江、信江水道。而直下"番禺之都"的部队，必然会利用珠江航运之便。当时南下各军，采取了山道和水道交错利用的交通形式。有学者认为，"虔州大庾岭道"后来成为"岭南地区历史上最重要的国道"。① 其早期开通，应当自秦始皇时代起始。秦二世时，南海尉任嚣和龙川令赵佗商议稳定岭南局势，"移檄告横浦、阳山、湟溪关曰：'盗兵且至，急绝道聚兵自

---

① 陈伟明：《全方位与多功能：历史时期岭南交通地理的演变发展》，暨南大学出版社，2006，第 25 页。

守！'"（《史记·南越列传》）也说明了岭南与内地交通要隘所在。只说到横浦、阳山、湟溪 3 关，似乎没有提到龙川，很可能是因为龙川早在赵佗控制之中，已经早有部署的缘故。① 张荣芳、黄淼章对于"秦所通越道"有所考论，以为"秦所修筑的通越新道""其尚可考者"有 4 条。其中第 1 条就是"从江西南安（今江西南康），经过大庾岭，出横浦关（今广东南雄县小梅关），复沿浈水西行，取北江顺江可抵番禺"的道路。② 这条道路可以利用北江的水运条件。

图 5-3　西林土 280 号铜鼓行舟图

关于南下水军循行珠江航道更为明确的记载，有汉武帝发楼船十万师征南越事。《史记·南越列传》记载，南越吕嘉等反，汉武帝"令罪人及江淮以南楼船十万师往讨之"：

> 元鼎五年秋，卫尉路博德为伏波将军，出桂阳，下汇水；主爵都尉杨仆为楼船将军，出豫章，下横浦；故归义越侯二人为戈船、下厉将军，出零陵，或下离水，或抵苍梧；使驰义侯因巴蜀罪人，发夜郎兵，下牂柯江。咸会番禺。

以"伏波""楼船""戈船"为号，说明远征军的主力是强大的水军。"下厉将军"，《汉书·武帝纪》作"下濑将军"，也标示出兵种特征。南下路线可以考订者，当如下所示：

---

① 参看王子今《龙川秦城的军事交通地位》，《佗城开基客安家：客家先民首批南迁与赵佗建龙川 2212 年纪念学术研讨会论文集》，中国华侨出版社，1997。

② 张荣芳、黄淼章：《南越国史》，广东人民出版社，1995，第 36～37 页。

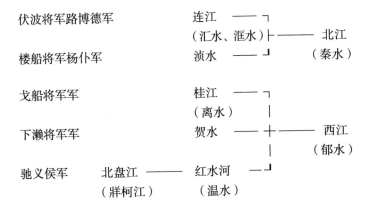

其中楼船将军杨仆的部队"先陷寻陕，破石门，得越船粟，因推而前"（《史记·南越列传》），兵锋最厉。

珠江的径流主要来自西江，占77%左右。西江支流多，集水面积较大，总的水情变化比较缓和，同时，流域内大面积的岩溶地形，使地面水和地下水有可能相互补给，以致河流的水位和流量变化相对较为稳定，为航运的发展提供了便利的条件。《史记·西南夷列传》记载，汉武帝时，唐蒙曾因"南越食蒙蜀枸酱"，开始调查西江水路。当地人说，蜀枸酱"道西北牂柯，牂柯江广数里，出番禺城下"。唐蒙在长安又询问蜀地商人，答曰："独蜀出枸酱，多持窃出市夜郎。夜郎者，临牂柯江，江广百余步，足以行船。"于是唐蒙上书建议：

> 闻夜郎所有精兵，可得十余万，浮船牂柯江，出其不意，此制越一奇也。

武帝于是置犍为郡，"发巴蜀卒治道，自僰道指牂柯江"，后遂有驰义侯行牂柯江击南越之举。

两汉之际，中原战乱，夜郎大姓龙、傅、尹、董氏与郡功曹谢暹保境为汉，曾遣使从番禺江转迥贡奏，受到光武帝刘秀褒赏（《后汉书·西南夷传·夜郎》)。据《三国志·蜀书·刘巴传》裴松之注引《零陵先贤传》记载，刘巴曾入"交阯"，更姓为张，因与"交阯"太守士燮计议不合，于是"由牂柯道去"，至于益州。可见当时北盘江——红水河——西江水路，曾经长期作为联系巴蜀云贵与岭南地区的主要通道之一。

《水经注·浪水》引王氏《交广春秋》，说到东汉末年一次西江水战：

> 步骘杀吴巨、区景，使严舟船，合兵二万，下取南海。苍梧人衡毅、钱博，宿巨部伍，兴军逆骘于苍梧高要峡口，两军相逢于是，遂交战，毅与众投水死者千有余人。

高要，在今广东肇庆。大规模的水军船队在江面集结、运动、交战，可以间接说明当时西江航运的发展水平。

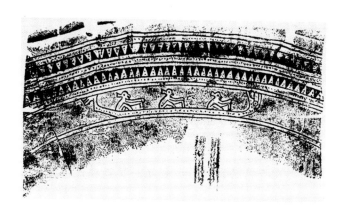

图 5－4　晋宁石寨山 5 号墓 17 号铜鼓行舟图

北江和东江是珠江另两大支流，然而都具有山区河流暴涨暴落的特性。汉武帝时议伐闽越，淮南王刘安分析当地交通条件的险恶，指出"其入中国必下领水，领水之山峭峻，漂石破舟。不可以大船载食粮下也"。关于当地"地深昧而多水险","水道上下击石","视之若易，行之甚难"等评述（《汉书·严助传》），应大致也符合北江和东江的实际情形。尽管如此，北江因地势近便，仍成为珠江水系中最受重视的航道。元鼎五年至六年（前112～前111），远征南越的楼船军的主力伏波将军路博德军和楼船将军杨仆军，就是由此进军，抢先攻破番禺的。

图5-5　广州汉墓出土陶船

珠江水情的一个突出特征是汛期很长，水量丰富，在下游河网密织的三角洲地区，形成特别利于航运的条件。秦汉时期番禺附近水运的发展，造船业的发达以及南海航运的开通，除了与地理条件的优越有关而外，当地人民开发交通事业的艰苦劳动，也留下了不可磨灭的历史印迹。

四　人工河道的开通和利用

司马迁在《史记·河渠书》中历数春秋战国时期开通的比较重要的人工河道：

> 荥阳下引河东南为鸿沟，以通宋、郑、陈、蔡、曹、卫，与
> 济、汝、淮、泗会。于楚，西方则通渠汉水、云梦之野，东方则

通沟江淮之间。于吴，则通渠三江、五湖。于齐，则通菑济之间。于蜀，蜀守冰凿离碓，辟沫水之害，穿二江成都之中。此渠皆可行舟，有余则用溉浸，百姓飨其利。

司马迁指出，一般的水利工程多至"以万亿计"，而"莫足数也"，以上这些较重要的人工河渠则"皆可行舟"。大致各地人工河道，大多注意利用以发展水运。

秦汉时期是水利事业得到空前发展的时期。以运输为主要目的或兼及运输效益的水利工程在各地兴建。鸿沟、邗沟等先秦时期已经开通的运河仍然通航，并多加以整治和拓展。新开通的较著名的人工河道则有灵渠、阳渠、漕渠等等。

狼汤渠和汴渠　战国时已经开通的鸿沟，使黄河水系与淮河水系得以沟通。在秦王朝统治期间，鸿沟作为河淮间的水运要道，对于推行对东方实行强制掠夺的政策发挥出突出的作用。秦末战争中，陈胜举事，首先占领鸿沟之畔的陈地，控制了秦统治中心联系东南地区的主要通路。刘邦西进，也曾从郦食其建议，攻克鸿沟近侧之陈留，因为陈留据"天下之冲，四通八达之郊也，今其城又多积粟"，刘邦的势力因此得到发展。楚汉战争时，刘邦"屯巩、洛以拒楚"，郦食其又建议他"急复进兵，收取荥阳，据敖仓之粟"，"以示诸侯效实形制之势，则天下知所归矣"。敖仓当鸿沟引黄河口附近，东南输粟，多囤积于此，再向关中转运。郦食其说："夫敖仓，天下转输久矣，臣闻其下乃有藏粟甚多。楚人拔荥阳，不坚守敖仓，乃引而东，令适卒分守成皋，此乃天所以资汉也。"刘邦"乃从其画，复守敖仓"，掌握了战争的主动权（《史记·郦生陆贾列传》）。敖仓积粟，可以看作鸿沟粮运的总结。楚汉战争时仍"藏粟甚多"，说明这条航运线路在秦时运输效能之高。鸿沟西汉时称"狼汤渠"。《汉书·地理志上》：

（河南郡荥阳）有狼汤渠，首受泲，东南至陈入颍，过郡四，行七百八十里。

狼汤渠虽长期通航，但联系黄淮两大水系的作用，后来逐渐为汴渠所替代。

汴渠又称汳水，本是济水东南入泗的一条支流，经过有计划的浚通，西北承河水补给，东南接泗水，成为汉代，特别是东汉时漕运的主要水道。东汉时，汴渠水运曾经常受到黄河水害的影响，"河汴决坏"，"汴渠东侵，日月弥广，而水门故处，皆在河中，兖、豫百姓怨叹"。汉明帝时整修今河南开封附近的汴渠河段，时称"浚仪渠"。永平十二年（69）再次"议修汴渠"，发卒数十万，由王景主持，治河治汴（《后汉书·王景传》）。经过历时一年的大规模治理，"河汴分流，复其旧迹"（《后汉书·明帝纪》），黄河安流，汴渠畅通，联系中原与江淮的航运得到保障。

黄河是著名的多沙河流，又有丰、枯水期交替现象。要在黄河中取得足以保障航运的水量，同时又不至于失去控制导致漫溢，取水口工程至为关键。《水经注》中记载有鸿沟和汴渠的多处水口，有的建于先秦时，有的是秦汉时新建或加以复修的。修建水门的技术在秦汉时期有所改进。西汉前期，"其水门但用木与土耳"①，到了东汉时期，则"垒石为门，以遏渠口，谓之石门"，"门广十余丈，西去河三里"（《水经注·济水》），"水盛则通注，津耗则辍流"（《水经注·河水五》）。可见这时人工河道的取水口已经由土木结构演变为石结构，因而更为坚固可靠，可以比较有效地调节引水的流量了。

---

① 见《汉书·沟洫志》。这里是指荥阳漕渠水门，但大致可以代表当时修建水门的一般技术水平。

邗沟　沟通江淮两大水系的人工运河邗沟，开通于春秋末叶。最初开通时为减少人工河道的开挖量，于樊梁湖东北折向博支湖，又转射阳湖，再西北入淮。这不仅绕行迂远，而且射阳、博支二湖湖面广阔，风急浪高，阻遏航船。三国时这条人工河道的走向，则已改由樊梁湖北上至津湖，再向北过白马湖，北入淮水了[①]。

《三国志·魏书·文帝纪》：黄初五年（224）八月，"为水军，亲御龙舟，循蔡、颍，浮淮，幸寿春"，"九月，遂至广陵"。黄初六年（225）八月，"遂以舟师自谯循涡入淮"，"冬十月，行幸广陵故城，临江观兵，戎卒十余万，旌旗数百里"。两次率水军伐吴，均由淮水经邗沟入江。当时邗沟的通航条件已不大理想，曾任丹阳太守、扬州别驾的蒋济了解这一情况，曾上表向至于广陵的魏文帝说明"水道难通"情形。然而这一意见未受重视，于是果然"战船数千皆滞不得行"。有人建议驻兵在当地屯田，魏文帝甚至准备烧掉战船。蒋济凿地开水道，集中船队，又先用土豚（土墩）隔断湖水，引船尽入后，一时开放，乘水势冲入淮河（《三国志·魏书·蒋济传》）。吴嘉禾三年（234），孙权也曾"遣孙韶、张承等向广陵、淮阳"北进（《三国志·吴书·吴主传》）。"淮阳"，卢弼《三国志集解》以为当作"淮阴"。北向路线，亦当经由邗沟。

灵渠　灵渠是秦王朝为统一岭南而完成的重要的交通工程。以尉屠睢为统帅的秦军进军岭南，粮食等军用物资的运输，面临湘桂山区的严重阻碍。《史记·平津侯主父列传》：秦始皇"使尉屠睢将楼船之士南攻百越，使监禄凿渠运粮，深入越，越人遁逃"。《淮南子·人间》："使监禄转饷，又以卒凿渠通粮道。"由监禄主持，在今广西兴安开凿了著名的灵渠，沟通了湘、离二水，使长江水系和珠江水系联

---

①　魏文帝以舟师伐吴，往复均经行精湖。事见《三国志·魏书·蒋济传》及《满宠传》。精湖即津湖。又《水经》："中渎水（即邗沟）出白马湖东北注之（淮水）。"

系起来。湘江北流，离水（今漓江）南泻，二水在兴安相距极近。离水支流零水（亦称灵水）一源名始安水，与湘江上游的海洋水最近处相距不到1.5公里，中隔一仅高20余米的分水岭。灵渠的开凿者合理地选择了分水地点，开通南渠、北渠，并注意延长渠线长度，降低渠底坡降，可能还采取了修堰拦水及人力牵挽等方式，以便利通航①。

灵渠开通的直接目的，在于大军远征岭南，"三年不解甲弛弩"，"无以转饷"，于是"以卒凿渠而通粮道，以与越人战"（《淮南子·人间》）。而联系长江水系与珠江水系水道的开通，促进了渊源不同的两个文化系统的交流融会，直接推动了秦汉时期岭南经济文化的跃进。汉武帝元鼎五年（前112）出兵南征南越，其中一支部队"出零陵或下离水"（《史记·南越列传》），显然利用了灵渠航道。据说汉光武帝建武十八年（42），伏波将军马援南下，也曾修整灵渠，运送军粮②。汉章帝建初八年（83），郑弘为便利"交趾七郡贡献转运"，"奏开零陵、桂阳峤道，于是夷通，至今遂为常路"（《后汉书·郑弘传》）。零陵，桂阳郡治在今湖南零陵、郴州，都南临五岭险要。南岭陆运的开发，体现出在灵渠的实际效益的启示下，这一地区交通事业的全面的进步。

阳渠　东汉光武帝建武五年（29），河南尹王梁曾穿渠引榖水注入洛阳，然而可能由于设计或施工的失误，"渠成而水不流"（《后汉书·王梁传》），是为秦汉水利史上一次著名的失败的记录。《后汉书·张纯传》：建武二十三年（47），大司空张纯主持"上穿阳渠，引洛水为漕，百姓得其利"。阳渠承纳洛水和榖水，成为洛阳地区水路交通网的主纲之一。

漕渠　秦与西汉均定都关中，以漕运沟通与关东农业重心地区的

---

① 参看武汉水利电力学院、水利水电科学研究院《中国水利史稿》编写组《中国水利史稿》上册，水利电力出版社，1979。

② 参看唐人鱼孟威《灵渠记》，唐兆民编《灵渠文献粹编》，中华书局，1982。

经济联系。河渭交通运输线成为中央集权的专制主义帝国的生命线。中央政府为维护河渭航运的畅通不得不付出相当大的代价。娄敬向刘邦建议定都关中，强调关中"资甚美膏腴之地，此所谓天府者也"（《史记·刘敬叔孙通列传》），其实当时关中可支供都市消费的农产品的数量是相当有限的。《史记·秦始皇本纪》说，秦二世时，关中役徒军士人众，"当食者多，度不足，下调郡县转输菽粟刍藁，皆令自赍粮食"，规定"咸阳三百里内不得食其谷"。直至西汉前期，对关中的开发程度依然不能估计过高。张良在帮助刘邦制定定都长安的决策时，就考虑到关中以"河渭漕輓天下，西给京师"的经济条件（《史记·留侯列传》）。然而西汉政府机构不断扩大，官员人数急剧增多，为北防匈奴，也需要加强军队警备力量，而迁入关中的关东豪富，又往往使消费人口以大大高于生产人口的比例增加。西汉初，关东漕粟年不过数十万石，尚"太仓之粟陈陈相因，充溢露积于外"（《史记·平准书》）。汉武帝时，已经需要输送 400 万石方能得到满足。在渭河航运能力逐渐表现出退化的趋势的情况下，努力改善航运条件的要求，已经十分急迫。据《史记·河渠书》，汉武帝元光六年（前 129），大司农郑当时提出了开通漕渠的建议：

> 异时关东漕粟从渭中上，度六月而罢，而漕水道九百余里，时有难处。引渭穿渠起长安，并南山下，至河三百余里，径，易漕，度可令三月罢。

汉武帝赞同这一建议，"令齐人水工徐伯表，悉发卒数万人穿漕渠，三岁而通。通，以漕，大便利"。渠线的勘测选定，即所谓"表"，由齐人水工徐伯承担。徐伯"表"漕渠，是我国水利工程史上关于渠线测量的最早的记录。

按照郑当时的估算，漕渠开通后，运输距离较渭河水道大致可缩短 2/3 左右，水道径直，"损漕省卒"，从而减少运输费用。《史记志疑》及《汉书补注》皆引刘奉世说，从运距长短出发，提出对漕渠工程的怀疑：

> 按今渭汭至长安仅三百里，固无九百里，而云穿渠起长安，旁南山至河，中间隔灞、浐数大川，固又无缘山成渠之理，此说可疑，今亦无其迹。

黄盛璋《历史上的渭河水运》文中也以为"渭水道九百余里"[1] 诚有可疑，认为可能包括长安以西中上游一段。其实，"今渭汭至长安仅三百里"之说，首先是不确实的。渭河是一条靠雨水补给的多沙性河流。流量、沙量变化与流域降雨条件、地面覆盖物质密切相关。[2] 下游尤以迂回曲折著名。历史文献有"渭曲苇深土泞，无所用力"[3]，"渭川水力，大小无常，流浅沙深，即成阻阂"[4] 的记载。据《渭南县志》，"渭河东西亘境百余里，率三十年一徙，或南或北相距十里余"。《大荔县志》也说，"荔之南界，东西四十五里，渭水横亘，一蜿蜒辄八九里，一转圜二十里"。考察现今渭河河道，自咸阳至河口，总长约为 212 公里，以汉里相当于 325 米计[5]，相当于 652 汉里。从渭河下游曲流河段河道平面变迁图及通过历年地形演变和航空照片所反映的渭河下游河床摆动图看，许多区段河道折回弯曲往往有甚于现

---

① 《史记·河渠书》："漕水道九百余里。"《汉书·沟洫志》："渭水道九百余里。"其间似有不应忽视的差异。

② 参看中国科学院地理研究所渭河研究组《渭河下游河流地貌》，科学出版社，1983，第 5 页。

③ 《资治通鉴》卷一五七"梁武帝大同三年"。

④ 《隋书·食货志》。

⑤ 陈梦家根据对居延地区汉代邮程的考证，以为"以 325 米折合的汉里，比较合适"，"用 400 或 414 米折合则太大"。见《汉简考述》，《考古学报》1963 年第 1 期，《汉简缀述》，中华书局，1980，第 32 页。

今河道的情形，并且多有河曲裁弯后废弃弯道形成的牛轭湖。[①] 以此推想，汉代渭河航线总长达到八九百汉里是可能的。

《新唐书·食货志三》说："秦、汉时故漕兴成堰，东达永丰仓，咸阳县令韩辽请疏之，自咸阳抵潼关三百里，可以罢车輓之劳。"唐文宗赞同此议，"堰成，罢輓车之牛以供农耕，关中赖其利"。可见漕渠运程三百里的记载是可信的。《水经注》中有关于漕渠的明确记载，后来隋文帝开皇四年（584）开广通渠、唐玄宗天宝九年（742）开漕渠、唐文宗太和元年（827）开兴成渠，都曾利用西汉漕渠故道。据黄盛璋考述，陕西西安汉长安故城南、范家村肖家村附近以及华县、华阴之间，都存在汉漕渠遗迹。据陕西省文物局张廷皓见告，西安以东今仍有"糟渠"地名，应当也是有关漕渠的文化遗存。可见，"今亦无其迹"之说，确实难以成立。漕渠"横度"灞水、浐水的方式目前尚无法确定，推想有可能是承纳其流，以为水源之一的。《元和郡县图志·关内道二》："灞、浐二水，会于漕渠，每夏大雨辄皆涨。"

郑当时说，渭河漕运"度六月而罢"，而漕渠开通之后，"度可令三月罢"，令人疑其运期过长。其中大概包括下碇装卸等占用的时间。北魏太和二十一年（497），孝文帝由长安向洛阳，五月"己丑，车驾东旋，汎渭入河"，"六月庚申，车驾至自长安"，行程总计 32 日（《魏书·高祖纪下》）。其中"汎渭"之行当有 20 余日。这是顺水行舟情形，重船逆水，自然费时更多。隋文帝开皇四年（584）诏书说到渭河水运的艰难，也指出："计其途路，数百而已，动移气序，不能往复，汎舟之役，人亦劳止。"（《隋书·食货志》）所谓"动移气序，不能往复"，大约是指单程运期往往要超过一个季度，在年度之

---

① 中国科学院地理研究所渭河研究组：《渭河下游河流地貌》，科学出版社，1983，第157页。

内是难以两度往复转运的。

漕渠工程历时三年，"通，以漕，大便利"，缩短了航程，提高了运输效率，加强了长安与关东地区的联系。班固《西都赋》：

> 东郊则有通沟大漕，溃渭洞河，泛舟山东，控引淮湖，与海通波。

也说到漕渠在当时全国交通网中的重要地位。

秦汉时期开通的人工河道，见于史籍的还有鲁渠、涡渠、濮渠①、蒲吾渠②、平虏渠、泉州渠③、睢阳渠、白沟④、贾侯渠⑤等等。汉武帝时，"朔方亦穿渠，作者数万人"（《史记·平准书》）。《盐铁论·刺复》说"泾、淮造渠以通漕运"。淮渠或与《史记·河渠书》所谓"汝南、九江引淮"有关，泾渠或以为即汉武帝太始二年所开之白渠。这些渠道，也可以为漕运服务。《后汉书·邓禹传》中，还有关于因条件险恶、施工艰难而废止的运河工程的记录：

> 永平中，理呼沱、石臼河，从都虑至羊肠仓，欲令通漕。太原吏人苦役，连年无成，转运所经三百八十九隘，前后没溺死者不可胜算。

---

① 《汉书·地理志上》：陈留郡："陈留，鲁渠水首受狼汤渠，东至阳夏，入涡渠。""封丘，濮渠水首受泲，东北至都关，入羊里水，过郡三，行六百三十里。"

② 《续汉书·郡国志二》"常山国"条李贤注引《古今注》："永平十年，作常山呼沱河蒲吾渠，通漕船也。"

③ 《续汉书·郡国志五》"雁门郡"条李贤注引《魏志》："建安十年凿渠自呼沱入汾，名平虏渠。"《三国志·魏书·武帝纪》："（建安十年）凿渠，自呼沱入泒水，名平虏渠；又从泃河口凿入潞河，名泉州渠，以通海。"又《董昭传》："凿平虏、泉州二渠入海通运。"

④ 《三国志·魏书·武帝纪》："（建安七年）至浚仪，治睢阳渠。""（九年）遏淇水入白沟以通粮道。""（十八年）凿渠引漳水入白沟以通河。"

⑤ 《三国志·魏书·贾逵传》："通运渠二百余里，所谓贾侯渠者也。"

于是"遂罢其役，更用驴辇，岁省费亿万计，全活徒士数千人"。

魏晋时期，在秦汉河运的基础上，又有新的人工河道得以开通。魏文帝黄初六年（225），"通讨虏渠"（《三国志·魏书·文帝纪》）。齐王曹芳正始年间（240~248），又有"开广漕渠"（《三国志·魏书·邓艾传》）、"穿广漕渠"（《晋书·宣帝纪》）之役。吴末帝建衡三年（271），"凿圣溪以通江淮"，"以多盘石难施功，罢还"（《三国志·吴书·薛综传》）。可见，秦汉河运的成功，对于交通史的进程表现出显著的影响。至于后世规模更为宏伟的人工河道的开通，当然也是以秦汉时期人工河道的设计思想为基本原则，以秦汉时期运河开凿的技术基础为基本条件的。

第六章

秦汉近海航运与海外交通

一 并海道与主要海港的分布

秦始皇统一天下后五次出巡，其中四次巡行东方，均至于海滨，史籍往往还有明确的"并海"而行的记载。秦始皇二十八年（前219）第二次出巡，登泰山后，曾"并勃海以东，过黄、腄，穷成山，登之罘，立石颂秦德焉而去，南登琅邪"。二十九年（前218）第三次出巡，又"登之罘"，"旋，遂之琅邪"。三十二年（前215）第四次出巡，"之碣石"，"刻碣石门"，而所至滨海之地或亦不仅限于碣石①。三十七年（前210）第五次出巡，由会稽北上至平原津，绝大

① 《史记·秦始皇本纪》："三十二年，始皇之碣石，使燕人卢生求羡门、高誓。刻碣石门。坏城郭，决通隄防。"于录碣石刻石内容之后，又说："因使韩终、侯公、石生求仙人不死之药。"卢生与韩、侯、石出海记为二事，显然非由一地启程。而所谓"坏城郭，决通隄防"以及"堕坏城郭，决通川防，夷去险阻"，当主要指燕长城和齐长城。因而可推定秦始皇此次也曾于燕齐间并海而行。

部分路段皆"并海"行:"上会稽,祭大禹,望于南海","还过吴,从江乘渡,并海上,北至琅邪",又由之罘"并海西至平原津"。秦二世巡行郡县,也曾行经"并海"路线,"到碣石,并海,南至会稽",又"遂至辽东而还"(《史记·秦始皇本纪》)。《史记·封禅书》记载,汉武帝登泰山后,也曾"并海上,北至碣石"。《汉书·武帝纪》:元封元年(前110),"行自泰山,复东巡海上,至碣石";元封五年(前106),由江淮"北至琅邪,并海,所过礼祠其名山大川"。显然,沿渤海、黄海海滨贯通南北的并海道,是秦汉时期具有重要意义的交通路线。由秦皇汉武出行路线的选择,可以知道这条道路具备可以通过帝王乘舆的规模。这一事实,正可以与西汉人贾山关于驰道的记述中所谓"濒海之观毕至"(《汉书·贾山传》)相印证。

并海道,东汉时又称作"傍海道"。《三国志·魏书·武帝纪》:"将北征三郡乌丸","夏五月,至无终。秋七月,大水,傍海道不通,田畴请为乡导,公从之。引军出卢龙塞,塞外道绝不通,乃堑山堙谷五百余里,经白檀,历平冈,涉鲜卑庭,东指柳城"[1]。无终其地在今天津蓟县,由无终东向,并海即可至辽东。其形势即《盐铁论·险固》所谓"燕塞碣石,绝邪谷,绕援辽"。史念海曾经指出:"东北诸郡濒海之处,地势平衍,修筑道路易于施工,故东出之途此为最便。始皇、二世以及武帝皆尝游于碣石,为东北诸郡之门户,且有驰道可达,自碣石循海东行,以至辽西辽东二郡,再由辽东斜趋而东南行,渡浿水即抵朝鲜。武帝之时,左将军荀彘佐杨仆东征朝鲜,其出师之途即遵此路。"此后毌丘俭征高句丽,司马懿战公孙渊,亦由并

---

① 《三国志·魏书·田畴传》记载,曹操击乌丸,"时方夏水雨,而滨海洿下,泞滞不通",田畴曰:"此道秋夏每常有水,浅不通车马,深不载舟船。"并海、傍海意通。关中漕渠走向,《史记·河渠书》谓"并南山下",《汉书·沟洫志》则作"旁南山下"。《史记·秦始皇本纪》:"始皇三十七年冬,行出游会稽,并海上。"司马贞《索隐》:"并音白浪反。"《汉书·武帝纪》:元封五年(前106),"北至琅邪,并海……"颜师古注:"并读曰傍。傍,依也,音步浪反。"

海道东进。①

《史记·封禅书》："（秦始皇）东游海上，行礼祠名山大川及八神，求仙人羡门之属。"秦始皇在滨海地区祷祠山川，"临照于海""昭临朝阳"，又至海上求仙人奇药。《汉书·武帝纪》载汉武帝元封五年（前106）夏四月诏，自矜出巡盛举，有"辑江淮物，会大海气"语。颜师古注引郑氏曰："会合海神之气，并祭之。"颜师古则解释为"集江淮之神，会大海之气"。秦汉时期并海道所受到的特殊重视，固然主要由于沿海文化区的存在对于统一帝国的统治有不容忽视的意义②，另一重要原因则在于出身内地的帝王对于海上神秘世界的热烈向往。《汉书·地理志》记载各地设祠的县凡38个，其中沿海地区16县，占42.1%。

秦汉并海道的作用，与当时海上交通的发展有重要的关系。

海上港口的兴起和发展，需要有一定的区域地理背景，其中包括港口与腹地间以及各港口之间陆路交通运输的联系。并海道的形成，为这些条件的实现奠定了基础。

秦汉时期，渤海、黄海、东海、南海海岸均已出现初具规模的海港，北部中国的海港又由并海道南北贯通，形成海陆交通线大体并行的交通结构。

秦汉时期的重要海港及服务于海航的近海内河港有十数处，如：

碣石　碣石在今河北秦皇岛一带，当时可能已经形成由若干港湾构成的港区。《史记·货殖列传》："夫燕亦勃、碣之间一都会也。"③

---

① 史念海：《秦汉时代国内之交通路线》，《文史杂志》第3卷第1、2期，1944年1月。收入《河山集》四集，陕西师范大学出版社，1991，第536~600页。

② 《史记·秦始皇本纪》记载，秦始皇二十八年（前219）"琅邪台刻石"有"东抚东土，以省卒士，事已大毕，乃临于海"语，秦二世元年（前209）亦以"先帝巡行郡县，以示疆，威服海内，今晏然不巡行，即见弱，毋以臣畜天下"，而"东行郡县"。是东巡海上有对沿海地区加强控制的意义。

③ 《汉书·地理志下》："蓟，南通齐、赵，勃、碣之间一都会也。"

《盐铁论·险固》也说："燕塞碣石。"碣石确实当燕地海陆交通之要冲。秦始皇、秦二世都曾巡幸碣石。《史记·秦始皇本纪》说，秦始皇至碣石，使燕人卢生入海求仙人。《史记·封禅书》则写道："（秦始皇）游碣石，考入海方士。"裴骃《集解》："服虔曰：'疑诈，故考之。'瓒曰：'考校其虚实也。'"当时碣石与"入海"行为有重要的关系。今河北秦皇岛和辽宁绥中沿海地区相继出土大量战国秦汉文物。北戴河古城村发现古城遗址，金山咀发现大型秦汉建筑遗址，其中面径40厘米的云纹贴贝圆瓦当为秦汉建筑中的罕见文物。[1] 绥中黑山头、石碑地两处秦汉建筑遗址中，还出土面径超过60厘米的以往仅见于秦始皇陵的巨型夔纹瓦当，同时发现的柱础石、花纹空心砖以及大量的云纹瓦当等遗物，也说明这些建筑基址规模之大、规格之高。[2] 这一东西连为一体的宫殿建筑群，可以推定是秦碣石宫遗址。《史记·封禅书》和《汉书·郊祀志上》记述，"尤敬鬼神之祀"的汉武帝也曾"北至碣石"。虽然碣石地区海港的早期历史与秦皇汉武以狂热的神仙崇拜为主要动机的巡行相联系，我们却不可产生碣石港只与祠祀活动有关的误解，而忽视其作为经济交往的重要通路和著名军港的作用。《禹贡》："岛夷皮服，夹右碣石入于河。"苏秦说燕文侯，也说到燕"南有碣石、雁门之饶"（《战国策·燕策一》）。碣石很早就已成为沿海贡道襟喉和重要贸易口岸。建安十一年（206），曹操将北征，"凿平虏、泉州二渠入海通运"（《三国志·魏书·董昭传》）[3]。当时渤海北部海域，被曹军利用为转运军需物资的主要通道。曹操征乌桓还师，曾在碣石休整，留下了"东临碣石，以观沧

---

[1] 河北省文物研究所、秦皇岛市文物管理处、北戴河区文物保管所：《金山咀秦代建筑遗址发掘报告》，《文物春秋》1992 年第 S1 期。

[2] 辽宁省文物考古研究所：《辽宁绥中县"姜女坟"秦汉建筑遗址发掘简报》，《文物》1986 年第 8 期；《北戴河发掘出秦始皇父子行宫遗址》，《人民日报》1986 年 9 月 25 日。

[3] 《三国志·魏书·武帝纪》："公将征之，凿渠，自呼沲入泒水，名平虏渠；又从泒河口凿入潞河，名泉州渠，以通海。"

海"的著名诗篇。诗中赞美碣石作为天然良港"水何澹澹，山岛竦峙"的形势。《水经注·濡水》引《三齐略记》说，"始皇于海中作石桥，海神为之竖柱"。后海神怒，柱崩，"众山之石皆倾注"。[①] 海神助作石桥的传说，似乎暗示当时已经进行建造墩式码头的尝试。

徐乡　徐乡在今山东黄县西北。西汉时属东莱郡。王先谦《汉书补注》引于钦《齐乘》："县盖以徐福求仙为名。"西南临朐"有海水祠"（《汉书·地理志上》）。徐乡东汉并于黄县。

黄　《元和郡县图志·河南道七》"黄县"条："大人故城，在县北二十里。司马宣王伐辽东，造此城，运粮船从此入，今新罗、百济往还常由于此。""海渎祠，在县北二十四里大人城上。"所谓"大人城"，其实也得名于汉武帝海上求仙故事。《史记·封禅书》："上遂东巡海上，行礼祠八神。齐人之上疏言神怪奇方者以万数，然无验者。乃益发船，令言海中神山者数千人求蓬莱神人。公孙卿持节常先行候名山，至东莱，言夜见大人，长数丈，就之则不见，见其迹甚大，类禽兽云。群臣有言见一老父牵狗，言'吾欲见臣公'，已忽不见。上即见大迹，未信，及群臣有言老父，则大以为仙人也。宿留海上，予方士传车及间使求仙人以千数。""大人城"汉时已是海港，汉武帝"宿留海上"，当即由此登船。[②]《史记·朝鲜列传》记载："天子募罪人击朝鲜。其秋，遣楼船将军杨仆从齐浮渤海；兵五万人。"杨仆"楼船军"的兵员构成主要是齐人。所以有"楼船将齐卒，入海"，"楼船将军将齐兵七千人先至王险"（《史记·朝鲜列传》）的说

---

①　《水经注·濡水》："《三齐略记》曰：'始皇于海中作石桥，海神为之竖柱。始皇求与相见，神曰：我形丑，莫图我形，当与帝相见。乃入海四十里，见海神，左右莫动手，工人潜以脚画其状。神怒曰：帝负约，速去。始皇转马还，前脚犹立，后脚随崩，仅得登岸，画者溺死于海，众山之石皆倾注，今犹岌岌东趣，疑即是也。'"

②　据《汉书·郊祀志上》，"公孙卿言见神人东莱山，若云'欲见天子'。天子于是幸缑氏城，拜卿为中大夫。遂至东莱，宿，留之数日，毋所见，见大人迹云。复遣方士求神人采药以千数"。是见大人迹后又一次令数以千计的大批方士入海求神人。他们很可能也是由徐乡港启程。

法。"楼船将军杨仆从齐浮渤海",其中"从齐"二字,也明确了当时齐地存在"楼船军"基地的事实。杨仆"楼船军""从齐浮渤海"可能性较大的出发港,应当在烟台、威海、龙口地方。① 乾隆《山东通志》卷二〇《海疆志·海运附》中的《附海运考》说到唐以前山东重要海运记录:"汉元封二年,遣楼船将军杨仆从齐浮渤海,击朝鲜。魏景初二年,司马懿伐辽东,屯粮于黄县,造大人城,船从此出。"

之罘 也有学者认为,杨仆楼船军"自胶东之罘渡渤海"。② 之罘在今山东烟台,战国时期称作"转附"。《孟子·梁惠王下》:

> 昔者齐景公问于晏子曰:"吾欲观于转附、朝儛,遵海而南,放于琅邪,吾何修而可以比于先王观也?"

《汉书·武帝纪》:太始三年(前94)二月,"行幸东海,获赤雁,作《朱雁之歌》。幸琅邪,礼日成山。登之罘,浮大海"。《郊祀志下》:"登之罘,浮大海,用事八神延年。"即由之罘登船浮海,亲自主持礼祠海上神仙的仪式。

成山 成山即今山东半岛成山角。《史记·封禅书》:"成山斗入海,最居齐东北隅,以迎日出云。"《孟子·梁惠文下》中所谓"朝儛",有的学者认为就是指成山。秦始皇二十八年(前219)东巡,曾"穷成山"(《史记·秦始皇本纪》)。汉武帝太始三年(前94)也曾经"礼日成山"(《汉书·武帝纪》)。魏明帝太和六年(232),孙权与公孙渊结盟,吴将周贺渡海北上,魏珍夷将军田豫"度贼船垂还,岁晚风急,必畏漂浪,东随无岸,当赴成山,

① 王子今:《论杨仆击朝鲜楼船军"从齐浮渤海"及相关问题》,《鲁东大学学报》(哲学社会科学版)2009年第1期。
② 张炜、方堃主编《中国海疆通史》,中州古籍出版社,2003,第65页。

成山无藏船之处，辄便循海"，于是"徼截险要，列兵屯守"，果然大破吴水军，"尽虏其众"。事后魏军又"入海钩取浪船"，可知成山有港。所谓"无藏船之处"，可能是当时港内形势与设施尚不能为大规模船队提供安全停靠的足够的泊位（《三国志·魏书·田豫传》）。

琅邪　"琅邪"在今山东胶南与日照之间的琅琊山附近。公元前468 年，越国由会稽迁都琅邪。① 据说迁都时有"死士八千人，戈船三百艘"随行（《越绝书·外传记地传》），可见琅邪战国时已为名港。秦始皇二十八年（前219），"南登琅邪，大乐之，留三月。乃徙黔首三万户琅邪台下，复十二岁。作琅邪台，立石刻，颂秦德，明得意"。石刻文辞中说道："维秦王兼有天下，立名为皇帝，乃抚东土，至于琅邪。列侯武城侯王离、列侯通武侯王贲、伦侯建成侯赵亥、伦侯昌武侯成、伦侯武信侯冯毋择、丞相隗林、丞相王绾、卿李斯、卿王戊、五大夫赵婴、五大夫杨樛从，与议于海上。"（《史记·秦始皇本纪》）琅邪很可能有可以停靠较大船舶的海港。② 《史记·孝武本纪》司马贞《索隐》："案：《列仙传》云：'安期生，琅邪人，卖药东海边，时人皆言千岁也。'"张守节《正义》引《列仙传》云："安期生，琅邪阜乡亭人也。卖药海边。秦始皇请语三夜，赐金数千

---

① 《越绝书·外传本事》："越伐强吴，尊事周室，行霸琅邪。"《今本竹书纪年》：周贞定王"元年癸酉，于越徙都琅玡"。《吴越春秋·勾践伐吴外传》："勾践二十五年，霸于关东，从琅玡起观台，周七里，以望东海。"《汉书·地理志上》："琅邪，越王句践尝治此，起馆台。"

② 顾颉刚《林下清言》写道："琅邪发展为齐之商业都市，奠基于勾践迁都时"，"《孟子·梁惠王下》：'昔者齐景公问于晏子曰：吾欲观于转附、朝儛，遵海而南，放于琅邪。吾何修而可以比于先王观也？'以齐手工业之盛，'冠带衣履天下'，又加以海道之通（《左》哀十年，'徐承帅舟师，将自海入齐'，吴既能自海入齐，齐亦必能自海入吴），故滨海之转附（之罘之转音）、朝儛、琅邪均为其商业都会，而为齐君所愿游观。《史记》，始皇二十六年'南登琅邪，大乐之，留三月，乃徙黔（今按：应为黔）首三万户琅邪台下'，正以有此大都市之基础，故乐于发展也。司马迁作《越世家》乃不言勾践迁都于此，太疏矣！"《顾颉刚读书笔记》第 10 卷，联经出版事业公司，1990，第 8045～8046 页。

万，出，于阜乡亭，皆置去，留书，以赤玉舄一量为报，曰'后千岁求我于蓬莱山下'。"可以"通蓬莱中"的方士安期生传说出身"琅邪"，也暗示"琅邪"在当时滨海地区方术文化中的地位，以及"琅邪"是此类航海行为重要出发点之一的事实。又《史记·秦始皇本纪》张守节《正义》引《括地志》云："亶洲在东海中，秦始皇使徐福将童男女入海求仙人，止在此洲，共数万家。至今洲上人有至会稽市易者。吴人《外国图》云亶洲去琅邪万里。"也说往"亶洲"的航路自"琅邪"启始。又《汉书·地理志上》："琅邪郡，秦置。莽曰填夷。"而关于"琅邪郡"属县临原，又有这样的文字："临原，侯国。莽曰填夷亭。"以所谓"填夷"即"镇夷"命名地方，亦体现其联系外洋的交通地理地位。《后汉书·东夷列传》说到"东夷""君子、不死之国"。对于"君子"国，李贤注引《外国图》曰："去琅邪三万里。"也指出了"琅邪"往"东夷"航路开通，已经有相关里程记录。对于"琅邪"与朝鲜半岛之间的航线，《后汉书·循吏列传·王景》提供了"琅邪不其人"王仲"浮海"故事的线索："王景字仲通，乐浪䛤邯人也。八世祖仲，本琅邪不其人。好道术，明天文。诸吕作乱，齐哀王襄谋发兵，而数问于仲。及济北王兴居反，欲委兵师仲，仲惧祸及，乃浮海东奔乐浪山中，因而家焉。"王仲"浮海东奔乐浪山中"，不排除自"琅邪"直航"乐浪"的可能。

朐县 朐县在今江苏连云港附近。《史记·秦始皇本纪》记载，秦始皇三十五年（前212），"立石东海上朐界中，以为秦东门"。《初学记》卷七："东海有石桥，秦始皇造，欲过海也。"《述异记》："秦始皇作石横桥于海上，欲过海观日出处。有神人驱石，去不速，神人鞭之，皆流血。今石桥其色犹赤。"庾信《哀江南赋》："东门则鞭石成桥。"这些传说的出现，与碣石"始皇于海中作石桥"传说同样，很可能最初也是对以当时工程技术条件修造的港口简易石筑码头的传奇式记述。① 一说徐福东渡，由此入海。②

　　吴县　吴县在今江苏苏州，临吴江，当时有建造在吴江入海口的河段上或近海口的感潮河段上的河口港。吴县为东周吴国故都，而吴国曾据有海航优势。《越绝书·计倪内经》说，越王勾践阴图吴，顾虑其"西则迫江，东则薄海"的航运条件，对比两国军力，则"念楼船之苦"。《国语·吴语》记载，吴王夫差起师北征，越王勾践"率师沿海泝淮以绝吴路"，败吴太子，于是"乃率中军泝江以袭吴，入其郭，焚其姑苏，徙其大舟"。汉初，吴王刘濞"擅山海利"（《史记·吴王濞列传》），对海港交通条件的利用，也是可与中央政府抗衡的割据势力得以形成的重要因素之一。

　　会稽　会稽在今浙江杭州东南。先秦越国都城。越国是所谓"水行"之国。伍子胥说："陆人居陆，水人居水。夫上党之国，我攻而胜之，吾不能居其地，不能乘其车。夫越国，吾攻而胜之，吾能居其地，吾能乘其舟。"（《国语·越语上》）越水军有很强的战斗力，"以船为车，以楫为马，往若飘风，去则难从"（《越绝书·外传记地传》），北上伐吴，"争三江五湖之利"（《国语·越语下》），又曾"沿海泝淮以绝吴路"（《国语·吴语》），并移军经营琅邪军港，都是以会稽港为基地。据《越绝书·外传记地传》，越中城居各有水门，又有所谓"石塘"，"石塘者，越所害军船也。塘广六十五步，长三百五十三步，去县四十里"。③ 秦始皇三十七年（前210）出巡，"上会

---

① 《艺文类聚》卷九梁简文帝《石桥》诗："秦王见海神"，张文琮《赋桥》诗："鞭石表秦功"，都说明此类传说流布甚广。《初学记》卷七引《齐地记》："秦始皇作石桥欲渡海观日出处。旧说始皇以术召石，石自行，至今皆东首，隐轸似鞭挞瘢，势似驰逐。"《太平御览》卷七三引文作"言似驰逐"。值得注意的是，类似传说流传于沿海多处古港，如山东文登"秦始皇石桥"（《元和郡县图志·河南道七》），山东荣成"召石山"（《齐乘》引《三齐略》）、山东成山"秦桥"（乾隆《山东通志》卷三五之一上《艺文志》）等。

② 罗其湘：《徐福村的发现和徐福东渡》，《从徐福到黄遵宪》（《中日关系史论文集》第1辑），时事出版社，1985。

③ "害"，或"窟"字之误，石塘可能是贮造军船的船坞。

稽，祭大禹，望于南海"，以会稽为认识南海的窗口，正因为这里是著名的海港。秦二世"东行郡县"，也曾经"南至会稽"（《史记·秦始皇本纪》）。汉武帝建元三年（前138），严助由此浮海救东瓯（《汉书·严助传》）。建元六年（前135），韩安国出会稽击闽越（《汉书·武帝纪》），可能亦经由海路。元狩四年（前119），"有司言关东贫民徙陇西、北地、西河、上郡、会稽凡七十二万五千口，县官衣食振业，用度不足"（《汉书·武帝纪》）①，会稽与西北诸郡同样作为安置徙民的地点，足见西汉王朝对其正处东南海陆交通要冲的战略地位的重视。

句章　句章在今浙江宁波西。汉武帝元封元年（前110）发兵击东越，"遣横海将军韩说出句章，浮海从东方往"（《汉书·闽粤传》）。以句章港为海上进军的基地。《三国志·吴书·孙破虏讨逆传》记载，汉灵帝熹平元年（172），"会稽妖贼许昌起于句章，自称阳明皇帝"，一时"扇动诸县，众以万数"，孙坚"以郡司马募召精勇，得千余人，与州郡合讨破之"。又《三国志·吴书·三嗣主传》记载，吴景帝孙休永安七年（264），"魏将新附督王稚浮海入句章，略长史贵财及男女二百余口"。也说明句章当时是重要海港。

回浦　回浦在今浙江台州。《元和郡县图志·江南道二》：台州，"秦并天下置闽中郡，汉立南部都尉。本秦之回浦乡，分立为县。扬雄《解嘲》云'东南一尉，西北一候'，是也"。扬雄《解嘲》写道：

---

①　王鸣盛《十七史商榷》卷九"徙民会稽"条推定此次徙民使会稽"约增十四万五千口"，而"会稽生齿之繁，当始于此"。葛剑雄据《史记·平准书》及《汉书·食货志》此次移民地点不含会稽，断定《汉书·武帝纪》中"会稽"二字是衍文。《西汉人口地理》，人民出版社，1986。陈桥驿则肯定这次移民是历史事实。陈桥驿主编《浙江地理简志·历史地理篇》，浙江人民出版社，1985。《越绝书·外传记地传》记述："是时，徙大越民置徐杭、伊攻、□故鄮。因徙天下有罪遣戍民，置南海故大越处，以备东海外越。"以为秦始皇时事，然而特别强调了移民对于加强海上防务，"以备东海外越"的意义。秦及两汉内地战乱多有人自行避难移居会稽，如项梁、项羽、蔡邕等。以会稽位置及交通条件，被选择作为移民安置地点是完全可能的。

"今大汉，左东海，右渠搜，前番禺，后陶涂，东南一尉，西北一候。"三国时期吴国于此置临海郡。吴末帝孙皓凤凰三年（274），临海太守奚熙与会稽太守郭诞书，非论国政，孙皓于是"遣三郡督何植收熙，熙发兵自卫，断绝海道"（《三国志·吴书·三嗣主传》）。可见，临海地区与其他地区的交通联系，主要依赖经由回浦港的海上通路，而这一海港的地位，又可以制扼整个东南方向的"海道"。

东瓯 东瓯在今浙江温州，原为东瓯故都。吴王濞反，东瓯胁从，或有水军由此北上。汉武帝建元三年（前138），闽越发兵围东瓯，汉武帝遣严助"发会稽郡兵浮海救之"，"汉兵未至，闽粤引兵去"（《汉书·闽粤传》），严助军原定登陆地点，无疑即东瓯港。

东冶 东冶在今福建福州。《汉书·地理志上》颜师古注：冶，"本闽越地"。《汉书·闽粤传》："汉五年，复立无诸为闽粤王，王闽中故地，都冶。"汉武帝建元三年（前138），"闽粤发兵围东瓯"，六年（前135），"闽粤击南粤"。闽粤贵族余善后又立为东粤王。元鼎五年（前112），南粤反，"余善上书请以卒八千从楼船击吕嘉等"。水军北上南下，当多由东冶起航。元鼎六年（前111），横海将军韩说与会稽太守朱买臣等"治楼船，备粮食、水战具"，发兵浮海，"陈舟列兵，席卷南行"，由海路击破东越（《汉书·朱买臣传》）。《后汉书·郑弘传》说，"旧交阯七郡贡献转运，皆从东冶泛海而至"。东冶长期被作为由南海北上的重要的中间转运港。

揭阳 揭阳在今广东汕头附近。汉武帝元鼎五年（前112），汉王朝征南粤水军曾在此停集。"南越反，东越王余善上书，请以卒八千人从楼船将军击吕嘉等。兵至揭阳，以海风波为解，不行。"（《史记·东越列传》）[①] 揭阳是南海重要海港之一，王莽曾改称为"南海亭"（《汉书·地理志下》）。

---

① 《史记·南越列传》："闻汉兵至"，"越揭阳令定自定属汉"，当大致是此时事。

番禺　番禺在今广东广州，为南海郡治所在。曾为尉佗所都，为南越政权长期经营，是南海最大的海港，据有"负山险，阻南海"的地理优势（《史记·南越列传》）。《史记·货殖列传》："九疑、苍梧以南至儋耳者，与江南大同俗，而杨越多焉。番禺亦其一都会也，珠玑、犀、瑇瑁，果、布之凑。"《汉书·地理志下》也说："（粤地）处近海，多犀、象、毒冒、珠玑、银、铜、果、布之凑，中国往商贾者多取富焉。番禺，其一都会也。"番禺当时已成为国际性商港。广州南越王墓出土物之绮丽华贵，说明其地之富足。[①] 有学者判定为广州秦汉造船工场遗址的宏大遗存，如性质确实与造船业有关，也可以反映番禺在南海航运系统中的地位。[②] 番禺后为交州治所。东汉末，中原战乱不息，士民多有避乱会稽者，及战火延及会稽，则又纷纷浮海南渡交州。《三国志·蜀书·许靖传》记载，许靖汝南平舆人，董卓乱政，辗转往依会稽太守王朗，后"孙策东渡江，皆走交州以避其难"。[③]

徐闻　徐闻在今广东徐闻南，是大陆与朱崖洲（今海南岛）交通的主要港口。《汉书·地理志下》："自合浦徐闻南入海，得大州，东西南北方千里。"《水经注·温水》："王氏《交广春秋》曰：'朱崖、儋耳二郡，与交州俱开，皆汉武帝所置。大海中，南极之外，对合浦徐闻县。清朗无风之日，迳望朱崖州如囷廪大。从徐闻对渡，北风举帆，一日一夜而至。'"徐闻汉墓的考古发现，可以增进对当时徐闻港历史地位的认识。[④]

---

①　广州象岗汉墓发掘队：《西汉南越王墓发掘初步报告》，《考古》1984 年第 3 期。

②　广州市文物管理处、中山大学考古专业 75 届工农兵学员：《广州秦汉造船工场遗址试掘》，《文物》1977 年第 4 期。

③　由中原避乱至会稽，又由会稽转迁交州之例，还有《后汉书·袁安传》："及天下大乱，（袁）忠弃官客会稽上虞"，"后孙策破会稽，忠等浮海南投交阯"。《后汉书·桓荣传》："初平中，天下乱"，桓晔"避地会稽，遂浮海客交阯"。

④　广东省博物馆：《广东徐闻东汉墓——兼论汉代徐闻的地理位置和海上交通》，《考古》1977 年第 4 期。

　　合浦　合浦在今广西北海附近。《汉书·地理志下》记述"自日南障塞、徐闻、合浦船行",以通南洋各国的航行日程,所谓"蛮夷贾船,转送致之",说明徐闻、合浦都是当时海外交通的重要港口。《北堂书钞》卷七五引谢承《后汉书》说,孟尝为合浦太守,"被征当还,吏民攀车请之,不得进,乃附商人船遁去"。可见合浦港有商船往返进出。年代为西汉后期的合浦望牛岭汉墓中,大量出土金饼、金珠及水晶、玛瑙、琉璃、琥珀制品,还出土一件精致的琥珀质印章。① 这些物品很可能来自海外,可以反映合浦当时曾作为重要的对外贸易的港口的历史事实。

　　龙编　龙编在今越南海兴省海阳附近。当时是交阯郡的进出港。海南诸国"自汉武已来,朝贡必由交阯之道"(《旧唐书·地理志四》)。龙编东汉时曾经是"交阯郡"治所在。在秦汉南洋贸易中,龙编又始终是重要的中间转运港。船队可以乘潮迎红河直抵城下。郡属有定安县。《续汉书·郡国志五》交阯郡定安条下刘昭注引《交州记》曰:"越人铸铜为船,在江潮退时见。"这种当地人铸造的铜船,可能是与航运有关的水文标记。

　　卢容　卢容在今越南平治天省顺化市。《水经注·温水》:"《晋书地道记》曰:郡去卢容浦口二百里。""康泰《扶南记》曰:'从林邑至日南卢容浦口可二百余里,从口南发往扶南诸国,常从此口出也。'故《林邑记》曰:'尽纮沧之徼远,极流服之无外。地滨沧海,众国津逮。'郁水南通寿泠,即一浦也。浦上承交阯郡南都官塞浦。"浦,谓河海交汇处,又常常专指泊船之港湾。②

---

　　①　广西壮族自治区文物考古写作小组:《广西合浦西汉木椁墓》,《考古》1972 年第 5 期。

　　②　《太平御览》卷七五引《郡国志》:"夏曰浦有龙鱼,昔禹南济,黄龙夹舟之处。"又引《江夏记》:"南浦在县南三里,《离骚》曰'送美人兮南浦'","商旅从来皆以浦停泊,以其在郭之南,故称南浦"。又引《续搜神记》:"庐江筝笛浦,浦中昔有大舶覆水内,渔人宿旁,闻筝笛之声及香气氤氲,云是曹公载妓舡覆于此。"

二　近海航线的开通

　　《禹贡》说到冀州贡道："岛夷皮服，夹右碣石入于海。"说明战国时期渤海沿岸及海上居民已利用航海方式进行经济往来。山东半岛沿岸居民也较早开通近海航线，齐初建国，即重视"便鱼盐之利"（《史记·齐太公世家》），利用沿海交通较为优越的条件发展经济，于是成为富足的"海王之国"（《管子·海王》）。齐景公曾游于海上而乐之，六月不归。①齐人习于海事，又如《史记·田敬仲完世家》："太公乃迁康公于海上，食一城。"《韩非子·外储说右上》："齐东海上有居士曰狂矞、华士。"刘邦破楚，田横"与其徒属五百余人入海，居岛中"，刘邦以其"在海中不收"而深感不安（《史记·田儋列传》）。居于东海之滨，所谓"以船为车，以楫为马"（《越绝书·勾践伐吴外传》）的吴越人，也较早掌握了航海技术。吴王夫差曾"从海上攻齐，齐人败吴，吴王乃引兵归"（《史记·吴太伯世家》），开创了海上远征的历史记录。夫差与晋公会盟黄池，"越王句践乃命范蠡、舌庸率师沿海泝淮以绝吴路"（《国语·吴语》）。越徙都"琅邪"，也是一次大规模的航海行动，其武装部队的主力为"死士八千人，戈船三百艘"，据说"初徙琅琊，使楼船卒二千八百人伐松柏以为桴"（《越绝书·外传记地传》）。近海航运能力方面的优势，显然是越国霸业的重要基础。

　　对于秦及西汉上层社会造成莫大影响的海上三神山的传说，其

---

　　①　《说苑·正谏》："齐景公游于海上而乐之，六月不归，令左右曰：'敢有先言归者致死不赦！'"《韩非子·十过》则以为田成子事："昔者田成子游于海而乐之，号令诸大夫曰：'言归者死！'"《韩非子·外储说左上》则说到"齐景公游少海"，《外储说右上》作"景公与晏子游于少海"。陈奇猷以为"少海"，当即《十过》所谓"海"也。《韩非子集解》，上海人民出版社，1974。今则以为"少海"当作"近海"解之为宜。《山海经·东山经》："无皋之山，南望幼海"，郭璞注："即少海也。《淮南子》曰：'东方大渚曰少海。'"

实也由来于"燕、齐海上方士"直接的或间接的航海见闻。秦皇汉武皆曾沉迷于对海上仙境及不死之药的狂热追求。《史记·封禅书》记载：

> 自威、宣、燕昭使人入海求蓬莱、方丈、瀛洲。此三神山者，其傅在勃海中，去人不远；患且至，则船风引而去。盖尝有至者，诸仙人及不死之药皆在焉。其物禽兽尽白，而黄金银为宫阙。未至，望之如云；及到，三神山反居水下。临之，风辄引去，终莫能至云。世主莫不甘心焉。及至秦始皇并天下，至海上，则方士言之不可胜数。始皇自以为至海上而恐不及矣，使人乃赍童男女入海求之。船交海中，皆以风为解，曰未能至，望见之焉。其明年，始皇复游海上，至琅邪，过恒山，从上党归。后三年，游碣石，考入海方士，从上郡归。后五年，始皇南至湘山，遂登会稽，并海上，冀遇海中三神山之奇药。不得，还至沙丘崩。

未得神山奇药，是秦始皇死而遗恨的事。《史记·秦始皇本纪》："齐人徐市等上书，言海中有三神山，名曰蓬莱、方丈、瀛洲，仙人居之。请得斋戒，与童男女求之。于是遣徐市发童男女数千人，入海求仙人。"这是世界航海史上具有重要意义的海上航行。徐市并非一去不返。秦始皇二十八年（前219）遣徐市入海。三十五年（前212）秦始皇因"徐市等费以巨万计，终不得药，徒奸利相告日闻"而怒，后竟成为坑杀诸生的因由之一。三十七年（前210），"方士徐市等入海求神药，数岁不得，费多，恐谴，乃诈曰：'蓬莱药可得，然常为大鲛鱼所苦，故不得至，愿请善射与俱，见则以连弩射之'"。"乃令入海者赍捕巨鱼具。"（《史记·秦始皇本纪》）徐市入海求仙人神药，前后历时8年，曾数次往返。《史记·淮南衡山列传》所谓"徐福得平原广泽，止王不来"，当是秦始皇三十七年最后一次入海事。与徐市同时因入海求仙著名的对中国早期航海事业做出了贡献的方士，还有卢生、韩终（又作韩众）、侯公（又作侯生）、石生等。①

汉武帝尤敬鬼神之祀，元光二年（前133），方士李少君又进言海中仙人事，谓"祠灶则致物，致物而丹沙可化为黄金，黄金成以为饮食器则益寿，益寿而海中蓬莱仙者乃可见，见之以封禅则不死，黄帝是也。臣尝游海上，见安期生，安期生食巨枣，大如瓜。安期生仙者，通蓬莱中，合则见人，不合则隐"。于是汉武帝"始亲祠灶，遣方士入海求蓬莱安期生之属"。元鼎四年（前113），方士栾大又自称"臣常往来海中、见安期、羡门之属"，受到汉武帝信用，以卫长公主妻之，后东入海，求其师。栾大数月之内佩六印，贵震天下，"而海上燕齐之间莫不搤捥而自言有禁方，能神仙矣。"于是又多有"入海求蓬莱者"。元封元年（前110），汉武帝"东巡海上，行礼祠八神"，一时"齐人之上疏言神怪奇方者以万数，然无验者。乃益发船，令言海中神山者数千人求蓬莱神人"。这是秦始皇之后又一次政府组织的大规模的航海活动。汉武帝本人也曾"宿留海上，予方士传车及间使求仙人以千数"。又于封泰山之后，因"方士更言蓬莱诸神若将可得，于是上欣然庶几遇之，乃复东至海上望，冀遇蓬莱焉"。元封二年（前109），汉武帝又至东莱，"宿留之数日"，"复遣方士求神怪采芝药以千数"。太初元年（前104），再次"东至海上，考入海及方士求神者，莫验，然益遣，冀遇之"。于禅高里、祠后土之后，又"临勃

---

① 《史记·秦始皇本纪》："三十二年，始皇之碣石，使燕人卢生求羡门、高誓。""因使韩终、侯公、石生求仙人不死之药。""燕人卢生使入海还，以鬼神事，因奏录图书，曰'亡秦者胡也'。"三十五年，"卢生说始皇曰：'臣等求芝奇药仙者常弗遇，类物有害之者。'……愿上所居宫毋令人知，然后不死之药殆可得也'"。始皇又因侯生、卢生相与谋而大怒曰："今闻韩众去不报，徐市等费以巨万计，终不得药，徒奸利相告日闻。卢生等吾尊赐之甚厚，今乃诽谤我，以重吾不德也。"

海，将以望祀蓬莱之属，冀至殊廷焉"。① 太初三年（前102）又"东巡海上，考神仙之属"。司马迁说："方士之候祠神人，入海求蓬莱，终无有验。"汉武帝对海上神山传说仍迷信不疑，反复组织入海寻求，"羁縻不绝，冀遇其真"，此后，"方士言神祠者弥众，然其效可睹矣"（《史记·封禅书》）。天汉二年（前99），汉武帝又"行幸东海"，太始三年（前94），还曾亲自"浮大海"，征和四年（前89），又"行幸东莱，临大海"（《汉书·武帝纪》）。汉武帝对海上世界的探求渴望以及冀求得遇海上仙人的偏执心理，促使他在位54年间，前后10次巡行海滨②，甚至亲自"浮海"航行，前后40余年连续发船"入海求蓬莱"，参与者往往数以千万，在中国神话史、探险史和航海史上，都写下了引人注目的一页。

汉武帝建元三年（前138），闽越围东瓯，东瓯告急，汉武帝"遣中大夫严助持节发会稽兵，浮海救之。未至，闽越走，兵还"。建元六年（前135），"闽越王郢攻南越，遣大行王恢将兵出豫章，大司农韩安国出会稽，击之。未至，越人杀郢降，兵还"（《汉书·武帝

---

① 《史记·封禅书》记载，是年还长安后，作建章宫，前殿"其北治大池，渐台高二十余丈，命曰太液池，中有蓬莱、方丈、瀛洲、壶梁，象海中神山龟鱼之属"。也体现出对海上神山传说的沉迷。

② 关于汉武帝巡行海滨，《史记·封禅书》记载：元封元年（前110）"东巡海上，行礼祠八神"。"宿留海上，予方士传车及间使求仙人以千数。"封泰山后，再次至海上，"东至海上望，冀遇蓬莱焉"。"遂去，并海上，北至碣石，巡自辽西，历北边至九原。"元封二年（前109），"至东莱，宿留之数日"。元封五年（前106），"北至琅邪，并海上"。太初元年（前104），"东至海上，考入海及方士求神者，莫验，然益遣，冀遇之"。"临勃海，将以望祀蓬莱之属，冀至殊廷焉。"太初三年（前102），汉武帝又有海上之行："东巡海上，考神仙之属，未有验者。"除了《史记·封禅书》中这5年中6次行临海上的记录外，《汉书·武帝纪》还记载了晚年汉武帝4次出行至于海滨的情形："（天汉）二年春，行幸东海。""（太始三年）行幸东海，获赤雁，作《朱雁之歌》。幸琅邪，礼日成山。登之罘，浮大海。""（太始四年）夏四月，幸不其，祠神人于交门宫，若有乡坐拜者。作《交门之歌》。""（征和）四年春正月，行幸东莱，临大海。"秦始皇统一天下后凡5次出巡，其中4次行至海滨。汉武帝则远远超过这一纪录，一生中至少10次至于海上。他最后一次行临东海，已经是68岁的高龄。

纪》）。韩安国所部，不排除由海路南下的可能。① 元鼎五年（前112）汉军击南越，闽粤贵族余善上书请以卒八千从楼船将军杨仆部作战，虽"兵至揭阳，以海风波为解，不行"，然而平定南越后楼船将军杨仆"上书愿请引兵击东粤，上以士卒劳倦，不许"，说明今福建广东沿海海面的航线已经开通，并可通过大型舰船组成的水军。元鼎六年（前111），余善反，汉武帝发数军合攻，"遣横海将军韩说出句章，浮海从东方往"，"元封元年冬，咸入东粤"（《汉书·闽粤传》）。

战国时期，朝鲜已经与燕地有密切的联系。②《史记·苏秦列传》说，"（苏秦）说燕文侯曰：'燕东有朝鲜、辽东，北有林胡、楼烦，西有云中、九原，南有嘑沱、易水，地方二千余里，带甲数十万，车六百乘，骑六千匹，粟支数年。南有碣石、雁门之饶，北有枣栗之利，民虽不佃作而足于枣栗矣。此所谓天府者也'"③。所谓"东有朝鲜"，被列为燕国地理优势的首要因素。④ 而《史记·朝鲜列传》确实说"始全燕时"曾经对"真番、朝鲜"有所控制，"尝略属真番、朝鲜，为置吏，筑鄣塞"。秦实现统一，"属辽东外徼"。所以《史记·秦始皇本纪》说"地东至朝鲜"。⑤《史记·历书》载汉文帝时将

---

① 汉武帝时代由会稽发兵南下凡三次：（1）建元三年（前138）严助浮海救东瓯；（2）建元六年（前135）韩安国出会稽击闽越；（3）元鼎六年（前111）韩说、王温舒出会稽击东越。其中（1）（3）二次史籍明确记载经由海路。第（2）次很可能亦泛海南下。然而《汉书·闽粤传》记载，"上遣大行王恢出豫章，大司农韩安国出会稽，皆为将军。兵未隃领，闽粤王郢发兵距险。""兵未隃领"若兼指王恢、韩安国二军，则皆由陆路行。看来元鼎六年韩安国军行进路线的确定，当期待更详尽的资料的发现。

② 《盐铁论·伐功》："燕袭走东胡，辟地千里，度辽东而攻朝鲜。"

③ 《战国策·燕策一》："苏秦将为从，北说燕文侯曰：'燕东有朝鲜、辽东，北有林胡、楼烦，西有云中、九原，南有呼沱、易水。地方二千余里。带甲数十万。车七百乘。骑六千匹。粟支十年。"

④ 燕地与朝鲜经济往来密切的形势，在汉代已经相当显著。《史记·货殖列传》说："（燕地）有鱼盐枣栗之饶。北邻乌桓、夫馀，东绾秽貉、朝鲜、真番之利。"

⑤ 《史记·秦始皇本纪》："分天下以为三十六郡，郡置守、尉、监。更名民曰'黔首'。""一法度衡石丈尺。车同轨。书同文字。地东至海暨朝鲜，西至临洮、羌中，南至北向户，北据河为塞，并阴山至辽东。"《淮南子·人间》：秦皇发卒，"北击辽水，东结朝鲜"。

军陈武等语，也说"朝鲜自全秦时内属为臣子"。不过，汉初则"拥兵阻阨，选蠕观望"。司马贞《索隐》："'选蠕'，谓动身欲有进取之状也。"朝鲜半岛南部有称作"三韩"的国家，东为辰韩，西为马韩，南为弁辰。根据《后汉书·东夷列传·三韩》的记载，"辰韩，耆老自言秦之亡人，避苦役，适韩国，马韩割东界地与之。其名国为邦，弓为弧，贼为寇，行酒为行觞，相呼为徒，有似秦语，故或名之为秦韩。"由中国行至朝鲜半岛南部，许多"秦之亡人"很可能经由海道。[①]

汉武帝元朔元年（前128），"东夷薉君南闾等口二十八万人降，为苍海郡"。时在秋后（《汉书·武帝纪》）。"薉"即"秽"。颜师古注引服虔曰："秽貊在辰韩之北，高句丽、沃沮之南，东穷于大海。"秽貊（或谓薉貊）地望，在东朝鲜湾西岸，朝鲜江原道及咸镜南道南部地区。《汉书·武帝纪》：元朔三年（前126）春，"罢苍海郡"。仅存在1年多的苍海郡之建置[②]，或可看作黄海航线畅通与中原人在东朝鲜湾以南航海活动起始的标志之一。《史记·平准书》："彭吴贾灭朝鲜，置沧海之郡，则燕齐之间靡然发动。"又说："东至沧海之郡，人徒之费拟于南夷。"《汉书·食货志下》则谓"彭吴穿秽貊、朝鲜，置沧海郡，则燕齐之间靡然发动"。"东置沧海郡，人徒之费疑于南夷。"燕、齐地区与苍海郡的联系，前者多由陆路，后者或由海路。《史记·留侯世家》说，张良流亡时，"东见仓海君。得力士，为铁椎重百二十斤。秦皇帝东游，良与客狙击秦皇帝博浪沙中，误中副车。秦皇帝大怒，大索天下，求贼甚急，为张良故也"。以铁椎"狙击秦皇帝博浪沙中"的力士是否自"仓海君"得，司马迁的说法并不十分

① 王子今：《略论秦汉时期朝鲜"亡人"问题》，《社会科学战线》2008年第1期。
② 谭其骧主编《中国历史地图集》第2册在谡貊地方（今朝鲜阳德、高原至韩国春川、束草一带）标示："苍海郡（前一二八年—前一二六年）"。中国地图出版社，1982，第27~28页。

确定。① 而"仓海君"身份,有理解为"东夷君长"者。裴骃《集解》引如淳曰:"秦郡县无仓海。或曰东夷君长。"司马贞《索隐》:"姚察以武帝时东夷秽君降,为仓海郡,或因以名,盖得其近也。"张守节《正义》:"《汉书·武帝纪》云:'元朔元年,东夷秽君南闾等降,为仓海郡,今貊秽国。'得之。太史公修史时已降为郡,自书之。《括地志》云:'秽貊在高丽南,新罗北,东至大海西。'"于是,有学者分析说:"张良先在陈县一带活动,后来继续东去。据说他曾经流落到朝鲜半岛,见过东夷君长仓海君。古来燕、赵多慷慨悲歌之士,秦攻取燕国首都蓟城,燕国举国东移到辽东,秦军东进辽东灭燕,燕人逃亡朝鲜半岛的不在少数。也许,张良确是追寻燕人足迹到过朝鲜,也许,仓海君只是近海地区的豪士贤人,而张良是上穷碧落下黄泉,遍游天下,终于通过仓海君得到一名壮勇的武士,可以挥动一百二十斤的铁椎。"② 尽管也存在这后一种可能性,但是由"仓海"联想到"仓海郡",思路是正确的。正如葛剑雄所说,"中原人口向辽东半岛及朝鲜半岛的迁移在秦代已经开始。从战国后期燕国与朝鲜半岛的关系看,在秦的统治下,有大量燕人移居朝鲜半岛是十分正常的"③。

《山海经》关于朝鲜的记述,有"海北山南"及"东海之内,北海之隅"语。④ 看来中原人对这一地区的早期认识,起初是越过大海而实现的。《说文·鱼部》列举多种出产于朝鲜半岛沿海的海鱼,如"出乐浪潘国"的鳙、鲮、鯜、鮪、魦、鯜,"出薉邪头国"的鮸、鲅,又有"鰡,鰡鱼也,皮有文,出乐浪东暆,神爵四年初捕收输考

---

① 有学者称之为"仓海力士"。李开元:《复活的历史——秦帝国的崩溃》,中华书局,2007,第46页。

② 李开元:《复活的历史——秦帝国的崩溃》,中华书局,2007,第43页。

③ 葛剑雄、曹树基、吴松弟:《简明中国移民史》,福建人民出版社,1993,第93页。

④ 《山海经·海内北经》:"朝鲜在列阳东,海北山南。列阳属燕。"《海内经》:"东海之内,北海之隅,有国名曰朝鲜。"

工"，以及"鲜，鲜鱼也，出貉国"。段玉裁注："薉邪头国，秽貊也。"其地当在《汉书·地理志下》所谓"邪头昧"一带，即日本海西岸的今朝鲜高城附近。"貉国"，亦即秽貊。"东暆"，《汉书·地理志下》作"东暆"。其地在日本海西岸的今朝鲜江陵。《汉书·武帝纪》记载，元封二年（前109）发兵击朝鲜，次年夏，"朝鲜斩其王右渠降，以其地为乐浪、临屯、玄菟、真番郡"。潘国之称不知是否与"真番"地名有关，若如此，依谭其骧主编《中国历史地图集》第2册标示的位置，则在黄海东海岸，临江华湾。① 乐浪郡，王莽改称"乐鲜"，属县有"朝鲜"，又"浿水"县，"莽曰乐鲜亭"（《汉书·地理志下》）。应劭注谓所以称"乐鲜"者，"故朝鲜国也"。朝鲜之最初得名，很可能与出于"貉国"的"鲜鱼"这种水产品有关。朝鲜半岛渔产远输千里之外，一方面说明以航海条件为基础的当地渔业的发达，另一方面也反映出这一地区与中国内陆地区交通联系之紧密。而联结燕齐地区与朝鲜半岛的近海航线，也是交通途径之一。

汉文帝三年（前177），济北王刘兴居反，欲委兵琅邪不其人王仲，王仲惧祸，"乃浮海东奔乐浪山中，因而家焉"（《后汉书·循吏列传·王景》）。可见汉初"琅邪"与乐浪间航海往来已不很困难。汉武帝时代，更有庞大舰队浮海击朝鲜的壮举。元封二年（前109），"朝鲜王攻杀辽东都尉，乃募天下死罪击朝鲜"，"遣楼船将军杨仆、左将军荀彘将应募罪人击朝鲜"（《汉书·武帝纪》）。颜师古注引应劭曰："楼船者，时欲击越，非水不至，故作大船，上施楼也。"《史记·朝鲜列传》记载，"其秋，遣楼船将军杨仆从齐浮渤海"②。杨仆

---

① 谭其骧主编《中国历史地图集》第2册，中国地图出版社，1982，第27~28页。
② 《史记·朝鲜列传》还记述，另有"兵五万人，左将军荀彘出辽东"，而"楼船将军将齐兵七千人先至王险。右渠城守，窥知楼船军少，即出城击楼船，楼船军败散走"。后楼船将军杨仆"坐兵至洌口，当待左将军，擅先纵，失亡多，当诛，赎为庶人"。是知楼船载兵有限，正如司马迁所谓"楼船将狭，及难离咎"，然而其进军速度，则显然优于陆军。

军起航地点可能在东莱郡①，登陆地点是洌口（或作列口）②。洌口即今朝鲜黄海南道殷栗附近。

朝鲜平壤南郊大同江南岸土城里的乐浪郡遗址和黄海北道凤山郡石城里的带方郡③遗址，都保留有丰富的汉代遗物。信川郡凤凰里有汉长岑县遗址，曾出土"守长岑县王君，君讳乡，年七十三，字德彦，东莱黄人也，正始九年三月廿日，壁师王德造"的长篇铭文，由此也可以推想，汉魏时通往乐浪的海路的起点，可能确实是东莱郡黄县。

北海都昌人逄萌曾就学于长安，王莽专政，"即解冠挂东都城门，归，将家属浮海，客于辽东"。"及光武即位，乃之琅邪劳山。"（《后汉书·逸民列传·逄萌》）当时隔海互通消息，渡海似乎也可以轻易往返。

汉安帝永初三年（109），有张伯路等起义，"自称'将军'，寇滨海九郡"，并往往"乘船浮海，深入远岛"，相机出击，曾由东莱"遁走辽东，止海岛上"，又"复抄东莱间"，在情势紧急时再次"逃还辽东"（《后汉书·法雄传》）。对近海航线的熟悉，使得这样的海上反政府武装力量具有很强的机动性。东汉以来，出现"海贼"称谓。"海贼"形成了对"缘海"郡县行政秩序的威胁和破坏。航海能力的优越，使得"海贼"的活动区域幅面十分宽广。据《后汉书·法雄传》，政府军担心"贼若乘船浮海，深入远岛，攻之未易也"。而事实上"海贼张伯路"的部队果然"遁走辽东，止海岛上"。随后竟然"复抄东莱间"，在战败后又"逃还辽东"，也体现出其海上航行能力之强。而政府军不得不"发幽、冀诸郡兵"围攻，镇压的主力军的首领法雄是"青州刺史"，最终战胜张伯路"海贼"的是"东莱郡兵"

---

① 黄盛璋在《中国港市之发展》一文中考证，"汉征朝鲜从莱州湾入海，地点或在东莱"。《历史地理论集》，人民出版社，1982，第89页。

② 《史记·朝鲜列传》："楼船将军亦坐兵至洌口，当待左将军，擅先纵，失亡多，当诛，赎为庶人。"《汉书·朝鲜传》作"列口"。《汉书·地理志下》乐浪郡属县有"列口"。

③ 汉献帝建安九年（204），割乐浪郡南部为带方郡。

和“辽东人李久等”的部队，也说明“海贼”在山东半岛和辽东半岛间往复转战，频繁地“遁走”“逃还”，是擅长使用海上运动战策略的。居延汉简“☐书七月己酉下Ⅴ一事丞相所奏临淮海贼Ⅴ乐浪辽东”“☐圂得渠率一人购钱卅万诏书八月己亥下Ⅴ一事大”（33.8），反映“临淮海贼”竟然可以至于“乐浪辽东”，冲击辽东半岛和朝鲜半岛的社会生活。东汉以后，似乎东南方向的“海贼”危害更为严重。这就是频繁见于史籍的“会稽海贼”（《续汉书·天文志中》）以及“南海贼”（《三国志·吴书·吕岱传》《后汉书·桓帝纪》）活跃的情形。①

东汉末年，辽东半岛与山东半岛间的海上交通往来不绝。当时多有所谓“遭王道衰缺，浮海遁居”（《三国志·魏书·管宁传》）的情形。东莱黄人太史慈②、北海朱虚人邴原③、管宁④、乐安盖人国渊⑤、平原人王烈⑥等，都曾避战乱入海至于辽东。

魏明帝景初元年（237）为发展海上航运，特“诏青、兖、幽、冀四州，大作海船”（《三国志·魏书·明帝纪》）。景初二年（238），司马懿率军征公孙渊，围襄平城（今辽宁辽阳），“会霖雨三十余日，辽水暴长，运船自辽口径至城下”（《三国志·魏书·公孙渊传》）。在东汉航海业发展的基础上，渤海航运得到空前的发展。景初三年（239），“以辽东东沓县吏民渡海居齐郡界，以故纵城为新沓县以居徙民”。魏齐王曹芳正始元年（240），又“以辽东汶、北丰县民流徙渡

---

① 参看王子今、李禹阶《汉代的“海贼”》，《中国史研究》2010 年第 1 期；王子今《居延简文“临淮海贼”考》，《考古》2011 年第 1 期。

② 《三国志·吴书·太史慈传》：“（太史慈）为州家所疾，恐受其祸，乃避之辽东”，后又“从辽东还”。

③ 《三国志·魏书·邴原传》：“黄巾起，原将家属入海，住郁洲山中。时孔融为北海相，举原有道。原以黄巾方盛，遂至辽东。”

④ 《三国志·魏书·管宁传》：“天下大乱，（管宁）闻公孙度令行于海外，遂与（邴）原及平原王烈等至于辽东。”

⑤ 《三国志·魏书·国渊传》：“（国渊）与邴原、管宁等避乱辽东。”

⑥ 《后汉书·独行列传·王烈》：“遭黄巾、董卓之乱，乃避地辽东。”《三国志·魏书·管宁传》谓与邴原、管宁同行。

海，规齐郡之西安、临甾、昌国县界为新汶、南丰县，以居流民"
（《三国志·魏书·齐王纪》）。百姓大规模自发流徙渡海，说明当时
航海技术的普及。①

孙权嘉禾元年（232），曾"遣将军周贺、校尉裴潜乘海之辽东"
（《三国志·吴书·吴主传》），舰队规模至于"浮舟百艘"（《三国
志·魏书·公孙渊传》裴松之注引《魏略》）。同年，公孙渊与孙权
联络。次年，"使太常张弥、执金吾许晏、将军贺达等将兵万人，金
宝珍货、九锡备物，乘海授渊"（《三国志·吴书·吴主传》）。又曾
"遣使浮海与高句骊通，欲袭辽东"（《三国志·魏书·明帝纪》）。航
程之辽远，表现出体现于航运力量的优势。赤乌二年（239），又"遣
使者羊衜、郑胄、将军孙怡之辽东，击魏守将张持、高虑等，虏得男
女"（《三国志·吴书·吴主传》）。

沿东海、南海海岸的近海航运，在东汉时期更频繁往复不绝。
"旧交阯七郡贡献转运，皆从东冶泛海而至，风波艰阻，沉溺相系"
（《后汉书·郑弘传》）。《初学记》卷六引谢承《后汉书》也说：
"旧交阯七郡贡献，皆从涨海出入。"海路虽然艰险，然而较陆路便
捷。东汉末年，多有辗转至会稽又浮海南下交州避战乱者。东海郯
人王朗，除菑丘长，又任会稽太守，为孙策所败，"浮海至东冶"，
后又"自曲阿展转江海"，终于归魏（《三国志·魏书·王朗传》）。
《后汉书·桓荣传》及《袁安传》记述桓晔、袁忠等人避居会稽，
又浮海往交阯事。《三国志·蜀书·许靖传》记载，曾追随王朗的许
靖与袁沛、邓子孝等"浮涉沧海，南至交州"，一路"经历东瓯、
闽、越之国，行经万里，不见汉地，漂薄风波，绝粮茹草，饥殍荐
臻，死者大半"。这一航线于孙吴经营东南之后，航运条件有所改
善。然而仍有吴末帝孙皓建衡元年（269）遣监军李勖"从建安海

---

① 参看王子今《秦汉时期渤海航运与辽东浮海移民》，《史学集刊》2010年第2期。

道""就合浦击交阯","李勋以建安道不通利，杀导将冯斐，引军还"事（《三国志·吴书·三嗣主传》）。三国吴建安郡属地，即今福建大部地区。

北方政权海上部队与孙吴争夺制海权的最有力的军事行动，是吴景帝永安七年（264）"魏将新附督王稚浮海入句章，略长吏赀财及男女二百余口"（《三国志·吴书·三嗣主传》）。

汉末至于三国时期东海、南海航运最突出的成就，是借助航海力量实现了对台湾岛和海南岛的控制。

吴大帝孙权黄龙二年（230），"遣将军卫温、诸葛直将甲士万人浮海求夷洲及亶洲"，"但得夷洲数千人还"（《三国志·吴书·吴主传》）。《太平御览》卷七八〇引《临海水土志》："夷州在临海东南，去郡二千里。土地无雪霜，草木不死。四面是山，众山夷所居。"《临海水土志》即《临海水土异物志》，其作者沈莹很可能参加了这次夷洲之行。大约卫温、诸葛直就是由临海郡章安出港，即由今台州湾起航向东南行进的。台北曾发现年代判定为三国时期的古砖。[①] 又据《临海水土异物志》所记载的猎头、凿齿等习俗在台湾南部不存在等线索分析，推想登陆地点大约在台湾北部。据《三国志·吴书·吴主传》记载，夷洲和亶洲"人民时有至会稽贡布"，而"会稽东县人海行，亦有遭风流移至亶洲者"。[②] 通过孙权与陆逊、全琮关于是否"取夷州"的讨论，也可以知道当时吴人对夷洲等地状况及相关海情已经有初步的了解。[③] 卫温、诸葛直只到达了夷洲，却没有找到亶洲。

---

① 林惠祥：《台湾番族之原始文化》附录《中国古书所载台湾及其番族之沿革略考》，"中央研究院"《社会科学研究所集刊》第 3 号（1930）。

② 卢弼《三国志集解》："钱大昭曰：'东县'当作'东冶'。"

③ 据《三国志·吴书·陆逊传》，当孙权为"遣偏师取夷州及朱崖"事向臣下咨询时，陆逊以为"万里袭取，风波难测，民易水土，必致疾疫，今驱见众，远涉不毛，欲益更损，欲利反害"。据《三国志·吴书·全琮传》，全琮也指出："殊方异域，隔绝障海，水土气毒，自古有之，兵入民出，必生疾病，转相污染，往者惧不能反，所获何可多致？"

在夷洲也没有实现预期的目的①，因而"皆以违诏无功，下狱诛"（《三国志·吴书·吴主传》），且"军行经岁，士众疾疫死者十有八九"（《三国志·吴书·全琮传》）。然而尽管这次航海的组织者原本另有所图，舰队将领及水手都付出了惨重的代价，但是却实现了大陆政权第一次对台湾的短暂统治，从此之后，大陆与台湾经济、文化等方面的联系进一步密切起来。

赤乌五年（242），将军聂友、校尉陆凯以兵三万南征珠崖、儋耳（《三国志·吴书·吴主传》），陆凯除儋耳太守②。珠崖、儋耳两郡，汉武帝置，昭帝时并称珠崖郡。《汉书·宣帝纪》：甘露二年（前52）夏四月，"遣护军都尉禄将兵击珠崖"。《汉书·元帝纪》：初元三年（前46）春，"珠崖郡山南县反，博谋群臣。待诏贾捐之以为宜弃珠崖，救民饥馑。乃罢珠崖"。贾捐之说："今陛下不忍悁悁之忿，欲驱士众挤之大海之中，快心幽冥之地，非所以救助饥馑，保全元元也。"（《汉书·贾捐之传》）强调海路之艰险。汉时与海南岛的海路联系得以维持，对珠玑、瑇瑁等宝物的追求是重要因素之一。《汉书·西域传下》："睹犀布、瑇瑁则建珠崖七郡。"贾捐之谏言也说到"又非独珠崖有珠犀瑇瑁也，弃之不足惜"。③ 于是有"诸见罢珠崖诏书者，

---

① 有一种意见认为，孙权的意图，是要在夷洲、亶洲建立孙吴的统治，卫温、诸葛直因水土不服、疾疫流行，被迫返回，因而以"违诏"处死，参看张崇根《三国孙吴经营台湾考》，《台湾民族历史与文化》，中央民族学院出版社，1987。然而据陆逊、全琮对此役前景"欲益更损，欲利反害"（《陆逊传》），"兵入民出，必生疾病，转相污染，往昔惧不能反，所获何可多致"（《全琮传》）的分析，似乎"取夷州"的直接目的是谋取短期经济收益。赤乌二年（239）至辽东"虏得男女"（《吴主传》），此次"得夷洲数千人还"，都说明海外经营的目的主要在于开发人力资源。《资治通鉴》卷七一"魏明帝太和四年"记述此事即谓吴主"欲俘其民以益众"。陆逊语谏辞也明确说道："四海未定，当须民力，以济时务。今兵兴历年，见众损减，陛下忧劳圣虑，忘寝与食，将远规夷州，以定大事"（《陆逊传》）。卫温、诸葛直损重而利微，因而致罪。所谓"违诏"者，可能正指在夷洲居留日久，"军行经岁"，超过了原先规划的期限。

② 《三国志·吴书·陆凯传》："赤乌中，除儋耳太守，讨朱崖，斩获有功，迁为建武校尉。"

③ 《汉书·武帝纪》：元鼎六年（前111）置珠崖、儋耳郡。颜师古注引应劭曰："二郡在大海中崖岸之边。出真珠，故曰珠崖。"张晏曰："珠崖，言珠若崖矣"。

莫不欣欣"的记述（《汉书·匡衡传》）。元帝此诏，被赞美为"德音"（《后汉书·鲜卑传》）。珠崖虽罢，然而由于"中国贪其珍赂"（《后汉书·南蛮传》）而形成的海上联系未必中断。《三国志·吴书·吴主传》记载，吴嘉禾四年（235）秋，"魏使以马求易珠玑、翡翠、瑇瑁，权曰：'此皆孤所不用，而可得马，何苦而不听其交易？'"可见吴以地利之优越和海上航行能力领先的地位，可以海南物产得贸易之利。陆凯为儋耳太守，标志海南岛与大陆间的联系得到恢复和加强。

晋灭吴后，吴交州刺史陶璜曾上言交州形势，说道："交土荒裔，斗绝一方，或重译而言，连带山海。""种类猥多，朋党相倚，负险不宾。""广州南岸，周旋六千余里，不宾属者乃五万余户，及桂林不羁之辈，复当万户。至于服从官役，才五千余家。""合浦郡土地硗确，无有田农，百姓唯以采珠为业，商贾去来，以珠贸米。"（《晋书·陶璜传》）可见自秦汉至于三国时期，以当时海上交通为主要条件建立起来的南海地区与内地的联系，长期以来依然是相当松散的，中原较为先进的经济、文化对当地的影响，也是十分有限的。①

三　东洋与南洋航路

中国初期海外交通大致主要面向东方。

《诗·商颂·长发》："相土烈烈，海外有截。"说商王朝的政治影响已经及于海上。然而直到战国时期，见于文字记载的海上航行仍只限于近海，一般往往沿海岸航行，以借助观测岸上的物标、山形、地貌等测定船位、确定航向。

尽管如此，当时人们通过辗转曲折的途径，已经对于远在东洋的

---

① 参看王子今《秦汉时期的近海航运》，《福建论坛》1991 年第 5 期。

海上方国有了初步的认识。

《山海经·海内北经》已经有关于"倭"的记述：

盖国在钜燕南，倭北。倭属燕。

《海外东经》《大荒北经》还说到所谓"毛民之国"。有人认为"毛民之国"地在今日本北海道。[①]

秦汉时期东洋航道的开通，可以以徐福东渡传说作为标志之一。

最早记载徐福事迹的是《史记·秦始皇本纪》。秦始皇二十八年（前219）"遣徐市发童男女数千人，入海求仙人"。同书又记载"徐市等入海求神药数岁不得，费多，恐谴"事。而《淮南衡山列传》则谓徐福留止海外不还：

又使徐福入海求神异物，还为伪辞曰："臣见海中大神，言曰：'汝西皇之使邪？'臣答曰：'然'。'汝何求？'曰：'愿请延年益寿药'。神曰：'汝秦王之礼薄，得观而不得取'。即从臣东

---

① 《宋书·夷蛮列传·倭国》："顺帝升明二年，遣使上表曰：'封国偏远，作藩于外，自昔祖祢，躬擐甲胄，跋涉山川，不遑宁处，东征毛人五十五国……'"《旧唐书·东夷列传·日本国》："东界、北界有大山为限，山外即毛人之国。"《新唐书·东夷列传·日本》："东、北限大山，其外即毛人云。"又《新唐书·东夷列传·流鬼》："流鬼去京师万五千里，直黑水靺鞨东北，少海之北，三面皆阻海"，"南与莫曳靺鞨邻，东南航海十五日行，乃至"。或以为"莫曳"即"毛人"。据白鸟库吉考证，"流鬼"即库页岛之古称，如此则"莫曳"即"毛人之国"的位置，大致在北海道地区。参看陈抗《中国与日本北海道关系史话》，《中外关系史论丛》第2辑，世界知识出版社，1987，第26页。《山海经·海外东经》郭璞注："今去临海郡东南二千里，有毛人在海洲岛上，为人短小，而体尽有毛，如猪熊，穴居，无衣服。晋永嘉四年，吴郡司盐都尉戴逢在海边得一船，上有男女四人，状皆如此。言语不通，送诣丞相府，未至，道死，唯有一人。上赐之妇，生子，出入市井，渐晓人语，自说其所在是毛民也。《大荒北经》云'毛民食黍'者是矣。"原本"言语不通"，故"自说其所在是毛民也"，当然是接受了中国人的观念。又《太平御览》卷三七三引《临海异物志》："毛人洲，在张屿，毛长短如熊。周绰得毛人，送诣秣陵。"卷七九〇引《土物志》："毛人之洲，乃在涨屿，身无衣服，凿地穴处，虽云象人，不知言语，齐长五尺，毛如熊豕，众辈相随，是捕鸟鼠。"逐南海"毛人"与北海"毛人"异义。

南至蓬莱山，见芝成宫阙，有使者铜色而龙形，光上照天。于是臣再拜问曰：'宜何资以献？'海神曰：'以令名男子若振女与百工之事，即得之矣。'"秦皇帝大说，遣振男女三千人，资之五谷种种百工而行。徐福得平原广泽，止王不来。于是百姓悲痛相思。

事又见《汉书·伍被传》。《三国志·吴书·吴主传》记载黄龙二年（230）"遣将军卫温、诸葛直将甲士万人浮海求夷洲及亶洲"事，也说道：

> 亶洲在海中，长老传言秦始皇帝遣方士徐福将童男童女数千人入海，求蓬莱神山及仙药，止此洲不还。世相承有数万家，其上人民，时有至会稽货布，会稽东县人海行，亦有遭风流移至亶洲者。所在绝远，卒不可得至。

《后汉书·东夷列传》中则已将徐福所止王不来处与日本相联系，其事系于"倭"条下：

> 会稽海外有东鳀人，分为二十余国。又有夷洲及澶洲。传言秦始皇遣方士徐福将童男女数千人入海，求蓬莱神仙不得，徐福畏诛不敢还，遂止此洲，世世相承，有数万家。人民时至会稽市。会稽东冶县人有入海行遭风，流移至澶洲者。所在绝远，不可往来。

《太平御览》卷七八二"纻屿人"条引《外国记》说，有人航海遇难，流落到多产纻的海岛，岛上居民有三千余家，自称"是徐福童男之后"。《太平御览》卷九七三引《金楼子》说徐福故事，也与东瀛"扶桑"传说相联系："秦皇遣徐福求一寸椹碧海之中，有扶桑树长数千丈，树两两同根生，更相依倚，是名为扶桑。仙人食其椹而体作金光飞腾玄宫也。"大约宋代以后，徐福东渡日本的传说在中日两国间流布开来。宋代诗人有以"日本刀歌"为题的诗作，如："其先徐福诈秦民，采药淹留丱童老。百工五种与之居，至今器用皆精巧。前朝贡献屡往来，士人往往工辞藻。徐福行时书未焚，逸书百篇今尚存。令严不许传中国，举世无人识古文。嗟予乘桴欲往学，沧波浩荡无通津，令人感叹坐流涕。"这首诗见于司马光《传家集》卷五，又见于欧阳修《文忠集》卷五四，虽然著作权的归属尚不能明确，却表明当时文化人普遍相信徐福将中原文化传播到了日本。日本一些学者也确信徐福到达了日本列岛，甚至有具体登陆地点的考证，以及所谓徐福墓和徐福祠的出现。许多地方纪念徐福的组织有常年持续的活动。有的学者认为，日本文化史进程中相应时段发生的显著进步，与徐福东渡有关。① 应当说，徐福，已经成为象征文化交往的一个符号。《剑桥中国秦汉史》中的说法大致可以代表一些史学家对徐福航海集团去向的普遍认识："徐一去不复返，传说他们在日本定居了下来。"②

有人根据江苏赣榆徐福村地名的发现，以为这里是徐福故乡，而徐福东渡的起航地点是距此不远的海州湾的岚山头或连云港附近胸山沿岸地带。③ 关于徐福东渡，古代地理文献也有相关遗存。唐代的地理书《元和郡县图志》卷二二《沧州》写道，饶安县，原本是汉代的千童县，就是秦代的千童城。"始皇遣徐福将童男女千人入海求蓬莱，置此城以居之。"宋代地理书《太平寰宇记》卷二四《密州》引

---

① 徐福东渡传说得以在日本流传的背景，是日本文化在绳文时代末期至弥生时代初期这一历史阶段，发生了空前的飞跃。而这种突变的直接原因，一般认为与大量外来移民相继由中国大陆直接渡海或经由朝鲜半岛来到日本，带来了中国的先进文明有关。

② 〔美〕卜德：《秦国和秦帝国》，《剑桥中国秦汉史》，杨品泉等译，中国社会科学出版社，1992，第95页。

③ 罗其湘：《徐福村的发现和徐福东渡》，《从徐福到黄遵宪》（《中日关系史论文集》第1辑），时事出版社，1985，第24~51页；汪承恭：《"海州湾偏西说"质疑及其他》，《日本的中国移民》（《中日关系史论文集》第2辑），三联书店，1987，第67~78页。

《三齐记》说到"徐山"，也是因徐福东渡而出现的地名："始皇令术士徐福入海求不死药于蓬莱方丈山，而福将童男女二千人于此山集会而去，因曰'徐山'。"宋代诗人林景熙《秦望山》诗则在"会稽嵊县秦始皇登山望海处"发表"徐福楼船不见回"的感慨。徐福浮海，并不限于一次，关于其出海港的传说涉及许多地点，是可以理解的。近年来，若干地方相继形成了徐福研究热，如果超越地域文化的局限，进行视野开阔的深入研究，应当能够深化对中国古代航海史的认识，推进中国古代文化交流史的研究。

目前有关所谓徐福遗迹的资料尚不足以提供历史的确证。不过，从秦末齐人曾为"避苦役"而大批渡海"适韩国"（《后汉书·东夷列传·三韩》）以及汉武帝"遣楼船将军杨仆从齐浮渤海"击朝鲜（《史记·朝鲜列传》）等记载，可以知道当时的海上航运能力。[①] 从今山东烟台与威海至辽宁大连的航程均为 90 海里左右。从威海至杨仆楼船军登陆地点洌口（即列口，今朝鲜黄海南道殷栗）约 180 海里。前者是齐人渡海适韩国的最近航路，后者则是楼船军渡海击朝鲜的最近航路。而由朝鲜釜山至日本下关的航程不过 120 海里左右。显然，以秦汉时齐地船工的航海技术水平，如果在朝鲜半岛南部港口得到补给，继续东渡至于日本列岛是完全可能的。而由今山东、江苏沿岸浮海，也确有可能因"风引而去"[②]，"遭风流移"[③]，而意外地直接东渡至于日本。徐福东渡的传说，可以说明早在秦始皇时代，中国大

---

① 参看王子今《秦汉时期渤海航运与辽东浮海移民》，《史学集刊》2010 年第 2 期；《论杨仆击朝鲜楼船军"从齐浮渤海"及相关问题》，《鲁东大学学报》（哲学社会科学版）2009 年第 1 期，收入《登州与海上丝绸之路》，人民出版社，2009，第 114～123 页。

② 《史记·封禅书》："自威、宣、燕昭使人入海求蓬莱、方丈、瀛洲。此三神山者，其傅在勃海中，去人不远；患且至，则船风引而去。"

③ 《三国志·吴志·孙权传》："亶洲在海中。长老传言，秦始皇帝遣方士徐福将童男童女数千人入海求蓬莱神山及仙药，止此洲不还，世相承，有数万家。其上人民时有至会稽货布，会稽东县人海行亦有遭风流移至亶洲者，所在绝远，卒不可得。"《后汉书·东夷传》："会稽东冶县人有入海行，遭风流移，至澶洲者。所在绝远，不可往来。"

陆已经有能力使自身文化的影响传播到东洋。①

《汉书·地理志下》中已经出现关于"倭人"政权的记述：

> 乐浪海中有倭人，分为百余国，以岁时来献见云。

颜师古注引如淳曰："在带方东南万里。"又谓"《魏略》云倭在带方东南大海中，依山岛为国，度海千里，复有国，皆倭种"。所谓"百余国"者，可能是指以北九州为中心的许多规模不大的部落国家。自西汉后期起，它们与中国中央政权间，已经开始了正式的往来。②

《后汉书·东夷列传》中为"倭"列有专条，并明确记述自汉武帝平定朝鲜起，倭人已有三十余国与汉王朝通交：

> 倭在韩东南大海中，依山岛为居，凡百余国。自武帝灭朝鲜，使驿通于汉者三十许国。

所谓"乐浪海中""带方东南""韩东南大海中"以及武帝灭朝鲜后方使驿相通，都说明汉与倭人之国的交往，大都经循朝鲜半岛海岸的航路。

成书年代更早，因而史料价值高于《后汉书·东夷列传》的《三国志·魏书·东夷传》中，关于倭人的内容多达 2 千余字，涉及 30 余国风土物产方位里程，记述相当详尽。这些记载，很可能是根据曾经到过日本列岛的使者——带方郡建中校尉梯儁和塞曹掾史张政等人

---

① 参看汪向荣《徐福东渡》，《学林漫录》第 4 集，中华书局，1981，第 154～163 页；汪向荣《徐福·日本的中国移民》，《日本的中国移民》（《中日关系史论文集》第 2 辑），三联书店，1987，第 29～66 页。

② 日本学者角林文雄认为此所谓"倭人"指当时朝鲜半岛南部居民（《倭人傳考證》，佐伯有清编《邪馬台国基本論文集》第 3 辑，創元社，1983），沈仁安《"倭""倭人"辨析》一文否定此说（《历史研究》1987 年第 2 期）。

的报告①，也可能部分采录"以岁时来献见"的倭人政权的使臣的介绍。

《后汉书·东夷列传·倭》记述，
光武帝建武中元二年（57），"倭奴国奉
贡朝贺，使人自称大夫，倭国之极南界
也。光武赐以印绶"。1784 年在日本福
冈市志贺岛发现的"汉委奴国王"金
印，显然已可以证实这一记载。一般认
为"委（倭）奴国"地望，在北九州博
多附近的傩县一带。

图 6 - 1　"汉委奴国王"金印

《三国志·魏书·东夷传》说，"自郡至女王国万二千余里"，
"女王国东渡海千余里，复有国，皆倭种。又有侏儒国在其南，人长
三四尺，去女王四千余里。又有裸国、黑齿国复在其东南，船行一年
可至。参问倭地，绝在海中洲岛之上，或绝或连，周旋可五千余里"。
有人认为"黑齿国"方位与《梁书·诸夷列传·扶桑》中沙门慧深
所述扶桑国情形相合，其所在远至太平洋彼岸的美洲。② 而又有学者
指出，所谓扶桑国若确有其地，"其地应在中国之东，即东北亚某地
离倭国不太远之处"③。今考裸国、黑齿国所在，应重视"南"与
"东南"的方位指示，其地似当以日本以南的琉球诸岛及台湾等岛屿
为是。④

---

① 《三国志·魏书·东夷传》："正始元年，太守弓遵遣建中校尉梯儁等奉诏书印绶诣
倭国，拜假倭王，并赍诏赐金、帛、锦罽、刀、镜、采物"，八年，"遣塞曹掾史张政等因赍
诏书、黄幢，拜假难升米为檄告喻之"。

② 赵评春：《中国先民对美洲的认识》，《未定稿》1987 年第 14 期。

③ 罗荣渠：《扶桑国猜想与美洲的发现——兼论文化传播问题》，原载《历史研究》
1983 年第 2 期，1984 年修订稿载《北京大学哲学社会科学优秀论文选》第 2 辑，北京大学出
版社，1988，第 398 ~ 430 页。

④ 我国云南傣族、佤族、布朗族、基诺族等族，古称黑齿民，至今仍有染齿风习，或
称与嗜食槟榔的传统习俗有关。海上黑齿国亦应为槟榔产地，清人陈伦炯《海国闻见录》中
《东西详记》关于台湾风习，也有"文身黑齿"的记载。

《太平御览》卷三七三引《临海异物志》所谓"毛人洲",卷七九〇引《土物志》所谓"毛人之洲",以及《山海经·海外东经》郭璞注所谓"去临海郡东南二千里"的"毛人"居地,其实大致与《三国志·魏书·东夷传》所谓"裸国、黑齿国"方位相近。这些生活在大洋之中海岛丛林的文明程度较落后部族的文化状况,中国大陆的居民通过海上交通已经逐渐有所了解。而对于这一地区文化面貌的最初的认识,是以秦汉时期航海事业的发展为条件而实现的。

自汉武帝时代起,汉帝国开始打通了东南海上航路,推进了南洋交通的发展。

《汉书·地理志下》记述了西汉时期初步开通的南洋航路的交通状况:

> 自日南障塞、徐闻、合浦船行可五月,有都元国;又船行可四月,有邑卢没国;又船行可二十余日,有谌离国;步行可十余日,有夫甘都卢国。自夫甘都卢国船行可二月余,有黄支国,民俗略与珠厓相类。其州广大,户口多,多异物,自武帝以来皆献见。

这些地区与汉王朝间海上商运相当繁忙:

> 有译长,属黄门,与应募者俱入海市明珠、璧流离、奇石异物,赍黄金杂缯而往。所至国皆禀食为耦,蛮夷贾船,转送致之。亦利交易,剽杀人。又苦逢风波溺死,不者数年来还。大珠至围二寸以下。

王莽专政时,还曾经利用南洋航运进行政治宣传:

> 平帝元始中，王莽辅政，欲耀威德，厚遗黄支王，令遣使献
> 生犀牛。

由黄支国还可以继续前行：

> 自黄支船行可八月，到皮宗；船行可二月，到日南、象林界
> 云。黄支之南，有已不程国，汉之译使自此还矣。

关于都元国、邑卢没国、谌离、夫甘都卢国、皮宗等国家或部族的具体位置，学者多有异议，而对于黄支国即印度康契普腊姆，已不程国即师子国亦今斯里兰卡，中外学者的基本认识是一致的。

西汉时代，中国远洋舰队已经开通了远达南印度及斯里兰卡的航线。东汉时代，中国和天竺（印度）之间的海上交通相当艰难，然而仍大致保持着畅通，海路于是成为佛教影响中国文化的第二条通道。江苏连云港孔望山发现佛教题材摩崖造像，其中又多有"胡人"形象[1]，结合徐州东海地区佛教首先炽盛的记载[2]，则可以理解海上交通的历史文化作用。汉顺帝永建六年（131），位于今印度尼西亚的爪哇或苏门答腊的叶调国国王遣使经日南航海来汉，同期抵达者还有位于今缅

---

[1]　朱江：《海州孔望山摩崖造像》，《文物参考资料》1958 年第 6 期；连云港市博物馆：《连云港市孔望山摩崖造像调查报告》，《文物》1981 年第 7 期；俞伟超、信立祥：《孔望山摩崖造像的年代考察》，《文物》1981 年第 7 期；阎文儒：《孔望山佛教造像的题材》，《文物》1981 年第 7 期。

[2]　《后汉书·光武十王传·楚王英》：刘英"学为浮屠斋戒祭祀"，"尚浮屠之仁祠，絜斋三月，与神为誓"，诏令"其还赎，以助伊蒲塞桑门之盛馔"。又《陶谦传》：陶谦使笮融督广陵、下邳、彭城运粮，"遂断三郡委输，大起浮屠寺。上累金盘，下为重楼，又堂阁周回，可容三千许人，作黄金涂像，衣以锦采。每浴佛，辄多设饮饭，布席于路，其有就食及观者且万余人"。李贤注引《献帝春秋》曰："融敷席方四五里，费以巨万。"《三国志·吴书·刘繇传》：陶谦使笮融督广陵、彭城运漕，"遂放纵擅杀，坐断三郡委输以自入。乃大起浮图祠，以铜为人，黄金涂身，衣以锦采，垂铜槃九重，下为重楼阁道，可容三千余人，悉课读佛经，令界内及旁郡人有好佛者听受道，复其他役以招致之，由此远近前后至者五千余人户。每浴佛，多设酒饭，布席于路，经数十里，民人来观及就食且万人，费以亿计"。

甸的掸国的使节。《后汉书·顺帝纪》记载："十二月，日南徼外叶调国、掸国遣使贡献。"李贤注引《东观记》曰："叶调国王遣使师会诣阙贡献，以师会为汉归义叶调邑君，赐其君紫绶，及掸国王雍由亦赐金印紫绶。"叶调，一般认为即梵文 Yava-dvipa 译音之略。掸国遣使奉贡事有多次，据《后汉书》记载：

（1）和帝永元九年（97）"永昌徼外蛮夷及掸国重译奉贡"（《和帝纪》）。

（2）安帝永宁元年（120）"永昌徼外掸国遣使奉献"（《安帝纪》）。

（3）顺帝永建六年（131）"日南徼外叶调国、掸国遣使奉献"（《顺帝纪》）。

（1）（2）称"永昌徼外"，《陈禅传》记（2）事，谓"西南夷掸国王献乐及幻人"，又称"今掸国越流沙，踰县度，万里贡献"，显然经由陆路。（3）称"日南徼外"，则可能经由海路。值得注意的是，《后汉书·西南夷列传》记述永宁元年（120）掸国遣使奉献事，说到掸国与大秦的海上联系：

永宁元年，掸国王雍由调复遣使者诣阙朝贺，献乐及幻人，能变化吐火，自支解，易牛马头。又善跳丸，数乃至千。自言我海西人。海西即大秦也，掸国西南通大秦。

自言"海西人"，很有可能浮海而来。《后汉书·西域传》说，"大秦国一名犁鞬，以在海西，亦云海西国"。又有"临西海以望大秦"语。大秦又称黎轩、犁轩、犁靬，或谓泛指古代罗马帝国，或指古代东罗马帝国，包括今地中海东岸土耳其、叙利亚及埃及一带，也有以为专指叙利亚的认识。《三国志·魏书·乌丸鲜卑东夷传》裴松之注引《魏略·西戎传》说，大秦与东方往来通路有陆路亦有海路，而海路似较先开通，"大秦道既从海北陆通，又循海而南，与交阯七郡外夷比，又有水道通益州、永昌，故永昌出异物。前世但论有水道，不知有陆道"。大秦"俗多奇幻，口中出火，自缚自解，跳十二丸巧妙"，看来汉代文物资料中出现的深目高鼻的"幻人"形象，可能多是经由海路东来的大秦杂技演员。

从《三国志·魏书·乌丸鲜卑东夷传》裴松之注引《魏略·西戎传》关于"大秦道"的说法，可知《魏略》的作者当时已经认识到海西幻人的来路大略有三条，即：

1. 西域陆路；
2. 交阯海路；
3. 海陆兼行的益州、永昌路。

由海路经行交阯的通路，有《后汉书·西域传·大秦国》所谓"至桓帝延熹九年，大秦王安敦遣使自日南徼外献象牙、犀角、瑇瑁，始乃一通焉"的史证。范晔还指出："其所表贡，并无珍异，疑传者过焉。"疑心是传递间出现的问题。①

两汉益州郡治所在今云南晋宁东。东汉时永昌郡治所在今云南保山东北。

《后汉书·西域传》记载，"和帝永元九年，都护班超遣甘英使大秦，抵条支。临大海欲度，而安息西界船人谓英曰：'海水广大，往来者逢善风三月乃得度，若遇迟风，亦有二岁者，故入海人皆赍三岁

---

① 参看王子今《海西幻人来路考》，《秦汉史论丛》第 8 辑，云南大学出版社，2001，收入《中西初识二编》，大象出版社，2002，第 199~213 页。

粮。海中善使人思土恋慕,数有死亡者。'英闻之乃止"。海路航行之艰险,成为东方与西方两大文化体系之间的严重阻隔。大秦"与安息、天竺交市于海中,利有十倍","其王常欲通使于汉,而安息欲以汉缯绵与之交市,故遮阂不得自达"。是为人为制造的障碍。大秦使臣亦曾经由南海航路来访:

> 至桓帝延熹九年,大秦王安敦遣使自日南徼外献象牙、犀角、瑇瑁,始乃一通焉。其所表贡,并无珍异,疑传者过焉。

终于至公元 166 年"始乃一通"。安敦,可能是公元 138～161 年在位的罗马皇帝安东尼·庇护(Antoninus Pius)或者他的继承人,公元 161～180 年在位的罗马皇帝马库斯·奥里留斯·安东尼(Marcus Aurelius Antoninus)。

《太平御览》卷七七一引康泰《吴时外国传》:"从加那调州乘大伯舶,张七帆,时风一月余日,乃入秦,大秦国也。"《水经注·河水一》引康泰《扶南传》:"从迦那调洲西南入大湾,可七八百里,乃到枝扈黎大江口,度江迳西行,极大秦也。"又云:"发拘利口,入大湾中,正西北入,可一年余,得天竺江口,名恒水。江口有国,号担袟,属天竺。遣黄门字兴为担袟王。"加那调洲,或谓在今马来半岛,或谓在今缅甸沿岸,或谓在今印度西岸。有的学者还确认加那调洲是在孟加拉湾西岸,南印度的康契普腊姆。[①] 从康泰的记述看,当时西行大秦,往往由海路转行陆路。

《梁书·诸夷列传》说到经由南海往来大秦的香料贸易,"展转来达中国,不大香也"。以为"汉桓帝延熹九年,大秦王安敦遣使自日南徼外来献,汉世唯一通焉",而"其国人行贾,往往至扶南、日南、

---

① 沈福伟:《中西文化交流史》,上海人民出版社,1985,第 55 页。

交阯，其南徼诸国人少有到大秦者"。可见大秦商人在航海能力方面据有优势。孙权黄武五年（226），"有大秦贾人字秦论来到交阯，交阯太守吴邈遣送诣权，权问方土谣俗，论具以事对"。如果记载可靠，则孙权是中国唯一曾与古罗马帝国公民直接对话的帝王。后"权以男女各十人，差吏会稽刘咸进论，咸于道物故，论乃径还本国"。推想此"男女"20人中，当有送秦论后辗转返回中国者。

**图 6-2　广州先烈南路大宝岗 5 号墓
出土西汉后期托灯胡人俑**

秦汉时期南洋海路的开通，多有文物资料以为证明。

广州及广西贵县、梧州等地的西汉墓葬多出土形象明显异于汉人的陶俑。这类陶俑或托举灯座或头顶灯座，一般头形较短，深目高鼻，颧高唇厚，下颌突出，体毛浓重，有人认为其体征与印度尼西亚的土著居民"原始马来人"接近。这些陶俑的服饰特征是缠头、绾髻、上身裸露或披纱。另有下体着长裙的女性侍俑。这些特征也与印度尼西亚某些土著民族相似。然而从深目高鼻的特点看，则又可能以南亚及西亚人作为模拟对象。这些形象特异的陶俑的发现，反映当时岭南社会普遍使用出身南洋的奴隶，也说明西汉时期南洋海路的航运活动已经相当频繁。

广州汉墓还曾出土陶制象牙、犀角模型等随葬品。这些随葬品的象征意义，也体现出南洋贸易对当时社会意识的普遍影响。广州地区西汉中期以后的墓葬中还常常出土玻璃、水晶、玛瑙、琥珀等质料的装饰品，并曾出土叠嵌眼圈式玻璃珠和药物蚀花的肉红石髓珠。经过化验的4 个玻璃珠样品，含钾 5% ~ 13.72%，而铅和钡的成分仅有微量或根本没有，这与中国古代铅钡玻璃系统制品截然不同，应是由南洋输入。[①]

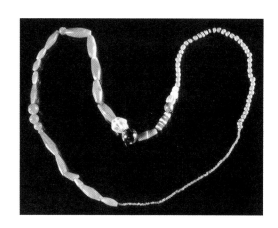

图 6 – 3　广州西汉后期墓出土南海道
传来的蚀花肉红石髓珠

《汉书·地理志下》所谓入海交易的奇物之一"璧流离"，在汉代画象中也有体现。山东嘉祥武梁祠汉画象石刻可见圆形中孔，面有方罘文的玉璧，有题刻曰："璧流离，王者不隐过乃至。"可见"璧流离"被当时社会普遍视为宝物。"璧流离"语源，日本学者藤田丰八以为即梵文俗语 Verulia 或巴利文 Veluriya。汉译又作吠瑠璃、毗瑠

---

① 广州市文物管理委员会、广州市博物馆：《广州汉墓》，文物出版社，1981。

璃、鞞瑠璃等。这一古印度名称得以长期沿用，说明由黄支等地输入的海路保持畅通，使得人们未能淡忘这种宝物在原产地的称谓。

**图6-4 广州东汉前期墓出土海路
输入的焊珠多面金球**

南洋海上交通的发展，在东南亚及南亚诸国留下了大量汉文化遗物。除出土地域分布甚广的五铢钱而外，在印度尼西亚苏门答腊、爪哇和加里曼丹的一些古墓中曾出土中国汉代陶器。苏门答腊还曾出土底部有汉元帝初元四年（前45）纪年铭文的陶鼎。

秦汉时期海外航运的发展体现出与外域文化相互交流的空前活跃的气象，标志着历史的进步。然而同时人们又可以发现这种交通活动的明显的局限性。这种局限性或许即后世海运最终难以真正领先于世界的重要因素之一。

第一，当时海上贸易交往的主要内容，往往仅限于奇兽珍宝等为上层社会享乐生活服务的奢淫侈靡之物，因而对于整个社会的经济生活和文化生活，并未产生广泛的深刻的影响。

第二，当时较大规模的海外交通，多由政府组织，如"孙权时，遣宣化从事朱应、中郎康泰通焉"（《梁书·诸夷列传·海南》）。浮海来华的船队，也以"遣使贡献"者受到重视。而所谓"民间的海外贸易"虽然逐步得到发展①，但是在海外交通活动中的比重，依然不宜估计过高。

第三，对当时中外海上航运活动的特点进行比较，可以突出感觉到秦汉人在海外交往中相对被动、相对消极的倾向。当时东南亚及南亚人在南洋航运中相当活跃，汉使亦往往"蛮夷贾船，转送致之"（《汉书·地理志下》）。大秦人也不仅反复经行南海洋面，还数次在中国土地上留下从事外交和贸易活动的足迹。然而史籍中却看不到秦汉人航海至于罗马帝国的明确记载。②

四 航海技术的进步

秦汉时期海外交通的发展是以航海技术达到一定水平为基础的，同时这种发展又促进了航海技术的进步。

对于季风的发现和利用，是古代航海技术史上的一个重要的里程碑。

西方的一些历史记载中，将对于航海事业发展具有重大意义的季风的发现，归之于公元1世纪前期的希腊海员希帕鲁斯（Hippalus）。李约瑟（Joseph Needham）在《中国科学技术史》一书中，则引用查尔斯沃思（M. P. Charlesworth）和塔愚（W. W. Tarn）的研究成果，认为在公元前1世纪时，埃及商船已发现印度洋季风。这一发现促进了阿拉伯南部和印度之间定期航线的开辟。有的学者指出，"罗马海员掌握了季风航行技术，便创造了横越阿拉伯海直航印度的长途航行

---

① 从1973年至1974年对汉代重要海运基地徐闻地区的考古调查和发掘所获资料看，51座东汉墓中有26座出土珠和珠饰，未出土这类遗物的25座墓中，有17座曾遭破坏扰乱。发掘者认为这批珠和珠饰，很可能"来自民间的海外贸易"。参看广东省博物馆《广东徐闻东汉墓——兼论汉代徐闻的地理位置和海上交通》，《考古》1977年第4期。

② 参看王子今《秦汉时期的东洋与南洋航运》，《海交史研究》1992年第1期。

记录。他们拥有更加坚固和规模更大的大帆船，足以储备充足的给养，载运众多的货物，延长续航距离，摆脱了以往只能驾驶一些小船沿着阿拉伯半岛和阿曼湾在近海作多次连续航行的局限"①。

其实，关于中国古代航海家对于东亚季风的认识和利用，还可以看到年代更早的记载。

《周礼·春官宗伯·保章氏》："以十有二风，察天地之和，命乖别之妖祥。"郑玄注："十有二辰皆有风，吹其律以知和不，其道亡矣。《春秋·襄十八年》：楚师伐郑，师旷曰：'吾骤歌北风，又歌南风，南风不竞，多死声，楚必无功。'是时楚师多冻，其命乖别审矣。"② 在当时人的意识中，天之"十有二风"与时之"十有二辰"相关联，虽然富有神秘主义色彩的吹律之法汉时已"其道亡矣"，但是对于季风即大范围盛行的、风向有明显季节变化的风系的知识，应当已应用到社会生产与社会生活中。章巽根据《周礼》"保章氏"职任，认为"我国古代航海家们在公元前三世纪以前，必然早已掌握并利用季风了"③，论证虽可进一步充实，但结论与历史真实的距离应当不会太远。

《左传·襄公七年》《昭公二十年》都说到所谓"八风"。《国语·周语下》也有"以遂八风"的说法。注者多以"八风"为八方之气。《礼记·乐记》："八风从律而不奸，百度得数而有常。"郑玄注："八风从律，应节至也。百度，百刻也，言日月昼夜不失正也。""八风"有应时节之"正"的规律。《吕氏春秋·有始》说"风有八等"：

---

① 沈福伟：《中国与非洲——中非关系二千年》，中华书局，1990，第 51 页。

② 师旷歌风吹律事见《左传·襄公十八年》："甚雨及之，楚师多冻，役徒几尽。晋人闻有楚师，师旷曰：'不害。吾骤歌北风，又歌南风。南风不竞，多死声。楚必无功。'董叔曰：'天道多在西北，南师不时，必无功。'"杜预《集解》："歌者吹律以咏八风，南风音微，故曰不竞也。师旷唯歌南北风者，听晋、楚之强弱。"

③ 章巽：《我国古代的海上交通》，商务印书馆，1986，第 9～11 页。

何谓八风？东北曰炎风，东方曰滔风，东南曰熏风，南方曰巨风，西南曰凄风，西方曰飂风，西北曰厉风，北方曰寒风。

高诱注又将八风与八卦相联系，称炎风"艮气所生，一曰融风"；滔风"震气所生，一曰明庶风"；熏风"巽气所生，一曰清明风"；巨风"离气所生，一曰凯风"；凄风"坤气所生，一曰凉风"；飂风"兑气所生，一曰阊阖风"；厉风"乾气所生，一曰不周风"；寒风"坎气所生，一曰广莫风"。

《淮南子·天文》又明确指出八风时日：

何谓八风？距日冬至四十五日条风至，条风至四十五日明庶风至，明庶风至四十五日清明风至，清明风至四十五日景风至，景风至四十五日凉风至，凉风至四十五日阊阖风至，阊阖风至四十五日不周风至，不周风至四十五日广莫风至。

自《吕氏春秋》的作者到秦汉时人，对于"八风"的具体称谓并不相同：

	《吕氏春秋·有始》	《淮南子·天文》	《淮南子·地形》	《史记·律书》	《说文·风部》	《吕氏春秋》高诱注
东北	炎风	条风	炎风	条风	融风	融风
东	滔风	明庶风	条风	明庶风	明庶风	明庶风
东南	熏风	清明风	景风	清明风	清明风	清明风
南	巨风	景风	巨风	景风	景风	凯风
西南	凄风	凉风	凉风	凉风	凉风	凉风
西	飂风	阊阖风	飂风	阊阖风	阊阖风	阊阖风
西北	厉风	不周风	丽风	不周风	不周风	不周风
北	寒风	广莫风	寒风	广莫风	广莫风	广莫风

名称或有歧异，但风向与时日同东亚季风规律大致相合。《尔雅·释天》则说："南风谓之凯风，东风谓之谷风，北风谓之凉风，西风谓

之泰风。"看来，战国秦汉时人对于季风已经有比较准确的认识。这种认识，在帆船航行时代，自然会应用于海上航运。

《太平御览》卷九七〇引《风俗通》："五月有落梅风，江淮以为信风。"信风即定期定向的季风。宛委山堂本《说郛》卷七四崔寔《农家谚》又有"舶䑸风云起，旱魃深欢喜"句。"舶䑸风"后又称"舶趠风"，指导致江淮地区梅雨天气并继而造成久晴的伏旱的夏季风。苏轼《舶趠风》诗："三旬已过黄梅雨，万里初来舶趠风。"自注："吴中梅雨既过，飒然清风弥旬，岁岁如此。湖人谓之舶趠风。是时海舶初回，云此风自海上与舶俱至云耳。"叶梦得《避暑录话》亦云："常岁五六月之间梅雨时，必有大风连昼夕，踰旬乃止，吴人谓之舶趠风，以为风自海外来，祷于海神而得之。"① 若《说郛》所引确为汉代农谚，风名"舶䑸"，当然可以作为当时"海舶"航运已经利用季风的例证。

《北堂书钞》卷一三八引曹植《九咏》："停舟兮焉待，举帆兮安追。"说当时船人甚至停舟以待"信风"。班彪《览海赋》："翼飞风而回翔"，王粲《游海赋》："翼惊风而长驱"，都形容借季风而得航运之利的情形。《艺文类聚》卷七一引李尤《舟楫铭》：

> 舟楫之利，譬犹舆马。载重历远，以济天下。相风视波，穷究川野。安审惧慎，终无不可。

"相风"，当然是指对风向、风力的观察测定，所谓"视波"，则似乎意味着当时有经验的航海者已经重视对海流的利用。先秦时人已开始注意海流的规律。《庄子》所谓"海运"（《逍遥游》），所谓"海水

---

① 又，宋人徐照《送尘老》诗："好风名舶趠，相候立江边。"元人高德基《平江纪事》也写道："梅雨之际，必有大风连昼夜，谓之舶趠风。"

三岁一周，流波相薄"（《艺文类聚》卷八引《庄子》），都指海流这种海水有规律的运动方式。孙绰《望海赋》中写道：

> 或适于东，或归于西。商客齐畅，潮流往还。各资顺势，双帆同悬。偃如骖骢偕驰，挐如交隼轩翥。①

所谓"潮流往还"，"各资顺势"，说到当时海上航运对潮汐与海流的利用。孙绰晋人，然而航海技术的这一进步至迟在东汉中期已经实现。马融作于汉安帝元初二年（115）的《广成颂》中写道：

> 方余皇，连舼舟。张云帆，施蜺帱。靡飓风，陵迅流。发櫂歌，纵水讴。②

"靡飓风，陵迅流"者，似可说明除利用风力而外，航海者也可以借助海流条件远航。

对于与航海成败有关的其他条件，秦汉时期的航海家们也曾经予以特别的关注。

《汉书·艺文志》列入"数术略"中"天文"一类，有6种海中数术书：

> 《海中星占验》十二卷；
>
> 《海中五星经杂事》二十二卷；
>
> 《海中五星顺逆》二十八卷；
>
> 《海中二十八宿国分》二十八卷；

---

① （明）张溥编《汉魏六朝百三家集》卷六一。
② 《后汉书·马融传》。

《海中二十八宿臣分》二十八卷；

《海中日月彗虹杂占》十八卷。

班固说："天文者，序二十八宿，步五星日月，以纪吉凶之象"，"然星事殃悍，非湛密者弗能由也。"沈钦韩《汉书疏证》："海中混茫，比平地难验，著海中者，言其术精，算法亦有《海岛算经》。"这批海上星占书共计 136 卷，已全数佚亡，其内容可能即张衡《灵宪》所谓"海人之占未存焉"，已无从详考。[①] 其篇幅数量之繁博，一方面反映海上航行之艰险，需要以神秘主义方式在凶象丛生时增强出航者的自信；另一方面，又说明当时的航海人员已经积累了较为丰富的海上航行的经验，可以总结为"占验"之书进行出航前景的预测。

《汉书·艺文志》在这 6 种"海中"数术书之前又列有 5 种书名以"汉"字起首的"行事占验"书，即：

《汉五星彗客行事占验》八卷；

《汉日旁气行事占验》三卷；

《汉流星行事占验》八卷；

《汉日旁气行占验》十三卷；

《汉日食月晕杂变行事占验》十三卷。

这 5 种"行事占验"书估计与后 6 种"海上"数术书属同一系统。称"行事占验"或"行占验"，当用于"行"即交通活动中。吕子方认

---

① 《隋书·经籍志三》有"《海中星占》一卷"，"《星图海中占》一卷"，又有两种"《海中仙人占灾祥书》三卷"，以及"《海中仙人占体瞷及杂吉凶书》三卷"，"《海中仙人占吉凶要略》二卷"。《开元占经》中也多有"海中占曰"的内容，然而难以判定其中是否有汉代海中数术书的遗存。

为"所谓'汉'应指大陆"①，似接近确解。云"汉"者，可能亦为出海者对海外人而言。推想前5种以"汉"字标识者可能是出海前占问用书，后6种，当为出航途中用书。

进行海上远航时至为重要的，是方位与航向的测定。《淮南子·齐俗》："夫乘舟而惑者，不知东西，见斗极则寤矣。"② 当时航海人员多利用天文知识导航，星占之术亦由此发达。更为可靠更为理想的导航方式，是使用罗经提供方向基准。指南针是初级阶段的磁罗经，是中国古代四大发明之一。磁铁的指极性很早就为古人认识，战国时期，《韩非子·有度》中已经记述了称作"司南"的早期磁铁指南仪器③，《论衡·是应》中也写道："司南之杓，投之于地，其柢指南。"④ 估计秦汉时期简易的指南仪应当已应用于远洋航业。《初学记》卷二五引《晋宫阁记》曰："灵芝池有鸣鹤舟、指南舟。"宫苑池沼中有所谓"指南舟"，说明魏晋时期船舶配置指南仪已经较为普遍。

---

① 吕子方：《汉代海上占星术》，《中国科学技术史论文集》下册，四川人民出版社，1984，第217页。

② 《文选》卷四二应璩《与从弟君苗君胄书》李善注引《淮南子》，作"见斗极则晓然而寤矣"。

③ 《韩非子·有度》："先王立司南以端朝夕。"

④ 对于"司南"的形制有不同的认识。参看张荫麟《中国历史上之"奇器"及其作者》，《燕京学报》第3期（1928年6月）；王振铎《司南指南针与罗经盘》（上），《中国考古学报》第3册（1948年5月）；刘秉正《司南新释》，《东北师大学报》（自然科学版）1986年第1期；王锦光、闻人军《〈论衡〉司南新考和复原方案》，《文史》第31辑，1988年。

第七章

秦汉造船业

一　船舶的数量与性能

船舶制造业是以多种工艺技术为基础的综合性产业，因而可以较全面地反映社会生产水平。秦汉时期造船业的成就，在一定意义上标志着当时手工业制作技艺的最高水准，为社会经济的繁荣和社会交往的发展提供了作为必要条件的数量繁多、性能良好的各种型式的船舶。

史籍中多可看到反映秦汉社会生产与社会生活中使用大量船舶的记载。

《汉书·武帝纪》说，汉武帝元封五年（前106）行南巡狩，浮江，"舳舻千里"，形容船队前后相衔，千里不绝。西汉时以漕运方式转输关东谷物以保证长安支用，最多时年600万石。《释名·释船》列举船型较大者排水量为500斛，以此载重标准计，需用船一万二千艘，确实可以形成"水行满河"（《汉书·枚乘传》），"大船万艘，转漕相过"（杜笃：《论都赋》）的壮观场面。当时民间也拥有大量运输船只，司马迁在《史记·货殖列传》中说到富家之资，有"船长千丈"语，以推行算缗时"船五丈以上一算"（《史记·平准书》）即民家船舶大约一般船长五丈计。则"船长千丈"之富家可拥有运船200艘之多。《华阳国志·蜀志》说，"汉祖自汉中出三秦伐楚，萧何发蜀汉米万船以给助军粮"，当调用大量民船。

水军用船往往数量更为集中。据说司马错率秦军顺江而下攻楚，有"大舶船万艘"（《华阳国志·蜀志》）①。秦始皇时，"使尉屠睢将楼船之士南攻百越"（《史记·平津侯主父列传》）。据《淮南子·人间》，调发兵力计50万人，可以推想水军舰队规模之大。汉武帝元鼎五年（前112），"因南方楼船卒二十余万人击南越"，与其"用船战逐"（《史记·平准书》）②，是又一次大规模水军南下远征。元封二年（前109），"遣楼船将军杨仆从齐浮渤海，兵五万人"（《史记·朝鲜列传》），已经组成规模浩壮的海上舰队。

汉光武帝建武九年（33），岑彭军与公孙述军于荆门对峙，"装直进楼船、冒突露桡数千艘"，十一年（35）发动总攻时，"发南阳、武陵、南郡兵，又发桂阳、零陵、长沙委输棹卒，凡六万余人"（《后汉书·岑彭传》）③。马援"进击九真贼征侧余党都羊等"，"将楼船大小二千余艘，战士二万余人"（《后汉书·马援传》）。

东汉末年，黄祖助刘勋"船军五千人"，孙策破之，"收得勋兵二千余人，船千艘"（《三国志·吴书·孙破虏讨逆传》裴松之注引《江表传》），又讨黄祖，得"船六千余艘"（《三国志·吴书·孙破虏讨逆传》裴松之注引《吴录》载策表）。"刘表治水军，蒙冲斗舰，乃以千数"，建安十三年（208），曹操"得其水军，船步兵数十万"，

---

① 《太平御览》卷七六九引《蜀王本纪》："秦为舶舡万艘欲攻楚。"

② 《史记·南越列传》："令罪人及江淮以南楼船十万师往讨之。"

③ 委输棹卒，《东观汉记·岑彭传》作"委输濯卒"。据《后汉书·岑彭传》："吴汉以三郡棹卒多费粮谷，欲罢之。（岑）彭以蜀兵盛，不可遣，上书言状。帝报彭曰：'大司马习用步骑，不晓水战，荆门之事，一由征南公为重而已。'"

威迫孙刘，"悉浮以沿江"（《三国志·吴书·周瑜传》）。建安十四年（209），曹操"军至谯，作轻舟，治水军"，"自涡入淮，出肥水，军合肥"（《三国志·魏书·武帝纪》）。《北堂书钞》卷一三七引曹丕《沂淮赋序》："建安十四年，王师自谯东征，大兴水军，汎舟万艘。"其辞曰：

> 浮飞舟之万艘兮，建干将之铦戈。扬云旗之缤纷兮，聆榜人之謹謹。乃撞金钟，爰伐雷鼓。白旄冲天，黄钺扈扈。武将奋发，骁骑赫怒。①

"浮飞舟之万艘"，显示出雄壮军威。

由于船舶的航区、任务和要求不同，造船业的产品具有品种多、生产批量小的特点。可以突出表现出秦汉造船生产水平的，除了船舶数量之多而外，尤以船舶型式之复杂多样更为引人注目。

《释名·释船》以载重量区别如下几种船型：

> 五百斛以上还有小屋曰斥候，以视敌进退也。
>
> 三百斛曰舺。舺，貂也。貂，短也。江南所名短而广安，不倾危者也。②
>
> 二百斛以下曰艇。艇，挺也。其形径挺，一人二人所乘行者也。

又说："军行在前曰先登，登之向敌陈也。外狭而长曰艨冲，以冲突敌船也。轻疾者曰赤马舟，其体正赤，疾如马也。"

《太平御览》卷七六九引《晋令》说，水战"小儿、先登、飞鸟舡

---

① 《初学记》卷六引文作《浮淮赋》。
② 《太平御览》卷七七〇引"舺"作"舠"。

相去五十步"。所谓"艨冲斗舰"是汉世水军主力船型。《三国志·吴书·董袭传》：孙权讨黄祖，"祖横两蒙冲挟守沔口"。董袭将敢死士，"人被两铠，乘大舸船，突入蒙冲里"，"蒙冲乃横流，大兵遂进"。《三国志·吴书·周瑜传》："乃取蒙冲斗舰数十艘，实以薪草，膏油灌其中，裹以帷幕，上建牙旗，先书报曹公，欺以欲降。又豫备走舸，各系大船后，因引次俱前"，终以火攻取胜。裴松之注引《江表传》记此事，谓"先取轻利舰十舫"往曹营。又《贺齐传》："蒙冲斗舰之属，望之若山。"是这种战船形体壮伟，机动性亦较强。《北堂书钞》卷一三七引杜预《表》："长史刘绘循治洛阳以东运渠，通赤马舟。"或作"通舟尝用赤马"。[①] 可见"赤马舟"也往往应用于民运。

著名的战舰又有所谓"戈船"。《三辅黄图》卷四引《三辅旧事》说，昆明池"中有戈船各数十"，"船上建戈矛"。《史记·南越列传》说，汉武帝元鼎五年（前 112）发军讨南越，其中一支为戈船将军军，由故归义越侯严统率（《汉书·武帝纪》）。戈船，张晏谓"置戈于船下"，臣瓒谓"以载干戈"。

《后汉书·岑彭传》所谓"冒突露桡"也指水军战船。按照李贤的解释，"露桡谓露楫在外，人在船中。冒突，取其触冒而唐突也"。都有较完备的防护设施。长沙伍家岭 203 号墓出土的两艘上装有护板，16 支长桨穿过孔洞皆可隔板划动的木船模型，可能与"露桡"形制接近。[②]《释名·释船》所谓"上下重版曰槛，四方施版，以御矢石，其内如牢槛也"，形容的正是这种船型。

秦汉船舶有承载力相当惊人者。《太平御览》卷七六九引《吴时外国传》说，"扶南国伐木为舡，长者十二寻，广肘六尺"，"大者载

---

① 《广博物志》卷四〇："长史刘绘循治洛阳以东运渠，通州尝用赤马。赤马，船名。杜预《表》。"《汉魏六朝百三家集》卷三七《杜预集·举贤良方正表》："长史刘伶修治洛阳以东运渠，通舟尝用赤马。"

② 中国科学院考古研究所：《长沙发掘报告》，科学出版社，1957，图版一〇三。林巳奈夫以此即"露桡"，《漢代の文物》，京都大学人文科学研究所昭和 51 年版，第 369 页。

百人"。《南州异物志》说，外域人"舡大者长二十余丈，高去水三二丈，望之如阁道，载六七百人"。这些往复航行于南海的外域船舶，其形制必然会对汉地造船技术产生影响。《太平御览》卷七七〇引《武昌记》，"孙权尝装一舡名'大舡'，容敌士三千人"。《水经注·江水三》也说，"孙权装大船，名之曰'长安'，亦曰'大舶'，载坐直之士三千人"。传说汉武帝时代还曾出现可载万人的大型船舶。《太平御览》卷七六九引《汉宫殿疏》：汉武帝穿昆明池，"作豫章大舡，可载万人"。《三辅黄图》卷四引《庙记》："池中后作豫章大船，可载万人。"大船"可载万人"语或有夸张，然而也可以反映汉代造船工匠加强船舶浮性与载重量的努力。

　　船舶的快速性也是造船者刻意追求的目标之一。水行速度"疾如马"的赤马舟，是秦汉时期著名的高速船舶。《太平御览》卷七七〇引《江表传》："孙权名舸为马，言飞驰如马之走陆地也。"赤壁之战中，周瑜水军使用"轻利舰"以火攻方式袭击曹军，"火烈风猛，往船如箭，飞埃绝烂，烧尽北船，延及岸边营柴。瑜等率轻锐寻继其后，雷鼓大进，北军大坏，曹公退走"（《三国志·吴书·周瑜传》裴松之注引《江表传》）。这种疾行"如箭"的"轻利舰"又称作"走舸"（《三国志·吴书·周瑜传》），其快速性成为赤壁决战胜负的决定性因素之一。

　　秦汉时期，为加强船舶的稳性，曾普遍使用称作"斻""航""舫""方舟"的连体船。《说文·舟部》："斻，方舟也。"段玉裁注："并两船曰方舟。"《淮南子·氾论》："为窬木方版，以为舟航"，高诱注："方，并也。舟相连为航也。"《太平御览》卷七七〇引《说文》："舫，并舡。"这种浮性与稳性均较优越的船型，曾经成为主要水上运载工具。张仪说楚王，曾宣传秦国水运优势："秦西有巴蜀，方船积粟，起于汶山，循江而下，至郢三千余里。舫船载卒，一舫载五十人，与三月之粮，下水而浮，一日行三百余里，里数虽多，不费马汗之劳，不至十日而至扞关。"（《战国策·楚策一》）楚汉战争时，郦食其说齐王，溢誉刘邦军威，也说到"蜀汉之粟方船而下"的军运优势（《史记·郦生陆贾列传》）。司马贞《索隐》："方船谓并舟也。""舫"即"方舟"的普及，使得"舫"成为船舶的通称。《文选》卷二三王粲《赠蔡子笃》诗："舫舟翩翩，以泝大江。"《三国志·吴书·周瑜传》裴松之注引《江表传》："取轻利船十舫。"《艺文类聚》卷七一引《吴书》也说到"上赐（陆）逊御船一舫"。

晋武帝伐吴，曾"作大船连舫，方百二十步，受二千余人"，是规模特大的"方舟"，而上又"起楼橹"，又是一种特型"楼船"。魏晋时期这种号称"舟楫之盛，自古未有"[1] 的船型的出现，自然也是以秦汉造船技术的进步为基础的。

秦汉时期，可以最集中地体现造船技术水平的船型是"楼船"。

《史记·平准书》说，汉武帝以"越欲与汉用船战逐，乃大修昆明池，列观环之。治楼船，高十余丈，旗帜加其上，甚壮"。汉武帝遣杨仆击南越、东越、朝鲜，即以"楼船"为将军号。《史记·平准书》："因南方楼船卒二十余万人击南越。"[2] "楼船卒"又称"楼船士""楼船军卒"[3]，"楼船"部队显然已成为汉代军队基本兵种之一。[4] 通

---

① 《晋书·王濬传》："武帝谋伐吴，诏濬修舟舰。濬乃作大船连舫，方百二十步，受二千余人。以木为城，起楼橹，开四出门，其上皆得驰马来往。又画鹢首怪兽于船首，以惧江神。舟楫之盛，自古未有。"

② 《史记·南越列传》：武帝下赦曰："今吕嘉、建德等反，自立晏如，令罪人及江淮以南楼船十万师往讨之。"

③ 《史记·平津侯主父列传》："又使尉屠睢将楼船之士南攻百越。"是秦时已形成"楼船"部队。《汉书·食货志下》："因南方楼船士二十余万人击粤。"《汉书·闽粤传》："楼船军卒钱唐榱终古斩徇北将军。"

④ "楼船军"之称，见《史记·东越列传》《朝鲜列传》《汉书·闽粤传》《朝鲜传》，又，《史记·南越列传》："楼船十万师"，都并非仅仅指楼船将军属下部队，亦指代"楼船"为基本装备的兵种。《后汉书·南蛮传》："交阯女子征侧及其妹征贰反"，"遣伏波将军马援、楼船将军段志，发长沙、桂阳、零陵、苍梧兵万余人讨之"。是东汉时也有"楼船"部队。

常以为"楼船军"是"海军""水军""水兵"。^① 有学者指出,"秦之水兵称楼船之士"。所引例证即《《汉书·严安传》说:'(秦)使尉屠睢将楼船之士攻越。'"^② 分析秦汉"军兵种"构成时,似乎多"以'楼船之士'称水军"。^③ 有学者在考论秦汉"军种、兵种和编制时"也说:"'水兵'在文献中称'舟师'或'楼船士',这是利用舟船在水上作战的一个军种。"^④ 或说:"汉代水军称楼船军。在我国武装力量建制中正式设置水军,是从西汉开始的。据《汉官仪》记载:'高祖命天下郡国,选能引关蹶张,材力武猛者,以为轻车、骑士、材官、楼船……平地用车骑,山阻用材官,水泉用楼船。'又据《汉书·刑法志》记载,汉武帝发动统一东南沿海战争时,'内增七校,外有楼船,皆岁时讲肄,修武备'。这两项记载说明,楼船军是在屯骑(骑兵)、步兵等七校之外,根据沿江海的地理条件和防务需要而设立的,属汉代郡国兵制备军。"^⑤ 而事实上汉代"楼船军"主要的作战形式仍然是陆战,汉武帝时代征服南越和东越的战争中大体都是如此。朝鲜战事中可见所谓"楼船军败散走",将军杨仆"遁山中十余日,稍求收散卒,复聚"。这里所说的"楼船军"其实已可以看作陆战部队,与《史记·东越列传》"东越素发兵距险,使徇北将军守武林,败楼船军数校尉,杀长吏"相同。"楼船",似乎并非战舰,在某种意义上只是运兵船。看来,简单地以"水军"定义"楼船军"的说法,还可以斟酌。或许黄今言的意见是正确的:"当时的船

---

① 中国航海学会编《中国航海史(古代航海史)》写道:"史书对汉代水军称作'楼船'。这个名称实际包括两种含义。一是对战船的通称;另一含义是对水军兵种的专称。"人民交通出版社,1988,第78页。

② 今按:此处宜用《史记·平津侯主父列传》的记载:"又使尉佗屠睢将楼船之士南攻百越。"

③ 熊铁基:《秦汉军事制度史》,广西人民出版社,1990,第190~191页。

④ 黄今言:《秦汉军制史论》,江西人民出版社,1993,第213页。

⑤ 张铁牛、高晓星:《中国古代海军史》(2006年修订版),解放军出版社,2006,第24页。

只还不是一种武器，只是一种运输工具，作战时水兵借助船只实施机动，到了作战地，即舍舟登陆，在陆上进行战斗。""至于水兵渡海作战的情况更少。"①

《史记》卷一一三《南越列传》关于平定南越战事有这样的记载："元鼎五年秋，卫尉路博德为伏波将军，出桂阳，下汇水；主爵都尉杨仆为楼船将军，出豫章，下横浦；故归义越侯二人为戈船、下厉将军，出零陵，或下离水，或柢苍梧；使驰义侯因巴蜀罪人，发夜郎兵，下牂柯江：咸会番禺。"这是一次以舟船作为主要军运方式的战役，"楼船"作用显著。"元鼎六年冬，楼船将军将精卒先陷寻陕，破石门，得越船粟，因推而前，挫越锋，以数万人待伏波。伏波将军将罪人，道远，会期后，与楼船会乃有千余人，遂俱进。楼船居前，至番禺。建德、嘉皆城守。楼船自择便处，居东南面；伏波居西北面。会暮，楼船攻败越人，纵火烧城。越素闻伏波名，日暮，不知其兵多少。伏波乃为营，遣使者招降者，赐印，复纵令相招。楼船力攻烧敌，反驱而入伏波营中。犁旦，城中皆降伏波。吕嘉、建德已夜与其属数百人亡入海，以船西去。伏波又因问所得降者贵人，以知吕嘉所之，遣人追之。"事后，"楼船将军兵以陷坚为将梁侯"。应当注意到，"楼船将军兵""陷坚"，主要还是以陆战形式。唯一可以看作"用船战逐"即水上"战斗驰逐"的战例，可能即"先陷寻陕，破石门，得越船粟，因推而前，挫越锋"。此外再难以看到真正水战的情形。而所谓"得越船粟"，可能只是对敌军辎重部队发起攻击而取得战利。就汉代文献分析，看来"楼船"似乎并没有在实战中发挥战舰的作用。《太平御览》卷三五一引王粲《从军诗》所谓"楼船凌洪波，寻戈刺群虏"等对于"楼船"水上作战能力的形容，可能只是出于文人想象。

---

① 黄今言：《秦汉军制史论》，江西人民出版社，1993，第213～214页。

　　《史记·南越列传》说征伐南越事："令罪人及江淮以南楼船十万师往讨之。"裴骃《集解》引应劭曰："时欲击越，非水不至，故作大船。船上施楼，故号曰'楼船'也。""楼船"的主要特征似乎是"船上施楼"，《史记·平准书》所谓"治楼船高十余丈……甚壮"，也说明了这一形制特点。《后汉书·岑彭传》："装直进楼船、冒突露桡数千艘。"李贤注也说："'楼船'，船上施楼。"于是人们认为，"汉代兴起的楼船，其最主要特征是具有多层上层建筑"[1]。不过，《太平御览》卷七〇二引《吴志》写道："刘基，孙权爱敬之。尝从御楼船上。时雨甚，权以盖自覆，又令覆基，余人不得也。"孙权所御"楼船"上竟然无从避雨，似乎并没有"楼"。也可能通常所谓"楼船"未必都是"船上施楼"，有的"楼船"可能仅仅只是"大船"而已。

　　"楼船军"的编成，船只可能也是大小相杂，并非一色"大船"。可能正如有的研究者所指出的，"楼船军""以楼船为主力"，"舰队中除了楼船以外，还配备有其他各种作战舰只"[2]。《后汉书·马援传》："援将楼船大小二千余艘，战士二万余人，进击九真贼征侧余党都羊等，自无功至居风，斩获五千余人，峤南悉平。"所谓"楼船大小二千余艘，战士二万余人"，则每艘战船平均只有 10 人。有学者就此对汉代"水军"编制有所分析："大小二千余艘船，有战士二万余人，则平均每船十人左右。当然，大船肯定不只十人，小船亦当少于十人。但既要划船，又设干戈于船上（应有弓箭手和使用戈矛之士），至少也不会少于五人。水军也很可能与什伍编制的。"[3] 我们更为关注的，是舰队船只的规模。"平均每船十人左右"，"大船"的数量必然有限。而据《太平御览》卷七六八引《后汉书》曰："马援平南越，

①　席龙飞：《中国造船史》，湖北教育出版社，2000，第 72 页。
②　金秋鹏：《中国古代的造船和航海》，中国青年出版社，1985，第 84 页。
③　熊铁基：《秦汉军事制度史》，广西人民出版社，1990，第 197 页。

将楼船大小三千余艘，士二万余人，进击九真贼征侧余党都羊等，自无功至居风，斩获五千余人，峤南悉平。"又写作"将楼船大小三千余艘，士二万余人"，按照这样的记录，则"每艘战船平均只有"不到 7 人。①

《三辅黄图》卷四引《三辅旧事》说，昆明池中有"楼船百艘"。这只不过是水军操演检阅使用的教练舰。② 史籍中可以看到汾河、渭河都曾浮行天子所乘"楼船"的记载。汉武帝《秋风辞》中写道："泛楼船兮济汾河，横中流兮扬素波。"汉元帝初元五年（前 44），"酎祭宗庙，出便门，欲御楼船"，御史大夫薛广德当乘舆车免冠顿首劝止，曰"宜从桥"，宣称"陛下不听臣，臣自刎，以血汙车轮，陛下不得入庙矣！"（《汉书·薛广德传》）"御楼船"，成为济渡汾、渭的方式之一。乘坐这种巨型船舶以显示威仪，对帝王具有极强的诱惑力。西汉时庐江郡有"楼船官"（《汉书·地理志上》）。《汉书·严助传》记载，闽越王"数举兵侵陵百越，并兼邻国"，又"入燔寻阳楼船"。颜师古注："汉有楼船贮在寻阳也。"朱买臣则曾受诏到会稽"治楼船，备粮食、水战具"，准备浮海攻东越（《汉书·朱买臣传》）。楼船当时已经是于内河航运和海上航运均得以应用的船型。

从《汉书·薛广德传》所见薛广德等谏止汉元帝御楼船济渭时"乘船危"，"圣主不乘危"诸语，可以推知当时楼船的稳性仍然存在一定问题。东汉末，曹操军与孙权军争夺长江水面控制权，孙权使偏将军董袭"督五楼船住濡须口"，"夜卒暴风，五楼船倾覆"，董袭不肯"委去"，终于船败身死（《三国志·吴书·董袭传》）。看来风害是楼船安全的严重威胁。《通典·兵十三·水战具》关于楼船形制，

---

① 参看王子今《论杨仆击朝鲜楼船军"从齐浮渤海"及相关问题》，《鲁东大学学报》（哲学社会科学版）2009 年第 1 期，收入《登州与海上丝绸之路》，人民出版社，2009。

② 《史记·平准书》裴骃《索隐》："《黄图》云：'昆明池周四十里，以习水战。'又荀悦云：'昆明子居滇河中，故习水战以伐之也。'"

也说道：

> 楼船，船上建楼三重，列女墙、战格，树幡帜，开弩窗矛
> 穴，置抛车、礌石、铁汁，状如城垒。忽遇暴风，人力莫能制，
> 此亦非便于事。然为水军，不可不设，以成形势。

由于船体庞大，在当时的条件下，操纵性即航向稳定性和回转性亦
未能尽如人意。"灏灏之海济，楼航之力也。"然而如若突遇风浪，
则难免成为所谓"沈流之航"（《法言·寡见》）。当时海上航行，确
实往往"于海中遭风，多所没失"（《三国志·吴书·虞翻传》裴松
之注引《江表传》）。杜畿为曹丕"作御楼船，于陶河试船，遇风
没"（《三国志·魏书·杜畿传》），也是造船史上一次著名的失败的
记录。

《后汉书·公孙述传》记载，公孙述据蜀地而谋天下，聚兵积粮，
"又造十层赤楼帛兰船"。李贤注："盖以帛饰其兰槛也。"《资治通
鉴》卷四一"汉光武帝建武四年"直接写作"又造十层楼船"。可见
楼船修造，日益追求宏大和华美。孙权使董袭督五楼船，"五楼船"
者，未必指五艘楼船，很有可能是说五层楼船。

可以体现汉代楼船形制的文物资料极其有限。平壤乐浪古坟汉镜
纹饰有以楼船作为图案内容者。① 广州龙生冈 43 号东汉木椁墓随葬品
中，发现 1 件结构散乱、部分构件已朽坏的木船模型，"经部分复原，
船上是建有重楼的"，船体部件大多有彩绘花纹，有些还以镂空图案
作为装饰。②

---

① 〔日〕林巳奈夫：《漢代の文物》，京都大學人文科學研究所昭和 51 年版，插图 7—
81。

② 广州市文物管理委员会：《广州市龙生冈 43 号东汉木椁墓》，《考古学报》1957 年第
1 期。

图7-1 平壤乐浪古坟出土汉镜楼船画象

秦汉时期还曾经出现适应不同需要而设计制作的多种异型船。

例如，《淮南子·本经》有所谓"龙舟鹢首"，高诱注："龙舟，大舟也，刻为龙文以为饰也。鹢，大鸟也，画其像著船头，故曰鹢首。"《太平御览》卷七六八引《释名》："舟名青翰、千翼、赤鸟、亦名鹢首。"司马相如《子虚赋》："遊于青池，浮文鹢。"《艺文类聚》卷七一引《说苑》也有"乘青翰之舟，张翠羽之鹢"的辞句。《太平御览》卷七七〇引班固《东都赋》："命舟牧为水嬉，浮鹢首、翳云、芝交。"《西京杂记》卷六说，"太液池中有鸣鹤舟、容与舟、清旷舟、采菱舟、越女舟。"诸葛恪还曾制作所谓"鸭头船"（《初学记》卷二五引《吴志》）。《太平御览》卷七七〇引王粲《海赋》："乘菌桂之舟，晨凫之舸"，所说到的则可能是海上游船。

船舶产品一般品种型类多，而生产批量则相当有限，皇家贵族"水嬉"之船型式则更为纷杂，数量更为微少。形形色色的宫苑游乐用船尽管应用范围极其狭窄，对于社会交通交往发展的作用也微不足道，然而也是当时造船工匠的一种文化创造，其质量一般优先得到保证，因而也可以作为反映当时造船业生产水平的例证之一。

二　船舶制造的技术水平

船舶质量对于在严酷条件下的安全航行具有至关重要的意义，因而船舶制造的技术要求十分严格。

秦汉时期的船舶制造技术已经相当成熟。

《山海经·海内经》有"番禺是始为舟"的说法，说"番禺"是发明早期船舶制造技术的神话人物。在秦汉时期称作"番禺"的地方即今广州市，又发现了规模较大的被有的学者称作"秦汉造船工场遗址"的重要遗存。

发掘者和研究者指出，这处年代大致为秦始皇统一岭南至西汉初文景时代的造船工场遗址，位于广州市区中心的中山四路西段，旧称"禺山"。经试掘，揭露出一部分船台区和木料加工场地。遗址上层出土秦半两钱、汉初半两钱、秦汉瓦当以及西汉初期的陶器等文物。

据记述，船台区有 3 个呈东西走向平行排列的造船台。试掘情况表明，1 号、2 号两个船台，都是由枕木、滑板和木墩组成的水平式船台，结构大致相同，均为两行平行铺设的厚重滑板构成一组滑道，滑道下垫枕木，以保证地基受力均匀，从而使船台具有稳固的基础和必要的水平度。滑道上平置两两相对用以承架船体的木墩。由残存高度推测，木墩原高大约 1 米左右。本墩的纵向间距不等，其位置当大致与船体的肋骨或船舱的间距相对应。特别值得注意的是，在滑道的滑板与枕木之间不做固定处理，滑道的轨距可以调整。1 号船台的木墩与滑板之间也不做固定处理，纵向墩距也可以自由调整。这样，一个船台就可以根据需要生产大小不等的船舶。两个或两个以上的船台，可以分别修造规格不同的船舶，也可以修造同一规格的船舶，而且甚至能够并台修造更大型的船舶。

据 1 号船台的钻探材料推测，船台长度高达 100 米以上。当时可能已经有与船台相衔接的斜坡或下水滑道。

船台木料经鉴定，木墩采用质坚可承重压的格木，滑板采用格木和耐腐的樟木，枕木采用富有弹性的杉木、蕈树等。据 ^{14}C 年代测定，

1 号船台年代为距今 2190±190 年（即前 240±90）。

据船台滑道的宽距估算，1 号船台所造船舶的船体宽度为 3.6～5.4 米，2 号船台所造船舶的船体宽度为 5.6～8.4 米。总体说来，这一造船工场可以建造宽 5～8 米，长 20～30 米，排水量达 25～30 吨的大型木船。1 号船台和 2 号船台间距 3.65 米，若二者并合，则可以生产规模更大的船舶。

1 号船台出土有铁凿、铁锛、铁挣凿、木垂球、磨刀石等造船工具，并发现几种不同类型的铁钉以及画线用的铅球等物。

在 1 号船台南侧还揭露出一部分造船木料加工场地，场地上存留有造船剩余木料。西侧又有一个由木桩、横木构成的用以烤弯造船木料的井字形木架，即称作"弯木地牛"的造船设备。[①]

这处被判定为"广州秦汉造船工场"的遗存，研究者有关较为巨大的规模和较为先进的船台结构的意见如果确实，可以表明中国两千多年前造船业的技术设备和生产能力已经达到相当高的水平。

广州汉代墓葬中曾出土十数件船舶模型。广州黄花岗等地的木椁墓中曾有西汉木船模型出土[②]。广州皇帝岗 1 号墓出土的一件木船模型保存较完好，长 80.4 厘米，中部有 2 个舱[③]。另一件保存较完好的陶船模型出土于广州东郊东汉晚期砖室墓中，长 54 厘米，中部亦为 2 个舱，尾部有望楼，两舷设撑篙的走道，船首两舷各立 3 根桨架。船首系锚，船尾设舵。这件模型所仿拟的船舶实物，原长可达 20 米左

---

① 广州市文物管理处、中山大学考古专业 75 届工农兵学员：《广州秦汉造船工场遗址试掘》，《文物》1977 年第 4 期。对于这处遗址的性质，还存在着不同的意见。有人认为这是一处古代建筑基址，枕木、滑板应是一种柱础结构。参看广东省博物馆《广东考古结硕果，岭南历史开新篇》，《文物考古工作三十年（1949～1979）》，文物出版社，1979，第 332 页。

② 广州市文物管理委员会：《广州黄花岗 003 号西汉木椁墓发掘简报》，《考古》1958 年第 4 期。

③ 广州市文物管理委员会：《广州皇帝岗西汉木椁墓发掘简报》，《考古》1957 年第 4 期。

右。这种可作客货混载的中型内河航船，应是当时比较普及的船型。①
值得注意的是，这件陶船所附锚与舵，标志着一种抓力相当大的锚在
东汉时期已应用于航运实践中，舵作为控制船舶航向的先进设备也已
装备于较为普及的民用船舶上。

图7－2　广州东郊东汉墓出土带舵楼陶船

东汉人刘熙在所著《释名·释船》中说到秦汉船舶的舵：

> 其尾曰柁。柁，拕也，在后见拕曳也。且弼正船使顺流，不
> 使他戾也。

舵装置在船体后部，用于掌握航行方向使不致偏离航线。王粲《为荀
彧与孙权檄》："击櫂若飞，回柂若环"②，说到舵手可以灵活熟练地
应用舵来控制船舶航向。《三国志·吴书·吴主传》裴松之注引《江

---

① 广州市文物管理委员会：《广州市东郊东汉砖室墓清理纪略》，《文物参考资料》
1955 年第 6 期。

② 《北堂书钞》卷一三七引王粲《为荀彧与孙权檄》："故使周曜、管容、李恕、张涉、
陈光勋之徒，将帅战士，就渤海七八百里，阴习舟楫。四年之内，无日休解。今皆击櫂若飞，
回柂若环。"卷一三八引文"回"作"迴"。

表传》又可见"柂工"称谓及柂工"转柂"驶船的记载,应玚《灵河赋》也以"帆柂如林"形容船队规模之浩壮。

早期船舶系泊多使用缆索和带缆桩等设备,传说"牂柯"地名由来即与此有关。《华阳国志·南中志》说,庄蹻伐夜郎,"椓牂柯系舡于且兰",即克夜郎,"以且兰有椓舡牂柯处,乃改其名为牂柯"。《汉书·地理志上》"牂柯郡",颜师古注:"牂柯,系船杙也。"① 广州汉墓出土陶船附有锚,说明以锚系泊船舶的方式至迟在东汉时已普遍应用。石质锚具称作"矴"。《三国志·吴书·董袭传》记载,"(黄)祖横两蒙冲挟守沔口,以栟闾大绁系石为矴,上有千人,以弩交射,飞矢雨下,军不得前"。"栟闾"即棕榈,"栟闾大绁"即粗大的棕绳。董袭率敢死百人突入蒙冲里,"身以刀断两绁,蒙冲乃横流,大兵遂进",终于追斩黄祖。孙权后来在庆功会上举觞属袭曰:"今日之会,断绁之功也!"董袭斩断系矴棕缆,破坏了敌舰的锚泊设备,其"断绁之功"成为孙权军取得战役胜利的关键。

湖北江陵凤凰山 8 号汉墓出土的一件木船模型全长 71 厘米,船体中部和后部各有伸出舱外的横木架,似乎曾架设有左右舷板。船上有木桨 5 支并有桨架,说明西汉早期的划桨船已经使用以桨架为支点的长桨。船尾又设置梢桨②。这种梢桨兼有推进船体和控制航向两种功能,因而又与前侧的"划桨"相区别,被称为"舵桨"③。

湖南长沙年代判定为西汉晚期的第 203 号墓中,出土一件备有

---

① "牂柯"地名最早见于《管子·小匡》。"牂柯"得名或说因江中两山远望似系船杙,或说可能只是当地少数民族语地名之译音。

② 长江流域第二期文物考古工作人员训练班:《湖北江陵凤凰山西汉墓发掘简报》,《文物》1974 年第 6 期。

③ 上海交通大学、上海市造船工业局《造船史话》编写组:《造船史话》,上海科学技术出版社,1979,第 26 页。

16 支桨的木船模型。船身细长，平底，首尾上翘以减少行驶时的阻力。船身两侧的边沿和首尾的平板上，可以看到排列规则的钉眼，提供了当时造船已普遍使用钉木结构的实证。船尾的"梢桨"较前面的"划桨"长约 1 倍，桨叶呈刀形，形制与"划桨"的区别已经相当显著①。

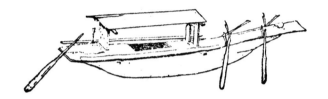

图 7 – 3　江陵凤凰山汉墓出土木船模型

《释名·释船》中说到秦汉时期的船舶推进工具"橹"：

> 在旁曰橹，橹，旅也，用旅力然后舟行也。

所谓"舵桨"，应当看作"橹"的前身。广州龙生冈 43 号东汉木椁墓出土的彩绘楼船模型，甲板上建有重楼，连同底舱，上下共 3 层，船体结构散乱，而桨 10 支与橹 1 支则完好齐全。②这里说到的"橹"是否仍是"梢桨"，或是一种橹的雏形，尚难得出确切的结论。

秦汉船舶使用风帆已相当普遍。《释名·释船》："随风张幔曰帆。帆，泛也。使舟疾泛泛然也。"马融《广成颂》也以"方余皇，连舴舟，张云帆，施蜺帱"形容帆船（《后汉书·马融传》）。当时远洋海

---

①　中国科学院考古研究所：《长沙发掘报告》，科学出版社，1957。
②　广州市文物管理委员会：《广州市龙生冈 43 号东汉木椁墓》，《考古学报》1957 年第 1 期；高炜：《秦汉造船业的考古发现》，《新中国的考古发现和研究》，文物出版社，1984。

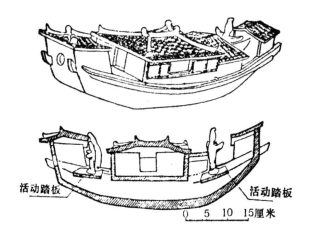

图 7-4　德庆汉墓出土陶船

船还有使用双帆①、三帆、四帆②乃至七帆③的情形。帆船广泛应用于水上航运，表现出当时造船业的生产技术已经达到新的水平。

　　长沙走马楼简可见有关舟船属具的简文，对于我们认识三国时期吴地的水运形式，提供了较为具体的资料。据整理组释文并参看图版，可见"大樯一枚长七丈，上刚一枚长六丈，下刚一枚长六丈，大柂一枚，矴石一枚，大绁一枚"（竹简〔壹〕1384）④，樯，船桅。在

---

　　① 孙倬《望海赋》："商客齐畅，潮流往还，各资顺势，双帆同悬。"孙倬晋人，然而又有资料可以说明汉代已使用"双帆同悬"的船型。在可以体现东汉末年驶风技术的万震《南州异物志》中有"风后者激而相射，亦并得风力。若急，则随宜增减之，斜张相取风气而无高危之虑"语。有学者解释，"'斜张'是说前后帆在帆角90°正顺风航行时的排列位置，这时最优的悬挂形式，是前后帆都挂成半平衡纵帆，一个帆的'后边'伸出左舷，另一个帆的'后边'便伸出右舷，使主帆不挡头帆受风，两帆向外'斜张相取风气'，头帆虽在风后，'激而相射，亦并得风力'"。中国航海学会：《中国航海史》（古代航海史），人民交通出版社，1988，第96页。

　　② 《北堂书钞》卷一三八引《南州异物志》："外徼人随舟大小作四帆或三帆，前后沓载之。张帆取风气而无高危之虑，故行不避迅风激波安而能疾也。"

　　③ 《北堂书钞》卷一三八引《吴时外国传》："从加那调州乘大舡张七帆，时风一月余日乃入大秦国。"

　　④ 长沙市文物考古研究所、中国文物研究所、北京大学历史学系走马楼简牍整理组：《长沙走马楼三国吴简·竹简〔壹〕》下册，文物出版社，2003，第922页。

帆船时代指悬挂帆的立柱。简文称"大樯一枚"，又"上刚一枚"，"下刚一枚"，可知应当是单桅单帆船。刚，应即樯桅上加固布质或席质风帆的上下横杠。对于汉魏帆船，我们仅看到《释名·释船》"随风张幔曰帆"以及马融《广成赋》"张云帆"等片断文字，以及《太平御览》卷七七一引康泰《吴时外国传》所说及"张七帆"的远洋航船。走马楼简所见"大樯"与"上刚""下刚"，当有助于我们增进对当时水上航行利用风力以为动力的具体形式的理解。由造船史资料可以知道，"最具有中国特色的船帆是平衡式梯形斜帆。这种帆通常用棉布或席子制成，上加横竿压条，作为横向的加强材料。这种帆升降自如，可以根据风力的大小调节面积。一旦大风袭来，无须用人上桅收帆，只要放松升降绳，帆和竹条藉自重就会自动使帆降落，很快就可作好防风准备。因为我国的船帆有横向的加强材料，所以对帆幕的强度要求不高，可用廉价的材料制成。在航行中，即使帆幕有破洞，仍然有很好的受风效果"①。如果有多道所谓"竹条"或"横竿压条"的话，简文所谓"上刚""下刚"，应当即相当于这种"横向的加强材料"中最重要的最上的"横竿"和最下的"横竿"。杝，即舵。或写作"柂""柁"。《释名·释船》："其尾曰柂。柂，拕也，在后见拕曳也。且弼正船使顺流不使他戾也。""其尾曰柂"，《太平御览》卷七七一引作"舡尾曰柂"。《汉书·武帝纪》："舳舻千里"，颜师古注："李斐曰：'舳，船后持柂处也。'"据《北堂书钞》卷一三八引《孙放别传》，汉魏之际人孙放曾说："不见船柁乎，在后所以正舡也。"晋人郭璞《江赋》："凌波纵柁，电往杳冥。"《集韵·哿韵》："柂，正船木。或作柁、舵。""杝""柂"相通，有《集韵·支韵》为证："柂，木名，或作杝。"更为明确的例证，有《后汉书·文苑列

---

① 彭德清主编《中国船谱》，经济导报社经导出版有限公司、人民交通出版社，1988，第64页。

传下·赵壹》:"安危亡于旦夕,肆嗜欲于目前。奚异涉海之失柁,积薪而待燃。"李贤注:"柁可以正船也,音徒我反。"《太平御览》卷七七一则引作"梔"。广州东汉后期墓葬出土两件陶船模型(5062:2及5080:127),均有舵。① 研究者看作"早期船舵的珍贵实物资料",以为"反映了当时已经有相当成熟的船舵装置了"。② 广州出土陶船与走马楼简年代相距并不遥远,可以在研究中比照分析。此说"大柁",或许和当时通常的舵有形制规格上的区别。矴石,即石锚。《三国志·吴书·董袭传》:"建安十三年,(孙)权讨黄祖。祖横两蒙冲挟守沔口,以栟闾大绁系石为矴,上有千人,以弩交射,飞矢雨下,军不得前。"说到"以栟闾大绁系石为矴"。"矴"或写作"碇"。③

简文"大樯""长七丈","上刚""下刚"各"长六丈",比例与中国传统帆船结构相符合。船帆横竿长至六丈,根据三国吴尺实物资料换算,可知帆宽约 14.36 米。中国古代帆船主桅长度约等于或小于船长,主帆宽度有的超过船宽 2 倍。④ 如此则可推知走马楼简 1384 说到的运船规模,大致为长度超过 16.75 米,宽度则大约为 7.2 米。又知帆的总面积(以平方米计)与船的满载排水量(以吨计)有一定的经验比例关系,中国帆船一般在 2:1 和 3:1 之间。⑤ 那么,从"大樯"长七丈而帆高六丈左右,即使用四角形方帆的认识基点出发,则帆的总面积约为 206.21 平方米。就是说,走马楼简提供的有关这艘运船尺度的资料,反映当时湘江水运已经使用排水量 70 吨至 100

---

① 广州市文物管理委员会、广州市博物馆:《广州汉墓》上册,文物出版社,1981,第426~430页。

② 金秋鹏:《中国古代的造船和航海》,中国青年出版社,1985,第48~49页。

③ (唐)韩愈《唐正议大夫尚书左丞孔公墓志铭》:"蕃舶之至泊步,有下碇之税。"马其昶注:"碇,锤舟石,与矴同。"《集韵·径韵》:"矴,锤舟石也。或从定。"

④ 石阶池:《帆船》,《中国大百科全书·交通》,中国大百科全书出版社,1986,第112页。

⑤ 石阶池:《帆船》,《中国大百科全书·交通》,中国大百科全书出版社,1986,第112页。

吨的船舶。而这艘船的满载排水量，甚至有可能达到 103 吨。

　　许多资料表明，"汉代确实已有帆船"①。正如孙机所说，汉代已经能够制造通航印支半岛甚至远达印度洋的大海船，"这种船上应装风帆。《释名》中已经提到'随风张幔'的帆和挂帆用的桅。② 但其形象资料尚未发现"③。走马楼竹简〔壹〕1384 的内容，提供了包括悬挂和加固船帆的"樯"和"𠛬"的规格等重要信息，可以看作具体反映中国早期帆船实际形制的最早的考古资料，因而特别值得考古学者、交通史学者和造船史学者重视。

　　走马楼简又可见"船十一梗所用前已列言"④（竹简〔壹〕2512）简文，可以在考察当时船队规模时参考。而简文"督军粮都尉移楼船仓书掾吴邦吏□□□□"（竹简〔壹〕2057）所见"楼船仓"名，则暗示当时造船业的最高成就，应有更大规模的船舶型式作为代表。⑤有人将三国时期造船技术的发展看作"中国水运事业步入繁荣期的前奏"⑥，通过对走马楼三国吴简造船史料的分析，可以使得我们的相关知识更为真切，更为具体。⑦ 而这些成就，都是在秦汉造船航运伟大的历史性进步的基础上实现的。

　　风力对于帆船行驶具有极重要的意义。当风向风势不利时，若防避不当，也会导致灾难性的后果。孙权曾"遣将士至辽东，于海中遭

---

①　张泽咸、郭松义：《中国航运史》，文津出版社，1997，第 29 页。

②　《释名·释船》："其前立柱曰桅。桅，巍也，巍巍高貌也。""随风张幔曰帆。帆，汎也。使舟疾汎汎然也。"

③　孙机：《汉代物质文化资料图说》，文物出版社，1991，第 122 页。

④　整理组注："'梗'为'艘'之别体。"《长沙走马楼三国吴简·竹简〔壹〕》下册，文物出版社，2003，第 946 页。

⑤　关于三国时期的"楼船"，《三国志·蜀书·刘封传》裴松之注引《魏略》可见："（申）仪与孟达不和，数上言达有贰心于蜀，及达反，仪绝蜀道，使救不到。达死后，仪诣宛见司马宣王，宣王劝使来朝。仪至京师，诏转拜仪楼船将军，在礼请中。"至于孙吴楼船，更有多例，如《三国志·吴书·虞翻传》："（孙）权于楼船会群臣饮，（于）禁闻乐流涕。"卷六〇《吴书·锺离牧传》裴松之注引《会稽典录》："（锺离）牧父绪，楼船都尉。"

⑥　房仲甫、李二和：《中国水运史（古代部分）》，新华出版社，2003，第 106～109 页。

⑦　王子今：《走马楼舟船属具简与中国帆船史的新认识》，《文物》2005 年第 1 期。

风，多所没失"（《三国志·吴书·虞翻传》裴松之注引《江表传》）。又吴军曾以舟师拒魏，"时遭大风，船人覆溺，死者数千"，于是被迫"还军"（《三国志·吴书·吕范传》）。甚至曾发生由于未能正确掌握风向，以致"乘蒙冲，遇迅风，船落敌岸下"的意外情形（《三国志·吴书·徐盛传》）。为适应观察和预测风向与风力的需要，船舶开始装置测风设备。汉代宫殿建筑已附设早期测风仪。《三辅黄图》卷五引郭延生《述征记》，说到汉灵台"有相风铜乌，遇风乃动。一曰：长安灵台，上有相风铜乌，千里风至，此乌乃动"。《三辅黄图》卷二说建章宫南有玉堂，"铸铜凤高五尺，饰黄金，栖屋上，下有转枢，向风若翔"①。据《西京杂记》卷五记载，"汉朝舆驾祠甘泉汾阴"的仪仗车列中，还有所谓"相风乌车"。船舶测风装置可能较为简易，最常见的是所谓"倪"或"绕"。《淮南子·齐俗》：

> 故终身隶于人，辟若倪之见风也，无须臾之间定矣。

高诱注："倪，候风者也。世所谓五两。"《太平御览》卷七七一引《淮南子》曰：

> 若绕之候风也。许慎曰："绕，候风扇也，楚人谓之'五两'。"

王念孙赞同庄逵吉"倪为绕之讹"的见解。陶方琦也认为"倪乃绕字之讹"，"许注旧本作绕"，"《御览》引作'候风扇也'，扇乃'之羽'二字坏文"。《北堂书钞》卷一三八《舟部下·伍两二十》"倪之见风"下引《淮南子》曰："若倪之见风也"，"注云：'倪者候风之

---

① 《水经注·渭水下》作"铸铜凤五丈"。

羽也，楚人谓之五两'"。可能即许慎原注。所谓"倪"或"绕"，估计是船桅上用以观测风向和风速的用羽毛制作的测风标。① 《太平御览》卷七七一引郭璞《江赋》中"观雾褫于清旭，觇五两之动静"，就说到这种装置的应用。

秦汉船舶制作已经比较重视船舶成品下水之后的系泊试验和航行试验。《三国志·吴书·吴主传》裴松之注引《江表传》：

> （孙）权于武昌新装大船，名为"长安"，试泛之钓台圻。时风大盛，谷利令柂工取樊口。权曰："当张头取罗州。"利拔刀向柂工曰："不取樊口者斩。"工即转柂入樊口，风逆猛不可行，乃还。权曰："阿利畏水何怯也？"利跪曰："大王万乘之主，轻于不测之渊，戏于猛浪之中，船楼装高，邂逅颠危，奈社稷何？是以利辄敢以死争。"②

是为孙权以"万乘之主"的身份亲自冒险乘新装大船作航行试验的史例。又如《太平御览》卷七七○引《武昌记》：

> 樊口北有败舶湾。孙权尝装一舡，名"大舡"，容敌士三千人，与群臣泛舡中流，值风起，至樊口十里余便败。故因名其处为"败舶湾"也。

《三国志·魏书·杜畿传》还记载杜畿制作楼船，又于孟津试船事：

---

① 《太平御览》卷七七一引《兵书》曰："凡候风法，以鸡羽重八两，建五重旗，取羽系其巅，立军营中。"

② 《北堂书钞》卷一三七："东方朔曰：'武帝乘常安舟游洛水。'"可能西汉时已经出现这种命名为"长（常）安"的"船楼装高"的"大船"。

> （杜畿）受诏作御楼船，于陶河试船，遇风没。帝为之流涕。诏曰："昔冥勤其官而水死，稷勤百谷而山死。故尚书仆射杜畿，于孟津试船，遂至覆没，忠之至也。朕甚愍焉。"追赠太仆，谥曰戴侯。

可见航行试验失败事并不鲜见。秦汉时有所谓"安舟难成"的说法①，在周密设计与精心制作之后，还需要经过认真的试验，对船舶的浮性、稳性和耐波性进行严格调试，这样交付使用的才有可能是质量得以保证的"安舟"。

汉代造船法式中，船体分舱和增艄加舷的做法对后世表现出显著的积极影响。

广州汉墓和长沙汉墓出土的陶船模型和木船模型多具有 3 个舱房。舱房建于甲板上，其左右两壁压坐于两舷，而前后两壁则需以横梁支撑。广州东汉陶船模型可明显看到前后共有 8 根横梁，这标志着有 8 副隔舱板将船体分成 9 个分舱。后世造船，船体分舱的具体形式多有变化，但是都不背离汉代造船借分舱防覆没并提高横向强度的设计原则。

长沙汉墓出土的木船模型，可以看到有伸出两舷之外的木板，形成舷外走道使船首船尾得以连通。在船首和船尾，也有木板伸出船外。伸出舷外的板称作"舷"；伸出船首外的板称作"首艄"，又称"前出艄"：伸出船尾外者称作"尾艄"，也称"后出艄"。船舶增艄加舷，可以在原有尺度条件下扩大上甲板作业面，并且可以在原有尺度条件下相对减轻船舶航行中的纵摇或横摇，增强其稳性。广州汉墓出土木船模型，也有类似首艄或前出艄的结构。广州汉墓出土的陶船模型，也可以看到两舷外加舷的形式。

秦汉造船业往往优先提供军用，民用船舶的使用也存在身份等级

---

① 《太平御览》卷七六九引谯周《法训》："以道为天下者，犹乘安舟而由广路。安舟难成可久处也，广路难至可常行也。"

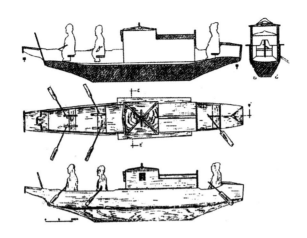

图 7 - 5　广州皇帝岗 1 号墓出土木船结构

的限定①，许多船舶只服务于贵族官僚的消费生活②，先进造船技术的成就未必可以直接推进交通事业的发展。应用于航运事业的大量是中型或小型较为简陋的船舶。民间船工往往因地制宜，以简便方式制作水上航行工具。他们的创造性劳动，也可以从一个侧面反映秦汉造船技术的水平。

云南晋宁出土铜鼓有滇人水上行船图案，侧舷用短桨推进，船尾置被称作"梢桨"的大桨③。有的学者推定，这些"滇族在江、湖上

---

① 《尔雅·释水》："天子造舟，诸侯维舟，大夫方舟，士特舟，庶人乘泭。"或以为即体现出关于船舶使用由来已久的等级原则。郭璞注：造舟，"比船为桥"；维舟，"维连四舠"；方舟，"并两舠"；特舟，"单船"；泭，"并木以渡"。其实，造舟、维舟、方舟、特舟，很可能是指借舟船架设的不同规格的浮桥，参看王子今《〈造舟为梁〉及早期浮桥史探考》，《文博》1998 年第 4 期。然而所体现的等级原则是大体一致的。秦汉时期，甚至行船相遇也有贱避贵的规则。《三国志·吴书·虞翻传》："（虞）翻尝乘船行，与麋芳相逢，芳船上人多欲令翻自避，先驱曰：'避将军船！'翻厉声曰：'失忠与信，何以事君？倾人二城，而称将军，可乎？'芳阖户不应而遽避之。"

② 《北堂书钞》卷一三七引张璠《汉记》："梁冀第池内舡无故自覆，问掾朱穆，穆曰：'舟所以济渡万物，不施游戏也，而今覆者，天戒将军当渡济万民，不可念念游戏也。'"《三国志·吴书·虞翻传》记载孙权曾"于楼船会群臣饮"，是特大型船舶用于游宴之例。

③ 云南省博物馆考古发掘工作组：《云南晋宁石寨山古遗址及墓葬》，《考古学报》1956 年第 1 期；云南省博物馆：《云南晋宁石寨山古墓群发掘报告》，文物出版社，1959；冯汉骥：《云南晋宁出土铜鼓研究》，《文物》1974 年第 1 期。

所使用的船只，可能是独木舟"①。福建连江岱江下游近海处，曾发掘出土一条长7米多的年代相当于秦汉之际的独木舟②。广东化州鉴江堤岸附近，也曾在同一地点发现六条年代相当于东汉中晚期的独木舟③。

《史记·淮阴侯列传》记载，韩信击魏，"益为疑兵，陈船欲度临晋，而伏兵从夏阳以木罂缻渡军，袭安邑"。裴骃《集解》："服虔曰：'以木押缚罂缻以渡。'韦昭曰：'以木为器如罂缻，以渡军。'"韩信利用这种奇特的水上运载工具抢渡黄河天险，终于平定河东。汉光武帝建武九年（33），公孙述与汉军争夺长江中游地区，"遣其将任满、田戎、程汎，将数万人乘枋箄下江关"（《后汉书·岑彭传》）。汉章帝时，邓训击羌，发湟中六千人，"缝革为船，置于箄上以度河"（《后汉书·邓训传》）。邓训军所使用的，是类似现今皮筏的涉渡工具。《说文·木部》："橃，海中大船。"段玉裁注："《广韵》橃下曰：木橃，《说文》云海中大船。谓《说文》所说者古义，今义则同筏也。""《玉篇》注云：海中大船也，泭也。是为古义今义襍糅。汉人注经固云大者曰筏，小者曰桴，是汉人自用筏字，后人以橃代筏，非汉人意也。"然而朱骏声《说文通训定声》指出，"《说文》无筏，筏俗字"。看来《说文》"橃"或许的确是指与"筏""泭"有关的水上运载工具。可能汉代木筏咀曾经作为海上航运工具。

除了湖北江陵、湖南长沙、广东广州汉代墓葬出土的木制或陶质船舶模型可以反映当时造船技术的水平而外，山东、四川、内蒙古等地汉代画象中有关船舶的画面也可以作为研究汉代造船业的文物资料。④ 四

---

① 夏鼐：《考古学和科技史——最近我国有关科技史的考古新发现》，《考古学和科技史》，科学出版社，1979，第5页。
② 福建省博物馆、连江县文化馆：《福建连江发掘西汉独木舟》，《文物》1979年第2期。
③ 湛江地区博物馆、化州县文化馆：《广东省化州县石宁村发现六艘东汉独木舟》，《文物》1979年第12期。
④ 山东省博物馆、苍山县文化馆：《山东苍山元嘉元年画象石墓》，《考古》1975年第2期；刘志远：《考古材料所见汉代的四川农业》，《文物》1979年第12期；内蒙古自治区博物馆：《和林格尔汉墓壁画》，文物出版社，1978。

川成都、广东佛山等地汉墓出土的陶制水塘或水田模型中也附有农用小船①，说明南方水网地区有的普通民户也具有造船能力。王褒《僮约》中罗列僮仆的劳作内容，就包括所谓"舍后有树，当裁作船"，可见当时民间造船技术已经相当普及。

居延汉简中还可以看到反映西北边地造船生产的内容。例如：

●肩水候官地节□四年计余兵谷□财物薄毋余舩毋余茭
（14.1A）
●右第一舩四人　□石具弩一
　　　　　　　　稾矢铜鍭三（37.19）
肩水候官元康二年七月粪卖舩钱出☑（255.3）
●甲沟候官新始建国地上戊三年泰月尽九月朡出入薄
（E.P.F25：1）

船舶在河西地区亦作为商品。边防部门专门设立簿记，可见当地使用的船舶不在少数。简37.19"第一舩四人"字样，或许显示了船舶编队行驶的事实。由船载兵器的情形，也可以推知当地造船业主要是为适应边地军事经济的需要而得以发展的。又如：

☑□□石为万九千五百石治舩（109.3）
☑□处益储茭谷万岁豫缮治舩毋令（E.P.T59：658）

当可看作能够直接反映河西船舶制造业状况的重要资料。

---

① 刘志远：《成都天迴山崖墓清理记》，《考古学报》1958年第1期；广东省文物馆管理委员会：《广东佛山市郊澜石东汉墓发掘报告》，《考古》1964年第9期。

三 主要造船基地

《汉书·地理志上》说,京兆尹有"船司空"县,王莽改称"船利"。颜师古注:"本主船之官,遂以为县。"《汉书·百官公卿表上》:宗正"属官有都司空令丞"。颜师古注引如淳曰:"《律》:司空主水及罪人。"王先谦《汉书补注》引何焯曰:"船既司空所主,兼有罚作船之徒役皆在此县也。"船司空县在河、渭之交。《水经注·渭水下》:"《春秋》之渭汭也。""吕忱云:汭者,水相入也,水会,即船司空所在矣。《地理志》曰:渭水东至船司空入河。服虔曰:县名。都官《三辅黄图》有船库官,后改为县。王莽之船利者也。"船司空以造船基地而置县,可以说明其生产规模。其所在扼据于西汉漕运最关键的航道上,所制作的船舶为维护大一统帝国的生命线发挥着重要的作用。

据《汉书·百官公卿表上》,中尉(汉武帝太初元年更名执金吾)属官有"都船"令丞。如淳解释说:"都船狱令,治水官也。"有的学者认为,如淳直称"都船狱令",或许是一种主管水牢的官。《汉书·薛宣传》说,薛宣少时曾为"都船狱吏"(宋祁曰:吏疑是史)。《汉书·王嘉传》又说"缚嘉载致都船诏狱"。这几处可查的都船皆和狱字联在一起,当不是偶然的。从其主管官中尉备盗贼的主要职掌来看,加以这个狱字,说是主管水牢的官,不是没有道理的。都船有三丞,或者水牢不只一处。[①] 其实,中尉后称执金吾,有充任皇帝警卫仪仗的职责,负责皇帝乘船巡行的安全,当然也是其职分之一。都船狱,或许意味着以监禁作工的形式保证船舶质量,如《周礼·秋官司寇·大司寇》"以圜土聚教罢民,寘之圜土而施职事"的古制。

水衡都尉属官又有"辑濯"令丞。如淳说:"辑濯,船官也。颜

---

① 安作璋、熊铁基:《秦汉官制史稿》上册,齐鲁书社,1984,第221~222页。

师古解释说，"辑"与"濯"，"皆所以行船也"。《汉书·刘屈氂传》记载，丞相刘屈氂发三辅近县兵平定巫蛊之乱，曾"发辑濯士，以予大鸿胪商丘成"，商丘成遂因功封侯。颜师古注："辑濯士，主用辑及濯行船者也。短曰辑，长曰濯。""濯字本亦作櫂。"辑濯士可能即隶属于水衡都尉属下"辑濯"部门。

其实，都船与辑濯部门，不排除兼有制造修理船舶职任的可能。中尉"掌徼循京师"，属官有都船令丞。水衡都尉"掌上林苑"，属官有辑濯令丞及水司空、都水长丞。长安地区往往最早出现和使用大型船舶和异型船舶，估计这里有技术成熟的造船产业，也有管理船舶修造的机构。

汉武帝曾"乘常安舟游洛水"以及杜畿在孟津一带的陶河"试船"的记载，说明汉代洛阳附近可能有较为集中的造船生产能力。《三国志·魏书·袁绍传》裴松之注引《献帝传》说，沮授、田丰曾建议袁绍"进屯黎阳，渐营河南，益作舟船，缮治器械"，可见黎阳即黄河白马津一带也有发展造船业的基础。

造船基地均位于江湖之畔或海滨，应有一定的岸线长度和水深。秦汉时人根据海岸地貌条件进行海港建设，并就近发展造船生产，于是在重要海港附近又形成了若干造船业的中心。

秦始皇遣方士入海求仙人，调用人员尝数以千计（《史记·秦始皇本纪》）。汉武帝经营朝鲜，"燕齐之间靡然发动"（《史记·平准书》）。曹魏注重海运，曾"诏青、兖、幽、冀四州大作海船"（《三国志·魏书·明帝纪》）。可见环渤海沿岸有多处造船基地。杨仆楼船军渡海征朝鲜的出发地点东莱一带，可能是中国北方沿海最重要的造船中心。

《汉书·朱买臣传》有关于发展海战军备，在会稽"治楼船"的记载。先秦时期会稽造船工场已经具有一定的生产规模。《越绝书·外传记地传》屡次说到越军"楼船卒"，又有固陵，"以其大船军所置也"，"舟室者，勾践船宫也"。汉代会稽造船业又得到发展，对闽越、南越、东粤的海上攻势所以奏效，正是以会稽地区的造船生产能力为保证的。至于所谓"石塘者，越所害军船也，塘广六十五步，长三百五十三步"，则可能是一处军港。"害军船"之"害"，或可读作"辖"。① 其中亦不排除有供修船和造船用的水工建筑物船坞。《越绝书》下文又说到"防坞者，越所以遏吴军也"，"杭坞者，句践杭也"，是"坞"之出现较早之例。

今浙江平阳和福建霞浦，大致在东汉晚期已形成造船生产基地，三国吴时前者称横屿，后者称温麻，两处都设置"船屯"②。

东汉末年，会稽郡南部即今福建沿海也形成了重要的造船生产基地。《三国志·吴书·三嗣主传》记载，吴末帝凤凰三年（274），会稽太守郭诞以罪"送付建安作船"。③ 吴中书令张尚因罪下狱，亦曾"送建安作船"（《三国志·吴书·张纮传》）。三国吴建安郡地，即今福建省大部。其造船基地的具体地点，可能即汉之东冶，三国吴之侯官，即今福建福州。

长江水系航运所使用的船舶当即长江沿岸各地制造，即所谓"越艇蜀舲"（应玚《灵河赋》）、"蜀艇吴航"（《淮南子·俶真》）。

战国时期，巴蜀就以可"舫船载卒""下水而浮"形成对楚地的威胁（《战国策·楚策一》），据说司马错即曾"率巴蜀众十万，大舶船万艘""浮江伐楚"（《华阳图志·蜀志》）。公孙述割据益州，曾"造十层赤楼帛兰船"（《后汉书·公孙述传》），也说明巴蜀造船业的生产能力。

---

① 《管子·幼官》："刑则交、寒、害、钛。"唐房玄龄注："其行刑戮则于初旦夜尽之交，其时尚寒主春，人不得已而行刑，故离害而钛禁。钛或为铍。"明刘绩《管子补注》："绩按：钛，钳械人足也。恐当作辖。"戴望《管子校正》："害，当从刘说读为'辖'。""辖为系车轴之物。引申之，因谓以铁索拘罪人者亦谓之'辖'。其状盖如银铛矣。"

② 《宋书·州郡志一·扬州》："横阳令，晋武帝太康四年以横屿船屯为始阳，仍复更名。"又《州郡志二·江州》："温麻令，晋武帝太康四年以温麻船屯立。"

③ 裴松之注引《会稽邵氏家传》记述此事，也说孙皓"免诞大刑，送付建安作船"。

夷陵，即今湖北宜昌，也曾经是著名的造船基地。汉光武帝建武九年（33）与公孙述争夺这一地区，曾"装直进楼船、冒突露桡数千艘"《后汉书·岑彭传》。建武十一年（35），吴汉又于夷陵"装露桡船，将南阳兵及弛刑募士三万人沂江而上"（《后汉书·吴汉传》）。

江陵是造船业较为集中的地区。这一地区秦汉墓葬多出土船舶模型，不仅可以说明当地造船技术之普及，也反映造船业在当地民家经济生活中的位置。汉初，吴王刘濞以其富足的经济实力与中央政府抗衡，曾"上取江陵木以为船，一船之载当中国数十两车"（《史记·淮南衡山列传》）。江陵地区因造船条件之便利，形成所谓"以江汉为池，舟楫为用，利则陆钞，不利则入水"（《三国志·魏书·三少帝纪》裴松之注引习凿齿《汉晋春秋》）的优势。

东汉末年，孙权"于武昌新装大船"多至于樊口进行航行试验（《三国志·吴书·吴主传》裴松之注引《江表传》及《太平御览》卷七七〇引《武昌记》），说明江夏郡鄂县武昌（今湖北鄂城）一带曾经是重要的造船基地。《太平御览》卷七七〇引《魏文与孙权书》曰："知已选择见肛最大樟材者六艘，受五百里石，从沔水送付樊口。"可知这一造船基地以扼控四方水路的形势，在长江水系造船生产体系中居于特殊的地位。

《三辅黄图》卷四引《庙记》："（昆明）池中后作豫章大船，可载万人。"[1] 汉武帝时代大型船舶以"豫章"命名，有可能是使用豫章名木修造。《淮南子·修务》，"楩柟豫章之生也，七年而后知，故可以为棺舟"。《潜夫论·浮侈》批评厚葬之风，也说"京师贵戚，必欲江南檽梓豫章楩柟；边远下土，亦竞相仿效"。然而"豫章"又是汉代郡名，郡治在今江西南昌。船名"豫章"，也有可能采用了豫章地区的船舶形式，或者采用了豫章地区的造船技术，也可能是由豫

---

① 又见《太平御览》卷七六八引《汉宫殿疏》。

章工匠制作。西汉庐江郡"有楼船官"（《汉书·地理志上》），淮南王刘安与伍被谋反，为"南收衡山以击庐江，有寻阳之船"之议（《史记·淮南衡山列传》），闽越王又曾"入燔寻阳楼船"（《汉书·严助传》）。东汉末年，柴桑（今江西九江）又曾作为重要的水军基地①，当地必然具备船舶修造能力。显然，夹江而治的庐江、豫章二郡，沿江曾形成生产能力较强的造船基地。

《说文·木部》："橧，江中大船也。"段玉裁注："《越绝书》曰：'欐溪城者，阖庐所置船宫也。'盖'欐'与'橧'古通用。"可见很早就有可以生产大型江船的造船业。《太平御览》卷七六八引《吴志》："吴人以舟楫为舆马，以巨海为夷庚也。"吴地制造的船舶，还用于海上航运。

秦汉时期，生产力较为优越，可能同时为内河航运、近海航运和远洋航运提供必要的船舶的重要造船基地是番禺，即今广州。广州汉墓出土的船舶模型可以提供有力的例证。有学者以为"广州秦汉造船工场遗址"的发现，经今后的研究得以确认后自然可以看作直接的实证。番禺特殊的地理条件，使得当地造船业可以接受外洋来船较先进的技术影响。面对所谓"外徼人"（《太平御览》卷七七一引《南州异物志》）及"蛮夷贾船"（《汉书·地理志下》）的挑战，番禺发展成为全国技术水平和生产能力最为先进的造船基地之一。②

---

① 《三国志·蜀书·诸葛亮传》："（孙）权拥军在柴桑。"黄祖、孙权曾于柴桑激烈争夺。东吴名将周瑜以及孙权政权的建武将军徐盛、平南将军吕范、威北将军诸葛恪、征北将军陆抗、扬威将军陆式等，均曾屯军于柴桑。

② 参看王子今《秦汉时期的船舶制造业》，《上海社会科学学术季刊》1993年第1期。

第八章

秦汉都市交通

一 都市的交通地位

在中国城市发展史的各个阶段中,秦汉时期是特别重要的时期。

秦汉时期的都市达到了空前的规模,其政治军事作用十分显著,地域影响之广阔,也远远超过前代。秦汉最大的都市咸阳、长安和洛阳,已经形成世界影响,成为东方文化的中心。

"都市",原本有人文总汇之义。①《释名·释州国》:

> 国城曰都,都者,国君所居,人所都会也。

---

① "都"本有汇集之义。《管子·水地》:"人皆赴高,己独赴下,卑也。卑也者,道之室,王者之器也,而水以为都居。"注者以为"都居"即"聚居","都,聚也。"《穀梁传·僖公十六年》:"民所聚曰都。"《公羊传·僖公十六年》何休注:"人所聚曰都。"《尚书·尧典》:"曰幽都。"孔安国传:"都谓所聚也。"

都市以人口之密集，本身形成了优越的交往条件。美国城市史专家芒福德曾经指出，城市是"文化传播中仅次于语言的一项最宝贵的集体发明"，"人才由于城市中交流密切，其面临的机会则比小型社区中多许多"。① 秦汉都市之中，豪族之家"连骑相过"，"冠带交错，方辕接轸"；游侠领袖"结党连群，寔蕃有徒，其从如云"；又有所谓"五县遊丽辩论之士，街谈巷议，弹射臧否，剖析毫厘，擘肌分理，所好生毛羽，所恶成创痏"（张衡：《西京赋》）。民间集会，也往往形成"方轨齐轸"，熙来攘往的场面，以致"朱帷连网，曜野映云，男女姣服，骆驿缤纷"②（张衡：《南都赋》）。都市因交往之便利，创造了促进自身繁荣的条件，也形成了实现区域领导的地位。

都市作为政治中心，不仅表现在皇帝贵族定居于此，享有"属车九九，乘轩并毂"（张衡：《东京赋》）一类交通特权，而且表现在这里亦被作为各个政治集团的主要活动据点。《汉书·游侠传》说，"代相陈豨从车千乘，而吴濞、淮南皆招宾客以千数。外戚大臣魏其、武安之属竞逐于京师，布衣游侠剧孟、郭解之徒驰骛于闾阎，权行州域，力折公侯"③。汉代郡国多设学校④，中央则有太学。汉武帝初置太学，"元帝好儒"，"更为设员千人"。成帝末年，太学又"增弟子员三千人"（《汉书·儒林传》）。汉平帝元始五年（5），诏征天下通

---

① 〔美〕芒福德：《城市发展史——起源、演变和前景》，宋俊岭、倪文彦译，中国建筑工业出版社，2005，第58、116 页。芒福德还说："对话是城市生活的最高表现形式之一"，"城市发展的一个关键因素在于社交圈子的扩大，以至最终使所有的人都能参加对话。不止一座历史名城在一次总结其全部生活经验的对话中达到了自己发展的极顶。"第123～124 页。

② 三国吴人薛综注："骆驿缤纷，往来众多貌。"

③ 《史记·游侠列传》说："闾巷之侠，修行砥名，声施于天下。"可反映其交游圈规模的史料，有"剧孟母死，自远方送丧盖千乘"；郭解任侠，"邑中少年及旁近县贤豪，夜半过门常十余车，请得解客舍养之"，因徙茂陵，曾使卫将军为说情（《史记·游侠列传》）；章"门车常接毂"；楼护"母死，送葬者致车二三千两"；陈遵"宾客满堂"，"门外车骑交错"；原涉"在所闾里尽满客"，后有罪，"宾客车数十辆共送涉至狱"（《汉书·游侠传》）。

④ 《汉书·循吏传·文翁》记载，文翁"修起学官于成都市中，招下县子弟以为学官弟子"，"至武帝时，乃令天下郡国皆立学校官，自文翁为之始云"。《汉书·平帝纪》："郡国曰学，县、道、邑、侯国曰校。"

知诸学教授者，"在所为驾一封轺传，遣诣京师，至者数千人"（《汉书·平帝纪》）。王莽奏言"为学者筑舍万区"（《汉书·王莽传上》）。东汉益崇好儒学经术，于是"四方学士""莫不抱负坟策，云会京师"（《后汉书·儒林列传》）。遂修起太学，"起太学博士舍、内外讲堂，诸生横巷，为海内所集"（《后汉书·翟酺传》）。《后汉书·儒林列传》记载，汉明帝亲自到太学讲经，"帝正坐自讲，诸儒执经问难于前，冠带缙绅之人，圜桥门而观听者盖亿万计"。汉顺帝又扩建太学，"更修黉宇，凡所造构二百四十房，千八百五十室"。汉质帝时，"游学增盛，至三万余生"。于是有"东京学者猥众"之说。而郡国有学，私学益盛，"其着名高义开门受徒者，编牒不下万人"①，都市于是成为"经生所处，不远万里之路"的文化中心。都市作为经济中心的作用，首先体现为政府以专制形式对全国经济行使统制与领导的职能。此外，民间商人也以都市作为其经济活动的主要基地，"商贾大者积贮倍息，小者坐贩卖，操其奇赢，日游都市"（《汉书·食货志》），"船车贾贩，周于四方；废居积贮，满于都城"（《后汉书·仲长统传》）。

秦汉都市建设规划有宏观交通布局的考虑。

秦直道从秦甘泉宫北上，经过马栏河川道，即登上作为陕西、甘肃省界的子午岭，循岭脊北行。"子午"，是确定正南正北的方位基

---

① 申公"归鲁，退居家教"，"弟子自远方至受业者百余人"，"弟子为博士者十余人"，"学官弟子行虽不备，而至于大夫，郎中，掌故以百数"（《史记·儒林列传》）。"王莽时，（唐）林、（王）吉为九卿，自表上师冢，大夫博士郎吏为许氏（许商）学者，各从门人，会车数百两，儒者荣之。"西汉儒学"传业者寝盛"，"大师众至千余人"（《汉书·儒林传》）。据《后汉书·儒林列传》，时诸儒多有"门徒常数百人"，"教授常数百人"者，又如张兴"声称著闻，弟子自远至者，著录且万人"；曹曾"门徒三千人"；牟长"诸生讲学者常有千余人，著录前后万人"；杨伦"弟子至千余人"；魏应"弟子自远方至，著录数千人"；杜抚"弟子千余人"；楼望卒，"门生会葬者数千人"；张玄讲学，"诸儒皆伏其多通，著录千余人"；颍容"聚徒千余人"；谢该"门徒数百千人"；蔡玄"门徒常千人，其著录者万六千人"。

线。"子午"和"直",后者可以理解为前者的快读合音。而"子午"和"直"的方位定义,既是对甘泉而言的,而且基本上也是对咸阳—长安而言的。

"表南山之颠以为阙"这一特别值得重视的都城规划构想,说明秦都咸阳有南行的重要通路,也说明当时的建筑蓝图包含有贯通南北(子午)的意识。

在咸阳、长安以南,确实有"子午道"通往汉中巴蜀。《史记·高祖本纪》说,汉王之国,"从杜南入蚀中"。程大昌《雍录》卷五"汉高帝入关"条说:"关中南面皆碍南山,不可直达,其有微径可达汉中者,惟子午关,子午关在长安正南。""此之蚀中,若非骆谷,即是子午也。"《资治通鉴》胡三省注、《读史方舆纪要》《史记会注考证》等都据《司隶校尉杨君孟文石门颂序》所谓"高祖受命,兴于汉中,道由子午,出散入秦",以为"蚀中"可能就是子午谷。《三国志·蜀书·魏延传》记述魏延向诸葛亮建议,"欲请兵万人,与亮异道会于潼关,如韩信故事"。裴松之注引《魏略》说,其具体路线是"直从褒中出,循秦岭而东,当子午而北",直抵长安。由三国时人所谓"韩信故事",可知"道由子午,出散入秦"或许确是刘邦北定三秦的路线。《汉书·王莽传上》又写道:"(元始四年)其秋,(王)莽以皇后有子孙瑞,通子午道。子午道从杜陵直绝南山,径汉中。"颜师古说:"子,北方也。午,南方也。言通南北道相当,故谓之'子午'耳。今京城直南山有谷通梁、汉道者,名'子午谷'。又宜州西界,庆州东界,有山名'子午岭',计南北直相当。此则北山者是'子',南山者是'午',共为'子午道'。"

颜师古将"子午岭"和"子午道"并说,这位唐代学者应当引起我们重视的意见,还有将直道所循子午岭和子午道所循子午谷"计南北直相当"者联系在一起的说法,即所谓"此则北山者是'子',南山者是'午',共为'子午道'"。

正如秦直道循子午岭北行，而"直"正是"子午"的快读合音，由杜陵南行直通梁、汉的子午道也有类似的情形。[①] 另外，特别值得我们注意的还有，汉魏子午道秦岭南段又曾经沿池河南下汉江川道。"池"或为"直"之音转。也就是说，很可能子午道循行的河道，也曾经被称作"直河"。

与"表南山之颠以为阙"相对应，秦直道的石门，也可以看作甘泉宫的"北山"之"阙"。[②]

子午岭—直道，子午道—直河，在咸阳—长安正北正南形成了纵贯千里的轴线。这一现象，应当看作秦汉都城规划的基本构成内容之一。另一组对应关系，表现为直道的起点—石门—甘泉宫北阙，子午道的起点—"南山之颠"—阿房宫南阙。这一认识，也是和秦始皇以甘泉宫、咸阳宫、阿房宫共同作为秦宫主体结构的构想相一致的。秦始皇都城建设规划所体现的有关天文地理与人事的关系的观念，也是我们考察和理解秦汉历史文化时，不能不予以充分重视的。有学者指

---

① 宋敏求《长安志·万年》写道："福水即交水也。《水经注》曰：'上承樊川、御宿诸水，出县南山石壁谷（今按：亦作石鳖谷，今称石砭峪）南三十里，与直谷（今按：今子午谷）水合，亦曰子午谷水。'"（今按：今本《水经注》无此文。《太平寰宇记》文与此同，而不云出《水经注》）又《长安志·长安》："豹林谷（今按：今称抱龙峪）水出南山，北流三里有竹谷水自南来会，又北流二里有子午谷水自东来会，自北以下亦谓之子午谷水。"今按："自东来会"疑当作"自西来会"。"直谷"应当也是"子午谷"的快读合音。《咸宁县志》卷一《南山诸谷图》中，"石鳖峪"旁侧标注"竹"，由此可以推想"竹谷"或许也应从音读的线索考虑与"子午谷"的关系。

② 《元和郡县图志·关内道三》说：石门山在三水县东五十里，"峰岩相对，望之似门"。康熙贾汉复修《陕西通志·山川》说：石门山一名"石阙"。《三水县志》记载，石门山汉时名"石阙"，"高峻插天，对峙如门"。其实，"石阙"之称，汉代已经使用。扬雄《甘泉赋》写道："嵢嵢离宫般以相烛兮，封峦石阙施靡乎延属。"刘歆《甘泉宫赋》也有"缘石阙之天梯"的文句。都说到甘泉宫的"石阙"。秦直道石门即石阙。扬雄《甘泉赋》对于甘泉宫有"前燎阙而后应门"，"闶阆阆其寥廓兮，似紫宫之峥嵘"的描写。"闶阆阆"，形容门阙高伟。秦直道石门，正是甘泉宫的北阙。王子今、焦南峰：《秦直道石门琐议》，《秦俑秦文化研究——秦俑学第五届学术讨论会论文集》，陕西人民出版社，2000，第507~510页。

出，以西汉长安为中心，存在着一条南北向"超长建筑基线"。① 其位置与我们讨论的子午岭—子午道、直道—直河轴线有所不同。或许秦与西汉时期地理意识和方位观念中的神秘主义内涵有一定差异，不过，交通结构与这种建立在远程测量技术基础上的宏观地理学知识有一定关系的判断，大致是可以成立的。② 正是在咸阳至长安地方，形成了与东西交通干道，即经过秦故都雍的秦人东进通路③和直达秦东门胊的三川东海道的交叉。

秦汉都市又是网络全国的交通体系的重要枢纽。

司马迁在《史记·货殖列传》中历数汉武帝时代的重要都市：

> 孝、昭治咸阳，因以汉都，长安诸陵，四方辐凑并至而会。④
>
> 邯郸亦漳、河之间一都会也，北通燕、涿，南有郑、卫。
>
> 燕亦勃、碣之间一都会也。南通齐、赵，东北边胡。
>
> 洛阳东贾齐、鲁，南贾梁、楚。
>
> 临菑亦海、岱之间一都会也。
>
> 陶、睢阳亦一都会也。
>
> 江陵故郢都，西通巫、巴，东有云梦之饶。
>
> 陈在楚、夏之交，通鱼盐之货，其民多贾。
>
> 吴自阖庐、春申、王濞三人招致天下之喜游子弟，东有海盐之饶，章山之铜，三江、五湖之利，亦江东一都会也。
>
> 郢之后徙寿春，亦一都会也。

---

① 秦建明、张在明、杨政：《陕西发现以汉长安城为中心的西汉南北向超长建筑基线》，《文物》1995 年第 3 期。

② 参看王子今《秦直道的历史文化观照》，《人文杂志》2005 年第 5 期。

③ 参看王子今《秦人经营的陇山通路》，《文博》1990 年第 5 期。

④ 秦自雍城迁都咸阳，体现了重要的历史性进步。参看王子今《秦定都咸阳的生态地理学与经济地理学分析》，《人文杂志》2003 年第 5 期，收入《秦都咸阳与秦文化研究》，陕西人民教育出版社，2003，第 51～63 页；王子今《从鸡峰到凤台：周秦时期关中经济重心的移动》，《咸阳师范学院学报》2010 年第 3 期。

> 番禺亦其一都会也，珠玑、犀、瑇瑁、果、布之凑。
>
> 南阳西通武关、郧关，东南受汉、江、淮。宛亦一都会也。

司马迁还说到若干地位及影响稍逊于上述名都的都市，如：

> 献公徙栎邑，栎邑北却戎翟，东通三晋，亦多大贾。
>
> 杨、平阳陈西贾秦、翟，北贾种、代。①
>
> 温、轵西贾上党，北贾赵、中山。
>
> 合肥受南北潮，皮革、鲍、木输会也。

这些都市均以交通条件之优越和交通地位之重要而成为各个经济区与文化区的中心。

《汉书·地理志》论汉帝国地理概势，说"讫于孝平，凡郡国一百三，县邑千三百一十四，道三十二，侯国二百四十一"。其中重要都市，则可见：

> 长安"五方杂厝"，"郡国辐凑"。
>
> 雒阳"在于土中"。
>
> "宛，西通武关，东受江、淮，一都之会也。"②
>
> "邯郸，北通燕、涿，南有郑、卫，漳、河之间一都会也。"
>
> "蓟，南通齐、赵，勃、碣之间一都会也。"
>
> "临菑，海、岱之间一都会也。"
>
> "江陵，故郢都，西通巫、巴，东有云梦之饶，亦一都会也。"

---

① 司马贞《索隐》："杨、平阳，二邑名，在赵之西。'陈'盖衍字。以下有'杨平阳陈掾'，此因衍也。"

② 王先谦《汉书补注》引王念孙曰："案都、会之间，不当有'之'字。篇内皆言'一都会'无'之'字。《史记·货殖传》亦无。"

"寿春、合肥受南北湖皮革、鲍、木之输，亦一都会会也。"

"吴东有海盐章山之铜，三江五湖之利，亦江东之一都会也。"

粤地"处近海，多犀、象、毒冒、珠玑、银、铜、果、布之凑，中国往商贾者多取富焉。番禺，其一都会也"。

《盐铁论·力耕》中也说到都市的地位：

> 自京师东西南北，历山川，经郡国，诸般富大都，无非街衢五通，商贾之所凑，万物之所殖者……宛、周、齐、鲁，商遍天下。

又《盐铁论·通有》：

> 燕之涿、蓟，赵之邯郸，魏之温轵，韩之荥阳，齐之临淄，楚之宛、陈，郑之阳翟，三川之二周，富冠海内，皆为天下名都。非有助之耕其野而田其地者也，居五诸之冲，跨街衢之路也。

这些所谓"都会"均作为区域交通的中心，位于主要交通线的交结点上，以"居五诸之冲，跨街衢之路"的形势，成为全国交通网的重要枢纽。

王莽曾"于长安及五都立五均官，更名长安东西市令及洛阳、邯郸、临甾、宛、成都市长皆为五均司市师。东市称京，西市称畿，洛阳称中，余四都各用东西南北为称"（《汉书·食货志下》）。"长安及五都"大致是当时最重要的都市。

长安"五都货殖，既迁既引"，以"封畿千里，统以京尹"（张衡:《西京赋》）的地位成为全国交通体系的中心。洛阳"处乎土中，平夷洞达，万方辐凑"（班固:《东都赋》）。汉武帝曾经说:"雒阳有武库敖仓，天下冲阨，汉国之大都也。"（《史记·三王世家》褚先生补述）邯郸北都，原为赵国都城。秦末起义军与秦军主力于邯郸附近决战，章邯一败而秦亡，可以说明其特殊的交通形势与重要的战略地位。陈豨告归过赵，"宾客随之者千余乘，邯郸官舍皆满"（《史记·韩信卢绾列传》），也可以从一个侧面反映这一都市的交通结构。临淄东都，原为齐国都城。汉武帝曾说，"关东之国无大于齐者。齐东负海而城郭大，古时独临菑中十万户"（《史记·三王世家》。褚先生补述）主父偃也曾经说，"齐临菑十万户，市租千金，人众殷富，巨于长安"（《史记·齐悼惠王世家》）。宛南都，"武关关其西，桐柏揭其东"，"推淮引湍，三方是通"（张衡:《南都赋》）。《史记·高祖本纪》也有关于"宛，大郡之都也，连城数十，人民众，积蓄多"的记述。成都西都，作为四川盆地交通中心，其地又与少数民族地区接近，"南御滇僰"，"西近邛筰"，扼据华夏文化与西南边地文化交流的重要通道，"然四塞，栈道千里，无所不通"（《史记·货殖列传》）①。

蓟，燕都;江陵、寿春，楚都;吴，越都;睢阳，宋都;番禺为南越之都。这些都市都因长期作为地区政治、经济、文化中心而具有重要的交通地位。温、轵则是作为东周故都洛阳北向通道的重要枢纽而发展其交通条件的。

合肥地处楚越之交，东有著名的昭关，也位于交通要冲。"陶为天下之中"（《史记·货殖列传》），其地位之重要，在于正处于战国

---

① 左思《蜀都赋》记述成都交通形胜:"于前则跨蹑犍牂，枕辐交趾，经途所亘，五千余里。""于后则却背华容，北指昆仑，缘以剑阁，阻以石门。""于东则左绵巴中，百濮所充。外负铜梁于宕渠，内函要害于膏腴。""于西则右挟岷山，涌渎发川，陪以白狼，夷歌成章。"

以来开通的运河水路交通网的中枢地段。① 栎阳即栎邑曾作为秦人东进的主要基地，楚汉战争时以汉政权的临时都城曾作为西部中国的政治中心②，以交通形势之便，东北遥与曾作为晋文化中心的杨、平阳相沟通。杨与平阳则控制着"北贾种、代"的贸易通道。陈故为陈都，陈胜起义军曾在此设立指挥中心，"胜自立为楚王，居陈，遣诸将徇地"（《史记·秦始皇本纪》）。《史记·魏其武安侯列传》说，汉武帝"初即位，以为淮阳天下交，劲兵处，故徙（灌）夫为淮阳太守"。"淮阳天下交"，《汉书·灌夫传》作"淮阳天下郊"，颜师古注："郊谓四交辐凑。"

秦汉时期，交通作用比较显著的都市，还有彭城、陈留、姑臧、邺等。

秦始皇东巡过彭城，著于《史记·秦始皇本纪》。秦末诸路起义军所结成的军事联盟名义上的最高首领楚怀王心（义帝）曾"徙盱台都彭城"（《史记·高祖本纪》）。项羽灭秦后，"自立为西楚霸王，王九郡，都彭城"（《史记·项羽本纪》）。刘邦谴责项羽，历数罪十，即有"项羽出逐义帝彭城，自都之"（《史记·高祖本纪》）。对于项羽"都彭城"事，历来多有批评。人们较多关注"衣绣夜行""沐猴而冠"的说法，而以西汉帝国定都长安的政治成功作为历史参照。其实，如果排除"以成败立论"的偏见，从政治地理学、军事地理学和经济地理学视角认真考察项羽"都彭城"的诸种因素，应当是有意义

---

① 史念海：《释〈史记·货殖列传〉所说的"陶为天下之中"兼论战国时代的经济都会》，《河山集》，三联书店，1963，第 110 ~ 130 页。

② 秦亡后，项羽"立司马欣为塞王，王咸阳以东至河，都栎阳"（《史记·项羽本纪》）。刘邦在楚汉战争期间，曾以栎阳作为汉政权关中根据地的行政中心，"令太子守栎阳，诸侯子在关中者皆集栎阳为卫"。太上皇即崩于栎阳宫，又葬于栎阳（《史记·高祖本纪》）。《史记·秦本纪》："献公即位，镇抚边境，徙治栎阳。"《史记·货殖列传》："献公徙栎邑。"有人据此以为栎阳在秦献公时代曾作为秦都，然而综合分析文献记载和考古资料，可知栎阳未曾作为秦都。参看王子今《秦献公都栎阳说质疑》，《考古与文物》1982 年第 5 期；《栎阳非秦都辨》，《考古与文物》1990 年第 3 期。

的。项羽"都彭城"的抉择，虽不免"从来无统一天下之心"① 的历史局限，亦自有深沉的战略考虑。彭城的古都历史，彭城作为楚地中心的地位，项梁及其继承者的用心经营，都可能影响项羽的决策。就经济重心的控制和海洋资源的利用而言，"都彭城"的决策客观上的积极意义也是值得肯定的。对于彭城交通形势之"便利"的考虑，亦应予以关注。② 史念海认为，从"经济"角度考虑，"都彭城"本来就是正确的选择："如果仅从经济上来观察，项羽的东都彭城，并没有什么可以訾议的地方。"史念海以刘项争夺中原时的战争形势为例，有这样的分析："项羽的粮饷从来不曾发生过恐慌"，然而，"高帝的粮饷，不仅取之于关中，更取之于巴蜀。这经过千山万岭的运输，是如何的困难。"所以汉并天下后，刘邦以萧何"给粮饷，不绝粮道"，"算作第一功"。可是，"如果是项羽胜了，论功行赏，像萧何这样的功劳，简直不必提起。因为彭城附近就是产粮之区……况且水陆两方面的交通又都是极为便利的"。就建都的思考而言，史念海说，项羽"对于选择首都，只着眼在经济的观点，而没有想到建国的大计原是多方面的，单解决经济上的困难是不行的"。③

《史记·郦生陆贾列传》记载，"沛公将兵略地陈留郊"，郦食其进见献计，建议先取陈留，"夫陈留，天下之冲，四通五达之郊也，今其城又多积粟"。裴骃《集解》："如淳曰：'四面中央，凡五达也。'瓒曰：'四通五达，言无险阻也。'"

西域道路开通后，河西都市姑臧因交通地位之重要而成为"富邑"。《后汉书·孔奋传》记载，两汉之际，"时天下扰乱，唯河西独安，而姑臧称为富邑，通货羌胡，市日四合，每居县者，不盈数月辄

---

① （宋）黄震：《黄氏日抄》卷四七《读史二·汉书·项籍》。
② 王子今：《论西楚霸王项羽"都彭城"》，《湖湘论坛》2010 年第 5 期。
③ 史念海：《娄敬和汉朝的建都》，《河山集》四集，陕西师范大学出版社，1991，第 371～372 页。

致丰积"。李贤注:"古者为市,一日三合。""今既人货殷繁,故一日四合也。"

邺,战国魏都,两汉魏郡治所。东汉末袁绍为冀州牧,镇邺。有人建议袁绍"迎天子都邺,绍不从"(《三国志·魏书·袁绍传》)。时已有"邺都"之称。[1] 后曹操集团以此为割据基地。魏以邺都与长安、谯、许昌、洛阳合称五都。[2]

《释名·释州国》:"小邑不能远通也。"明确提示城邑的规模与其交通地位有相应的关系。据《汉书·地理志上》,"蜀郡,户二十六万八千二百七十九",而"成都,户七万六千二百五十六"。成都户数竟超过全郡户数的28.4%。[3] 都市规模之形成,本身也是以交通条件为基础的。

与都市距离之远近,导致交通网有疏密的区别。一般在重要都市近围,交通网的网距较小。长安、洛阳等地区,交通布局甚至已大致实现线网化,即交通干线在局部地区形成较密集的网状结构,有的运输方向具备两条以上通路,相互间又有迂回线和联络线相通。史籍所谓"条达辐凑"(《战国策·魏策一》),即体现了这种交通格局。秦汉都市或有"载从载横"(《艺文类聚》卷六引扬雄《冀州箴》)的陆路交通条件,或有"群水攸归"(《艺文类聚》卷六引杨雄《青州箴》)的水路交通条件,或二者兼备,人才、物资和信

---

[1] 《三国志·魏书·武帝纪》裴松之注引《世语》:魏讽"倾动邺都"。《三国志·魏书·袁绍传》裴松之注引《献帝传》:"沮授说绍云:'今州城粗定,宜迎大驾,安宫邺都,挟天子而令诸侯。'"《三国志·魏书·韩暨传》:"时新都洛阳,制度未备,而宗庙主祏,皆在邺都。"又《后汉书·袁绍传》:"摧严敌于邺都,扬休烈于朔土。"

[2] 左思《魏都赋》描述邺的交通条件和交通地位:"魏都之卓荦,六合之枢机。""考之四隈,则八埏之中。""尔其疆域,则旁极齐秦,结凑冀道,开胸殷卫,跨蹑燕赵。""百隧毂击,连轸万贯。凭轼捶马,袖幕纷半。壹八方而混同,极风采之异观。质剂平而交易,刀布贸而无算。"

[3] 《汉书·地理志》举列7个城邑的户数,京兆尹长安(80800)、长陵(50057)、茂陵(61087);颍川郡阳翟(41650)、偃陵(49101);南阳郡宛(47547);蜀郡成都(76256)。成都户数仅次于长安。

息得以集中并与其他地区交流，从而可以实现作为区域文化中心的职能。

秦汉都市作为"人所都会也"的交通中心，对外保持多方向的联系，客货运量较大，人员与物资集散点也较多，因而都市交通建设与交通管理的水平，也是体现秦汉交通事业发达程度的标志之一。

二　都市交通建设

秦汉都市建设的规划及其实施，均优先考虑发展交通的需要。

秦始皇"以为咸阳人多，先王之宫廷小"，"乃营作朝宫渭南上林苑中"。"先作前殿阿房"，"周驰为阁道，自殿下直抵南山。表南山之颠以为阙。为复道，自阿房渡渭，属之咸阳，以象天极阁道绝汉抵营室也"（《史记·秦始皇本纪》）。道路规划"以象天极阁道绝汉抵营室也"①，是天文规定人文的突出的实例。

《史记·秦始皇本纪》在"三十五年，除道，道九原抵云阳，堑山堙谷，直通之"的记载之后，接着写道：秦始皇以为"周文王都丰，武王都镐，丰镐之间，帝王之都也"，于是在渭水以南经营新的宫殿区。可见，直道的修筑和咸阳宫殿区的规划建设，也有一定的联系。直通北边的直道，很可能又与所谓"表南山之颠以为阙"有着相对应的关系。

张仪、张若筑成都城，仿照咸阳制度。"修整里阓，市张列肆，与咸阳同制。"（《华阳国志·蜀志》）看来，秦时已形成城市道路规划设计的定制。秦始皇陵亦当依战国以来传统，"其设阙庭，为宫室，

---

①　司马贞《索隐》："谓为复道，渡渭属咸阳，象天文阁道绝汉抵营室也。常考《天官书》曰'天极紫宫后十七星绝汉抵营室，曰阁道'。"今按：《史记·天官书》作紫宫"后六星绝汉抵营室，曰阁道"。

造宾阼也，若都邑"（《吕氏春秋·安死》），陵园有内外两重城垣，内外城的南部，东、西、南三面都有双重城门，陵墓正处于经过这三个方向双重城门的道路的交会点上。杨宽认为，"看来秦始皇陵园的布局，就是按照国都咸阳设计的，也就是和张仪等人设计的成都城差不多"①。

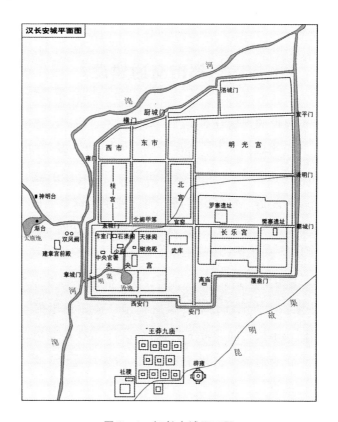

图 8－1　汉长安城平面图

西汉长安的主要道路规整而端正。"披三条之广路，立十二之通门"（班固：《西都赋》）。"旁开三门，参涂夷庭；方轨十二，街衢相经。"（张衡：《西京赋》）即设十二城门，东西南北各三门，每座城

---

① 杨宽：《中国古代陵寝制度史研究》，上海古籍出版社，1985，第190页。

门各通三条大路。这就是《三辅决录》所谓"三涂洞开"。薛综注
《西京赋》："街，大道也，经，历也。一面三门，门三道，故云参涂。
涂容四轨，故方十二轨。轨，车辙也，夷，平也。庭，犹正也。"考
古工作者 1957 年两次对汉长安城霸城门、西安门、直城门、宣平门
进行科学发掘，证实了"旁开三门"，"披三条之广路"的记载。汉
长安城每一城门均有三个门道，直城门中央门道宽 7.7 米，两旁门道
宽各 8.1 米，其他城门发现的门道均宽 8 米或稍强。① 经过 2008 年的
发掘，"对西汉时期直城门的形制有了进一步的认识。直城门有 3 个
门道，门道之间有宽约 4 米的夯土隔墙。每个门道复原进深为 20 米
左右，宽约 8 米，减去门道两侧立柱的空间，各门道的可使用宽度
（即两侧木灰槽之间的宽度）为 6 米左右"②。

图 8 - 2　汉长安城直城门遗迹

　　《长安志》引《汉旧仪》说，长安城内交错"八街九陌"。考古
工作者 1961 ~ 1962 年的钻探和发掘工作，证实长安城内主要大街正

---

　　① 王仲殊：《汉长安城考古工作的初步收获》，《考古通讯》1957 年第 5 期；王仲殊：
《汉长安城考古工作收获续记——宣平城门的发掘》，《考古通讯》1958 年第 4 期。
　　② 中国社会科学院考古研究所汉长安城工作队：《西安汉长安城直城门遗址 2008 年发
掘简报》，《考古》2009 年第 5 期。

是 8 条。最长的是安门大街，长 5500 米；其次是宣平门大街，长 3800 米；洛城门大街最短，长 850 米。其余的大街长度多为 3000 米左右。虽长度不等，但宽度多在 45 米左右。[①] 以文献记载结合勘察情况推测，安门大街可能是章台街，直城门大街可能是藁街，清明门大街可能是香室街，横门大街可能是华阳街。[②]

东汉都城洛阳据说亦"经途九轨"（张衡：《东京赋》）。经考古勘查，洛阳城门门道有宽达 31 米者，城内大街宽度有的超过 50 米[③]。《华阳国志·蜀志》："元鼎二年，立成都郭十八门。"是大城、少城各九门。左思《蜀都赋》："辟二九之通门，画方轨之广塗。"也体现道路规划之宏构。邺同样"内则街冲辐辏"，"籍平逵而九达"（左思：《魏都赋》）。邺城遗址经考古调查和钻探，发现西城门 3 座，其中 2 座宽 25 米左右，中间一门宽 40 米。门道内有厚约 1 米的夯土，夯土上有厚约 25 厘米的路土。[④] 山东曲阜汉城，东南城门外口宽约 24 米，东北门宽约 20 米，城内道路遗迹有的宽达 15 米。[⑤] 福建崇安城村汉代城址中的道路遗迹，宽度则超过 30 米。[⑥] 秦汉栎阳城遗址经勘探和试掘，发现门道宽度为 13 米的南门址和门道宽度分别为 13 米和 11 米的 I 号西门址和 II 号西门址。城内勘探发现道路 13 条，其中东西向道路 6 条，南北向道路 7 条，编为一号至十三号路。有的道路各区段宽度不尽一致，下表取较宽路段的数据：

---

① 王仲殊：《中国古代都城概说》，《考古》1982 年第 5 期。
② 王仲殊：《汉代考古学概说》，中华书局，1984，第 5 页。
③ 中国科学院考古研究所洛阳工作队：《汉魏洛阳城初步勘查》，《考古》1973 年第 4 期。
④ 河北省临漳县文物保管所：《邺城考古调查和钻探简报》，《中原文物》1983 年第 4 期。
⑤ 山东省文物考古研究所、山东省博物馆、济宁地区文物组、曲阜县文管会：《曲阜鲁国故城》，齐鲁书社，1982，第 192、195 页。
⑥ 福建省文物管理委员会：《福建崇安城村汉城遗址试掘》，《考古》1960 年第 10 期。

道路编号	一	二	三	四	五	六	七	八	九	十	十一	十二	十三
宽度（米）	17	18	13	12	12	11	9.8	7.5	12	11	5.5	9.3	8

勘探结果表明，"一、二、三号三条路为东西横贯全城的干路，四、五、六、七、九号五条路为城内主要南北大街"。勘探和试掘报告执笔者根据地层堆积和出土遗物判断，一、二、三、四、七、九号六条路的时代应为秦汉时期，其余七条路的时代应为汉代。[①]

道路宽度超过 6 米，一般就可以并行四辆车，从而使同一方向行驶的车辆可以从容超越避让，不致影响行进速度。从秦汉都市道路的规模看，当时城市建设的规划设计，特别注重交通条件的保证。

齐国都城临淄素有人口众多、交通发达的盛名。[②] 战国都城道路遗迹最为明确者，即见于临淄故城考古资料。大城中 7 条大道，多宽 10～20 米，小城的南北通道宽度不足 10 米。[③] 赵国都城邯郸遗址发现的城门门阙，现存豁口宽度为 9～15 米，城内发现的两条古道路，古道路 1 号，路宽 11～13 米，古道路 2 号宽 9 米左右。[④] 汉代长安城内道路一般宽 45 米，洛阳城内道路有的地段甚至超过 50 米，与战国时期的都城相对照，都市交通道路的主要技术标准有显著的提高，路基宽度和路面宽度都达到了新的等级。只有如此宽广的大道，方能适应秦汉都市动辄云集车辆达千百数的需要。[⑤]

---

① 中国社会科学院考古所栎阳发掘队：《秦汉栎阳城遗址的勘探和试掘》，《考古学报》1985 年第 3 期。

② 《战国策·齐策一》载苏秦说齐宣王曰："临淄之中七万户"，"临淄之途，车毂击，人肩摩，连衽成帷，举袂成幕，挥汗成雨"。又见《史记·苏秦列传》。

③ 群力：《临淄齐国故城勘探纪要》，《文物》1972 年第 5 期。

④ 河北省文物管理处、邯郸市文物保管所：《赵都邯郸故城调查报告》，《考古学集刊》第 4 集，中国社会科学出版社，1984，第 162～195 页。

⑤ 班固《西都赋》："人不得顾，车不得旋，阗城溢郭，旁流百廛，红尘四合，烟云相连。"《东都赋》："千乘雷起，万骑纷纭。"张衡《西京赋》："商旅联槅，隐隐展展，冠盖交错，方辕接轸。"《东京赋》："銮声哕哕，和铃铃铃。重轮贰辖，疏毂飞軨。""肃肃习习，隐隐辚辚。"《南都赋》："方轨齐轸"，"朱帷连网"。左思《蜀都赋》："车马雷骇，轰轰阗阗，若风流雨散，漫乎数百里间。"都反映秦汉都市交通的流量与密度。

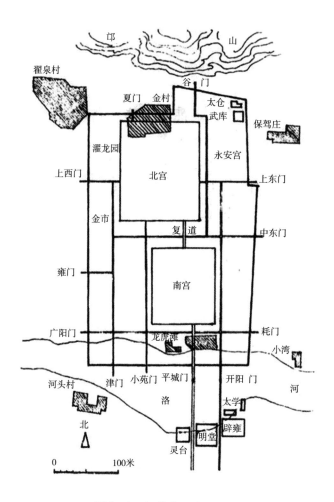

图 8-3　汉魏洛阳城平面图

秦汉都市规划优先确定宫殿区的位置，其次则"设官分职，营处署居，夹之以府寺，班之以里闾"（左思：《魏都赋》）。所谓"制里割宅"即里巷的规划安排，是"营邑立城"即城市总体布局的基本内容之一（《汉书·晁错传》）。

班固《西都赋》："街衢洞达，闾阎且千。"张衡《西京赋》："廛里端直，甍宇齐平。"都形容长安里巷整齐有序。《三辅黄图》卷二也说：

> 长安闾里一百六十，室居栉比，门巷修直。

《华阳国志·蜀志》关于成都街巷建设规划，有"修整里阓，市张列肆"语。左思《蜀都赋》中也写道：

> 轨躅八达，里闱对出，比屋连甍，千庑万室。

都市居民区规划，特别重视里巷的走向与规模，务使修直通达。"巷"，是秦汉都市中市民最基本的公共空间即社会交往场所。[1]《史记·秦始皇本纪》"入则心非，出则巷议"。《说苑·贵德》："郑子产死，郑人丈夫舍玦珮，妇人舍珠珥，夫妇巷哭。"《礼记·曲礼上》："里有殡，不巷歌。"郑玄注："助哀也，相谓送杵声。""巷"又是都市交通结构的基础。在秦汉都市中，不仅"开第康庄之衢"[2]（《史记·孟子荀卿列传》）的权贵之家，即所谓"北阙甲第，当道直启"（张衡：《西京赋》），以及所谓"亦有甲第，当衢向术，坛宇显敞，高门纳驷"（左思：《蜀都赋》）者可以得车行之利，甚至一般民居小巷也可以通行车马。《史记·外戚世家》褚先生补述汉武帝寻访"迎取"同母姊事：

> 武帝乃自往迎取之。跸道，先驱旄骑出横城门，乘舆驰至长陵。当小市西入里，里门闭，暴开门，乘舆直入此里，通至金氏门外止……扶持出门，令拜谒。武帝下车泣曰："嗟！大姊，何藏之深也！"诏副车载之，回车驰还，而直入长乐宫。

---

① 参看王子今《西汉长安居民的生存空间》，《人文杂志》2007 年第 2 期；《汉代长安乡里考》，《人文杂志》1992 年第 6 期。

② 《尔雅·释宫》："一达谓之道路，二达谓之歧旁，三达谓之剧旁，四达谓之衢，五达谓之康，六达谓之庄，七达谓之剧骖，八达谓之崇期，九达谓之逵。"《释名·释道》亦同。

皇帝乘舆可入里巷，民家门前甚至能够"回车"。即使相当贫穷的居民，门前陋巷也往往可以行车。如陈平"家乃负郭穷巷，以弊席为门，然门外多有长者车辙"（《史记·陈丞相世家》）。

栎阳和曲阜汉城的道路遗迹，发现有用砾石、碎砖瓦和炼渣等废料铺敷路面的形式。[①] 除了改变路面材料的构成以防渗水来保证通行条件而外，秦汉都市道路还普遍在两侧开掘排水沟，即《释名·释道》所谓"道有夹沟以通水潦"。从事汉长安城发掘的考古工作者指出："值得注意的是，每一大街都分成三条并行的道路，其间有两条宽约90厘米、深约45厘米的排水沟。这两条排水沟，形状很规整，断面为半圆形，它们固然是为了排除雨水而设，但也起了使大街一分为三的作用。""城内的积水，通过大街两旁的水沟，从城门地下的涵洞排入城外的壕沟。"《汉书·刘屈氂传》记载，巫蛊之祸发，太子刘据诛江充，发兵，"四市人凡数万众，至长乐西阙下，逢丞相军，合战五日，死者数万人，血流入沟中"。颜师古注："沟，街衢之旁通水者也。"秦汉栎阳城遗址经勘探发现的五号路和六号路，路两边有宽1米的"明沟"，其宽度与长安城内道路排水沟宽90厘米接近，体现出城市道路建设大致施行相同的制度。勘探和试掘告称，五号路明沟"有厚为1.05米的灰淤土"，六号路"明沟内有厚1.1米的灰淤土"，看来这种路沟沿用年代较久，这一现象，或许也体现出这种道路形制的历史稳定性。左思《魏都赋》所谓"疏通沟以滨路"，也说明道路两侧开掘排水沟，是秦汉时期各地都市普遍遵行的交通道路制度。

---

① 秦汉栎阳城遗址一号路第4层为路土，"路土中有少量小河卵石和汉代碎瓦片"。中国社会科学院考古所栎阳发掘队：《秦汉栎阳城遗址的勘探和试掘》，《考古学报》1985年第3期。秦汉曲阜城遗址4号干道，"路面上压着较多的铁渣，硫渣和红烧土等，可能与干道北侧的联中冶铁遗址有关"。山东省文物考古研究所等：《曲阜鲁国故城》，齐鲁书社，1982。秦始皇陵园、汉长安城遗址、福建崇安城村汉城遗址等，其道路遗迹也发现类似情形。

左思《魏都赋》又有"罗青槐以荫塗"语，形容都市交通道路两侧植立行道树的制度。《释名·释道》说，"古者列树以表道"。据说"周制"就有"列树以表道"的内容，周定王使单襄公聘于宋，路过陈地，见其"道无列树"，以为即"道路若塞"，"道路不可知"，"是废先王之教也"，"是弃先王之法制也"（《国语·周语中》）。《汉书·贾山传》说秦汉驰道制度，"三丈而树"，"树以青松"。而《史记·孝景本纪》六年"后九月，伐驰道树殖兰池"的记载，又说明驰道行道树除青松外，还有杨柳一类易于扦插繁育的树种。[①] 都市交通道路植种行道树的制度应当更为严格。《三辅黄图》卷一引《汉旧仪》说到长安城中"八街九陌，三宫九府，三庙，十二门，九市"之后，又说："树宜槐与榆，松柏茂盛焉。"其中当然包括可以起到遮阴、防尘、护路和绿化环境等作用的行道树。《太平御览》卷一九五引陆机《洛阳记》有所谓"夹道种榆槐树"语，汉代洛阳交通建设，也应当有夹道栽植行道树的定制。

于是，秦汉都市道路形成了良好的交通环境。左思《吴都赋》所谓"高闱有阅，洞门方轨，朱阙双立，驰道如砥，树以青槐，亘以绿水，玄荫眈眈，清流亹亹"，可以在认识相关情形时引为参考。

都市交通系统为适应车流交通和人流交通复杂多变的情势，保证安全、便捷、畅通，出现了形制多样的道路。很可能于秦汉时期发明的几种特殊道路形式，如实现立体交叉的复道，两侧筑壁以保证通行安全的甬道，以阁梁方式克服地形障碍的阁道等，均优先于都市出现，又转而应用于更广阔的交通环境中，并对后世道路形式的进步，表现出积极的影响。

《三辅黄图》卷一引《汉旧仪》说，长安有"十六桥"。又说道："城下有池，周绕广三丈，深二丈，石桥各六丈，与街相直。"《三辅

---

① 王子今：《"伐驰道树殖兰池"解》，《中国史研究》1988 年第 3 期。

黄图》卷六列述汉代长安的桥梁，则有横桥、渭桥、灞桥、便门桥、饮马桥等。陕西咸阳沙河古桥①，三桥沈河古桥②，也应当归入长安城市交通系统之中。《太平御览》卷六四二引孔融《肉刑论》所谓"今之洛阳道桥，作徒囚于厮役，十死一生"，说到洛阳城市交通系统中桥梁建设工程之艰巨。邺城交通建设，也包括"石杠飞梁，出控漳渠"（左思：《魏都赋》）。刘渊林注："石窦桥在宫东，其水流入南北里。"《华阳国志·蜀志》说成都"西南两江有七桥"，即冲治桥、市桥、江桥、万里桥。夷里桥（笮桥）、长升桥、永平桥，"长老传言：'李冰造七桥，上应七星'"。又"城北十里有升仙桥"。"江上多作桥，故蜀立里，多以桥为名。"桥梁，成为水乡都市的基本交通设施。在以航运为重要交通形式的城市，则又有所谓"通门二八，水道陆衢"结合的交通结构。左思《吴都赋》记录的"水浮陆行，方舟结驷，唱櫂转毂，昧旦永日"，"轻舆按辔以经隧，楼船举帆而过肆"的形势，应当也大致符合秦汉时期南国都市的情形。

三　都市交通管理

随着都市交通的发展，秦汉时期还逐渐形成了相应的交通管理制度，来疏导交通流量，提高道路通行能力，减少交通事故，保证交通的安全畅通。

在秦汉都市往往"千乘雷动，万骑龙趋"（张衡：《西京赋》），

---

① 张德臣、马先登：《咸阳沙河古木桥遗址 T_2 第一次调查简报》，《文博》1991 年第 3 期。沙河古桥或以为是沣河桥，或以为即西渭桥。参看段清波、吴春《西渭桥地望考》，《考古与文物》1990 年第 6 期；辛德勇《论西渭桥位置与新发现的沙河古桥》，《中国历史地理论丛》1991 年第 2 期；吴春、段清波《西渭桥地望再考》，《考古与文物》1991 年第 4 期；时瑞宝、邓霞《对陕西咸阳沙河古桥的初步认识——兼谈西渭桥地理位置》，《文博》1991 年第 4 期。

② 西安市文物保护考古研究院：《汉长安城沈水古桥遗址发掘报告》，《考古学报》2012 年第 3 期。

"车如流水，马如游龙"（《后汉书·皇后纪上·明德马皇后》），交通流量、交通流速度、交通流密度都空前增大的情况下，不得不采取严厉的行政手段来加强交通管理。维护都市交通秩序，是高级地方行政长官的重要职责。

《汉书·百官公卿表上》记载：司隶校尉，"武帝征和四年初置，持节"，"督大奸猾"，后"察三辅、三河、弘农"。《续汉书·百官志四》就这一职任又有更多的说明："司隶校尉一人，比二千石。本注曰：孝武帝初置，持节，掌察举百官以下，及京师近郡犯法者。元帝去节，成帝省，建武中复置，并领一州。"刘昭注补引蔡质《汉仪》曰："职在典京师，外部诸郡，无所不纠。"所谓"元帝去节"，就与司隶校尉道中举节拦截贵幸官员行车事有关，事见《汉书·诸葛丰传》：

> 元帝擢为司隶校尉，刺举无所避……时侍中许章以外属贵幸，奢淫不奉法度，宾客犯事，与章相连。丰案劾章，欲奏其事，适逢许侍中私出，丰驻车举节诏章曰："下！"欲收之。章迫窘，驰车去，丰追之。许侍中因得入宫门，自归上。丰亦上奏，于是收丰节。司隶去节自丰始。

《汉书·鲍宣传》还记述汉哀帝时司隶鲍宣直接维护驰道行车制度的故事：

> 丞相孔光四时行园陵，官属以令行驰道中，宣出逢之，使吏钩止丞相掾史，没入其车马，摧辱宰相。事下御史中丞，侍御史至司隶官，欲捕从事，闭门不肯内。宣坐距闭使者，亡人臣礼，大不敬，不道，下廷尉狱。

诸葛丰、鲍宣拘止路上行车，因对象身份之特殊而致意外挫抑，当是非常之例。在一般情况下，作为"无所不纠"的司隶校尉，当然拥有主持都市交通管理的权力。

《汉书·张敞传》说，"京兆典京师，长安中浩穰，于三辅尤为剧"。"浩穰"，颜师古注："浩，大也。穰，盛也。言人众之多也。"交通管理事务之纷繁，确实使地方行政长官深感烦难艰巨。《三国志·魏书·武帝纪》裴松之注引《曹瞒传》记载曹操年二十许除任洛阳北部尉时事迹：

> 太祖初入尉廨，缮治四门。造五色棒，县门左右各十余枚，有犯禁者，不避豪强，皆棒杀之。后数月，灵帝爱幸小黄门蹇硕叔父夜行，即杀之。京师敛迹，莫敢犯者。

"缮治四门"，主要为加强交通管制。以残厉手段严禁夜行，也是都市治安以交通管理为关键的实例。

现代交通管理基本原则中，首要的一条是交通分离原则。秦汉交通制度中能够突出体现这一原则的，是关于设置并维护早期立体交叉道路"复道"及专用道路"甬道""驰道"的内容。

交通流量均分原则也是交通管理的基本原则之一。

长安十二城门，各通三条大路，即所谓"披三条之广路"（班固：《西都赋》），"参塗夷庭"（张衡：《西京赋》），"三涂洞开"（《三辅决录》），正是为了推行单向交通的制度，旁侧两道，一往一来，以实现交通流量的均分。《太平御览》卷一九五引陆机《洛阳记》：

> 宫门及城中大道皆分作三，中央御道，两边筑土墙，高四尺余，外分之。唯公卿、尚书，章服，道从中道，凡人皆行左右，左入右出。夹道种榆槐树。此三道，四通五达也。

在对汉魏洛阳城遗址的调查和发掘中发现，西垣南起第四门，即东汉上西门，有两个门洞，北洞宽 21 米，南洞宽 13 米。北垣西起第一门，即东汉夏门，城门缺口宽约 31 米，缺口内曾发现夯土墙两堵^①，暗示其形制似乎接近陆机《洛阳记》所谓"中央御道，两旁筑土墙，高四尺余，外分之"。这种在路侧筑墙以维护道路专用性质的做法，与甬道形式存在着渊源关系。

先秦儒学经典中已经可以看到实行交通分流的设想。《礼记·王制》："道路，男子由右，妇人由左，车从中央。"郑玄注："道中三途远别也。"《礼记·内则》也说："道路，男子由右，女子由左。"又如《吕氏春秋·乐成》：孔子用鲁三年，"男子行乎塗右，女子行乎塗左"。严格分流所体现的交通秩序，被看作社会安定的象征。《汉书·循吏传·黄霸》记载，所谓"男女异路"，曾与"耕者让畔""道不拾遗"同样，被看作地方官"兴利除害成大化"之善政的标志。京兆尹张敞则以为"男女异路"等等不过是"有名亡实"的虚假宣传，推行这样的制度其实只能助长"挟诈伪以奸名誉"的风气，他上奏说："假令京师先行让畔异路，道不拾遗，其实亡益廉贪贞淫之行，而以伪先天下，固未可也；即诸侯先行之，伪声轶于京师，非细事也。"所谓"男女异路"被斥为"伪貌""伪声"，说明当时在"京师"这一最大的都市中，这也是难以真正认真实行的制度。《汉书·王莽传上》说，汉平帝元始五年（5），王莽曾奏为"男女异路"之制。王莽地皇元年（20），太傅平晏死，以予虞唐尊为太傅，这位新任太博"乃身短衣小襦，乘牝马柴车，藉槀，瓦器，又以历遗公卿"，据说"出见男女不异路者，尊自下车，以象刑赭幡汙染其衣。莽闻而说之，下诏申敕公卿思与厥齐。封尊为平化侯"（《汉书·王莽传下》）。唐尊所行，被看作荒唐而虚伪的表演。体现儒学道德标准

---

① 中国科学院考古研究所洛阳工作队：《汉魏洛阳城初步勘查》，《考古》1973 年第 4 期。

的男女分行之制,其实是在现实生活中无法施行的空想,绝不切合当时交通的实际状况。然而上述事实又说明,这种被有些人看作理想形式的交通制度在汉代社会生活中又确实具有一定的影响。这或许是由于这一主张与当时维护交通秩序的一系列礼俗制度表现出一致的历史趋向。

交通管理的基本原则中,还包括按速度划分车道的内容。

驰道正是区别于普通道路的高速道路。驰道之中,实际上又划分出不同车速的分行车道。西汉驰道制度中,有非经特许不得行车于"驰道中"的严格规定。例如汉武帝"有诏得令乳母乘车行驰道中"(《史记·滑稽列传》褚先生补述),即显示出其乳母备受尊崇的特殊地位。史载丞相司直翟方进行驰道中被"没入车马"以及江充拦截"行驰道中"的馆陶长公主与太子家使,鲍宣拘止"行驰道中"的丞相掾史事①,都说明禁令曾经相当严格。

甘肃武威出土两组体现尊老制度的汉代简册"王杖诏令册",其中都有王杖主在交通方面享受优待条件的内容。1981年发现的本始二年诏令简,谓得"行驰道中",1959年出土的"王杖十简",则作得"行驰道旁道"②,文义实质上并不矛盾。《汉书·鲍宣传》颜师古注引如淳曰:"《令》:'诸使有制得行驰道中者,行旁道,无得行中央三丈也。'"看来,当时驰道确实是具有分隔带的多车道道路。驰道设分行线适应了行车速度有所区别的事实,同时也强化了交通等级的严格分明。驰道"中央三丈",实际上成为皇帝及其身边特权人物的专用车道。

秦汉交通管理体制中确保帝王永远可享有优先使用交通条件的特

---

① 事见《汉书·翟方进传》《江充传》《鲍宣传》。江充拦阻馆陶长公主事,王先谦《汉书补注》引陈景云:"'馆陶'字误无疑。"而皇族行车驰道中为江充拦截,当为确实之史事。

② 中国科学院考古研究所编辑室:《武威磨咀子汉墓出土王杖十简释文》,《考古》1960年第9期;武威县博物馆:《武威新出王杖诏令册》,《汉简研究文集》,甘肃人民出版社,1984。

权的内容，还体现于出行时禁行人，清道路的所谓警跸制度。

《说文·走部》：“趌，止行也。”“趌”，即“跸”。①《史记·梁孝王世家》：“（孝王）得赐天子旌旗，出从千乘万骑，东西驰猎，拟于天子，出言趌，入言警。”司马贞《索隐》：“《汉旧仪》云：‘皇帝辇动称警，出殿则传跸，止人清道。’言出入者，互文耳，入亦有跸。”又《汉书·韩安国传》：“梁王父兄皆帝王，而所见者大，故出称趌，入言警。”颜师古注：“趌，止行人也。警，令戒肃也。天子出入皆备此仪。而今云出称警入言趌者，互举之耳。”

《史记·张释之冯唐列传》记载了一则汉文帝执政时对“犯跸”者施行处罚的事例：

> 上行出中渭桥，有一人从桥下走出，乘舆马惊。于是使骑捕，属之廷尉。释之治问。曰：“县人来，闻跸，匿桥下。久之，以为行已过，即出，见乘舆车骑，即走耳。”廷尉奏当，一人犯跸，当罚金。文帝怒曰：“此人亲惊吾马，吾马赖柔和，令他马，固不败伤我乎？而廷尉乃当之罚金！”释之曰：“法者，天子所与天下公共也。今法如此而更重之，是法不信于民也。且方其时，上使立诛之则已。今既下廷尉，廷尉，天下之平也，一倾而天下用法皆为轻重，民安所措其手足？唯陛下察之。”良久，上曰：“廷尉当是也。”

裴骃《集解》引如淳曰：“《乙令》：‘跸先至而犯者罚金四两。’跸，止行人。”《史记·张释之冯唐列传》“一人犯跸，当罚金”，《汉书·张释之传》作“此人犯跸”。钱大昕《三史拾遗》指出：“此律文二

---

① 段玉裁注：“今《礼》经皆作‘跸’，惟《大司寇》释文作‘趌’，云本亦作‘跸’，是可见古经多后人改窜，亦有仅存古字也。”

人以上则犯当加重。《汉书》作'此人',于义为短。"汉文帝以为罚金惩处过轻,张释之也说,"方其时,上使立诛之则已",都说明警跸制度本质上的严酷性。《古今注》卷上说,这些"在前清道"的武士"皆持角弓,违者则射之",负责"清道"的武装人员竟然可以随时随意决定"犯跸"者的生死。

《周礼·天官冢宰·宫正》:"凡邦之事,跸宫中庙中。"郑玄注:"郑司农云:国有事,王当出,则宫正主禁绝行者,若今时卫士填街跸也。"贾公彦疏:"汉仪,大驾行幸,使卫士填塞街巷以止行人,备非常也。"《汉官旧仪》卷上:"辇动则左右侍帷幄者称警,车驾则卫官填街,骑士塞路。出殿则传跸,止人清道,建五旗,丞相,九卿执兵奉引。"[1] 秦汉职官有专门负责皇帝出行时清道戒严者。《汉书·百官公卿表上》:"中尉,秦官,掌徼循京师","武帝太初元年更名执金吾"。颜师古注:"徼谓遮绕也。""金吾,鸟名也,主辟不祥。天子出行,职主先导,以御非常,故执此鸟之象,因以名官。"其属官有"式道左右中候、候丞"等,颜师古注引应劭曰:"式道凡三候,车驾出还,式道候持麾至宫门,门乃开。"颜师古以为,"式,表也"。《续汉书·百官志四》关于执金吾属官,也说:"本有式道、左右中候三人,六百石。车驾出,掌在前清道,还持麾至宫门,宫门乃开。"执金吾属从在皇帝出行时兼充仪仗与侍卫,以威武庄严的气势成为皇权独尊的象征,即《太平御览》卷二三七引《汉官》所谓"舆马导从,充满于路,世祖微时叹曰'仕宦当作执金吾'是也"[2]。

所谓"跸"或"趯",指预先辟除道路行人,"止人清道",从而

---

[1] "止人清道",《太平御览》卷六八〇引作"止人,先置索室清宫而后往"。

[2]《后汉书·皇后纪上·光烈阴皇后》:"初,光武适新野,闻后美,心悦之。后至长安,见执金吾车骑甚盛,因叹曰:'仕宦当作执金吾,娶妻当得阴丽华。'"《北堂书钞》卷五四引应劭《汉官仪》:执金吾"从骑二百人,持戟五百二十人,舆服导从,光辉满道,群僚之中,斯最壮矣"。

使得交通道路在一定时间内实际上为帝王所专有。从张释之所处理中渭桥"县人"犯跸事看，警跸往往"久之"而不解除，对公共交通设施的霸占往往时间超长。跸，又一般以军卒强力实行。《周礼·秋官司寇·条狼氏》："执鞭以趋辟。"郑玄注："趋辟，趋而辟行人，若今卒辟车之为也。"

这种现今看来极端专横强暴的制度，当时却曾经为社会普遍接受。《孟子·离娄下》："君子平其政，行辟人可也。"汉人赵岐注："君子为国家平治政事刑法，使无违失，其道辟除人，使卑辟尊，可为也。"正体现出当时人们对这种交通制度容忍和服从的态度。所谓"使卑辟尊"，即后世所谓"贱避贵"的交通规范的原则，在秦汉时期已经制度化。[①]

交通管理的基本内容除了交通秩序的维护、交通安全设施的布设、交通的合理组织之外，还包括对交通违章及交通事故的处理。

《汉书·高惠高后文功臣表》：高宛侯丙信"坐出入属车间，免"。颜师古注："天子出行，陈列属车，而辄至于其间。"交通制度与礼仪规范纠结交错，冲犯礼制而受到严肃处罚者，有些实际上也属于交通违章行为。高平侯魏弘"坐酎宗庙骑至司马门，不敬，削爵一级为关内侯"（《汉书·外戚恩泽侯表》），未央卫尉韦玄成"以列侯侍祀孝惠庙，当晨入庙，天雨淖，不驾驷马车而骑至庙下。有司劾奏，等辈数人皆削

---

① 参看王子今《中国古代的路权问题》，《文景》总 66 期（2010 年 6 月）。"贱避贵"的交通规则，其实有十分久远的渊源。人们熟知的"将相和"的故事中，有蔺相如行路避让廉颇的情节。《史记·廉颇蔺相如列传》记载，"相如出，望见廉颇，相如引车避匿"。这样的表现，与蔺相如"拜为上卿，位在廉颇之右"的地位不相符合，所以身边令人自羞请辞。按照常规，原本应当廉颇避让蔺相如。这样的制度甚至表现在水路交通活动中。《三国志·吴书·虞翻传》写道："（虞）翻尝乘船行，与糜芳相逢，芳船上人多欲令翻自避，先驱曰：'避将军船！'翻厉声曰：'失忠与信，何以事君？倾人二城，而称将军，可乎？'芳阖户不应而遽避之。"看来，"避将军船"是当时礼俗制度，虞翻坚意不自避，而迫使糜芳"遽避之"，是因为傲视蔑视对方人格，而糜芳亦内心羞愧的缘故。廉颇、虞翻两例，前者显然应当在讨论都市交通时予以注意。

爵为关内侯"（《汉书·韦玄成传》）等，都是性质相类之史例。

秦汉都市往往推行严禁夜行的法令。《文选》卷二八鲍照《放歌行》："钟鸣犹未归"，李善注："崔元始《正论》：永宁诏曰'钟鸣漏尽，洛阳城中不得有行者。'"《三国志·魏书·田豫传》记载，田豫"屡乞逊位"，书曰："年过七十而以居位，譬犹钟鸣漏尽而夜行不休，是罪人也。"《史记·李将军列传》记载，李广家居，"尝夜从一骑出，从人田间饮。还至霸陵亭，霸陵尉醉，呵止广。广骑曰：'故李将军。'尉曰：'今将军尚不得夜行，何乃故也！'止广宿亭下"。霸陵为长安近郊，"今将军尚不得夜行"，反映长安地区禁止夜行法令之严格。而李广从骑以"故李将军"语求脱，说明这一禁令对于社会上层人物可以有所松动。史籍不乏贵族官僚夜行之例。如《史记·魏其武安侯列传》："丞相卒饮至夜，极驩而去"，《汉书·谷永传》"挺身晨夜，与群小相随"等。曹操任洛阳北部尉"有犯禁者，不避豪疆，皆棒杀之"，"灵帝爱幸小黄门蹇硕叔父夜行，即杀之"（《三国击·魏书·武帝纪》）注引《曹瞒传》），是为罕见之特例。

《艺文类聚》卷四九引《汉官解诂》说卫尉职责："从昏至晨，分部行夜，夜有行者，辄前曰：'谁！谁！'若此不解①，终岁更始，所以重慎宿卫也。"可知都市有专职查禁夜行的武装人员。虽然有卫尉"掌宫门卫屯兵"（《汉书·百官公卿表上》）、"主宫阙之内"（《汉官解诂》）的说法，然而在秦汉时期宫殿区实际占据都市大部分空间的情况下，其维护都市交通秩序的职能不宜低估。赵王刘彭祖"常夜从走卒行徼邯郸中"（《汉书·景十三王传·赵敬肃王刘彭祖》），有可能也是纠察违禁夜行者。《周礼·秋官司寇·司寤氏》："司寤氏掌夜时，以星分夜，以诏夜士夜禁，御晨行者，禁宵行者、夜游者。"郑玄注："夜士，主行夜徼候者，如今都候之属。"《汉官

---

① 《太平御览》卷二三〇引作"若此不懈"。

旧仪》卷上："官司马、诸队都候领督盗贼，属执金吾。"

某些较次要的都市以及一般城镇，大约并不严格实行禁止夜行的制度。秦始皇三十六年（前211）秋，"使者从关东夜过华阴平舒道"（《史记·秦始皇本纪》），或可理解为皇帝使者的交通特权。而济东王刘彭离强横骄悍，"昏莫私与其奴亡命少年数十人行剽，杀人取财物以为好。所杀发觉者百余人，国皆知之，莫敢夜行"（《汉书·文三王传·代孝王刘参》）。则似可说明当地并无严禁夜行的法令。居延汉简中也可以看到体现运输车辆夜行的资料，例如：

　　☑□人黄小子车子刻到（285.5）
　　□就人淖君作　出一月己未车一两（163.5）

由所谓"书一日一夜当行百六十里"（E. P. S4. T2：8A），可以知道边地官文书传递所规定的时间限额，也是把夜行里程计算在内的。[1]

秦汉时期违犯都市交通法规的行为，还有所谓"家奴争道"（《汉书·霍光传》）、"清道群斗"（《汉书·丙吉传》）等，也都由地方行政长官组织"禁备逐捕"，绝不姑息宽贷。

《周礼·夏官司马·司险》说："（司险）设国之五沟五涂，而树之林以为阻固，皆有守禁，而达其道路。国有故，则藩塞阻路而止行者，以其属守之，唯有节者达之。"郑玄注："有故、丧、灾及兵也，闭绝要害之道，备奸寇也。"亦应归入秦汉都市交通体系之中的邻近的要隘关防，曾受到高度重视。灭秦后，"项羽兵四十万，在新丰鸿门，沛公兵十万，在霸上"（《史记·项羽本纪》），即分别占据可"闭绝"咸阳往东方与东南方"要害之道"的战略位置。汉文帝后元

---

　　① 参看王子今《秦汉"夜行"考议》，《纪念林剑鸣教授史学论文集》，中国社会科学出版社，2002，第275～291页。

六年（前 158），匈奴入侵，遂以"河内守周亚夫为将军，居细柳；宗正刘礼为将军，居霸上；祝兹侯军棘门，以备胡。数月，胡人去，亦罢"（《史记·孝文本纪》）。也有同样的意义。① 可以在"有故"时更有效地控制都市交通，"闭绝要害之道"以"备奸寇"的，是都市的城门。巫蛊之祸发，"长安中扰乱"（《汉书·武五子传·戾太子刘据》），汉武帝命令"以牛车为橹，毋接短兵，多杀伤士众，坚闭城门，毋令反者得出"。太子军败，南奔覆盎城门，"会夜司直田仁部闭城门，坐令太子得出"，被处以"要斩"之刑。"司直，吏二千石。"其秩位之高，也可以说明城门之守的重要。后汉武帝"以太子在外，始置屯兵长安诸城门"（《汉书·刘屈氂传》）。城门屯兵，可威慑各种"奸寇"，自然也有益于维护都市交通秩序。

古罗马帝国曾经有限制马车进城总数量以便利都市交通管理的规定。汉王朝也有对民间拥有交通工具的数额严格限定的制度。汉初就有贾人不得乘车骑马的法令。② 汉武帝恢复"算轺车"，又推行"告缗"，使商贾车船数量受到限制（《史记·平准书》）。秦汉都市"辎车霆激，骁骑电骛"（班固：《东都赋》），"红尘四合，车不得旋"（班固：《西都赋》），"方辕接轸"，"连骑相过"（张衡：《西京赋》），"乘轩并毂"，"轨尘掩远"（张衡：《东京赋》），大多是把握政治特权的皇族贵戚和高级官僚们在显示自己交通条件方面的优势。上层社会以所谓"云行于塗，毂击于道"（《盐铁论·刺权》），"出入逾侈，辎軿曜日"（《后汉书·李固传》）炫耀威权，成为一时风尚。于是政府对贵族官僚所拥有的车骑数量也加以一定的限制。汉景帝中六年（前144）五月诏："夫吏者，民之师也，车驾衣服宜称。"规定"车骑从

---

① 东汉时类似史例，又有黄巾起义时，"诏敕州郡修理攻守，简练器械，自函谷、大谷、广城、伊阙、辕辕、旋门、孟津、小平津诸关，并置都尉"（《后汉书·皇甫嵩传》）。

② 《汉书·高帝纪下》：八年（前199）春三月，令"贾人勿得衣锦绣绮縠絺纻罽，操兵，乘骑马"。《食货志下》："天下已平，高祖乃令贾人不得衣丝乘车，重税租以困辱之。"

者不称其官衣服"者，当严肃处置。班固介绍其背景说，"先是吏多军功，车服尚轻，故为设禁。"（《汉书·景帝纪》）①汉成帝永始四年（前13）诏又重申"异车服以彰有德"的礼制，要求对车服逾制者加以制裁，"其申敕有司，以渐禁之"，"列侯近臣各自省改，司隶校尉察不变者"（《汉书·成帝纪》）。推行这种制度当然首先是为了明确身份等级，同时又有纠禁浮侈之风的动机，其实对所谓"连车列骑，骖贰辎轩"（《盐铁论·散不足》），"挍饰车马"，"填塞道路"（《潜夫论·浮侈》）一类现象的批评与限制，也有减轻都市交通压力，便利都市交通管理的意义。

由于交通建设的综合条件尚不理想，秦汉时期多见关于交通事故的记载，如船覆②、轴折③、坠马④、触柱⑤等。重视对于交通事故的防范，也是都市交通管理的关键。于是史籍中可以看到汉文帝欲驰下霸陵峻阪时袁盎"马惊车败"的严正警告⑥，汉元帝欲御楼船渡渭时薛广德"宜从桥"的恳切谏言⑦。《汉书·儒林传·梁丘贺》记载，汉宣帝时，"会八月饮酎，行祠孝昭庙"，"先驱旄头剑挺堕坠，首垂

---

①　诏令有"令长吏二千石车朱两轓，千石至六百石朱左轓"的内容。颜师古注引应劭曰："车耳反出，所以为之藩屏，翳尘泥也。二千石双朱，其次乃偏其左。"陈直《汉书新证》引《金石索·金索六》"许氏镜铭"所谓"作吏高迁车生耳"，以为"与本文及应注均合"。天津人民出版社，1979，第24页。

②　《三国志·魏书·杜畿传》："受诏作御楼船，于陶河试船，遇风没。"曹丕以"于孟津试船，遂至覆没，忠之至也"，追赠太仆。

③　《汉书·景十三王传·临江闵王刘荣》："荣行，祖于江陵北门，既上车，轴折车废。江陵父老流涕窃言曰：'吾王不反矣！'"

④　《汉书·贾谊传》："梁王胜坠马死。"

⑤　《汉书·苏武传》载苏嘉为奉车，"触柱折辕"事。又《后汉书·刘玄传》："二年二月，更始自洛阳而西，初发，李松奉引，马惊奔，触北宫铁柱门，三马皆死。"

⑥　《史记·袁盎晁错列传》："文帝从霸陵上，欲西驰下峻阪。袁盎骑，并车揽辔。上曰：'将军怯邪？'盎曰：'臣闻千金之子坐不垂堂，百金之子不骑衡，圣主不乘危而徼幸。今陛下骋六骓，驰下峻山，如有马惊车败，陛下纵自轻，奈高庙、太后何？'上乃止。"

⑦　《汉书·薛广德传》："上酎祭宗庙，出便门，欲御楼船，广德当乘舆车，免冠顿首曰：'宜从桥。'诏曰：'大夫冠。'广德曰：'陛下不听臣，臣自刎，以血汗车轮，陛下不得入庙矣！'上不说。先驱光禄大夫张猛进曰：'臣闻主圣臣直。乘船危，就桥安，圣主不乘危。御史大夫言可听。'上曰：'晓人不当如是邪！'乃从桥。"

泥中", "刃乡（向）乘舆车，马惊", 汉宣帝视作奇兆, "于是召贺
筮之, 有兵谋, 不吉"。交通事故的危害, 导致产生某种神秘主义观
念, 交通过程中的种种意外, 往往被看作不祥之兆。

对于引起交通事故的肇事者, 一般予以严厉惩治。汉文帝出中渭桥,
有人犯跸, "乘舆马惊", 文帝说: "此人亲惊吾马, 吾马赖柔和, 令他
马, 固不败伤我乎？" 要求严办（《史记·张释之冯唐列传》）, 即实例之
一。对于责任事故中应当承担过失者亦予以严厉惩治。《汉书·苏武传》;

> 前长君为奉车, 从至雍棫阳宫, 扶辇下除, 触柱折辕, 劾大
> 不敬, 仗剑自刭。

《晋书·刑法志》引述明法掾张裴关于律法刑名的见解, 有这样的说
法: "亏礼废节谓之不敬。" 可见交通事故责任与法律道德责任的对等
关系。[①] 对交通事故责任者的严肃处理, 有助于人们自觉加强对交通
事故的防范。《史记·万石张叔列传》说, 万石君石奋 "恭谨无与
比", 其四子 "皆以驯行孝谨, 官皆至二千石"。"少子庆为太仆, 御
出, 上问车中几马, 庆以策数马毕, 举手曰: '六马。'庆于诸子中最
为简易矣, 然犹如此"。这一故事, 通常被看作这个家族事事 "唯谨"
的性格特征的写照, 其实, 由此又体现出在都市交通条件复杂的情况
下, 御者（特别是为尊贵者服务的御者）每临出行细致检查车马的常
例和紧张不安的心情。东汉崔骃《车左铭》:

> 正位受绥, 车不内顾。尘不出轨, 鸾以节步。彼言不疾, 彼
> 指不躬。玄览于道, 永思厥中。

---

① 汉代罪行与交通有关而被判定为 "大不敬" 者, 还有前引鲍宣 "使吏钩止丞相掾
史, 没入其车马", 又 "距闭使者, 亡人臣礼"（《汉书·鲍宣传》）, 以及薛宣 "要遮创戮近
臣于大道人众中"（《汉书·薛宣传》）诸例。

也体现了御者驾车行驶时慎之又慎的情形。

《史记·万石张叔列传》记载，"过宫门阙，万石君必下车趋，见路马必式焉"。又有教育子弟行为谦谨的故事：

> 万石君徙居陵里。内史庆醉归，入外门不下车。万石君闻之，不食。庆恐，肉袒请罪，不许。举宗及兄建肉袒，万石君让曰："内史贵人，入闾里，里中长老皆走匿，而内史坐车中自如，固当！"乃谢罢庆。庆及诸子弟入里门，趋至家。

由此也可以反映当时交通行为与道德规范之间的微妙关系。左思《魏都赋》又有"习习冠盖，莘莘蒸徒，斑白不提，行旅让衢"的内容，当取典《诗·大雅·緜》"虞芮质厥成，文王蹶厥生"。《毛传》："虞芮之君相与争田，久而不平，乃相谓曰：西伯，仁人也，盍往质焉。乃相与朝周。入其竟，则耕者让畔，行者让路。入其邑，男女异路，斑白不提挈。"① 看来，都市交通的有些管理制度，在某种意义上似乎是依靠道德力量维护的。《史记·张释之冯唐列传》记载，"太子与梁王共车入朝，不下司马门，于是释之追止太子，梁王无得入殿门。遂劾不下公门不敬，奏之。薄太后闻之，文帝免冠谢曰：'教儿子不谨'"。虽然其行为违犯了《宫卫令》②，文帝则强调一个"教"字。至于"斑白不提，行旅让衢"，可能确实曾形成风气，甚至长安市上"偷盗酋长"即所谓"偷长"，也"居皆温厚，出从童骑，间里以为长者"（《汉书·张敞传》）。颜师古解释说："童骑，以童奴为骑而自从也。"

甘肃甘谷刘家山出土汉简，内容为汉桓帝延熹元年（158）宗正

---

① 事又见《孔子家语·好生》。

② 裴骃《集解》："如淳曰：《宫卫令》：'诸出入殿门公车司马门，乘轺传者皆下，不如令，罚金四两。'"

府卿刘柜关于宗室事务的奏书和皇帝的诏书，其中有这样的内容：

> ☑广陵令解登钜鹿酇守长张建广宗长□□福登令曹橡许敦门
> 下吏彤石游徼龙进☑（36）
> 兵马徐沙福亭长樊赦□令宗室刘江刘俞刘树刘举等著赤帻为
> 伍长守街治滞□□☑（正面）
> 第十（背面）（37）①

所谓"守街治滞"，当指在市区道路壅塞时进行指挥疏导。"著赤帻为
伍长"，说明当时已出现著有特殊标记的交通指挥人员。广陵为广陵
郡治所在。"酇"，如果是《汉书·地理志上》所谓"酇"、《续汉
书·郡国志二》所谓"郏"的异写，则与广宗同为钜鹿郡属县。看
来，一般城市已有"守街治滞"者，较大的都市当有组织更为完备的
专职交通管理人员。

---

① 此据李均明、何双全编《散见简牍合辑》，文物出版社，1990，第6页。又张学正
《甘谷汉简考释》，《汉简研究文集》，甘肃人民出版社，1984，第91页，释文有个别出入。

第九章
秦汉主要文化区的交通结构

一　以长安为中心的三辅
交通体系

　　以秦王朝都城咸阳、西汉王朝都城长安为中心的关中地区，"自汧、雍以东至河、华，膏壤沃野千里"，其地久有先进农耕文化之传统，"其民犹有先王之遗风，好稼穑，殖五谷"，"关中之地，于天下三分之一，而人众不过什三，然量其富，什居其六"。秦汉400余年间，始终是全国经济、文化重心之所在。

　　关中不仅可以经崤、函与中原交通，可以由武关道联系江汉平原，还以其特殊之地理条件控制着西北地区和西南地区与东方交往的通道。其西方、北方为天水、陇西、北地、上郡之地，"西有羌中之利，北有戎翟之畜，畜牧为天下饶，然地亦穷险，唯京师要其道"。"南则巴蜀，巴蜀亦沃野"，"然四塞，栈道千里，无所不通，唯褒斜绲毂其口"①（《史记·货殖列传》）。

长安地区的交通布局在全国"周定四极""经纬天下"（《史记·秦始皇本纪》）的交通系统中独具最先进的形式，并以都畿之重显示出典范性的意义。其主要特征，即司马迁在《史记·货殖列传》中所谓"长安诸陵，四方辐凑并至而会"。

西汉 11 座帝陵，有 9 座分布于渭水以北的咸阳五陵原上，另 2 座位于渭水之南。渭水以南白鹿原上的文帝霸陵和乐游原上的宣帝杜陵位置比较明确，渭北五陵原上西汉 9 陵的方位及排列顺序经考古工作者的勘查和研究，认识也逐渐统一。审定后的渭北西汉帝陵方位，自西向东的顺序是武帝茂陵、昭帝平陵、成帝延陵、平帝康陵、元帝渭陵、哀帝义陵、惠帝安陵、高祖长陵、景帝阳陵。

西汉王朝还曾推行在帝陵附近设置陵邑的制度，令官僚富豪迁居于此，每个陵邑聚居 5000 户到 1 万多户，以护卫、供奉陵园。陵邑作为特别地方行政单位直属位列九卿的太常管辖。班固《西都赋》描述长安地区诸陵邑的形势：

> 若乃观其四郊，浮游近县，则南望杜、霸，北眺五陵，名都对郭，邑居相承，英俊之域，黻冕所兴，冠盖如云，七相五公。与乎州郡之豪桀，五都之货殖，三选七迁，充奉陵邑，盖以强干弱枝，隆上都而观万国也。

诸陵邑实际上成为在长安近围起辅卫凭翼作用的卫星城。

《汉书·地理志下》："汉兴，立都长安，徙齐诸田，楚昭、屈、景及诸功臣家于长陵。后世世徙吏二千石、高訾富人及豪桀并兼之家于诸陵。"《史记》《汉书》中关于汉武帝徙民茂陵事，就有如下记载：

---

① 司马贞《索隐》："言褒斜道狭，绲其道口，有若车毂之凑，故云'绲毂'也。"

　　（主父偃）说上曰：“茂陵初立，天下豪桀并兼之家，乱众之
民，皆可徙茂陵，内实京师，外销奸猾，此所谓不诛而害除。”
上又从其计。（《史记·平津侯主父列传》）

　　（建元三年）徙茂陵者户钱二十万，田二顷。

　　（元朔二年）徙郡国豪桀及訾三百万以上于茂陵。

　　（太始元年）徙郡国吏民豪桀于茂陵、云陵。（《汉书·武帝
纪》）

　　汉宣帝时，曾“募郡国吏民訾百万以上徙平陵”，次年，“以水衡钱为
平陵徙民起第宅”，后又经营杜陵，“徙丞相、将军、列侯、吏二千
石、訾百万者杜陵”。① 汉元帝以后，始不再在帝陵设置陵邑。②

　　于是，西汉早期与中期长安地区形成了长陵、安陵、霸陵、阳
陵、茂陵、平陵、杜陵 7 个陵邑拱卫京师的形势。非正式的陵邑，还
有太上皇陵所在万年、文帝薄太后南陵、昭帝母赵婕好云陵、宣帝父
史皇孙奉明园所在奉明。

　　关于西汉陵区布局的基本原则及其文化背景，学者曾进行有益的
讨论。③ 除礼仪制度与文化传统的规定性影响受到重视而外，人们还

---

　　①　《汉书·宣帝纪》记本始元年（前 73），本始二年（前 72）、元康元年（前 65）事。
　　②　汉成帝时就是否设置陵邑问题，最高统治集团决策曾出现反复。《汉书·元帝纪》：
永光四年（前 40），“以渭城寿陵亭部原上为初陵”，诏令：“今所为初陵者，勿置县邑，使
天下咸安土乐业，亡有动摇之心。布告天下，令明知之。”然而成帝时又有所谓“可徙初陵，
以强京师，衰弱诸侯，又使中家以下得均贫富”之议，于是“天子从其计，果起昌陵邑，后
徙内郡国民”（《汉书·陈汤传》）。《汉书·成帝纪》记载，鸿嘉二年（前 19）“夏，徙郡国
豪杰赀五百万以上五千户于昌陵，赐丞相、御史、将军、列侯、公主、中二千石冢地、第
宅”。颜师古注：“并于昌陵赐之。”后又因工程进展困难，人多言其不便，遂于永始元年诏
令“罢昌陵，及故陵勿徙吏民，令天下毋有摇动之心”。《汉书·哀帝纪》：建平元年（前
6），“以渭城西北原上永陵亭部为初陵，勿徙郡国民，使得自安”。
　　③　杨宽：《中国古代陵寝制度史研究》，上海古籍出版社，1985；杜葆仁：《西汉诸陵位
置考》，《考古与文物》1980 年创刊号；刘庆柱、李毓芳：《关于西汉帝陵诸形制问题的探
讨》，《考古与文物》1985 年第 5 期；叶文宪：《西汉帝陵的朝向分布及其相关问题》，《文
博》1988 年第 4 期。

注意到早期堪舆学原理以及帝王个人私好等因素的作用。其实，在诸多因素之中。尤其不应忽视交通方面的因素，帝陵及陵邑位置的确定有着交通条件的基础；同时，帝陵及陵邑的作用又改变了旧有的交通条件，促使长安地区形成了新的交通格局。

《史记·樗里子甘茂列传》说，"秦人号曰'智囊'"的樗里子指定葬地于渭南章台之东，"曰：'后百岁，是当有天子之宫夹我墓'"。果然，"至汉兴，长乐宫在其东，未央宫在其西，武库正直其墓"。秦人于是有"智则樗里"之谚。可见在当时人的普遍意识中，选择墓地有厌冷寂而慕繁华的倾向。杜邺临终作"墓石文"，有"骨肉归于后土，气魄无所不至"语（《西京杂记》卷三），也体现死后灵魂不甘荒凉寂寞的心理。《古文苑》卷五张衡《冢赋》：

> 修墓之际，亦有掖门，掖门之西，十一余半。下有直渠，上有平岸，舟车之道，交通旧馆。

其中还写到，冢墓设计，应当"希而望之方以丽，践而行之巧以广"。陵墓普遍随葬车马，其实也是这种心理的体现。

西汉制度，每月当宗庙举行祭祀典礼时，要将墓主生前穿用的衣冠从陵园的"寝"中迎出，游行至于宗庙，象征墓主灵魂亲自接受祭祀，时称"月一游衣冠"。有人批评说，"今衣冠出游，有车骑之众，风雨之气，非所谓清静也"（《汉书·韦玄成传》）。这种礼俗，也可以说明当时对死者灵魂可以出行的普遍迷信。陵墓选址多确定于通衢要道之侧，"舟车之道，交通旧馆"，很可能与这种迷信观念有关。

陵墓本身又是墓主生前地位的象征。秦时帝陵称"山"。汉初，汉高祖长陵亦曾称长山。① 帝王陵墓择高地，除"据地高燥"②，以避水害③而外，还追求所谓"宫室寝庙，山陵相望，高显弘丽，可思可荣"（《后汉书·文苑列传·杜笃》）。而选址临近大道，更便于宣示其威权与尊严之崇高。

营筑帝王陵墓，往往调集大量人力与物资。秦始皇陵工程用工据说达 70 万人，以考古资料结合数学书中有关当时劳动生产率的信息审核，这一记载是大致可信的。④ 施工人员的补给以及各种建筑材料的运输，对附近交通道路的通行能力也提出了更高的要求。辛氏《三秦记》说，始皇作骊山陵，"运大石于渭北渚，民怨之，作《甘泉之歌》曰：'运石甘泉口，渭水不敢流，千人唱，万人讴，金陵余石大如堁'"。《汉书·酷吏传·田延年》记述田延年贪污运费一案，说到大司农组织陵墓施工，由便桥下载沙送致方上，雇用民间牛车达 3 万辆。《汉书·陈汤传》说，汉成帝营建昌陵，"卒徒工庸以钜万数"，"取土东山，且与谷同价"。显然，陵墓位置确定在交通便利的地点，亦有利于施工组织。

按照当时陵寝制度的要求，西汉陵区亦规划通行条件较好的交通道路系统。汉景帝阳陵陵园西门门阙宽 12.7 米，南门门阙宽 14 米，陵园多处发现"河卵石路面"，陵园之外也发现通往这里的石子路面。⑤ 汉武帝茂陵陵园西门、北门、东门的宽度分别为 12 米、16 米、

---

① 《史记·吕后本纪》裴骃《集解》引《皇览》："高帝、吕后山各一所。"《水经注·渭水下》："（成国故渠）又东迳长陵南，亦曰长山也。秦名天子冢曰'山'，汉曰'陵'，故通曰'山陵'矣。"

② 《太平御览》卷五六〇引《皇览·冢墓记》："吕不韦冢在河南洛阳，城北邙山道西大冢是也。""秦昭王与不韦好书，皆以书葬，王至尊，不韦久贵，冢皆以黄肠题凑，据地高燥，未坏。"

③ 参看王子今《说"高敞"：西汉帝陵选址的防水因素》，《考古与文物》2005 年第 1 期。

④ 参看王子今《秦始皇陵复土工程用工人数论证》，《文博》1987 年第 1 期。

⑤ 王丕忠、张子波、孙德润：《汉景帝阳陵调查简报》，《考古与文物》1980 年创刊号。

14 米。① 汉宣帝杜陵陵园东门遗址经钻探和试掘，也发现宽 13.2 米的门道。② 汉元帝渭陵土阙间的门道则宽达 17 米。③ 看来，当时帝陵陵园的道路宽度，大致相当于汉长安城城门两个门道宽度之和，可以并行 7~8 辆乘车。汉惠帝安陵邑故城东门发现 2 条门道，"门道各宽 11 米"。④ 可见陵邑道路与陵区道路规模大致相当。

《汉书·高惠高后文功臣表》记载，汉武帝元朔三年（前 126）蓼侯孔臧"坐为太常道桥坏不度，免"。《百官公卿表下》："蓼侯孔臧为太常，三年坐南陵桥坏衣冠道绝，免。"又《景武昭宣元成功臣表》：安乐侯李蔡"元狩五年，坐以丞相侵卖园陵道壖地，自杀"。《百官公卿表下》："戚侯李信成为太常，二年坐纵丞相李蔡侵道，免。"《汉书·张禹传》还记载，汉成帝时，张禹"自治冢茔"，"地当平陵寝庙衣冠所出游道"，也受到严厉指责。这些史实，都说明西汉诸陵道路因交通作用之重要，其通行条件为最高统治集团密切关注，不允许毁坏和侵害。

《史记·袁盎晁错列传》记述"文帝从霸陵上欲西驰下峻阪"事，由霸陵"西驰"，正是通向长安的道路。"骋六骓驰下峻山"的设想，可以反映道路质量之优越。《汉书·宣帝纪》记载，汉宣帝少年时曾经历平民生活，"数上下诸陵，周遍三辅"。颜师古注："诸陵皆据高敞地为之，县即在其侧。帝每周游往来诸陵县，去则上，来则下，故言上下诸陵。"可见诸陵之间道路纵横，因而"周游往来"方便。

通过《水经注·渭水下》对于成国故渠经途及西汉诸陵方位

---

① 陕西省文物管理委员会：《陕西兴平茂陵勘查》，《考古》1964 年第 2 期。

② 中国社会科学院考古研究所杜陵工作队：《1982~1983 年西汉杜陵的考古工作收获》，《考古》1984 年第 10 期。

③ 李宏涛、王丕忠：《汉元帝渭陵调查记》，《考古与文物》1980 年创刊号。

④ 咸阳市博物馆：《汉安陵的勘查及其陪葬墓中的彩绘陶俑》，《考古》1981 年第 5 期。

的记述①，可知西汉渭北诸陵排列于成国渠北大致同一等高线上。这里正是秦人经营多年的宫观所在，也是交通建设已经具备相当发达的基础的地区。《汉书·外戚传下·孝成许皇后》说，许后自杀，"葬延陵交道厩西"。《水经注·渭水下》：成国故渠"又迳惠帝安陵南"，"渠侧有杜邮亭"②。"交道厩"及"杜邮亭"地名，一方面或许可以说明诸陵大致沿当时的交通干线排列，长期经营而形成的交通条件的优势得以借用；另一方面或可理解为诸陵营建之后，即成为影响交通要道走向的重要因素。而"杜邮亭"地名，说明前一种意见可能更为接近历史真实。

《史记·田叔列传》记载，在汉武帝征和二年（前91）长安发生的史称"巫蛊之祸"的政治动乱中，太子刘据起兵与左丞相刘屈氂率领的政府军在长安街中激战，兵败出逃，"司直田仁主闭守城门，坐纵太子，下吏诛死。仁发兵，长陵令车千秋上变仁，仁族死"。褚先生补述："逢太子有兵事，丞相自将兵，使司直主城门。司直以为太子骨肉之亲，父子之间不甚欲近，去之诸陵过。"《史记会注考证》引张守节《正义》："上云仁发兵长陵，是也。"所谓"去之诸陵过"，可能是指田仁纵太子出城后循诸陵所依傍的交通干线远行避匿。褚少孙，元、成时博士，所说"诸陵"，当指昭帝平陵、惠帝安陵、高祖长陵。

---

① 《水经注·渭水下》："（成国）故渠又东迳茂陵县故城南，武帝建元二年置。《地理志》曰：宣帝县焉，王莽之宣成也。""故渠又东迳姜原北，渠北有汉昭帝平陵，东南去长安七十里。又东迳平陵县故城南。《地理志》曰：昭帝置，王莽之广利也。""又东迳汉大将军魏其侯窦婴冢南。又东迳成帝延陵南。陵之东北五里，即平陵康陵阪也。故渠又东迳渭陵南。元帝永光四年，以渭城寿陵亭原上为初陵，诏不立县邑。又东迳哀帝义陵南，又东迳惠帝安陵南，陵北有安陵县故城。《地理志》曰：惠帝置，王莽之嘉平也，渠侧有杜邮亭。""又东迳长陵南，亦曰长山也。"

② 《史记·白起王翦列传》："秦王乃使人遣白起，不得留咸阳中。武安君既行，出咸阳西门十里，至杜邮"，"秦王乃使使者赐之剑，自裁"。《樗里子甘茂列传》作"去咸阳七里而立死于杜邮"。《水经注·渭水下》："渭水北有杜邮亭，去咸阳十七里。"

在《汉书·地理志》中，长陵是与长安同样标示出户口数字的大县。潘岳《西征赋》："造长山而慷慨，伟龙颜之英主。"说长陵因交通条件所体现的雄伟气势，时历 400 余年而未减。长陵位于长安正北，控制着北向甘泉宫的驰道。由甘泉宫所在的云阳再向北，有直道直通北方长城防线。云阳曾称"云阳都"①，地位仅次于长安。汉武帝多次长住甘泉，往复云阳与长安之间，亦经行渭北诸陵大道。巡行北边，也应当由此北上。匈奴浑邪王来降，汉王朝发车二三万乘相迎②，亦可能经由这条道路。长陵高祖十二年（前 195）筑陵置县，吕后六年（前 182），"夏四月，赦天下。秩长陵令二千石"。确定长陵令二千石，级别与郡级行政长官相当。又"六月，城长陵"（《汉书·高后纪》）。③ 长陵还扼制着长安东北方向经栎阳通往河东的大道。汉文帝由代地入长安，就是"至高陵休止"，再"驰至渭桥"，继而入京师即天子位的（《史记·孝文本纪》）。刘据出逃，很可能就是欲由长陵北上甘泉未遂，于是折回南过渭桥转而东行的。

除长陵外，西汉诸陵在长安地区交通系统中的作用，又以霸陵、茂陵、杜陵最为显著。

霸陵据于长安城东。《续汉书·郡国志一》："霸陵，有枳道亭，有长门亭。"枳道，即秦王子婴素车白马，系颈以组出降的"轵道"。

---

① 《汉书·武帝纪》：元封二年（前 109）六月，"诏曰：'甘泉宫内中产芝，九茎连叶。上帝博临，不异下房，赐朕弘休。其赦天下，赐云阳都百户牛酒。'作《芝房之歌》"。《礼乐志》："歌云：'玄气之精，回复此都。'"颜师古注："言天气之精，回旋反复于此云阳之都，谓甘泉也。"陈直《汉书新证》："西汉未央、长乐二宫规模阔大之外，则数甘泉宫。甘泉在云阳，比其他县为重要，故称以'云阳都'。"天津人民出版社，1979，第 35 页。居延汉简 10.27 及 5.10 关于改火的文书中，可见"别火官先夏至一日以除隧取火授火授中二千石二千石官在长安云阳者其民皆受以日至易故火"字样，也说明云阳是仅次于长安的政治中心。

② 《汉书·汲黯传》："匈奴浑邪王帅众来降，汉发车二万乘。"《食货志下》："汉发车三万两迎之。"

③ 颜师古注："张晏曰：'起县邑，故筑城也。'师古曰：'此说非也。《黄图》云长陵城周七里百八十步，因为殿垣，门四出，及便殿掖庭诸官寺皆在中。是即就陵为城，非止谓邑居也。'"

而长门，应即《史记·封禅书》所谓"文帝出长门，若见五人于道北，遂因其直北立五帝坛"之"长门"。① 所谓"道北"，应指长安东向关东的大道之北。《史记·张释之冯唐列传》：

> （张释之）从行至霸陵，居北临厕。是时慎夫人从，上指示慎夫人新丰道，曰："此走邯郸道也。"

慎夫人，邯郸人。"新丰道"即"走邯郸道"，是长安联系关东地区的主要交通干道。新丰据说是汉初规划新建城市②，亦为长安东出大道上霸陵以东之重镇。灭秦后项羽军先至戏西，后"在新丰鸿门"（《史记·项羽本纪》），即有意控制这一战略要道。③ 刘邦军据于霸上，则凭依长安东南交通大道武关道。《汉书·王莽传下》：遣"司徒王寻将十余万屯雒阳填南宫"，"司徒寻初发长安，宿霸昌厩，亡其黄钺"。霸昌厩得名，或许与霸陵、昌陵有关。④

茂陵是又一在《汉书·地理志》中与长安同样标示户口数字的大县，其户数仅次于长安、成都，口数甚至超过长安。⑤ 茂陵地处长安

---

① 裴骃《集解》："徐广曰：'在霸陵。'骃案：如淳曰：'亭名。'"

② 《史记·高祖本纪》："（十年）七月，太上皇崩栎阳宫。""更名郦邑曰新丰。"张守节《正义》引《括地志》云："新丰故城在雍州新丰县西南四里，汉新丰宫也。太上皇时凄怆不乐，高祖窃因左右问故，答以平生所好皆屠贩少年，酤酒卖饼，斗鸡蹴鞠，以此为欢，今皆无此，故不乐。高祖乃作新丰，徙诸故人实之。太上皇乃悦。"

③ 据裴骃《集解》引孟康的解释，鸿门"在新丰东十七里，旧大道北下阪口名也"。"旧大道"，可能即秦汉"新丰道"。

④ "霸昌厩"，颜师古注："霸昌观之厩。"《三辅黄图》卷五：霸昌观"在城外"。《太平御览》卷一九一引《郡国志》："雍州霸昌厩在长安西二十五里，王莽使司徒王寻发长安宿此。"王寻由长安发洛阳，此"长安西"显然为"长安东"之误。《史记·梁孝王世家》褚先生补述：景帝遣田叔、吕季主往治梁王谋反事，二人"来还，至霸昌厩，取火悉烧梁之反辞，但空手来对景帝"。张守节《正义》："《括地志》云：'汉霸昌厩在雍州万年县东北三十八里。'"

⑤ 《汉书·地理志上》：长安"户八万八百，口二十四万六千二百"；茂陵"户六万一千八十七，口二十七万七千二百七十七"。

西北向交通大道的要冲，因而在最高执政集团倾心西北，刻意经营西域的西汉中期起，开始成为异常繁荣的城市。在相当长的时期内，长安地区联结西南的褒斜道交通也曾经归结于此。为了进一步强化茂陵作为长安以西重要交通枢纽的地位，汉武帝建元三年（前 138）即张骞奉命出使大月氏次年，"赐徙茂陵者户钱二十万，田二顷。初作便门桥"（《汉书·武帝纪》）。颜师古注："便门，长安城北面西头门。""于此道作桥，跨渡渭水以趋茂陵，其道易直。"《汉书·霍去病传》记载，霍去病"元狩六年薨，上悼之，发属国玄甲，军陈自长安至茂陵"。自长安至茂陵列军阵送祭，也说明这一区间交通道路之平直宽阔。汉成帝时，谷永上谏言获罪，被迫出避，"上使侍御史收永，敕过交道厩者勿追"（《汉书·谷永传》）。颜师古注引晋灼曰："交道厩去长安六十里，近延陵。"位于便门桥北的这一厩置以"交道"命名，体现地处交通道路交会处。交通厩长安之间可能还有称作"横厩"的厩置。《汉书·王莽传下》："欲遣（严）尤与廉丹击匈奴"，"出车城西横厩，未发"[①]。居延汉简有记录长安西北向大道沿途地名及里程的简文，其中写道："长安至茂陵七十里，茂陵至茨置卅五里，茨置至好止七十五里，好止至义置七十五里。"（E. P. T59：582）这一记录，可以看作认识秦汉三辅西北方向交通结构的重要资料。茂陵是长安出发的第一站，其交通地理的地位尤其值得注意。

杜陵位于长安东南。《汉书·地理志上》："杜陵，故杜伯同，宣帝更名。"《史记·高祖本纪》："汉王之国，项王使卒三万人从，楚与诸侯之慕从者数万人，从杜南入蚀中。"程大昌《雍录》："此之蚀中，若非骆谷，即是子午谷。"胡三省《资治通鉴注》、顾祖禹《读史方舆纪要》、泷川资言《史记会注考证》等均倾向于"蚀中"或即

----

① 《汉书补注》："先谦曰：'车'疑作'军'。"

子午谷。《汉书·王莽传上》：汉平帝元始五年（5）秋，“通子午道，子午道从杜陵直绝南山，经汉中”。

于是，大致在西汉晚期，关中政治、经济、文化重心地区已经形成以长安为中心，以诸陵为重要枢纽的干线、支线和联络线齐备的大致呈⽶状的交通网络系统。三辅地区“四方并臻”（《盐铁论·园池》）的交通优势，成为保证西汉王朝中央政府行政效能的必要条件。

汉武帝时，曾有改造褒斜道以实现水陆联运的尝试，“发数万人作褒斜道五百余里，道果便近，而水湍石，不可漕”（《史记·河渠书》）。“从杜陵直绝南山”的子午道至王莽专政时代始得开通。长安以南的交通建设相对薄弱，且终于未能形成如渭北诸陵间道路那样的各干线间的联络线，这主要是因为秦岭山脉的地理阻隔以及作为禁苑的上林苑的存在的缘故。

二　河南河内交通格局

秦三川、河内，两汉河南、河内，在全国交通体系中以扼控四方的特殊地理条件具有极其重要的地位。所谓“绝成皋之口，天下不通；据三川之险，招山东之兵”（《史记·淮南衡山列传》），说明其交通条件可以影响全局。而这一地区的交通结构，对于全面认识秦汉时期的交通建设，也具有典型的意义。

洛阳很早就已成为中原交通的中心。司马迁指出，“洛阳东贾齐、鲁，南贾梁、楚”，周人有“转毂以百数，贾郡国，无所不至”者，“好贾趋利”传统之形成，与“洛阳街居在齐、秦、楚、赵之中”的交通形势有关（《史记·货殖列传》）。《盐铁论·通有》也说，“三川之二周，富冠海内”，“为天下名都”，正因为具有“居五诸之冲，跨街衢之路”的交通条件。王莽“于长安及五都立五均官”，五都即洛阳、邯郸、临菑、宛、成都，而"洛阳称中"（《汉书·食货志下》）。[1]

洛阳的交通条件更适宜于商业的发展，于是"牛马车舆，填塞道路"（《潜夫论·浮侈》），"其民异方杂居"，"商贾胡貊，天下四会"（《三国志·魏书·傅嘏传》裴松之注引《傅子》），一时成为事实上最重要的经济中心。

洛阳作为东汉王朝的首都，交通建设也有仿类西汉长安处。例如，陵区道路系统亦受到重视。《古诗十九首·驱车上东门》写道：

> 驱车上东门，遥望郭北墓。
> 白杨何萧萧，松柏夹广路。

可见陵区同样规划通行条件较好的交通道路。不过，东汉帝陵并不在以洛阳为中心的交通结构中占据重要地位。人们可以通过关津设置认识这一地区交通格局的特征。汉灵帝中平元年（184）黄巾起义爆发，张角等"晨夜驰敕诸方，一时俱起"，"所在燔烧官府，劫略聚邑，州郡失据，长吏多逃亡，旬日之间，天下响应，京师震动"。汉灵帝于是诏敕州郡加强防卫，又"自函谷、大谷、广城、伊阙、镮辕、旋门、孟津、小平津诸关，并置都尉"，以护卫京师（《后汉书·皇甫嵩传》）。八关都尉建置，说明洛阳四向交通应当有8条重要道路。函谷在其西，大谷、广城、伊阙在其南，东则镮辕、旋门，北则孟津、

---

① 参看王子今《战国至西汉时期河洛地区的交通地位》，《河洛史志》1993年第4期；《论战国晚期河洛地区成为会盟中心的原因》，《中州学刊》2006年第4期；《西汉末年洛阳的地位和王莽的东都规划》，《河洛史志》1995年第4期；《秦汉时期的"天下之中"》，《光明日报》2004年9月21日，收入《根在河洛——第四届河洛文化国际研讨会论文集》，大象出版社，2004，第242~246页。

小平津。^① 八关都尉分路据守，可以控制洛阳与各地的联系。

除孟津、小平津外，河南、河内间黄河津渡还有平阴津、五社津、成皋津、卷津、杜氏津、延津等。^② 河津之密集，在黄河诸河段中首屈一指。河南、河内间往来之便利，也说明两地交通联系之紧密。汉高祖二年（前205）三月，刘邦从临晋渡河至于魏地，又"下河内，虏殷王，置河内郡，南渡平阴津，至雒阳"。三年（前204），项羽军围成皋，"汉王跳，独与滕公共车出成皋玉门，北渡河，宿小脩武。自称使者，晨驰入张耳、韩信壁，而夺之军"。"汉王得韩信军，则复振，引兵临河，南飨军小修武南，欲复战"，又"使卢绾、刘贾将卒二万人，骑数百，渡白马津，入楚地"（《史记·高祖本纪》）。东汉时期，通过河津实现的河南与河内的交通更为便利。刘秀曾"拜寇恂为河内太守，（冯）异为孟津将军，统二郡军河上，与恂

---

① 《续汉书·郡国志一》：谷城"有函谷关"。刘昭注补引《西征记》："函谷左右绝岸十丈，中容车而已。"《后汉书·董卓列传》："（董）卓遣李傕诣（孙）坚求和，坚拒绝不受，进军大谷，距洛九十里。"李贤注："大谷口在故嵩阳西北三十五里，北出对洛阳故城。张衡《东京赋》云'盟津达其后，大谷通其前'是也。"《续汉书·郡国志一》：新城"有广成聚"。马融《广成颂》："礼乐既阕，北辕反旆，至自新城，背伊阙，反洛京。"《续汉书·郡国志一》：缑氏"有轘辕关"。刘昭注补引颙曰："险道名，在县东南。"《后汉书·光武帝纪下》：建武八年"夏六月丙戌，幸缑氏，登轘辕"。李贤注："缑氏县有缑氏山，轘辕山有轘辕坂，并在洛阳之东南"。《后汉书·皇甫嵩传》李贤注："旋门在氾水之西。"《后汉书·光武帝纪上》："时更始使大司马朱鲔、舞阴王李轶等屯洛阳，光武亦令冯异守孟津以拒之。"李贤注："孔安国注《尚书》云：'孟，地名，在洛北，都道所凑，古今以为津。'《论衡》曰：'武王伐纣，八百诸侯同于此盟，故曰盟津。'俗名治戍津，今河阳县津也。"《后汉书·灵帝纪》："（张）让、（段）珪等复劫少帝、陈留王小平津。""李贤注："小平津在今巩县西北。"

② 《史记·高祖本纪》："（汉王）下河内，虏殷王，置河内郡，南渡平阴津，至雒阳。"《后汉书·光武帝纪上》："遣耿弇率彊弩将军陈俊军五社津，备荥阳以东。"李贤注："《水经注》曰：'巩县北有五社津，一名土社津。'"《史记·项羽本纪》："（刘邦）与滕公出成皋北门，渡河走脩武，从张耳、韩信军。诸将稍稍得出成皋，从汉王。"是津在成皋正北。《后汉书·章帝纪》："幸偃师，东涉卷津，至河内。"《三国志·魏书·于禁传》："太祖复使禁别将屯原武，击（袁）绍别营于杜氏津。"《后汉书·袁绍传》："（袁）绍乃度河，壁延津南。"李贤注："郦元《水经注》曰：'汉孝文时河决酸枣，东溃金堤，大发卒塞之，武帝作《瓠子之歌》，皆谓此口也。'又东北谓之延津。杜预注《左传》：'陈留酸枣县北有延津。'"

合埶，以拒朱鲔等"（《后汉书·冯异传》）。二郡即魏郡、河内郡，合军河上拒敌，又以"孟津"为将军号，主力当用以控制河津。以皇帝出行事迹为例，汉章帝曾"幸偃师，东涉卷津，至河内"（《汉书·章帝纪》）。《后汉书·何进传》又记载，"张让、段珪等困迫，遂将帝与陈留王数十人步出谷门，奔小平津"[①]。汉献帝建安元年（196）"郊祀上帝于安邑"，又转而北行，"夏六月乙未，幸闻喜。秋七月甲子，车驾至洛阳"（《后汉书·献帝纪》），闻喜至洛阳间，行程 20 余日，可能于温、轵间南渡河。

与黄河这一河段河津有关的著名战例，也可以体现河南、河内间交通条件之优越。例如，光武即位，执金吾贾复"先度河攻朱鲔于洛阳"，后以更始郾王尹尊拥兵不降，"遂遣复与骑都尉阴识、骁骑将军刘植南度五社津击郾，连破之"（《后汉书·贾复传》）。前次"度河"，当由孟津或小平津。又如《后汉书·董卓列传》记载：

> 时河内太守王匡屯兵河阳津，将以图（董）卓。卓遣疑兵挑战，而潜使锐卒从小平津过津北，破之，死者略尽。

董卓巧妙利用邻近河津的济渡条件，出奇兵而获胜。

讨论河南、河内的交通结构，不能忽视这一地区的水运条件。秦汉时期，除黄河河道被利用以发展漕运，形成"水行满河"（《汉书·枚乘传》），"大船万艘，转漕相过"（《后汉书·文苑列传·杜笃》）的形势而外，开凿人工河道发展水运也受到重视。东汉初，张纯曾主持阳渠工程，"引洛水为漕"（《后汉书·张纯传》）。战国时期开通的鸿沟，西汉时称狼汤渠，东汉时称汴渠与鸿沟水，是河淮之间

---

① 《后汉书·董卓列传》："中常侍段珪等劫少帝及陈留王夜走小平津。"

的水运要道。敖仓地处鸿沟引黄河口附近，是东方转输的最重要的中转站。① 荥阳、成皋、广武城等地声名称著于史，与敖仓粮运通道的位置关系是重要因素之一。②

不仅作为河南郡（秦三川郡、西汉河南郡、东汉河南尹）交通中心的洛阳"当关口，天下咽喉"③，河内郡"温、轵西贾上党，北贾赵、中山"（《史记·货殖列传》），也以交通地位之重要成为一方商业都会。郦食其劝刘邦"收取荥阳，据敖仓之粟"时，又有"杜大行之道，距蜚狐之口"的建议（《史记·郦生陆贾列传》）。"大行之道"，裴骃《集解》："韦昭曰：'在河内野王北也。'"而"蜚狐之口"，裴骃《集解》："如淳曰：'上党壶关也。'"均指河内北向交通要道，汉献帝由闻喜至洛阳，很可能由河内西向道路上的箕关经过④，至温、轵一带折而南下。河内又有北上邯郸、东通齐鲁的大道。而通往长安的道路尤以通行质量优越著名。《史记·酷吏列传》记载王温舒任河内太守时以严法治郡的故事：

> 令郡具私马五十匹，为驿自河内至长安，部吏如居广平时方略，捕郡中豪猾，郡中豪猾相连坐千余家。上书请，大者至族，小者乃死，家尽没入偿臧。奏行不过二三日，得可事。论报，至流血十余里。河内皆怪其奏，以为神速。尽十二月，郡中毋声，毋敢夜行，野无犬吠之盗。

---

① 《史记·郦生陆贾列传》记载，郦食其曾以"夫敖仓，天下转输久矣，臣闻其下乃有藏粟甚多"，提出："愿足下急复进兵，收取荥阳，据敖仓之粟，塞成皋之险，杜大行之道，距蜚狐之口，守白马之津，以示诸侯效实形制之势，则天下之所归矣。"

② 参看王子今《周秦时期河洛地区的交通形势》，《文史知识》1994年第3期。

③ 《史记·滑稽列传》褚先生补述："王夫人病甚，人主至自往问之曰：'子当为王，欲安所置？'对曰：'愿居洛阳。'人主曰：'不可。洛阳有武库、敖仓，当关口，天下咽喉。自先帝以来，传不为置王……'"

④ 《后汉书·邓禹传》："建武元年正月，（邓）禹自箕关将入河东，河东都尉守关不开，禹攻十日，破之，获辎重千余乘，进围安邑。"

河内至长安的驿路，很可能还要南渡黄河经河南地界。

由洛阳南行通达南阳的道路，也是秦汉时期重要的交通干道。刘邦率军西攻秦，就曾经"从雒阳南出轘辕"，"攻下宛，西入武关"（《史记·留侯世家》）。《史记·高祖本纪》记述："沛公乃北攻平阴，绝河津。南，战雒阳东，军不利，还至阳城，收军中马骑，与南阳守齮战犨东，破之，略南阳郡。"① 刘邦由洛阳至南阳，军势由弱而强，成为其军事生涯中的重要转折点。刘邦军与项羽军曾于荥阳一带相持，"相距荥阳数岁，以常困"，于是"出军宛叶间"，"项羽闻汉王在宛，果引兵南"，后"汉王复军成皋"，项羽遂又"围成皋"（《史记·高祖本纪》）。两军周旋于河南、南阳间，都曾行经这一道路。汉景帝三年（前154），周亚夫受命平定吴楚七国之乱，既发，至霸上，赵涉拦车提出改变东行路线的建议：

> 吴王素富，怀辑死士久矣。此知将军且行，必置间人于殽黾阨陕之间。且兵事上神密，将军何不从此右去，走蓝田，出武关，抵雒阳，间不过差一二日，直入武库，击鸣鼓。诸侯闻之，以为将军从天而下也。

周亚夫从其计，至雒阳，使吏搜殽黾间，果得吴伏兵（《汉书·周业夫传》）。"间不过差一二日"，是说经武关道至南阳再折而北抵洛阳，

---

① 《史记·曹相国世家》："从攻阳武，下轘辕、缑氏，绝河津，还击赵贲军尸北，破之。从南攻犨，与南阳守齮战阳城郭东，陷陈，取宛，虏齮，尽定南阳郡。"又《绛侯周勃世家》："绝河津，击赵贲军尸北，南攻南阳守齮。"《樊郦滕灌列传》：樊哙"从攻长社、轘辕，绝河津，东攻秦军于尸，南攻秦军于犨。破南阳守齮于阳城，东攻宛城，先登"。郦商"从沛公攻缑氏，绝河津，破秦军洛阳东，从攻下宛、穰"。夏侯婴"因复常奉车从击秦军雒阳东，以兵车趣攻战疾，赐爵封转为滕公，因复奉车从攻南阳"。灌婴"从攻阳武以西至雒阳，破秦军尸北，北绝河津，南破南阳守齮阳城东，遂定南阳郡"。汉初名将均以为主要战功，说明此次沿洛阳南阳间道路发动的军事行动具有非同寻常的意义。

与行骸亀大道相比不过迟至一二日①，可见赵涉建议所行道路路况良好。

两汉之际，南阳地区经济地位升高，政治影响也愈益显著。反王莽起义即肇始于这一地区。王莽地皇四年（23）"遣大司空王邑驰传之雒阳，与司徒王寻发众郡兵百万，号曰'虎牙五威兵'，平定山东"，"邑至雒阳，州郡各选精兵，牧守自将，定会者四十二万人，余在道不绝，车甲士马之盛，自古出师未尝有也"。王邑王寻军欲由雒阳击宛，然而选择了经由颍川南下的路线。"六月，邑与司徒寻发雒阳，欲至宛，道出颍川，过昆阳。"昆阳之战后，王邑仅与数千人还雒阳，"关中闻之震恐，盗贼并起"（《汉书·王莽传下》）。

东汉时期，"河南帝城，多近臣，南阳帝乡，多近亲"（《后汉书·刘隆传》），两地间交通联系更为紧密。光武帝、明帝、章帝、和帝、安帝、桓帝皆曾"南巡狩"，汉安帝甚至于巡视南阳途中"崩于乘舆"。②据《后汉书·安帝纪》记述，安帝延光四年（125）三月"庚申，幸宛，帝不豫"，"乙丑，自宛还，丁卯，幸叶，帝崩于乘舆"，"庚午，还宫"。自叶至洛阳，行程仅 2～3 日③，足见河南南阳之间交通条件之完备。

---

① 颜师古注："谓右去行迟止一二日也。"

② 《后汉书·光武帝纪下》：建武九年（33）"夏六月丙戌，幸緱氏，登轘辕"；十七年（41）"夏四月乙卯，南巡狩"，"进幸叶、章陵"；十九年（43）"秋九月，南巡狩，壬申，幸南阳"。《明帝纪》：永平十年（67）"闰八月甲午，南巡狩，幸南阳，祠章陵，日北至，又祠旧宅"。《章帝纪》：元和元年（84）八月"丁酉，南巡狩，诏所经道上，郡县无得设储跱，命司空自将徒支柱桥梁"；章和元年（87）"八月癸酉，南巡狩"。《和帝纪》：永元十五年（103）"九月壬午，南巡狩"，"冬十月戊申，幸章陵，祠旧宅"，"戊午，进幸云梦，临汉水而还，十一月甲申，车驾还宫"。《安帝纪》：延光四年（125）二月"甲辰，南巡狩"，三月"庚申，幸宛，帝不豫"，辛酉，"祠章陵园庙"，"乙丑，自宛还，丁卯，幸叶，帝崩于乘舆"，"庚午，还宫"。《桓帝纪》：延熹七年（164）"冬十月壬寅，南巡狩，庚申，幸章陵，祠旧宅"，"戊辰，幸云梦，临汉水，还，幸新野"，"十二月辛丑，车驾还宫"。

③ 以现今公路营运里程计，汉叶县故址距洛阳超过 220 公里。

《后汉书·崔骃传》说，"元和中，肃宗始修古礼，巡狩方岳。（崔）骃上《四巡颂》以称汉德，辞甚典美"。《初学记》卷一三引崔骃《东巡颂》："升九龙之华旗，巡翠霓之旌旄，三军霆激，羽骑火列，天动雷震，隐隐辚辚。"又班固《东巡颂》也以所谓"翻六龙，较五辂"，"备天官之列卫，盛舆服而东巡"① 形容乘舆队列规模之雄壮。声势如此浩大的车骑队伍东进以行岱岳之礼，反映出河南东向道路的通行能力。

河南交通形势有控引四方的条件，即所谓"茫茫天区，画冀为京，商邑翼翼，四方是营"，"诸夏劲强，是从是横"（《艺文类聚》卷六引崔骃《河南尹箴》）。"四方是营"，《太平御览》卷二五二引文作"四方是经"②。"四方是经"与"是从（纵）是横"，正体现出当时这一地区成为全国交通中心的地位。《史记·货殖列传》说，"昔唐人都河东，殷人都河内，周人都河南。夫三河在天下之中，若鼎足，王者所更居也，建国各数百千岁"，"都国诸侯所聚会"。东汉帝王频繁"四巡"的壮举，也正是以这种交通优势为条件的。

三　梁楚地区交通

秦汉时期重要的东西交通线与南北交通线，在梁楚地区形成又一对于全国交通布局有特殊意义的交通枢纽。

两汉梁国在今河南商丘一带，西汉楚国、东汉彭城国在今江苏徐州一带，时称"梁楚之地""梁楚之间"③。梁楚，形成具有共同地域

---

① 《艺文类聚》卷三九引班固《东巡颂》。《蔡中郎集》卷二则作蔡邕《东巡颂》。

② 《太平御览》卷二五二引作"杨雄《河南尹箴》"。西汉无河南尹建制，"杨雄"当为"崔骃"之误。

③ 《史记·河渠书》："自河决瓠子后二十余岁，岁因以数不登，而梁楚之地尤甚。"卒塞瓠子，"而梁楚之地复宁"。《平准书》："先是往十余岁河决观，梁楚之地固已数困。"《汲郑列传》：郑庄"声闻梁楚之间"。《季布栾布列传》："足下何以得此声于梁楚间哉？"

特色的文化区。陈胜起事，初即"举梁楚而西"（《史记·张耳陈馀列传》）。司马迁自述其行踪，说到"南游江淮"，"浮于沅湘，北涉汶泗，讲业齐鲁之都"，而终于"过梁楚以归"（《史记·太史公自序》）。《史记·货殖列传》论各地区经济联系，也有"洛阳东贾齐鲁，南贾梁楚"的说法。

梁楚地区西有号称"天下之冲，四通八达之郊"的陈留（《史记·郦生陆贾列传》）以及所谓"淮阳天下交，劲兵处"的陈地（《史记·魏其武安侯列传》），南有"受南北湖皮革、鲍、木输会"之寿春，合肥（《汉书·地理志下》），北则有"陶，天下之中，诸侯四通"（《史记·货殖列传》）以及集聚"彼齐诸儒"的文化中心鲁都曲阜（《太平御览》卷一五六引刘桢《鲁都赋》），东则与贯通南北的交通要道并海道交临。

楚汉战争期间，彭越"定梁地"，"击楚，绝其后粮于梁地"，控制了项羽根据地与中原主战场之间的粮路[1]，不断削弱楚军的实力，形成"席卷千里，南面称孤，喋血乘胜"之势，最终"引兵会垓下，遂破楚"（《史记·魏豹彭越列传》）。在楚汉成皋会战期间，彭越"下梁地，绝楚粮"，致使项羽不得不亲自率部回师东定梁地，"乃东，行击陈留、外黄"。彭越占据梁地这一东西交通要冲，导致楚汉双方军力对比形成"是时汉兵盛食多，项王兵罢食绝"的形势（《史记·项羽本纪》）。正如劳榦所指出的，汉代"天下之道集于京师"，"而京师之东则关东道路咸集于洛阳"，"然此特就国家行政之道路而言耳。以当时货殖之道路而言，则此犹未尽也。当时天下之财富在关东，关东之财富凑于齐、梁，而道路之中枢，实在梁国"[2]。梁地特殊

---

① 《史记·魏豹彭越列传》记载："汉五年秋，项王之南走阳夏，彭越复下昌邑旁二十余城，得谷十余万斛，以给汉王食。"

② 劳榦：《论汉代之陆运与水运》，"中央研究院"《历史语言研究所集刊》第 16 本，收入《劳榦学术论文集甲编》，艺文印书馆，1976。

的交通条件，促成了"关东之财富"的集中，而相应的文化优势，也曾经在汉初形成。①

《史记·绛侯周勃世家》记述，汉景帝三年（前154），吴楚反，周亚夫为太尉，东击吴楚，行前请示军计："楚兵剽轻，难与争锋。愿以梁委之，绝其粮道，乃可制。"得到景帝认可。战事果然如周亚夫计谋：

> 太尉既会兵荥阳，吴方攻梁，梁急，请救。太尉引兵东北走昌邑，深壁而守。梁日使使请太尉，大尉守便宜，不肯往。梁上书言景帝，景帝使使诏救梁。太尉不奉诏，坚壁不出，而使轻骑兵弓高侯等绝吴楚兵后食道。吴兵乏粮，饥，数欲挑战，终不出……吴兵既饿，乃引而去。太尉出精兵追击，大破之。

所谓"绝其粮道"，"绝吴楚兵后食道"，即控制了经由梁地的南北交通干线，主要是南线交通。而驻兵梁国东北之昌邑，亦有利于切断梁、楚之间的交通联系。

楚国以彭城为中心。"彭城，古彭祖国。"（《汉书·地理志下》）楚怀王心曾于彭城执行秦末起义联军名义上的领袖的职能。项羽灭秦后自立为西楚霸王，以彭城为都。② 彭城不仅因地当交通四方之要冲，其战略位置历来受到重视③，东汉初，楚王刘英据此"交通宾客"，"大交通方士"，还使这里成为佛教在中国早期传布的中心之一（《后

---

① 王子今：《两汉时期"梁宋"地区的商路》，《河南科技大学学报》（社会科学版）2004 年第 4 期；《汉初梁国的文化风景》，《光明日报》2008 年 1 月 13 日。
② 《史记·高祖本纪》记载，刘邦历数项羽十条罪状，即包括"项羽出逐义帝彭城，自都之"。
③ 参看王子今《论西楚霸王项羽"都彭城"》，《湖湘论坛》2010 年第 5 期。

汉书·光武十王列传·楚王刘英》)①。彭城地区的交通条件和交通能力多次经受战乱的考验。东汉末年董卓之乱后，又有"李傕、郭汜作乱关中，是时四方断绝"，而徐州刺史陶谦则"每遣使间行，奉贡西京"（《后汉书·陶谦传》）。《三国志·吴书·刘繇传》记述，丹杨人笮融"往依徐州牧陶谦，谦使督广陵、彭城运漕，遂放纵擅杀，坐断三郡委输以自人"，后"曹公攻陶谦，徐土骚动，融将男女万口，马三千匹，走广陵"。通过这一记载，能够了解彭城南路与广陵郡之间的交通条件。

战国列强纷争时，张仪与魏王论魏地形势的见解，可以帮助我们认识秦汉时期梁楚地区的交通地位。《史记·张仪列传》：

> 魏地方不至千里，卒不过三十万，地四平，诸侯四通辐凑，无名山大川之限。从郑至梁二百余里，车驰人走，不待力而至。梁南与楚境，西与韩境，北与赵境，东与齐境，卒戍四方，守亭鄣者不下十万。梁之地势，固战场也。梁南与楚而不与齐，则齐攻其东；东与齐而不与赵，则赵攻其北；不合于韩，则韩攻其西；不亲于楚，则楚攻其南。此所谓四分五裂之道也。

---

① 《后汉书·光武十王列传·楚王刘英》："（刘）英少时好游侠，交通宾客，晚节更喜黄老，学为浮屠斋戒祭祀。八年，诏令天下死罪皆入缣赎。英遣郎中令奉黄缣白纨三十匹诣国相曰：'托在蕃辅，过恶累积，欢喜大恩，奉送缣帛，以赎愆罪。'国相以闻，诏报曰：'楚王诵黄老之微言，尚浮屠之仁祠，絜斋三月，与神为誓，何嫌何疑，当有悔吝？其还赎，以助伊蒲塞桑门之盛馔。'因以班示诸国中傅。英后遂大交通方士，作金龟玉鹤，刻文字以为符瑞。"《三国志·吴书·刘繇传》：笮融"往依徐州牧陶谦，谦使督广陵、彭城运漕"，"乃大起浮图祠，以铜为人，黄金涂身，衣以锦采，垂铜槃九重，下为重楼阁道，可容三千余人，悉课读佛经，令界内及旁郡人有好佛者听受道，复其他役以招致之，由此远近前后至者五千余人户。每浴佛，多设酒饭，布席于路，经数十里，民人来观及就食且万人，费以巨亿计"。交通条件的便利，使得徐土得以较早接受并普及佛法，所谓"大交通方士"，所谓"招致""旁郡人有好佛者听受道"，都反映了这一情形。有的学者认为，连云港孔望山佛教造像，就与这一地区的宗教信仰环境有关。参看连云港市博物馆《连云港市孔望山摩崖造像调查报告》，俞伟超、信立祥《孔望山摩崖造像的年代考察》，阎文儒《孔望山佛教造像的题材》，《文物》1981年第7期；步连生《孔望山东汉摩崖佛教造像初辨》，李洪甫《孔望山造像中部分题材的考订》，《文物》1982年第9期。

然而这一地区又因其交通条件具有不容忽视的战略意义。"梁不北则从道绝",梁的态度最后决定"合纵"战略能否实现。

秦汉时期,梁楚近围即所谓"梁楚之郊"[①]的交通建设也有突出的进步。《史记·梁孝王世家》说梁孝王经营这一地方形成的权威,"广睢阳城七十里,大治宫室,为复道,自宫连属于平台三十余里。得赐天子旌旗,出从千乘万骑。东西驰猎,拟于天子。出言跸,入言警。"以交通条件为基础,梁孝王还力图使其统治区域成为山东经济文化中心,"梁多作兵器弩弓矛数十万,而府库金钱且百巨万,珠玉宝器多于京师"[②],又"招延四方豪桀,自山以东游说之士,莫不毕至"。

据有的学者统计,居延、敦煌汉简中简文可见戍卒原籍郡县者除河西地区以外,共395例,其中大致属于梁楚地区的昌邑国、梁国及淮阳、济阴、山阳、陈留、沛郡共88例[③],占22.3%。居延出土汉简中可见出现"车父"字样的简文。"车父"是以私车从事转输服事军役者。居延"车父"简标明"车父"原籍郡县者共16例,属梁楚地区的梁国、淮阳郡、山阳郡者3例,占18.8%。[④] 这样的资料固然难以全面准确地反映当时各地区兵役及转输劳役的征发情况,但仍然可以大致说明,距离河西地区最为遥远的梁楚地区,以其交通能力之强大,承担着相当繁重的对西北边地的人员及物资的转输任务。可是我们通过《九章算术·均输》中提供的资料可以知道,汉代制度规定,

---

① 《史记·吴王濞列传》记载,吴楚七国之乱时,吴少将桓将军建议吴王濞"所过城邑不下,直弃去,疾西据雒阳武库,食敖仓粟,阻山河之险以令诸侯",警告说:"即大王徐行,留下城邑,汉军车骑至,驰入梁楚之郊,事败矣。"

② 《乐府诗集》卷二八《相和歌辞三·乌生》有"唶!我秦氏家有游遨荡子,工用睢阳强,苏合弹"句,陈直《史记新证》以为"梁都睢阳,其地出强弓"之证。(天津人民出版社,1979,第114页)

③ 据何双全《〈汉简·乡里志〉及其研究》,《秦汉简牍论文集》,甘肃人民出版社,1989,第145~235页。

④ 王子今:《关于居延"车父"简》,《简帛研究》第2辑,法律出版社,1996。

所谓"均输粟"与"均输卒"的地方分配数额，一般是依距转输地点间的距离而递减的。①

"梁楚之间"交通建设的进步，还体现在这一地区在水路交通方面得先行之利的优势。陶濒于济水，又由于菏水的开凿成功，具备了繁荣的条件。《史记·河渠书》说到战国时期的鸿沟工程："荥阳下引河东南为鸿沟，以通宋、郑、陈、蔡、曹、卫，与济、汝、淮、泗会。"于是黄淮之间形成了一个水路交通网。陶处于这一交通网之中，因而得到"天下之中"的称号（《史记·货殖列传》）。梁楚地区尽为这一水路交通网所笼括。正如史念海所指出的，"荥阳引河开凿鸿沟后，河、济、淮、泗之间水道纵横，新的经济都会自然会接踵而起。获水、睢水之间的睢阳和获水与泗水交会之处的彭城都因交通的发达，得到了繁荣的机会"②。鸿沟，西汉称"狼汤渠"③。狼汤渠的作用，后来又为"汴渠"替代。汴渠即汳水，原是济水东南入泗的支流，浚通后，西北承河水，东南通泗水，成为漕运主要水道，也是横贯梁楚地区的交通命脉。《汉书·地理志》在陈留郡、山阳郡、济阴郡、沛郡、东海郡、淮阳国、梁国条下记述鲁渠水、濮渠水、睢水、包水、泗水、夏肥水、祠水、涡水、获水起止流向，并大多明确其里程④，亦反映梁楚地区交通结构中水路交通的重要作用。

① 参看《九章算术·均输》中关于"均输粟""均输卒""均赋粟"的算题。
② 史念海：《释〈史记·货殖列传〉所说的"陶为天下之中"兼论战国时代的经济都会》，《河山集》，三联书店，1963，第122页。
③ 《汉书·地理志上》：河南郡荥阳，"有狼汤渠，首受沛，东南至陈入颍，过郡四，行七百八十里"。
④ 《汉书·地理志上》：陈留郡，陈留，"鲁渠水首受狼汤渠，东至阳夏，入涡渠"。封丘，"濮渠水首受沛，东北至都关，入羊里水，过郡三，行六百三十里"。浚仪，"睢水首受狼汤水，东至取虑入泗，过郡四，行千三百六十里"。山阳郡，平乐，"包水东北至沛入泗"。济阴陵，乘氏，"泗水东南至睢陵入淮，过郡六，行千一百一十里"。沛郡，城父，"夏肥水东南至下蔡入淮，过郡二，行六百二十里"。东海郡，容丘，"祠水东南至下邳入泗"。《地理志下》：淮阳国，扶沟，"涡水首受狼汤渠，东至向入淮，过郡三，行千里"。梁国，蒙，"获水首受甾获渠，东北至彭城入泗，过郡五，行五百五十里"。

四　巴蜀地区交通

巴蜀地区以其别具一格的交通条件，形成了独特的区域文化风貌。

《史记·货殖列传》说，关中"南则巴蜀。巴蜀亦沃野，地饶卮、姜、丹沙、石、铜、铁、竹、木之器。南御滇僰，僰僮。西近邛笮，笮马、旄牛。然四塞，栈道千里，无所不通，唯褒斜绾毂其口，以所多易所鲜"。先秦典籍已可见有关巴蜀交通的记述。《禹贡》："华阳黑水惟梁州，岷嶓既艺，沱灊既道，蔡蒙旅平，和夷底绩。"秦岭巴山栈道，战国时期已经开通。《史记·范雎蔡泽列传》："栈道千里，通于蜀汉。"长江航运的早期开发，也实现了巴蜀东与江汉平原的联系①。秦汉时期，克服巴蜀地区与其他文化先进地区之间地理阻障的交通建设始终受到重视。汉元年（前206）四月，刘邦率众"从杜南入蚀中，去辄烧绝栈道，以备诸侯盗兵袭之，亦示项羽无东意"，八月，即"从故道还"（《史记·高祖本纪》）。汉武帝时，曾"发数万人作褒斜道五百余里"（《史记·沟洫志》）。王莽专政，又"通子午道"（《汉书·王莽传上》）。据《金石萃编》卷五《开通褒斜道石刻》，"永平六年，汉中郡以诏书受广汉、蜀郡、巴郡徒二千六百九十人，开通褒余道"。汉安帝延光四年（125）十一月乙亥，"诏益州刺史罢子午道，通褒斜路"（《后汉书·顺帝纪》）。《隶释》卷四《司隶校尉杨君孟文石门颂》：

---

① 《战国策·燕策二》："蜀地之甲，轻舟浮于汶，乘夏水而下江，五日而至郢。"（又见《史记·苏秦列传》）《楚策一》："秦西有巴蜀，方船积粟，起于汶山，循江而下，至郢三千余里。舫船载卒，一舫载五十人，与三月之粮，下水而浮，一日行三百余里，里数虽多，不费马汗之劳，不至十日而距扞关。""马汗之劳"，《史记·张仪列传》作"牛马之力"。《华阳国志·蜀志》："汉祖自汉中出三秦伐楚，萧何发蜀、汉米万船而给助军粮。"

> 高祖受命，兴于汉中，道由子午，出散入秦，建定帝位，以
> 汉讳焉。后以子午，塗路庄难，更随围谷，复通堂光。凡此四
> 道，垓鬲尤艰。

秦汉时期，越秦岭南下入蜀汉至少有 4 条主要道路相继开通，有的历经修治使通行能力得以增强，然而与其他各地区之间的交通联系相比，依然"塗路庄难"，"垓鬲尤艰"。长江水道航运在秦汉时期又有新的发展①，又"缘山截岭"通"步道"（《三国志·蜀书·先主传》），形成"水陆俱进"（《三国志·吴书·陆逊传》）之路，不过巫山江峡险阻，依然是导致巴蜀文化相对隔闭的交通条件。

李学勤曾将东周时代列国划分为 7 个文化圈。其中"西南的今四川省有巴、蜀两国，加以今云南省的滇以及西南其他部族，是巴蜀滇文化圈。它一方面与楚文化相互影响，向北方又与秦沟通"。"巴、蜀作为诸侯国灭亡之后，文化特点仍然延续存在一个较长时期，直到秦代，其独特的风格尚有部分保存。"② 由于交通的不便，巴蜀文化风格之独特，实际上直到两汉时期仍受到当时学者的重视。《汉书·地理志下》："景、武间，文翁为蜀守，教民读书法令，未能笃信道德，反以好文刺讥，贵慕权势。"即体现文化统一之艰难。

《隶释》卷一《益州太守高联修周公礼殿记》记"汉初平五年仓龙甲戌旻天季月修旧筑周公礼殿"事，洪适指出："献帝初平五年正月朔已改元兴平矣，此碑书九月事尚用'初平'者，天下方乱，道路

---

① 《史记·郦生陆贾列传》：郦食其说齐王，以刘邦军势相威迫，说道："诸侯之兵四面而至，蜀汉之粟方船而下。"汉武帝元鼎二年（前 115），江南水灾，中央政府曾利用江航之便组织赈灾，"下巴蜀之粟致之江陵"（《汉书·武帝纪》）。东汉光武帝建武十一年（35）岑彭攻公孙述，汉献帝建安十六年（211）刘备入益州，蜀昭武帝章武二年（222）刘备伐吴，都利用巴楚长江航路。《隶释》卷五《巴郡太守张纳碑》："赋出梁益，频年□□，杼柚其空，溯流转漕，谷恒输沮。"也反映巴郡上下航道的作用。

② 李学勤：《东周与秦代文明》，文物出版社，1984，第 12、161 页。

拥隔，置邮到蜀稽晚也。"蜀道交通条件之险恶，使得改元八九月后消息尚未得通达。相同例证又有《隶续》卷三《建平郫县碑》："建平五年六月郫五官掾范功平史石工毂徒要本长廿五丈贾二万五千。"洪适说："建平者，哀帝之纪年，其五年已改为元寿矣，此云'建平五年六月'者，与《周公礼殿碑》相类，殆蜀道未知改元尔。"

图 9-1　汉建平郫县石刻

　　巴蜀地区外向交通有地理条件的严重阻障，然而这一地区交通建设的成就却相当显著。

　　汉代石刻中多见有关巴蜀地区交通建设的资料。如《隶释》卷四《广汉长王君治石路碑》：

　　　表
　　惟右部官国之珍宝冲路危险侠石磐岩□道人马□行为民隆害历世弥久靡有留心长广汉
　　王君建和二年冬任掾杨□攻治破坏又从涂口縣平□□□井间道至别盐得去危就安功夫九百余日成就通达永传亿岁无穷记

《隶释》卷一五《蜀郡属国辛通达李仲曾造桥碑》记载"造此笮桥，□之□基，改奢就俭，莫不安之"的事迹。"阁道"即栈道是汉代山地交通的基本设施。《隶释》卷四《蜀郡太守何君阁道碑》和《隶释》卷一六《刘让阁道题字》，都是记录"阁道"工程的文字。前者有"将徒治道，造尊楗阁，袤五十五丈，用功千一百九十八日，建武中元二年六月就"的内容。此外，还有关于"阁道"维修改建的资料。如《隶续》卷一五《汉安长陈君阁道碑》说，"此道本有根阁二百余丈□□□，穿陷坏绝，车马僵顿，常以农时发民□治，岁岁造费直卅余万，君躬自案行，以眇思省去根阁，令就土著，长无劳费，为万世基，百姓行人骧悦歌咏"。其辞曰："惟此故道，险阻危难，根阁陀□，临江缘山，秋雨水潦，□□陷穿，车马僵顿，修隧陨颠，行旅创苦，发赋加民，乃至于今。遭我陈君，舍道施德"，"又省此阁，就乎平便，民无经赋，行人离患"①。看来，地方交通建设多由政府组织，以"发赋加民"形式筹集财力。《华阳国志·蜀志》记叙李严主持的交通工程，"郡去成都百五十里，渡大江。昔人作大桥曰汉安桥，广一里半，每秋夏水盛，断绝，岁岁修理，百姓苦之。建安二十一年，太守南阳李严乃凿天社山，寻江通车道，省桥，梁三津，吏民悦之"。

成都是西汉时期民户仅次于长安的都市。据《汉书·地理志上》，长安户80800，成都户76256，成都户数占蜀郡全郡的28.4%。成都有官营制车机构所在"车官城"，"工商致结驷连骑"，"归女有百两之从车"（《华阳国志·蜀志》），"富实"之家"皆鲜车怒马"（《后汉书·第五伦传》），"其郡四出大道，道实二十里，有衢"（《华阳国志·蜀志》）。其交通条件之便利发达，不让中原都市。

---

① 洪适指出："'根'字未见所出，所谓'根阁'者，犹李翕'郙阁'，何君尊'楗阁'之比。"

图 9 - 2　荥经何君阁道石刻

　　巴蜀地区具备开发水运的地理条件。所谓"浮水转漕之便"，被地方割据者看作"用天因地，成功之资"（《后汉书·公孙述传》）。《史记·河渠书》记述，"蜀守（李）冰凿离碓，辟沫水之害，穿二江成都之中。此渠皆可行舟，有余则用溉，百姓飨其利"。《华阳国志·蜀志》："时青衣有沫水出蒙山下，伏行地中，会江南安，触山胁溷崖，水脉漂疾，破害舟船，历代患之。（李）冰发卒凿平溷崖，通正水道。"穿渠首先为求"行舟"之利，"有馀"方用于灌溉，这种交通重于农耕的工程指导思想，应当得到肯定的评价。

　　《汉书·地理志上》记录巴蜀地区广汉郡、蜀郡、犍为郡、巴郡四郡计 22 条水道①，其中驰水、白水、涪水、仆千水、湔水、若水、江水、渑水、大涉水又明确记载流经郡数及水道里程，如广汉郡刚氐道，"涪水出徼外，南至垫江入汉，过郡二，行千六十九里"；蜀郡绵虒，"湔水所出，东南至江阳入江，过郡三，行千八百九十里"。这些

---

　　①　即驰水、雒水、緜水、白水、涪水、江沱、仆千水、大渡水、鄨水、邛水、湔水、鲜水、若水、江水、渑水、温水、符黑水、大涉水、汉水、容毋水、潜水、不曹水。

水道，当"皆可行舟"，大多都有"浮水转漕之便"。

秦汉时期，又曾组织开通巴蜀通西南诸道的工程。"秦时常頞略通五尺道"（《史记·西南夷列传》），以联系巴蜀与滇池地方。汉武帝元光五年（前130）"夏，发巴蜀治南夷道"（《汉书·武帝纪》）。《史记·西南夷列传》记述，唐蒙策划借"夜郎所有精兵"，"浮船牂柯江"以"制越"，建议"通夜郎道"，武帝许之，于是"从巴蜀筰关入"，为犍为郡，"发巴蜀卒治道，自僰道指牂柯江"。而"蜀人司马相如亦言西夷邛、筰可置郡"，于是"使相如以郎中将往喻，皆如南夷"。后汉武帝又令王然于、柏始昌、吕越人等"使间出西夷西""至滇"，滇王乃留，"为求道西十余辈"。是西夷西又有转向市夷的道路。[①] 汉武帝时，通西南夷道是使巴蜀疲敝且进而牵动全国的重大工程：

> 当是时，巴蜀四郡通西南夷道，戍转相饷。数岁，道不通，士罢饿离湿，死者甚众。西南夷又数反，发兵兴击，耗费无功。上患之，使公孙弘往视问焉。还对，言其不便。及弘为御史大夫，是时方筑朔方以据河逐胡，弘因数言西南夷害，可且罢，专力事匈奴。上罢西夷，独置南夷夜郎两县一都尉，稍令犍为自葆就。

关于通西南夷道对全国经济大局的影响，《史记·平准书》记述道："唐蒙、司马相如开路西南夷，凿山通道千余里，以广巴蜀，巴蜀之民罢焉。""汉通西南夷道，作者数万人，千里负担馈粮，率十余锺致一石，散币于邛僰以集之。数岁道不通，蛮夷因以数攻，吏发兵诛之。悉巴蜀租赋不足以更之，乃募豪民田南夷，入粟县官，而内受钱

---

① 《史记·西南夷列传》"西夷西"，《汉书·西南夷传》作"西南夷"。开通此道的直接原因，是张骞云居大夏时见蜀布、邛竹杖，据说"从东南身毒国，可数千里，得蜀贾人市"，于是寻求"通蜀身毒国道"。

于都内。"《史记·司马相如列传》也说，"唐蒙已略通夜郎，因通西南夷道，发巴、蜀、广汉卒，作者数万人，治道二岁，道不成，士卒多物故，费以巨万计，蜀民及汉用事者多言其不便"。

尽管当时社会付出了"巴蜀之民罢焉"，甚至"士罢饿离湿死者甚众"，"士卒多物故"的沉重代价，然而却成就了使汉文化向西南边地推广的千秋功业。中原先进文明得以通过巴蜀之地流布到云贵地区。而外来文化因素，也因此得到了影响中原的机会。[①]

云南晋宁石寨山 6 号墓出土的金质蛇纽"滇王之印"[②]，是所谓"夜郎、滇受王印"（《史记·西南夷列传》）的物证。关于"西南夷道"的具体路段，史籍可见"零关道"或"灵山道"以及"旄牛道"的记载。[③]宋代已经见于著录的《蜀郡太守何君阁道碑》[④]，后来再次埋没，幸于 2004 年又重新发现。[⑤] 其文字写道：

蜀郡大守平陵何君
遣掾临邛舒鲔将
徒治道，造尊楗

---

① 参看王子今《海西幻人来路考》，《秦汉史论丛》第 8 辑，云南大学出版社，2001，《中西初识二编》，大象出版社，2002。

② 云南省博物馆：《云南晋宁石寨山古墓群发掘报告》，文物出版社，1959。

③ 《史记·司马相如列传》："司马长卿便略定西夷，邛、筰、冄、駹、斯榆之君皆请为内臣。除边关，关益斥，西至沫、若水，南至牂柯为徼，通零关道，桥孙水，以通邛都。还报天子，天子大说。""零关道"，《汉书·司马相如传下》作"灵山道"。司马相如亦自称"关沫、若，徼牂柯，镂灵山，梁孙原"。《三国志·蜀书·张嶷传》：张嶷为越巂太守，"郡有旧道，经旄牛中至成都，既平且近。自旄牛绝道，已百余年，更由安上，既险且远。嶷遣左右赍货币惠（狼）路，重令路姑喻意，路乃率兄弟妻子悉诣嶷，嶷与盟誓，开通旧道，千里肃清，复古亭驿"。绝断"已百余年"的"旧道"及"古亭驿"，大约即西汉时初建。

④ 《蜀郡太守何君阁道碑》列于《隶释》卷四的第一篇，附题"光武中元二年"。宋代学者娄机《汉隶字源》卷一"何君阁道碑"写道："建武中元二年立，在雅州。《墨宝》云：见于荣经县，以适冄筰之路也。出于绍兴辛未。"如果"出于绍兴辛未"即绍兴二十一年的说法确实，则时在公元 1151 年。

⑤ 李国康：《"蜀郡太守何君阁道碑"现身荥经》，《四川日报》2004 年 3 月 24 日；魏启鹏：《跋〈何君阁道铭〉再发现》，《四川文物》2004 年第 6 期。

阁，衰五十五丈，用

功千一百九十八日。

建武中元二年六月就

道。史任云陈春主。

宋人著《汉隶字源》说《蜀郡太守何君阁道碑》"在雅州"。《墨宝》则说"见于荥经县，以适邛莋之路也"。明代学者赵均《金石林时地考》卷下关于《蜀郡太守何君阁道碑》，谓在"邛僰道中"。显然，荥经何君阁道石刻，可以看作汉代西南夷道路建设的文字见证。①

《隶续》卷一一《南安长王君平乡道碑》说到"北与武阳，西与蜀郡青衣、越嶲通界"的"平乡明高大道"，原本"□危难，经随□险，登高望天，车马不通"，经修治后，则"□格通达，平直广大"，"车马驰驱，无所畏难"，成就了"去危就安，万世无患"之功。《华阳国志·南中志》说，汉武帝时还曾通博南，渡兰沧：

　　　　孝武时通博南山，度兰沧水、溪，置嶲唐、不韦二县。徙南越相吕嘉子孙宗族实之，因名不韦，以彰其先人恶。行人歌之曰："汉德广，开不宾。渡博南，越兰津。渡兰沧，为他人。"渡兰沧水以取哀牢地，哀牢转衰。②

嶲唐、不韦在今云南永平、保山一带。可见"汉德广，开不宾"，已真正到达西南边荒地区。所谓"徙南越相吕嘉子孙宗族实之"，暗示当地与南越间的交通路线也已经形成。

---

　　① 王子今：《荥经何君阁道石刻再发现的意义》，《中国古代文明研究与学术史：李学勤教授伉俪七十寿庆纪念文集》，河北大学出版社，2006，第274~280页。

　　② 《水经注·若水》："汉武帝时通博南山道，渡兰仓津，土地绝远，行者苦之。歌曰：'汉德广，开不宾，渡博南，越仓津，渡兰仓，为作人。'"

《华阳国志·蜀志》还记录了这样一个故事：

> 武帝初欲开南中，令蜀通僰、青衣道。是元年，僰道令通
> 之，费功无成，百姓愁怨，司马相如讽谕之。使者唐蒙将南入，
> 以道不通，执令。将斩之，令叹曰："忝官益土，恨不见成都
> 市！"蒙即令送成都市而杀之。蒙乃斩石通阁道。故世为谚曰：
> "思都邮，斩令头"云。后蒙为都尉，治南夷道。

治道"以道不通"论罪而"恨不见成都市"的嗟叹，说明成都当时
是巴蜀滇交通系统的中心。

应当指出，虽然成都多有巨富，京师"往来巴蜀"者，可"数年
间致千余万"①，但是其贾贸流向，依然偏于北方和东方，"西夷"与
"南夷"方向，仍长期是巴蜀交通结构之薄弱所在。巴蜀西方南方交通
活动的内容，仍以维系当地部族联盟同汉王朝中央政府的微弱联系以及
"贾滇、僰僮"（《汉书·地理志下》）一类有限的奴隶贸易为主。

五　滨海文化区与并海交通

秦汉时期，经济较为发达的滨海地区表现出大略相近的文化倾
向。其文化特征形成的交通条件，是以并海道为主干的交通体系。

战国时期与秦国霸权有较强对抗力量的国家，正是临海的楚、
齐、燕三国。旅大、营口、鞍山、辽阳、锦州、沧县、平度、招远、
海阳、即墨、胶县、日照、莒县、莒南等地曾集中出土战国货币，说

---

① 《汉书·货殖传》："至成、哀间，成都罗裒訾至钜万。初，裒贾京师，随身数十百
万，为平陵石氏持钱。其人彊力。石氏訾次如、苴，亲信，厚资遣之，令往来巴蜀，数年间
致千余万。"《文选》卷四左思《蜀都赋》描述成都商业之繁盛："市廛所会，万商之渊，列
隧百重，罗肆巨千，贿货山积，纤丽星繁。都人士女，袨服靓妆，贾贸墆鬻，舛错纵横，异
物崛诡，奇于八方。"

明当时滨海地区已经成为商业比较活跃的先进经济区。在很早就因
"便鱼盐之利"(《史记·齐太公世家》)得富强之资的齐国,"东有琅
邪、即墨之饶","北有勃海之利"(《史记·高祖本纪》),显然以所
谓"鱼盐之海"(《史记·苏秦列传》)为资源之优势。① 而吴地"自
阖庐、春申、王濞三人招致天下之喜游子弟",也有"东有海盐之饶"
(《史记·货殖列传》)的经济背景。

　　滨海文化区以西汉行政区划计,有辽东、辽西、右北平、渔阳、
广阳、勃海、平原、千乘、齐、北海、东莱、胶东、琅邪、东海、临
淮、广陵、丹阳、会稽 18 郡国,占《汉书·地理志》所载"迄于孝
平,凡郡国一百三"的 17.4%,民户则占全国总数的 20.78% ～
20.88%,人口占全国总数的 18.45% ～19.33%。② 战国、秦及西汉前
期,这一地区的户口数与全同总数的比率可能更高。③

　　滨海地区经济之富足,使得秦汉中央政府往往采取抑遏政策以
保证政治中枢所在地区据有经济领先的地位,每当国家府库空乏时,
也首先想到以强制方式掠取这一地区的人力与财力。秦王朝"使天
下蜚刍挽粟,起于黄、腄、琅邪负海之郡,转输北河,率三十锺而
致一石"(《史记·平津侯主父列传》),"输将起海上而来,一钱之
赋耳,十钱之费,弗轻能致也,上之所得者甚少,而民毒苦之甚深"
(贾谊:《新书·属远》)。汉武帝时出兵朝鲜,"置沧海之郡,则燕
齐之间靡然发动",又通西南夷道,以致"悉巴蜀租赋不足以更
之",于是,"东至沧海之郡,人徒之费拟于南夷"(《史记·平准
书》)。

---

① 《史记·货殖列传》:齐太公"极技巧,通鱼盐,则人物归之,繦至而辐凑"。
② 《汉书·地理志》载全国户口总数与各郡国户口合计数字有出入,故有两种统计
结果。
③ 东汉行政区划滨海 17 郡国辖地大于西汉滨海 18 郡国。根据《续汉书·郡国志》提
供的顺帝时代的资料,这一地区的民户及人口分别占全国户口总数的 14.75% 和 16.61%,较
西汉时又为下降。

《汉书·终军传》记述，武帝"元鼎中，博士徐偃使行风俗，偃矫制，使胶东、鲁国鼓铸盐铁"。御史大夫张汤劾偃矫制大害，以为应依法处死。徐偃自作辩解，"以为《春秋》之义，大夫出疆，有可以安社稷，存万民，颛之可也"。张汤以法劾责，然不能诎其义。终军则驳斥说，古者诸侯国异俗分，百里不通，所以有不受辞造命颛己之宜，今天下为一，万里同风，徐偃巡封域之中，怎么能称作"出疆"呢？"且盐铁，郡有馀臧"，"胶东南近琅邪，北接北海，鲁国西枕泰山，东有东海，受其盐铁。偃度四郡口数田地，率其用器食盐，不足以并给二郡邪？将势宜有馀，而吏不能也？何以言之？"徐偃于是"穷诎服罪"。看来，中央政府对滨海地区独立的经济实力颇多疑忌，切望削弱其"有馀""有馀臧"的资财基础。吴王刘濞据吴地，以"东有海盐之饶，章山之铜，三江、五湖之利"（《史记·货殖列传》）取得"实富于天子"的经济地位，当时人称："汉并二十四郡，十七诸侯，方输错出，运行数千里不绝于道，其珍怪不如东山之府。转粟西乡，陆行不绝，水行满河，不如海陵之仓。"（《汉书·枚乘传》）这种经济形势之对比终于导致威胁中央政权的大变乱，成为汉王朝统治者难以忘怀的历史教训。而"削藩"的战略，首先即收回沿海地方的控制权。[1]

尽管秦汉中央政府都长期以所谓"彊本弱末"（《史记·刘敬叔孙通列传》）、"彊干弱枝"（《汉书·地理志下》）的原则剥夺削弱滨海地区，这一地区的经济实力依然雄冠关东。田肯说刘邦语所谓"此东西秦也"（《史记·高祖本纪》），即肯定滨海地区与关中地区地位相当，成为全国经济一东一西遥相对应的两个重心地区。

滨海地区文化发展水平也居于先进地位。《汉书·地理志下》说，

---

① 王子今：《秦汉帝国执政集团的海洋意识与沿海区域控制》，《白沙历史地理学报》2007 年第 3 期。

齐地"至今其土多好经术，矜功名，舒缓阔达而足智"①，"汉兴以来，鲁、东海多至卿相"。西汉秩位二千石以上的高级官员出身东海郡者与出身鲁国者相并列，均多达 19 人，仅次于出身京兆尹者。②《汉书·儒林传》记西汉文士 212 人，籍贯可考者 191 人，滨海郡国共 60 人，占 31.41%。可见滨海地区文化方面的优势。最集中者有鲁国 31 人、琅邪 19 人、东海 17 人、齐郡 12 人。仅滨海琅邪、东海、齐郡 3 郡就达 48 人，占 25.13%。在狭长的滨海文化区中地域居中的这 3 郡，当时已成为全国的文化中心之一。

陈寅恪在题为《天师道与滨海地域之关系》的著名论文中曾经指出，汉时所谓"齐学"，"即滨海地域之学说也"。认为神仙学说之起源及其道术之传授，必然与滨海地域有关，自东汉顺帝起至北魏太武帝、刘宋文帝时代，凡天师道与政治社会有关者，如黄巾起义、孙恩作乱等，都可以"用滨海地域一贯之观念以为解释"，"凡信仰天师道者，其人家世或本身十分之九与滨海地域有关"③。可见滨海地区自成一具有独特风格的文化系统，是汉代起即已存在的显著的历史真实。

实际上自秦始皇时代起，滨海文化的神秘主义色彩就已经产生广泛的历史影响。《史记·封禅书》："始皇遂东游海上，行礼祠名山大川及八神。""八神：一曰天主，祠天齐。天齐渊水，居临菑南郊山下者。二曰地主，祠泰山梁父。""三曰兵主，祠蚩尤。蚩尤在东平陆监乡，齐之西境也。四曰阴主，祠三山。五曰阳主，祠之罘。六曰月主，祠之莱山。皆在齐北，并勃海。七曰日主，祠成山。成山斗入海，最居齐东北隅，以迎日出云。八曰四时主，祠琅邪。琅邪在齐东

---

① 王先谦《汉书补注》引苏舆曰："'土'疑'士'之讹。"
② 参看李泉《试论西汉高中级官吏籍贯分布》，《中国史研究》1991 年第 4 期。
③ 陈寅恪：《天师道与滨海地域之关系》，"中央研究院"《历史语言研究所集刊》第三本第四分册，又《金明馆丛稿初编》，上海古籍出版社，1980。

方，盖岁之所始。"所谓"八神"大多在滨海地区。秦始皇在滨海地区除祷祠山川日月之神，"临照于海""昭临朝阳"而外，又有入海求神仙奇药等活动。海上"三神山"传说及"鬼神之事"，体现出滨海文化的重要特色，"燕齐海上之方士传其术"。这种神秘主义意识形态，长期对上层政治集团表现出显著的影响。"自威、宣、燕昭使人入海求蓬莱、方丈、瀛洲。""及至秦始皇并天下，至海上，则方士言之不可胜数。始皇自以为至海上而恐不及矣，使人乃赍童男女入海求之。"他最后一次出巡，曾"登会稽，并海上，冀遇海中三神山之奇药，不得，还至沙丘崩"。汉武帝也曾经"求蓬莱安期生莫能得，而海上燕齐怪迂之方士多更来言神事矣"（《史记·封禅书》）。

《汉书·地理志》所记各地设祠的县凡38，其中滨海地区16县，占42.1%。滨海地区与关中地区同样，是神祠最为集中的地区。

以并海道为主干的贯通南北的交通体系，是滨海文化区形成的重要条件。

由有关帝王东巡路线的记载，可以认识秦汉并海道的走向和规模。

《史记·秦始皇本纪》记载，秦始皇统一天下后曾5次出巡，其中4次行至滨海地区，往往循并海道而行。秦二世东巡，也曾经行并海道，"到碣石，并海，南至会稽"，又"遂至辽东而还"①。《史记·封禅书》记载，汉武帝也曾经自泰山"并海上，北至碣石"。《汉书·武帝纪》也记述，元封元年（前110）"行自泰山，复东巡海上，至碣石"。元封五年（前106），由江淮"北至琅邪，并海，所过礼祠其名山大川"。可见，沿渤海、黄海、东海海滨贯通南北的并海道，

---

① 《史记·封禅书》："二世元年，东巡碣石，并海南，历泰山，至会稽，皆礼祠之，而刻勒始皇所立石书旁，以章始皇之功德。"可见亦行经之罘、琅邪等地。

其通行条件可以往复经行帝王乘舆。

秦始皇曾"上会稽","望于南海"。陆云《答车茂安书》：秦始皇"南巡狩，登稽岳，刻文石，身在鄮县三十余日"。推想并海道南端当在今浙江镇海一带。据《汉书·地理志上》，会稽郡有由拳县，谓"吴、越战地"。王先谦《汉书补注》引《吴记》："秦始皇恶其势王，令囚徒十余万人汙其土，表以汙恶名改曰'囚卷'，亦曰'由卷'也。"又有曲阿县。《汉书补注》引《太康地记》："曲阿本名云阳，秦时望气者云有王气，凿之以败其势，截其直道使之阿曲，故曰曲阿。"这些传说当有符合当时交通状况的根据。考察秦始皇在江东之行迹，可以大略了解并海道南段的走向。

秦始皇曾"从江乘渡，并海上"。《汉书·郊祀志》记载汉宣帝置江水祠事。王先谦《汉书补注》引应劭《地理风俗记》："岁三祭与五岳同。"据《汉书·地理志下》，祠在广陵国江都县。[①]《汉书·地理志上》：临淮郡海陵县"有江海会祠"。《汉书·武帝纪》元封五年（前106）诏："朕巡荆扬，辑江淮物，会大海气"，当即"北至琅邪，并海"经过此地时颁布。"会大海气"，颜师古注引郑氏曰："会合海神之气，并祭之。"颜师古又解释说："集江淮之神，会大海之气。"《汉书·枚乘传》说到吴王刘濞拥有"海陵之仓"，其交通条件，较中央政府"转粟四乡，陆行不绝，水行满河"还要优越。颜师古注引臣瓒曰："海陵，县名也。有吴大仓。"《续汉书·郡国志三》则说："（广陵郡）东阳故属临淮，有长洲泽，吴王濞太仓在此。"王先谦《汉书补注》据此以为东汉时海陵并入东阳。既设有规模宏大的仓储设施，自当有水路、陆路交会的交通条件。

江苏邗江胡场5号汉墓出土年代为西汉宣帝时期的木牍，正面有文字12行：

----

① 《续汉书·郡国志三》：广陵郡"江都，有江水祠"。

十一月二日道堂邑入

十日辛酉□□□道□来

十六日丁卯□□□□□高密来

十七日戊辰陈忠取敦于□狗□□来

廿八日己卯□□□剧马行

卅日辛巳□□□□行

十二月十三日甲午徐延年行陈忠取狗来

十五日丙申□□□□行

十六日丁酉青□随史行

廿日辛丑徐延年来

廿三日□□来

廿五日丙午行□实道堂邑来

图9-3 邗江胡场木牍

"高密"在今山东高密、安丘之间。"敦于",清理简报执笔者以为"即淳于县,在今山东安丘县东北"。① "剧马"当与所谓"剧骖"有关,《尔雅·释宫》:"七达谓之剧骖",郭璞注:"三道交复有一歧出者,今北海剧县有此道。"汉时剧县在今山东昌乐县西。"陈忠取狗来",疑当作"陈忠临朐来"②,临朐在今山东临朐,正与高密、淳于、剧县临近且大致呈弧线横列于琅邪以北。"堂邑"在今江苏六合西北。这一木牍

---

① 扬州博物馆、邗江县图书馆:《江苏邗江胡场五号汉墓》,《文物》1981年第11期。木牍文字释文又参看李均明、何双全编《散见简牍合辑》,文物出版社,1990,第101~102页。

② "取"字可能为"临"字缺笔误释;"狗"字疑为"朐"字俗写。

提供的资料，可以反映当时并海交通便利的实际状况。堂邑亦归于并海交通体系中。《隶释》卷九《堂邑令费凤碑》有"除广陵之郡，守东海□□"的文字，又《费凤别碑》亦可见反映当地交通的内容："道阻而且长，望远泪如雨，荚马循大路，褰裳而涉洧。"①

《三国志·蜀书·麋竺传》说，麋竺"东海朐人也，祖世货殖，僮客万人，赀产巨亿"，"先主转军广陵海西，竺于是进妹于先主为夫人，奴客二千，金银货币以助军资，于时困匮，赖此复振"。"转军"，王先谦《汉书补注》引作"转运"。秦始皇曾"立石东海上朐界中，以为秦东门"（《史记·秦始皇本纪》）。朐在今江苏连云港，以处于并海道上的便利，形成出现"世货殖"，"赀产巨亿"之富商的条件。

朐北上至赣榆、"琅邪"，道路平易。东汉初，"时琅邪未平"，以彊弩大将军陈俊为"琅邪"太守，"入界，盗贼皆解散，俊将兵击董宪于赣榆，进破朐贼孙阳，平之"，后张步叛，还"琅邪"，陈俊追讨斩之。光武帝于是诏俊得专征青、徐。陈俊曾上书自请，愿奋击陇、蜀，诏报曰："东州新平，大将军之功也。负海猾夏，盗贼之处，国家以为重忧，且勉镇抚之。"（《后汉书·陈俊传》）汉武帝天汉二年（前99），曾有"泰山、琅邪群盗徐勃敦等阻山攻城，道路不通"，武帝特"遣直指使者暴胜之等衣绣衣杖斧分部逐捕"（《汉书·武帝纪》）。暴胜之"逐捕盗贼，督课郡国，东至海"，后又"至勃海"（《汉书·隽不疑传》），其"逐捕"路线由"琅邪"而勃海，正是循并海道而行。《汉书·王莽传下》记载，天凤四年（17），"临淮瓜田仪等为盗贼，依阻会稽长州，琅邪女子吕母亦起"，"攻海曲县，杀其宰"。看来，"负海猾夏，盗贼之处，国家以为重忧"者，有并海交通便利的背景。

秦始皇二十八年（前219）东巡途中，曾"南登琅邪，大乐之，

① 参看王子今《胡场汉牍研究》，《考古文物研究：纪念西北大学考古专业成立40周年文集》，三秦出版社，1996。

留三月，乃徙黔首三万户琅邪台下，复十二岁"（《史记·秦始皇本纪》）。由琅邪至之罘的并海道路，秦始皇凡 3 次经行。汉武帝也曾经沿这一线路巡行。《汉书·武帝纪》：太始三年（前 94）二月，"幸琅邪，礼日成山，登之罘，浮大海"。太始四年（前 93）四月，"幸不其，祠神人于交门宫"。汉武帝元封二年（前 109）还曾经"祷万里沙"（《史记·封禅书》）。"万里沙"地当东莱郡曲成，即今山东黄县与掖县之间。①

秦始皇、秦二世和汉武帝沿并海道巡行的端点均为碣石。② 辽宁绥中沿海发现多处秦汉建筑遗址，年代均不晚于西汉前期。其中石碑地建筑群址规模最大，时代更早，面积达 15 万平方米。这种规模宏伟的高台多级建筑，应是皇家建造的宫观，很可能就是秦始皇当年东巡时的行宫"碣石宫"。③

《史记·货殖列传》说，"上谷至辽东，地踔远"，"有鱼盐枣栗之饶，北邻乌桓、夫馀，东绾秽貉、朝鲜、真番之利"④。显然由碣石而东，沿海有交通大道。这种史籍所谓"傍海道"（《三国志·魏书·武帝纪》）即并海道，虽然某些地段因气候影响通行条件并不理想⑤，但仍长期作为联系中原地区与辽河地区的主要交通线而受到重视。⑥ 环渤海的并海道，使得"燕齐"地方形成了具有诸多共同点的文化风貌。⑦

---

① 《汉书·地理志上》：东莱郡"曲成，有参山万里沙祠"。

② 关于秦二世出巡事，参看王子今《秦二世元年东巡史事考略》，《秦文化论丛》第 3 辑，西北大学出版社，1994。

③ 辽宁省文物考古研究所：《辽宁绥中县"姜女坟"秦汉建筑遗址发掘简报》，《文物》1986 年第 8 期。

④ 《汉书·地理志下》："上谷至辽东"，"有鱼盐枣栗之饶，北隙乌丸、夫馀，东贾真番之利。"

⑤ 《三国志·魏书·田畴传》记载，曹操军击乌丸，"时方夏水雨，而滨海洿下，泞滞不通"，田畴说："此道秋夏每常有水，浅不通车马，深不载舟船，为难久矣。"

⑥ 参看王子今《秦汉时代的并海道》，《中国历史地理论丛》1988 年第 2 期。

⑦ 参看王子今《秦汉时期的环渤海地区文化》，《社会科学辑刊》2000 年第 5 期。

以并海道南北贯通的滨海文化区与内地联系的交通路线大致主要有这样几条：

东海彭城道。秦始皇立石朐界以为秦东门，说明有东西向道路直通东海。田横居海岛，后"乘传诣雒阳"，至尸乡厩置自刭（《史记·田儋列传》），当由此道西行。

北海泰山道。汉武帝元封元年（前110）"东巡海上"，"还，登封泰山"，"行自泰山，复东巡海上，至碣石"，元封二年（前109）"春，幸缑氏，遂至东莱，夏四月，还祠泰山，至瓠子，临决河"，均当经过此道。

平原常山道。《史记·封禅书》记载，秦始皇二十九年（前218），"始皇复游海上，至琅邪，过恒山，从上党归"。应当经由此道。[1] 秦始皇三十七年（前210）东巡，由江乘北渡后即"并海上"，过"琅邪"、之罘，又"并海西"，"至平原津而病"，"崩于沙丘平台"，李斯、赵高秘不发丧，棺载辒辌车中，遂从井陉抵九原，即由此道西归。

勃海中山道。汉武帝东巡，在此道中途河间得钩弋夫人。

此外，在广阳、渔阳一带北上又有道路与北边交通体系相沟通。《汉书·地理志下》："渔阳郡，秦置，莽曰通路。"[2] 郡又有路县，"莽曰通路亭"。"路"与"通路"，可能即因地当交通干道交会点而得名。

六　北边交通

与军事学家克劳塞维茨"战争是一种人类交往的行为"[3] 的论点

---

[1]　参看王子今《关于秦始皇二十九年"过恒山"——兼说秦时"北岳"的地理定位》，《秦文化论丛》第11辑，三秦出版社，2004；《〈封龙山颂〉及〈白石神君碑〉北岳考论》，《文物春秋》2004年第4期。

[2]　"通路"，王先谦《汉书补注》本作"北顺"。

[3]　克劳塞维茨：《战争论》，中国人民解放军军事科学院译，解放军出版社，1964，第1卷，第179页。

类似，马克思和恩格斯也曾经指出："战争本身""是一种经常的交往形式"。他们特别重视民族关系在这种"交往"中的动态。马克思、恩格斯指出，"对进行征服的蛮族来说，正如以上所指出的，战争本身还是一种经常的交往形式；在传统的、对该民族来说唯一可能的粗陋生产方式下，人口的增长越来越需要新的生产资料，因而这种交往形式越来越被加紧利用"①。秦汉时期北方草原地区具有军事强势的"进行征服的蛮族"匈奴，就曾经"越来越""加紧""利用""这种交往形式"取得战利。如《汉书·西域传上》记载，"西域诸国""皆役属匈奴"。"匈奴西边日逐王置僮仆都尉，使领西域，常居焉耆、危须、尉黎间，赋税诸国，取富给焉。"② 对中原边缘地方的侵扰，也取得了物产、劳动力，以及先进的技术和先进的文化。

秦汉时期，长城防御体系的构筑和维护，以及利用这一体系组织对北方草原游牧族的战争，长期被中央政府视为第一军政要务。

秦统一后，将原有燕、赵、秦的长城连贯为一，在全国征调劳役，开始进行规模宏大的长城工程。《史记·六国年表》：秦始皇三十三年（前214），"筑长城河上，蒙恬将三十万"。《史记·蒙恬列传》："秦已并天下，乃使蒙恬将三十万众北逐戎狄，收河南。筑长城，因地形，用制险塞，起临洮，至辽东，延袤万余里。于是渡河，据阳山，逶蛇而北。暴师于外十余年。"筑城工程仅"河上"一段，就用卒30万。司马迁亲自行历这段长城后，曾感叹道："吾适北边，自直道归，行观蒙恬所为秦筑长城亭障，堑山堙谷，通直道，固轻百姓力矣！"《淮南子·人间》说，秦皇"发卒五十万，使蒙公、杨翁子将，筑修城，西属流沙，北击辽水，东结朝鲜，中国内郡挽车而饷之"。这里所谓"三十万""五十万"者，当仅指"卒"而言，工程征发罪

---

① 《马克思恩格斯选集》第1卷，人民出版社，2012，第206页。
② 参看王子今《"匈奴西边日逐王"事迹考论》，《新疆文物》2009年第3～4期。

徒，应当更不在少数。《史记·六国年表》："谪治狱吏不直者筑长城。"《史记·秦始皇本纪》："史官非《秦记》皆烧之，非博士官所职，天下敢有藏《诗》、《书》、百家语者，悉诣守、尉杂烧之。""令下三十日不烧，黥为城旦。"裴骃《集解》："如淳曰：'《律说》：论决为髡钳，输边筑长城，昼日伺寇虏，夜暮筑长城。城旦，四岁刑。'"

张维华曾估计，长城工程劳役用工"总在戍土兵及戍卒与罪谪计之，当不下数百万人"。[1] 姑且不考虑施工时木石等建筑材料的运输以及工程人员来往的需要，仅"中国内郡輓车而饷之"的施工人员的口粮，以 100 万人计，每年至少需 3000 万石以上。[2] 据汉代运输车辆装载粮食的一般定额每车 25 石推算，转运这些粮食，需调发运车 120 万辆。以人力輓车"六人共车"[3] 计，"中国内郡輓车而饷之"者，当多达 720 万人。如果考虑运程多日的情形，运输压力则更为沉重。

不仅为施工人员输送给养要求沿线交通道路的畅通，长城作为军事防御设施也以交通道路作为辅助结构。秦汉之际，长城沿线巡边防卫以及出击时兵车、骑队与步兵军团的集结运行，也必然要求交通道路的平整与畅通。

在司马迁所处的时代，已经出现了所谓"北边"的地域概念。[4] 而这一地区地位之重要，并不仅仅由于其军事意义。北边地区对于秦

---

① 张维华：《中国长城建置考》（上编），中华书局，1979。

② 云梦睡虎地出土秦《仓律》简："城旦之垣及它事而劳与垣等者，旦半夕参。"则筑城者每月口粮合 2 石 5 斗，每年计 30 石。据居延汉简所提供的资料，汉代戍边吏卒月食粟三石三斗三升少，计每年 40 石。

③ 《九章算术·均输》关于"均赋粟"的算题中，说到粮食运载的定额："六人共车，车载二十五斛，重车日行五十里，空车日行七十里。"这一装载规格得到居延汉简的证实。参看裘锡圭《汉简零拾》，《文史》第 12 辑，中华书局，1981。

④ 《史记·秦始皇本纪》记述，"始皇巡北边，从上郡入"。又《封禅书》：天子"巡自辽西，历北边至九原"。《平准书》："天子北至朔方，东到太山，巡海上，并北边以归。"《蒙恬列传》："吾适北边，自直道归。"《刘敬叔孙通列传》：匈奴"数苦北边"。《酷吏列传》："孝文帝欲事匈奴，北边萧然苦兵矣。"《平准书》"匈奴绝和亲，侵扰北边"，"北边未安"。此外，又有"北边郡"（《汉兴以来诸侯王年表》）、"北边骑士"（《平准书》）、"北边良将"（《廉颇蔺相如列传》）的说法。

汉大一统帝国而言，作为经济区与文化区的历史存在同样应当受到重视。

在构筑长城边防工事的同时，秦汉政府都相当重视北边新经济区的建设。秦始皇时代已经开始向北边大规模移民，据《史记·秦始皇本纪》：

> （秦始皇三十三年）西北斥逐匈奴，自榆中并河以东，属之阴山，以为四十四县，城河上为塞。又使蒙恬渡河取高阙、阳山、北假中，筑亭障以逐戎人。徙谪，实之初县。
>
> （三十五年）益发谪徙边。
>
> （三十六年）迁北河、榆中三万家，拜爵一级。

西汉仍推行徙民实边的政策。汉文帝时采纳晁错的建议，募民徙塞下（《汉书·晁错传》）。汉武帝元朔二年（前127），募民徙朔方10万口（《汉书·武帝纪》）。元狩三年（前108），徙贫民于关以西及充朔方以南新秦中70余万口（《史记·平准书》）。元狩五年（前106），徙天下奸猾吏民于边（《汉书·武帝纪》）。此后，又不断向河西等地移民。《汉书·地理志下》说："定襄、云中、五原，本戎狄地，颇有赵、齐、卫、楚之徙"，河西四郡"其民或以关东下贫，或以报怨过当，或以誖逆亡道，家属徙焉"。

大量移民以及戍卒屯田运动的开展，使北边地区农业经济出现飞跃。通过甘肃武威磨咀子48号汉墓出土的西汉木牛犁模型以及陕西绥德王得元墓画象石牛耕图、陕西米脂画象石牛耕图、内蒙古和林格尔墓壁画牛耕图等，可知牛耕已在北边地区推广。从上述资料可以看出北边农人使用的犁架，是由犁梢、犁床、犁辕、犁衡、犁箭组成，作为畜力犁的主体构件均已具备。辽阳三道壕西汉村落遗址出土的巨型犁铧，有些专家认为可能是由数条牛合力牵引的开沟犁，似可说明当地对水利灌溉的重视。① 居延汉简所见"治渠卒""水工"称谓②，有关"治渠"的简文③以及"甲渠""甲沟"地名，则反映北边有政府组织的大规模的水利工程。④ 辽阳三道壕西汉村落遗址中畜圈邻近厕所，内中往往积有粪肥，说明北边农耕也注重农田施肥。居延汉简中也可以看到有关"运粪"的内容。⑤ 居延汉简中多见"代田仓"仓名，许多专家据此以为中原先进耕作方法"代田法"已经推广到河西。内蒙古和林格尔汉墓壁画围绕庄园生产绘出农耕图、园圃图、采桑图、沤麻图、果林图、畜牧田、网渔图、谷仓图、酿造图等，反映北边经济生活之丰富，除农牧外，其他多种经营也得到发展。⑥

从北边地区汉墓多出土车辆模型以及汉墓壁画中关于运输活动的画面可以知道，北边经济的繁荣是以北边交通的发展为条件的，而经济进步又可以进一步推动交通建设。

北边地区不仅仅是烽烟时起、战事频仍的军事地带，同时又是中原农耕文化与塞外游牧文化直接交往的文化交汇带。

不仅内地曾向塞上大规模移民，秦汉时代还曾出现北方草原游牧族在塞外依长城定居的情形。汉武帝元狩二年（前121），"匈奴昆邪王杀休屠王，并将其众合四万余人来降，置五属国以处之"（《汉

---

① 中国社会科学院考古研究所：《新中国的考古发现和研究》，文物出版社，1984，第459页。

② 如："治渠卒河东皮氏毋忧里公乘杜建年廿五"（140.15）"☐治渠卒☐"（E.P.T7：47），"☐☐二年二月丁酉朔丁卯甲渠鄣候护敢言之府书曰治渠卒贾☐☐自言责隧卒孙宗等衣物钱凡八牒直钱五千一百谨收得"（E.P.T52：110），"☐☐三千四百八十五人敦煌郡☐☐发治渠卒郡国收欲取☐☐"（E.P.T65：450），"☐禄 六月戊戌延水水工白褒取"（E.P.T65：474）。

③ 如居延汉简"☐长吴房服负治渠☐"（E.P.T40：161）。敦煌汉简2418A也有关于"治渠"的内容。悬泉置简 II 90DXT0214（3）：73A也可见"治渠"字样。

④ 《史记·河渠书》记载塞瓠子决口事，"自是之后，用事者争言水利。朔方、西河、河西、酒泉皆引河及川谷以溉田；而关中辅渠、灵轵引堵水；汝南、九江引淮；东海引巨定；泰山下引汶水：皆穿渠为溉田，各万余顷。佗小渠披山通道者，不可胜言"。

⑤ 如："☐以九月旦始运粪"（73·30）。

⑥ 内蒙古自治区博物馆：《和林格尔汉墓壁画》，文物出版社，1978。

书·武帝纪》)。《后汉书·乌桓传》说，汉破匈奴左地，因徙乌桓于上谷、渔阳、右北平、辽西、辽东五郡塞外，为汉侦察动静，作为防御匈奴的措施之一。林幹将此事亦系于元狩二年①。汉宣帝五凤三年（前55），汉置西河及北地属国都尉以安处匈奴之归附者（《汉书·宣帝纪》）。甘露三年（前51），呼韩邪单于"自请愿留居光禄塞下，有急保汉受降城"（《汉书·匈奴传下》），"单于居幕南，保光禄城，诏北边振谷食"（《汉书·宣帝纪》）。汉元帝竟宁元年（前33），呼韩邪单于又上书愿保卫上谷以西至敦煌（《汉书·元帝纪》）。西汉时期，匈奴骑兵多次被引入内地作战。②东汉时，匈奴、乌桓、鲜卑往往归附，甚至入塞内屯居。《后汉书·章帝纪》及《西域传》说，汉章帝建初二年（77），汉罢伊吾卢屯兵，北匈奴因遣兵复屯其地。是为先进的农业生产方式对草原游牧族发生影响的实例。

中原文化与塞外文化之间的经济联系得以实现的主要渠道之一，即北边关市贸易。《史记·匈奴列传》："孝景帝复与匈奴和亲，通关市，给遗匈奴，遣公主。"汉武帝即位，"明和亲约束，厚遇，通关市，饶给之"。所谓"马邑之谋"，初即"使马邑下人聂翁壹奸兰出物与匈奴交"，匈奴"贪马邑财物"而险入汉军伏中。③"自是之后，匈奴绝和亲，攻当路塞，往往入盗于汉边，不可胜数。然匈奴贪，尚乐关市，嗜汉财物，汉亦尚关市不绝以中之。"汉武帝元光六年（前129），汉武帝对匈奴的进攻正式拉开战幕，"汉使四将军各万骑击胡关市下"，首先由上谷、云中、代郡、雁门关市出击。汉武帝征和四年（前89），匈奴单于遣使遗汉书云："欲与汉闿大关，取汉女为妻，岁给遗我蘖酒万石，稷米五千斛，杂缯万匹，它如故约，则边不相盗

① 林幹：《匈奴历史年表》，中华书局，1984，第26页。
② 参看王子今《两汉军队中的"胡骑"》，《中国史研究》2007年第3期。
③ 所谓"奸兰出物"，裴骃《集解》："奸音干，干兰，犯禁私出物也。"司马贞《索隐》："干兰谓犯禁私出物也。"又《集解》引《汉书音义》曰："私出塞与匈奴交市。"

矣。"(《汉书·匈奴传上》)颜师古注:"'阛'读与'开'同。"重开关市,是匈奴求和时提出的第一位的条件。

通关市时,重要战略物资的贸易仍然受到严格限制。《汉书·昭帝纪》:始元五年(前82)罢"马弩关"。孟康解释说:"旧马高五尺六寸齿未平,弩十石以上,皆不得出关,今不禁也。"颜师古也认为"马弩关,孟说是也"。《汉书·汲黯传》颜师古注引应劭曰:"《律》:'胡市,吏民不得持兵器及铁出关。'"某些塞外物资入关也受到禁止。《史记·高祖功臣侯者年表》:宋子侯许九"坐买塞外禁物罪,国除"。《汉书·高惠高后文功臣表》作"坐寄使匈奴买塞外禁物,免"。陈直《史记新证》:"塞外禁物,疑为马匹、香料、毡罽等品。"[1] 事实上,边地多有"阑出入关"(《汉书·高惠高后文功臣表》)事,关禁往往禁而不止。《史记·汲郑列传》:"愚民安知市买长安中物而文吏绳以为阑出财物于边关乎?"[2] 北边关禁制度,实际往往如汉武帝"轮台诏"中所谓"今边塞未正,阑出不禁"(《汉书·西域传下》),名存而实亡。

《后汉书·孔奋传》记载,两汉之际,"天下扰乱,唯河西独安,而姑臧称为富邑,通货羌、胡,市日四合"。李贤注:"古者为市,一日三合","今既人货殷繁,故一日四合也"。汉明帝永平七年(64),北匈奴"欲合市,遣使求和亲,显宗冀其交通,不复为寇,乃许之"。汉章帝元和元年(84),"武威太守孟云上言北单于复愿与吏人合市",诏许之,"北单于乃遣大且渠伊莫訾王等,驱牛马万余头来与汉贾客交易"(《后汉书·南匈奴传》)。《后汉书·刘虞传》说到刘虞"劝督农植,开上谷胡市之利,通渔阳盐铁之饶,民悦年登"。说明关市贸易对塞内外经济发展都有积极意义。内蒙古和林格尔汉墓壁画有

---

① 陈直:《史记新证》,天津人民出版社,1979,第49页。

② 裴骃《集解》:"应劭曰:'阑,妄也。《律》:胡市,吏民不得持兵器出关。虽于京师市买,其法一也。'瓒曰:'无符传出入为阑。'"

"宁城图",在城中广场上,有四周围护墙垣的"市",并标识"宁市中"三字。考古工作者认为画面所体现的,就是文献记载所谓"上谷胡市"。① 汉与匈奴的关市,是考察当时北边交通形势不宜忽视的现象。②

除了关市贸易之外,长城内外还通过进献、给遗等方式保持经济联系。如前述汉武帝征和四年匈奴单于索求"蘖酒万石、稷米五千斛、杂缯万匹",所需运输车辆当多至千辆左右。据史籍记载,北边交通系统还承担了多次向匈奴发送救济物资的运输任务,例如:

> (汉宣帝五凤元年)匈奴五单于争立,"议者多曰匈奴为害日久,可因其坏乱,举兵灭之"。御史丈夫萧望之则以为"宜遣使者吊问,辅其微弱,救其灾患",宣帝从其议(《汉书·萧望之传》)。
>
> (汉宣帝甘露三年)呼韩邪单于"居幕南,保光禄城,诏北边振谷食"(《汉书·宣帝纪》)③。"转边谷米糒,前后三万四千斛,给赡其食。"(《汉书·匈奴传下》)④
>
> (汉元帝初元元年)"呼韩邪单于复上书,言民众困乏。汉诏云中、五原郡转谷二万斛以给焉"(《汉书·匈奴传下》)。
>
> (汉光武帝建武二十六年)南匈奴内乱,赐单于"黄金、锦绣、缯布万匹,絮万斤","又转河东米糒二万五千斛,牛羊三万六千头,以赡给之"(《后汉书·南匈奴列传》)。⑤

---

① 盖山林:《和林格尔汉墓壁画》,内蒙古人民出版社,1977,第53页。

② 王子今:《汉代河西长城与西北边地贸易》,《长城国际学术研讨会论文集》,吉林人民出版社,1995;王子今、李禹阶:《汉代北边的"关市"》,《中国边疆史地研究》2007年第3期。

③ 居延汉简有简文:"塞外诸节谷呼韩单于囗人以囗"(387.17,407.14,387.26,387.10),可能即记此事。

④ 边谷米糒34000斛,当需运车1360辆。

⑤ 据《后汉书·南匈奴列传》,三年后,即建武二十九年(53),又"赐南单于羊数万头"。

北边塞内塞外文化的交往，其实应当说是双向的。草原游牧族除受"赐"外，也有"遣使奉献"事。汉文化的传布使他们掌握了凿井、冶铁等技术，同时，通过对草原游牧人生产经验的学习，汉民族的畜牧业及畜产品加工业也实现了显著的进步。以交通技术而言，一方面内地铜铁车具流布到草原；另一方面，形制仿像匈奴"穹庐"车的车型也行进在中原大道上。①

由于文化交汇的作用，北边地区民间习俗表现出特殊的风貌，司马迁概括为"矜懻忮，好气，任侠为奸"，"雕捍少虑"（《史记·货殖列传》），班固在《汉书·地理志下》中也写道：

> "安定、北地、上郡、西河，皆迫近戎狄，修习战备，高上气力，以射猎为先。""汉兴，六郡②良家子选给羽林、期门，以材力为官，名将多出焉。""此数郡，民俗质木，不耻寇盗。"
>
> 武威以西四郡"习俗颇殊"，"其俗风雨时节，谷籴常贱，少盗贼，有和气之应，贤于内郡。"
>
> "锺、代、石、北，迫近胡寇，民俗懻忮，好气为奸，不事农商，自全晋时，已患其剽悍，而武灵王又益厉之。故冀州之部，盗贼常为它州剧。"

---

① 《史记·匈奴列传》："匈奴父子乃同穹庐而卧。"《盐铁论·备胡》："以穹庐为家室。"《后汉书·耿夔传》：辽东太守耿夔平定南单于檀反叛，"获穹庐车重千余两"。"穹庐"是匈奴人作为移动的住所特殊的车辆。《考工记》称之为"弓车"，《史记·天官书》称之为"穹闾"，司马贞《索隐》："邹云一作'弓闾'。《天文志》作'弓'字。"《淮南子·齐俗》称之为"穹庐"，高诱注："草野宜穹庐。"日本学者江上波夫论证，《周礼·地官司徒·乡师》郑氏注引《司马法》以及《释名·释车》所谓"胡奴车"，《史记·季布栾布列传》所谓"广柳车"，《史记·李斯列传》所谓"辒辌车"，其形制均仿照上有顶盖，周围亦密闭的"穹庐"。他认为，"先秦时代起游牧民的住所即'穹庐'已流传入中国内地，当时有'胡奴车''广柳车''辒辌车'等不同的中国名称，这可能是由于流传时代或流传地域有所不同，从而出现译音方式上的时代差别或地区差别"。而中国人是定居的民族，不将"穹庐"用作住所，只是把它作为车的一种。参看〔日〕江上波夫《匈奴的住所》，王子今译，《西北史地》1991 年第 3 期。

② 即天水、陇西、安定、北地、上郡、西河。

　　"定襄、云中、五原，本戎狄地"，"其民鄙朴，少礼文，好
　　射猎。雁门亦同俗"。

　　燕地"其俗愚悍少虑，轻薄无威，亦有所长，敢于急人"。

"北边自敦煌至辽东万一千五百余里"（《汉书·赵充国传》），各地风
习当多有差异，然而与中原重"礼文"的文化传统比较，其"习俗颇
殊"，可能是北边地区民俗文化共同的特征。

　　以北边道为主体的北边交通体系使长城防御系统得以东西贯通。
史籍中可以看到中央政府派员循北边道视察边防的记载。如汉武帝后
元二年（前87）"左将军（上官）桀行北边"（《汉书·昭帝纪》）；
新莽始建国三年（11）"遣尚书大夫赵并使劳北边"，天凤元年（14）
"缘边大饥，人相食，谏大夫如普行边兵"（《汉书·王莽传中》）。可
以更明确地说明北边道通行状况的资料，是关于帝王亲自巡行北边的
记载。《史记·秦始皇本纪》说，秦始皇二十七年（前220）"巡陇
西、北地，出鸡头山，过回中"。三十二年（前215）东临"勃海"，
"刻碣石门"，又"巡北边，从上郡入"。三十七年（前210）出巡途
中病故于沙丘平台，李斯、赵高秘不发丧，棺载辒辌车中，"从井陉
抵九原"而后归，特意绕行北边，显然是循行秦始皇生前确定的路线
以稳定政局。汉高祖平叛曾亲赴平城，致有白登之围（《史记·高祖
本纪》），平城即地当北边道上。汉武帝元鼎五年（前112）曾由雍
"至陇西，西登崆峒"（《史记·封禅书》）。元封元年（前110），又
"行自云阳，北历上郡、西河、五原，出长城，北登单于台，至朔方，
临北河"，巡察了北边道西段一部，同年，又"至碣石，自辽西历北
边九原，归于甘泉"，北边道东段及中段数千里间，又隆隆滚过帝车
的轮声。元封四年（前107），汉武帝"通回中道，遂北出萧关，历
独鹿、鸣泽，自代而还"（《汉书·武帝纪》）。司马迁在《史记·蒙
恬列传》中写道，"吾适北边，自直道归，行观蒙恬所为秦筑长城亭

障"，可能就是记述跟随汉武帝出行的经历。《史记·平准书》记汉武帝巡行北边事：

> 上北出萧关，从数万骑，猎新秦中，以勒边兵而归。新秦中或千里无亭徼，于是诛北地太守以下，而令民得畜牧边县，官假马母，三岁而归，及息什一，以除告缗，用充仞新秦中。

汉武帝亲自巡视北边，加强了当地的交通管理，同时为促进当地的经济发展制定了新的政策。此次"从数万骑"，而元封元年"天子巡边，至朔方，勒兵十八万骑"（《史记·匈奴列传》），出击匈奴的战役往往调发骑步兵及"转者"数十万人[1]，尤其可以体现北边道用于兵员调动和军需运输的良好效能。

居延汉简中还可以看到反映利用北边道组织大规模民运的资料，例如：

> 守大司农光禄大夫臣调昧死言守受薄丞庆前以请诏使护军屯食守部丞武□
> 以东至西河郡十一农都尉官二调物钱谷漕转糴□民困乏储调有余给□　（214.33A）

以西河郡以西 11 郡"物钱谷"援运灾区，"调有余给不足"，也利用了北边道的运输能力。

北边地区经济的进步以及与塞外游牧族贸易的发展，使得当地商业繁盛一时，北边道又成为全国交通网中繁忙的商路。居延汉简中可见有关"贾车"的记载：

---

[1]　例如《史记·卫将军骠骑列传》记载，元狩四年（前 119）春，卫青、霍去病各将五万骑击匈奴，"步兵转者踵军数十万"。张守节《正义》："言转运之士及步兵接后又数十万人。"

日食时贾车出

日东中时归过（甲附 14B）

又有标明“贾人”身份的简文：“☐用中贾人李谭之甲渠官自言责昌钱五百卌八偹以昌奉”（E. P. T50：23）。敦煌汉简又可见“贾子”称谓：

☐贾子□☐　　（A）

贾□□廿九日一□

☐　　☐

□□尽廿八日□　　（B）（880）

B 面简文可能与甲附 14B 类同，也是贾车通过记录。《史记·货殖列传》所谓“北贾种、代”，说明北边是内地商人转贩以牟利的主要方向。《后汉书·乌桓传》记载，汉顺帝阳嘉四年（135）年冬，乌桓侵扰云中，曾截获正在“道上”运行的“千余两”商贾牛车。

《史记·绛侯周勃世家》关于周勃战功记录中，可见“击韩信军于硰石，破之，追北八十里，还攻楼烦三城，因击胡骑平城下，所将卒当驰道为多。勃迁为太尉”。可见北边道有的路段以通行效率甚高的“驰道”为干线。《汉书·武帝纪》记载，汉武帝元光五年（前130）夏，“发卒万人治雁门阻险”。刘攽解释说：“予谓治阻险者，通道令平易，以便伐匈奴耳。”① 居延汉简中也有涉及北边道交通建设的资料，如：

① 颜师古注：“所以为固，用止匈奴之寇。”张维华《中国长城建置考》（上编）认为，“师古与刘攽之说俱可从。武帝之初，汉仍以雁门东西之地为内边，缮而治之，亦可以巩固边防。然武帝欲用兵匈奴，雁门为必通之路，修治之使令平易，亦属当然之事。此二事可同时为之，不必拘于一隅之说。”中华书局，1979，第 145 页。然而史书说及加固长城防御工程，往往称“缮治”“修缮”，又“治雁门阻险”句前云：“夏，发巴蜀，治南夷道。”大约“治雁门阻险”之解说还应以刘攽为是。

● 开通道路毋有章处　　☑（E. P. T65：173）

"章处"应即"障处"。其文句接近《礼记·月令》"季春之月"："开通道路，毋有障塞。"又如：

☑□□车马中央未合廿步溜漉不可（E. P. T65：230）

显然是有关道路养护的简文。"中央未合廿步"，对照《汉书·贾山传》驰道"道广五十步"的记述，可知路面之宽。所谓"溜漉不可……"与四川青川秦牍"陷败不可行"意近①，当指雨季雨水对路基土体的浸湿、饱和和冲蚀所导致的路基破坏，或春融季节路面翻浆。

　　秦汉北边交通道路是随着长城防御系统的建立和完备而发展起来的，因而其通行状况又与长城的作用有直接联系。东汉以来，出现北方游牧族以入侵和内附等形式南下的趋势，中央政府也曾组织北边居民向东向南迁徙。随着人口迁移方向的变化和长城防卫作用的减弱以及北边地区农业经济的衰落，北边道有的地段通行状况逐渐恶化。据《三国志·魏书·田畴传》记载，"旧北平郡治在平冈，道出卢龙，达于柳城，自建武以来，陷坏断绝，垂二百载"。到汉献帝建安年间曹操东征乌桓时，仅仅只"有微径可从"了。

　　北边地区是农业区与牧业区分隔与交会的特殊的文化带，秦汉时期成为万千英雄"推锋拊锐"（《盐铁论·论勇》），"风合云解"（《盐铁论·备胡》）的历史舞台。北边交通作为农耕文化与游牧文化交往与融合的重要条件，具有不可忽视的历史文化意义。

---

①　四川省博物馆、青川县文化馆：《青川县出土秦更修田律木牍》，《文物》1982 年第 1 期。

第十章

秦汉仓制与主要粮路

一 敖仓与关东粮运

对于以农业为经济主体的大一统专制帝国说来，完备的粮食储运制度是维护其正常统治的重要基础。

就现有文献资料看，秦汉时期，在规模与效能诸方面均成为仓储系统最高典范的国家粮仓，是敖仓。

《汉书·地理志上》："敖仓在荥阳。"或以为《史记·殷本纪》"帝中丁迁于嚣"即此。[①]《史记·项羽本纪》说，楚汉争夺中原，"汉军荥阳，筑甬道属之河，以取敖仓粟。汉之三年，项王数侵夺汉

---

① 《史记·殷本纪》："帝中丁迁于嚣。"裴骃《集解》："皇甫谧曰：'或云河南敖仓是也。'"司马贞《索隐》："《括地志》云：'荥阳故城在郑州荥泽县西南十七里，殷时敖地也。'"王先谦《汉书补注》以为"《诗》：'搏兽于敖'，《左传》云'敖鄗之间也'"，均与敖仓地望有关。《水经注·济水一》："济水又东迳敖山北，《诗》所谓'薄狩于敖'者也。其山上有城，即殷帝仲丁之所迁也。皇甫谧《帝王世纪》曰：'仲丁自亳徙嚣于河上者也。'或曰敖矣。秦置仓于其中，故亦曰敖仓城也。"

图 10 - 1　"百万石仓"瓦当

甬道，汉王食乏，恐，请和"。裴骃《集解》："敖，地名，在荥阳西北山，临河有大仓。"张守节《正义》："《括地志》云：'敖仓在郑州荥阳县西十五里，县门之东北临汴水，南带三皇山，秦时置仓于敖山，名敖仓云。'"后项羽东击彭越，"汉王则引兵渡河，复取成皋，军广武，就敖仓食"。《史记·郦生陆贾列传》中可见郦食其建议刘邦夺取敖仓时的战略谋划：

　　臣闻知天之天者，王事可成；不知天之天者，王事不可成。王者以民人为天，而民人以食为天。夫敖仓，天下转输久矣，臣闻其下乃有藏粟甚多。楚人拔荥阳，不坚守敖仓，乃引而东，令适卒分守成皋，此乃天所以资汉也。方今楚易取而汉反却，自夺其便，臣窃以为过矣。且两雄不俱立，楚汉久相持不决，百姓骚动，海内摇荡，农夫释耒，工女下机，天下之心未有所定也。愿足下急复进兵，收取荥阳，据敖仓之粟，塞成皋之险，杜大行之道，距蜚孤之口，守白马之津，以示诸侯效实形制之势，则天下知所归矣。

据敖仓之粟，则掌握了被称为"天之天者"的决胜之本。后刘邦"迺从其画，复守敖仓"。《史记·高祖功臣侯者年表》、《汉书·高惠高后文功臣表》记载，汾阴悼侯周昌、东武贞侯郭蒙以"坚守敖仓"战功封侯，磨简侯程黑以"击项羽敖仓下"战功封侯①，说明汉军意识到敖仓之重要后，虽苦战亦不放弃。刘邦终于成就"王事"，"据敖仓之粟"战略决策之英明也是重要因素之一。所以《汉书·叙传下》说："食其监门，长揖汉王，画袭陈留，进收敖仓，塞隘杜津，王基以张。"

郦食其陈留人，"为里监门吏"，有处理基层行政事务的经历，又有"县中贤豪不敢役"的特殊身份（《史记·郦生陆贾列传》），而陈留又是敖仓以东漕运路线上的重要中转站，因而了解敖仓储运形势。所谓"夫敖仓，天下转输久矣"，"其下迺有藏粟甚多"，反映秦王朝仓储建设的惊人成就。在刘邦之前，敖仓积粟可能已受到陈胜起义军的重视，周章军攻秦失利，章邯率秦军主力出关，起义军将军田臧"乃使诸将李归等守荥阳城，自以精兵西迎秦军于敖仓"（《史记·陈涉世家》）。自秦始皇统一天下至陈胜起义爆发不过 12 年，所谓"天下转输久矣"，可能秦王朝建立之初即开始经营敖仓，楚汉战争时数年间几十万大军"就敖仓食"，说明"其下迺有藏粟甚多"者，并非虚诞之辞。直到汉惠帝时，史籍才留下整修敖仓的记载，即《汉书·惠帝纪》：六年（前 189）夏六月，"起长安西市，修敖仓"。直到汉末，敖仓始终是作为关东粮远路线集结点的重要仓储以受"天下转输"，然而其宏大之建构，自秦始皇时代已初具规模。

历代总结秦王朝残贼天下，大兴功作的历史教训，关于其工程规模之宏巨，征用民力之苛酷，往往举兴作长城、直道、驰道、丽山、

---

① 《史记》"磨简侯"，《汉书》作"歷简侯"。陈直以为"磨"当作"磿"。《史记新证》："磿，地名，《地理志》不载。《齐鲁封泥集存》三十三页有'磿城之印'封泥，磿城盖即歷城，现作歷城者，因形近而误。"（天津人民出版社，1979，第 49 页）此外，《史记·曹相国世家》《樊郦滕灌列传》《傅靳蒯成列传》也可见刘邦军苦战敖仓的记载。

阿房宫诸例。其实敖仓的建设，可能也是值得重视的大型工程。

敖仓的宏大规模，也可以使人们从另一侧面认识秦王朝"使天下蜚刍輓粟"，"道路死者相望"（《史记·平津侯主父列传》）的运输组织的效能。

汉高祖十一年（前196），淮南王黥布反，当时有一位据说"有筹策之计"的故楚令尹薛公为刘邦分析形势，称："布反不足怪也。使布出于上计，山东非汉之有也；出于中计，胜败之数未可知也；出于下计，陛下安枕而卧矣。"当刘邦问道"何谓中计"时，薛公说：

> 东取吴，西取楚，并韩取魏，据敖庚之粟，塞成皋之口，胜败之数未可知也。

黥布终于"出下计"，是由于自身资质的局限，既缺乏远见又绌于雄断，然而未必没有注意到"敖庚之粟"的意义（《史记·黥布列传》）。

吴王刘濞谋反，遣使与胶西王约："大王诚幸而许之一言，则吴王率楚王略函谷关，守荥阳敖仓之粟，距汉兵。治次舍，须大王。大王有幸而临之，则天下可并。"吴楚七国反，周亚夫率军往击之，又有叛军将领向吴王刘濞提出进据敖仓的建议：

> 吴少将桓将军说王曰："吴多步兵，步兵利险；汉多车骑，车骑利平地。愿大王所过城邑不下，直弃去，疾西据雒阳武库，食敖仓粟，阻山河之险以令诸侯，虽毋入关，天下固已定矣。"

"吴王问诸老将，老将曰：'此少年推锋之计可耳，安知大虑乎！'于是王不用桓将军计。"后来周亚夫终于以"轻兵绝吴饷道"而破吴王兵（《史记·吴王濞列传》）。《史记·三王世家》褚先生补述：汉武帝所爱幸王夫人，生子刘闳。刘闳且立为王时，王夫人为请所置："愿置之雒阳。"汉武帝回绝道："雒阳有武库、敖仓，天下冲阸，汉国之大都也。先帝以来，无子王于雒阳者。去雒阳，余皆可。"也说明敖仓作用之重要。《史记·滑稽列传》褚先生补述则记作："人主曰：'不可。洛阳有武库、敖仓，当关口，天下咽喉。自先帝以来，传不为置王。'"应当看到，敖仓地位之形成，离不开"天下冲阸""天下咽喉"的交通条件。洛阳所以不置王，敖仓在全国粮运系统中具有特殊地位，也是重要因素之一。

现代交通运输地理学对于交通线或站、港的服务地区，或以站、港为中心的经济区，陆运部门一般采用"吸引范围'的术语，水运部门一般采用"腹地"的术语。如果考察秦汉时期敖仓所在交通枢纽地区的"吸引范围"，则关东主要产粮区均包举其中。汉初，"漕转山东粟以给中都官，岁不过数十万石"，汉武帝时，长安消费人口增加，"诸官益杂置多，徒奴婢众，而下河漕度四百万石，及官自籴乃足"。推行均输制度之后，"诸农各致粟，山东漕益岁六百万石"。山东漕粮均经由敖仓转运。《史记·平准书》还说到卜式"迁为成皋令，将漕最"，于是"拜为齐王太傅"，也可以反映由敖仓西运长安的"漕转"组织备受中央政府关注。

西汉晚期，敖仓在全国粮运系统中的作用依然十分显著。汉元帝时，翼奉上疏建议靠近敖仓建立新的政治中心：

> 臣愿陛下徙都于成周，左据成皋，右阻黾池，前乡嵩高，后介大河，建荥阳，扶河东，南北千里以为关，而入敖仓；地方百里者八九，足以自娱；东厌诸侯之权，西远羌胡之难，陛下共己亡为，按成周之居，兼盘庚之德，万岁之后，长为高宗。

"足以自娱"之说，"东厌""西远"之说，其实都考虑到敖仓及其所在地区的交通形势（《汉书·翼奉传》）。王莽出师镇压关东各地民众起义，曾"遣大将军阳浚守敖仓"（《汉书·王莽传下》），也说明敖仓战略位置之重要。

可以说，终西汉之世，敖仓始终作为规模最大的最重要的国家粮仓为维护中央专制政权发挥着作用。《淮南子·说林》："近敖仓者不为之多饭，临江河者不为之多饮。"高诱注："敖仓，古常满仓，在荥阳北。"又《淮南子·精神》："今赣人敖仓，予人河水，饥而餐之，渴而饮之，其入腹者不过箪食瓢浆，则身饱而敖仓不为之减也，腹满而河水不为之竭也。"也将敖仓与江河相比列。高诱注："敖，地名。仓者，以之常满仓也，在今荥阳县北。"实际上，敖仓在西汉时代正是集纳关东粮运，及时转输关中，又不断得到新的补充的"常满仓"。

《后汉书·隗嚣传》记载，隗嚣移檄告郡国，说道"今山东之兵二百余万，已平齐、楚，下蜀、汉，定宛、洛，据敖仓，守函谷，威命四布，宣风中岳"。"据敖仓"仍然是争夺中原，取得战略优势的重要条件。光武帝刘秀初即位，曾以建威大将军耿弇"与骠骑大将军景丹、彊弩将军陈俊攻厌新贼于敖仓，皆破降之"（《后汉书·耿弇传》）。建武二年（26），又封盖延为安平侯，"遣南击敖仓"（《后汉书·盖延传》）。可见敖仓之攻守，战事激烈且多有反复。

据《后汉书·虞诩传》，汉安帝永初年间，"朝歌贼甯季等数千人攻杀长吏，屯聚连年，州郡不能禁"，虞诩任为朝歌长，故旧多往吊勉。虞诩则分析形势说，"朝歌者，韩、魏之郊，背太行，临黄河，去敖仓百里，而青、冀之人流亡万数。贼不知开仓招众，劫库兵，守城皋，断天下右臂，此不足忧也"。可见敖仓尚藏谷甚多，若"开仓招众"，则可以救济流民，鼓舞士气，在"其众新盛，难与争锋"的情况下，如策略选择不误，则有可能产生牵动全局的影响。

汉安帝永初七年（113），据《后汉书·安帝纪》记载，"蝗虫飞过洛阳"，"郡国被蝗伤稼十五以上"。于是"九月，调零陵、桂阳、丹阳、豫章、会稽租米，赈给南阳、广陵、下邳、彭城、山阳、庐江、九江饥民；又调滨水县谷输敖仓"。李贤注："《诗》曰'薄狩于敖'，即此地。秦于此筑太仓，亦曰'敖庾'，在今郑州荥阳县西北。《东观记》曰：'滨水县彭城、广阳、庐江、九江谷九十万斛，送敖仓。"彭城、庐江、九江三郡国前谓受赈，后谓调输，当有一误，但敖仓灾年赈恤饥民的历史作用，自不可否认。"谷九十万斛送敖仓"的记载，有助于人们大致认识敖仓的仓容量。而所谓"调滨水县谷输敖仓"，反映敖仓联系的交通运输线路中水路的重要。"谷九十万斛"，以船载 500 斛计，仍需调用运船 1800 艘，由此亦可体现东汉时以敖仓为中心的水路交通网的运输效能。

在东汉末年的军阀战争中，敖仓的地位依然受到重视。汉献帝初平元年（190），袁绍、张邈、袁术等起兵讨董卓，因董卓兵势强而莫敢先进，曹操力促进取，建议"使勃海引河内之众临孟津，酸枣诸将守成皋，据敖仓，塞辕辕、太谷，全制其险；使袁将军率南阳之军军丹、析，入武关，以震三辅"，"以顺诛逆，可立定也"。建安四年（199），曹操进军临河，斩睦固，"遂济河"，又"还军敖仓"（《三国志·魏书·武帝纪》）。《后汉书·袁绍传》载袁绍宣示征讨曹操檄文，内中有"屯据敖仓，阻河为固"语。李贤注引《献帝春秋》曰："操引军造河，托言助绍，实图袭邺，以为瓒援。会瓒破灭，绍亦觉之，以军退，屯于敖仓。"

据《续汉书·百官志三》，大司农属下有：

> 太仓令一人，六百石。本注曰：主受郡国传漕谷。

东汉定都洛阳，自有直属中央的太仓，敖仓位置虽临近都城，却不再作为国家粮库。据《续汉书·百官志三》记载，"敖仓官"与"盐官""铁官"同样，建制已归于地方：

> 本注曰：郡国盐官、铁官本属司农，中兴皆属郡县。又有廪牺令，六百石，掌祭祀牺牲雁鹜之属。及雒阳市长、荥阳敖仓官，中兴皆属河南尹。

尽管如此，敖仓在全国经济结构中的地位及其对于维护专制主义政体的作用，均非一般郡国仓庾可以比拟。与敖仓相关的交通运输的意义，也依然影响着汉王朝经济政治的全局。

二　畿辅大仓：京师仓·太仓·甘泉仓

秦与西汉主要漕运路线，是由敖仓西向溯河而上。在所谓"渭汭"即河渭"水会"之处（《水经注·渭水下》），又有作为漕运中转站的著名的仓储设施，这就是华仓，亦即京师仓。

《汉书·王莽传下》：地皇四年（23），"三虎郭钦、陈翚、成重收散卒，保京师仓"。颜师古注："京师仓在华阴灌北渭口也。"今陕西华阴城东仍有村名称"灌北"。在灌北与渭口之间，出土"京师仓当""京师庾当""华仓""与华相宜""与华无极"等文字瓦当，说明这里确实是西汉时期非常重要的一处大型粮仓——京师仓（又称"华仓"）的所在地。

1980～1983年，考古工作者对京师仓遗址进行了正式发掘。虽然已发掘的面积只占整个遗址总面积的0.77%，但仍获得了一批有关这座西汉重要粮仓的珍贵资料。

经过对仓城城墙的解剖，可知京师仓的仓城前身即秦惠文王六年

图 10 - 2　京师庾当

（前 332）得之于魏的前称阴晋后称宁秦的战国古城。^①共发掘 6 座专门储存粮食的仓，其中规模最大的 1 号仓东西长 62.5，南北宽 26.6米，外有披檐，室内铺设架空地板，宽敞高大，通风条件良好。根据地面柱网排列、檐墙和山墙围护建筑的分布，参照内蒙古和林格尔汉墓壁画中繁阳县仓和护乌桓校尉幕府谷仓，以及山东沂南汉画像石中重檐仓房的图像，可推知 1 号仓屋顶有高低二跨，设二层檐。高低跨间及檐墙上部，亦应与上述画像资料同样，开设方形风窗。架空地板距夯土地面高 86 厘米，其设计思想的出发点也在于保持良好的通风环境。2 号、3 号、4 号仓是半地下式的土木混合结构建筑，虽规模有限，但施工简易，便于存放散装粮食或数量不集中的杂粮品种。5 号、6 号仓是地面多层建筑，根据立柱分布及架设横梁的基槽痕迹，推断其形式为上下两层的仓楼，下层空间高度应在 2 米以上。5 号仓南檐墙外还发现有较宽深的檐柱基槽，说明二层上可能架有廊道，屋顶有出檐。^②

---

①　《史记·秦本纪》：秦惠文王六年（前 332）"魏纳阴晋，阴晋更名宁秦"。《六国年表》：秦惠文王六年（前 332），"魏以阴晋为和，命曰宁秦"。在对京师仓遗址进行调查和发掘时，在仓城内采集到并出土过多件有"宁秦"戳印的残砖。发掘者以为据此"足证京师仓提仓城前身就是秦惠文王五年设立的宁秦县的县城遗址"。《西汉京师仓》，文物出版社，1990，第 7 页。"秦惠王五年"，应为秦惠王六年。

②　陕西省考古研究所：《西汉京师仓》，文物出版社，1990。

图 10 - 3 京师仓当

《汉书·武帝纪》：元光六年（前 129）"春，穿漕渠通渭"。《史记·河渠书》记载，时任大农的郑当时提出了"穿漕渠"的建议："异时关东漕粟从渭中上，度六月而罢，而漕水道九百余里，时有难处。引渭穿渠起长安，并南山下，至河三百余里，径，易漕，度可令三月罢。"同时渠水可以溉"渠下民田万余顷"，"此损漕省卒，而益肥关中之地，得穀"。汉武帝以为然，于是，"令齐人水工徐伯表，悉发卒数万人穿漕渠，三岁而通。通，以漕，大便利。其后漕稍多"。《史记·平准书》也记述这一重要工程："郑当时为漕渠回远，凿直渠自长安至华阴，作者数万人。"漕渠成，使支应长安地区消费的粮运条件大大改善，形成了班固《西都赋》所谓"东郊则有通沟大漕，溃渭洞河，泛舟山东，控引淮湖，与海通波"的形势。

在京师仓遗址以北 400 米处有东西走向的槽形凹地，向西一直延伸到陕西华县，长达 40 多公里，地下水位很高，常年积水，当地人称之为"二华夹槽"。有的学者推断，此所谓"二华夹槽"，当为汉代漕渠的遗迹。[①] 据考古工作者调查，证明京师仓遗址正当漕渠渠口，

---

① 黄盛璋《历史上的渭河水运》一文指出："华县附近东行经华阴大道之旁，留有东西横亘的故沟一道，当为隋唐漕渠因汉漕渠之遗迹。"《历史地理论集》，人民出版社，1982，第 167 页。另可参看马正林《渭河水运和关中漕渠》，《陕西师大学报》（社会科学版）1983 年第 4 期。

这里曾经是西汉时漕渠连接黄河水运航道的一处重要码头，由长安向东直通函谷关的大道，也从仓前经过。可见京师仓选址，全面考虑到水路交通和陆路交通的便利。

图 10 - 4 "华仓"瓦当

粟谷由京师仓西运，可以转储于长安附近的太仓。

汉高祖八年（前 199），"萧丞相营作未央宫，立东阙、北阙、前殿、武库、太仓"（《史记·高祖本纪》）。而《史记·汉兴以来将相名臣年表》又记载，孝惠六年（前 189），"立太仓、西市"。可能历时 10 年又有增建。文景之世，经济得以恢复，太仓积储充实。《史记·平准书》：

> 汉兴七十余年之间，国家无事，非遇水旱之灾，民则人给家足，都鄙廪庾皆满，而府库余货财。京师之钱累巨万，贯朽而不可校。太仓之粟陈陈相因，充溢露积于外，至腐败不可食。

《汉书·贾捐之传》记载，汉元帝初元元年（前 48）贾捐之回答元帝诘问，也说道："至孝武皇帝元狩六年，太仓之粟红腐而不可食，都内之钱贯朽而不可校。"

《九章算术·均输》中有关于转输太仓粟的算题，可以看作反映太仓储运具体情形的资料：

> 今有程传委输，空车日行七十里，重车日行五十里。今载太仓粟输上林，五日三返。问太仓去上林几何。
>
> 答曰：四十八里十八分里之十一。
>
> 术曰：并空、重里数，以三返乘之，为法。令空、重相乘，又以五日乘之，为实。实如法得一里。

太仓去上林 48 又 11/18 里的数据，大致与西汉太仓位置的有关记载相合。《三辅黄图》卷六：

> 太仓，萧何造，在长安城外东南。文景节俭，大仓之粟红腐而不可食。

长安附近又有所谓"细柳仓""嘉禾仓"（或谓"嘉仓"）。《汉书·文帝纪》：后元六年（前158）冬，"匈奴三万骑入上郡，三万骑入云中"，发军"以备胡"，"河内太守周亚夫为将军次细柳"。颜师古注引如淳曰："长安细柳仓在渭北，近石徼。"[1]《三辅黄图》卷六："细柳仓、嘉仓，在长安西、渭水北。古徼西有细柳仓，城东有嘉仓。"《太平御览》卷一九〇引《三辅故事》："汉大将军周亚夫军于细柳，今石激是也。石激西有细柳仓，城东嘉禾仓。"汉宣帝曾诏令"丞相以下至都官令丞上书入谷，输长安仓"（《汉书·宣帝纪》），"长安

---

① 张揖则以为"在昆明池南，今有柳市是也"。颜师古也认为："《匈奴传》云'置三将军，军长安西细柳、渭北棘门、霸上'，此则细柳不在渭北，揖说是也。"然而北防匈奴，似不当屯军至长安南。《元和郡县图志·关内道一》："细柳仓，在（咸阳）县西南二十里，汉旧仓也。周亚夫军次细柳，即此是也。张揖云在昆明池南，恐为疏远。"

仓”之称，暗示长安地区诸仓已形成协调统一的仓储系统。王莽曾建议在长安作“常满仓”，又“为大仓”（《汉书·王莽传》），有可能进一步扩大了长安仓储的规模。

西汉中期，云阳成为皇家重要祭祀中心之一[①]，又因甘泉宫所在，曾为帝王常居之处，取得有时得与长安并列的作为第二政治中心的地位，于是有“云阳都”之称。云阳甘泉又以直道交通之便，使得行幸此地的帝王，可以直接了解前线军情，就近指挥，控制北边军事局势。[②] 于是，西汉王朝努力动员民间运输力量以充实甘泉仓。《史记·平准书》：

> 令民能入粟甘泉各有差，以复终身，不告缗。他郡各输急处，而诸农各致粟，山东漕益岁六百万石。一岁之中，太仓、甘泉仓满。边余谷诸物均输帛五百万匹。民不益赋而天下用饶。

甘泉仓积粟，可以通过直道及时输送北边以补充军需。

畿辅大仓京师仓、太仓、甘泉仓等，都是国家粮仓，有关储运组织均由中央机关统一管理。据《汉书·百官公卿表上》，治粟内史（武帝太初元年更名大司农）“掌谷货”，其属官有太仓、均输等五令丞，郡国诸仓农监也归属于这一系统。[③] 《通典·职官八·诸卿中》：

---

① 《汉书·地理志上》：“云阳，有休屠、金人及径路神祠三所，越巫䘏鄜祠三所。”汉武帝元鼎五年，“立泰畤于甘泉，天子亲郊见，朝日夕月”。元封二年，又“作甘泉通天台”；在位期间又多次“幸甘泉，郊泰畤”（《汉书·武帝纪》）。

② 《汉书·文帝纪》：文帝三年（前177）五月，“匈奴入居北地、河南为寇。上幸甘泉，遣丞相灌婴击匈奴，匈奴去”。汉武帝十数次行幸甘泉，即包括元封元年（前110）“行自云阳，北历上郡、西河、五原，出长城，北登单于台，至朔方，临北河。勒兵十八万骑，旌旗径千余里，威震匈奴”，“还，祠黄帝于桥山，乃归甘泉”，以及同年“东巡海上，至碣石，自辽西历北边九原，归于甘泉”（《汉书·武帝纪》）。

③ 《汉书·百官公卿表上》：“治粟内史，秦官，掌谷货，有两丞。景帝后元年更名大农令，武帝太初元年更名大司农。属官有太仓、均输、平准、都内、籍田五令丞，斡官、铁市两长丞。又郡国诸仓农监、都水六十五官长丞皆属焉。”

"太仓署：于周官有廪人下大夫、上士。秦官有太仓令、丞。汉因之，属大司农。后汉令主受郡国传漕谷，其荥阳敖仓官，中兴皆属河南尹。历代并有之。"然而以具体史例考察，中央诸仓储运管理体系其实相当复杂。前引《九章算术·均输》"程传委输"，"载太仓粟输上林"算题，有的学者就理解为"上林苑中有上林苑的均输之事，当即归水衡都尉之均输令管理，其与大司农之均输令是各执其事的"①。两部门之均输令与大司农太仓令之间，职权分割当然也有严格的规定，只是我们今天因资料条件所限，对当时制度的认识难以十分明了。

《汉书·王莽传下》记载，邓晔、李松等部入关击王莽，"共攻京师仓，未下"，遂绕行西进，"时李松、邓晔以为京师小小仓尚未可下，何况长安城，当须更始帝大兵到。即引军至华阴，治攻具"。可见京师仓具有较强的防卫能力。起义军在京师仓以西"降城略地"，"所过迎降"，似可说明京师仓防务之坚固，在这一地区可能仅次于长安城。

宣帝朝名臣张敞从政履历中，起初"本以乡有秩补太守卒史，察廉为甘泉仓长，稍迁太仆丞"（《汉书·张敞传》），可知甘泉仓置"长"，与太仓主管首长称"令"相比，等级规格稍低。②

秦地历来有重视仓储建设的传统。多随葬陶制仓囷模型是关中地区秦墓的文化特征之一。戎王使由余到秦国考察，"秦缪公示以宫室、积聚。由余曰：‘使鬼为之，则劳神矣。使人为之，亦苦民矣’"（《史记·秦本纪》）。秦王朝强敛关东物力以充实秦地积聚，刘邦入

---

① 安作璋、熊铁基：《秦汉官制史稿》上册，齐鲁书社，1984，第213页。
② 自秦代起，县廷主官以万户上下分别设置县令和县长。《汉书·百官公卿表上》："县令、长，皆秦官，掌治其县。万户以上为令，秩千石至六百石。减万户为长，秩五百石至三百石。"中央部门属官，排列序次也以"令丞""长丞"为先后，或称"令长丞"，"长"秩次低于"令"。

关之初，就注意到其"仓粟多"的物质基础。① 娄敬建议刘邦定都关中，以为"因秦之故，资甚美膏腴之地，此所谓天府者也"（《史记·刘敬叔孙通列传》）。称秦地为"天府"始于战国策士。《战国策·秦策一》：苏秦始将连横说秦惠王曰：大王之国"田肥美，民殷富"，"沃野千里，蓄积饶多，地势形便，此所谓天府，天下之雄国也"。"蓄积饶多"是号称"天府"的基本条件。高诱注："府，聚也。"所谓"仓粟多"，所谓"蓄积饶多"，是与"秦自四境之内"存在所谓"长毂者"（《战国策·魏策四》）这种职业运输人员所体现的对粮运的特殊重视分不开的。汉初仍推行所谓"彊干弱枝"即剥夺其他地区以充实关中的政策，于是关中畿辅大仓依然"蓄积饶多"。《史记·大宛列传》记载，汉武帝为了"览示汉富厚"，曾"令外国客遍观各仓库府藏之积，见汉之广大，倾骇之"。很可能组织外国客人参观了太仓等国家粮仓。

京师仓、太仓、甘泉仓等畿辅国家粮仓积谷大多远输自关东，基本用于支应京师消费和西北军备，极少可能向东回流。即使所谓"开禁仓以振贫穷"（《史记·三王世家》）中"禁仓"包括这种大型国家粮仓，用于"振贫穷"的仓粮东运的数量也必然是极其有限的。

三　河西诸仓与军粮储运制度

《墨子·备城门》："子墨子曰：我城池修，守器具，樵粟足，上下相亲，又得四邻诸侯之救，此所以持也。"军粮充备，"薪食足以支三月以上"，是加强防务的首要条件。

---

① 《史记·高祖本纪》："使人与秦吏行县乡邑，告谕之。秦人大喜，争持牛羊酒食献飨军士。沛公又让不受，曰：'仓粟多，非乏，不欲费人。'"

秦汉北边军备，依靠内地"蜚刍輓粟"的支持，边防军粮储运制度，已经相当完备。

《汉书·食货志上》说，汉宣帝时，大司农中丞耿寿昌建议，"令边郡皆筑仓，以谷贱时增其贾而籴，以利农，谷贵时减贾而粜，名曰常平仓。民便之"①。而《汉书·宣帝纪》记载：五凤四年（前54），"大司农中丞耿寿昌奏设常平仓，以给北边，省转漕"。强调设常平仓的目的在于保证北边军粮供应。②

敦煌郡玉门都尉统辖的 T.18 烽燧"位于敦煌—玉门关的大道旁"，"该烽燧正北为一仓储遗址，今称大方盘城。这座仓储平面呈长方形，东西长 132 米，南北宽 15 米，有些地方的墙垣仍高 7.6 米。仓房有大厅三间，各厅南北两面墙上，都有两排对称的三角形通风孔。仓外有两重围墙"。仓储遗址位于湖滩西南一个土台上，"这里的地势相当低洼，建造者似乎是要将其尽量隐蔽起来。T.18 在仓储正南戈壁高地上、玉门关—敦煌的大道旁，似为这座仓储的眼目"③。仓址位于交通大道旁，体现出仓储与运输的关系。

位于陕西华阴，连接河渭漕运系统以供应京师长安地区粮食消费的京师仓即华仓，经考古发掘，可知其中规模最大的 1 号仓东西长62.5 米，南北宽 26.6 米，面积为 1662.5 平方米。而如果大方盘城为仓储遗址的判断不误，则这座位于长城防线最西端的粮仓面积竟然超

---

① 班固认为设置常平仓的政策有久远的渊源，《汉书·食货志下》赞曰："管氏之轻重，李悝之平籴，弘羊均输，寿昌常平，亦有从徕。"然而耿寿昌着意"边郡"粮储，与管氏、李悝、弘羊主张并不完全相同。

② 《通典·职官八·诸卿中》记耿寿昌"常平仓"事后，谓："常平之名起于此也，后汉明帝置常满仓，晋又曰常平仓。"按《后汉书·刘般传》："帝曾欲置常平仓，公卿议者多以为便。般对以'常平仓外有利民之名，而内实侵刻百姓，豪右因缘为奸，小民不能得其平，置之不便'。帝乃止。"是置常平仓（常满仓）之议终未能落实。且此仓制与耿寿昌"以给北边，省转漕"的出发点已相去甚远。

③ 林梅村、李均明：《疏勒河流域汉代边塞遗址概述》，《疏勒河流域出土汉简》，文物出版社，1984，第 17~18 页。

过京师仓 1 号仓，达 1980 平方米。由此可知当时北边军粮仓储的规模。

罗布淖尔汉简可见"坐仓校钱食"（18）以及"坐仓受"（19）简文，又可见"居卢訾仓""交河曲仓"仓名：

> 居卢訾仓以邮行（13）
> 河平四年十一月庚戌朔辛酉□守居卢訾仓车师戊校☒（15）
> ☒交河曲仓守丞衡移居卢訾仓（16）
> 元延五年二月甲辰朔己未□□□土□尉临居卢訾仓以☒己卯
> □□□□□□□即日到守□（17）①

敦煌汉简也可见所谓"居卢訾仓"，如：

> 西域都护领居卢訾仓守司马　和□□言□☒（57）

由简文可知军粮仓储主管官员为军职，秩级也相当高。此外，又可见"昌安仓"（1074，2104）、玉门仓（2397）、郡仓（184，282.283，284）。而简文所见"仓亭隧"隧名（1065），也暗示附近有仓设置，或者本身就作为仓的防卫机构。②

居延汉简中所见明确的仓名，又有：

（1）斥胡仓（148.3，148.48，273.8，308.45，563.6）

（2）收虏仓（135.7）

---

① 林梅村、李均明：《疏勘河流域山土汉简》附录《罗布淖尔汉简释文》，文物出版社，1984，第 98 ~ 99 页。
② 居延汉简所见"水门隧"（14.25，253.10，284.14）、"饼庭燧"（231.26）等，命名方式与此相类。

（3）吞远仓（133.13，136.16，136.48，176.34，198.3，甲附　9A，甲附　9B，E. P. T51：157A，E. P. T51：157B，E. P. T43：30B）

（4）吞远仓（E. P. T26：8，E. P. T43：63，E. P. T58：14）

（5）吞远仓廪（E. P. T43：30A）

（6）吞远廪（E. P. T 6：31）

（7）吞远隊廪（E. P. T43：44）

（8）第廿三仓（206.7，E. P. T52：198）

（9）第廿三隧仓（176.38，190.10，193.7，286.7，317.13）

（10）廿三廪（E. P. T53：184A）

（11）第廿六Ｖ廿五仓（101.1）

（12）肩水仓（10.32，75.25，133.2B，317.1，515.27）

（13）甲渠仓（85.32）

（14）居延仓（62.47，204.5，505.1，505.4，E. P. T 4：48B，E. P. T51：140，E. P. T22：68，E. P. F22：78，E. P. F22：153A）

（15）居延都尉仓（505.39）

（16）居延城仓（62.55）

（17）城仓（84.27，88.14，139.13，142.34，175.13，210.13，278.7A，317.22，E. P. T4：48　A，E. P. T27：11，E. P. T51：467，E. P. T 52：16A，E. P. T57：15，E. P. T59：96，E. P. T59：936，E. P. T 65：23　A，E. P. T65：55A，E. P. T65：316，E. P. T65：427，E. P. F 22：462　A，E. P. F22：625）

（18）都仓（42.13，502.14B，505.38B，505.43B，甲2483）

（19）候官仓（E. P. T4：57）

（20）北仓（174.31）

（21）禄福仓（15.18）

（22）代田仓（148.47，273.14，273.24，275.19，275.23，

534.3，557.3，557.5A，557.5B）

（23）当曲仓（E. P. T5：255A，E. P. W：101）①

（24）庶虏仓（E. P. T40：75A）

（25）藉田仓（E. P. T43：92）

其中或有一仓异名者，如（3）～（7）"吞远仓""吞远隧仓""吞远仓廪""吞远廪""吞远隧廪"其名5种，可能是指一处粮仓。（8）～（10）及（14）～（17）可能也是同仓异名。仓有城仓、都仓、候官仓、部仓、隧仓不同等级②，较小的仓又称作"廪"③（8）～（10）仓名与第廿三隧有关，另可见简145.2：

●告尉谓第廿三候长建国受转谷到☒

言车两石斗数

说明隧仓可能由候长负责，可以直接收储"转谷"。又如简133.13：

出转钱万五千　给吞远仓　十月丙戌吞远候史彭受令史

说明隧仓收储"转谷"后直接向运户支付"转钱"。

简 E. P. T17：16："廿三隧余二千四百廿七石"，据此可以推知隧

---

① 据简 E. P. T5：255A "☒曲仓曹☒" 及简 E. P. W：101 "☒☒车运转谷给当曲☒☒" 推断。

② 陈梦家《汉简所见居延边塞与防御组织》一文论及居延 "城仓"："居延城仓长可以兼行居延都尉丞事"，"城仓与都尉府同在一地，故得兼行"。他认为，其所谓 "城"，"似指居延与肩水都尉府所在的破城子与大湾两城"。《汉简缀述》，中华书局，1980，第46页。

③ 《诗·周颂·丰年》："丰年多黍多稌，亦有高廪，万亿及秭。" 郑玄笺："廪所以藏盍盛之穗也。"《荀子·富国》："垣窌仓廪者，财之末也。" 杨倞注："谷藏曰仓，米藏曰廪。"简 E. P. T59：112："五月二十六日第十五萩卿第牵隧长孙卿俱开小仓" 中所谓 "小仓"，形制规模可能接近或仅次于有时称作 "廪" 的 "隧仓"。

仓的最低容量。而由简 E. P. T27：11 简文：

入谷五千五百二斛　　　受城仓　　　吏☑

也可以推知城仓的最低容量。河西还有贮谷远远超过万石的大仓，如：

今余谷万二千四百七十三石三升少（112. 2，112. 22）
●凡谷万六千四百□☑（112. 6）

都可以说明其贮量规模。云梦睡虎地秦简《效律》有"栎阳二万石一积，咸阳十万石一积"的内容，与秦代国家粮仓的容量对照，汉时河西边地军用粮仓的规模仍然是十分惊人的。居延出土汉简又可见：

　　　　　　　　　　　　其二百卅五石米糒
☑　　今余谷千九百五十一石二斗二升　　　　　　☑
　　　　　　　　　　　　四百卅三斗三升少粟
（E. P. T52：586A）

☑□●凡出谷九千一百八十七石四斗一升大（E. P. T52：586B）

出谷 9187 石，余谷 1951 石，最低仓容量也超过 11000 石。

反映仓储与粮运之间关系的简例很多，例如：

☑城仓受转谷如府牒会日册☑（E. P. T51：467）
☑□车运转谷给当山曲☑（E. P. W：101）
□载　一石六斗六升大 卩
输吞远隧仓（E. P. T58：14）

　　□载肩水仓麦小石卅五石输居延⊓ㄥ（75.25）
　　车廿六士吏宣　所受北仓☑（174.31）

都记录与仓储有关的运输活动。简文所见"仓谷车两名籍"
（E.P.T52：548），也体现仓储转输分付，都离不开交通运输条件。
又如：

　　男子字游为丽戍䒑以牛车就载藉田仓为事（E.P.T43：92）

则是边地粮仓雇佣僦人僦载的实例。
　　值得注意的是，河西地区出土汉简中竟然还可以看到远郡仓名。
如居延汉简：

　　□□元年十二月甲申蜀郡仓啬夫浚移☑厨书□到☑
　　□告益恩候长夫子亡取多□□益恩故为☑书到□令史移益☑
　　☑□□□□□□□□□□□□□□□□☑（E.P.F25：25A）
　　即日令史□□□发（E.P.F25：25B）

这枚简可与敦煌汉简中如下简文对照读：

　　官属数十人持校尉印绶三十驴五百匹驱驴士五十人之蜀名曰
　　劳庸部校以下城中莫敢道外事次孙不知将（981）

看来河西地区与蜀郡之间确实曾存在转输关系。又如敦煌出土简：

　　愿加就程五年北地大守悝书言转☑
　　安定大守㞍书言转粟嘉平仓以就品博募贱无欲为☑（619）

大致记载转粟致边仓的情形。北地、安定亦属于北边地区，然而又位于河西四郡与内地联系的通路上。又如敦煌盐池湾墩采集的汉简：

☒粟输渭仓以就品贱无欲为者愿☒（1262）

内容与简 619 类似。由"渭仓"仓名，可知仓址或许应当在渭水流经的陇西郡或天水郡，也处于内郡向河西边郡转输军粮的通道上。可能"嘉平仓"与"渭仓"等都是为河西中转军粮的大仓，有关"以就（僦）品博（薄）""就（僦）品贱"而"无欲为者"的记录得以保留在敦煌军事文书档案中。

从出土简文看，河西诸仓的管理人员有"仓长"（10.32）、"仓啬夫"（515.27）、"仓宰"（505.4）、"仓监"（273.8）、"主仓故吏"（148.3）、"仓丞"（15.18）、"仓令史"（142.34）、"仓佐"（62.55）、"仓曹"（E.P.T5：255A）、"仓掾"（62.47）等多种职名。看来，边地军粮仓储的管理体制既有军事化的特色，又和内郡仓制相近的形式。①

河西诸仓多位于交通大道旁，因而有将公告宣示于"仓显处"（敦煌 699）的情形，简文"邮行北部仓"（204.9），也说明邮路通过仓址。河西仓储设施建设以及与仓储有关的军粮转运，是以交通条件为基础的，同时另一方面又刺激了交通基本建设的进一步发展。陈梦家在论述汉武帝所构筑边塞时曾经指出："汉武帝由于防御匈奴与羌，开发西域，在河套以西，用了短短十二年时间，兴建了规模巨大的三

---

① 　居延汉简"居延城司马千人候仓长丞塞尉"（E.P.F22：78），"建武三年四月丁巳朔辛巳领河西五郡大将军张掖属国都尉融移张掖居延都尉今为都尉以下奉各如差司马千人候仓长丞塞尉职间都尉以便宜财予从史田吏如律令"（E.P.F22：70），都说明"仓长丞"职官名称与内地一致，然而实际上已归入军官职级系列中。又"张掖居延城司马以近秩次行都尉文书事以居延仓长印封"（E.P.F22：68），也体现了这一情形。

四千里障塞亭隧，设置了组织严密的屯戍机构，新开辟了匈奴故地的河西四郡，在政治、军事、经济和交通诸方面都起了重要的作用。"① 汉代边防建设对于交通方面的重要作用，确实不可忽视。而所谓"组织严密的屯戍机构"中，无疑包括效能优异的军粮储运系统。

四　郡国仓制

贾谊曾经为汉文帝论积粟的意义。他认为："夫积贮者，天下之大命也。苟粟多而财有余，何为而不成？以攻则取，以守则固，以战则胜。怀敌附远，何招而不至？""畜积足而人乐其所"，则"可以为富安天下"（《汉书·食货志上》）。重视粮食囤积，其实是渊源相当久远的经济思想。《管子·国蓄》说，"五谷粟米，民之司命也"。又说："凡五谷者，万物之主也，谷贵则万物必贱，谷贱则万物必贵。两者为敌则不俱平。故人君御谷物之秩相胜，而操事于其不平之间。"国家为有效地控制经济，应当"使万室之都必有万锺之藏"，"使千室之都必有千锺之藏"。以农耕为主体经济形式的专制国家更重视仓廪对于维护其政体的作用。《商君书·农战》提出"仓虚"则"主卑"的观点，要求百姓"疾农，先实公仓，收余以食亲"，强调"善为国者，仓廪虽满，不偷于农"，认为善于治国者，粮仓虽然充盈，仍应劝勉农作。《商君书·垦令》还提出应当加强对粮运的严格管理，以求"国粟不劳"。

云梦睡虎地秦简有《仓律》，其中有反映秦时仓制的内容，例如：

> 入禾仓，万石一积而比黎之为户。县啬夫若丞及仓、乡相杂以印之，而遗仓啬夫及离邑仓佐主稟者各一户以气（饩），自封

---

① 陈梦家：《汉武边塞考略》，《汉简缀述》，中华书局，1980，第219页。

印，皆辄出，余之索而更为发户。啬夫免，效者发，见杂封者，以隄（题）效之，而复杂封之，勿度县，唯仓自封印者是度县。出禾，非入者是出之，令度之，度之当隄（题），令出之。①

又说，"栎阳二万石一积，咸阳十万一积，其出入禾、增积如律令"②。可见律文主要是针对地方仓储管理的规定。入仓与出仓，是运输过程的终结与开始。"入禾仓"及"出禾"程序之烦琐，与《商君书·垦令》所谓"车牛舆重设必当名，然则往速徕疾"③相联系，可以从另一角度说明官仓粮食转输已实行程式化的严格管理。

《后汉书·公孙述传》说，建武八年（32），"帝使诸将攻隗嚣。述遣李育将万余人救嚣。嚣败，并没其军，蜀地闻之恐动。述惧，欲安众心。成都郭外有秦时旧仓，述改名白帝仓，自王莽以来常空。述即诈使人言白帝仓出谷如山陵，百姓空市里往观之。述乃大会群臣，问曰：'白帝仓竟出谷乎？'皆对言：'无'。述曰：'讹言不可信，道隗王破者复如此矣。'"④秦时旧仓至两汉之际仍然可以使用。《华阳国志·蜀志》说，张仪、张若城成都，"造作下仓，上皆有屋，而置观楼射兰"。有关秦时粮仓的记载，还有《史记·货殖列传》："宣曲

---

① 据睡虎地秦墓竹简整理小组提供的译文，应理解为：谷物入仓，以一万石为一积而隔以荆笆，设置仓门。由县啬夫或丞和仓、乡主管人员共同封缄，而给仓啬夫和乡主管禀给的仓佐各一门，以便发放粮食，由他们独自封印，就可以出仓，到仓中没有剩余时才再给他们开另一仓门。啬夫免职，对仓进行核验的人开仓，验视共同的封缄，可根据题识核验，然后再共同封缄，不必称量，只称量原由仓主管人员独自封印的仓。谷物出仓，如果不是原入仓人员来出仓，要令加称量，称量结果与题识符合，即令出仓。

② 睡虎地秦墓竹简整理小组译文：在栎阳以二万石为一积，在咸阳以十万石为一积，其出仓、入仓和增积的手续均同上述律文规定。

③ 朱师辙《商君书解诂》："或以'设'为'役'之误字。"

④ 《华阳国志·公孙述刘二牧志》："城东素有秦时空仓，述更名白帝仓。使人宣言白帝仓暴出米巨万。公卿以下及国人就视之，无米。述曰：'仓去此数里，虚妄如此；隗王在数千里外，言破坏，真不然矣。'"《太平御览》卷一九〇引《益州记》："今成都县东有颓城毁垣，土人云'古白帝仓也'。"

任氏之先，为督道仓吏。"① 裴骃《集解》："《汉书音义》曰：'若今吏督租谷使上道输在所也。'韦昭曰：'督道，秦时边县名。'"《史记会注考证》引述刘奉世的见解，也以为"督道者，仓所在地名耳，犹称细柳仓也"，任氏世"为仓吏，故能藏粟致富"。郭胤伯《松淡阁印史》有"厩田仓印"，天津艺术博物馆藏印有"蜀邸仓印"，罗福颐均定为秦官印，以为前者"当是掌厩马专田所产粮储之仓"，后者"当是（郡邸）长丞属官主邸仓者"。②

《汉书·百官公卿表上》说，中央政府"掌谷货"的大司农部门，"郡国诸仓农监、都水六十五官长丞皆属焉"。所谓"郡国诸仓"，可考者有齐太仓，《史记·扁鹊仓公列传》："太仓公者，齐太仓长，临菑人也，姓淳于氏，名意。"《孝文本纪》则称其为"齐太仓令淳于公"。《封泥汇编》"汉官印封泥"中可见"齐大仓印"。又有吴太仓。《续汉书·郡国志三》：广陵郡，"东阳故属临淮，有长洲泽，吴王濞太仓在此"。《汉书·枚乘传》载枚乘说吴王语："夫汉并二十四郡，十七诸侯，方输错出，运行数千里不绝于道"，"转粟西乡，陆行不绝，水行满河，不如海陵之仓"。颜师古注引臣瓒曰："海陵，县名也。有吴大仓。"吴太仓储粟甚至可以压倒运道遥远的畿辅大仓。《史记·汲郑列传》记载汲黯事迹：

> 河内失火，延烧千余家，上使黯往视之。还报曰："家人失火，屋比延烧，不足忧也。臣过河南，河南贫人伤水旱万余家，或父子相食，臣谨以便宜，持节发河南仓粟以振贫民。臣请归节，伏矫制之罪。"上贤而释之，迁为荥阳令。

---

① 《史记·货殖列传》："秦之败也，豪杰皆争取金玉，而任氏独窖仓粟。楚汉相距荥阳也，民不得耕种，米石至万，而豪杰金玉尽归任氏，任氏以此起富。""窖"，裴骃《集解》引徐广曰："穿地以藏也。"实指暗中藏储。任氏有得"仓粟"之便利，又有"窖仓粟"技术，因以致富。

② 罗福颐主编《秦汉南北朝官印征存》，文物出版社，1987，第3、4页。

是关于河南郡仓的史例，洛阳中州路出土陶片有"河仓"印文，或可看作文物实证。① 由汲黯"发河南仓粟"事迹可以看到，不仅郡国诸仓长丞统属于大司农②，发放仓粟通常还要有中央政府最高权力机构的命令。《后汉书·韩韶传》说，韩韶为太山郡嬴长③，邻县"多被寇盗，废耕桑，其流入县界求索衣粮者甚众。韶愍其饥困，乃开仓赈之，所禀赡万余户。主者争谓不可"。韩韶则回答说："长活沟壑之人，而以此伏罪，含笑入地矣。"而"太守素知韶名德，竟无所坐"。"主者争谓不可"者，显然是没有经过申报批准的手续，在通常情况下当"以此伏罪"。

已知汉代郡国诸仓还有：

仓　名	仓　址	资　料　来　源
根仓	河东郡	《汉书·地理志上》
湿仓	河东郡	《汉书·地理志上》
万安仓	蜀郡新都县	《华阳国志·蜀志》①
海曲仓	琅邪郡海曲县	故宫博物院藏印
诸仓	琅邪郡诸县	《陈簠斋手拓印集》
垣仓	河东郡垣县	天津艺术博物馆藏印
略仓	天水郡略阳道	《待时轩印存》
桐仓	不详②	《待时轩印存》
阳周仓	上郡阳周县	《汉金文录》卷一

---

① 《汉书·汲黯传》作"臣过河内，河内贫人伤水旱万余家，或父子相食，臣谨以便宜，持节发河内仓粟以振贫民"，王先谦《汉书补注》引王念孙说，以为"此三'河内'皆因上文'河内失火'而误"，先谦曰："王说是也。《通鉴》三'河内'并依《史记》作'河南'。""河仓"陶文见中国科学院考古研究所《洛阳中州路（西工段）》，科学出版社，1959，图十八：2。

② "齐太仓令淳于公有罪当刑，诏狱逮徙系长安"（《史记·孝文本纪》），或谓"以刑罪当传西之长安"（《史记·扁鹊仓公列传》），齐太仓令有罪必须送长安处置，很可能也与这种统属关系有关。

③ 据《续汉书·郡国志三》，当作泰山郡嬴县长。

仓　名	仓　址	资　料　来　源
定陶都仓	济阴郡定陶县	《钟鼎彝器款识》卷一八
蜀郡仓	蜀郡	居延汉简 E. P. F 25：25A
嘉平仓	安定郡	敦煌汉简 619
渭仓	天水郡或陇西郡	敦煌汉简 1262
河仓	河南郡雒阳县	洛阳中州路（西工段）T1104：016 陶文
苑仓	丹阳郡	《太平御览》卷一九〇引《吴书》

说明：

① 《华阳国志·蜀志》：新都县，有"汉时五仓，名万安仓"。五城县，"汉时置五仓，发五县民，尉部主之，后因以为县"。

② 《汉书·武帝纪》：河东郡左邑县有桐乡，武帝元鼎六年行此"闻南越破，以为闻喜县"。又据《汉书·循吏传·朱邑》，庐江郡舒县有桐乡。

《封泥汇编》"汉官印封泥"又有"长信仓印"，天津艺术博物馆藏印有"兼仓"印①，仓址及其性质尚不能确知。

关于汉代中央政府利用郡国诸仓储粟调运粮食以调整全国经济生活的史例，可见：

汉二年（前205）六月，"关中大饥，米斛万钱，人相食，令民就食蜀汉"（《汉书·高帝纪上》）。

文帝二年（前178）春正月诏曰："民谪作县官及贷种食未入、入未备者，皆赦之。"

文帝后六年（前158）"夏四月，大旱，蝗"。"发仓庾以振民。"（《汉书·文帝纪》）

武帝元狩四年（前119），"山东被水菑，民多饥乏，于是天子遣使者虚郡国仓廥以振贫民"。

武帝元鼎二年（前115），"山东被河菑，及岁不登数年，人

---

① 罗福颐主编《秦汉南北朝官印征存》卷三以为"此为兼管仓、廥之官用印"。似未确。疑"兼"仍为地名。

或相食，方一二千里。天子怜之。诏曰：'江南火耕水耨，令饥民得流就食江淮间，欲留，留处。'遣使冠盖相属于道，护之，下巴蜀粟以振之"（《史记·平准书》）。

昭帝始元二年（前85）"三月，遣使者振贷贫民毋种、食者。秋八月，诏曰：'往年灾害多，今年蚕麦伤，所振贷种、食勿收责'"。

昭帝元凤三年（前78）"诏曰：'乃者民被水灾，颇匮于食，朕虚仓廪，使使者振困乏。其止四年毋漕。三年以前所振贷，非丞相御史所请，边郡受牛者勿收责'"（《汉书·昭帝纪》）。

宣帝本始四年（前70）"春正月诏曰：'盖闻农者兴德之本也，今岁不登，已遣使者振贷困乏。其令……丞相以下至都官令丞上书入谷，输长安仓，助贷贫民。民以车船载谷入关者，得毋用传'"。

宣帝地节三年（前67）"春三月，诏曰：'鳏寡孤独高年贫困之民，朕所怜也。前下诏假公田，贷种、食……'"

宣帝元康元年（前65）三月，诏曰："所振贷勿收。"

宣帝神爵元年（前61）三月，诏曰："所振贷物勿收。"（《汉书·宣帝纪》）

元帝初元元年（前48）三月，"以三辅、太常、郡国公田及苑可省者振业贫民，赀不满千钱者赋贷种、食"。"九月，关东郡国十一大水，饥，或人相食，转旁郡钱谷以相救。"

元帝初元二年（前47）"六月，关东饥，齐地人相食。秋七月，诏曰：'岁比灾害，民有菜色，惨怛于心。已诏吏虚仓廪，开府库振救，赐寒者衣'"。

元帝永光元年（前43）三月，诏曰："其赦天下，令厉精自新，各务农亩。无田者皆假之，贷种、食如贫民。"

元帝永光四年（前40）春二月，诏曰："所贷贫民勿收责。"（《汉书·元帝纪》）

成帝建始三年（前30）春三月，"诸逋租赋所振贷勿收"。

成帝河平四年（前25）春正月，"诸逋租赋所振贷勿收"。三月，"遣光禄大夫博士嘉等十一人行举濒河之郡水所毁伤困乏不能自存者，财振贷"。"避水它郡国，在所冗食之，谨遇以文理，无令失职。"①

成帝鸿嘉元年（前20）春二月，诏曰："逋贷未入者勿收。"

成帝鸿嘉四年（前17）春正月，诏曰："已遣使者循行郡国。被灾害什四以上，民訾不满三万，勿出租赋。逋贷勿入，皆勿收。流民欲入关，辄籍内。所之郡国，谨遇以理，务有以全活之。""秋，勃海、清河河溢，被灾者振贷之。"

成帝永始二年（前15）二月，诏曰："所振贷贫民，勿收。"又曰："关东比岁不登，吏民以义收食贫民、入谷物助县官振赡者，已赐直。"（《汉书·成帝纪》）②

王莽地皇三年（22）二月下书曰："今东方岁荒民饥，道路不通，东岳太师亟科条，开东方诸仓，赈贷穷乏，以施仁道。"四月，又曰："今使东岳太师特进褒新侯开东方诸仓，赈贷穷乏。太师公所不过道，分遣大夫谒者并开诸仓，以全元元。"又下书曰："惟民困乏，虽溥开诸仓以赈赡之，犹恐未足，其且开天下山泽之防。"后来，"流民入关者数十万人，乃置养赡官禀食之。使者监领，与小吏共盗其禀，饥死者十七八"（《汉书·王莽传下》）。

东汉时，仍多有以仓储粟米赈灾的记录。如汉和帝永元五年

---

① "在所冗食之"，颜师古注引文颖曰："冗，散也。散廪食使生活。"敦煌汉简也可见有关"冗食"的简文："不可作事者冗食于仓"（216）。"冗食"又作"宂食"。《后汉书·刘瑜传》："冗食空宫，劳散精神，生长六疾。"《资治通鉴·汉桓帝延熹八年》载刘瑜上书云："嫠女充积，冗食空宫，伤生费国"，胡三省注："无事而食，谓之冗食。"

② 颜师古注："收食贫人，谓收取而养食之。助县官振赡，谓出物以助郡县之官也。已赐直，谓官赐其所费直也。"

（93）三月，"遣使者分行贫民，举实流冗，开仓赈禀三十余郡"（《后汉书·和帝纪》）；汉献帝兴平元年（194）"三辅大旱"，"是时谷一斛五十万，豆麦一斛二十万，人相食啖，白骨委积。帝使侍御史侯汶出太仓米豆，为饥人作糜粥"（《后汉书·献帝纪》）。

中央政府通过对各地仓储机构的有效控制，努力防止因自然灾害等农业危机所导致的政治动乱和经济破坏。郡国诸仓在中央统一调度下对灾区的赈给，使部分民众有可能得到生存的最低保证。[①] 而所谓开仓"贷种"，为维护农业再生产提供了必要条件，其积极意义也是不可低估。广西贵县罗泊湾1号汉墓出土《从器志》木牍，其背面第一栏可见"仓种及米厨物五十八囊"字样[②]，或许可以看作有助于理解汉代开仓"贷种"政策的文物资料。

应当看到，仓储积蓄，即所谓"入禾仓"，是通过"大家牛车，小家担负，输租繦属不绝"（《汉书·兒宽传》）的运输形式实现的。同样，仓储发挥其效能，即所谓"出禾"时，也必然要以运输条件作为保证。[③]"下巴蜀粟以振之"，"转旁郡钱谷以相救"以及汉安帝永初七年（113）"九月，调零陵、桂阳、丹阳、豫章、会稽租米，赈给南阳、广陵、下邳、彭城、山阳、庐江、九江饥民；又调滨水县谷输敖仓"（《后汉书·安帝纪》），都是组织大规模粮运的历史记录。在开仓赈灾时，还往往立即组织粮运以保证仓储的再充实，或动员民间运输力量直接将粟谷运至灾区。如汉宣帝本始四年（前70），令："丞相以下至都官令丞上书入谷，输长安仓，助贷贫民。民以车船载谷入关

---

①　《春秋繁露·五行变救》："百姓贫穷叛去，道多饥人。救之者，省徭役，薄赋敛，出仓谷，振困穷矣。"

②　广西壮族自治区文物工作队：《广西贵县罗泊湾一号墓发掘简报》，《文物》1978年第9期；广西壮族自治区文物工作队：《广西贵县罗泊湾二号汉墓》，《考古》1982年第4期；广西壮族自治区博物馆：《广西贵县罗泊湾汉墓》，文物出版社，1988。

③　在政府运输能力疲软时，也曾不得已而采取"令民就食蜀汉""令饥民得流就食江淮间""避水它郡国""流民欲入关，辄籍内"一类政策。但即使如此，仍需组织必要的短途运输。

者，得毋用传。"在政府运输能力疲软时，也曾不得已而采取所谓"令民就食蜀汉""令饥民得流就食江淮间""避水它郡国""流民欲入关，辄籍内"一类政策。但即使如此，仍需组织必要的短途运输。

《淮南子·泰族》说，"稼生于田而藏于仓，圣人见其所生，则知其所归矣"。仓储，其实正是农业经营最终之归要。《春秋繁露·郊语》所谓"禾实于野，而粟缺于仓"，也是农耕经济的失败。《史记·天官书》："胃为天仓。其南众星曰廥积。"张守节《正义》："胃主仓廪，五谷之府也。占：明则天下和平，五谷丰稔；不然，反是也。"仓之充盈与空虚，关系着天下政情。地皇三年（22），"（王）莽以天下谷贵，欲厌之，为大仓，置卫交戟，名曰'政始掖门'"（《汉书·王莽传下》），反映出在当时政治观念中国家粮仓与天下形势的关系。最高统治集团严格控制着各地仓储系统的调节与使用，同时也控制了入仓与出仓的主要粮路，控制了最重要的经济物资的运输，从而最终控制了国家的基本经济命脉。

故宫博物院藏汉印有"私仓"印。学者或以为依"私府"印例，"'私仓'殆是诸侯之仓，或皇后、太子别宫之仓"[1]。秦汉时期，民间真正的"私仓"也是存在的。宣曲任氏"窖仓粟"而"起富"，就是所谓"布衣匹夫之人，不害于政，不妨百姓，取与以时而息财富"（《史记·太史公自序》）的实例。《九章算术·商功》中有关于"容粟一万斛"的仓和"容米二千斛"的圆囷的算题[2]，或许反映官仓形制。而关于所谓"委粟平地""委菽依垣""委米依垣内角"等算题[3]，当大

---

① 罗福颐主编《秦汉南北朝官印征存》，文物出版社，1987，第 16 页。

② 如算题："今有仓，广三丈，袤四丈五尺，容粟一万斛。问：高几何？答曰：二丈。"又有算题："今有圆囷，高一丈三尺三寸少半寸，容米二千斛。问：周几何？答曰：五丈四尺。"

③ 如算题："今有委粟平地，下周一十二丈，高二丈。问：积及为粟几何？答曰：积八千尺，为粟二千九百六十二斛二十七分斛之二十六斛。"又有算题："今有委菽依垣，下周三丈，高七尺。问：积及为菽各几何？答曰：积三百五十尺，为菽一百四十四斛二百四十三分斛之八。"又如算题："今有委米依垣内角，下周八尺，高五尺。问：积及为米几何？答曰：积三十五尺九分尺之五，为米二十一斛七百二十九分斛之六百九十一"。

致反映私家积储情形，题中所见"委粟术"，可以用来计算没有统一规范的积粟形式。《西京杂记》卷四有计算私储囷米的故事。① 汉墓普遍随葬陶仓模型，更可以直接说明私仓之普及。《四民月令·五月》："淋雨将降，储米谷薪炭，以备道路陷淖不通。"汉代画象仓储图中多见运粮车辆，也说明私家仓储规模虽小，与之相关的运输活动依然不可以忽视。

汉文帝时，曾推行"募民能输及转粟于边者拜爵"的政策《史记·平准书》）。② 灾年开仓振贷饥民，汉宣帝时曾组织官吏"入谷，输长安仓，助贷贫民"，对"民以车船载谷入关者"在交通管理方面予以优待。汉成帝时，对吏民"入谷物助县官振赡者"给予优惠的补偿。汉桓帝永寿元年（155）二月，"司隶、冀州饥，人相食"。在"敕州郡赈给贫弱"的同时，又宣布："若王侯吏民有积谷者，一切贷十分之三，以助禀贷。其百姓吏民者，以见钱雇直。王侯须新租乃偿。"（《后汉书·桓帝纪》）可见，在必要时，私家储运能力往往强被征调，以作为政府储运能力的重要补充。当时也有民间自发地以储运力量从事救荒的情形，如《汉书·武帝纪》记载元狩三年（前120）"举吏民能假贷贫民者以名闻"，元鼎二年（前115）"吏民有振救饥民免其厄者，具举以闻"等。③

---

① 《西京杂记》卷四："元理尝从其友人陈广汉，广汉曰：'吾有二囷米，忘其石数，子为计之。'元理以食筋十余转，曰：'东囷七百四十九石二升七合。'又十余转，曰：'西囷六百九十七石八斗。'遂大署囷门。后出米，西囷六百九十七石七斗九升，中有一鼠，大堪一升；东囷不差圭合。"

② 《汉书·食货志上》记载，晁错建议"使天下人人粟于边，以受爵免罪"，"于是文帝从错之言，令民入粟边"。"边食足以支五岁"，又"令入粟郡县"。汉景帝时，"及徒复作，得输粟于县官以除罪"。

③ 参看王子今《两汉救荒运输略论》，《中国史研究》1993 年第 3 期。

第十一章

秦汉产业布局及运销区划

一 盐产与盐运

制盐业是秦汉时期受到特殊重视的生产部门。

"十口之家十人食盐，百口之家百人食盐。"（《管子·海王》）①盐是最基本的生活必需品，是维持社会正常经济生活不可或缺的重要物资。秦汉帝国的规模，使得盐的消费与供应成为重要的社会经济问题。②汉武帝时代，最高执政集团已经清醒地认识到盐业对于国计民生的重要意义，有识见的政治家强烈主张盐业官营，"以为此国家大业，所以制四夷，安边足用之本，不可废也"（《汉书·食货志下》）。

《禹贡》说九州贡品贡道："海岱惟青州"，"海滨广斥"，"厥贡

---

① 又《管子·地数》："十口之家十人咶盐，百口之家百人咶盐。""咶"，《太平御览》卷八六五引作"舐"。

② 参看王子今《汉代人饮食生活中的"盐菜""酱""豉"消费》，《盐业史研究》1996年第1期。

盐绤"，"浮于汝，达于济"。显然东海盐
业早已对于中原经济形成影响。齐桓公
时，管子曾主持推行所谓"官山海"，
"正盐筴"的政策（《管子·海王》），有
的学者认为，"所言盐政，不仅由国家专
卖而已，实则生产亦归国家经营"①。其
产、运、销统由国家管理。

　　汉初经济恢复时期，滨海地区曾以
其盐业发展而首先实现富足。"煮海水
为盐，国用富饶"（《史记·吴王濞列
传》）。"而富商大贾或蹛财役贫，转毂
百数"，"冶铸煮盐，财或累万金"
（《史记·平准书》），倚恃其生产能
力和运输能力的总和而形成经济优
势。汉武帝时代实行严格的禁榷制
度，盐业生产和运销一律收归官营。
"募民自给费，因官器作煮盐，官与
牢盆。"对"欲擅管山海之货，以致
富羡，役利细民"的"浮食奇民"
予以打击，敢私煮盐者，"钛左趾

图 11 - 1　秦"西盐"封泥

图 11 - 2　秦"江左盐丞"封泥

没入其器物"（《史记·平准书》）。
当时于产盐区各置盐业管理机构"盐官"。《汉书·地理志》载各
地盐官 35 处，即：

　　河东郡：安邑；

---

　　①　马非百：《管子轻重篇新诠》，中华书局，1979，第193页。

太原郡：晋阳；

南郡：巫；

钜鹿郡：堂阳；

勃海郡：章武；

千乘郡；

北海郡：都昌，寿光；

东莱郡：曲城，东牟，㠌，昌阳，当利；

琅邪郡：海曲，计斤，长广；

会稽郡：海盐；

蜀郡：临邛；

犍为郡：南安；

益州郡：连然；

巴郡：朐忍；

陇西郡；

安定郡：三水；

北地郡：弋居；

上郡：独乐，龟兹；

西河郡：富昌；

朔方郡：沃壄；

五原郡：成宜；

雁门郡：楼烦；

渔阳郡：泉州；

辽西郡：海阳；

辽东郡：平郭；

南海郡：番禺；

苍梧郡：高要。

所录盐官其实未能完全，严耕望曾考补 2 处：

    西河郡：盐官；
    雁门郡：沃阳。①

杨远又考补 6 处：

    越嶲郡：定莋；
    巴郡：临江；
    朔方郡：朔方，广牧；
    东平国：无盐；
    广陵国。

又写道："疑琅邪郡赣榆、临淮郡盐渎两地，也当产盐，尤疑东海郡也当产盐，姑存疑。"②

西河郡盐官以"盐官"名县。《汉书·地理志下》：雁门郡沃阳，"盐泽在东北，有长丞，西部都尉治"。《水经注·河水三》："沃水又东北流，注盐池。《地理志》曰'盐泽在东北'者也。""池西有旧城，俗谓之'凉城'也。""《地理志》曰'泽有长丞'，此城即长丞所治也。"《汉书·地理志上》：越嶲郡定莋"出盐"。《华阳国志·蜀志》：定筰县"有盐池，积薪以齐水灌，而后焚之，成盐。汉末，夷皆锢之"。张嶷往争，夷帅不肯服，"嶷禽，挞杀之，厚赏赐余类，皆安，官迄有之"。当地富产盐，元置闰盐州，明置盐井卫，清置盐源

---

① 严耕望：《中国地方行政制度史》上编"秦汉地方行政制度史"，"中央研究院"《历史语言研究所专刊》之四十五，1961。
② 杨远：《西汉盐、铁、工官的地理分布》，《香港中文大学中国文化研究所学报》第 9 卷上册，1978。

县。"汉末，夷皆锢之"，西汉时则有可能为官有。《水经注·江水一》："江水又东迳临江县南，王莽之监江县也。《华阳记》曰：'县在枳东四百里，东接朐忍县，有盐官，自县北入盐井溪，有盐井营户。'"《汉书·地理志下》：朔方郡朔方，"金连盐泽、青盐泽皆在南"。《水经注·河水三》："县有大盐池，其盐大而青白，名曰青盐，又名戎盐，入药分，汉置典盐官。"[①] 《汉书·地理志下》：朔方郡广牧，"东部都尉治，莽曰盐官"。东平国无盐，"莽曰有盐亭"。《史记·吴王濞列传》说，吴王刘濞"煮海水为盐"致"国用富饶"，《货殖列传》也说广陵"有海水之饶"。《后汉书·马棱传》："章和元年，迁广陵太守。时谷贵民饥，奏罢盐官，以利百姓。"是广陵也有盐官。

图 11-3　西汉"琅邪左盐"封泥

如此西汉盐官可知位于 30 郡国，共 43 处。其中滨海地区 19 处，占 44.18%。《史记·货殖列传》："山东食海盐，山西食盐卤，领南、沙北，固往往出盐，大体如此矣。"沿海盐业出产实际上满足了东方人口最密集地区的食盐消费需求。海盐西运，与秦汉时期由东而西的货运流向的基本趋势是大体一致的。由于海盐生产方式较为简单，在其生产总过程中运输生产的比重益发显著。《北堂书钞》卷一四六引徐幹《齐都赋》：

　　若其大利，则海滨博诸，溲盐是锺，金赖是肤。皓皓乎若白
　　雪之积，鄂鄂乎若景阿之崇。

----

① 居延汉简可见所谓"戎盐"，如："治马欬涕出方取戎盐三指撮三□☑"（155.8）。马王堆汉墓帛书《五十二病方》中也有取"戎盐"入药的例证。

又引刘桢《鲁都赋》：

> 又有盐池漭沆，煎炙赐春。烓暴溃沫，疏盐自殷。挹之不损，取之不动。
>
> 其盐则高盆连冉，波酌海臻。素醝凝结，皓若雪氛。
>
> 盐生海内，暮取朝复生。

形容齐鲁海盐生产的盛况。所谓"挹之不损，取之不动"，"暮取朝复生"，都说明运输实际上是海盐由生产走向流通与消费的重要的转化形式，又是其生产过程本身的最关键的环节。

"山东食海盐，山西食盐卤"，大体说明了秦汉时期盐业的产销区划。"盐卤"，张守节《史记正义》："谓西方咸地也。坚且咸，即出石盐及池盐。"不过，"山东食海盐，山西食盐卤"并不宜作绝对的理解，史籍中还可以看到南阳地区食用河东池盐的实例，如《后汉书·贾复传》记述"南阳冠军人"贾复的事迹：

> 王莽末，为县掾，迎盐河东，会遇盗贼，等比十余人皆放散其盐，复独完以还县，县中称其信。①

《说文·卤部》："鹽，河东盐池也。袤五十一里，广七里，周百十六里。"②《太平御览》卷八六五引作"袤五十里，广六里，周一百十四

---

① 《太平御览》卷八六五引《东观汉记》："贾复为县掾，迎盐河东，会盗贼起，等辈放散其盐，复独完还致县中。"

② 段王裁注："《左传正义》《后汉书注》所引同。惟《水经注·涑水》篇引作'长五十一里，广六里，周一百一十四里'为异。《魏都赋》注：'猗氏南盐池，东西六十四里，南北七十里。'《郡国志》裴松之注引杨佺期《洛阳记》：'河东盐池，长七十里，广七里。'《水经注》曰：'今池水东西七十里，南北七十里。'参差乖异，盖随代有变。"除池沼水面随代变迁外，历代尺度有异，可能也是导致记述"参差乖异"的原因之一。

里"，又附注：

> 戴延之《西京记》曰：盐生水中，夕取朝复，千车万驴，适意多少。

也说运输实际上是"盐卤"生产的关键环节。《后汉书·第五伦传》说，第五伦"将家属客河东，变名姓，自称王伯齐，载盐往来太原、上党，所过辄为粪除而去，陌上号为道士，亲友故人莫知其处"。[①]《续汉书·郡国志一》：河东郡安邑"有盐池"，刘昭注补引杨佺期《雒阳记》："河东盐池长七十里，广七里，水气紫色。有别御盐，四面刻如印齿文章，字妙不可述。"左思《魏都赋》有"墨井盐池，玄滋素液"句，李善注："河东猗氏南有盐池。"或可理解为反映东汉末年盐业经济的信息。结合前述贾复"迎盐河东"故事，可知中原政治文化重心地区邺、洛阳、南阳皆仰仗河东安邑盐产。而太原郡晋阳有盐官，第五伦仍由河东"载盐往来太原"，说明河东安邑盐池出产丰饶且交通条件便利，其市场范围之扩展可以形成对其他盐官的冲击。

《九章算术·均输》中有关于"取佣负盐"的算题：

> 今有取佣，负盐二斛，行一百里，与钱四十。今负盐一斛七斗三升少半升，行八十里。问与钱几何？
>
> 答曰：二十七钱十五分钱之十一。
>
> 术曰：置盐二斛升数，以一百里乘之为法。以四十钱乘今负盐升数，又以八十里乘之，为实。实如法得一钱。

---

① 《太平御览》卷一九五引《东观汉记》："第五伦自度仕宦牢落，遂将家属客河东，变易姓名，自称王伯齐，常与奴载盐北至太原贩卖，每所止客舍，去辄为粪除，道上号曰道士，开门请求，不复责舍宿直。"

可以反映当时盐运的通常形式。《说文·巾部》："帣，囊也。今盐官三斛为一帣。"段玉裁注："举汉时语证之。"以为与《手部》"揗"字下所谓"今盐官入水取盐为揗"① 同样，"皆汉时盐法中语"。看来，盐官产盐之包装形式乃至转运形式，都有统一的规格。

《太平御览》卷八二引《尸子》："昔者桀纣纵欲长乐以苦百姓，珍怪远味，必南海之荤，北海之盐"②，虽然作为"此其祸天下亦厚矣"的非常之例，然而也反映中原人早已有"北海之盐"的消费经验。讨论汉代盐官的交通布局，不能不注意到北边地区盐官之密集。上文列举43处盐官中，北边盐官计16处，占37.21%。北边盐业资源得以开发，除用以满足边防军民的需要外，北边道便利盐运的交通条件也是重要因素之一。

居延汉简可见所谓"廪盐名籍"（141.2）③、"盐出入簿"（E.P.T7：13）④。边地又有容量相当可观的储盐设施，如简文可见：

永始三年计余盐五千四百

一石四斗三龠（E.P.T50：

29）

图11-4　《望古斋印存》著录西汉"琅左盐丞"印

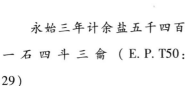

---

① 《续汉书·百官志五》："凡郡县出盐多者置盐官，主盐税。"刘昭注补引胡广曰："盐官揗坑而得盐，或有凿井煮海水而以得之者。"

② 《太平御览》卷八六五引作"南海之荤，北海之盐"。

③ 如："郭卒徐弘，盐三升，十二月食三石三斗三升少，十一月庚申自取"（286.12）。简文更多见"盐"与"食"一同受取之例，如："郭卒张竟，盐三升，十二月食三石三斗三升少，十一月庚申自取"（203.14）。

④ 如："出盐二石一斗三升，给食戍卒七十一人二月戊午□□□□"（139.31），"出盐三升"（268·9），"出盐二升九龠"（268.12）。

敦煌汉简也有：

> 盐临泉二千五百积稚卿（1125）

尽管如此，仍然可以看到有时出现可能因盐运不足所导致的食盐匮乏的情形，如：

> ☑十二月食盐皆毕已敢言之（E. P. T52：254）

有的戍所甚至出现食盐完全断绝的境况：

> ●卒胡朝等廿一人自言不得盐言府●一事集封　八月庚申尉史常封（136.44）

所谓"一事集封"，或许反映这种情形受到充分重视。与盐运有一定关系的简例，又有：

> 三年调盐九十石☑（E. P. T 31：9）
>
> 　　　　前宿
> ☑隊取盐不还仁有☑（E. P. T52：672）
> ☑　　　坐劳边使者过郡饮适盐卌石输官（E. P. T51：323）

又如：

> 其市买五均之物及盐而无二品☑（E. P. T6：88）

则反映以盐为转贩对象的商运，在某些时期、某些地区受到政府的严格统制。

秦汉时期巴蜀滇地区大致以井盐自给，但是分析其区域交通形势，仍不能忽视盐运的意义。成、哀间成都商人罗裒"贾京师"，"往来巴蜀"，"赊贷郡国"，又"擅盐井之利，期年所得自倍，遂殖其货"（《汉书·货殖传》）。经营盐运，当是致富途径之一。四川出土汉代画象砖反映盐业生产的画面中对于盐运情景的精心描绘，也突出强调了运输"表现为生产过程在流通过程内的继续"① 的意义。

贾谊为长沙王太傅，意不自得，及渡湘水，为赋以吊屈原，其辞有所谓"骥垂两耳兮服盐车"（《史记·屈原贾生列传》）。司马贞《索隐》引《战国策》曰："夫骥服盐车上太山中阪，迁延负辕不能上，伯乐下车哭之也。"② 看来，盐运是人皆以为艰难卑下的最为普遍的运输活动。王莽诏曰："夫盐，食肴之将"，"非编户齐民所能家作，必卬于市，虽贵数倍，不得不买"（《汉书·食货志下》）。卫觊与荀彧书也写道："夫盐，国之大宝也，自乱来散放，宜如旧置使者监卖。"（《三国志·魏书·卫觊传》）强有力的中央政府总理盐政，往往同时对盐运也施行严格的统一管理。自汉武帝时代开始推行的这一政策，对于稳定汉王朝的经济基础发挥了重要的作用。③ 这一政策又

---

① 马克思：《资本论》第 2 卷，《马克思恩格斯全集》第 24 卷，人民出版社，2002，第170 页。

② 今本《战国策·楚策四》："夫骥之齿至矣，服盐车而上太行。蹄申膝折，尾湛胕溃，漉汁洒地，白汗交流，中阪迁延，负辕不能上。伯乐遭之，下车攀而哭之，解纻衣以幂之。骥于是俛而喷，仰而鸣，声达于天，若出金石声。""服盐车而上太行"，似亦可作为河东郡安邑盐池产盐流通范围的例证之一。

③ 例如汉武帝时代政府面临经济困难时，"大农以均输调盐铁助赋，故能赡之"（《史记·平准书》）。据《汉书·元帝纪》，汉元帝初元五年（前44）夏四月诏令罢"盐铁官"，然而时仅 3 年，永光三年（前41）冬，即"以用度不足""复盐铁官"。有关汉代盐官设置的文物资料有上海博物馆藏印"琅盐左丞"及《封泥考略》"槠盐左丞"、《封泥汇编》"琅邪左盐"等。又《凝清室古官印存》"莲勺卤醎督印"，陕西省博物馆藏印"莲勺卤督印"及"石藕盐督"印，则反映曹魏盐官制度。参看王子今《两汉盐产与盐运》，《盐业史研究》1993 年第 3 期。

体现出久远的历史影响，历代专制政府多以此作为其基本经济政策的主要内容之一。

二　铁官设置与铁器转运

铁是制作生产工具和兵器的主要材料。《管子·海王》说："一女必有一鍼一刀，若其事立。耕者必有一耒一耜一铫，若其事立。行服连轺辇者，必有一斤一锯一锥一凿，若其事立。不尔而成事者，天下无有。"这就是所谓"铁官之数"。

图 11-5　"齐铁官印"封泥

秦汉时期，冶铁技术又有显著的进步，铁器进一步普及于社会实用，冶铁业也受到普遍的重视。所谓"铁器，民之大用也"（《盐铁论·水旱》），"铁器者，农夫之死士也"（《盐铁论·禁耕》），"田器兵刃，天下之大用也"（《盐铁论·复古》），"铁，田农之本"（《汉书·食货志下》王莽诏），都体现铁器对于社会经济的意义。政府实行"笼"盐铁（《盐铁论·禁耕》）或谓盐铁"斡在县官"（《汉书·食货志下》）的政策，正因为"煮盐兴冶，为军农要用"（《三国志·魏书·邓艾传》），历代统治者均不敢忽视。

《汉书·地理志》记录西汉设置铁官共 47 处，即：

京兆尹：郑；

左冯翊：夏阳；

右扶风：雍，漆；

弘农郡：宜阳；

河东郡：安邑，皮氏，平阳，绛；

太原郡：大陵；

河内郡：隆虑；

河南郡；

颍川郡：阳城；

汝南郡：西平；

南阳郡：宛；

庐江郡：皖；

山阳郡；

沛郡：沛；

魏郡：武安；

常山郡：都乡；

涿郡；

千乘郡：千乘；

济南郡：东平陵，历城；

泰山郡：嬴；

齐郡：临淄；

东莱郡：东牟；

琅邪郡；

东海郡：下邳，朐；

临淮郡：盐渎，堂邑；

汉中郡：沔阳；

蜀郡：临邛；

犍为郡：武阳，南安；

陇西郡；

渔阳郡：渔阳；

右北平郡：夕阳；

辽东郡：平郭；

中山国：北平；

胶东国：郁秩；

城阳国：莒；

东平国；

鲁国：鲁；

楚国：彭城；

广陵国。

常山郡蒲吾"有铁山"，当亦有冶铁管理机构。此外，据《续汉书·郡国志》，桂阳郡耒阳"有铁"；巴郡宕渠"有铁"；越巂郡台登"出铁"，会无"出铁"；益州郡滇池"出铁"；永昌郡不韦"出铁"；北地郡弋居"有铁"；渔阳郡渔阳"有铁"，泉州"有铁"。很可能也曾设置铁官。其中桂阳郡耒阳铁官，则可得见于《后汉书·循吏列传·卫飒》之确证："耒阳县出铁石，佗郡民庶常依因聚会，私为冶铸"，"（卫）飒乃上起铁官，罢斥私铸"。

图 11-6 "齐铁官丞"封泥

根据考古工作者勘察与发掘所获得的资料，在北京昌平，河北沙河，山西夏县，内蒙古呼和浩特、和林格尔、杭锦旗，山东章丘、临淄、莱芜、滕县，江苏徐州、泗洪，河南郑州、巩县、临汝、登封、温县、鹤壁、南阳、鲁山、桐柏、方城、西平、确山、林县、新安，陕西凤翔，新疆民丰、洛浦、库车等地，共发现汉代冶铁遗址 30 多处，遗址面积多在 1 万平方米以上，有的达到 10 几万平方米，临淄故城几处汉代冶铁遗址的面积，合计达 40 多万平方米。① 在郑州、巩县、南阳、鲁山、滕县等冶铁遗址中，发现过铁官标志铭文。根据铭文考定的汉代铁官有河南郡、颍川郡、南阳郡、河东郡、渔阳郡、山阳郡、临淮郡、庐江郡、蜀郡临邛、中山国北平、弘农郡宜阳等十数处。② 浙江博物馆藏印"新安铁丞"，《封泥汇编》"铁官""齐铁官印""齐铁官丞"，《齐鲁封泥集存》"齐铁官长""临淄铁丞"，临淄故城出土"齐采铁印"封泥，也是反映汉代铁官制度的文物资料。

正如有的学者所指出的，"据后来的文献资料和地下发现的考古资料来看，凡是设有铁官的地方，大都是铁矿所在地或距离铁矿不远而又交通便利和商业发达的城市"③。据考古工作者勘察和发掘，今河南省已有 14 个县市发现汉代冶铁遗址 18 处，是发现汉代冶铁遗址最集中的省区。有的县，如登封县即发现多处遗址。这一情形，当与该地区"居五诸侯之衢，跨街冲之路"（《盐铁论·通有》）的交通条件有关。巩县铁生沟遗址、郑州古荥镇遗址、南阳瓦房庄遗址、温县招贤村遗址是具有代表性的 4 处遗址，规模均较大，由遗迹现象所复原的冶铸加工技术，也均已达

图 11-7　"齐采铁印"封泥

---

① 高炜：《汉代冶铁遗址的发现与研究》，《新中国的考古发现和研究》，文物出版社，1984，第 464~468 页。

② 李京华：《汉代铁农器铭文试释》，《考古》1974 年第 1 期；北京市古墓发掘办公室：《大葆台西汉木椁墓发掘简报》，《文物》1977 年第 6 期。

③ 傅筑夫：《中国封建社会经济史》第 2 卷，人民出版社，1982，第 333 页。

到相当成熟的水平①。应当注意到，这 4 处重要遗址均处于当时主要
交通线的交结点上。

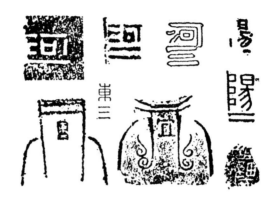

图 11 - 8　汉代铁器标识产地的铭文

分析汉代冶铁遗址的布局及生产分工，可以看到，凡设在矿区或
矿区附近城镇的作坊，一般兼营冶炼、铸造和铁器热处理加工；距矿
区较远的都市中的作坊，一般经营铸造、热处理加工、炒钢和锻造。
这种比较合理的布局与分工，是考虑到交通因素而形成的，体现出铁
官生产系统管理体制之完备。

《史记·货殖列传》列数私家以冶铸致富者，卓氏"即铁山鼓铸，
运筹策，倾滇蜀之民，富至僮千人"；程郑"亦冶铸，贾椎髻之民，
富埒卓氏"；孔氏"大鼓铸"，"连车骑，游诸侯，因通商贾之利"，
"家致富数千金"；曹邴氏"以铁冶起，富至巨万"，"贳贷行贾遍郡
国"。所谓"倾滇蜀之民"，"贾椎髻之民"，"通商贾之利"等，都说
明经营铁冶的富家在组织生产的同时又从事转贩。贩运铁器牟利，曾
经是致财求富的捷径。主持官营冶铁业者痛斥"浮食奇民欲擅斡山海

---

① 　河南省文化局文物工作队：《巩县铁生沟》，文物出版社，1962；郑州市博物馆：《郑
州古荥镇汉代冶铁遗址发掘简报》，《文物》1978 年第 2 期；河南省文化局文物工作队：《南
阳汉代铁工厂发掘简报》，《文物》1960 年第 1 期；河南省博物馆、《中国冶金史》编写组：
《汉代叠铸——温县烘范窑的发掘和研究》，文物出版社，1978。

之货，以致富羡，役利细民"（《汉书·食货志下》），同时使铁器运输也成为铁官经营的主要经济活动之一。所谓"以均输调盐铁助赋"，所谓"斡天下盐铁"，所谓"郡国各往往置均输盐铁官，令远方各以其物如异时商贾所转贩者为赋，而相灌输"（《汉书·食货志下》），都说明政府管理的冶铁业其生产与转运是紧密结合在一起的。

居延汉简可见如下简文：

> 狼田以铁器为本北边郡毋铁官印器内郡令郡以时博卖予细民毋令豪富吏民得多取贩卖细民（E. P. T52：15）

北边郡无铁官，用器仰仗内郡。铁器长途转运由政府统一管理。

《盐铁论·禁耕》中说到铁官经营的运输活动使民众承受沉重的负担：

> 故盐冶之处，大傲皆依山川，近铁炭，其势咸远而作剧。郡中卒践更者多不堪，责取庸代。县邑或以户口赋铁，而贱平其准。良家以道次发僦运盐铁，烦费，百姓病苦之。

此语出自文学之口，难免偏激之辞。言者以为以此"见一官之伤千里"，注意到铁官又统管铁器运输，则是符合历史事实的。

据《汉书·百官公卿表上》，京兆尹属官、左冯翊属官、右扶风属官皆有"铁官长、丞"。有的学者以为，"此类铁官职掌有待查考"。[1] 有的学者则认为，"设在京师附近的铁官，系由京兆尹直接管理，故京兆属官有铁官长丞"[2]。三辅铁官《汉书·地理志上》录有4

---

① 安作璋、熊铁基：《秦汉官制史稿》下册，齐鲁书社，1985，第46页。
② 傅筑夫：《中国封建社会经济史》第2卷，人民出版社，1982，第331页。

处，即郑、夏阳、雍、漆。然而陕西陇县出土的汉代铁铧冠和铁铲却铸有作为河南郡铁官和河东郡铁官标记的"河二""东二"铭文。咸阳出土铁铧也发现铸有可能标志出产于颍川郡铁官的"川"字铭文。湖北大冶铜绿山古矿井曾出土"河三"铁斧。有"河二"标记的铁器出产于河南郡铁官位于今河南临汝夏店的冶铁作坊。"河三"则是遗址位于今河南巩县铁生沟的河南郡铁官作坊的标志。此外，云南鲁甸汉墓封土中曾出土铸有隶书"蜀郡成都"字样的铁臿，其地属犍为郡，犍为郡有武阳、南安两处铁官，当地人舍近求远，偏爱蜀郡铁器（据《汉书·地理志上》，蜀郡铁官在临邛，成都无铁官），也是耐人寻味的。此外，鲁国自有铁官，薛县故城也发现汉代冶铁遗址，但出土铸范却有"山阳二""巨野二"铭文，应是汉山阳郡、新莽钜野郡铁官的标志。江西修水地当豫章郡艾县，当地出土的汉代铁臿、铁铲，也铸有临淮郡铁官"淮一"的标记，可是就地理位置说，转运庐江郡铁官的产品显然更为近便。① 这些事实，都说明铁官营运似乎并不拘定于郡内市场域面。居延汉简所见"出四百卌邯郸铫二枚"（26.29），更体现铁器专运往往不远千里的效能。某些铁官产品质量与数量的优势，促使其市场空间在竞争中不断拓广，或许是形成以上现象的重要原因。然而另一方面，铁官营运可能也有忽视市场需求因素的盲目专擅的倾向。例如《盐铁论·水旱》就说道，私铸铁器可以直接运到消费现场，"农事急，挽运衍之阡陌之间"，而铁官作器则往往令农人"弃膏腴之日，远市田器，则后良时"，其运输组织规划可能确实多有不完善处。

《盐铁论·复古》载大夫语，引述"故扇水都尉彭祖"对铁业官营予以肯定的言辞：

---

① 陕西省博物馆、陕西省文管会：《陕西省发现的汉代铁铧和鐴土》，《文物》1966年第1期；李京华：《汉代铁农具铭文试释》，《考古》1974年第1期；大冶钢厂冶军：《铜绿山古矿井遗址出土铁制及铜制工具的初步鉴定》，《文物》1975年第2期。

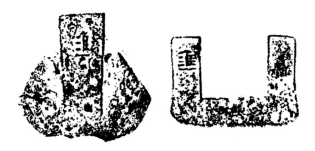

图 11-9 江西修水出土"淮一"铁器

大夫曰：故扇水都尉彭祖宁归，言"盐铁令品"，令品甚明。卒徒衣食县官，作铸铁器，给用甚众，无妨于民。而吏或不良，禁令不行，故民烦苦之。令意总一盐铁，非独为利入也，将以建本抑末，离朋党，禁淫侈，绝并兼之路也。

或以为"扇水"即"肩水"。若此说成立，则说明"铁官"制度已推行至于边地。① 居延汉简中确实可以看到反映有关铁器贩运的制度的简文，如：

甲渠言毋羌人入塞

●

买兵铁器者（E. P. T5：149）

汉代虽然有加强关禁，隔绝器物的法令②，其实未能真正禁绝铁器甚

---

① 马非百《盐铁论简注》说："有人说扇水就是居延汉简的'肩水'，是不可信的。"中华书局，1984，第 42~43 页。

② 如《史记·南越列传》记载，"高后时，有司请禁南越关市铁器"，尉佗以"别异蛮夷，隔绝器物"，"发兵攻长沙边邑"。《汉书·南粤传》作"毋予蛮夷外粤金铁田器"。据《史记·汲郑列传》，对北方草原民族，也有严禁"阑出财物于边关"的法令，裴骃《集解》："应劭曰：'阑，妄也。《律》：胡市，吏民不得持兵器出关。虽于京师市买，其法一也。'"

至冶铁技术外流。铁器转运冲绝关防，形成所谓"关塞不严，禁网多漏，精金良铁，皆为贼有"（《后汉书·鲜卑传》）的状况。

有学者指出，"先秦两汉时期的中原系统铁器"先后传到了朝鲜半岛北部和日本九州地区，"从而引发了当地铁器和冶铁的起源"。论者以为，"这种铁器的传播过程及其方式，对于探讨当时整个东亚地区的社会动向和人群移动等，都具有重要的意义"①。这些文化现象，都与交通有密切的关系。

三　丝、漆及其他手工业生产运输

由《汉书·地理志》所记载西汉工官、服官等官营手工业管理机构的设置可以了解当时手工业主要生产基地的布局。西汉工官凡8处，即：

河内郡：怀；

河南郡；

颍川郡：阳翟；

南阳郡：宛；

济南郡：东平陵；

泰山郡：奉高；

广汉郡：雒；

蜀郡：成都。

工官所在，大多同县或同郡设有铁官，唯广汉郡雒县除外，而雒县距成都不远，处于以成都为中心包括临邛铁官在内的手工业密集，交通

---

① 白云翔：《先秦两汉的考古学研究》，科学出版社，2005，第372页。

条件亦优越的区域内。大体说来，工官均设于手工业经济发达的地区，其交通环境，也有利于原料和产品的转运。

工官之设置，大致在汉景帝时至汉武帝前期。《汉书·贡禹传》："蜀、广汉主金银器，岁各用五百万。三工官官费五千万，东西织室亦然。"如淳解释说："《地理志》河内怀、蜀郡成都、广汉皆有工官。工官，主作漆器物者也。"颜师古则以为："如说非也。三工官，谓少府之属官，考工室也，右工室也，东园匠也。上已言蜀汉主金银器，是不入三工之数也。"然而蜀郡与广汉郡的工官制造金银器，同时也制造漆器。朝鲜平壤、蒙古诺音乌拉以及贵州清镇出土的西汉中期至东汉前期的大多数漆器，铭文均标明为蜀郡和广汉郡工官的产品。[①] 漆器上多镶有镀金或镀银的"铜釦"，可能与当地工官"主金银器"的生产工艺有关。[②] 蜀郡治所在成都，广汉郡治所梓潼（王莽改称"子同"），因而新莽时期的漆器铭文称蜀郡工官为"成都郡工官"，称广汉郡工官为"子同郡工官"。[③]

蜀郡和广汉郡工官制作的漆器，主要供皇家使用，成品转运，至少至于长安、洛阳。有的漆器铭文可见"乘舆"字样，正说明属于御用品。这些漆器的出土地点远至贵州、朝鲜、蒙古，有的学者分析，"大概是由于当时的朝廷用它们来赏赐边郡的官吏和少数民族的首领，或赠送给外国"[④]。也许因贸易行为实现的流通，也不可忽视。洪石分析秦汉"漆器的流通"，列说四种途径："一、贸易"，"二、进贡、赏赐、赠与及世代相传等"，"三、战利品"，"四、人员迁徙携带"。

---

① 〔日〕原田淑人等：《楽浪》，刀江書院，1930，第 36 ~ 49 页；〔日〕小塲恒吉等：《楽浪漢墓》第一册，楽浪漢墓刊行會，1974；〔日〕梅原末治：《蒙古ノインウラ発見の遺物》，東洋文庫論叢第 27 册，1960，第 28 ~ 34 页；贵州省博物馆：《贵州清镇平坝汉墓发掘报告》，《考古学报》1959 年第 1 期；贵州省文物管理委员会：《贵州清镇平坝汉至宋墓发掘简报》，《考古》1961 年第 4 期。

② 参看洪石《战国秦汉漆器研究》，文物出版社，2006，第 216 ~ 217 页。

③ 〔日〕梅原末治：《支那漢代紀年銘漆器図説》，桑名文星堂，1943，第 40 ~ 41 页。

④ 王仲殊：《汉代考古学概说》，中华书局，1984，第 48 页。

"贸易"为第一宗。论者写道，"据《史记·货殖列传》载，'木器髹者千枚……此亦比千乘之家'，反映了当时'通邑大都'漆器的商业贸易情况。考古发现在不同地点出土相同制造者标记的漆器，可能是贸易的结果"①。而"走私贸易"作为汉地手工业产品外流的重要路径，也不可以忽视。正如余英时所指出的，"整个两汉时期，走私贸易在好几个边境地区都非常繁荣，那些地区的外蛮夷对中国的物品有着强烈的需求"②。

广州西村石头冈西汉初年墓出土漆器有"蕃禺"烙印③，出产地当为南海郡番禺。广西贵县罗泊湾西汉初期墓出土漆器有"布山""市府"烙印④，出产地当为郁林郡布山。山东临沂银雀山西汉前期墓出土漆器有"莒市""市府"烙印⑤，出产地当为城阳国莒县。长沙马王堆和湖北江陵凤凰山西汉前期墓出土漆器有"成市""市府"烙印⑥，出产地当为蜀郡成都。这些漆器的出产地均为郡国治所，大约西汉前期，漆器制作由这些城市中的"市府"经营。成都出产的漆器流通到长沙和江陵，说明蜀地漆器制造业的生产能力很早就居于领先地位。

甘肃武威和朝鲜平壤出土的汉代漆器铭文标记为"考工""右工""供工"制作⑦。所谓"考工""右工""供工"，可能都是少府属下的工官。据现有考古文物资料分析，长安工官漆器产量似乎远逊

---

① 洪石：《战国秦汉漆器研究》，文物出版社，2006，第218~221页。
② 余英时：《汉代的贸易与扩张：汉胡经济关系的研究》，邬文玲等译，联经出版事业股份有限公司，2008，第112页。
③ 梁国光、麦英豪：《秦始皇统一岭南地区的历史作用》，《考古》1975年第4期。
④ 广西壮族自治区博物馆：《广西贵县罗泊湾汉墓》，文物出版社，1988。
⑤ 蒋英炬：《临沂银雀山西汉墓漆器铭文考释》，《考古》1975年第6期。
⑥ 湖南省博物馆、中国科学院考古研究所：《长沙马王堆一号汉墓》，文物出版社，1973；俞伟超、李家浩：《马王堆一号汉墓出土漆器制地诸问题——从成都市府作坊到蜀郡工官作坊的历史变化》，《考古》1975年第6期。
⑦ 甘肃省博物馆：《武威磨咀子三座汉墓发掘简报》，《文物》1972年第12期。

图 11 – 10　乐浪王盱墓出土漆盘

于蜀郡和广汉郡工官。也有可能其出产主要作为宫廷用器，并不进入流通领域。朝鲜平壤附近出土的 2 件新莽时期的漆盘，其底部分别刻有"常乐大官始建国元年正月受第千四百五十至四千"和"常乐大官始建国元年正月受第二千一百七十三至三千"字样①，说明长安长乐宫（王莽改称"常乐室"）中主管皇家膳食的官署"始建国元年"登记使用的漆盘，竟可数以千计。

《后汉书·皇后纪上·和熹邓皇后》："减大官、导官、尚方、内者服御珍膳靡丽难成之物"，"其蜀、汉釦器九带佩刀，并不复调"。这大致说明，蜀郡和广汉郡工官从此不再向宫廷输送漆器制品了。繁盛一时的蜀地官营漆器制造业，有可能自此即走向衰落。

《汉书·地理志》记录西汉服官设置共 2 处，即：

　　陈留郡：襄邑；

　　齐郡：临淄。

① 〔日〕梅原末治：《支那漢代纪年銘漆器图説》，桑名文星堂，1943，图版三十五；〔日〕樋本杜人等：《漢代纪年銘漆器集成》，《樂浪漢墓》第一册，樂浪漢墓刊行會，1974，第 96 页。

《续汉书·舆服志下》："衣裳玉佩备章采，乘舆刺绣，公侯九卿以下皆织成，陈留襄邑献之云。"《水经注·淮水》："《陈留风俗传》曰：'（襄邑）县南有涣水'，故《传》曰：'睢、涣之间出文章，天子郊庙御服出焉。'《尚书》所谓'厥篚织文'者也。"服官之职能在于负责宫廷及高级官僚服用的供应。汉元帝初元五年（前44）夏四月诏，宣布因"关东连遭灾害，饥寒疾疫，夭不终命"，减省国家聚敛及皇室消费内容，其中就包括罢"齐三服官"（《汉书·元帝纪》）。"齐三服官"应即在临淄之服官，或以为因供输春夏冬三季衣料而名。[①] 汉元帝问政，贡禹奏言："故时齐三服官输物不过十笥[②]，方今齐三服官作工各数千人，一岁费数钜万。""东西织室亦然。"（《汉书·贡禹传》）"齐三服官作工各数千人"，其制作成品作为向京师转输的对象，数量是相当惊人的。由贡禹说"三服官作工各数千人"中的"各"字，可知应从宋代学者吴仁杰《两汉刊误补遗》卷二"三服官"条所说，"言'各'，则知其非一矣"。"所谓'三服官'者，盖言其有官舍三所。"与"三工官"同，应指三处"服官"。[③] 汉章帝建初二年（77）夏四月，"诏齐相省冰纨、方空縠，吹纶絮"（《后汉书·章帝纪》）。虽然其出品精细轻软[④]，但是以价值之昂贵与数量之繁多，仍然对运输业形成压力。

所谓"东西织室"，是中央直属手工业生产部门。《汉书·惠帝纪》："（四年秋七月）丙子，织室灾。"颜师古注："主织作缯帛之

---

①　颜师古注引李斐曰："齐国旧有三服之官。春献冠帻縰为首服，纨素为冬服，轻绡为夏服，凡三。"如淳曰："《地理志》曰齐冠带天下。胡公曰服官主作文绣，以给衮龙之服。《地理志》襄邑亦有服官。"师古曰："齐三服官，李说是也。縰与纚同，音山尔反，即今之方目紫也。纨素，今之绢也。轻绡，今之轻紫也。襄邑自出文绣，非齐三服也。"

②　颜师古注："三服官主作天子之服，在齐地。"

③　参看王子今《西汉"齐三服官"辨正》，《中国史研究》2005年第3期。

④　李贤注："纨，素也。冰言色鲜洁如冰。《释名》曰：'縠，纱也。'方空者，纱薄如空也。或曰空，孔也，即今之方目纱也。纶，似絮而细。吹者，言吹嘘可成，亦纱也。《前书》齐有三服官，故诏齐相罢之。"

处。"王先谦《汉书补注》引沈钦韩曰："织室在未央宫，又有东西织室织作文绣郊庙之服。"其实，长安织作并不仅仅为宫廷消费服务。《艺文类聚》卷五七引张衡《七辩》："交阯绲绨，筒中之纻，京城阿缟，譬之蝉羽，制为时服，以适寒暑"，"此舆服之丽也"。"京城阿缟"者，很可能就是京师织室一类部门的出产。织室产品作为名产流通全国之外①，还往往以多途径传布到周边地区。《西京杂记》卷三："尉佗献高祖鲛鱼、荔枝，高祖报以蒲桃锦四匹。"这种织品转输有时数量相当惊人，已经成为运输史上值得重视的现象。而"匈奴好汉缯絮"（《史记·匈奴列传》），汉帝往往遣使者遗单于金帛丝絮，汉武帝征和四年（前89），单于遣使遗汉书，要求汉岁给遗匈奴"杂缯万匹"（《汉书·匈奴传上》）。汉宣帝元康元年（前65），龟兹王与夫人乌孙公主女来朝贺，赐以"绮绣杂缯琦珍凡数千万"（《汉书·西域传下·渠犁》）。

织品与绣品自东方远输西北，于是形成世界文明史上具有重大意义的丝绸之路。丝路交通还有一种容易被忽视的特殊形式，即所谓"戍卒行道赍卖衣财物"。例如，居延汉简可见：

●第廿三部甘露二年卒行道赍买衣物名籍（E. P. T56：265）
●不侵候长尊部甘露三年戍卒行道赍买衣财物名籍（E. P. T56：253）
元康四年六月丁巳朔庚申左前候长禹敢言之谨移戍卒赍卖衣财物爰书名籍一编敢言之（10.34A）

"卖"或写作"买"所记录的应是如下情形：

---

① 《西京杂记》卷一汉宣帝所用"戚里织成锦，一曰斜文锦"，可能就是流通甚广的京城织室管理下的生产部门所制作。

　　察微隧戍卒陈留郡傿宝成里蔡鼎子　七月中贳卖缥复袍一领
直千一百故候史郑武所（E. P. T51：122）

　　第廿五隧卒唐惠自言贳卖白绌襦一领直千五百交钱五百●凡
并直二千☐（E. P. T51：302）

有些则直接是织物的买卖，数量有相当可观者，如：

　　终古隧卒东郡临邑高平里召胜字游翁　贳卖九稯曲布三匹匹
三百卅三凡直千觫得富里　张公子所舍在里中二门东入任者同里
徐广君（282.5）

　　戍卒魏郡贝丘巧里杨通

　　贳卖八稯布八匹匹直二百卅并直千八百册屋兰富安里孟子
宾贾☐孟☐

　　常利里淳于中君（311.20）

这一事实大致可以说明戍守河西边防的东方役卒所从事的这种贸易活
动，已经绝不仅仅是偶然的带有随意性的交换，而成为行前已经有比
较充分的准备，"贪利"之目的也已经相当明确的专门的商业经营形
式。"戍卒贳卖衣财物"主要是以丝绵织品衣物为主，包括纺织原料、
絮一类出于防寒目的可置于衣物夹层中的填充物以及成衣等。通过居
延防区戍卒"私贳卖衣财物"这种颇为特殊的经济交易方式，可以片
断了解汉代丝绸之路贸易形式多样化的面貌。① 而东方织品流向西北，
反映了手工业生产和手工业产品消费的时代特点。

---

　　① 参看王子今《汉代丝路贸易的一种特殊形式：论"戍卒行道贳卖衣财物"》，《简帛
研究汇刊》第1辑《第一届简帛学术讨论会论文集》，中国文化大学历史系、简帛学文教基
金会筹备处，2003年5月，《西北史研究》第3辑，天津古籍出版社，2005。

史籍有上党出织品的记载。① 居延汉简可见所谓"卖雒皂复袍县絮壮一领直若干千"（E. P. T56：208）。"雒"疑指产地，或指广汉郡雒县。此例与敦煌简1708A广汉县男子卖布袍事，都反映蜀地织品流布至于河西。

除上举诸例而外，秦汉著名织品丝品还有所谓"清河缣緫，房子好绵"（《太平御览》卷八一八引何晏《九州论》）②，出产于会稽的"越布"（《后汉书·独行列传·陆续》）③ 和出产于吴地的"细葛"（《太平御览》卷八一九引《江表传》）④ 等，这些名产都转运各地满足消费需要，一时誉满天下。然而蜀地织作的产品尤其以质量和数量的优势，受到各地更广泛的欢迎，因而两汉之际曾有蜀地"女工之业，覆衣天下"的说法（《后汉书·公孙述传》）。⑤ 东汉末年，诸葛亮筹谋军国大略，也曾经说："今民贫国虚，决敌之资，唯仰锦耳。"（《太平御览》卷八一五引《诸葛亮集》）

不过，蜀锦的生产在这时已经逐渐走向衰落，如《太平御览》卷八一五引魏文帝诏：

> 前后每得蜀锦，殊不相比，适可诤，而鲜卑尚复不爱也。自吾所织如意虎头连璧锦，亦有金薄，蜀薄来至洛邑，皆下恶。是为下土之物，皆有虚名。

---

① 《太平御览》卷八二〇引曹植《表》："欲遣人到邺，市上党布五十匹，作车上小帐帷，谒者不听。"

② 又《太平御览》八一九引卢毓《冀州论》曰："房子好绵，地产不为无珍也。"

③ 《后汉书·皇后纪上·明德马皇后》："诸贵人当徙居南宫，太后感析别之怀，各赐王赤绶，加安车驷马，白越三千端，杂帛二千匹，黄金十斤。"李贤注："白越，越布。"是越布为宫廷用物。

④ 《太平御览》卷八一六引《魏文帝诏》："江东为葛，宁比罗纨绮縠。"

⑤ 李贤注引左思《蜀都赋》："百室离房，机杼相和。"《文选》卷四左思《蜀都赋》下接"贝锦斐成，濯色江波"句，李善注："谯周《益州志》云：'成都织锦既成，濯于江水，其文分明，胜于初成。他水濯之，不如江水也。'"

蜀锦质量逐渐转而"下恶",必然会影响到其流通地域的范围,所谓"鲜卑尚复不爱也",即是实例之一。

汉文帝五年(前175)曾"除盗铸钱令,使民放铸"①,贾谊指出:"今农事弃捐而采铜者日蕃,释其末耨,冶镕炊炭,奸钱日多。"《汉书·食货志下》)汉景帝中元六年(前144),遂又将造币权收归国有,定铸钱弃市律,严禁私家铸钱。造币权此后一直为历代朝廷所垄断,直至近世,无所变更。《汉书·地理志上》:丹扬郡,"有铜官"。王先谦《汉书补注》引洪亮吉曰:"《舆地志》云:宛陵县铜官山者,汉采铜所治也。"新莽时期前后的许多铜镜,常见"善铜出丹阳"铭文,说明丹扬郡铜官出产质量精善的铜材。辽宁辽阳出土的魏晋时期铜镜和日本出土的许多年代相当的铜镜,则有"铜出徐州"的铭文②。自西汉中期以来,铜镜样式大体全国统一,东汉后期和三国时期,南北铜镜形制出现差别。日本出土许多铜镜的铭文表明,当时洛阳和会稽郡的制镜技师具有较高名望。

汉代铜镜带有近似后世广告宣传性质的铭文如"吾作明竟自有纪,令人长命宜子孙","叶氏作竟佳且好,明如日月世少有"等,说明原器是作为商品而生产的私营作坊的产品。铭文多见"尚方作竟真大巧"辞句,表明为首都尚方工官制作,多有私家作器套用"尚方作竟"语以抬高产品声誉者,但也不排除部分尚方工官产品作为商品在民间流通的可能。

---

① 《史记·汉兴以来将相名臣年表》:"除钱律,民得铸钱。"《史记·佞幸列传》:汉文帝"赐邓通蜀严道铜山,得自铸钱,'邓氏钱'布天下"。后以"盗出徼外铸钱"致罪,"尽没入邓通家"。

② 东北博物馆:《辽阳三道壕两座壁画墓的清理工作简报》,《文物参考资料》1955年第12期。王仲殊《汉代考古学概说》指出,"从镜铭来看,到了魏晋时期,徐州(今山东省东南部和江苏省北部,其治所在今江苏徐州)继丹阳之后成为全国有名的铜矿所在地。但是,从实际情况来说,今徐州市及其附近一带自古未闻有铜矿。因此,这便成了一个十分费解的问题,有待进一步探讨"。中华书局,1984,第61页。徐州当丹阳铜材北运通道,在南北政治割据时代,称丹阳铜为徐州铜,其实也是可以理解的。

河北满城中山靖王刘胜夫妇墓中发现的铜器，有本是长乐宫御用器的"长乐飤官锺"，本是楚元王刘交用器的"楚大官糟锺"，本是信阳侯刘揭用器又转归长信宫的"长信宫灯"，可能本是吴王或楚王府中藏品的"鸟篆文壶"，以及购置于洛阳的铜钫和购置于河东的铜鋗等①，说明铜器流通地域之广。1961 年西安三桥发现 22 件窖藏铜器，铭文标明为上林苑皇家宫馆所用器具，其中大部分为长安铸造，也有的征调自雒阳、泰山郡、东郡等地宫观，有的则为东郡、颍川郡、九江郡地方行政长官贡献②。北京故宫博物院藏东汉鎏金铜酒樽，托盘上铭文有"建武廿一年蜀郡西工造乘舆一斛承旋"字样③，可见蜀郡工官也制作"乘舆"用铜器。西安三桥铜器窖藏 11 号鼎铭："昆阳乘舆铜缫一。"陈直以为，"此鼎为昆阳县所出铜材，由阳翟令铸造而贡献于汉廷者"。这批铜器中铜鉴铭文记有铸造数量，杨放、周霸所造各 300 器，李骏、左谭所造各 240 器，黄通、周博所造各 84 器，杨政所造 10 器，合计 1258 器。又如铜鼎，王意造 116 器，左恽造 200 器。《小校经阁金文拓本》卷十一有上林鼎文："上林铜鼎容二斗，并重十六斤六两，阳朔二年二月工李骏造五百，合第二百九十八。"也说明工官铸作铜器数量之集中。这些资料又证明，"汉代宫廷常征调郡国及郡国离宫别馆之服用器具。例如豫章观铜鉴、武政铜鉴调自东郡，上林供府初元三年铜钫调自东郡东阿宫，上林宣曲宫鼎调自东郡白马宣房观，泰山宫鼎调自泰山郡泰山宫，传世之上林供府鼎调自琅玡郡。以元帝初元三年一次所调为最多。调入之地皆为上林

---

①　中国社会科学院考古研究所、河北省博物馆文物管理处：《满城汉墓发掘报告》，文物出版社，1980。

②　西安市文物管理委员会：《西安三桥镇高窑村出土的西汉铜器群》，《考古》1963 年第 2 期；陈直：《古器物文字丛考》，《考古》1963 年第 2 期；黄展岳：《西安三桥高窑村西汉铜器群铭文补释》，《考古》1963 年第 2 期。

③　方国锦：《鎏金铜斛》，《文物参考资料》1958 年第 9 期。

苑，被调之地皆为中原地区"①。1955 年，西安汉长安城遗址附近发现 10 块汉代铜锭，重各 34 公斤，其中 1 件有"汝南富波宛里田戎卖"刻铭②，说明工官有时还往远地收购民间铜材。

《史记·货殖列传》说，"铜、铁则千里往往山出棊置，此其大较也"，司马迁所谓铜矿资源分布"山出棊置"的分析，是以"千里"为区划范围的。铜器由矿冶到铸作，要经过艰辛的运输过程。从上述诸例看，由制成到使用之间，亦多辗转移换。史籍关于大规模转运铜材的记载，又有秦始皇"收天下之兵聚之咸阳，销锋铸镰，以为金人十二"（《史记·秦始皇本纪》）以及汉武帝令"诸郡国所前铸钱皆废销之，输其铜三官"（《史记·平准书》）等。

四　林产品与渔产品转输

云梦睡虎地秦简《日书》中，可以看到有关"入材"及"出入材"的内容③，说明当时民间木材转输贸易已经相当活跃。

秦始皇营建阿房宫及"丽山"陵墓，"乃写蜀、荆地材皆至"（《史记·秦始皇本纪》）。秦始皇陵附近采集的夔纹瓦当，面径约 60 厘米，为一般秦汉瓦当的 3~4 倍，可知陵园建筑多使用规格超过宫殿建筑的巨型材木。仅陵园东侧兵马俑坑使用的立柱、棚木、枋木、封门木等，1 号、2 号、3 号俑坑共用木材即达 8000 余立方米。④ 其中可能也有远输自巴蜀和江汉地区的所谓"蜀、荆地材"。

---

① 陈直：《古器物文字丛考》，《考古》1963 年第 2 期，收入《文史考古论丛》，天津古籍出版社，1988。

② 贺梓城：《西安汉城遗址附近发现汉代铜锭十块》，《文物参考资料》1956 年第 3 期。

③ 例如："阴日利以家室祭祀家（嫁）子取（娶）妇人材大吉"（甲种六正贰），"外阴日利以祭祀作事入材皆吉"（甲种 10 正贰），"毋以申出入臣妾马牛货材"（甲种一一〇正贰）等。

④ 袁仲一：《秦俑坑的修建和焚毁》，《秦俑馆开馆三年文集》（1982 年 10 月）。

汉灵帝修治宫室，曾"发太原、河东、狄道诸郡材木"，宫室连年未成，"材木遂至腐积"（《后汉书·宦者列传·张让》）。董卓欲迁都长安，有人以"关中遭王莽变乱，宫室焚荡"加以反对，董卓则以"陇右材木自出，致之甚易"坚持原议（《后汉书·杨彪传》）。

墓主推测是燕王刘旦和华容夫人的北京丰台大葆台西汉木椁墓，是典型的具备"梓宫、便房、黄肠题凑"形制的墓葬。① 这座墓采用五棺二椁，椁室木料用油松，内棺用楸木、檫木和楠木，共达数十立方米。《汉书·霍光传》："梓宫、便房、黄肠题凑各一具。"颜师古注引苏林曰："以柏木黄心致累棺外，故曰'黄肠'。木头皆内向，故曰'题凑'。"大葆台汉墓的"黄肠题凑"由 15880 根黄肠木堆叠而成，仅此即用材 122 立方米。黄肠木经鉴定可知确系柏木。在清理西壁黄肠题凑时，发现一根黄肠木上覆置一枚竹简，上书"樵中格吴子运"六字，可能即标记运送黄肠木的工役人员的姓名。②

《后汉书·光武十王列传·中山简王焉》记载了刘焉入葬时动员民众运输黄肠木的情形：刘焉薨，朝廷于"赗钱千万，布万匹"常制外，再"加赗钱一亿"，并且，"大为修冢茔，开神道，平夷吏人冢墓以千数，作者万余人，发常山、钜鹿、涿郡柏黄肠杂木，三郡不能备，复调余州郡工徒及送致者数千人。凡征发摇动六州十八郡"。

安徽天长北岗汉木椁墓采用楠木、杉木、樟木等耐腐性较强的木材制作棺椁。③ 扬州邗江胡场 1 号和 3 号汉墓木棺棺身也是由"整段

---

① 《续汉书·礼仪志下》："方石治黄肠题凑便房如礼。"刘昭注补引《汉旧仪》说，武帝陵"内梓棺柏黄肠题凑"。

② 北京市古墓发掘办公室：《大葆台西汉木椁墓发掘简报》，《文物》1977 年第 6 期；鲁琪：《试谈大葆台汉墓的"梓宫""便房""黄肠题凑"》，《文物》1977 年第 6 期；王子今：《大葆台汉墓竹简"樵中格"的理解与"汉代聚落自名"问题》，《中国国家博物馆刊》2011 年第 10 期。

③ 安徽省文物工作队：《安徽天长县汉墓的发掘》，《考古》1979 年第 4 期；唐汝明等：《安徽天长县汉墓棺椁木材构造及材性的研究》，《考古》1979 年第 4 期。

楠木刳凿而成"。① 江苏连云港花果山 1 号汉墓的棺木，则是"用整段楸树刳空而成"。② 这三处墓葬的年代大约都可确定为西汉晚期前后。扬州凤凰河汉墓棺具"是用完整的两段楠木凿成"。③ 类似情形又见于扬州西郊七里甸汉墓。④ 看来，《盐铁论·散不足》所谓"今富者绣墙题凑，中者梓棺楩椁"的记述，并非夸张之辞。这种情形东汉时益为突出。《潜夫论·浮侈》：

> 京师贵戚必欲江南檽梓豫章梗柟，边远下土，亦竞相仿效。夫檽梓豫章所出殊远，又乃生于深山穷谷，经历山岑，立千步之高，百丈之谿，倾倚险阻，崎岖不便，求之连日，然后见之，伐斫连月然后讫。会众然后能动担，牛列然后能致水。漕溃入海，连淮逆河，行数千里，然后到雒。工匠雕治，积累日月，计一棺之成，功将千万。夫既其终用，重且万斤，非大众不能举，非大车不能挽。东至乐浪，西至敦煌，万里之中，相竞用之。

为制作葬具远输江南良材的风气，弥漫至于"东至乐浪，西至敦煌"的广大地区。

秦汉刑名有所谓"鬼薪""雇山"等，其劳作服刑内容即砍伐运送林木以为燃料。秦汉时期，又有专门"艾薪樵"，"担束薪"，"卖以给食"，以伐运薪柴为营生手段的人（《汉书·朱买臣传》）。居延汉简中，还可以看到有关戍卒运薪的简文。例如："四百廿人代运薪上转薪"（E.P.T 59：15），等等。又如："为君舍取薪山材用"（136.38），也与取运薪材的劳作有关。

---

① 扬州博物馆、邗江县文化馆：《扬州邗江县胡场汉墓》，《文物》1980 年第 3 期。
② 李洪甫：《江苏连云港市花果山的两座汉墓》，《考古》1982 年第 5 期。
③ 苏北治淮文物工作组：《扬州凤凰河汉代木椁墓出土的漆器》，《文物参考资料》1957 年第 7 期。
④ 南京博物院、扬州市博物馆：《江苏扬州七里甸汉代木椁墓》，《考古》1962 年第 8 期。

　　《史记·货殖列传》在分析秦汉基本经济区的主要物产时，说到"山西饶材、竹"，"江南出枏、梓"。周人早期开发关中，曾"自漆、沮度渭，取材用"，于是有了最初的经济积累，"行者有资，居者有畜积，民赖其庆"，司马迁以为"周道之兴自此始"（《史记·周本纪》）。张守节《正义》："公刘从漆县漆水南渡渭水，至南山取材木为用也。"天水放马滩秦墓出土木板地图标识文字有"山格"，"杨谷材八里""多材木""大松材""松材十三里"，"松材十五里""七里松材刊""松材""大楻""大松"，"阳有劍木""阳尽柏木""去谷口五里櫄材""上杨谷""下杨谷""阳尽柏木""谷口可八里大楠材"，"上杨""下杨""有苏木下获思"，"大柴枞""大柴相铺豵""大杋""小杋"，可以看作秦人在这一地区经营林业的信息。[①] 陇山秦岭由于与主要消费区接近因而转运便利的关系，成为秦汉时期比较著名的林业基地。《汉书·地理志下》说，"天水、陇西，山多林木，民以板为室屋"。汉灵帝征调狄道木材修治宫室，董卓所谓"陇右材木自出，致之甚易"，都是以当地林业资源之丰富和运输路线之捷近为依据的。关中"有鄠、杜竹林，南山檀柘，号称陆海，为九州膏腴"（《汉书·地理志下》），也强调关中之富足，有林产饶衍的背景。"南山"即秦岭"崇山隐天，幽林穹谷"（班固：《西都赋》），正是丰产林区。所谓"褒斜材木竹箭之饶"（《史记·河渠书》），也肯定秦岭林木之繁茂。

　　巴、蜀、广汉以多有"山林竹木"等条件而地称"沃野"（《汉

---

　　① 甘肃省文物考古研究所：《天水放马滩秦墓》，中华书局，2009，第108~109页。秦人有经营林业的历史，作为秦早期经济发展基地的西垂之地，长期是林产丰盛的地区。《汉书·地理志下》："天水、陇西，山多林木，民以板为室屋。""故秦诗曰'在其板屋'。"原生林繁密的生态条件，成为特殊的物产优势的基础。《汉书·地理志下》说秦先祖柏益事迹，有"养育草木鸟兽"语，经营对象包括"草木"。所谓"养育草木"，说明林业在秦早期经济形式中也曾经具有相当重要的地位。参看王子今《秦汉民间信仰体系中的"树神"和"木妖"》，《周秦汉唐文化研究》第3辑，三秦出版社，2004。

书·地理志下》）。当时流行"蜀、陇有名材之林"的说法，"蜀汉之材"与陇山秦岭林区出产并享盛名（《盐铁论·通有》）。所谓饶"竹木之器"，也是巴蜀之地经济实力受到重视的原因之一（《史记·货殖列传》）。

江南地区，即司马迁所谓"南楚"之地，更以"多竹木"著称。《史记·货殖列传》："合肥受南北潮，皮革、鲍、木输会也。"合肥以其优越的水陆交通条件，成为江南木材北运的集散中心。

匈奴有地凸入汉张掖郡境，其地"生奇材木，箭竿就羽"。汉使夏侯藩向匈奴求此地，因"匈奴西边诸侯作穹庐及车，皆仰此山材木"而遭到拒绝（《汉书·匈奴传下》）。"匈奴西边诸侯"，其地域可远至额尔齐斯河流域新疆乌伦古湖、哈萨克斯坦斋桑泊一带，以及俄罗斯联邦鄂毕河上游、蒙古哈腊乌斯湖地区，于数千里外而"仰此山材木"，运程之辽远可以想见。居延汉简有"卖材""材贾三百"（142.28A），"木钱"（E.P.T50：65B）等内容，反映河西地区木材贸易之活跃。边防工事建筑与维修用材数量较大[1]，战争形势可能也影响木材转运，以致从有些资料看，当地木材似价格偏高。例如：

出钱二百买木一长八尺五寸大四韦以治罢卒籍令史护买（E.P.T52：277）

简文又可见所谓"当豫缮治车毋材木"（E.P.T58：43），材木的匮乏影响了运输车辆的修治，甚至出现"户关破坏治车辐"（E.P.F25：34）的情形。又如：

---

① 如简文"作十人山柃柱率"（E.P.T40：132），"与此柃柱百五十枚"（E.P.T40：159）等，都反映因防务需要耗用木材的情形，居延汉简关于戍卒劳作分工的简文可见"二人伐茭，二人木工"（E.P.T49：61），"木工，庸工"（E.P.T56：395），"□六隥涂□，□木工"（306.8），也说明木作是边塞主要劳务内容之一。

破七两完请破一两以缮十六两唯□☑（E. P. T53：35）

看来，有时不得不采取拆用旧车部件以维修其他车辆的方法，来解决制车材料缺乏的困难。

我们还可以看到，居延汉简中还有关于车用竹材的简文，如：

大竹一　　　车荐竹长者六枚反笥三枚车荐短竹三十枚
（E. P. T40：16）

"大竹"或许非河西本地出产或当远输自于内地。

《盐铁论·通有》说，"今吴、越之竹，隋、唐之材，不可胜用，而曹、卫、梁、宋采棺转尸"。江南吴越之地以及随国、唐国所在的桐柏山麓林区竹木丰饶，而曹、卫、梁、宋黄河下游平原地区则只能以劣质的楺木作棺，甚至弃尸不葬。林业资源分布的不平衡，只能通过发展林产品运输来解决。

《淮南子·人间》说，解扁任晋国地方官，"以冬伐木而积之，于春浮之河而鬻之"，于是"上计而入三倍"，然而受到"冬间无事，以伐林而积之，负轭而浮之河，是用民不得休息也"的批评。沿江河浮运材木，是秦汉时期广为应用的便捷经济的运输方式。《华阳国志·蜀志》："岷山多梓、柏、大竹，颓随水流，坐致材木，功省用饶。"四川广汉出土表现川江行筏的画象砖，画面可见江涛中二人立筏上撑篙行进。①《汉书·赵充国传》记载，赵充国"部士入山伐材木大小六万余枚，皆在水次"，"冰解漕下"。可见当时西北边地，也采用了木材流送技术。行筏与军运联系的史例，还有《北堂书钞》卷一三八引《东观汉记》所谓"吴汉平成都，乘筏从江下巴郡"事。又如《后汉书·西

---

① 刘志远、余德章、刘文杰：《四川汉代画像砖与汉代社会》，文物出版社，1983。

南夷列传·哀牢夷》："建武二十三年，其王贤栗遣兵乘箄船南下江汉。"李贤注："缚竹木为箄，以当船也。"《后汉书·邓训传》也记载，邓训军与羌胡战，曾"缝革为船，置于箄上以度河"。李贤注："箄，木筏也。"以木筏运兵成功的史例，似可说明当地人久有江上行筏输送木材的传统。①

大型木材运输往往"会众然后能动担，牛列然后能致水"（《潜夫论·浮侈》）。《淮南子·道应》说："今夫举大木者，前呼邪许，后亦应之，此举重劝力之歌也。"这种"会众然后能动担"，前呼而后应的集体作业方式，或许通行于大规模木材转输过程中。

据《汉书·地理志上》，蜀郡严道"有木官"。②"木官"是专门的林业管理机构，当然也负责林产品转输。又南郡编县、江夏郡西陵县各"有云梦官"，职能也应包括对竹木生产运输的管理。③巴郡胸忍、鱼复各"有橘官"。橘官则是以特用经济林——橘林的生产作为管理对象的。《水经注·江水一》："常璩曰：'水道有东阳、下瞿数滩，山有大、小石城势，灵寿木及橘圃也。'故《地理志》曰：'县有橘官，有民市'。"④《盐铁论·未通》说，"孝武皇帝平百越以为囿圃"，"而民间厌橘柚"，说明西汉时对运输条件要求甚高的"橘柚"一类果品的转运，已经可以满足远地消费的需要。传说尉佗曾向刘邦

---

① 竹木之筏又称作"泭"。《尔雅·释水》："庶人乘泭。"郭璞注："并木以渡。"《国语·齐语》："西征攘白狄之地，至于西河，方舟设泭，乘桴济河。"韦昭注："编木曰泭，小泭曰桴。"《方言》卷七："泭，谓之箄。箄，谓之筏。筏，秦晋之通语也。"

② 王先谦《汉书补注》："王念孙曰：'木官当作橘官，《蜀都赋》注可证，下文巴郡胸忍、鱼复二县并云有橘官。'周寿昌曰：'宋洪迈《容斋随笔》续集于汉郡国官条内引此作木官，而别引胸忍、鱼复之橘官，足证宋本此处本作木，非橘字脱写，刘注或因胸忍、鱼复之橘官误引耳。"

③ 《史记·司马相如列传》载《子虚赋》说到云梦林产："其北则有阴林巨树，楩柟豫章，桂椒木兰，蘗离朱杨，樝梸梬栗，橘柚芬芳。"

④ 王先谦《汉书补注》："《江水注》引《志》'橘官'下有'有民市'三字，不合《志》例，乃郦注文或以补《志》，非也。"

进献荔枝。① 南海郡"有圃羞官"，交趾郡羸陵"有羞官"（《汉书·地理志下》），可能都曾作为亚热带地区特产果品北运的供应基地。汉代远路岁贡荔枝，"邮传者疲毙于道，极为生民之患"（《三辅黄图》卷三）。《后汉书·和帝纪》：

> 旧南海献龙眼、荔支，十里一置，五里一候，奔腾阻险，死者继路。时临武长汝南唐羌，县接南海，乃上书陈状。帝下诏曰："远国珍羞，本以荐奉宗庙。苟有伤害，岂爱民之本。其敕太官勿复受献。"由是遂省焉。

李贤注引《谢承书》："唐羌字伯游，辟公府，补临武长。县接交州，旧献龙眼、荔支及生鲜，献之，驿马昼夜传送之，至有遭虎狼毒害，顿仆死亡不绝。道经临武，羌乃上书谏曰：'臣闻上不以滋味为德，下不以贡膳为功，故天子食太牢为尊，不以果实为珍。伏见交趾七郡献生龙眼等，鸟惊风发。南州土地，恶虫猛兽不绝于路，至于触犯死亡之害。死者不可复生，来者犹可救也。此二物升殿，未必延年益寿。'帝从之。"传世"婴桃转舍"瓦当，也应当与此类运输活动有关。"婴桃"应即"樱桃"。王先谦《汉书补注》于巴郡朐忍"有橘官"注说之后，谓"《纪要》云阳县西五峰驿南有橘官堂故址"。"橘官堂故址"，应当是向甘泉宫供应南国果品的运输设施的遗迹。②

《西京杂记》卷一记载，"初修上林苑，群臣远方各献名果异树"，据说上林令处曾登录"群臣所上草木名二千余种"。《三辅黄图》卷三也记述，"扶荔宫，在上林苑中。汉武帝元鼎六年，破南越起扶荔宫以植所得奇草异木"。所植有龙眼、荔枝、槟榔、橄榄等。

---

① 《西京杂记》卷三："尉佗献高祖鲛鱼、荔枝。"
② 《太平御览》卷九六六引《东观汉记》："建武中，单于来朝，赐橙橘。"是东汉时也有贡奉橙橘的制度。

图 11 – 11　"婴（樱）桃转舍"瓦当

"上木，南北异宜，岁时多枯瘁。荔枝自交趾移植百株于庭，无一生者，连年犹移植不息。"陕西韩城出土"夏阳扶荔宫令辟与天地无极"十二字方砖，该遗址已推定为汉扶荔宫所在。[①] 此处早期植物园的经营，在世界园林史上具有重要的意义。所谓"远方各献"，所谓"移植不息"，虽然所转运的特殊对象不具有全面影响社会经济生活的普遍意义，但是仍可体现当时交通条件与交通制度的若干特色。曹植曾作《橘赋》，语云："有朱橘之珍树，于鹑火之遐乡。禀太阳之烈气，嘉杲日之休光。体天然之素分，不迁徙于殊方。播万里而遥植，列铜爵之园庭。背江洲之暖气，处玄朔之肃清。邦换壤别，爰用丧生。处彼不凋，在此先零。"看来在曹植所处的时代，皇家园林仍借助交通条件，进行南方果木移种北国的所谓"播万里而遥植"的试验。

在司马迁提供的秦汉经济史料中，可以看到所谓"通鱼盐""通鱼盐之货""逐渔盐商贾之利"一类经营形式。从事鱼类等水产品转贩者可因此成为巨富。在司马迁所处的时代，以"鲐鲞千斤，鲰千石，鲍千钧"为资产者，"此亦比千乘之家"（《史记·货殖列传》）。

---

①　陕西省文物管理委员会：《陕西韩城芝川汉扶荔宫遗址的发现》，《考古》1961 年第 3 期。

图 11 - 12　扶荔宫方砖

《说文·鱼部》："鮊，海鱼也。"可能因运程遥远，导致价格偏高。《说文·鱼部》中说到的海鱼，还有鮊、鰒、鲛等①，又"鱣，海大鱼也"。此外，"鲯鱼出东莱"，鰡鱼"出辽东"，当然也是海鱼。又可见所谓：

> 鲕，鱼子也，一曰鱼之美者，东海之鲕。②

鰒鱼为内地人以为美食，也见于记载。《汉书·王莽传下》："莽忧懑不能食，亶饮酒，啖鰒鱼。"《后汉书·伏隆传》：张步据有齐地，为伏隆招怀，"遣使随隆，诣阙上书，献鰒鱼"。《史记·秦始皇本纪》说，秦始皇陵地宫"以人鱼膏为烛，度不灭者久之"。裴骃《集解》引《异物志》：人鱼"出东海中，今台州有之"。秦始皇出巡途中崩于沙丘平台，李斯、赵高秘不发丧，棺载辒凉车中，"会暑，上辒车臭，乃诏从官令车载一石鲍鱼，以乱其臭。"可见，自沿海西运鲍鱼，

---

①　鲛，一说即海鲨。《西京杂记》卷三有"尉佗献高祖鲛鱼"的记载。
②　《吕氏春秋·本味》记伊尹说商汤以至味，说到"鱼之美者，洞庭之鳟，东海之鲕"。陈奇猷《吕氏春秋校释》："疑此鱼名鲕，体小，如小鱼，《说文》误分为二义也。"

是当时习见情形。居延汉简可见"鲍鱼百头"（263.3）简文，说明汉代鲍鱼甚至远运至于河西。

《说文·鱼部》还列举多种出产于朝鲜半岛沿海的鱼种，可以进一步说明海鱼长途转输，或可至于数千里外。如：

> 鲐，鲐鱼也，出乐浪潘国。
>
> 鰫，鰫鱼也，出乐浪潘国。
>
> 鮇，鮇鱼也，出乐浪潘国。
>
> 鮪，鮪鱼也，出乐浪潘国。
>
> 魦，魦鱼也，出乐浪潘国。
>
> 鰈，鰈鱼也，出乐浪潘国。
>
> 鰅，鰅鱼也，皮有文，出乐浪东暆。神爵四年初捕收输考工。
>
> 鮸，鮸鱼也，出薉邪头国。
>
> 魵，魵鱼也，出薉邪头国。
>
> 鲜，鲜鱼也，出貉国。

段玉裁注："薉邪头国，秽貉也。"其地当在《汉书·地理志下》所谓"邪头昧"一带，即日本海西岸的今朝鲜江原道高城附近。"貉国"，亦即濊貉。"东暆"，《汉书·地理志下》作"东暆"。其地在日本海西岸的今韩国江原道江陵。据《汉书·武帝纪》记载，元封二年（前109）发兵击朝鲜，次年夏，"朝鲜斩其王右渠降，以其地为乐浪、临屯、玄菟、真番郡"。颜师古注引臣瓒曰："《茂陵书》：'临屯郡治东暆县，去长安六千一百三十八里，十五县；真番郡治雪县，去长安七千六百四十里，十五县。'""潘国"之称不知是否与"真番"地名有关。① 若潘国在真番郡，其地则当在黄海东海岸，临江华湾。

---

① 《史记，货殖列传》：燕"东绾秽貉、朝鲜、真番之利"。张守节《正义》："番音潘。"

乐浪郡，王莽改称"乐鲜'，属县有"朝鲜"；又"浿水"县，"莽曰乐鲜亭"（《汉书·地理志下》）。应劭注谓所以称"乐鲜"者，"故朝鲜国也"。传说周武王封箕子于朝鲜。"朝鲜"地名，较早又见于《山海经·海内北经》及《海内经》。[①] 其最初得名，很可能与出于"貉国"的"鲜鱼"这种水产品有关。

朝鲜半岛渔业产品能够远输中土，是可以说明秦汉时期运输生产水平的绝好例证。

居延汉简可以看到关于载鱼转贩的内容，《建武三年候粟君所责寇恩事》简册中，记述"为候粟君载鱼之觻得卖"事，一次即"载鱼五千头"（E. P. F22：6）。

秦汉时期渔产品运输的显著进步，使得"江湖之鱼，莱黄之鲐，不可胜食"（《盐铁论·通有》）。某些地区有时出现生产与消费未能合理衔接的情形，鱼价跌落至于悖乎常情的程度，如《论衡·定贤》所谓"彭蠡之滨，以鱼食犬豕"，也并非由于运输生产能力的落后，而另有其他的原因。[②]

---

① 《山海经·海内北经》："朝鲜在列阳东，海北山南。"《海内经》："东海之内，北海之隅，有国名曰朝鲜。"

② 参看王子今《秦汉渔业生产简论》，《中国农史》1992 年第 2 期。

第十二章

秦汉运输业

一 商运的繁荣

商业运输在战国时期已经得到具有历史意义的显著发展。在中原地区，商旅往来，"车马之多，日夜行不休已，无以异于三军之众"（《战国策·魏策一》）。行贩四方的商贾甚至表现出空前的政治影响力①。秦时商贾势力受到压抑，《史记·秦始皇本纪》："三十三年，发诸尝逋亡人、赘婿、贾人略取陆梁地，为桂林、象郡、南海，以適遣戍。"又"西北斥逐匈奴"，"徙谪，实之初县"。晁错曾经说，"臣闻秦时北攻胡貉，筑塞河上，南攻杨粤，置戍卒焉"。"秦民见行，如往弃市，因以谪发之，名曰'谪戍'。先发吏有谪及赘婿、贾人，后

---

① 王夫之在《读通鉴论》中指出："七国者，各君其国，各有其土，有余不足，各产其乡，迁其地而弗能为良。战争频，而戈甲旌旄之用繁；赂遗丰，而珠玑象贝之用亟；养游士，务声华，而游宴珍错之味侈。益之以骄奢之主，后宫之饰，狗马雁鹿袨服珠玩之日新，而非其国之所有。于是而贾人者越国度险，罗致以给其所需。人主大臣且屈意下之，以遂其所欲得，而贾人遂以无忌惮于天下。"

以尝有市籍者，又后以大父母、父母尝有市籍者，后入闾，取其左。"（《汉书·晁错传》）尽管商贾地位相当低下，但行商依然是基本就业途径，韩信"始为布衣时，贫无行，不得推择为吏，又不能治生商贾，常从人寄食饮，人多厌之者"（《史记·淮阴侯列传》），由于"不能治生商贾"，而为世人所不齿。

云梦睡虎地秦简《日书》甲种及《日书》乙种可见有关"行贾"的内容，如：

> 斗，利祠及行贾、贾市，吉。（甲种七五正壹）
> 斗，利祠及行贾、贾市，吉。（乙种一〇三壹）

也可以看作反映秦时商运的资料。

西汉初年，"天下晏然"，"禁网疏阔"（《汉书·刑法志》），因政府不加严格限制，商业获得了自由发展的条件。《史记·货殖列传》：

> 汉兴，海内为一，开关梁，弛山泽之禁，是以富商大贾周流天下，交易之物莫不通，得其所欲。

晁错分析当时"商人所以兼并农人"时，说道，"商贾大者积贮倍息，小者坐列贩卖，操其奇赢，日游都市，乘上之急，所卖必倍"（《汉书·食货志上》）。商人牟利的主要形式，包括"蓄积余业以稽市物"，借"物踊腾粜"以致富①，或有以"力农畜"，"用铁冶"，"贳

---

① 《史记·平准书》。裴骃《集解》：李奇曰："稽，贮滞也。"如淳曰："稽，考也。考校市物价，贵贱有时。"晋灼曰："踊，甚也。言计市物贱而豫益稽之也。物贵而出卖，故使物甚腾也。《汉书》'粜'字作'跃'。"以囤积居奇而取利者最著名的例子，是《史记·货殖列传》记载的宣曲任氏的事迹："秦之败也，豪杰皆争取金玉，而任氏独窖仓粟。楚汉相距荥阳也，民不得耕种，米石至万，而豪杰金玉尽归任氏，任氏以此起富。"应当注意到，囤积求利，是以交通阻障、商运的不发达为条件的，所谓"稽"，所谓"滞"，其实是反流通的非正常的交易形态。

贷子钱"而求利者（《史记·货殖列传》），而远行贩运，尤其可令经营者成为富家。

《史记·货殖列传》记载，宛孔氏"连车骑，游诸侯，因通商贾之利，有游闲公子之赐与名"，"家致富数千金，故南阳行贾尽法孔氏之雍容"。曹邴氏"俛有拾，仰有取，贳贷行贾遍郡国"。齐刀间"逐渔盐商贾之利"，"连车骑，交守相"，"起富数千万"。周师史"转毂以百数，贾郡国，无所不至"，"致七千万"。当时，"贩谷粜千锺，薪槁千车"，拥有"船长千丈"，"辎车百乘，牛车千两"者，其经济地位"亦比千乘之家"。于是，不远千里，"商而通之"，"以所多易所鲜"，成为"求富益货"的重要途径，一时形成所谓"天下熙熙，皆为利来；天下壤壤，皆为利往"的风尚。

司马迁说："行贾，丈夫贱行也，而雍乐成以饶。"（《史记·货殖列传》）当时有大量以此"贱行"为营生手段，犯晨夜，冒霜雪，千里艰辛的"行贾"，也有"富商大贾或蹛财役贫，转毂百数"（《史记·平准书》），从事商运组织而"贸易货略，雍容垂拱，坐取百倍"（《前汉纪》记宛孔氏事）者。

年代相当于西汉文景时期的湖北江陵凤凰山 10 号汉墓出土 2 号木牍有如下内容：

中舨

共侍约

（以上为正面）

□年三月辛卯中舨舨长张伯□兄□仲（？）陈伯等七人

相与为舨约入舨钱二百　约二∠会钱备不备勿与为

舨即舨直行共侍非前谒∠病不行者罚日卅毋（无）人者以庸贾

器物不具物责十钱∠共事已器物毁伤之及亡舨共负之

非其器物擅取之罚百钱●舨吏令会不会会日罚五十

会而计不具者罚比不会为舨吏余（？）器物及人●舨吏李□

（以上为背面）（805）

"舨"，原牍写作"服"。裘锡圭释作"服"，以为："'服'应该是服役的意思。""订约的张伯等七人都是服长。服长是组织和监督服役者的人。"[1] 发掘简报执笔者则释"服"为"贩"，以为"'中贩共侍约'意即合伙做买卖所订的合约"[2]。黄盛璋则根据字形构造及简牍文义，并参考同墓出土其他简牍的内容，论证"舨"就是"贩"[3]。此外，也有认为"服与般相通，般是大船，而中服则可能是一种官船的名字"的意见，推测木牍内容与"官营商业"有关，"所反映的可能是官府通过订契约，把均输物资包给地方的地主豪强，由他们雇佣或摊派船工运输贩卖"[4]。

　　"舨"，可能是以舟船为交通工具的民间商运组合形式。"舨长"是此七人合作互助组织的首领。"舨长张伯"，推测可能即墓主。"舨吏"负责日常组织管理，"舨吏令会不会"，要受到罚款处分，"会而计不具者"，处罚与"不会"同。"伯""仲"是民间日常称谓，据此似可排除"中舨共侍约"是与官府签订契约的可能。"舨约"内容最主要者即所谓"共侍"，"即舨直行共侍，非前谒病不行者，罚日卅，毋人者以庸贾"。其实质，原本是共同承担劳务的契约。同墓又出土简文与此相关的 15 支简：

---

①　裘锡圭：《湖北江陵凤凰山十号汉墓出土简牍考释》，《文物》1974 年第 7 期。

②　长江流域第二期文物考古工作人员训练班：《湖北江陵凤凰山西汉墓发掘简报》，《文物》1974 年第 6 期。

③　黄盛璋：《江陵凤凰山汉墓简牍及其在历史地理研究上的价值》，《文物》1974 年第 6 期。

④　弘一：《江陵凤凰山十号汉墓简牍初探》，《文物》1974 年第 6 期。

　　　郭乙二户　　儋行　　少一日（849）

　　　寇□都二户　　兼行　　少一日（850）

　　　□昆论二户　　善行　　少一日（851）

　　　越人□二户　　唐行　　少一日（852）①

一般均安排二户一组同行，这也有可能与"中舨共侍约"所谓"约二会"有关。"行"，当指外出劳作，内容很可能是商品转运。这种未见于文献记载的商运组织形式，当时或许普遍通行于民间。"行"前一字，各各不一，疑为地名简称②，"少一日"的记录，暗示运程并不遥远。而"入舨钱二百"，合计不过1400钱，也说明其商运规模是十分有限的。

　　居延汉简可见"☑就　行庸作☑"（E. P. F22：617）简文，所反映的经济形式，或许亦与江陵凤凰山10号汉墓简牍的内容有相近处。

　　汉武帝时代曾经推行严厉打击富商大贾，并以官营商运压抑、排挤民间商运的政策。贯彻算缗钱制度时，对商人拥有的车船等交通运输工具，征收税率比一般人的税率高一倍或二倍。"非吏比者三老、北边骑士，轺者以一算；商贾人轺车二算；船五丈以上一算。"（《史记·平准书》）抑商政策使民间商运能力受到严重摧残，"重装富贾，周流天下，道无不通，故交易之道行"（《史记·淮南衡山列传》），"因其富厚，交通王侯，力过吏势，以利相倾；千里游敖，冠盖相望，乘坚策肥，履丝曳缟"（《汉书·食货志上》）的情形发生了变化。不

---

　　① 采用李均明、何双全编《散见简牍合辑》的顺序号。其他11枚简简文为："上官巴人圣二户　赤（？）　青（？）　舒少一日"（853），"贞二户　□　□一日"（854），"安国臣二户　赤行"（855），"终（？）古斯二户　□已行"（856），"臣□二户　□行"（857），"首（？）右革（？）二户　在（？）子行"（858），"□从□二户　□行"（859），"任但二户　□行"（860），"□□□二户　泽（？）（861）"，"儋宇（？）二户　庲☑（862）"，"状（？）小奴　□树行　成"（863）。文物出版社，1990，第73页。

　　② 江苏邗江胡场5号汉墓出土木牍"剧马行""随史行""□□行"，或可引为同例。见扬州博物馆、邗江县图书馆《江苏邗江胡场5号汉墓》，《文物》1981年第11期。

过，民间商运在专制政治高压下演化成地下的潜流，依然影响着当时的社会经济生活，一旦禁法稍有松动，则又活跃于各地。所谓"宛、周、齐、鲁，商遍天下"（《盐铁论·力耕》），"商贾错于路"，"均有无而通万物"（《盐铁论·通有》），都说明民间商运力量在解冻之后营运活动愈益繁忙的事实。

贡禹为御史大夫，曾向汉元帝数言得失，说到"商贾求利，东西南北各用智巧"的情形（《汉书·贡禹传》）。成哀时大商人罗哀初至长安行贾，随身数十百万，后"往来巴蜀，数年间致千余万"，"其余郡国富民，兼业颛利，以货略自行，取重于乡里者，不可胜数"（《汉书·货殖传》）。正说明商贾以"智巧"往来东西南北以"求利"，往往获得成功。

王莽的新经济政策对民间商运施行严格统治，在河西这一商运原本并不发达的地区，也可以通过简牍资料看到有关信息。例如：

其市买五均之物及盐而无二品□（E. P. T 6：88）

枚缣素上贾一匹直小泉七百枚其马牛各且倍平及诸万物可皆倍牺和折威侯匡等

所为平贾夫贵者征贱物皆集聚于常安城中亦自为极贱矣县官市买于民民（E. P. T59：163）

王莽曾任用商人理财，利用少数大商贾来抑制大多数一般商贾。然而这些人仍醉心于牟利商运，甚至借取官家交通设施以营私，"乘传求利，交错天下"（《汉书·食货志下》）。民间商运之未能尽行扼杀，自可想见。

居延出土"建武三年十二月候粟君所责寇恩事"简册，记有"候粟君"取客民寇恩为就载鱼五千头到觻得"卖事，简册内容还涉及"买肉糴谷"等交易活动，可以反映两汉之际边地民间小规模商运活动的一般形态。当地经商多为副业，贩运内容及方向显现出偶然随机的特征，在这种经济活动中，还可以看到某种非经济强制的役使关系的残余影响。例如：

> 甲渠令史华商尉史周育当为候粟君载鱼之觻得卖商育不能行商即出牛一头黄特齿八岁平贾直六十石与交谷十五石为谷七十五石育出一头黑特齿五岁平贾直六十石与交谷卅石凡为谷百石皆予粟君以当载鱼就直（E. P. F22：22～23）

雇佣寇恩，又有"自食"为"将车"，"行道廿余日不计贾直"，以及以实物"偿""所得就直""不相当"事。①商运经济发育之不完备，很可能与当地战备形势及地方行政的军事化管理有关。

东汉时期，政府没有直接提出过明确的抑商政策。光武帝刘秀当政时，桓谭曾宣传过"禁民二业"的主张。明帝永平年间，朝廷果然"下令禁民二业"。然而不久即发现其流弊，不得不对"官禁二业"制度加以修正（《后汉书·刘般传》）。对商业实行较宽松的政策，很可能成为影响社会风尚的重要因素之一。据说当时"举世舍农桑，趋商贾，牛马车舆，填塞道路，游手为巧，充盈都邑，治本者少，浮食者众"，在大的商业都会中，甚至"浮末者什于农夫，虚伪游手者什于浮末"（《潜夫论·浮侈》）。商运的发展，形成"船车贾贩，周于四方"（《昌言·理乱》）的繁荣的局面。在交通条件未必优越的北边道上，乌桓入侵云中，一次即"遮截道上商贾车牛千余两"（《后汉书·乌桓传》），也可以说明当时商运发达的情形。

《史记·货殖列传》："谚曰：'百里不贩樵，千里不贩籴。'"是

---

① 甘肃居延考古队简册整理小组：《"建武三年候粟君所责寇恩事"释文》，《文物》1978 年第 1 期。

说商运早已形成一定的经营规则和核算标准。所谓"连车骑，游诸侯"，"连车骑，交守相"，都说经营商运的富豪凭借其社会阅历与社会关系可以影响政治。东汉末年，刘备"得用合徒众"，就是由于"中山大商张世平、苏双等赀累千金，贩马周旋于涿郡，见而异之，乃多与之金财"（《三国志·蜀书·先主传》）。糜竺"祖世货殖，僮客万人，赀产钜亿"，刘备为吕布击破，"转军广陵海西"，糜竺进奴客二千，金银货币以助军资，"于时困匮，赖此复振"（《三国志·蜀书·糜竺传》）。《三国志·蜀书·糜竺传》裴松之注引《搜神记》说到糜竺从洛阳到家乡的交通经历①，也许其经营方式也包括往来"周旋"的行为。

孙坚少时"与父共载船至钱唐"，会海贼掠取贾人财物，方于岸上分之，"行旅皆住，船不敢进"，孙坚操刀上岸追斩，"由是显闻"，可见江南行商之富往往令盗贼垂涎。孙坚甚至曾"募诸商旅"，以为其部队的基干（《三国志·吴书·孙破虏传》）。吕蒙偷袭荆州，曾令部众伪装商人，"尽伏其精兵䑿舳中，使白衣摇橹，作商贾人服，昼夜兼行，至（关）羽所置江边屯候，尽收缚之，是故羽不闻知"（《三国志·吴书·吕蒙传》）。显然着白衣的商贾人行船往来江上，当时为世人习见。江南商运的发展是以这一地区经济的进步为条件的，而吏民"浮船长江，贾作上下"（《三国志·吴书·三嗣主传》孙休永安二年诏），又以商运促进江南经济进一步的繁荣。

二　独立的运输业的形成与发展

汉文帝时，北边军备紧张，粮食转运不及，于是听从晁错的建

---

① 《三国志·蜀书·糜竺传》裴松之注引《搜神记》："竺尝从洛归，未达家数十里，路傍见一妇人，从竺求寄载。行可数里，妇谢去，谓竺曰：'我天使也，当往烧东海糜竺家，感君见载，故以相语。'竺因私请之，妇曰：'不可得不烧。如此，君可驰去，我当缓行，日中火当发。'竺乃还家，遽出财物，日中而火大发。"

议，实行令民"入粟于边以受爵免罪"的政策，以借用民间运输力量来满足国家的军粮转输需求。"令民入粟边，六百石爵上造，稍增至四千石为五大夫，万二千石为大庶长。"（《汉书·食货志上》）司马迁在《史记·平准书》中称此为"募民能输及转粟于边者拜爵"。王先谦《汉书补注》据此以为"是输者转者皆得拜也"。《汉书·食货志上》记载，此后，边食足用，又"令入粟郡县"。汉景帝时，"上郡以西旱，复修卖爵令，而裁其贾以招民"，降低输粟定额以吸引民间运输力量，并且规定："及徒复作，得输粟于县官以除罪。"汉武帝时，也曾实行类似政策，"募豪民田南夷，入粟县官，而内受钱于都内"。在桑弘羊主持下，又"令民得入粟补吏，及罪以赎。令民入粟甘泉各有差，以复终身，不复告缗，它郡各输急处"（《汉书·食货志下》）。

募民输粟政策的实行与成功，说明民间运输力量的强大，政府正视并合理借用其实力，方使维护大一统政治的专制主义国家机器得以正常运行。由强行征调平民以劳役方式无偿从事转输，以致"羸弱服格于道"（《淮南子·人间》），"百姓力罢"（《汉书·贾山传》），到募民输粟的历史转变，是以社会的进步和管理思想的成熟为背景的，同时又说明了运输生产水平的提高。当时民间运输劳作显然可以得到相当于"拜爵""除罪"的收益。

《商君书·垦令》规定，"使军市无得私输粮者"，令"送粮者不私"，此外，又有"送粮无取僦"的内容。高亨考定此篇为商君所作①。可见私营运输活动早已出现，然而当时受到法令的严格限制。"僦"，《史记·平准书》司马贞《索隐》："服虔云：'雇载云僦。'"看来是指运输生产中的雇佣关系。云梦睡虎地秦简《效律》规定：

---

① 高亨：《商君书作者考》，《商君书注释》，中华书局，1974，第10页。

上节（即）发委输，百姓或之县就（僦）及移输者，以律
论之。

朝廷征发转输劳役，百姓有到县"雇载"或委托他人转输者，要依法
惩处。云梦睡虎地秦简《日书》甲种中可见：

丙申以就（僦），同居必窭。（五六正叁）

又说明"僦"这种雇佣形式，实际上长期存在于社会经济生活中。

曾经受到法律限制因而并不普遍的称作"僦"的经济关系，到西
汉中期则表现出相当显著的作用。桑弘羊推行均输法，曾针对当时贡
输之弊，指出"天下赋输或不偿其僦费"（《史记·平准书》）。《盐铁
论·禁耕》也说到"良家以道次发僦运盐铁，烦费"。《汉书·王莽
传中》："宝货皆重则小用不给，皆轻则僦载烦费。"可见"僦载"已
经是十分普遍的运输组织形式。《汉书·酷吏传·田延年》记载营建
帝陵时取民车为僦事：

大司农取民牛车三万两为僦，载沙便桥下，送致方上，车直
千钱，延年上簿诈增僦直车二千，凡六千万，盗取其半。

可见"僦载"有时可以形成相当宏大的规模。

"僦直"即"僦值"，是民车"为僦"的报酬。居延汉简又写作
"就直"。例如：

出钱□一□一二月食就直（155.16）
□□月积一月廿七日运茭就直（350.12）
其四两自行

☑

一两取就直卅☑ （214.83）

"建武三年十二月候粟君所责寇恩事"简册中也说到"就直"的计算（E. P. F22：6，E. P. F22：8，E. P. F22：23，E. P. F22：30）。"就直"或作"就钱"，如：

☑就钱八百卌出□ （116.46）

就钱三百 （254.5）

☑□□就钱君强取 □☑ （乙附9B）

敦煌酒泉汉简中也有关于"就直"（2377）、"就钱"（1628）的内容。

云梦睡虎地秦简《日书》甲种中可见"车人"称谓（七三背）。《淮南子·说林》："为车人之利而不傲则不达。"以"傲"求利的"车人"，在汉代居延边塞文书中称作"就人"（傲人）。例如：

☑□　　受詧家延寿里上官霸就人安故里谭昌 （214.125）

詧家安国里王严　车一两　九月戊辰载就人同里时褒　　已到未言卿 （267.16）

可子真一两就人周谭侯君宾为取 （502.11）

☑□置佐博受就人井客☑ （586.5）

居延平明里王放就人昌里潸阳　车一两粟大石廿五石　居延平明里王放就人昌 （E. P. T49：53A）

☑□平明里□褒就人赵永 （E. P. T65：376）

敦煌汉简中也可以看到有关"傲人"的简文：

出糜二斛　　　元和四年八月五日僦人张季元付平望西部候

长宪（1960）

写作"就人"者，又有简282，283，284，285，531，532，而内容较为完整者如下例：

入郡仓元年六月转二两

麦小石七十五石

居摄元年八月己未步昌候长党隧长尚受就人龙勒万年里☒

（1234）

裴锡圭曾辑录"一些本属于一册'将转守尉所赋僦人钱名'的散简"：

出钱千三百卌七　赋就人会水宜禄里蔺子房一两（506.27）

出钱千三百卌七　☒（502.8）

出钱四千七百一十四　赋就人表是万岁里吴成三两半

已入八十五石

少二石八斗三升（505.15）

●右八两　用钱万七百七十六（506.11）

●右凡十二两　输城官　凡出入折耗五十九石三斗

（505.36）

●凡五十八两　用钱七万九千七百一十四　钱不值就☒

（505.20）

从前4枚简的内容看，"各车僦费是相同的"①，这说明这批僦人所将

---

① 裴锡圭：《汉简零拾》，《文史》第12辑，中华书局，1981。

之车遵守一定的装载规范，行程起讫亦相同，或许属于同一车队，这一"僦载"车队的规模，可能达到"五十八两"。①

居延汉简又有称"就人"为"就家"者，例如：

> 为候之觚得取麦二百石遣就家昭武安定里徐就等
>
> 月丙戌诣肩水候官檄到毋留止如律令（562.3A）
>
> 出钱百一十五行道付 恩
>
> 出钱百□十付□
>
> 出钱卅买□付 恩 （562.3B）

"行直"当即"行值"。"行直"与"就直"所以不同，现在尚不明确。或许不排除"就人"空车行赴载运起点之报酬的可能。

居延出土"甘露二年御史书"简册中可以看到"以牛车就载籍田仓为事"简文（E.J.T1：1）。《潜夫论·实边》说："募运民耕边入谷"，乃"充边境，安中国之要术"。"运民"，是汉代从事运输生产的民户。以"就载"为营生方式的"就人""就家"，其实也属于"运民"之列。

《后汉书·光武帝纪上》："王莽天凤中，乃之长安，受《尚书》，略通大义。"李贤注："《东观记》曰：'受《尚书》于中大夫庐江许子威，资用乏，与同舍生韩子合钱买驴，令从者僦，以给诸公费。'"可见，当时社会上层人士也视"僦"为与儒学经义未相抵触的正业。

《九章算术·均输》中关于"均赋粟"的算题，说到汉时运车载重规格和僦费常值即一般运价标准："一车载二十五斛，与僦一里一

---

① 居延汉简可见内容相关联的两枚简："出粟大石廿五石 车一两 始建国二年正月壬辰觜家昌里齐熹就人同里陈丰付吞远置令史长"（E.P.T59：175），"■右壬辰车五两 粟百廿五石 与此千三百□□□"（☑E.P.T59：176）。前者"车一两"显然包括在后者"车五两"之中，似亦可作为"僦载"结队运行之例。

钱。"裘锡圭辑"将转守尉所赋僦人钱名"简册散简时说到,"简记
每车僦费为 1347 钱,这样不整齐的数字,也只有用'与僦一里一钱'
这种以里计费的办法,才能算出来"。1347 钱这样不整齐的数字,并
非只合于"与僦一里一钱"的计费标准,一里三钱也是可能的。简文
所见僦人县里会水、表是二县均属酒泉郡,若以僦费一里三钱折算,
运程合 499 里,正与出土地点大湾至酒泉郡治的距离相当。①

　　各个时期经济背景不同,各个地区运输条件不同,都使得"僦
载"运价未必稳定。而僦值、僦钱标准若浮动幅度较大,往往会对
"就人""就家"所支撑的私营运输业形成冲击。敦煌汉简可见如下
简文:

　　愿加就程五年北地大守惲书言转☑
　　安定大守由书言转粟输嘉平仓以就品博募贱无欲为☑ (619)
　　☑粟输渭仓以就品贱无欲为者愿☑ (1262)

"以就品贱无欲为者",说明运费标准低滞影响了私营运输业的正常生
产。敦煌汉简又可见所谓"唯诒所以前数收就钱与平如律令"
(1628),大约运输费用有法定的统一价格,简文所见"愿加就程"
"愿☑"云云,可能都体现运价调整须经过必要的手续。居延汉简又
可见:

　　铕庭隧长☐☐
　　时取就高者千钱☑ (E. P. T51:57)

---

　　① 裘锡圭还指出,"按每车僦费 1347 钱计算,五十八车共合 78126 钱,简文所记用钱
数较此数多出 1648 钱。这样看来,这批车的僦费又好象并不完全一致。不过,五十八车才差
了 1648 钱,出入应该说是很小的。"今按:这一出入或许与简 505.20 所谓"钱不偁就"
有关。

居延都尉德丞延寿以令增就劳百七□（E. P. T56：199）

可能就是僦费标准得以适当提高的记录。

僦人劳作备极艰辛，生活依然困苦。《史记·汲郑列传》："（郑）庄任人宾客为大农僦人，多逋负。"《盐铁论·禁耕》："良家以道次发僦运盐铁，烦费，百姓病苦之。"通过居延汉简所记载的"客民"寇恩的遭遇，也可以看到汉代私营运输业在重重压迫下艰难生存的境况。粟君以候的身份，可以役使令史、尉史为其载运私货，在雇佣寇恩以私车私牛为其贩运时，肆意侵夺运户的劳动收入。寇恩虽然拥有车牛等生产资料，经济收益高于其他庸客，但生活仍相当穷苦，其子寇钦不得不为粟君捕鱼，"积作三月十日，不得贾（价）直（值）"，寇恩为偿还债务，竟不得不以车具抵押。

《淮南子·汜论》："今夫僦载者，救一车之任，极一牛之力，为轴之折也，有如辕轴其上以为造，不知轴辕之趣轴折也。"居延有关"就人"的简文，多以运车"一两"为单位结算僦钱。居延汉简多见"入粟大石廿五石车一两"简文①，字面虽未有"就人"字样，但很可能其内容多与"僦载"相关，其完整文式或当如下例：

入粟大石廿五石　　　车一两　　　正月癸卯甲渠官掾谭受訾家
茂陵东进里赵君壮就人肩水里邸宗（E. P. T59：100）

居延汉简中可以看到所谓"运菱就直"（350.12），"枭就钱"（190.34），"就粟钱"（178.8），"就给麦"（530.2）及"运麦钱"（237.33），敦煌汉简又可见所谓"蒲就直"（2377）。凡此种种，可

---

① 如简16.2，59.2，154.26，156.22，266.32，E. P. T 6：103，E. P. T 43：177，E. P. T 43：189，E. P. T 50：57，E. P. T 59：291等。

能都是支付给僦人的转输报酬，简文所谓"转钱"（133.13），或许即其概称。由此可以看到，"僦载"是相当普遍的运输形式，其营运内容亦十分宽泛。

以"救一车之任，极一牛之力"的个体转输为主要营业方式的僦人，因数量之众多成为汉代运输业的主力。除了僦人的活跃可以看作运输业已成为独立的社会生产部门的突出标志而外，所谓"将车人"的活动对于社会交通事业的发展也表现出引人注目的作用。

《史记·田叔列传》褚先生补述：任安"少孤贫困，为人将车之长安"。翦伯赞在《两汉时期的雇佣劳动》一文中曾经指出："这里所谓'为人将车'就是受人之雇为人赶车。"[①]"将车"一般亦泛指驾车，如朱买臣即曾"随上计吏为卒，将重车至长安"（《汉书·朱买臣传》）。居延汉简中"□□□□遣卒 六 奴 持车牛诣官以十"（418·1），或许也可以引为同例。"建武三年十二月候粟君所责寇恩事"简册也可见"恩从觻得自食为业将车到居延"的内容，记述私家雇佣"将车"事。[②]居延汉简还多见"将车"或"将车人"作为表示特定身份的称谓的简文，例如：

将车觻得万岁里 公 □（77.7）

将车觻得新都里郝毋伤年卅六岁长七尺二寸黑色□（334.36）

□将车觻得安世里公乘工未央年卅长七尺二寸黑色（334.13）

□将车河南郡荥阳（346.39）

---

① 翦伯赞：《两汉时期的雇佣劳动》，《北京大学学报》（哲学社会科学版）1959 年第 1 期。

② 又如："□ 昭 武 □□里上造史则年廿五长七尺二寸黑色　为兰少翁将车"（14.12）。

十一月十五日为记邑中夏君壮多问

少平湌食如常人马起居得毋有它今自买鱼得二千二百桼十头

付子阳与子阳将车入粟十三石牛食豆四石桯西垣乘轴一付

（E. P. T44：5）

甘肃武威雷台汉墓出土铜车马有隶书铭刻，其御者身份，"小车马"称"御奴"，而"辇车马"即货运车马则称作"将车奴"①。

由"建武三年十二月候粟君所责寇恩事"简册的内容，可知"将车人"与"就人"的区别。寇恩以私车为粟君载鱼至觻得卖，当得"就直"以为酬报，是为"就人"。而"到觻得卖鱼尽钱少"，因卖牛相抵，以卖牛钱付粟君妻业，以车具"置业车上"，又"从觻得自食为业将车到居延"。是往觻得时为"就人"，自觻得返时则成为"为业将车"的"将车人"。身份之变化在于已不再拥有所驾御车辆的所有权。

"将车人"可以为私人"将车"，也可以"将"公车为政府服务。前引"将车觻得新都里郝毋伤"等简，可能即体现为公家转运的劳务关系。然而无论为公家"将车"还是为私人"将车"，"将车人"与车主之间均存在雇佣与被雇佣的关系。

值得注意的是，"就人"及"将车人"的有关简牍资料，反映其原籍多在河西近县②。我们看到体现其运输生产特征的简例：

□□□三千□□□□□来之因之廿三廪（E. P. T53：184A）

□□□□□□□ □□□一□车□□□□车

□□□　　　　□以□正□□十廪吏□□□

---

① 甘博文：《甘肃武威雷台东汉墓清理简报》，《文物》1972 年第 2 期。

② "客民"寇恩乡籍"颍川昆阳市南里"，然而在河西"为就"，运程并不辽远。

　　□□六　　　　　　出居延贾通五千钱

　　□钱千二百　　　□可得车牛从□即可得车西行（E. P. T53：

184B）

　　简文有"廿三廪"及"可得车牛""可得东西行"诸语，可知内容涉及军粮转运，而所谓"出居延贾通五千钱"，似可理解为转运地点若超出居延地区之外，则一律收取高额运费。这里可能是专指"西行"，即西出塞外有相当大风险的战地转输①，但是实际上也从侧面反映出当时私营运输业在转运地域方面的局限。

　　马克思曾经指出，"除了采掘工业、农业和加工工业以外，还存在着第四个物质生产领域，这个领域在自己的发展中，也经历了几个不同的生产阶段"，"这就是运输业"②。"工农业生产方式的革命，尤其使社会生产过程的一般条件即交通运输工具的革命成为必要。"③ 运输业本身也"属于直接生产"，改善运输条件"也属于发展一般生产力的范畴"④。马克思认为，一定的生产方式必然有一定的运输方式与之相适应，生产方式的进步必定伴随着运输方式的进步，而运输业的进步也可以"加速"生产力的发展以至"加速"社会和政治的变革⑤。

　　秦汉运输业就经营主体而言，有官营运输业与私营运输业的区别。私营运输业作为官营运输业的基本后备和重要补充，对于巩固大一统的国家政权，提高其行政效能，表现出不可低估的积极作用，在

---

　　① 《盐铁论·诛秦》："兵革驱动，师旅数起，长城之北，旋车遗镞相望。"《盐铁论·取下》："戍漕者辇车相望，生而往，死而旋。"都说战地军运存在安全问题。

　　② 马克思：《剩余价值理论》，《马克思恩格斯全集》第26卷第1册，第444～445页。

　　③ 马克思：《资本论》第1卷，《马克思恩格斯全集》第23卷，第421页。

　　④ 马克思：《政治经济学批判》，《马克思恩格斯全集》第46卷下册，第14页。

　　⑤ 《马克思致尼·弗·丹尼尔逊》（1879年4月10日），《马克思恩格斯〈资本论〉书信集》，人民出版社，2002，第361～362页。

增添社会经济生活的活力，推动各地区间文化融合诸方面，其历史进步意义尤为显著。

三　官营运输业与均输制度

秦汉时期，政府对民间商运及私营运输业采取的政策有抑制与利用两个方面，而总体倾向以抑制为主。

云梦睡虎地秦简《秦律十八种》中有《关市》一种。"关市"，据《韩非子·外储说左下》知为管理关和市税收事务的官员。① 关于秦代关税制度的细节尚无确切材料可以说明。当时虽曾"决通川防，夷去险阻"（《史记·秦始皇本纪》），以促进各地交通，但是据贾谊《过秦论》所谓秦"缮津关，据险塞，修甲兵而守之"，"赋敛无度，天下多事，吏弗能纪"分析，很可能也曾征敛较重的关税。

《史记·货殖列传》："汉兴，海内为一，开关梁，弛山泽之禁，是以富商大贾周流天下，交易之物莫不通，得其所欲。"《汉书·文帝纪》：汉文帝十二年（前168），"除关无用传"。这就是《史记·太史公自序》所谓"开通关梁，广恩博施"。这一状况维持了15年。《史记·孝景本纪》：汉景帝四年（前153），"复置津关，用传出入"。传，是地方行政机关发放的通行凭照。不过当时恢复关传的背景是七国新反，以备非常，直接目的在于军事政治方面，并非专以限制民间运输活动。至汉武帝初年，仍有是否"除关"的争论。史籍所见汉代征收关税的最早的明确记载，是《汉书·武帝纪》所谓太初四年（前101）冬"徙弘农都尉治武关，税出入者以给关吏卒食"。《史记·酷

---

① 《资治通鉴》卷四"周赧王三十二年"："过关市，赂之以金。"胡三省注以为"关市"即《周礼》中"司关""司市"，"战国之时合为一官"。然而睡虎地秦简所见律文内容仅有征收市税一条："为作务及官府市，受钱必辄入其钱缿中，令市者见其入，不从令者赀一甲。关市。"推想当时关于关税征收，法律亦应有相应的严格规定。

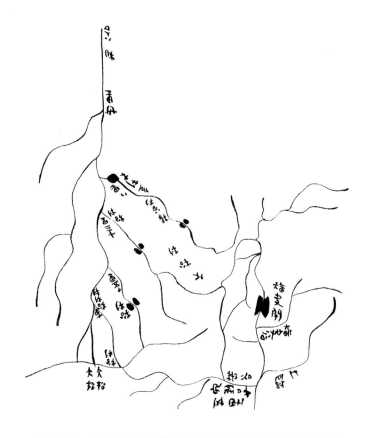

图 12 – 1　天水放马滩秦墓出土木板地图显示的"闭（关）"

吏列传》说，汉武帝时，酷吏宁成任为关都尉，一时出入关者号曰："宁见乳虎，无值宁成之怒！"可见关吏稽察之谨严及税收之苛重。司马迁记述，"宁成家居，上欲以为郡守。御史大夫弘曰：'臣居山东为小吏时，宁成为济南都尉，其治如狼牧羊。成不可使治民。'上乃拜成为关都尉"。《汉书·酷吏传·义纵》："岁余，关吏税肆郡国出入关者，号曰：'"宁见乳虎，无直宁成之怒。'其暴如此。"据《汉书·百官公卿表下》，公孙弘任御史大夫为元朔三年至五年（前126～前124），如"税肆"之说成立，则非正式的关税征收，其初始又早于太初四年"税出入者"。政府通过关税制度强行分享商运与私营运输业经济收益的具体情形，可由税率得到反映。从成书于西汉晚期至东汉初期的数学名著《九章算术》中提供的史料看，当时关税税率大约较高，有时或可至于"二而税一"，在一条运输线上往往关梁重设，税率因关梁所在和货物性质有所不同。

《九章算术·衰分》中有算题："今有甲持钱五百六十，乙持钱三百五十，丙持钱一百八十，凡三人俱出关，关税百钱。欲以钱数多少衰出之，问各几何。"答案为甲 51 钱，乙 32 钱，丙 16 钱，关税为出关"持钱"的 9.17%。又如《九章算术·均输》中算题："今有人持金十二斤出关。关税之，十分而取一。今关取金二斤，偿钱五千。问金一斤值钱几何。"关税率"十分而取一"，与前题相近。然而有些算题所反映的关税率之高则达到惊人的程度。如："今有人持米出三关，外关三而取一，中关五而取一，内关七而取一，余米五斗。问本持米几何。答曰：十斗九升八分升之三。"持米近 11 斗，出三关后仅"余米五斗"。又如："今有人持金出五关，前关二而税一，次关三而税一，次关四而税一，次关五而税一，次关六而税一。并五关所税，适重一斤。问本持金几何。答曰：一斤三两四铢五分铢之四。"出五关后，所缴纳税金竟然超过"本持金"的 83.3%。

关税税率不一，可能与中央政府对于各个地区实际控制程度不同，因而经济政策也有所区别有关。[①] 关的意义首先在于军事政治方面的隔闭，"闭关绝约"（《史记·张仪列传》）以及"开关通币"（《史记·平原君虞卿列传》），往往首先出于军事政治需要。在秦汉大一统政体下，关仍有防制地方割据势力的作用，如《汉书·匈奴传下》所谓"自中国尚建关梁以制诸侯，所以绝臣下之觊欲也"。然而

---

① 李剑农曾论述述两汉"特殊地区之特殊赋税"，举引《汉书·食货志下》："汉连出兵三岁，诛羌，灭两粤，番禺以西至蜀南者置初郡十七，且以其故俗治，无赋税。"又指出，"其他有自秦以来征服之蛮族在今川、鄂、湘、黔边隅者，至后汉时期，犹未能与中原各郡输同等之租赋者"。见《先秦两汉经济史稿》，三联书店，1957。

关税征收至于"二而税一"，似毕竟过高，估计是特定时期特定地区的特定制度。战国时期虽然有所谓"苛关市之征"（《荀子·富国》）、"重关市之赋"（《商君书·垦令》）的政策，然而我们对于当时的关税征收率尚缺乏具体、确切的认识。《三国志·魏书·文帝纪》载《庚戌令》："轻关津之税，皆复什一。"大约东汉晚期"关津之税"的税率是远远超过"什一"的。汉代对某些物资曾实行关禁或特殊关税政策①。《列女传》引《汉法》曰："内珠入关者死。"《战国策·秦策五》记载，吕不韦决计进行政治投资，助异人归秦时，与其父曾有"珠玉之赢几倍？曰：'百倍'"的讨论。设想关禁若开，必当征收高额关税。②

关税之苛重无疑会对物资通贸与文化交流产生消极影响，对

图 12－2　"关"瓦当

---

① 如《史记·南越列传》："高后时，有司请禁南越关市铁器。（尉）佗曰：'高帝立我，通使物，今高后听谗臣，别异蛮夷，隔绝器物……'"

② 实际上珠长期是边关贸易主要转运物资之一。《汉书·地理志下》说，粤地"处近海，多犀、象、毒冒、珠玑、银、铜、果、布之凑，中国往商贾者多取富焉"，南洋航路开通，也与"应募者俱入海市明珠"有关。

商运和私营运输业也会形成直接的甚至产生扼杀性效应（如若"二而税一"）的严重损害。但是另一方面，关税较高所体现的对短途运输相对优待的政策，又有利于抑止过远运输的不合理现象。还应当注意到，关税不影响官营运输业的经营，关税制度事实上有时对于官营运输业实现其效益，还起到了某种保护性的作用。

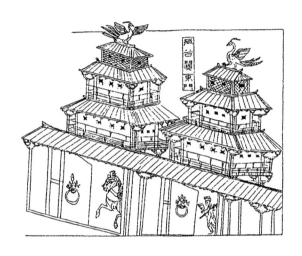

图 12-3 汉代画象"咸〔函〕谷关东门"

《汉书·武帝纪》记载，汉武帝元光六年（前129）冬，"初算商车"。颜师古注引李奇曰："始税商贾车船，令出算。"《汉书·食货志下》：元狩四年（前119），"异时算轺车贾人缗钱皆有差，请算如故"。王先谦《汉书补注》引沈钦韩曰："异时者谓元光六年初算商车也。"大约对商车征收算钱的规定在执行中已渐松弛，"请算如故"者，重申整饬而已。然而从具体内容看，元狩四年缗钱令并非仅仅重申元光六年算商车制度，至少在许多方面有重大改革和补充，《汉书·武帝纪》因而称此为"初算缗钱"。缗钱令规定：

> 诸贾人末作贳贷卖买，居邑稽诸物，及商以取利者，虽无市籍，各以其物自占，率缗钱二千而一算。诸作有租及铸，率缗钱

四千一算。非吏比者三老、北边骑士，轺车以一算；商贾人轺车二算；船五丈以上一算。匿不自占，占不悉，戍边一岁，没入缗钱。有能告者，以其半畀之。贾人有市籍者，及其家属，皆无得籍名田，以便农。敢犯令，没入田僮。

"天子既下缗钱令"，"而杨可告缗徧天下，中家以上大抵皆遇告"。尽管政府深恶痛绝的首先是商贾"居货""储积"等行为而并非其运输活动①，然而经告缗运动的打击，商贾纷纷破产，民间商运及私营运输业均受到严重影响，一时"船有算，商者少，物贵"（《史记·平准书》）②。

在民间运输活动受到抑制时，官营运输业获得了极广阔的发展空间。

秦汉官营运输活动的主要内容，包括支应都市消费、补给军需供应、维持仓廪储积以及赈济灾区贫民。

秦汉官营运输业在其发达时期具有相当可观的经营规模和生产效率。"汉并二十四郡，十七诸侯，方输错出，运行数千里不绝于道"，"转粟西乡，陆行不绝，水行满河"（《汉书·枚乘传》）。汉武帝元鼎中，长安消费粟米，须"下河漕度四百万石，及官自籴乃足"。元封

---

① 《文献通考·征榷考一》说到缗钱令的主要课征对象："其初亦只为商贾居货者设，至其后，告缗遍天下，则凡不为商贾而有蓄积者，皆被害矣。"《史记·酷吏列传》："排富商大贾，出告缗令。"张守节《正义》："武帝伐四夷，国用不足，故税民田宅船乘畜产奴婢等，皆平作钱数，每千钱一算，出一等，贾人倍之。""出此令，用锄筑豪强兼并富商大贾之家也。"似乎所"税"不以货运车辆作为主要对象。《史记·货殖列传》陈比富家之业，有"其轺车百乘，牛车千两"语，从居延汉简"轺车二乘直万"，"牛车二两直四千"，也可以知道作为货运主力的牛车已相当普及，以"缗钱二千而一算"的比率推算，轺车以"商贾人轺车二算"计，车价不过相当于四千钱。如以"千钱一算"，"贾人倍之"的征收额计，轺车车价仅相当于一千钱。汉代物价常有波动，但轺车价格当不至于如是之低，对轺车征税特别在法令中著明，体现出汉初贾人不得衣丝乘车之旧制的影响，意义可能主要在于限制贾人的社会地位。即使如此，对轺车征收的税额，似乎还略低于其他资产，至多不过"平作钱数"。对牛车等其他载重车辆，如也课征，其数额又当远远低于轺车。

② 《史记·平准书》：卜式为御史大夫，"而船有算，商者少，物贵，乃因孔仅言船算事，上由是不悦卜式"。也说明算缗告缗对民间运输的损害，确实十分严重。

年间，桑弘羊调整运输政策，"山东漕益岁六百万石"（《史记·平准书》）。以当时"一车载二十五斛"的运载规格计，用车可达 24 万辆次。若沿河渠漕运，自然呈现"大船万艘，转漕相过"（《后汉书·文苑列传·杜笃》）的繁盛景象。一旦军运调发，要求尤其急迫，往往"转漕甚辽远，自山东咸被其劳"（《史记·平准书》）。

秦汉官营运输业所需劳动力多由役卒承当。《盐铁论·击之》："甲士死于军旅，中士罢于转漕。"当时服役者大概正是"彊者执戟，羸者转运"（《三国志·吴书·吴主传》裴松之注引《汉晋春秋》）。《盐铁论·褒贤》说："戍卒陈胜释辀辕，首为叛逆。"《史记·刘敬叔孙通列传》也有娄敬以戍卒身份"脱辀辕"而见高帝的记载。大致秦汉时戍卒行赴戍所，往往须挽引运车。《汉书·文帝纪》说，"今列侯多居长安，邑远，吏卒给输费苦"，"其令列侯至国"。《汉书·食货志上》引耿寿昌奏言："故事，岁漕关东谷四百万斛以给京师，用卒六万人。宜籴三辅、弘农、河东、上党、太原郡谷足供京师，可以省关东漕卒过半。"汉元帝时，曾"减关中卒五百人，转谷振贷穷乏"（《汉书·食贷志上》）。《汉书·食货志上》和《王莽传中》还记载，王莽伐匈奴时，曾发天下囚徒、丁男、甲卒委输兵器军粮，"使者驰传督趣，以军兴法从事"。东汉仍有以军卒从事转运的情形。《后汉书·岑彭传》中即可见"委输棹卒"称谓。

在秦汉早期官营运输业中表现尤为突出的具有显著军事化特色的组织管理方式，一方面可以通过超经济强制手段有效地保障运输送达速度达到可以满足战争形势所要求的"往速徕疾"（《商君书·垦令》）的标准，另一方面又暴露出为实现这一目的而不考虑运输成本和运输质量的简单盲目的倾向。

秦始皇经营北边，"使天下蜚刍輓粟，起于黄、腄、琅邪负海之郡，转输北河，率三十锺而致一石"（《史记·平津侯主父列传》）。"汉通西南夷道，作者数万人，千里负担馈粮，率十余锺致一石。"

（《史记·平准书》）《史记·卫将军骠骑列传》说，汉武帝元狩四年（前119）出军击匈奴，"步兵转者踵军数十万"。张守节《正义》以为"转者"即"转运之士"。将军需给养直接转输前线，往往导致运输力量的严重损失。"兵革亟动，师旅数起，长城之北，旋车遗镞相望。"（《盐铁论·诛秦》）旋车，即残坏倾覆的运车。所谓"戍漕车辇车相望，生而往，死而旋"（《盐铁论·取下》），也形容北边军运的艰险。秦王朝对东方新占领区实行歧视、剥夺的政策，往往因不合理运输导致对社会生产力的严重摧残。"丁男被甲，丁女转输，苦不聊生，自经于道树，死者相望。""道路死者相望，盖天下始畔秦也。"（《史记·平津侯主父列传》）国家组织的大规模运输活动征用民力之苛重，成为秦末大起义的直接诱因之一。尽管有秦亡的教训，这种运输组织形式仍长期未能改变。楚汉战争时，"丁壮苦军旅，老弱罢转饷"（《汉书·高帝纪上》）。"汉兴，接秦之弊，丈夫从军旅，老弱转粮饷。"（《史记·平准书》）

湖北江陵凤凰山 10 号汉墓年代为汉景帝四年（前153），出土木牍有记有当利里正月至三月算钱账目者，可见所谓"给转费"一项：

> 当利正月定算百一十五
>
> 正月算卅二给转费卩
>
> 正月算十四吏奉卩
>
> 正月算十三吏奉卩
>
> 正月算□传送部
>
> 正月算□□□□卩
>
> 当利二月定算百
>
> 二月算十四吏奉卩
>
> 二月算十三吏奉卩（以上为正面第一栏）
>
> 二月算廿□□□缮兵卩

三月算十四吏奉尸

三月算十三吏奉尸

三月算六传送（以上为正面第二栏）

刍二石为钱（以上为背面）（807）①

原编号为五号木牍的另一枚木牍也可见有关"传送"的文字：

市阳二月百一十二算算八钱八百九十六正偃付西乡偃佐缠传

送尸（806 正）

郑里二月七十二算算八钱五百七十六正偃付西乡佐佐缠传送

尸（806 背）

"传送"，或释作"传徙"。黄盛璋认为，"'传徙'未见记载，且不成辞，或是'转徙'"。"正月之'给转费'也可能和官府转输的费用有关。按汉景帝三年吴楚七国起兵，据《史记》，时间在正月，而二月正是两方争战激烈，军备与军粮皆属紧急之际。"他推测，原编号为四号木牍者"所记正、二月这两笔账，很可能就是景帝三年平定吴楚七国时期，由于当时粮运与军务紧急，而交纳给官府的税赋"。②

无论此种推测能否成立，赋税开支中专列转输费用，已说明国家组织的转输活动中，征调劳役已不再是唯一的形式。所谓"传送"或"传徙""转徙"费用即使不计作运输组织的开支，仅"给转费"一项，已达到全月定算的 36.5%。

汉武帝"兴十余万人筑卫朔方，转漕甚辽远，自山东咸被其

---

① 此木牍原简报编号为四号木牍，此据李均明、何双全编《散见简牍合辑》，编者按："以上简牍凡未见照片者，均据裘锡圭先生的释文抄录。"文物出版社，1990，第 68~69 页。

② 黄盛璋：《江陵凤凰山汉墓简牍及其在历史地理研究上的价值》，《文物》1974 年第 6 期。

劳，费数十百巨万，府库益虚"（《史记·平准书》）。运费支出数额之大，导致政府财政面临危机。桑弘羊行均输前"天下赋输或不偿其僦费"，也说明官营运输业除原有的单纯无偿征调劳役的形式之外，又出现了雇佣民车僦载等运输形式①。文景时期，还曾采用"募民能输及转粟于边者拜爵"，"及徒复作，得输粟县官以除罪"的政策组织运输，汉武帝时，又曾"令吏得入粟补官，及罪人赎罪。令民能入粟甘泉各有差，以复终身，不告缗。他郡各输急处"（《史记·平准书》）。

大致自汉武帝时代起，官营运输业开始普遍采用雇民僦载的运输方式。此后虽仍有征发劳役从事运输以致使农业生产和农民生活受到影响的情形，"吏民并给转输，田事颇废"（《汉书·萧望之传》），"万里运粮"，"农功消于转输"（《后汉书·庞参传》），然而由于运输组织管理方式有所改进，劳役征调又较为适度，对转输影响农耕的地区有时还注意救济补偿②，因而并未形成导致大规模动乱的社会危机。

汉武帝时代的官营运输业具有经营调度权力高度集中的特点。未经最高执政集团批准，郡级行政长官不允许"擅为转粟运输"③。丞

---

① 以调发徭役形式组织转输也要花费一定数额的用于运输基本建设等方面的开支，如《汉书·食货志上》载萧望之奏言："今（耿）寿昌欲近籴漕关内之谷，筑仓治船，费直二万万余，有动众之功，恐生旱气，民被其灾。"然而所谓"转费""转钱""僦费""就钱"，显然与"筑仓治船"耗费不同。

② 《汉书·萧望之传》记载，张敞因汉伐西羌，"陇西以北，安定以西，吏民并给转输，田事颇废"，"来春民食必乏"，建议"务益致谷以豫备百姓之急"。朝廷为此发生争议，终因"羌虏且破，转输略足相给，遂不施敞议"。然而反对派萧望之等只是反对张敞令罪人"入谷此八郡赎罪"的意见，认为："今有西边之役，民失作业，虽户赋口敛以赡其困乏，古之通义，百姓莫以为非。以死救生，恐未可也。"由此可以看到当时政府重视转输对"田事"的损害，并努力组织"振救"的政策倾向。

③ 《史记·司马相如列传》："相如为郎数岁，会唐蒙使略通夜郎西僰中，发巴蜀吏卒千人，郡又多为发转漕万余人，用兴法诛其渠帅，巴蜀民大惊恐。上闻之，乃使相如责唐蒙，因喻告巴蜀民以非上意。檄曰：'……今闻其乃发军兴制，惊惧子弟，忧患长老，郡又擅为转粟运输，皆非陛下之意也。"

相公孙贺"使内郡自省作车，又令耕者自转，以困农烦扰畜者，重马伤耗，武备衰减"，竟然被指为终致"死狱中，家族"的罪责之一（《汉书·刘屈氂传》）。

这种政策并不意味着政府对私营运输业的宽容与保护。由于私营运输业的发展难以适应集权政治和战争体制的需要，在时机成熟时，汉武帝又进一步直接采取了剥夺拥有较强运输能力的大商贾，并吸引民间运输力量纳入官营运输系统，使官营运输业空前强化的措施。于是，桑弘羊主持设计的均输制度得以作为国家主要经济政策全面推行。

"均输"之称，早于汉武帝时代。有记载说，战国楚有"均输"仓名。① 张家山汉简《二年律令》有《均输律》。② 然而"均输"成为比较完备的经济制度在全国正式实施，当自桑弘羊始。有的学者将桑弘羊主持推行的均输制度归入官营商业的范畴③，这其实是不符合史实的。《史记·平准书》如此记述均输制度的制定与施行：

---

① 陈直《汉书新证》："《越绝书》卷二云：'吴两仓，春申君所造，西仓名曰均输。'据此均输之名，在战国末期已有之。"天津人民出版社，1979，第177页。

② 李学勤最早指出"其年代上限为西汉初年，下限不会晚于景帝"的湖北江陵张家山汉墓出土汉简可见《均输律》。李学勤：《中国数学史上的重大发现——江陵张家山汉简一瞥》，《文物天地》1985年第1期；荆州地区博物馆：《江陵张家山三座汉墓出土大批竹简》；张家山汉墓竹简整理小组：《江陵张家山汉简概述》，《文物》1985年第1期。整理小组确定的律文只有三条："船车有输，传送出津关，而有传啬夫、吏，啬夫、吏与敦长、方长各□□而□□□□发□出□置皆如关□"（二二五），"诸（？）行（？）津关门（？）东（？）▨□□"（二二六），"■均输律"（二二七）。对于"均输"语，整理小组注释："均输，《汉书·百官公卿表》注引孟康曰：'均输，谓诸当所输于官者，皆令输其土地所饶，平其所在时价，官更于它处卖之。输者既便，而官有利也。'"张家山二四七号汉墓竹简整理小组：《张家山汉墓竹简〔二四七号墓〕》（释文修订本），文物出版社，2006，第39页。今按："它处"，《汉书·百官公卿表》颜师古注引孟康曰原作"佗处"。从不完整的《均输律》律文看，《均输律》规范的是应当主要还是"输""送""行"等运输行为。

③ 例如范文澜《中国通史》第二册将均输法的实行列于"官营商业"条下。人民出版社，1978，第80页。傅筑夫、王毓瑚《中国经济史资料·秦汉三国编》也将其归入官营商业的内容之中，中国社会科学出版社，1982，第383~387页。

　　（元鼎二年）桑弘羊为大农丞，笕诸会计事，稍稍置均输以通货物矣。

四年之后，即元鼎六年（前111），有"大农以均输调盐铁助赋"事。次年，元封元年（前110），桑弘羊为治粟都尉，领大农，方全面推行均输制度：

　　弘羊以诸官各自市，相与争，物故腾跃，而天下赋输或不偿其傭费，乃请置大农部丞数十人，分部主郡国，各往往县置均输盐铁官[1]，令远方各以其物贵时商贾所转贩者为赋[2]，而相灌输。置平准于京师，都受天下委输。召工官治车诸器，皆仰给大农。大农之诸官尽笼天下之货物，贵即卖之，贱则买之。如此，富商大贾无所牟大利，则反本，而万物不得腾踊。故抑天下物，名曰"平准"。天子以为然，许之。

《盐铁论·本议》记录桑弘羊本人对均输制度的说明：

　　往者，郡国诸侯各以其方物贡输，往来烦杂，物多苦恶，或不偿其费。故郡国置输官以相给运，而便远方之贡，故曰"均输"。

可见，均输制度的产生，原本只是针对"赋输""贡输"等经济活动，目的在于调整运输组织，以便远方之贡。平抑物价以控制商业的"平准"，是与"均输"并行的制度。从大司农机构的构成看，均输

---

① 《汉书·食货志下》省"县"字。
② "贵时"，《汉书·食货志下》作"如异时"。

令与平准令并为大司农属官，各自主管独立的业务系统，其间并无相统属的关系。①

图 12-4　"辽东均长"封泥

均输机构是独立于官营商业的官营运输业的管理部门。史籍中未见有均输部门贩运牟利的确切记载。其主要职能，在于组织运输供给中央政府支用的物资。此外，还有称作"均输之藏"，或称"均输之物，库府之财""均输之畜，仓廪之积"者，可见均输部门又兼营储运，而积储显然也与商业注重流通的原则不合。均输物资，在于"流有余而调不足""丰年岁登，则储积以备乏绝；凶年恶岁，则行币物"，赖有此，"战士以奉，饥民以赈"（《盐铁论·力耕》）。

《史记·平准书》说，桑弘羊请置大农部丞数十人，分部主郡国，"各往往县置均输盐铁官"。均输官设置地方可考者，有千乘郡（《汉书·地理志上》）、河东郡（《汉书·循吏传·黄霸》）、辽东郡（《封泥考略》卷四）、河南郡荥阳（《后汉书·刘盆子传》）等地。黄霸"以廉称，察补河东均输长"。《封泥考略》有"辽东均长"封泥。《切庵集古印存》有"千乘均监"印。推测均输官设置均输长（或称"均长"）、"均输监"（或称"均监"）

---

① 《史记·平准书》"稍稍置均输以通货物"语下，裴骃《集解》引孟康曰："谓诸当所输于官者，皆令输其土地所饶，平其所在时价，官更于他处卖之，输者既便而官有利。"历来将均输归于官营商业的误解大致皆源于此。《通典·食货十一》列有条目："平准，均输附"，在"稍稍置均输以通货物矣"句下全文引述孟康注。《资治通鉴》卷二〇"汉武帝元鼎二年"胡三省注亦同。孟康的解释实际上包括均输与平准两项制度的内容。这两项制度于元封元年同时全面推行，内容之区别本不易明辨。又由于轻视运输生产的传统意识的影响，使人们难以理解均输制度实行之后所取得的显著的经济效益，往往将其归结于可以直接获利的商业的成功。

职任。

《后汉书·朱晖传》记载，汉章帝元和年间，"谷贵，县官经用不足"，尚书张林提出"宜因交阯、益州上计吏往来，市珍宝，收采其利"的建议，以为此即"武帝时所谓均输者也"。朱晖则上奏否定这一主张，指出："今均输之法，与贾贩无异。""与贾贩无异"者，当指"市珍宝，收取其利"之接近商运的行为。而利用上计吏往来收采珍宝转运至京师"市"而"收取其利"，确实只是"今均输之法"，而与"武帝时所谓均输者"其实不同，朱晖于是以为"诚非明主所当宜行"。汉武帝时均输制度的本来内容，目的并非牟取市利，职能主要在于以官营运输方式合理转输。正如李贤注所说，"武帝作均输法，谓州郡所出租赋，并雇运之直，官总取之，市其土地所出之物，官自转输于京，谓之'均输'"。

"置均输以通货物"，又"令远方各以其物如异时商贾所转贩者为赋，而相灌输"（《汉书·食货志下》），以求"民齐劳逸"（《盐铁论·本议》），就是说，和以往对运输成本并不认真核算，对运输质量并不切实注重的简单盲目的做法不同，开始讲求运输生产的实际效益。均输制度的施行，要求借鉴兼营运输业的商业家从事"转贩"的经验来指导官营运输业的管理，同时改进调整以全国为规模的运输调度，从而使以往重复运输、过远运输、对流运输等不合理运输所导致的"天下赋输或不偿其僦费"的现象得以扭转。

均输制度实行之前，西汉帝国曾面临严重的财政危机。历年对外战争和各项大型工程所费甚多，赈灾移民，又致使"县官大空"。"转毂百数"的富商大贾乘机利用运输能力方面的优势牟取暴利，"而不佐国家之急"。财政匮乏，竟致使出军匈奴的"战士颇不得禄矣"。均输制度实行之后，运输生产经合理组织，迅速取得收益。均输制度与平准制度相结合①，促使财政形势全面改观。大军拓边屯田，"中国繦道馈粮，远者三千，近者千余里，皆仰给大农"。"汉连兵三岁，诛羌，灭南越"，又平初郡反，"费皆仰给大农。大农以均输调盐铁助赋，故能赡之"。天子出巡所过赏赐，"用帛百余万匹，钱金以巨万计，皆取足大农"。一时"太仓、甘泉仓满，边余谷诸物均输帛五百万匹，民不益赋而天下用饶"（《史记·平准书》）。

均输制度实行之后，又不再局限于仅仅经营贡赋转输。均输部门事实上已统管中央政府所组织的许多运输活动。《九章算术》中有"均输"章，刘徽注："均输，以御远近劳费"，"犹均运也"。这一章列有"均输粟""均输卒""均赋粟"等算题。程大位《算法统宗》说："均，平也。输，送也。此章以户数多寡，道里远近，而求车数、粟数，以粟数高下而求僦直，以钱数多少而求佣钱。"其中算题，多可看作有助于认识汉代官营运输业组织形式的重要史料。例如：

今有均输粟，甲县一万户，行道八日；乙县九千五百户，行道十日；丙县一万二千三百五十户，行道十三日；丁县一万二千二百户，行道二十日，各到输所。凡四县赋，当输二十五万斛，用车一万乘。欲以道里远近、户数多少，衰出之。问粟、车各几何。

答曰：甲县粟八万三千一百斛，车三千三百二十四乘。乙县粟六万三千一百七十五斛，车二千五百二十七乘。丙县粟六万三千一百七十五斛，车二千五百二十七乘。丁县粟四万五百五十斛，车一千六百二十二乘。

均输术曰：令县户数，各如其本行道日数而一，以为衰。甲

①《史记·平准书》及《汉书·食货志下》都写道："置平准于京师，都受天下委输。"说明平准与均输之间应有一定联系。从一定意义上说，平准机构的成就是以均输机构的工作效能为基础的。

衰一百二十五，乙、丙衰各九十五，丁衰六十一，副并为法。以
赋粟车数乘未并者，各自为实。实如法得一车。有分者，上下辈
之。以二十五斛乘车数，即粟数。

所谓"均输术"以"行道日数"作为计算应输粟数、车数的主要数
据。乙、丙两县相较，前者户少而道近，则输粟出车多，后者反之。
丁县尤户多道远，则输粟出车益少。均输制度大致正是以类似方式经
过比较周密的计算①，尽力避免不合理的运输。②

官营运输业的组织管理凭详密的计划分派运量，调度运车，对运
输行程日时也有严格的规定。《九章算术·均输》可见"重车日行五
十里，空车日行七十里，载输之间各一日"的内容。敦煌汉简又
可见：

---

①　据《史记·平准书》，主持"均输"事的桑弘羊"以计算用事"，正是"以心计"，
"言利事析秋豪矣"的经济管理专家。"言利事析秋豪"，司马贞《索隐》解释说，"言百物
毫芒至秋皆美细"，称桑弘羊等"言利事纤悉，能分析其秋毫也"。

②　《九章算术·均输》又有"均赋粟"算题，如："今有均赋粟，甲县二万五百二十
户，粟一斛二十钱，自输其县；乙县一万二千三百一十二户，粟一斛一十钱，至输所二百里；
丙县七千一百八十二户，粟一斛一十二钱，至输所一百五十里；丁县一万三千三百三十八户，
粟一斛一十七钱，至输所二百五十里；戊县五千一百三十户，粟一斛一十三钱，至输所一百
五十里。凡五县赋，输粟一万斛。一车载二十五斛，与僦一里一钱。欲以县户输粟，令费劳
等。问县各粟几何。"以"令费劳等"的要求解决"道里远近"差别。答案为：甲县3571
斛，乙县2380斛，丙县1388斛，丁县1719斛，戊县939斛。与此算题僦价统一而粟价有别
不同，有的算题则解决"粟有贵贱，佣各别价"条件下以求"以算出钱，令费劳等"的运输
调度问题："今有均赋粟，甲县四万二千算，粟一斛二十，自输其县；乙县三万四千二百七十
二算，粟一斛一十八，佣价一日一十钱，到输所七十里；丙县一万九千三百二十八算，粟一
斛一十六，佣价一日五钱，到输所一百四十里；丁县一万一七千七百算，粟一斛一十四，佣
价一日五钱，到输所一百七十五里；戊县二万三千四十算，粟一斛一十二，佣价一日五钱，
到输所二百一十里；己县一万九千一百三十六算，粟一斛一十，佣价一日五钱，到输所二百
八十里。凡六县赋粟六万斛，皆输甲县。六人共车，车载二十五斛，重车日行五十里，空车
日行七十里，载输之间各一日。粟有贵贱，佣各别价，以算出钱，令费劳等。问县各粟几
何。"答案为：甲县18947斛，乙县10827斛，丙县7218斛，丁县6766斛，戊县9022斛，己
县7218斛。《九章算术·均输》中的"均输粟"算题和"均赋粟"算题，大概反映了汉代官
营运输业组织粮运的几种主要形式。其区别之形成，除时代因素、地域因素之外，或许也有
未必与经济条件直接有关的政策因素的作用。

☑□假□□□□□出牛车转绢如牒毋失期佖出牛车毋□☑

（1383）

"转绢"，或释作"转输"。① 所谓"如牒毋失期"的规定，显然承袭秦制"输粮者不私稽"，以"往速徕疾"（《商君书·垦令》）的要求②，以求提高运输效率，保证运输计划能够切实完成。

东汉时期，尽管均输制度的某些原则依然发生作用，但"均输令"这一运输组织管理机关已经省并。东汉初，刘盆子降光武帝，"帝怜盆子，赏赐甚厚"，"后病失明，赐荥阳均输官地，以为列肆，使食其税终身"（《后汉书·刘盆子传》）。是地方均输机构亦已废坏，官营运输业的集中程度相对降低。③

此后运输组织大致多取政府出资雇佣运力的形式。平定西羌，"转运之费，空竭府帑"（《后汉书·邓禹传》），一说"转输往来之费"，前后数十巨万（《后汉书·西羌传》）。不仅民众的负担相当沉重，以致"妻女劳于转运"（《后汉书·何敞传》），由于运输组织失调，运输费用之高，也成为东汉政府长期难以排除的忧患。"千里转粮"，"塗路倾阻，难劳百端，疾行则钞暴为害，迟进则谷食稍损，运粮散于旷野，牛马死于山泽。县官不足，辄贷于民"（《后汉书·庞参传》）。甘肃甘谷出土汉简甚至可见政府为"运给军粮"不得不"从民家贷钱"的情形：

诏书从民家贷钱臧官有警☑运给军粮宗室依发士不出贷钱其月辛亥诏书报可（36）④

---

① 敦煌县文化馆：《敦煌酥油土汉代烽燧遗址出土的木简》，《汉简研究文集》，甘肃人民出版社，1984。

② 陶鸿庆《读诸子札记》："不私稽，谓予以程限，不得稽留也。"

③ 参看王子今《西汉均输制度新议》，《首都师范大学学报》1994年第2期。

④ 李均明、何双全编《散见简牍合辑》，第6页。

汉安帝永初初年，郡国多被饥困，"非赈给所能胜赡"，运输能力已不足以胜任赈灾物资的输送，于是为"省转运之费"，不得不采取移民方式，将灾民"徙置荆、扬孰郡"（《后汉书·樊宏传》）。

四 "车父"及边地军运组织

通过对有关"车父"的资料的分析，有助于认识汉代边地军运的组织形式。

居延汉简涉及"车父"的简文，可辑录数十例。其中可能属于所谓"车父名籍"者，以其文例之整齐尤其引人注目。如：

（1）●新野第一车父连☑（145.4）

（2）父城第一车父南阳里执毌适……（E.P.T56：68）

（3）第三车车父与……（E.P.T52：209）

（4）戍卒梁国睢阳第四车父宫南里马广……（303.6，303.1）

（5）河东麤第四车父直……（E.P.T8：9）

（6）长社第五索车父☑☑（E.P.T11：7）

（7）□阳第七车父□阳里郭王（287.21）

（8）杜延第七车父市阳里□☑（E.P.W：61）

（9）内黄第十五车父魏都（101.29）

（10）第廿三车父范昌 ☑（E.P.T51：315）

（11）第廿五车父平陵里辛盈川（10.37）

（12）第廿九车父白马亭里富武都（67.2）

（13）☑车父竹里董贞（E.P.T58：63）

（14）东乡□□车父梁任（580.5）

（15）■车父名籍（157.4）

以上可能属于"车父名籍"的诸简,文式大体皆为:县名—车序—"车父"—里名—姓名—随车物件记录。简(14)"东乡",《居延汉简甲乙编》作"束緡",《居延汉简释文合校》作"东缙",然而第5、6字仍作"車刂",原简失照,然而对照其他简文可知当为"车父"之误释,简牍整理小组编《居延汉简》(肆)释读为"东乡□□车父梁任"。①

与以上出现"车父"称谓的简文文例略有不同,但似乎亦可归入"车父名籍"一类者,又有:

> (16)南阳郡新野车父□☑(72.42)
>
> (17)第卅二卒王弘车父
>
> 新野第四车(E. P. T57:60)
>
> (18)南阳棐车父武后第十七车(E. P. T51:251)
>
> (19)☑……长修车父功孙乐☑(E. P. T 5:108)

又有虽可能不归入"车父名籍",然而亦标注"车父"依县籍编次车序者,如:

> (20)贝丘长道敢言之谨伏地再拜请伏地再☑(E. P. T56:138A)
>
> 贝丘第三车父田赦贝丘第三车父田赦☑(E. P. T56:138B)

又如:

---

① 简牍整理小组编《居延汉简》(肆),"中央研究院"历史语言研究所,2017,第244页。

（21）▢顺阳车父唐妨霝篋（257.1）

简端有封泥印匣槽，当与当时边塞役人私衣财物"封臧"（213.15）"阁官"（214.93）的制度有关。

简文有的标记所属郡国，如简（4）（5）（16）（18）（19）（郡名"河东"缺失）；有的则只具县名，如简（1）（2）（6）（7）（8）（9）（14）（17）（20）（21）；有的甚至只记车序，如简（3）（12）（13）（14）。

史籍多见秦汉时期组织大规模运输活动的记载。自汉武帝时代出击匈奴、经营西域起，常年组织千里转输，官营运输业的管理制度愈益成熟。敦煌汉简可见如下简文：

▢转谷输塞外输食者出关致籍（682）

居延汉简中也可以看到政府组织大型运输车队从事转输的有关资料。例如：

▢▢百七十五两输居延
▢三百卅一两输橐他▢（32.18A）
▢六千八百九十四两输居延
▢卅一两输橐他（32.18B）

涉及运车数量的简文还有：

▢▢车十桼▢▢（E. P. T43：225）
毋车牛卌▢▢（E. P. S4. T2：152A）
▢与此车百七两粟大石▢▢（E. P. T65：428）

☑下为车五百廿五两☑（262.8）

☑有二千两车在居延北汝往当见车（E. P. F22：449）

可见居延地区车辆运输组织往往有惊人的规模。当时"车运转谷"（E. P. W：101）、"输廪"（E. P. T51：593）的车列序次亦多见诸简文，有至于第卅车（28.10，477.4）、第卅四车（E. P. T53：213）、第卌四车（E. P. T52：139）者。有的于车序前又标识县名，如"馆陶第一车"（81.1）、"冠军第二车"（180.8）、"贝丘第十一车"（24.6）等。

简文仅记录车序而不标识县名者，有可能县名在"第一车"简上著明，也有可能整部简册登记的是来自同一县的车队。从《九章算术·均输》中有关算题的内容看，运输车队确实大致是以县为基本单位组织编发的。《后汉书·臧宫传》所谓"属县送委输车数百乘至"，说的就是这样的情形。

仅记录车列序次而未见"车父"字样的简，有些可能属于所谓"牛车名籍"（43.25B）、"士卒折伤牛车出入簿"（E. P. T52：394)[①]、"仓谷车两名籍（E. P. T52：548"）等簿籍，然而有些则与"车父"简有关或本身即可归入"车父"简之中。下引简文可以为例：

（22）●右第八车父杜□□守父靳子衡　　算身一人☑
（180.40A）

●右第八车（180.40B）

简180.40B虽未直接出现"车父"字样，但实际上显然与"车父"

---

① 又简 E. P. T56：315："□伤牛车出入簿"。

简有密切关系。其他文式相同的简文很可能也有类似情形。

居延"车父"简中还可以看到如下简文，似乎说明关于"车父"在车队中编次的记录文例并不一律：

（23）车父庄亭 七十二 孙平 二（E. P. T57：98）

（24）☑车父守 第廿一（E. P. T52：331）

简（23）（24）均为竹简，当不排除原簿籍编写于车队出发地点的可能。简（20）有"贝丘长道敢言之谨伏地再拜请"文句，情形或许类同。

前引简（4）"戍卒梁国睢阳第四车父宫南里马广"及简（17）"第卅二卒王弘车父"，"车父"兼称"卒"或"戍卒"，都说明其身份的双重性。类似资料又有：

（25）木中隧卒陈章车父 ☑（E. P. T50：30）

此外，居延汉简中又可直接看到所谓"车父卒""车父车卒"等称谓：

（26）☑□□等身将 车父卒☑（484.67）

（27）长偏贲事并将车父卒董利☑（E. P. T52：167）

（28）□骓喜隧车父车卒许勃（83.5A）

"车父"同时又身为"卒"，当大致与主要以转输为职任的所谓"漕卒"（《汉书·食货志上》）、"委输棹卒"（《后汉书·岑彭传》）以及"厮舆之卒"（《汉书·严助传》）之"舆卒"身份相近。关于"车父"身份，陈直《"车父"的助边》已经有所讨论。① 而"车父"兼称"戍卒""隧卒""卒"的情形，以及"车父车卒"称谓均值得注意。②

秦汉时往往"戍漕转作"（《史记·秦始皇本纪》）、"转输戍漕"（《史记·平津侯主父列传》）并称。汉武帝"穿漕渠"，据说意图在于"掘漕省卒"（《史记·河渠书》）。可见运输往往由"卒"承当，列为军役内容之一。《汉书·王莽传中》记述王莽始建国二年（10）时事：

> 募天下囚徒、丁男、甲卒三十万人，转众郡委输五大夫衣裘、兵器、粮食，长吏送自负海江淮至北边，使者驰传督趣，以军兴法从事，天下骚动。先至者屯边郡，须毕具乃同时出。

可见即使募卒亦得兼事委输屯戍。"长吏送自负海江淮至北边"，则使人联想到简（21）"贝丘长道敢言之谨伏地再拜请"的含义。

居延汉简中还可以看到戍卒除赴边途中转运即所谓"行者赍"《汉书·食货志上》）外，在戍防地专门从事转运的实例，如：

> □□□□遣卒六奴持车牛诣官以十（418.1）
> 入二年戍卒牛车十三两　☒（E. P. T56：133）
> 新卒假牛车十五两皆毋☒（E. P. T53：188）
> ●十部治卒车吏名（E. P. T59：115）
> 所受适吏訾家部吏卒所输谷车两（E. P. F22：364）

有的简文还可见"戍卒牛""［戍］卒车"字样：

---

① 陈直：《"车父"的助边》，《居延汉简研究》，天津古籍出版社，1986，第91～93页。

② 王子今：《关于居延"车父"简》，《简帛研究》第2辑，法律出版社，1996。

☑魏郡贝丘戍卒牛（E. P. T56：266A）

☑□卒车（E. P. T56：266B）

所谓"戍卒牛车""戍卒牛""戍卒车"，似乎可以说明有的戍卒在服役时以私车私牛从事转输。可能正因为如此，我们在被有的学者归入居延"吏卒功过劳绩的考课文簿"① 的简文中可以看到"车父"活动的记录。例如：

卒四人

一人省

（29）次吞隧长长舒

一人车父在官已见

二人见

（以上为第一栏）

……（E. P. T59：6）

人李延寿车父不在

（30）☑　人禀

见（104.19）

李均明认为，"戍卒赴役及退役时，郡、县皆需派遣一定级别的官吏接送，接送过程必有一定的组织形式，而按县逐车编组当为最适宜的结构，编组是由戍卒所在县组织的……'车父'简所反映主要是戍卒赴役、退役时行军车辆编组的情形：车辆按戍卒原籍郡、县次第编号，每车十人，其中一人为车父，车父亦可能是十人编组中的组长"②。由

---

① 初师宾：《汉边塞守御器备考略》，《汉简研究文集》，甘肃人民出版社，1984，第144、151页。

② 李均明：《车父简考辨》，《简牍学研究》第 2 辑，甘肃人民出版社，1998。

简（29）内容可知，"车父"出现于"次吞隧"防务工作中，身份似并非"戍卒赴役、退役时行军车辆""每车十人……十人编组中的组长"。在一个"隧"中，也是不可能进行"按戍卒原籍郡、县……每车十人"的编组的。对于"车父"身份，研究者存在的异见，应当随着出土资料更多的公布得以澄清。

简（30）"车父不在"与（29）"车父在官已见"形成对应，也是内容类同的简例。在居延简文中，又可以看到"车子"称谓：

> （31）第十五隧长王赏不在署廿八日去　一人高同车子未到
>
> 　　　　　　　　　　　　　　　　　　一人王朝廿八日从
>
> 　　　　　　　　　　　候长未还　　乙
>
> 　　　　　　　　　　　一人见（206.27）

或许"车父"有时又写作"车子"。又如：

> （32）☑□人黄小子车子未到
>
> 　　　☑二人见（285.5）

简（32）与（31）文式内容均类同，不排除简文"车子"是指代人身之称谓的可能。敦煌汉简也可见所谓"车子"，并标记车次序列：

> （33）出橐二韅一具绊一　　三月六日第十三车子杨闳取给
>
> 橐佗一牛一头（370）①

---

① 《左传·哀公十四年》可见"车子"称谓。又《文选》卷四〇繁钦《与魏文帝牋》："时都尉薛访车子，年始十四，能喉啭引声，与笳同音。"可见"车子"之称至汉魏时依然通行。

与前引简（21）"☐顺阳车父唐妨罍篋"类似的简文又有："☐郭卒孟广衣橐"（E. P. T51：443），"●☐戍卒南阳郡宛邑临洞里魏合众衣橐"（E. P. T51：149），"戍卒篋绘☐"（E. P. T52：668）等。"绘"应当与封检有关。裴锡圭曾指出："从居延简看，戍卒的衣服钱物常常'阁官'，即存放在候官处。"① 简（21）"车父"私篋封检的发现，说明"车父"得与"戍卒"同样遵行这一制度。简（21）与此类戍卒衣橐简相比照，可以说明"车父""郭卒""戍卒"身份之一致性。②

"车父"身份严格地说应属于"卒"，然而又与一般的"卒"有所不同，例如居延汉简中又可见如下简文：

（34）☐卒宗取韭十六束为中舍二束掾舍十一束卒史车父复来

☐二石唯掾分别知有余不足者园不得水出☐多恐乏今有（E. P. T51：325A）

☐　即復取来辄计为度遣使记☐今园及期其

☐二束其一束中舍一束掾舍　●陈阳里王少少毋已（E. P. T51：325B）

"车父"与"卒史"相比列，说明"车父"地位与待遇有时甚至接近下级吏员。③

---

①　裴锡圭：《汉简零拾》，《文史》第12辑，中华书局，1981。

②　简（10）"车父"名下注明衣履名目数量，很可能也与戍卒私衣物"封臧""阁官"之常制有关。

③　《史记·儒林列传》："比百石以下，补郡太守卒史"，司马贞《索隐》引如淳云："《汉仪》：……郡国文学，秩百石也。"《史记·袁盎晁错列传》："以文学为太常掌故。"司马贞《索隐》："服虔云：'百石卒史。'"《汉书·兒宽传》："功次补廷尉文学卒史。"臣瓒曰："《汉注》：'卒史秩百石。'"陈梦家《汉简所见太守、都尉二府属吏》一文指出，属吏大致可分为三级，卒史为中级。《汉简缀述》，中华书局，1980，第109页。

"车父"身份特殊之原因，很可能在于他们是以私车服事军役者。简（12）罗列"车父"辛盈川随车兵器车具 15 种，除"私剑八"外，均为"官具"。① 简（29）亦可见所谓"所假具"。② 特别标明"官具"与"所假具"，似乎也可以从侧面说明其所驾车辆可能是私车。

居延汉简可见所谓"发茈家车牛载输候官第□"（E. P. T50：51）。"茈家"又作"赀家""訾家"。此简可与前引"所受适吏訾家部吏卒所输谷车两"（F. E. F22：364）对照读。所谓"茈家车牛"的含义现在尚未十分明确，但是可以说明居延边塞确实有相当数量的私车在官营运输管理体制下从事军事物资转输。

从现有资料看，"车父"与为"赀家"（或"訾家""茈家"）承运的"就人"（僦人）都大多来自关东诸郡国，都是从事转运并成为支撑官营运输业体制的主力的劳动者，然而身份有所不同。"车父"以服役者的身份不能通过运输活动获取"就钱"或"就直"等经济收入，其人身自由也受到较多限制，"车父名籍"和"车父"所携兵器、车具的严格登记以及"到""在官已见""不在"等记录，都可以说明这一事实。然而，可能正是组织管理方式表现出显著的军事化色彩的"车父"运输，可以实现较高的运输效率。

---

① 简文可见："官具弩七，绀胡一，弩幡九，承弦十四，承弩二，由皮一，兰一，私剑八，有方三，靳干十，兰冠七，櫜矢三百五十，靳幡十，服七，櫜韥千五十。"

② 简文可见："骍喜隧车父车卒许勃所假具弩一有斡羌为阁。"

第十三章
秦汉人口迁移与人口流动

一 强制性移民

秦汉时期出于政治目的的强制性移民，民户之多及地域之广，均形成空前的规模，成为高度专制的政体下形式独特的交通现象。

商鞅专政时，曾将所谓"乱化之民""尽迁之于边城"（《史记·商君列传》）。移民于边区及新占领地区，是秦国传统政策。① 秦以此巩固政权，扩大秦文化的地域影响。秦王政八年（前239），"王弟长安君成蟜将军击赵，反，死屯留，军吏皆斩死，迁其民于临洮"。是由东边迁至于西边。九年（前238），平定嫪毐之乱，"车裂以徇，灭

---

① 《史记·秦本纪》记载，秦惠文王十三年（前325），"使张仪伐取陕，出其人与魏"。秦昭襄王二十一年（前286），"（司马）错攻魏河内，魏献安邑，秦出其人，募徙河东赐爵，赦罪人迁之"。二十六年（前281），"赦罪人迁之穰"。二十七年（前280），"（司马）错攻楚，赦罪人迁之南阳"。二十八年（前279），"大良造白起攻楚，取鄢、邓，赦罪人迁之"。三十四年（前273），"秦与魏、韩上庸地为一郡，南阳免臣迁居之"。

其宗，及其舍人，轻者为鬼薪。及夺爵迁蜀四千余家，家房陵"。则尽迁之于南境。十二年（前235），吕不韦死，"窃葬，其舍人临者，晋人也逐出之，秦人六百石以上夺爵，迁；五百石以下不临，迁，勿夺爵"（《史记·秦始皇本纪》）。被强制迁徙者，或说"数千人"，或说至于"万家"。① 秦灭韩，又曾"徙天下不轨之民于南阳"（《汉书·地理志下》）。

秦始皇统一天下后，仍沿袭徙民实边的政策，而规模又超过前代。《史记·秦始皇本纪》记载：

三十三年，发诸尝逋亡人、赘婿、贾人略取陆梁地，为桂林、象郡、南海，以適遣戍。西北斥逐匈奴。自榆中并河以东，属之阴山，以为四十四县，城河上为塞。又使蒙恬渡河取高阙、阳山、北假中，筑亭障以逐戎人。徙谪，实之初县。

三十四年，適治狱吏不直者，筑长城及南越地。

（三十五年）益发谪徙边。

（三十六年）迁北河榆中三万家，拜

图13-1　睡虎地秦律
关于"迁"的
简文（《秦律
杂抄》——）

---

① 司马贞《索隐》："不韦饮鸩死，其宾客数千人窃共葬于洛阳北芒山。"张守节《正义》："若是三晋之人，逐出令归也。""若是秦人哭临者，夺其官爵，迁移于房陵。""若是秦人不哭临不韦者，不夺官爵，亦迁移于房陵。"《华阳国志·汉中志》："新城郡，本汉中房陵县也。秦始皇徙吕不韦舍人万家于房陵，以其隘地也。汉时宗族大臣有罪，亦多徙此县。"

爵一级。①

　　南北两个方向大规模"发谪徙边"，讨论其意义，不能忽视当时的交通条件。汉文帝时，晁错上言守边备塞事，曾说到秦时徙边"行者"的艰辛："臣闻秦时北攻胡貉，筑塞河上，南攻杨粤，置戍卒焉。""夫胡貉之地，积阴之处也，木皮三寸，冰厚六尺，食肉而饮酪，其人密理，鸟兽毳毛，其性能寒。杨粤之地少阴多阳，其人疏理，鸟兽希毛，其性能暑。秦之戍卒不能其水土，戍者死于边，输者偾于道。秦民见行，如往弃市，因以谪发之，名曰'谪戍'。""发之不顺，行者深怨，有背畔之心。"（《汉书·晁错传》）

　　秦始皇发谪徙边，是中国交通史上的重大事件。所谓阴阳寒暑以及"其人密理""其人疏理"的议论，已经涉及中原与南北边地的文化差异，以及"以谪发之"的"行者"以交通实践跨越不同文化区的意义。《史记·南越列传》说，南越王尉佗原本为真定人，姓赵氏，"秦时已并天下，略定杨越，置桂林、南海、象郡，以谪徙民，与越杂处十三岁"。秦末"中国扰乱"，乃"急绝道聚兵自守"。《汉书·高帝纪下》载汉高祖十一年（前196）五月诏：

　　　　粤人之俗，好相攻击，前时秦徙中县之民南方三郡，使与百粤杂处。会天下诛秦，南海尉它居南方长治之，甚有文理，中县人以故不耗减，粤人相攻击之俗益止，俱赖其力。今立它为南粤王。

肯定其以"中县"文化改造了"粤人之俗"。秦时"行者深怨，有背

---

　　① 《史记·六国年表》：秦始皇帝三十六年，"徙民于北河、榆中，耐徙三处，拜爵一级"。《史记·秦始皇本纪》裴骃《集解》引徐广曰"《表》云徙于北河、榆中，耐徙三处，拜爵一级"，而系之于三十五年"益发谪徙边"句下。

衅之心"，然而中原先进文化却因此传布到南国，使当地社会面貌得到"甚有文理"的称誉。《史记·匈奴列传》说："始皇帝使蒙恬将十万之众北击胡，悉收河南地。因河为塞，筑四十四县城临河，徙谪戍以充之。""又度河据阳山北假中。""头曼不胜秦，北徙。""十余年而蒙恬死，诸侯畔秦，中国扰乱，诸秦所徙适戍边者皆复去，于是匈奴得宽，复稍度河南与中国界于故塞。"秦人徙北边者，曾经将农耕文化与游牧文化的区界向北推移。《汉书·地理志下》说，"定襄、云中、五原，本戎狄地，颇有赵、齐、卫、楚之徙"。大约所谓"诸秦所徙适戍边者皆复去"者，可能只是脱离了边防军事组织，而因"中国扰乱"，未必都回归故土。赵、齐、卫、楚移民在北边建设及中原文化与草原游牧族文化交流的过程中都曾发挥积极的作用。

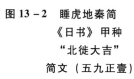

图 13 - 2　睡虎地秦简
《日书》甲种
"北徙大吉"
简文（五九正壹）

"迁""徙""流徙"成为应用频繁的治罪刑罚，正是自秦汉时期始。"秦始皇徙吕不韦舍人万家于房陵，以其隘地也。"（《华阳国志·汉中志》）项羽立刘邦为汉王，曾与范增阴谋曰："巴、蜀道险，秦之迁人皆居蜀。"（《史记·项羽本纪》）都说明交通路途之险恶，被作为借以惩罚的条件。《史记·货殖列传》说，"蜀卓氏之先"，原本赵人，用铁冶富。"秦破赵，迁卓氏。卓氏见虏略，独夫妻推辇，行诣迁处。"可见其迁徙行程之艰辛。而多有司马迁称述之

"贤人"，正是以此为代价，终而取得成功，成为"千金之家"：

> 诸迁虏少有余财，争与吏，求近处，处葭萌。唯卓氏曰："此地狭薄。吾闻汶山之下，沃野，下有蹲鸱，至死不饥。民工于市，易贾。"乃求远迁。致之临邛，大喜，即铁山鼓铸，运筹策，倾滇蜀之民，富至僮千人。田池射猎之乐，拟于人君。

> 程郑，山东迁虏也，亦冶铸，贾椎髻之民，富埒卓氏，俱居临邛。

> 宛孔氏之先，梁人也，用铁冶为业。秦伐魏，迁孔氏南阳。大鼓铸，规陂池，连车骑，游诸侯，因通商贾之利，有游闲公子之赐与名。然其赢得过当，愈于纤啬，家致富数千金，故南阳行贾尽法孔氏之雍容。

强制性迁徙这种原本与苦难相联系的交通现象，竟然促进了经济的发展。人口的移动与文化的交流，使得原先各有阻隔的地区之间，物质生产水平趋于接近。

秦王朝还曾组织另一种形式的大规模移民。《史记·秦始皇本纪》：

> （秦始皇二十六年）徙天下豪富于咸阳十二万户。

> （二十八年）南登琅邪，大乐之，留三月。乃徙黔首三万户琅邪台下，复十二岁。

> （三十五年）于是立石东海上朐界中，以为秦东门。因徙三万家丽邑，五万家云阳，皆复不事十岁。

这几次大规模移民，加上三十六年（前211）"始皇卜之，卦得游徙吉。迁北河榆中三万家，拜爵一级"，迁徙民户达26万家，足见牵动社会面之广。设想当时迁徙时的场面，主要交通干道上，当形成行人与车马的洪流。这几次移民虽然有拜爵赐复的补偿，但仍然属于强制性移民。

汉初，仍继承秦时"徙天下豪富于咸阳"的政策，"徙豪杰诸侯彊族于京师"（《史记·货殖列传》）。娄敬建议说："臣愿陛下徙齐诸田，楚昭、屈、景，燕、赵、韩、魏后，及豪桀名家居关中。无事，可以备胡；诸侯有变，亦足率以东伐。此彊本弱末之术也。"这一建议为刘邦采纳，"乃使刘敬徙所言关中十余万口"（《史记·刘敬叔孙通列传》）①。据《汉书·地理志下》记载，不仅"汉兴，立都长安，徙齐诸田，楚昭、屈、景及诸功臣家于长陵"，而且"后世世徙吏二千石，高訾富人及豪桀并兼之家于诸陵"。② 班固《西都赋》描写长安地区吸引各地移民而形成的繁盛景象："若乃观其四郊，浮游近县，则南望杜、霸，北眺五陵，名都对郭，邑居相承，英俊之域，绂冕所兴，冠盖如云，七相五公，与乎州郡之豪杰，五都之货殖，三选七迁，充奉陵邑，盖以强干弱枝，隆上都而观万国也。"八方移民经历不同的迁徙旅程集中到长安，使这一大都市成为全国文化的中心。武伯纶曾总结五陵人物的文化贡献，指出："他们都以迁徙的原因而列于汉帝诸陵。他们从汉代各个地区（包括民族）流动而来，造成了帝陵附近人口的增殖及人才的汇合，形成一个特殊的区域文化。""这无疑是中国汉代历史上人文地理研究中的一个重要课题。"③

应当注意到，贵族豪富多有侍养从卫左右的依附人员，因而不能

---

① 司马贞《索隐》："案：小颜云'今高陵、栎阳诸田，华阴、好畤诸景，及三辅诸屈诸怀尚多，皆此时所徙也。'"梁玉绳《史记志疑》以为"楚昭、屈、景"，"'景'下缺'怀'字"，其说是。

② 《汉书·高帝纪下》：汉高祖五年夏五月诏："诸侯子在关中者，复之十二岁，其归者半之。"以赋役优待吸引诸侯子居关中。"后九月，徙诸侯子关中。"十二年三月诏："吏二千石，徙之长安，受小第室。"

③ 武伯纶：《五陵人物志》，《文博》1991年第5期。武伯纶还指出："对这种人物的流动促成的汉代某些地区文化的扩散和融合现象，以及对后代的影响，如果加以研究，将会更加丰富汉代的文化史及中国文化史的内容，并有新的发现。"

以一般民户的平均口数推算其人口。汉惠帝三年（前192）六月，曾"发诸侯王、列侯徒隶二万人城长安"（《汉书·惠帝记》）。显然，长安诸侯王、列侯徒隶的总数当远远超过2万人。至于妻妾侍女，"诸侯百数，卿大夫十数，中者侍御，富者盈室"，而"奴婢垂拱遨游"（《盐铁论·散不足》），数量更为惊人。

西汉时，徙陵邑实关中已多采用"募徙"方式，并往往"赐钱田宅"（《汉书·昭帝纪》）。然而《史记·游侠列传》记述："及徙豪富茂陵也，（郭）解家贫，不中訾，吏恐，不敢不徙。卫将军为言：'郭解家贫不中徙。'上曰：'布衣权至使将军为言，此其家不贫。'解家遂徙"。可见所谓"募徙"，所谓赐钱、赐田、为"起第宅"，依然不能掩盖强制性移民的实质。

秦徙民实边的政策，汉代依然得到继承。

汉文帝时，晁错曾提出募民徙塞下的建议，"先为室屋，具田器，乃募罪人及免徒复作令居之；不足，募以丁奴婢赎罪及输奴婢欲以拜爵者；不足，乃募民之欲往者。皆赐高爵，复其家。予冬夏衣，廪食，能自给而止"。这一建议被采纳并付诸实行（《汉书·晁错传》）。

《汉书·武帝纪》）记载，元朔二年（前127），出击匈奴获胜，"收河南地，置朔方、五原郡"，是年"募民徙朔方十万口"。另一次大规模向北边移民，是元狩四年（前119）"山东被水灾，民多饥乏"，"乃徙贫民于关以西，及充朔方以南新秦中，七十余万口"（《史记·平准书》）。《汉书·武帝纪》作"凡七十二万五千口"[①]。

[①] 《史记·平准书》说："山东被水灾，民多饥乏，于是天子遣使者虚郡国仓廒以振贫民。犹不足，又募豪富人相贷假。尚不能相救，乃徙贫民于关以西，及充朔方以南新秦中，七十余万口，衣食皆仰给县官。"既然"虚郡国仓""犹不足"，何以徙至边地后可"衣食皆仰给县官"呢？如若不是边地仓储远较内地充盈，即说明"犹不足""尚不能相救"者，并非移民的真正原因。组织此次移民的出发点，可能还在于"实边"即进一步充实边区。《汉书·武帝纪》，"关东贫民徙陇西、北地、西河、上郡、会稽凡七十二万五千口"，一般以为"会稽"二字为衍文。

据《汉书·地理志》，汉武帝新开置 25 郡①，《汉书·武帝纪》又记有 7 郡②。新郡绝大多数为四边新区，初置多以移民充实之。以北边新郡为例，除前引"置朔方、五原郡"同年即"募民徙朔方十万口"外，元狩四年（前 119）新置西河郡，当年"关东贫民徙陇西、北地、西河、上郡、会稽凡七十二万五千口"，西河郡即被作为安置移民的重点地区。元狩五年（前 118）"徙天下奸猾吏民于边"，天汉元年（前 100）"发谪戍屯五原"（《汉书·武帝纪》），都是以内地移民充实新郡的历史记录。对于北边军事形势和中西文化交流都具有特殊重要意义的汉武帝所置河西武威、张掖、酒泉、敦煌四郡，史家一般认为其人口基本是内地移民③。汉武帝时代的移民运动，以其民数之多，地域之广，组织之有序，影响之深远，在中国移民史上占据着极其重要的地位。

居延汉简中可以看到有关边地移民的内容，例如，

☑倍迫秋月有徙民事未阕（168.12）

月有徙民事　　恐☐☑（188.19）

有"始建国天凤"简文，内容可能为数术书的王莽简，亦可见所谓"五月移徙吉凶"（E. P. T5：57A）。大约在注重边备的年代，移民长

① 建元六年（前 135）开犍为郡，元朔四年（前 125）置西河郡，元狩元年（前 122）置陈留郡，元狩六年（前 117）置临淮郡，元鼎二年（前 115）开朔方郡，元鼎三年（前 114）置安定郡，元鼎四年（前 113）置弘农郡，元鼎六年（前 111）置零陵、武都郡，开越嶲、牂柯、南海、郁林（故秦桂林郡，属尉佗）、苍梧、交趾、合浦、九真、日南（故秦象郡），元封二年（前 109）开益州郡，元封三年（前 108）开乐浪郡，元封四年（前 107）开玄菟郡，太初元年（前 104）开张掖、酒泉郡，太初四年（前 103）开武威郡，后元元年（前 88）置敦煌郡。

② 元朔二年（前 127）置五原郡，元鼎六年（前 111）置珠厓、儋耳、沈黎、文山郡，元封三年（前 108）置临屯、真番郡。

③ 参看葛剑雄《西汉人口地理》，人民出版社，1986，第 166~167 页。

期被作为充实边防的有效措施。

早在战国时期，秦国为与敌国争夺人口，曾经实行过招诱邻国民户内附的政策。例如，《史记·六国年表》：秦厉共公二十五年（前452），"晋大夫智开率其邑来奔"。二十九年（前448），"晋大夫智宽率其邑人来奔"。这一政策在汉代依然为执政者所继承，例如，汉武帝建元三年（前138），"东粤请举国徙中国，乃悉与众处江淮之间"（《汉书·闽粤传》）。"东瓯王广武侯望率其众四万余人来降，处庐江郡。"（《史记·汉兴以来将相名臣年表》）元朔元年（前128），"东夷薉君南闾等口二十八万人降，为苍海郡"。元狩二年（前121），"匈奴昆邪王杀休屠王，并将其众合四万余人来降，置五属国以处之。以其地为武威、酒泉郡"。元封元年（前110），"东越杀王余善降。诏曰：'东越险阻反覆，为后世患，迁其民于江淮间。'遂虚其地"（《汉书·武帝纪》）。"东越险阻反覆"，《汉书·闽粤传》作"东粤陋多阻，闽粤悍，数反覆"。此后类似史事，又有汉宣帝地节二年（前68），"匈奴前所得西嗕居左地者，其君长以下数千人皆驱畜牧产行，与瓯脱战，所战杀伤甚众，遂南降汉"（《汉书·匈奴传上》）。五凤二年（前56），"匈奴呼邀累单于帅众来降"①。五凤三年（前55），置西河、北地属国以处匈奴降者"（《汉书·宣帝纪》）。甘露三年（前51），呼韩邪单于朝汉，"自请愿留居光禄塞下，有急保汉受降城"（《汉书·匈奴传下》）②。东汉时更多有匈奴降附的记载。规模最大者如汉章帝章和元年（87），"北庭大乱，屈兰、储卑、胡都须等

---

① 《汉书·宣帝纪》五凤三年三月诏："将众五万余人来降归义。"
② 《汉书·宣帝纪》："单于居幕南，保光禄城，诏北边振谷食。"《汉书·匈奴传下》："又转边谷米糒，前后三万四千斛，给赡其食。""元帝初即位，呼韩邪单于复上书，言民众困乏。汉诏云中、五原郡转谷二万斛以给焉。"居延汉简："塞外诸节度呼韩单于□"（387.17，407.14），可能就与此次"转谷"有关。《后汉书·南匈奴列传》：光武帝建武二十六年，南单于称臣，"转河东米糒二万五千斛，牛羊三万六千头，以赡给之"。看来，匈奴内附之后，其经济生活即受到汉王朝运输体系的照应。

五十八部，口二十万，胜兵八千人，诣云中、五原、朔方、北地降"
（《后汉书·南匈奴列传》）。

图 13－3　敦煌汉简
"举国徙人民"
简文（67）

匈奴与汉的关系往往亦多"反覆"，所谓
"困则卑顺，彊则骄逆，天性然也"，即使归降
内附，仍有"思旧逃亡"情形（《汉书·匈奴
传下》）。①

汉对外用兵，有收略其民内归事。如汉武
帝征和四年（前89），"围车师，尽得其王民
众而还"。汉宣帝本始三年（前71），"入匈
奴，捕虏得数千人还"。匈奴入边侵扰，亦常
"略取吏民去"（《汉书·匈奴传上》），使汉人
被迫移徙塞外。北方草原各游牧族之间，也往
往相互攻伐，"收人民去"（《汉书·西域传
下》），或"驱妇女弱小"（《汉书·匈奴传
下》），导致民众散失，辗转远移。汉安帝永初
四年（110），南单于遣使乞降，"还所钞汉民
男女及羌所略转卖入匈奴中者合万余人"（《后
汉书·南匈奴列传》）。可见因此转徙流落他乡
的民户往往不在少数。

在匈奴数犯边的压力下，东汉时期，边郡
居民不得不迁徙以避之。光武帝建武十五年
（39），"徙雁门、代郡、上谷三郡民，置常山关、居庸关以东"。李

---

①　如《汉书·元帝纪》：初元元年（前48），"秋八月，上郡属国降胡万余人亡入匈
奴"。《汉书·匈奴传下》："其后呼韩邪竟北归庭，人众稍稍归之，国中遂定"。《后汉书·南
匈奴列传》：光武帝建武二十六年（50）夏，"南单于所获北虏薁鞬左贤王将其众及南部五骨
都侯合三万余人畔归"。汉和帝永元六年（94），新降胡相惊动，"十五部二十余万人皆反
畔"。

贤注：“时胡寇数犯边，故徙之。”建武二十六年（50），“南单于遣子入侍，奉奏诣阙。于是云中、五原、朔方、北地、定襄、雁门、上谷、代八郡民归于本土。遣谒者分将施刑补理城郭。发遣边民在中国者布还诸县，皆赐以装钱，转输给食”（《后汉书·光武帝纪下》）①。可知此前八郡边民普遍自发迁还中国。汉安帝永初五年（111），羌人入河东，又至河内，“百姓相惊，多奔南度河”。后“羌既转盛，而二千石、令、长多内郡人，并无守战意，皆争上徙郡县以避寇难。朝廷从之，遂移陇西徙襄武，安定徙美阳，北地徙池阳，上郡徙衙。百姓恋土，不乐去旧，遂乃刈其禾稼，发彻室屋，夷营壁，破积聚。时连旱蝗饥荒，而驱蹙劫略，流离分散，随道死亡，或弃捐老弱，或为人仆妾，丧其太半”（《后汉书·西羌传》）。汉顺帝永和五年（140），又“徙西河郡居离石，上郡居夏阳，朔方居五原”。六年（141），“徙安定居扶风，北地居冯翊”（《后汉书·顺帝纪》）。《潜夫论·实边》论述这种强制性移民“其为酷痛，甚于逢虏”的灾难性影响：

> 且夫士重迁，恋慕坟墓，贤不肖之所同也。民之于徙，甚于伏法。伏法不过家一人死尔。诸亡失财货，夺土远移，不习风俗，不便水土，类多灭门，少能还者。代马望北，狐死首丘，边民谨顿，尤恶内留。虽知祸大，犹愿守其绪业，死于本处，诚不欲去之极。太守令长，畏恶军事，皆以素非此土之人，痛不著身，祸不及我家，故争郡县以内迁。至遣吏兵，发民禾稼，发彻屋室，夷其营壁，破其生产，彊劫驱掠，与其内入，捐弃赢弱，使死其处。当此之时，万民怨痛，泣血叫号，诚愁鬼神而感天心。

政府因国力削弱不得不收缩其行政控制地域，虽无力抗御外侮，然而

---

① 《后汉书·南匈奴列传》：“悉复缘边八郡。”

却可以威逼边民，"彊劫驱掠，与其内入"。

西汉以北，东汉而南，两汉移民方向的剧变，标志着文化史进程的转折。

史籍中可以看到亡入匈奴的"秦人"教其穿井筑城，治楼藏谷的记载①，"胡巫"与"胡骑"亦曾直接介入汉王朝的宫廷斗争。② 秦汉时期北边的民族战争，形成了不同文化交往融汇的特殊条件。各民族在形式上看来于强制力下被迫的迁流往复之中，实际上仍发挥出创造共同文化的主动的积极的作用。

战乱时期，各军事强权集团也往往以强制性移民的方式增强其实力。汉献帝初平元年（190），"董卓驱徙京师百姓悉西入关"（《后汉书·献帝纪》）。《后汉书·董卓传》记述，"尽徙洛阳人数百万口于长安，步骑驱蹙，更相蹈藉，饥馁寇掠，积尸盈路"。"悉烧宫庙、官府、居家，二百里内无复孑遗。"曹操使李典"徙部曲宗族万三千余口居邺"（《三国志·魏书·李典传》），又平定并土，"稍移其家，前后送邺凡数万口"（《三国志·魏书·梁习传》），"拔阴安，徙其民河南"（《三国志·魏书·张辽传》）③，"拔汉中民数万户以实长安及三辅"④，

---

① 《汉书·匈奴传上》："卫律为单于谋'穿井筑城，治楼以藏谷，与秦人守之。汉兵至，无奈我何，'即穿井数百，伐材数千。或曰胡人不能守城，是遗汉粮也，卫律于是止。"而《史记·卫将军骠骑列传》：汉军"至寘颜山赵信城，得匈奴积粟食军。军留一日而还，悉烧其城余粟以归"。是匈奴已接受汉人"筑城""藏穀"技术。

② 《汉书·江充传》："（江）充将胡巫掘地求偶人，捕蛊及夜祠，视鬼，染汗令有处，辄收捕验治，烧铁钳灼，强服之。""遂掘蛊于太子宫，得桐木人。"《汉书·武五子传·戾太子据》：刘据起兵，"乃斩充以徇，炙胡巫上林中"。《汉书·刘屈氂传》："（太子）使长安囚如侯持节发长水及宣曲胡骑，皆以装会。侍郎莽通使长安，因追捕如侯，告胡人曰：'节有诈，勿听也。'遂斩如侯，引骑入长安。"后"丞相附兵浸多，太子军败"。参看王子今《西汉长安的"胡巫"》，《民族研究》1997年第5期。

③ 《三国志·魏书·司马朗传》："为堂阳长"，"先时，民有徙充都内者，后县调当作船，徙民恐其不办，乃相率私还助之，其见爱如此"。也是徙民河南之例。

④ 《三国志·魏书·和洽传》："太祖克张鲁，（和）洽陈便宜以时拔军徙民，可省置守之费。太祖未纳，其后竟徙民弃汉中。"《三国志·蜀书·周群传》："先主欲与曹公争汉中，问（周）群，群对曰：'当得其地，不得其民也。若出偏军，必不利，当戒慎之！'时州后部司马蜀郡张裕亦晓占候，而天才过群，谏先主曰：'不可争汉中，军必不利。'先主竟不用裕言，果得地而不得民也。"

"徙民以充河北，陇西、天水、南安民相恐动，扰扰不安"，"徙氐五万余落出居扶风、天水界"（《三国志·魏书·张既传》）[1]，"降巴东、巴西二郡，徙其民于汉中"（《三国志·魏书·张郃传》）[2]，"徙汉南附化民于汉北"（《三国志·魏书 曹仁传》），等等，都是强制移民史例。[3]

这种强制性移民，史书有时又写作"虏""略"。如刘备曾"略得饥民数千人"至徐州（《三国志·蜀书·先主传》）。"梁兴等略吏民五千余家"（《三国志·魏书·郑浑传》）。建安十二年（207），孙权"西征黄祖，虏其人民而还"，十三年（208）春，复征黄祖，"追枭其首，虏其男女数万口"。十九年（214），孙权征皖城，克之，获"男女数万口"（《三国志·吴书·吴主传》）。[4]

二　军役之路

秦汉时期，专制主义国家无偿征用民力服事徭役，常常导致规模惊人的人口流动。

---

[1]　《三国志·魏书·杨阜传》："（杨阜）转武都太守"，"及刘备取汉中以逼下辩，太祖以武都孤远，欲移之，恐吏民恋土。阜威信素著，前后徙民、氐，使居京兆、扶风、天水界者万余户，徙郡小槐里，百姓襁负而随之"。

[2]　《三国志·蜀书·张飞传》："（张）郃别督诸军下巴西，欲徙其民于汉中。""（张）飞遂破郃"，郃"引军还南郑，巴土获安"。

[3]　又如《晋书·宣帝纪》："魏武以荆州遗黎及屯田在颍川者逼近南寇，皆欲徙之。"《三国志·魏书·卢毓传》：曹丕"以谯旧乡，故大徙民充之"。《三国志·魏书·辛毗传》："帝欲徙冀州士家十万户实河南"，后"徙其半"。《晋书·食货志》："宣帝表徙冀州农夫五千人佃上邽。"《三国志·蜀书·诸葛亮传》："（诸葛）亮拔西县千余家，还于汉中。"《三国志·蜀书·后主传》："（姜维）拔狄道、河关、临洮三县民，居于绵竹、繁县。"也反映强制移民已成为一时定制。

[4]　类似史例还有《晋书·良吏列传·鲁芝》："（鲁芝）转天水太守，郡邻于蜀，数被侵掠，户口减削。"《三国志·吴书·吴主传》："遣卫将军全琮略淮南"，"收其人民"，"诸葛恪征六安"，"收其民人"。《三国志·吴书·诸葛恪传》："轻兵袭舒，掩得其民而还。"《晋书·羊祜传》："吴人寇弋阳、江夏，略户口。"《晋书·武帝纪》："吴将孙慎入江夏、汝南，略千余家而去。"

秦始皇调发劳役进行长城、驰道、直道、阿房宫及"丽山"工程建设，使数百万人背井离乡，"道路死者相望"（《史记·平津侯主父列传》），所谓"戍徭无已"（《史记·李斯列传》），成为秦末大动乱的主要原因之一。① 以"丽山"秦始皇陵工程为例，征用役徒多达数十万人：

始皇初即位，穿治郦山，及并天下，天下徒送诣七十余万人。（《史记·秦始皇本纪》）

（始皇）死葬乎骊山，吏徒数十万人，旷日十年。（《汉书·贾山传》）

丽山之徒数十万人。（《史记·黥布列传》）

隐宫徒刑者七十余万人，乃分作阿房宫，或作丽山。（《史记·秦始皇本纪》）

使丞相李斯将天下刑人徒隶七十二万人作陵。（《文献通考·王礼考十九》引《汉旧仪》）

秦始皇陵工程用工人数是否可达 70 余万人，学者多存有疑问。根据考古调查资料可大致推知秦始皇陵工程土方量，结合《史记·秦始皇本纪》秦始皇三十七年（前 210）七月始皇病逝，"九月，葬始皇郦山"，二世元年（前 209）四月"郦山事大毕"的记载，亦可知复土工程大致于 7 个月内完成，按照《九章算术·商功》中有关秦汉时期土方工程一般劳动生产率的资料，另排除云梦睡虎地秦简《徭律》所谓"水雨，除兴"及云梦睡虎地秦简《日书》所谓"土忌"日"不可为土攻（功）"等因素，可知秦始皇陵复土工程用工人数超过 70 万的记载是基本可信的。②

---

① 《汉书·刘向传》："天下苦其役而反之。"
② 王子今：《秦始皇陵复土工程用工人数论证》，《文博》1987 年第 1 期。

刘邦为亭长时，曾"为县送徒郦山"（《史记·高祖本纪》）。应劭解释说："秦始皇葬于骊山，故郡国送徒士往作。"黥布亦曾"论输丽山"（《史记·黥布列传》），黥布六人，其地在今安徽六安。张守节《正义》："言布论决受黥竟，丽山作陵也。时会稽郡输身徒。"秦始皇陵西侧赵背户村发掘修建始皇陵的劳役人员墓地，出土瓦文墓志可见标记死者籍贯的县名 8 个。

瓦文县名	编　　号	战国时归属	今　　地
东　武	79C56，简报缺号，79M11，79M33，79C52，79M331	赵	山东武城西北
博　昌	79C70.01，79C53	齐	山东博兴南
杨　民	79M19.01，79C51，79M32.03	赵	河北宁晋
平　阴	79M19.02	魏	河南孟津北
平　阳	79C50	韩、赵	河北临漳西
赣　榆	79C54，简报缺号	楚	江苏赣榆北
阑　陵	79C49	楚	山东苍山西南
姑	79C55	楚	山东邹县南

瓦文较完整者如："杨民居赀武德公士契必"（79M32.03），"平阴居赀北游公士滕"（79M19.02），"阑陵居赀便里不更牙"（79C49）。[①] 有的学者根据"居赀"身份及瓦文注明"公士""不更""上造"爵级，认为赵背户村墓地"不能肯定为一处刑徒墓地，确切地说，应是参加修建始皇陵的劳役人员墓地"。[②] 关于秦时徭役征发有所谓"三十倍于古"（《汉书·食货志上》）的说法，役者千里远行，以农业为主体的社会经济所遭受的损害益为严重。

汉代统治者接受秦亡的教训，认识到"薄赋敛，省徭役，以宽民力，然后可善治也"（《汉书·食货志上》），极少大兴功作。《汉书·

---

①　始皇陵秦俑坑考古发掘队：《秦始皇陵西侧赵背户村秦刑徒墓》，《文物》1982 年第 3 期。

②　孙英民：《〈秦始皇陵西侧赵背户村秦刑徒墓〉质疑》，《文物》1982 年第 10 期。

惠帝纪》记载："三年春，发长安六百里内男女十四万六千人城长安，三十日罢。""六月，发诸侯王、列侯徒隶二万人城长安。""（五年）春正月，复发长安六百里内男女十四万五千人城长安，三十日罢。"不仅注意将徭役时日限定在合理度之内，而且只征发"长安六百里内男女"，避免役徒远途跋涉之苦。西汉历代统治者多将"繇役省减"（《汉书·宣帝纪》）作为为政的基本原则，所谓"擅兴繇赋"（《汉书·王子侯表下》）、"擅兴繇役"（《汉书·宣帝纪》），都要受到处罚。西汉后期被指责为"多赋敛繇役，兴卒暴之作"，导致"卒徒蒙辜，死者连属，百姓罢极，天下匮竭"（《汉书·成帝纪》）的昌陵之役，不过"作者数万人"（《汉书·五行志上》）。西汉帝王还多以"复勿事""复勿繇戍"作为"施恩德"之举（《汉书·高帝纪》）。有的学者对比两汉情形，以为"西汉时期复除繇役的记载是很多的，而东汉则寥寥无几，可知东汉王朝对剥削人民的无偿劳役，实比西汉为残酷"[①]，仅以有关"复除"的历史记载作为对比的尺度似不免片面之嫌，然而东汉确实有繇役苛重的实例。如河北定县北庄汉墓据推断是中山简王刘焉之墓。史书记载刘焉营建冢茔，"发常山、钜鹿、涿郡柏黄肠杂木，三郡不能备，复调余州郡工徒及送致者数千人。凡征发摇动六州十八郡"（《后汉书·光武十王列传·中山简王焉》）。墓中出土 4000 余块墓石，每块重 300 公斤，其中一部分有题铭，所书地名除中山国 10 县外，又有梁国、东平国、鲁国、常山郡、山阳郡、河东郡、河内郡的 15 县[②]。其中鲁国薛、山阳郡单父、河东郡平

---

① 傅筑夫：《中国封建社会经济史》第 2 卷，人民出版社，1982，第 235 页。作者还指出："古人亦曾注意到了这一点，例如《文献通考》引徐氏曰：'按汉之有复除，犹《周官》之有施舍，皆除其赋役之谓也。然西京时，或以从军，或以三老，或以孝悌力田，或以明经，或以博士弟子，或以功臣后，以至民产子者、大父母、父母之年高者，给崇高之祠者，莫不得复，其间美意至多。至东都所复，不过济阳、元氏、南顿数邑，为天子之私恩矣。'"今按：引文见《文献通考·职役考二·复除》。

② 河北省文化局文物工作队：《河北定县北庄汉墓发掘报告》，《考古学报》1964 年第 2 期。

阳等县，距中山国均远在千里之外，其"工徒及送致者"之艰辛可以想见。

《史记·陈涉世家》记载，"二世元年七月，发闾左適戍渔阳，九百人屯大泽乡。陈胜、吴广皆次当行，为屯长。会天大雨，道不通，度已失期。失期，法当斩。陈胜，吴广乃谋曰：'今亡亦死，举大计亦死，等死，死国可乎?'"于是起义。远戍，也是数以千万计的秦汉役者的共同经历。"失期，法当斩"，体现出这种交通过程的效率受到军法的严格保障。

从汉简资料得知，河西戍卒多来自东方远郡。据有的学者统计，见诸简文的县名，已知有京兆尹2县，左冯翊1县，右扶风2县，弘农郡1县，河东郡11县，上党郡3县，河内郡5县，河南郡6县，东郡11县，陈留郡7县，颍川郡10县，汝南郡11县，南阳郡14县，山阳郡1县，济阴郡4县，沛郡2县，魏郡14县，巨鹿郡1县，常山郡1县，北海郡1县，丹扬郡1县，汉中郡4县，广汉郡1县，陇西郡1县，金城郡1县，武威郡3县，张掖郡9县，酒泉郡2县，敦煌郡4县，北地郡1县，西河郡1县，渔阳郡1县，赵国2县，广平国1县，高密国1县，淮阳郡10县，梁国3县，东平国1县，大河郡5县，昌邑国7县，共40郡国167县800余例。[①] 戍卒原籍郡县占全国总数"郡国一百三"的39.81%，"县邑千三百一十四"（《汉书·地理志下》）的12.71%，除河西四郡外，仍占34.95%和11.34%。可见戍卒征发地域之广阔及行程之遥远。其行途中的交通实践多有艰险，按照《盐铁论·地广》中的说法，即："今推胡、越数千里，道路迴避，士卒劳罢。故边民有刎颈之祸，而中国有死亡之患，此百姓所以嚣嚣而不默也。"

---

① 参看何双全《〈汉简·乡里志〉及其研究》，《秦汉简牍论文集》，甘肃人民出版社，1989，第145~235页。今按：据居延汉简275.12及275.18可补蜀郡。

《汉书·西域传下》记载汉武帝著名的《轮台诏》，有"汉军破城，食至多，然士自载不足以竟师，彊者尽食畜产，羸者道死数千人"语。所说是远征军在敌国因给养严重不足而"道死"的情形。而汉简所见河西戍卒"行道物故"，大概与此不同，是在千里跋涉行赴戍地的途中死去的。分析汉代"戍卒行道物故"的通常情形，其主要原因或许也是因病弱不能适应行途生活，如敦煌汉简"行道病"简文（1860）即值得重视。而行程中不得不经历的异乎寻常的艰难险阻，尤其是导致"行道物故"的最基本的因素。《焦氏易林》中除"行者劳疲，役夫憔悴"① 外，又可见"出门逢恶"②，"道遇害患"③，"凭河登山，道里阻难"④，"辕折轮破"⑤，"济深难度"⑥，"筋劳力尽，罢于沙丘"⑦ 等，都反映了这一情形。

敦煌汉简可见戍人"行道病"的简文（1860）。居延汉简还有关于"戍卒行道物故"的记录，例如：

> 戍卒行道居署物故兵 （101.35）
>
> 戍卒行道居署物故兵部各有数檄到尉士吏 （E. P. T56：116）
>
> ●最凡行道物故☒ （283.32）

联系史籍所谓"见行如往弃市"（《汉书·晁错传》），可以推知役者远戍行程的辛劳与艰险。⑧

《九章算术·均输》有关于"均输卒"的算题，甲县"薄塞"，

---

① 《焦氏易林》卷一《乾·革》。
② 《焦氏易林》卷一《乾·巽》。
③ 《焦氏易林》卷一《乾·明夷》。
④ 《焦氏易林》卷一《坤·升》。
⑤ 《焦氏易林》卷三《履·屯》。
⑥ 《焦氏易林》卷三《泰·坤》。
⑦ 《焦氏易林》卷三《履·巽》。
⑧ 参看王子今《居延汉简所见"戍卒行道物故"现象》，《史学月刊》2004 年第 5 期。

临近边地，乙、丙、丁、戊各县居所距离不等，行道日数不同，"凡五县，赋输卒一月一千二百人，欲以远近、户率多少，衰出之。问县各几何"。题意大致如下表：

县　别	人　数	行道日数	赋输卒数
甲	1200	薄塞	229
乙	1550	1	286
丙	1280	2	228
丁	990	3	171
戊	1750	5	286

可以看到，"行道日数"是确定"赋输卒"数的主要条件。不知道这种"均输卒"的制度是否切实实行，居延、敦煌汉简关于戍卒、田卒等服军役者"籍"的记录往往详细至于"县里"，我们看到，河西兵士多有来自东方远郡者。见诸简文的县名，已知有京兆尹 2 县，左冯翊 1 县，右扶风 2 县，弘农郡 1 县，河东郡 11 县，上党郡 3 县，河内郡 5 县，河南郡 6 县，东郡 11 县，陈留郡 7 县，颍川郡 10 县，汝南郡 11 县，南阳郡 14 县，山阳郡 1 县，济阴郡 4 县，沛郡 2 县，魏郡 14 县，巨鹿郡 1 县，常山郡 1 县，北海郡 1 县，丹扬郡 1 县，汉中郡 4 县，广汉郡 1 县，蜀郡，陇西郡 1 县，金城郡 1 县，武威郡 1 县，张掖郡 9 县，酒泉郡 2 县，敦煌郡 4 县，北地郡 1 县，西河郡 1 县，渔阳郡 1 县，赵国 2 县，广平国 1 县，高密国 1 县，淮阳郡 10 县，梁国 3 县，东平国 1 县，大河郡 5 县，昌邑国 7 县，共 41 郡国 167 县 800 余例[①]。戍卒原籍郡县，占全国"郡国一百三"的 39.8%，"县邑千三百一十四"的 12.7%，可见戍卒征发地域之广及行程之远。

---

① 参看何双全《〈汉简·乡里志〉及其研究》，甘肃人民出版社，1989。今据居延简 275.12，275.18 补蜀郡。

简文除河西地区的"觻得骑士""昭武骑士""氐池骑士""日勒骑士""番和骑士""居延骑士"之外，又可见所谓"蜀校士"（275.12，275.18）、"昌邑校士"（275.16、308.34）。郡国名称标记在"校士"之前，似乎说明河西军事结构中也有由远郡同籍军士组成的单位。

居延汉简可见"民屯士"（303.15）、"私属奴"（E. P. T3：10）称谓，敦煌汉简也可见所谓"私属"（322，329），又有所谓"从者"：

　　贺从者大男宋望　六月食麦二石六斗一升（321）①

又有"私从者"，例如：

　　书吏胡丰私从者零县宜都胡骏年三十长桼尺二寸（280）②

又有"护从者"（1143，1144）。《史记·魏其武安侯列传》："独二人及从奴十数骑驰入吴军。"《史记·大宛列传》："出敦煌者六万人，负私从者不与。"《史记·匈奴列传》："乃粟马，发十万骑，私负从马凡十四万匹。"张守节《正义》："谓负担衣粮，私募从者，凡十四万匹。"都有助于理解汉简"从者""从奴""私从者"的身份。"私属""从者"随行边地，又进一步扩大了这种交通活动的规模。

敦煌汉简可见边吏"妻子"随军的记录。例如："五凤三年三月

---

　　① 敦煌"从者"简，又有221，323，324，325，326，348，391，393，545，548，702，713A，795，798，1923，2384 等。

　　② 敦煌"私从者"简，又有295，298，358，526，788，998，1146 等。"私从者"又称"私从"，如简1959。

丁丑朔癸卯士吏带敢言之候官隧和吏妻子私从者三月禀名籍一编敢言之"（998）。居延汉简中也有可能反映军官家属随军徙居边地的内容，如：

　　☑详事或文锡铜口言吏事家徙不安处口舌☑□□☑（E. P. T43：72）
　　☑家在河北中部坞不欲徙☑（E. P. T50：211）
　　□□皆徙家属边☑
　　☑
　　□臣昧死☑（E. P. T58：80）

《汉书·李陵传》："关东群盗妻子徙边者随军为卒妻妇，大匿车中。"当时以合法及非法方式随军的妇女，一定不在少数。《汉书·贾捐之传》记载，贾捐之在讨论边疆政策时，指出汉武帝用兵四境，导致严重社会危机的教训，说到"女子乘亭鄣"事。《后汉书·南匈奴列传》载录汉章帝元和二年（85）诏书，回顾了汉王朝与匈奴作战的艰苦，也有"弱女乘于亭障"语。汉代文献关于女子守城的记载，又有《汉书·匈奴传上》：李广利率军出塞，于"夫羊句山狭"冲破匈奴卫律部阻击，"汉军乘胜追北，至范夫人城"。颜师古注引应劭曰："本汉将筑此城。将亡，其妻率余众完保之，因以为名也。"居延汉简中有所谓"□官女子周舒君等自言责隧"（58.15A）的内容，我们还看到当地军事文书中有如下名类：

　　《卒家属在署名籍》（185.13）
　　《卒家属见署名籍》（194.3）
　　《戍卒家属居署名籍》（E. P. T65：134）
　　《卒家属掾署名籍》（194.3，174.13）

《卒家属名籍》（203.15）

《省卒家属名籍》（58.16；133.8）

《卒家属居署廪名籍》（E. P. T40：18）

《卒家属廪名籍》（276.4A）

《戍卒家属在署廪名籍》（191.10）

有学者指出，"称谓录见'卒家属廪名籍''卒家属名籍''卒家属在署名籍''卒家属见署名籍''省卒家属名籍'之类"，可与《卒家属廪名籍》对应，这些文书，可以"暂统称之为'卒家属廪名籍'"，"是给戍卒家属发放粮食的名单"。① 通过这些文书的命名，可以了解边地"卒家属""戍卒家属"随军的事实。然而《卒家属在署名籍》《卒家属见署名籍》《戍卒家属居署名籍》等，从名义看，与"廪名籍"是不同的。"廪名籍"，按照森鹿三的说法，"是有关配给隧卒家属谷物的文书"。② 居延汉简又有：

《家属妻子居署省名籍》（E. P. T40：18）

名籍主题强调的似乎不是"廪"，而是其他方面，很可能主要是职守责任。前引简文"女子""自言责隧"，可以给予我们某种提示。敦煌汉简又可见《教卒史妻子集名籍》（1612A），其性质也值得探讨。所谓"在署""见署""居署"或许与睡虎地秦简《秦律十八种》中《仓律》所见"守署"有关，整理小组注释可以参考："署，岗位。《史记·秦始皇本纪》集解引如淳云：'律说，论决为髡钳，输边筑长

---

① 李均明、刘军：《简牍文书学》，广西师范大学出版社，1999，第341～343页。

② 〔日〕森鹿三：《论居延出土的卒家属廪名籍》，金立新译，《简牍研究译丛》第1辑，中国社会科学出版社，1983，第104页。

城，昼日伺寇虏，夜暮筑长城……'……守署即伺寇虏。"① 有学者
注意到所谓"边塞女性中有下级军吏的家属"，称之为"戍边的下级
军吏的妻子家属"。② 其实，汉代西北边塞简牍资料中这种女性，并非
都是"下级军吏的家属""下级军吏的妻子家属"，数量更多的是士
兵"家属"，即所谓"卒妻"。日本学者森鹿三曾经根据简牍资料中
"●右城北部卒家属名籍   凡用谷九十七石八斗"（203.15）及
"●最凡十九人家属尽月见用粟八十五石九斗七升少"（203.37），认
为据前者"可知每个部每个月都配给了隧卒家属将近一百石谷物"，
后者"所说的十九人是指隧卒的人数，而不是家属的人口数，因为每
个隧卒的家属人数是二至三人，所以十九个隧的家属就有四十多人"。
他说："一个部究竟有多少隧卒，还不清楚，但我估计约有二十人，
因此，隧卒几乎都有家属。"③ 这里所说的，自然是随军家属。所谓
"卒妻"及其他边塞人员数量颇为可观。④ 应当看到，实际上参与边地
军事交通者，当远远超过史籍记载的正式的出军人数。

　　秦始皇发兵统一海内，又进军岭南，安定北边，他"亲巡天下，
周览远方"，自有"东抚东土，以省卒士"的意义，所谓"武威旁
畅，振动四极"（《史记·秦始皇本纪》），标志着秦远征军的业绩。
通过考古资料可以看到，随着秦军事势力的扩张，关东许多地区都出
现了体现秦风的秦墓葬。含有秦文化因素的墓葬发现在河南三门峡，
郑州岗社，泌阳官庄；山西侯马乔村，榆次猫儿岭；内蒙古准格尔旗
勿尔图沟；湖北云梦睡虎地、大坟头、木匠坟，江陵凤凰山，宜昌前
坪，宜城楚皇城；四川成都羊子山、洪家包、天回镇，涪陵小田溪；

①　睡虎地秦墓竹简整理小组：《睡虎地秦墓竹简》，文物出版社，1978，第51页。
②　翟麦玲：《试释"女子乘亭障"中"女子"的身份》，《中国史研究》2008年第1期。
③　〔日〕森鹿三：《论居延出土的卒家属廪名籍》，金立新译，《简牍研究译丛》第1
辑，中国社会科学出版社，1983，第108～109页。
④　王子今：《汉代军队中的"卒妻"身份》，《南都学坛》2009年第1期。

广东广州淘金坑、华侨新村；广西灌阳、兴安、平乐等地①，其分布地域之辽阔，反映秦军人足迹所至"振动四极"。而各地秦墓一方面继承着秦文化传统，另一方面又渗入了当地文化的影响。这一事实，则体现出秦军远征的文化意义。

汉武帝时代又多次组织大规模远征，"攘夷柝境，面数千里，东开乐浪，西置燉煌，南踰交趾，北筑朔方，卒定南越，诛斩大宛，武军所向，无不夷灭"（《潜夫论·救边》）。对匈奴作战，出师往往以十万计，元狩二年（前121）春，霍去病将万骑出陇西，过焉支山（今甘肃山丹东南）千余里击匈奴。其夏，复与合骑侯数万骑出陇西、北地两千里击匈奴。元狩四年（前119），卫青、霍去病出军"咸约绝幕击匈奴"，卫青"北至阗颜山赵信城而还"。阗颜山，可能是蒙古杭爱山的支脉。霍去病"封于狼居胥山，禅姑衍，临翰海而还"。狼居胥山、姑衍山，均在今蒙古乌兰巴托附近。翰海，一说即杭爱山。元鼎六年（前111），公孙贺将万五千骑出九原二千余里，至浮苴井而还，赵破奴万余骑出令居数千里，至匈河水而还。匈河水，可能即今蒙古拜达里格河。太初二年（前103），赵破奴将二万余骑出朔方西北二千余里，期至浚稽山而还，然全军败没。浚稽山可能即今蒙古巴彦洪戈尔省，前杭爱省及南戈壁省之间的戈壁阿尔泰山。天汉二年（前99），公孙敖出西河，与路博德会涿涂山（《史记·匈奴列传》），涿涂山可能即蒙古额德伦金山。

东汉明帝永平十六年（73），汉击北匈奴，窦固、耿忠部至天山，击呼衍王，追至蒲类海（今新疆巴里坤湖），留吏士屯伊吾卢城（今新疆哈密西），耿秉、秦彭绝漠六百余里，至三木楼山②，来苗、文穆至匈奴河水上（《后汉书·窦固传》）。十七年（74），窦固、耿秉

---

① 叶小燕：《秦墓初探》，《考古》1982年第1期。云梦木匠坟秦墓的资料，见云梦县博物馆《湖北云梦木匠坟秦墓》，《文物》1992年第1期。
② 李贤注："匈奴中山名。"

"出敦煌昆仑塞，击破白山虏于蒲类海上，遂入车师"（《后汉书·明帝纪》）。汉和帝永元元年（89），窦宪等"与北匈奴战于稽落山（今蒙古戈壁阿尔泰山），大破之，追至私渠比鞮海（今蒙古邦察干湖）①，窦宪遂登燕然山（今蒙古杭爱山），刻石勒功而还"（《后汉书·和帝纪》）。永元三年（91），窦宪、耿夔"出居延塞，直奔北单于廷，于金微山斩阏氏、名王已下五千余级，单于与数骑脱亡，尽获其匈奴珍宝财畜，去塞五千余里而还，自汉出师所未尝至也"（《后汉书·耿夔传》）。

敦煌汉简所见"大军方路驿出令发　过"（128），"新道适千里"（130）等内容，可能就反映大军远征千里攻伐的情形。

秦汉时期，中原往北方草原大漠交通之规模与行程的最高纪录的保持者，可能确实是所谓"弧弦而出斗"（《盐铁论·和亲》），"暴露中野，居寒苦之地"（《盐铁论·备胡》）的远征军人。大漠行军要克服恶劣的气候条件和地理条件，要时刻准备在运动中作战②，联想到史籍中所数见远征军败没的记载③，更应当充分肯定这种交通活动的

---

① 林幹编《匈奴历史年表》以为"稽落山，即今蒙古人民共和国西北部的额布根山"，"私渠比鞮海，即今蒙古人民共和国的乌布苏泊"。中华书局，1984，第97页。

② 克劳塞维茨在《战争论》中指出，"在大多数情况下，深入敌国腹地不是别的，正是一次猛烈的进攻获得成功的结果，因而同进攻是没有什么区别的"。《战争论》第3卷，解放军出版社，1965，第1139页。

③ 克劳塞维茨在关于"行军"的论述中曾指出："缺乏给养和宿营条件，道路很坏或破坏严重，军队要经常保持战斗准备，这些都会造成军队力量的过分的消耗，使人员、牲畜、车辆和被服受到损失。""如果必须在战区内，即在敌人的眼前进行长途行军，那么战区行军和长途行军两种不利的条件就会同时出现。在人数众多而且其他条件不利时，损失就可能达到令人难以置信的程度。"他举出拿破仑远征莫斯科的战例。1812年6月24日拿破仑渡过涅曼河时，他准备进攻莫斯科用的巨大的中央军团有三十万一千人，8月15日到达斯摩棱斯克附近时，已经损失了十万五千五百人，在52天内连续行军大约70普里的过程中，仅病号和掉队的就损失了九万五千人，约占总兵力的1/3，三星期以后，在博罗迪诺进行会战时，法军损失已经达到十四万四千人（包括战斗伤亡）。又过了8天，到达莫斯科时，法军损失已经达到十九万八千人。而法军退却后追击法军的俄军从卡卢加地区出发时为十二万人，到达维尔那时就只剩下三万人了。当时俄军在战斗中的伤亡多么少，这是尽人皆知的。克劳塞维茨指出："因此，如果人们想要在战争中进行频繁的行军，那就必须作好兵力将遭受大量损失的准备。"《战争论》第2卷，解放军出版社，1965，第574～579页。

意义。

事实上，秦皇汉武等有作为的帝王建立和巩固大一统的专制帝国的功业，是与千百万军士转战千里的交通实践分不开的。

三 学宦之路

士人奔走于学宦之路，也是了解秦汉人口流动状况从而全面认识秦汉交通形态不可忽视的重要的社会文化现象。

秦始皇东巡封禅泰山，礼祠江海，表现出承认东方文化传统的胸怀，任用博士 70 余人，亦得参与军国大政咨议。儒学第一次西渐，至于以往东方人"夷翟遇之"的"虎狼之国"秦地，尤其表现于儒士之活跃。"焚书坑儒"事件之发生，说明秦地已多有藏《诗》、《书》、百家语者，在咸阳地区活动的儒生，已多达数百人。叔孙通"秦时以文学征待诏博士"，降汉时"从儒生弟子百余人"（《史记·刘敬叔孙通列传》），可知秦时儒学其实未能禁灭。

汉代官学私学都得到空前发展，学人千里负笈成为一时风尚。

汉武帝初设博士弟子员制度，起初为 50 人。汉昭帝时增至 100人，汉宣帝时增至 200 人，"元帝好儒"，"更为设员千人"，成帝末，"增弟子员三千人"（《汉书·儒林传》）。汉平帝元始五年（5），征天下通知诸学"及以《五经》《论语》《孝经》《尔雅》教授者，在所为驾一封轺传，遣诣京师，至者数千人"（《汉书·平帝纪》）。王莽也曾奏言"为学者筑舍万区"（《汉书·王莽传上》）。东汉统治者益崇好儒学经术，于是"四方学士""莫不抱负坟策，云会京师"（《后汉书·儒林列传》）。"起太学博士舍，内外讲堂，诸生横巷，为海内所集。"（《后汉书·翟酺传》）《后汉书·儒林列传》记载，汉明帝曾亲自在太学讲经，"冠带缙绅之人，圜桥门而观听者盖亿万计"。汉顺帝又扩建太学，"凡所造构二百四十房，千八百五十室"。汉质帝时，"游学增盛，至三万余生"。于是有"东京学者猥众"之说。洛阳成为"经生所处，不远万里之路"的文化中心。

《汉书·循吏传·文翁》记载，文翁为蜀郡守，"仁爱好教化，见蜀地辟陋有蛮夷风，文翁欲诱进之，乃选郡县小吏开敏有材者张叔等十余人亲自饬厉，遣诣京师，受业博士，或学律令。减省少府用度，买刀布蜀物，赍计吏以遗博士。数岁，蜀生皆成就还归，文翁以为右职"。又创立地方官学：

> 又修起学官于成都市中，招下县子弟以为学官弟子，为除更繇，高者以补郡县吏，次为孝弟力田。常选学官僮子，使在便坐受事。每出行县，益从学官诸生明经饬行者与俱，使传教令，出入闺阁。县邑吏民见而荣之，数年，争欲为学官弟子，富人至出钱以求之。繇是大化，蜀地学于京师者比齐鲁焉。至武帝时，乃令天下郡国皆立学校官，自文翁为之始云。

郡国学校的兴立，使有志于学的"下县子弟"向各地区的文化中心流动。这种"教化"的作用，有时可以突破郡国的地域局限。如伏恭任常山太守，"敦修学校，教授不辍，由是北州多为伏氏学"（《后汉书·儒林列传·伏恭》）。

私学之发达，也吸引各地学子不远千里问师求教。疏广"家居教授，学者自远方至"（《汉书·疏广传》）。申公"归鲁退居家教，终身不出门"，"弟子自远方至受业者千余人"（《汉书·儒林传·申公》）。班固以"传业者寖盛，支叶蕃滋"，"大师众至千余人"来总结西汉学术传统（《汉书·儒林传》）。东汉时期，私学更加繁荣。据《后汉书·儒林列传》，刘昆曾"教授弟子恒五百余人"，洼丹"徒众数百人"，任安"还家教授，诸生自远而至"，杨政"教授数百人"，张兴"弟子自远至者，著录且万人"，孙期"远人从其学者，皆执经垄畔以追之"，欧阳歙"教授数百人"，曹曾"门徒三千人"，牟长"诸生讲学者常有千余人，著录前后万人"，牟纡"门生千人"，宋登"教授数千人"，孔长彦"门徒数百人"，杨伦"讲授于大泽中，弟子至千余人"，魏应"教授山泽中，徒众常数百人"，"弟子自远方至，著录数千人"，薛汉"教授常数百人"，杜抚"弟子千余人"，董钧"常教授门生百余人"，丁恭"教授常数百人"，周泽"门徒常数百人"，甄宇"教授常数百人"，甄承"讲授常数百人"，诸儒"莫不归服之"，楼望"诸生著录九千余人"，程曾"数百人常居门下"，张玄"诸儒皆伏其多通，著录千余人"，李育"门徒数百"，颖容"聚徒千余人"，谢该"门徒数百千人"，蔡玄"门徒常千人，其著录者万六千人"。范晔论曰：

> 自光武中年以后，干戈稍戢，专事经学，自是其风世笃焉。其服儒衣，称先王，游庠序，聚横塾者，盖布之于邦域矣。若乃经生所处，不远万里之路，精庐暂建，赢粮动有千百，其耆名高义开门受徒者，编牒不下万人。

除前引诸例之外，又如姜肱"博通《五经》，兼明星纬，士之远来就学者三千余人"（《后汉书·姜肱传》），檀敷"立精舍教授，远方至者常数百人"（《后汉书·党锢列传·檀敷》），樊英习易经，兼明数术，"隐于壶山之阳，受业者四方而至"，公沙穆"隐居东莱山，学者自远而至"，董扶"还家讲授，弟子自远而至"（《后汉书·方术列传》）。学者向学就学形成的"不远万里之路"，负笈游学、负笈随师的风气[1]，形成了值得重视的交通现象。《后汉书·李固传》说，李固"少好学，常步行寻师，不远千里"，李贤注引《谢承书》："固改易姓名，杖策驱驴，负笈追师三辅，学《五经》，积十余年。"李固

---

[1] 如《后汉书·儒林列传·景鸾》："少随师学经，涉七州之地。"即是负笈随师之例。

"遂究览坟籍，结交英贤。四方有志之士，多慕其风而来学"。当时学术师承之绪统，受与授，承与传，多需经过艰苦的交通历程方能完成。事实上读书人学业有成的基本条件，首先在于"不远万里之路"的磨炼。而远行之见闻，也必然可以增益其学识。

秦汉时期，随着大一统专制主义政体的健全，吏政也愈益成熟。西汉时已大致形成郡县长官不在原籍任职的惯例①，东汉又有类似后世"回避"制度的"三互法"，选任地方官吏时，规定凡婚姻之家及两州人士，不得交互为官。② 而地方官员征选任用由中央政府统一调配，于是史籍中所见官僚履历，往往迁转数职，就仕各地。以被作为吏人典范的"循吏"为例，可知当时官员大多频繁转换任职地点，所行经地域往往十分广阔。

《汉书·循吏传》记述 6 名"循吏"的事迹，其大致情形如下表：

---

① 据统计，西汉一代除极鲜见特例外，一般均不在原籍任郡县长官，参看严耕望《中国地方行政制度史》上编"秦汉地方行政制度史"，"中央研究院"《历史语言研究所专刊》之四十五，1961。

② 《后汉书·蔡邕传》："初，朝议以州郡相党，人情比周，乃制婚姻之家及两州人士不得对相监临。至是复有三互法，禁忌转密，选用艰难。幽冀二州，久缺不补。邕上疏曰：伏见幽、冀旧壤，铠马所出，比年兵饥，渐至空耗。今者百姓虚县，万里萧条，阙职经时，吏人延属，而三府选举，踰月不定。臣经怪其事，而论者云：避三互。十一州有禁，当取二州而已，又二州之士，或复限以岁月，狐疑迟淹，以失事会。愚以为三互之禁，禁之薄者，今但申以威灵，明其宪令，在任之人岂不戒惧，而当坐设三互，自生留阂邪？昔韩安国起自徒中，朱买臣出于幽贱，并以才宜，还守本邦。又张敞亡命，擢授剧州。岂复顾循三互，继以末制乎？三公明知二州之要，所宜速定，当越禁取能，以救时敝；而不顾争臣之义，苟避轻微之科，选用稽滞，以失其人。臣愿陛下上则先帝，蠲除近禁，其诸州刺史器用可换者，无拘日月三互，以差厥中。'书奏不省。"是"三互法"已成凝定之制，未可轻易动摇。李贤注："'三互'谓婚姻之家及两州人不得交互为官也。《谢承书》曰：'史弼迁山阳太守，其妻钜野薛氏女，以三互自上，转拜平原相'是也。"安作璋、熊铁基《秦汉官制史稿》指出，"按此注所云，应为三互法以前之制。在此以前，两州人士有婚姻者，则其家人不得交互为官；甲州有人在乙州做官者，则乙州人不得在甲州做官。至于三互之法，对于此种限制又有发展。如甲州人士在乙州为官，同时乙州人士又在丙州为官，则丙州人士不但不能到乙州做官，也不能到甲州做官。三州婚姻之家也是如此"。齐鲁书社，1985，下册，第 377 ~ 378 页。三互法实行的出发点是防止地方官吏相互勾结以营私，而客观上则促进了行政人员在更广阔地域的流动。

姓　名	原　籍	转　仕　地　点	其他行旅经历
文　翁	庐江舒县	庐江→蜀郡	
王　成	？	胶东	
黄　霸	淮阳阳夏	左冯翊→河东→河南→长安→扬州→颍川→长安→颍川→长安	以豪杰役使徙云陵,后复入谷沈黎郡
朱　邑	庐江舒县	庐江舒县→长安→北海→长安	
龚　遂	山阳南平阳	昌邑→长安→渤海→长安	
召信臣	九江寿春	零陵→南阳→河南→长安	

《后汉书·循吏列传》又可见 12 "循吏"事迹,其大致情形如下表所示:

姓　名	原　籍	转　仕　地　点	其他行旅经历
卫　飒	河内修武	河内→洛阳→颍川襄城→桂阳→洛阳	随师无粮,常佣以自给
任　延	南阳宛县	洛阳→会稽→洛阳→九真→洛阳→梁国睢阳→武威→汝南召陵→颍川→河内	为诸生学于长安,显名太学;避乱之陇西,不应隗器请
王　景	乐浪䛁邯①	洛阳→陈留酸枣②→徐州→庐江	修作浚仪渠,修渠筑堤,自荥阳东之千乘海口千余里;从驾东巡狩,至无盐
秦　彭	扶风茂陵	洛阳→山阳→颍川	拜骑都尉,从耿秉征匈奴
王　涣	广汉郪县	广汉→河内温→兖州→洛阳	从驾南巡
许　荆	会稽阳羡	会稽→桂阳→洛阳	
孟　尝	会稽上虞	会稽→下邳国徐县→合浦	
第五访	京兆长陵	京兆→蜀郡新都→张掖→南阳→陇西令居	拜护羌校尉,边境服其威信
刘　矩	沛国萧县	陈留雍丘→洛阳→常山→洛阳	
刘　宠	东莱牟平	济南东平陵→豫章→会稽→洛阳	
仇　览	陈留考城	陈留考城	曾入太学
童　恢	琅邪姑幕	琅邪→洛阳→东莱不其→丹阳	

说明:

①据谭其骧主编《中国历史地图集》第 2 册,地在今朝鲜平壤西北。地图出版社,1982,第 27~28 页。

②《水经注·济水二》:酸枣,"《汉官仪》曰:'旧河堤谒者居之城西'"。

1971 年发现的内蒙古和林格尔汉墓中的壁画和榜题文字，有记录墓主生前仕途经历的内容，可知墓主举孝廉为郎，又出任西河长史、行上郡属国都尉，繁阳令、雁门长史、使持节护乌桓校尉。其生地很可能是定襄武成，即墓址所在附近。为郎时当居于洛阳。西河郡治在今山西离石，上郡属国都尉治所在今山西石楼，繁阳则在今河南内黄西北，雁门郡治在今山西朔县东，而护乌桓校尉治所则在今河北万全。壁画有"居庸关"图，并榜题"使君从繁阳迁度关时"，车骑队列间有"使君□车从骑""夫人辇车从骑""□□辇车"等题字，也体现了墓主辗转千里宦游四方的经历。①

《汉书·京房传》说，京房为魏郡太守，"自请，愿无属刺史，得除用它郡人"，"天子许焉。"《汉书·循吏传·黄霸》：黄霸"补左冯翊百石卒史"。如淳曰："三辅郡得仕用它郡人。"似乎郡县吏员任用当出自本地②。不过，这种情形也有相应的回避本籍的规定，如郡督邮用本郡人，但不用所督诸县之人。州之部郡从事亦用本州人，但不用所部之郡人。从居延汉简所提供的资料看，边郡属吏也有个别"除用他郡人"的情形，例如：

假候令史汉中郡成固隄里李东昌（216.9）

　　☑以丁酉到今居延令武　书言谨案吏除射师茂陵☑（290.7）

基层官吏绝大多数为当地人，但简文数见"家去官六百里"（如 13.7）、"家去官六百五十里"（如 179.4），"家去官八十里"

---

① 内蒙古自治区博物馆：《和林格尔汉墓壁画》，文物出版社，1978；盖山林：《和林格尔汉墓壁画》，内蒙古人民出版社，1978。

② 瞿兑之《汉代风俗制度史》据此二例，以为："凡郡县吏皆用本地人，用他处人者为例外。"上海文艺出版社，1991 年 3 月据北平广业书社 1928 年版影印，第 124 页。

（E. P. T52：137）等①，可能表明家距任所间有一定距离，也与所谓"能书会计治官民颇知律令文"（37.57）、"能书会计治官民颇知律令武"（13.7）同样，被作为任职条件之一。看来，任用下级官吏的制度，也促成一定地域内的人员流动。

四　罪人流徙

罪人流徙也是秦汉时期人口流动的重要形式。

西汉初，梁王彭越罪徙蜀青衣（《汉书·彭越传》），淮南王刘长徙蜀严道邛邮，死于道（《汉书·文帝纪》）。自汉武帝时代起，贵族有罪迁徙远地事不绝于书，如下表所示：

时　间	事　主	徙　地	资料出处
汉武帝建元三年（前138）	济川王刘明	废徙房陵	《汉书·武帝纪》
汉武帝元鼎元年（前116）	济东王刘彭离	废徙上庸	同上
汉武帝元鼎三年（前114）	常山王刘舜	废徙房陵	同上
汉宣帝本始四年（前70）	广川王刘去	废徙上庸	《汉书·宣帝纪》
汉宣帝地节四年（前66）	清河王刘年	废徙房陵	同上
汉宣帝甘露四年（前50）	广川王刘海阳	废徙房陵	同上
汉元帝建昭元年（前38）	河间王刘元	废徙房陵	《汉书·元帝纪》
汉哀帝建平元年（前6）	新成侯赵钦 成阳侯赵䜣	徙辽西	《汉书·哀帝纪》
汉平帝元始中（1~5）	梁王刘立	徙汉中	《汉书·文三王传·梁孝王刘武》
汉明帝永平十三年（70）	楚王刘英	迁于泾县	《后汉书·明帝纪》

名臣罪徙史例也频繁见于史册。陈汤与解万年俱徙敦煌，后陈汤改徙安定（《汉书·陈汤传》）。阳球诛死，"妻子徙边"（《后汉书·阳球传》）。梁竦坐兄松事，与弟恭俱徙九真，明帝诏听还本郡，后以

---

① 此类简文可见多例，"家去官"最近者有"家去官十里"（136.2），最远者有"家去大守府千六十三里"（E. P. T50：10）。

恶逆罪死，家属复徙九真，辞语连及舞阴公主，坐徙新城（《后汉书·梁竦传》）。马融也曾"髡徙朔方"（《后汉书·马融传》）。蔡邕"与家属髡钳徙朔方"，"居五原安阳县"（《后汉书·蔡邕传》）。①

每遇大狱，以罪坐法当徙者往往多至数百千人，甚至有徙者逾万之例。汉明帝永平十三年（70），"楚王英谋反，废，国除，迁于泾县，所连及死徙者数千人"（《后汉书·明帝纪》）。永平十六年（73），刘延、谢弇、韩光一案，亦"辞所连及，死徙者甚众"（《后汉书·光武十王列传·阜陵质王刘延》）。汉章帝建初元年（76），杨终"以为广陵、楚、淮阳、济南之狱，徙者万众，又远屯绝域，吏民怨旷"，上疏说："自永平以来，仍连大狱，有司穷考，转相牵引，掠考冤滥，家属徙边。加以北征匈奴，西开三十六国，频年服役，转输烦费。又远屯伊吾、楼兰、车师、戊己，民怀土思，怨结边域。"以为大规模流徙罪人，与组织远征远戍同样，成为导致严重社会危机的主要因素，"愁困之民，足以感动天地，移变阴阳矣"。于是，"帝从之，听还徙者，悉罢边屯"（《后汉书·杨终传》）。

史籍多见流徙者使还本郡的记载。汉章帝建初二年（77），"诏还坐楚、淮阳事徙者四百余家，令归本郡"（《后汉书·章帝纪》）。时距初令流徙前者7年，后者4年。汉桓帝建和三年（149）诏："昔孝章帝愍前世禁徙，故建初之元，并蒙恩泽，流徙者使还故郡。"并宣布："先皇德政，可不务乎！其自永建元年迄于今岁，凡诸妖恶，支亲从坐，及吏民减死徙边者，悉归本郡。"（《后汉书·桓帝纪》）所谓"自永建元年迄于今岁"者，前后23年。《北堂书钞》卷四五引蔡邕《徙朔方报杨复书》云：

① 又如杜恕"徙章武郡"（《三国志·魏书·杜畿传》），虞翻徙交州（《三国志·吴书·虞翻传》），"复徙苍梧猛陵"（《三国志·吴书·虞翻传》裴松之注引《吴书》），孙皓杀徐绍，"徙其家属建安"，郭诞"送付建安作船"（《三国志·吴书·三嗣主传》），张尚"送建安作船"（《三国志·吴书·张纮传》），"徙（陆）凯家于建安"，陆式"与长兄袆俱徙建安"（《三国志·吴书·陆凯传》），也都是罪人及其家属流徙边僻之地的史例。

　　昔此徒者故城门校尉梁伯喜，南郡太守马季长，或至三岁，近者岁余，多得旅返。自甘罪戾，不敢慕此。

"旅返"或作"旋返"①。徙者往往得以归还故郡，似乎说明流徙之刑的惩罚意义，在相当大的程度上体现于行程的漫长与艰险之中。

　　《续汉书·律历志下》刘昭注补引蔡邕戍边上章，自述以罪徙边之境遇："父子家属，徙充边方，完全躯命，喘息相随。""郡县促遣，遍于吏手，不得顷息，含辞抱悲，无由上达。"可知流徙途中之悲苦。而"既到徙所，乘塞守烽，职在候望，忧怖焦灼"，"所在孤危，悬命锋镝，湮灭土灰，呼吸无期"。罪人又转化为戍边的士卒。大规模罪徙徙边的记载，又有《后汉书·明帝纪》：永平八年（65），"诏三公募郡国中都官死罪系囚，减罪一等，勿笞，诣度辽将军营，屯朔方、五原之边县；妻子自随，便占著边县；父母同产欲相代者，恣听之"。"凡徙者，赐弓弩衣粮。"因"北匈奴寇西河诸郡"，边备紧张，次年春三月，又"诏郡国死罪囚减罪，与妻子诣五原、朔方占著，所在死者皆赐妻父若男同产一人复终身；其妻无父兄独有母者，赐其母钱六万，又复其口算"。

　　汉章帝章和元年（87），护羌校尉傅育领陇西、张掖、酒泉、汉阳、金城兵击羌，战死。羌人首领迷吾"既杀傅育，狃忕边利"，"复与诸种步骑七千人入金城塞"（《后汉书·西羌传》）。边事之危急，以致是年三次颁诏赦死囚发徙金城前线。"夏四月丙子，令郡国中都官系囚减死一等，诣金城戍。"秋七月，令"死罪囚犯法在丙子赦前而后捕系者，皆减死，勿笞，诣金城戍"②。九月"壬子，诏郡国中

---

　　① 唐人段公路《北户录》引蔡邕《徙朔方报杨复书》。
　　② 据《后汉书·郭躬传》，四月丙子令"文不及亡命未发觉者"，郭躬上封事谓"今死罪亡命无虑万人，又自赦以来，捕得甚众"，建议"赦前犯死罪而系在赦后者，可皆勿笞诣金城"，此既"以全人命"，又"有益于边"。章帝"善之，即下诏赦焉"。

都官系囚减死罪一等，诣金城戍"（《后汉书·章帝纪》）。156 日间三次下诏赦死囚徙边，确实是历史上罕见之例。居延汉简可见"移囚"（264.16B）、"流囚"（272.16）简文以及"以赦令免为庶人名籍"（E. P. T5：105），也都是反映罪徒徙边的资料。

从所谓"郡县促遣，遍于吏手，不得顷息，含辞抱悲"的情形看，罪人流徙，可能是当时组织较为严密，效率也较高的交通活动。

应当看到，大规模的强制性移民有时也表现出与罪人流徙相近的惩治性的意义。如前引秦始皇屯留平叛，"迁其民于临洮"事，以及章邯镇压秦末关东大起义，"引兵至邯郸，皆徙其民河内，夷其城郭"（《史记·张耳陈馀列传》）事。汉武帝令东越人内徙，有迁居至河东郡者①，其远徙，自有"悍，数反覆"的因素。元封三年（前108），"武都氐人反，分徙酒泉郡"（《汉书·武帝纪》），性质亦类同。而《汉书·地理志下》："自武威以西，本匈奴昆邪王、休屠王地，武帝时攘之，初置四郡，以通西域，鬲绝南羌、匈奴。其民或以关东下贫，或以报怨过当，或以悖逆亡道，家属徙焉。"明确指出河西新置四郡徙民中，罪人是最基本的成分之一。

五　"客民"和"亡人"

居延汉简简文可见"新占民"与"新占男子"称谓：

迹候备盗贼寇虏为职乃丁亥新占民居延临仁里（E. P. T68：35）
乃四月戊子新占民居延临仁里□▨（E. P. T68：47）

---

①　《史记·河渠书》："河东渠田废，予越人，令少府以为稍入。"裴骃《集解》："如淳曰：'时越人有徙者，以田与之，其租税入少府。'"司马贞《索隐》："其田既薄，越人徙居者习水利，故与之，而稍少其税，入之于少府。"《汉书·沟洫志》略同，颜师古注："越人习于水田，又新至，未有业，故与之也。"

府记曰遣新占男子刘迁代隊长☑（E. P. F22：648）

☑新占男子丘常☐（E. P. F22：656）

此种所谓"新占民""新占男子"之中，似不排除有"占著边县"的徒边罪徒的可能。

然而还有可能，"新占民"和"新占男子"是来自内地的"客民"和"亡人"。

西北边地出土汉简中反映"客"的活动的简文，有些可以明确体现其身份是经历长途行程的中原人。如敦煌汉简：

旅 闻盗事 有凶事 有客从远所来 有所得（1787）

☑东方来客胡通到☑（2215）

☑☐习弛刑真身皆 远客未晓习俗不便（2348A）

通过"客从远所来""东方来客""远客"等简文，可知当时多有行经远程，以"客"的身份生活在西北边地的"东方"人。

居延汉简可见"客吏民""客民卒"称谓。例如："……不贳卖衣物刀剑衣物客吏民所……"（E. P. T57：97），"……自言贳卖衣财物客民卒所……"（E. P. T58：45A）。"客吏民"与"客民卒"称谓，当可反映在当时西北边塞社会中，"客"具有与"吏""民""卒"有所不同的特殊身份。也有可能"客民卒"一语应当"客民"连读，即说"客民"和"卒"。在这样的组合称谓中"客民"成为和"卒"对应的身份。但是从简文内容看，这种可能性并不大。

居延汉简中确实可见"客民"称谓。此外，又有称"客子"者。如"客民王凤"（308. 38），"客民李子春"（E. P. T65：130），"客民赵闰范翁一等五人"（E. P. T68：71），"客民寇恩"（E. P. F22：29）①；
"客子杨充"（88.5），"客子渔阳郡路县安平里张安上"（甲附40）。②
敦煌悬泉置汉简又可见"客子金城郡允吾寿贵里薛光"（V 1510
（2）：147）。

由简文"客子金城郡允吾寿贵里薛光"，人们或许会联想到《后
汉书·马援传》中的这条史料："于是诏武威太守，令悉还金城客民。
归者三千余口，使各反旧邑。"

"客民寇恩"的有关文字见于《候粟君所责寇恩事》简册，已经
多有学者讨论。③ 关于"客民"身份，有学者指出："'客民'，是指
外迁来居延的人户。"论者特别说明，"从《爰书册》可知寇恩为颍
川昆阳迁至居延的"④。其实，"客民"是否已经成为居延的编户齐
民，还存在疑问。⑤

"客"在社会结构中究竟是怎样的地位？有以为属于"奴隶"或
者接近"奴隶"的认识。傅筑夫、王毓瑚编《中国经济史资料·秦汉
三国编》中"奴隶劳动"一节中分述"奴隶之种类"，第一种是"官
奴"，第二种是"私奴"，第三种是"奴客"。"奴客"一类所列资料，
有史籍所见关于"客"而非"奴客"者。例如《汉书·胡建传》：
"值昭帝幼，皇后父上官将军安与帝姊盖主私夫丁外人相善。外人骄

---

① 又如"渠斗食官令史备寇虏盗贼为职至今月八日客民不审"（E. P. T68：17）。
② 又如"卒范客子"（28.13），"☑□薛客子"（E. P. T58：75）。
③ 如徐苹芳《居延考古发掘的新收获》，萧亢达《"粟君所责寇恩事"简册略考》，俞
伟超《略释汉代狱辞文例——一份治狱材料初探》，《文物》1978 年第 1 期；〔日〕大庭脩
《居延新出土的候粟君所责寇恩事简册——爰书考补》，赵晓柯、曹海科译，《西北史地》
1986 年第 1 期，姜镇庆译，《简牍研究译丛》第 2 辑，中国社会科学出版社，1987；杨剑虹
《从居延汉简〈建武三年候粟君所责寇恩事〉看东汉的雇佣劳动》，《西北史地》1986 年第 2
期；张俊民《〈建武三年候粟君所责寇恩事〉册经济考略》，《秦汉简牍论文集》，甘肃人民出
版社，1989。
④ 肖亢达：《"粟君所责寇恩事"简册略考》，《文物》1978 年第 1 期。
⑤ 薛英群曾经指出，"各地'客民'是否在当地著籍，目前还不大清楚"，《居延汉简
通论》，甘肃教育出版社，1991，第 356 页。

恣，怨故京兆尹樊福，使客射杀之。客臧公主庐，吏不敢捕。"又
《赵广汉传》："初，广汉客私酤酒长安市，丞相吏逐去。客疑男子苏
贤言之，以语广汉。广汉使长安丞按贤……"① 然而已有学者指出，
"客"并非奴隶，而是"雇佣劳动者"。"客"，"当时作为农业生产劳
动力的重要补充形式"，"在当时各类生产劳动部门中，以及其它劳务
中，是一支不可忽视的力量"②。居延汉简中确实可以看到当时居延地
方的经济关系中有所谓"使客"现象。例如："使客"（257.9）③，"使
民及客子"（E. P. T58：38），"使宾客"（E. P. F22：38A），都言及以
"客"作为劳动力使用。"宾客"在这里仍是说"客"，也是劳动者身
份。④ 发现于敦煌酥油土的汉简有"□□□客"（1419）文字。编号
为1420的简，释文为："☐皆可用也☐"。如果这两枚简可以连读，那
么也体现了"客"在生产活动和经济行为中的作用。以往有学者提出
"西汉的客是不生产的"，"西汉的客受主人养活"的论点⑤，看来是
不够准确的。"客"的活动，涉及多种经济形式，情形十分复杂，要
强行判定其"阶级属性"⑥，现在看来是困难的，或许也是不必要的。
汉代称作"客"的社会群体，是否可以用"客阶层"予以概括⑦，也
还可以讨论。

　　不过，我们又看到，上文说到的"客子渔阳郡路县安平里张安

---

①　傅筑夫、王毓瑚编《中国经济史资料·秦汉三国编》，中国社会科学出版社，1982，
第259页。

②　薛英群：《"客"非奴辨——对汉代农业辅助劳动者性质的分析》，《农业考古》1986
年第2期；《居延汉简通论》，甘肃教育出版社，1991，第353～358页。

③　"使客"，谢桂华、李均明、朱国炤《居延汉简释文合校》作"受阁"。文物出版社，
1987，第425页。

④　史籍中的类似资料，有《后汉书·马援传》："援以三辅地旷土沃，而所将宾客猥
多，乃上书求屯田上林苑中，帝许之。"

⑤　陶希圣：《西汉时代的客》，《食货》第5卷第1期（1937年）。

⑥　参看高敏《两汉时期"客"和"宾客"的阶级属性》，《秦汉史论集》，中州古籍出
版社，1982。

⑦　沈刚：《秦汉时期的客阶层研究》，吉林文史出版社，2003，第32页。

上"拥有"马二匹""轺车二乘"（甲附40），应当并非普通劳动者。又如敦煌汉简可见"玉门千人行君客毕君伯从者范大孙　二月辛亥入东入"（798），似乎"客"又有自己的"从者"。

其实，也可能在当时的社会经济生活情势下，不必强以阶级分析的眼光看"客"。"客"也许仅仅是一种体现户籍管理状况的身份标志。从交通史的视角考察"客"的行为，我们主要关注其流动性。

上文说到的"客民赵闳范翁一等五人"简文，涉及一件特殊案例，有的学者认为体现了"'客民'反抗精神"，"体现了封建社会中'载舟'与'覆舟'的辩证关系"①。分析相邻简例，可知简册有可能复原。其中与"客民赵闳范翁"行为相关的内容，可以迻录如下：

建武六年三月庚子朔甲辰不侵守候长业敢（E. P. T68：54）

言之谨移劾状一编敢言之（E. P. T68：55）

三月己酉甲渠守候　移移居延写移如律令/掾谭令史嘉（E. P. T68：56）

建武六年三月庚子朔甲辰不侵守候长业劾移（E. P. T68：57）

居延狱以律令从事（E. P. T68：58）

乃今月三日壬寅居延常安亭长王阂阂子男同攻虏亭长赵（E. P. T68：59）

常及客民赵闳范翁一等五人俱亡皆共盗官兵（E. P. T68：60）

臧千钱以上带大（E. P. T68：61）

刀剑及铍各一又各持小尺白刀箴各一兰越甲渠当（E. P. T68：62）

曲燧塞从河水中天田出〇案常等持禁物（E. P. T68：63）

---

① 薛英群：《居延汉简通论》，甘肃教育出版社，1991，第356页。

兰越塞于边关儌逐捕未得它案验未竟（E. P. T68：64）

兰越塞天田出入　▨（E. P. T68：65）

▨典主不发觉●案▨　　　（简上遗红色编绳迹）（E. P. T68：66）

●状辞曰公乘居延中宿里年五十一岁姓陈氏（E. P. T68：68）

今年正月中府调业守候长署不侵部主领史（E. P. T68：69）

迹候备寇虏盗贼为职乃今月三日壬寅居延常安亭长（E. P. T68：70）

王闳闳子男同攻虏亭长赵常及客民赵闳范翁等（E. P. T68：71）

五人俱亡皆共盗官兵臧千钱以上带大刀剑及铍各一（E. P. T68：72）

又各持锥小尺白刀箙各一兰越甲渠当曲燧塞从河（E. P. T68：73）

水中天田出案常等持禁物兰越塞（E. P. T68：74）

于边关儌逐捕未得它案验未竟以此（E. P. T68：75）

知而劾无长吏使劾者状具此（E. P. T68：76）

此盗钱带兵器逃亡，即所谓"持禁物兰越塞"的五人中，有常安亭长王闳父子、攻虏亭长赵常以及"客民赵闳范翁"。他们"兰越甲渠当曲燧塞，从河水中天田出"，"于边关儌逐捕未得"，可以说是叛逃成功。很有可能，"客民赵闳范翁"利用其平民身份，起到了在"常安亭"和"攻虏亭"之间串联的作用，也不能排除这两位"客民"是整个事件的主谋的可能。所谓"它案验未竟"，大概是说罪犯是否有其他犯罪记录，或即"案底"，尚在调查之中。所涉及数人中，如果确实有身负"它案"者，应当也是"赵闳范翁"这两位"客民"有较大的可能性。

在西北边塞地区，"客"具有相对的人身自由，特别是如果能够保持和边防军事组织的军官的良好关系，活动更为方便。这一情形通过寇恩的经历，也许可以得到说明。而"客民赵闳范翕"很可能就是利用了这样的条件，竟然在边塞成功地策动了两位亭长越境叛逃。通过"客民赵闳范翕一等五人俱亡"简文可知，他们的身份已经从"客民"演变为"亡人"。①

居延汉简可见"亡人"称谓。如："☐　亡人☐"（E. P. T59：869），"☐亡人命者缓☐"（E. P. T59：613）。据简文内容，"亡人越塞"是常见的情形。例如："日迹行廿三里久视天田中目玄有亡人越塞出入☐它部界中候长候史直日迹卒坐匿不言迹☐"（E. P. T51：411）。对于"亡人越塞"现象，看来边塞军人有严密警戒的职责。"匿不言迹"者，可能受到军纪处罚。又如："☐亡人迹入止塞长北部候长孙☐☐☐"（104.43）。对于"亡人"的"逐捕搜索"，似乎也是北边边塞日常重要防务内容之一："匿界中书到遣都吏与县令以下逐捕搜索部界中疑亡人所隐匿处以必得为故诏所名捕重事事当奏闻毋留如诏书律令"（179.9）。这种搜捕，看来是地方政府和边防部队的联合行动。执行情形"当奏闻"，要求及时向最高执政当局报告。"如诏书律令"字样，表明这种行动的正义性有皇权和国法以为保障。类似的简例还有"☐案捕疑亡人所依倚匿处必得得诣如书毋有令吏民相牵证任爰书以书言谨杂与候史廉骓北亭长欧等八人戍卒孟阳等十人 廋 索部界中疑亡人所依匿处爰书相牵"（255.27）。如果管辖区界中有"亡人"，必须搜查"亡人"的藏身之处，"捕疑亡人所依倚匿处"，要求"必得"，即完全捕获。"得"，则"诣如书"，捕获应及时上报。如果辖区内"毋有"，则"令吏民相牵证任发书"，即官员民人提供

---

① 王子今：《居延简及敦煌简所见"客"——汉代西北边地流动人口考察札记》，《秦汉社会史论考》，商务印书馆，2006。

联名证言，同时承担连带责任。

通告敌情的烽火制度，也要求对于"亡人越塞"事件发布信号。如居延汉简可见这样的内容："出亡人赤表火一函"（212.9），"出亡人赤表函一北元 寿 二年☑临渠隧长☐☐☐☐☐☐☐昏时四分时乘胡隧长☐付乘山隧长普函行三时中程"（502.3）。第二例除了"出亡人赤表"外，甚至还看到三名"隧长"就"亡人"的行为相继传递信息。有一例简文可见"罚金"事，或许是与责任追究有关："☑☐☐☐☐当罚金二千五☑起居得毋有它数辱赐起"（231.115A），"☑☐☐ 坐 亡人罚金五千"（231.115B）。从该简 B 面文字内容看，事情显然涉及"亡人"。

北边防线作为国防体系，主要意义在于防御外侵。然而汉长城其实也有防止"亡人"越境外逃的作用。

《汉书·匈奴传下》记载，呼韩邪单于"上书愿保塞上谷以西至敦煌，传之无穷，请罢边备塞吏卒，以休天子人民"。于是，"天子令下有司议，议者皆以为便"。而"郎中侯应习边事，以为不可许"。他提出了十条长城不可撤防的理由："周秦以来，匈奴暴桀，寇侵边境，汉兴，尤被其害。臣闻北边塞至辽东，外有阴山，东西千余里，草木茂盛，多禽兽，本冒顿单于依阻其中，治作弓矢，来出为寇，是其苑囿也。至孝武世，出师征伐，斥夺此地，攘之于幕北。建塞徼，起亭隧，筑外城，设屯戍，以守之，然后边境得用少安。幕北地平，少草木，多大沙，匈奴来寇，少所蔽隐，从塞以南，径深山谷，往来差难。边长老言匈奴失阴山之后，过之未尝不哭也。如罢备塞戍卒，示夷狄之大利，不可一也。今圣德广被，天覆匈奴，匈奴得蒙全活之恩，稽首来臣。夫夷狄之情，困则卑顺，强则骄逆，天性然也。前以罢外城，省亭隧，今裁足以候望通烽火而已。古者安不忘危，不可复罢，二也。中国有礼义之教，刑罚之诛，愚民犹尚犯禁，又况单于，能必其众不犯约哉！三也。自中国尚建关梁以制诸侯，所以绝臣下之觊欲也。设塞徼，置屯戍，非独为匈奴而已，亦为诸属国降民，本故匈奴之人，恐其思旧逃亡，四也。近西羌保塞，与汉人交通，吏民贪利，侵盗其畜产妻子，以此怨恨，起而背畔，世世不绝。今罢乘塞，则生嫚易分争之渐，五也。往者从军多没不还者，子孙贫困，一旦亡出，从其亲戚，六也。又边人奴婢愁苦，欲亡者多，曰'闻匈奴中乐，无奈候望急何！'然时有亡出塞者，七也。盗贼桀黠，群辈犯法，如其窘急，亡走北出，则不可制，八也。起塞以来百有余年，非皆以土垣也，或因山岩石，木柴僵落，溪谷水门，稍稍平之，卒徒筑治，功费久远，不可胜计。臣恐议者不深虑其终始，欲以壹切省繇戍，十年之外，百岁之内，卒有它变，障塞破坏，亭隧灭绝，当更发屯缮治，累世之功不可卒复，九也。如罢戍卒，省候望，单于自以保塞守御，必深德汉，请求无已。小失其意，则不可测。开夷狄之隙，亏中国之固，十也。非所以永持至安，威制百蛮之长策也。"

这位"习边事"的"郎中侯应"所述列十条中，第四条、第五条、第六条、第七条、第八条，都指出了长城防务对内的功效。[1] 特别是第六条"往者从军多没不还者，子孙贫困，一旦亡出，从其亲戚"；第七条"又边人奴婢愁苦，欲亡者多，曰'闻匈奴中乐，无奈候望急何！'然时有亡出塞者"；第八条"盗贼桀黠，群辈犯法，如其窘急，亡走北出，则不可制"。所谓"亡出""亡出塞""亡走北出"，显然都是针对"亡人"的。[2] 而国务军务最高决策集团对于北边的经

---

[1]　前引居延汉简所见"逐捕搜索部界中疑亡人所隐匿处"，"捕疑亡人所依倚匿处"，"廋索部界中疑亡人所依匿处"等，都体现了长城防务的这一功能。

[2]　《汉书·匈奴传下》写道："对奏，天子有诏：'勿议罢边塞事。'使车骑将军口谕单于曰：'单于上书愿罢北边吏士屯戍，子孙世世保塞。单于乡慕礼义，所以为民计者甚厚，此长久之策也，朕甚嘉之。中国四方皆有关梁障塞，非独以备塞外也，亦以防中国奸邪放纵，出为寇害，故明法度以专众心也。敬谕单于之意，朕无疑焉。为单于怪其不罢，故使大司马车骑将军嘉晓单于。'单于谢曰：'愚不知大计，天子幸使大臣告语，甚厚！'"

营，是有控制境内编户齐民"亡出""亡出塞""亡走北出"的考虑的。郎中侯应指出北边"亡人越塞"主要有三种身份：①往者从军没不还者贫困子孙；②边人奴婢愁苦者；③盗贼群辈犯法者。我们看到，"往者从军多没不还者"是前代"亡人"，其"子孙贫困"欲"亡出，从其亲戚"者，只是继承前人。"又边人奴婢愁苦，欲亡者多，曰'闻匈奴中乐，无奈候望急何！'"所谓"闻匈奴中乐"，也说明自有先行"亡人"传递了某种引导性的信息。

讨论作为交通现象的人口迁移和人口流动，不能不重视"亡人"的社会表现。

《史记·匈奴列传》记载，汉文帝致匈奴单于的外交文书中，说到"亡人不足以益众广地"，"亡人"使匈奴得以"益众"的问题引起了汉家天子的关注，可见"亡人"在当时确实曾经在一定程度上使匈奴控制的人口有所增益。来自汉地的"亡人"往往将先进的文化因素带到了草原大漠，从而推进了草原游牧文明与中原农耕文明的融合。掘井技术的跨民族地区的传播，就是由于这样的条件。① 冶铁技术的传播很可能也通过"亡人"活动这一路径。② 通过匈奴文化遗存的考古学考察，研究者注意到，"漠南匈奴遗存缺少城址和居址的发现，而蒙古和外贝加尔却多有发现，这与西汉中期匈奴帝国政治中

---

① 《史记·大宛列传》："闻宛城中新得秦人，知穿井。"《汉书·李广利传》："闻宛城中新得汉人，知穿井。"一说"新得秦人，知穿井"，一说"新得汉人，知穿井"，所说"秦人""汉人"，应当都是来自汉地的"亡人"。《汉书·匈奴传上》说："卫律为单于谋：'穿井筑城，治楼以藏穀，与秦人守之。汉兵至，无奈我何。'即穿井数百，伐材数千。或曰胡人不能守城，是遗汉粮也，卫律于是止。"对于"与秦人守之"颜师古注："秦时有人亡入匈奴者，今其子孙尚号'秦人'。"匈奴通过汉"亡人"引入的技术，除"穿井"外，还包括"筑城""治楼""藏穀"等，军事方面，则有"守城"。

② 西汉时期，中原在冶铁技术方面是超过匈奴的。匈奴史研究者指出，匈奴"手工业中最重要的当推冶铁业"，"当时匈奴人的冶铁业可能已经形成为一个独立的手工业部门"，不过，"从许多刀剑的形式酷似汉式的情形来看，不仅反映匈奴人的铁器文化受到汉族文化的很大影响，而且可以推断当时的铁匠大多也是来自中原的汉族匠人。"林幹：《匈奴史》修订本，内蒙古人民出版社，1979，第7页；又，《匈奴通史》，人民出版社，1986，第140页。

心的北移有关，因为失去了中国北方地区这一南下贸易和劫掠的根据地，匈奴才可能不得不建立一些定居的农业、手工业基地，以补充日常生活所需的粮食和用品。而在此之前，当他们力量强大，在长城地带建立王庭的时期，粮食物品的主要来源是汉的进贡、与汉的贸易以及掠夺"①。匈奴物质文化特征的这一重大变化，还有另一重要因素，即来自汉地的"亡人"在匈奴社会生活和社会生产中发挥的作用。

在大漠以北匈奴腹地发现的古城和宫殿建筑遗存，也反映汉文化因素的注入影响了匈奴文化的进程。这些遗迹的文化风格都显示出来自汉地的"亡人"可能参与了设计和建造。② 与生产工具有关的生产方式的发现也是重要的。有考古学者分析匈奴遗址出土的生产工具及相关历史记载，"从使用汉人惯用的犁铧和镰刀等农具，以及治楼藏谷使用汉人来看，匈奴的农业在很大程度上受到汉人的影响，农业技

---

① 马利清：《原匈奴、匈奴历史与文化的考古学探索》，内蒙古大学出版社，2005，第45～46 页。

② 外贝加尔的伊沃尔加古城被认为"是专门为从事定居的农业、手工业生产的地位较低的普通生产者建的生产性的城"。"伊沃尔加城的居民是有计划迁入城中的从事定居的农业、手工业的劳动者，居民之间没有明显的等级差别。"潘玲：《伊沃尔加城址和墓地及相关匈奴考古问题研究》，科学出版社，2007，第 121 页。居住遗址中发现石炉灶以及利用烟道取暖的设施。考古学者指出，"这类取暖设备显然是从中原地区的土炕学来的"。城中还发现了结构与河南巩县汉代炉址相似的冶铁炉址。陶器的器形和制作方式与汉地相同。又有汉镜及刻有"党""仇""岁""役"等汉字的砺石出土。"种种迹象表明汉代工匠活跃在这座城中。"马利清：《原匈奴、匈奴历史与文化的考古学探索》，第 380～381 页。1941 年发掘的哈卡斯自治共和国阿巴坎西南 12 公里的中国式宫殿。建筑使用汉式筒瓦、板瓦。有瓦当文字"天子千秋万岁常乐未央"。这种完全为汉式风格的大型宫殿，需用大量工役建筑装修，而且所有材料都需要就地或就近准备，如果没有人数充备、技能熟练的来自汉地的工匠，工程的完成是不可想象的。考察这样的古城遗址和古宫殿遗址，不能忽略"在匈奴中，处于被掳掠或是投降移居状态的中国农耕者"的作用。〔苏〕吉谢列夫：《蒙古的古代城市》，《苏联考古学》1957 年第 2 期，第 92 页。转见马利清《原匈奴、匈奴历史与文化的考古学探索》，第 384、408 页。有学者指出，阿巴坎宫殿建筑遗址有"来自""汉文化"的"文化因素"，并援引俄罗斯学者的意见，注意到"来自中国"的工匠"参加了宫殿的建造"。潘玲：《伊沃尔加城址和墓地及相关匈奴考古问题研究》，第 113 页。原注："奇兹拉索夫：《叶尼塞的匈奴宫殿——南西伯利亚的早期国家的问题》，莫斯科，2001 年。"

术可能是从汉人那里传入，而从事农业生产者大多为汉人"。"匈奴境内当时必定有大批汉人，其生产生活方式仍保留或部分地保留着定居农耕的方式。"这一情形，应当与所谓"逃亡匈奴的汉人数量不少"①的历史现象联系起来分析。历史事实应大致如有的学者所指出的，"没入匈奴的来自中国北方边郡的居民带去了先进的农业生产技术和文化传统，对匈奴文化的形成起到了重要的推动作用"②。然而，也许不应当把这些北迁的汉地居民们原先的生存地域仅仅限定在"中国北方边郡"。以为"没入匈奴的"只是"来自中国北方边郡的居民"的认识，应是基于匈奴"对外劫略人民"，"对外掳人以补充其人力"的史实③，不过却忽略了汉地"亡人"经过北边主动进入匈奴地方的情形。前引居延汉简中有记录"客民赵阆范翁"与现役军官"俱亡"案例的简文，既称"客民"，应非居延当地人。④ 而前引"习边事"的"郎中侯应"讨论长城防务作用时所谓"亡出""亡出塞""亡走北出"者，也多有来自汉王朝内地的民众。⑤ 这些"亡人"经历的艰难的交通历程，是可以想见的。

---

① 马利清：《原匈奴、匈奴历史与文化的考古学探索》，第388、382、406页。

② 潘玲：《伊沃尔加城址和墓地及相关匈奴考古问题研究》，第89页。

③ 王明珂《游牧者的抉择：面对汉帝国的北亚游牧部族》指出，"匈奴的掠夺，无论是对定居农业聚落或是游牧群体，其掳掠对象主要是畜产与人民。因此，一般认为匈奴对中国掠边主要是为了获取农产品，可能并不正确"。"匈奴似乎更需由劫掠中增添、补充牲口及游牧人力。""匈奴为了维持一支大军，在任何季节随时对汉帝国发动攻击，显然严重影响到游牧人力支配。匈奴解决人力问题可能有两个途径。一是对外掳人以补充其人力；在中国文献记载中，匈奴对外劫掠时常掳人民而去。二是采大集团游牧的方式；这的确可精简人力，但违反游牧经济之分散原则。"广西师范大学出版社，2008，第138、147页。其中匈奴军"在任何季节随时对汉帝国发动攻击"以及"大集团游牧的方式"的说法还可以商榷，但是指出匈奴注重人力资源掠夺的意见，是正确的。

④ 参看王子今《居延简及敦煌简所见"客"——汉代西北边地流动人口考察札记》，《秦汉社会史论考》，第239～260页；《汉代"客田"及相关问题》，《出土文献研究》第7辑，上海古籍出版社，2005。

⑤ 参看王子今《论西汉北边"亡人越塞"现象》，《暨南史学》第5辑，暨南大学出版社，2007；《略论秦汉时期朝鲜"亡人"问题》，《社会科学战线》2008年第1期；《汉代北边"亡人"：民族立场与文化表现》，《南都学坛》2008年第2期；《汉代西北邊境關於"亡人"的行政文書》，《中國古中世史研究》第20輯，冠岳社，2008。

秦汉时期"亡人"的交通行为对于文化进步的意义，不仅仅表现于"北边"。其他地区的经济文化发展，也有"亡人"的历史贡献。[①]

六　流民运动

秦汉时期因战乱、灾荒等原因导致的民人流亡，曾多次形成大规模的人口流动。

汉高祖刘邦初定天下，新政权所面临的最大政治难题即动员流民回归。《史记·齐悼惠王世家》："高祖六年，立（刘）肥为齐王，食七十城，诸民能齐言者皆予齐王。"司马贞《索隐》："一云此时人多流亡，故使齐言者皆还齐王。"由于流民普遍未归，尚难以以地域分封户口。《汉书·高惠高后文功臣表》刘邦克项羽，即皇帝位，"八载而天下乃平，始论功而定封。迄十二年，侯者百四十有三人。时大城名都民人散亡，户口可得而数裁什二三，是以大侯不过万家，小者五六百户"。"逮文、景四五世间，流民既归，户口亦息，列侯大者至三四万户，小国自倍，富厚如之。"

汉武帝时代，流民问题又成为危害社会安定的重大隐患。

《史记·平准书》记载，元鼎年间，"山东被河灾，及岁不登数年，人或相食，方一二千里。天子怜之，诏曰：'江南火耕水耨，令饥民得流就食江淮间，欲留，留处。'遣使冠盖相属于道，护之，下巴蜀粟以振之"。政府期望对流民移徙方向加以引导，并以赈给控制其影响，尽可能促使流民尽早"留处"定居。"元封四年中，关东流民二百万口，无名数者四十万。"于是"公卿议欲请徙流民于边以适之"。丞相石庆惭不任职，上书言"城郭仓库空虚，民多流亡，罪当伏斧质"，请归丞相侯印，乞骸骨归。汉武帝指责说，"仓廪既空，民

---

① 参看王子今《汉代"亡人""流民"动向与江南地区的经济文化进步》，《湖南大学学报》2007年第5期。

贫流亡，而君欲请徙之，摇荡不安，动危之，而辞位，君欲安归难乎?"石庆甚惭，遂复视事（《史记·万石张叔列传》)①。汉武帝征和二年（前91）斥责故丞相公孙贺的诏书中，也有"下吏妄赋，百姓流亡"语（《汉书·刘屈氂传》)。汉宣帝即位初，曾就汉武帝的评价"群臣大议廷中"，夏侯胜批评说："武帝虽有攘四夷广土斥境之功，然多杀士众，竭民财力，奢泰亡度，天下虚耗，百姓流离，物故者半。"以为"亡德泽于民"（《汉书·夏侯胜传》)。

实际上，百姓流亡是历代帝王都难以回避的严重的社会问题。

汉昭帝始元四年（前83）诏："比岁不登，民匮于食，流庸未尽还。"（《汉书·昭帝纪》)② 汉宣帝地节三年（前67）诏："今胶东相（王）成劳来不怠，流民自占八万余口，治有异等。其秩成中二千石，赐爵关内侯。"（《汉书·宣帝纪》)③ 据《汉书·地理志下》，平帝时胶东国户72002，口323331，排除王成"伪自增加"的成分，仍可大致说明当时当地流民人数比率之高。汉元帝时，"关东连年被灾害，民流入关"，曾以"关东流民饥寒疾疫"，"虚仓廪开府臧相振救"（《汉书·杜缓传》)，所谓"关东困极，人民流离"（《汉书·薛广德传》)，"元元大困，流散道路"（《汉书·元帝纪》)，"民众久困，连年流离，离其城郭，相枕席于道路"，被普遍看作"社稷之忧"（《汉书·贾捐之传》)。汉成帝河平元年（前28），又有"流民入函谷关"事（《汉书·天文志》)。阳朔二年（前23）"秋，关东大水，流民欲入函谷、天井、壶口、五阮关者，勿苛留，遣谏大夫博士分行视"。

---

① 《汉书·石庆传》："上以为庆老谨，不能与其议，乃赐丞相告归，而案御史大夫以下议为请者。"石庆上书乞骸骨归，上报曰："今流民愈多，计文不改，君不绳责长吏，而请以兴徙四十万口，摇荡百姓，孤儿幼年未满十岁，无罪而坐举，朕失望焉。"

② 又《汉书·杜延年传》："年岁比不登，流民未尽还。"

③ 《汉书·循吏传·王成》载宣帝地节三年诏，"今胶东相成，劳来不怠，流民自占八万余口，治有异等之效。其赐成爵关内侯，秩中二千石"。然而"后诏使丞相御史问郡国上计长吏守丞以政令得失，或对言前胶东相成伪自增加，以蒙显赏，是后俗吏多为虚名云"。

鸿嘉四年（前17），又以"关东流冗者众，青、幽、冀部尤剧"，诏令："流民欲入关，辄籍内。所之郡国，谨遇以理，务有以全活之"（《汉书·成帝纪》）。永始二年（前15），"灾异娄降，饥馑仍臻。流散冗食，餧死于道，以百万数"。元延元年（前12）"蚕麦咸恶"，"江河溢决，大水泛滥郡国十五有余"，"百姓失业流散"，"黎庶穷困"（《汉书·谷永传》）。绥和二年（前7），成帝赐册丞相翟方进曰："惟君登位，于今十年，灾害并臻，民被饥饿，加以疾疫溺死"，"间者郡国谷虽颇孰，百姓不足者尚众，前去城郭，未能尽还，夙夜未尝忘焉"。翟方进即日即自杀（《汉书·翟方进传》）。所谓"前去城郭"，王先谦《汉书补注》："谓流亡。"汉哀帝建平二年（前5）罢免丞相孔光时，也说道："岁比不登，天下空虚，百姓饥馑，父子分散，流离道路，以十万数。"（《汉书·孔光传》）汉平帝元始二年（2）夏，"郡国大旱，蝗，青州尤甚，民流亡"（《汉书·平帝纪》）。

王莽天凤元年（14），"缘边大饥，人相食"，"莽复发军屯，于是边民流入内郡，为人奴婢，乃禁吏民敢挟边民者弃市"（《汉书·王莽传中》）。王莽使中黄门王业领长安市买，贱取于民，民甚患之。"莽闻城中饥馑，以问业。业曰：'皆流民也。'"地皇三年（22）四月，王莽称"枯旱霜蝗，饥馑荐臻，百姓困乏，流离道路"，令"开东方诸仓，赈贷穷乏"。是年"流民入关者数十万人"（《汉书·王莽传下》）。

两汉之际的社会大动乱中，"王莽篡逆，变乱五常，更始赤眉之时，焚烧长安，残害百姓，民人流亡，百无一在"（《三国志·魏书·董卓传》裴松之注引《续汉书》）。

东汉近二百年间，流民问题始终未能彻底解决，往往冲击社会各个层面，形成严重的政治危机。

光武帝建武十二年（36），"匈奴入河东，中国未安，米谷荒贵，民或流散"。吏民内徙以避，被看作"小民流移之应"（《续汉书·天文志上》）。汉明帝永平元年（58），凉州羌反，"西州流民扰动"

（《后汉书·庞参传》）。汉章帝建初元年（76）诏曰："比年牛多疾疫，垦田减少，谷价颇贵，人以流亡。"（《后汉书·章帝纪》）汉和帝永元六年（94）三月，"诏流民所过郡国皆实禀之"。永元十二年（100）春正月，"诏贷被灾诸郡民种粮。赐下贫、鳏、寡、孤、独、不能自存者，及郡国流民，听入陂池渔采，以助蔬食"。三月，诏曰："今春无澍雨，黎民流离，困于道路。朕痛心疾首！"永元十五年（103），"诏流民欲还归本而无粮食者，过所实禀之，疾病加致医药；其不欲还归者，勿强"（《后汉书·和帝纪》）。汉安帝永初元年（107），"民讹言相惊，司隶、并、冀州民人流移"（《续汉书·五行志一》）。永初初年，"连年水旱灾异，郡国多被饥困"，"时饥荒之余，人庶流进"（《后汉书·樊准传》）。所谓"万民饥流""人庶流冗"（《后汉书·安帝纪》），"百姓流亡"（《后汉书·陈忠传》），"青、冀之人流亡万数"（《后汉书·虞诩传》），都记述永初年间流民运动的形势。汉顺帝永建二年（127）"诏禀贷荆、豫、兖、冀四州流冗贫人"。永建六年（131）诏又说道："连年灾潦，冀部尤甚。比虽除实伤，赡恤穷匮，而百姓犹有弃业，流亡不绝。"永和四年（139）又有"太原郡旱，民庶流冗"的历史记载（《后汉书·顺帝纪》）。汉桓帝永兴元年（153），严重的自然灾害又导致了大规模的流民运动。《后汉书·桓帝纪》："秋七月，郡国三十二蝗，河水溢，百姓饥穷，流冗道路，至有数十万户，冀州尤甚。"《后汉书·朱穆传》："永兴元年，河溢，漂害人庶数十万户，百姓荒馑，流移道路。"《后汉书·刘陶传》还记载，汉灵帝中平年间，因西羌侵扰，河东、冯翊、京兆"三郡之民皆以奔亡，南出武关，北徙壶谷，冰解风散，唯恐在后。今其存者尚十三四，军吏士民悲愁相守，民有百走退死之心，而无一前斗生之计"。所谓"冰解风散，唯恐在后"，形容遭受外族压迫而不能得到有效保护时流民内徙之匆促急遽。

在东汉末年的社会大动荡中，流民运动在文化史上留下了更为显著的印迹。

《后汉书·刘焉传》："南阳、三辅民数万户流入益州。"[①]《三国志·魏书·张鲁传》："韩遂、马超之乱，关西民从子午谷奔之者数万家。"《三国志·魏书·卫觊传》，"关中膏腴之地，顷遭荒乱，人民流入荆州者十万余家"。《三国志·吴书·张昭传》："汉末大乱，徐方士民多避难扬土。"因中原战乱，南方成为移民运动的基本方向。汉献帝建安十四年（209），曹操"欲徙淮南民"，"而江、淮间十余万众，皆惊走吴"（《三国志·魏书·蒋济传》）。建安十八年（213），曹操"恐江滨郡县为（孙）权所略，征令内移。民转相惊，自庐江、九江、蕲春、广陵户十余万皆东渡江，江西遂虚，合肥以南惟有皖城"（《三国志·吴书·吴主传》）。其民宁南而勿北，体现出流民运动的共同倾向。这种倾向，实际上又是此后全国经济重心逐步向东南地区转移的基本条件之一。

流民运动是传统农业社会反常的文化现象。它与社会生产的严重破坏、劳动民众的极端困苦互为因果，往往与黑暗政治和残破经济共生。然而另一方面，流民运动的影响有时又可以成为改良政治结构，调整阶级关系，改善经济面貌的条件。同时，流民运动作为一种规模惊人的交通形态，又促进着各文化地域之间的交流和各社会阶层之间的交流。

《盐铁论·未通》中文学说到流民之发生："树木数徙则矮，虫兽徙居则坏。故'代马依北风，飞鸟翔故巢'，莫不哀其生。由此观之，民非利避上公之事而乐流亡也。"征赋常取给见民，"大抵通流，皆在大家[②]，吏正畏惮，不敢笃责，刻急细民，细民不堪，流亡远去；中家为之绝出，后亡者为先亡者服事；录民数创于恶吏，故相仿效，去

---

① 《三国志·蜀书·刘璋传》裴松之注引《英雄记》："南阳、三辅人流入益州数万家。"

② 俞樾云："'通流'应作'通负'，盖大家所通负，吏不敢责，而责之细民，遂至流亡矣。若云通流皆在大家，则义不可通。"

尤甚而就少愈多。《传》曰：'政宽者民死之，政急者父子离。'是以田地日荒，城郭空虚"。看来，流民运动产生的主要原因，并不总是自然灾变，而往往在于为政之"刻急"。汉哀帝时，鲍宣上书论列"民有七亡"，"阴阳不和，水旱为灾，一亡也；县官重责更赋租税，二亡也；贪吏并公，受取不已，三亡也；豪强大姓蚕食亡厌，四亡也；苛吏繇役，失农桑时，五亡也；部落鼓鸣，男女遮迣，六亡也；盗贼劫略，取民财物，七亡也"。也说天灾并不是导致民众流亡的最主要的因素。

居延汉简中可以看到有关"流民"的简文，例如：

　　　☑言流民三月三日发觞得至表☑（E. P. T59：623）

是流民由觞得出发至于表是的记录。又如：

　　　☑甲渠鄣守候　敢言之府移大将军莫
　　　☑困愁苦多流亡在郡县吏（E. P. F22：322）
　　　…………

由简文可知，"流亡"人口的涌入，是地方行政机构十分关注的问题。

　　除前引循吏王成事迹有所谓"流民自占八万余口"外，吸引流民回归及定居的成功的记录，还有窦融主持边塞军务，"安定、北地、上郡流人避凶饥者，归之不绝"（《后汉书·窦融传》）。李忠任丹阳太守，"三岁间流民占著者五万余口"（《后汉书·李忠传》）。汝郁为鲁相，"以德教化，百姓称之，流人归者八九千户"（《后汉书·贾逵传》）。第五访任新都令，"政平化行，三年之间，邻县归之，户口十倍"（《后汉书·循吏传·第五访》）。童恢任不其令，"一境清静，牢狱连年无囚。比县流人归化，徙居二万余户"（《后汉书·循吏传·

童恢》）。第五种治高密，"流民归者，岁中至数千家"（《后汉书·第五种传》）。陶谦为徐州牧，"徐方百姓殷盛，谷实甚丰，流民多归之"（《后汉书·陶谦传》）。刘馥为扬州刺史，"百姓乐其政，流民越江山而归者以万数"（《三国志·魏书·刘馥传》）。苏则为金城太守，"旬月之间，流民皆归，得数千家"。"其岁大丰收，由是归附者日多。"（《三国志·魏书·苏则传》）

执政者急切希望流民或回归故里，或就地安置，重新成为政府控制下的编户齐民。汉明帝永平十二年（69），"赐天下男子爵，人二级，三老、孝悌、力田人三级，流民无名数欲占者人一级"（《后汉书·明帝纪》）。汉章帝即位初，也宣布"赐民爵，人二级，为父后及孝悌、力田人三级，脱无名数及流人欲占者人一级"。建初元年（76）诏兖、豫、徐三州郡国："流人欲归本者，郡县其实禀，令足还到，听过止官亭，无雇舍宿。长吏亲躬，无使贫弱遗脱，小吏豪右得容奸妄。诏书既下，勿得稽留，刺史明加督察尤无状者。"（《后汉书·章帝纪》）

流民归还原籍，实际上又是流亡迁转的交通过程的又一次重复。

流民看似无序的移动，作为对生存环境的自然选择，往往体现为对行政力量生硬束缚的一种反抗。因此而发生的交通行为，其实多有促进新经济区开发的进步意义。[①] 江南经济的进步，岭南资源的开发，全国经济重心向东南方向的转移，这些历史变化都与流民的作用有密切的关系。

---

① 参看王子今《两汉流民运动及政府对策的得失》，《战略与管理》1994 年第 3 期；《汉代"亡人""流民"动向与江南地区的经济文化进步》，《湖南大学学报》2007 年第 5 期；《岭南移民与汉文化的扩张——考古资料与文献资料的综合考察》，《中山大学学报》2010 年第 4 期。

第十四章

秦汉通信形式

一 驿传制度

先秦时期，若干文化先进地区已形成效能较强的邮驿系统。《孟子·公孙丑上》："德之流行，速于置邮而传命。"就体现出"置邮"机构传递政令之"速"。

秦汉大一统的专制主义政体成立之后，在全面发展交通事业的同时，又设置并进一步完备了为使臣出行、官员往来及政令、文书传递服务的驿传组织。

《晋书·刑法志》载《魏律序》："秦世旧有厩置、乘传、副车、食厨，汉初承秦不改，后以费广稍省，故后汉但设骑置而无车马，而律犹著其文，则为虚设，故除《厩律》，取其可用合科者，以为《邮驿令》。"秦时已经有厩置、乘传、副车、食厨等有关驿传的法律，其律文对后世仍产生着影响。云梦睡虎地秦简可见关于传送文书的法律规定《行书律》：

> 行命书及书署急者，辄行之；不急者，日觱（毕），勿敢留。留者以律论之。行书
>
> 行传书、受书，必书其起及到日月夙莫（暮），以辄相报殹（也）。书有亡者，亟告官。隶臣妾老弱及不可诚仁者勿令。书廷辟有日报，宜到不来者，追之。　　　行书①

又有《传食律》，规定了行传人员米、酱、菜羹、盐及刍藁的定量。② 《仓律》中也有关于"传食"及"驾传马""食禾"的内容。③《金布律》中亦可见有关"葆缮""传车"的条文。④

汉承秦制，驿传制度随着集权的强化和边域的拓远而更为完备，形成了亭传邮置健全的通信系统。当时大致以车传送称"传"，步递称"邮"，马递称"驿"，驿传中间停驻之站称"置"⑤，步递停留之处称"亭"⑥。张家山汉简《二年律令》中的《行书律》有关于

---

① 睡虎地秦墓竹简整理小组译文："传送命书及标明急字的文书，应立即传送；不急的，当天送完，不准搁压。搁压的依法论处。""传送或收到文书，必须登记发文或收文的月日朝夕，以便及时回覆。文书如有遗失，应当立即报告官府。隶臣妾年老体弱及不足信赖的，不要派去送递文书。征召文书上写明须急到的，该人已应到而没有到达，应加追查。"《睡虎地秦墓竹简》，文物出版社，1978，第104页。

② 《睡虎地秦墓竹简》，第101～103页。

③ 例如："有事军及下县者，赍食，毋以传貣（贷）县。""月食者已致稟而公使有传食，及告归尽月不来者，止其后朔食，而以其来日致其食；有秩吏不止。""驾传马，一食禾，其顾来有（又）一食禾，皆八马共。其数驾，毋过日一食。驾县马劳，有（又）益壶〈壹〉禾之。"《睡虎地秦墓竹简》，第46～47页。

④ 例如："传车、大车轮，葆缮参邪，可殹（也）。韦革、红器相补缮。取不可葆缮者，乃粪之。"《睡虎地秦墓竹简》，第65页。

⑤ 《韩非子·难势》："夫良马固车，五十里而一置，使中手御之，追速致远，可以及也，而千里可日致也，何必待古之王良乎！"

⑥ 《周礼·地官司徒·遗人》："三十里有宿。"郑玄注："宿可止宿，若今亭有室矣。"《释名·释宫室》："亭，停也，亦人所停集也。"《北堂书钞》卷七九引《风俗通》："汉家因秦，大率十里一亭。亭，留也。今语有留亭住持，盖行旅宿食之所馆也。"

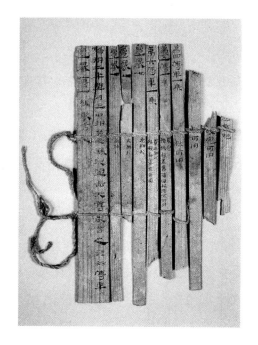

图 14 - 1　阳朔二年县泉置传车亶荃簿

"邮"的设置的规定：

> 十里置一邮。南郡江水以南，至索（？）南水，廿里一邮。（二六四）
>
> 一邮十二室。长安广邮廿四室，敬（警）事邮十八室。有物故、去，辄代者有其田宅。有息，户勿减。令邮人行制书、急（二六五）
>
> 书，复，勿令为它事。畏害及近边不可置邮者，令门亭卒、捕盗行之。北地、上、陇西，卅里一邮；地险陕不可邮者，（二六六）
>
> 得进退就便处。邮各具席，设井磨。吏有县官事而无仆者，邮为炊；有仆者，段（假）器，皆给水浆。（二六七）

"邮"因地方交通等条件的不同而有设置密度和机构规模的区别。在治安条件不好及临近边境地方，由"门亭卒、捕盗"代行"邮"的职能。"邮"也代为行政官员提供饮食。

因"邮"的性质重要，服务于"邮"的"邮人"在承担赋役方面享有一定的优遇：

> 复蜀、巴、汉（？）中、下辨、故道及鸡剽中五邮，邮人勿令繇（徭）戍，毋事其户，毋租其田一顷，勿令出租、刍稿。（二六八）

不过，他们承担的责任，检查和追究也是严格的。"擅以邮行""毁封""不中程""失期"，以及"留"，都要受到严厉惩处。《行书律》规定：

> 发致及有传送，若诸有期会而失期，乏事，罚金二两。非乏事也，及书已具，留弗行，行书而留过旬，皆（二六九）
>
> 盈一日罚金二两。（二七〇）
>
> □□□不以次，罚金各四两，更以次行之。（二七一）
>
> 书不急，擅以邮行，罚金二两。（二七二）
>
> 邮人行书，一日一夜行二百里。不中程半日，笞五十；过半日至盈一日，笞百；过一日，罚金二两。邮吏居界过书，（二七三）
>
> 弗过而留之，半日以上，罚金一两。书不当以邮行者，为送告县道，以次传行之。诸行书而毁封者，皆罚金（二七四）
>
> 一两。书以县次传，及以邮行，而封毁，过县□劾印，更封而署其送徼（檄）曰：封毁，更以某县令若丞印封。（二七五）

《行书律》又规定："诸狱辟书五百里以上，及郡县官相付受财物当校计者书，皆以邮行。"（二七六）明确了"以邮行"文书的内容限定。

《二年律令》的《传食律》可见关于"传"的系统的基本制度和接待规格的内容。如：

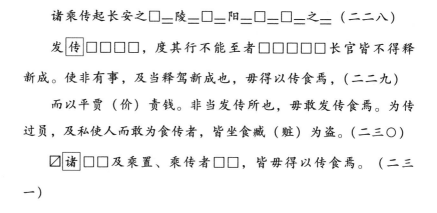

> 诸乘传起长安之□＿陵＿□＿阳＿□＿□＿之＿（二二八）
>
> 发 传 □□□□，度其行不能至者□□□□□长官皆不得释新成。使非有事，及当释驾新成也，毋得以传食焉，（二二九）
>
> 而以平贾（价）责钱。非当发传所也，毋敢发传食焉。为传过员，及私使人而敢为食传者，皆坐食臧（赃）为盗。（二三〇）
>
> ☑诸□□及乘置、乘传者□□，皆毋得以传食焉。（二三一）

据整理小组注释，"新成，刚调教好的马匹"。"传食，驿站供给人食和马匹草料。""过员，超过应有名额。"关于"传食"，又有具体的规定：

> 丞相、御史及诸二千石官使人，若遣吏、新为官及属尉、佐以上征若迁徒者，及军吏、县道有尤急（二三二）
>
> 言变事，皆得为传食。车大夫稗米半斗，参食，从者糯米，皆给草具。车大夫酱四分升一，盐及从者人各廿二分升一。（二三三）
>
> 食马如律，禾之比乘传者马。使者非有事，其县道界中也，皆毋过再食。其有事焉，留过十日者，禀米令自（二三四）
>
> 炊。以诏使及乘置传，不用此律。县各署食尽日，前县以谁

（推）续食。食从者，二千石毋过十人，千石到六百石毋（二三五）

　　过五人，五百石以下到二百石毋过二人，二百石以下一人。使非吏，食从者，卿以上比千石，五大夫以下到官大夫比五百石，（二三六）

　　大夫以下比二百石；吏皆以实从者食之。诸吏乘车以上及宦皇帝者，归休若罢官而有传者，县舍食人、马如令。（二三七）①

关于汉代驿传的接待规格，敦煌悬泉置等遗址的发掘资料提供了比较具体的文物信息。②

正如陈直指出的，"两汉前后达四百年之久"，通信体系之制度形式，"当有所变化，故古籍记载，随时代而歧异"。③ 通过文献记载和文物资料以了解和说明当时的信息传递方式其实是比较艰难的任务。

《史记·田儋列传》："汉王立为皇帝"，"乃使使赦田横罪而召之"。"田横乃与其客二人乘传诣雒阳。""未至三十里，至尸乡厩置"，"遂自刭"。《史记·陈丞相世家》：刘邦使樊哙将兵攻卢绾，"既行，人有短恶哙者，高帝怒"，于是令"陈平亟驰传载（周）勃代哙将，平至军中即斩哙头"。《史记·黥布列传》记载，黥布疑中大夫贲赫与所幸姬乱，"欲捕赫，赫言变事，乘传诣长安。布使人追，不及"。可见"传"行之疾速，而"驰传"当效率更高。史载"乘传"行政令事，有汉武帝元狩五年（前118）"使孔仅、东郭咸阳乘

---

① 张家山二四七号汉墓竹简整理小组：《张家山汉墓竹简〔二四七号墓〕》（释文修订本），文物出版社，2006，第45~47、39~41页。

② 参看甘肃省文物考古研究所《甘肃敦煌汉代悬泉置遗址发掘简报》，《敦煌悬泉汉简内容概述》，《敦煌悬泉汉简释文选》，《文物》2000年第5期；张德芳《〈长罗侯费用簿〉及长罗侯与乌孙关系考略》，《文物》2000年第9期；王子今《〈长罗侯费用簿〉应为〈过长罗侯费用簿〉》，《文物》2001年第6期，《敦煌悬泉置遗址出土〈鸡出入簿〉小议——兼说汉代量词"只""枚"的用法》，《考古》2003年第12期。

③ 陈直：《居延汉简综论》，《居延汉简研究》，天津古籍出版社，1986，第44页。

传举行天下盐铁"（《史记·平准书》），王莽始建国二年（10）"牺和置酒士，郡一人，乘传督酒利"（《汉书·王莽传中》），又牺和置命士督五均六斡，"乘传求利，交错天下"（《汉书·食货志下》），刘秀遣冯异与铫期"乘传抚循属县"（《后汉书·冯异传》），诏使宋均"乘传发江夏奔命三千人往救"武威将军刘尚（《后汉书·宋均传》），汉章帝元和三年（86）"卢水胡反畔，以（邓）训为谒者，乘传到武威"（《后汉书·邓训传》）等。此外，匈奴浑邪王降，霍去病独遣其"乘传先诣行在所"，而"尽将其众渡河"（《史记·卫将军骠骑列传》）。西汉时还曾有"乘传奏事"之例（《汉书·京房传》）。

《史记·孟尝君列传》记载，孟尝君自秦出逃，"得出，即驰去，更封传，变名姓以出关"，"秦昭王后悔出孟尝君，求之已去，即使人驰传逐之"。是战国时秦已有"驰传"事。汉代有关史例，有东越"使人鏦杀吴王，盛其头，驰传以闻"（《史记·吴王濞列传》），匈奴浑邪王来降，"李息将城河上，得浑邪王使，即驰传以闻"（《史记·卫将军骠骑列传》），王莽"分遣五威之吏，驰传天下，班行符命"（《汉书·诸侯王表》），又发三十万众击匈奴，"自负海江淮而至北边，使者驰传督趣"（《汉书·食货志上》），"遣大司空王邑驰传之雒阳，与司徒王寻发众郡兵百万"，"平定山东"（《汉书·王莽传下》）以及王允为郡吏，触犯太守而被收系并欲杀之，"刺史邓盛闻而驰传辟为别驾从事"（《后汉书·王允传》），等等。

汉武帝即位初，曾"使使束帛加璧，安车以蒲裹轮，驾驷迎申公，弟子二人乘轺传从"（《汉书·儒林传·申公》）。《汉书·平帝纪》记载，元始五年（5），"征天下通知逸经、古记、天文、曆算、锺律、小学、《史篇》、方术、《本草》及以《五经》《论语》《孝经》《尔雅》教授者，在所为驾一封轺传，遣诣京师，至者数千人"。颜师古注："以一马驾轺车而乘传。"又引如淳曰："《律》：诸当乘传及发驾置传者，皆持尺五寸木传信，封以御史大夫印章。其乘传参封之。参，三也。有期会累封两端，端各两封，凡四封也。乘置驰传五封也，两端各二，中央一也。辄传两马再封之，一马一封也。"乘传车封制度，显示其政治等级之严格①。汉文帝六年（前174）以淮南王刘长谋反而废处蜀郡严道邛邮，"载以辎车，令县以次传"，"县传淮南王者皆不敢发车封"，淮南王乃不食死，"至雍，雍令发封，以死闻"（《史记·淮南衡山列传》）。传车所驾系马的数量也有等级差别。司马相如往使蜀，"副使王然于、壶充国、吕越人驰四乘之传，因巴蜀吏币物以赂西夷"（《史记·司马相如列传》）。汉文帝"从代乘六乘传驰"长安（《史记·袁盎晁错列传》）。吴楚等七国反，周亚夫"将乘六乘传会兵荥阳"（《史记·吴王濞列传》）。汉昭帝崩，无嗣，霍光征刘贺典丧，玺书曰："制诏昌邑王：使行大鸿胪事少府乐成……乘七乘传诣长安邸。"（《汉书·武五子传·昌邑哀王刘髆》）

"传"的效率主要决定于传马的数量和质量。汉文帝二年（前178）令"太仆见马遗财足，余皆以给传置"（《史记·孝文本纪》）。时人以"省厩马以赋县传"赞誉为"亲自勉以厚天下"的善举（《汉书·贾山传》）。汉昭帝元凤二年（前79）六月诏，亦自称"颇省乘舆马及苑马，以补边郡三辅传马"（《汉书·昭帝纪》）。王莽地皇元年（20）则"乘传使者经历郡国，日且十辈"，"传车马不能足，赋取道中车马，取办于民"（《汉书·王莽传下》）。居延汉简可见"☐传马名籍"（203·39），以及"行传"（E. P. T48：119A）、"传行"（E. P. T59：267，E. P. W1：45）、"急传"（E. P. T49：4B，E. P. W1：16）、"以次传行"（273·29A，278·1A）、"以道次传别书相报"

----

① 或谓此又与事之"缓急"有关，如王先谦《汉书补注》引姚鼐曰："所云五封者"，"四马高足为置传也"；"所云四封者，中足为驰传也；所云三封者，下足为乘传也。以缓急别用马之高下，此三等，乃出使者及吏二千石所乘，故重用御史大夫印封也。若辄传，则乘者事轻，所在为驾，固不必是御史大夫印矣。"事之缓急实际上仍在于地位之高下。

（E. P. T48：56，E. P. T50：48）、"传毋留急行"（E. P. T50：59）和涉及"传车""传马"的简文①，又如：

封传移过所

●

毋苟留 （E. P. T50：39）

此外，又有："及赍乘传者南海七郡牂柯越巂益州玄兔乐狼至旁近郡以县厩置驿骑行"（E. P. F22：69）等，显然也都是反映"传"这一通信形式性质与效能的简文。

《汉书·魏相传》说，魏相任茂陵令，"御史大夫桑弘羊客诈称御史止传，丞不以时谒，客怒缚丞。（魏）相疑其有奸，收捕，案致其罪，论弃客市"。颜师古注："传谓县之传舍。"孙毓棠说，"政府在各县县城设有传舍，等于官家的旅馆，供作官吏旅行宿息的处所。政府的大员或行部的刺史到了县城，照例住在传舍，县令长则到传舍来谒见。"② 日本学者大庭脩也认为，"传舍就是为了公用旅行而设于县城的住宿设施"③。战国时赵有"邯郸传舍"（《史记·平原君虞卿列传》）。④ 秦汉时可知有"高阳传舍"（《史记·郦生陆贾列传》）、六

---

① "传车"简文见于31.15 等，"传马"简文见于32.15，253.17，303.22，497.2，503.19 等。此外，简文又有"广田传行至望远止"（557.1A）、"广田燧以次传行至望远止"（563.1A）、"传行至望远燧止"（554.21），内容类同者又有308.25，308.26，说明"传"这一通信系统，可以通达边境最远的烽燧。

② 孙毓棠：《汉代的交通》，《中国社会经济史集刊》第 7 卷第 2 期。

③ 〔日〕大庭脩：《秦汉法制史研究》，林剑鸣等译，上海人民出版社，1991，第 406 页。

④ 《史记·孟尝君列传》：孟尝君置冯驩传舍十日，问传舍长："客何所为?"迁之幸舍，五日，又问传舍长，迁之代舍，五日，复问传舍长，后传舍长荐之令收债于薛。此传舍与秦汉传舍似有不同。司马贞《索隐》："传舍、幸舍及代舍，并当上、中、下三等之客所舍之名耳。"然而统由"传舍长"管理，当可总称之为"传舍"。又《史记·廉颇蔺相如列传》："相如奉璧西入秦"，秦王"舍相如广成传"，司马贞《索隐》："广成是传舍之名。"

传舍（《史记·黥布列传》）、修武传舍（《史记·淮阴侯列传》）、观津传舍（《史记·外戚世家》）、下邳传舍（《史记·吴王濞列传》）、"平阳传舍"（《汉书·霍光传》）、"陈留传舍"（《汉书·酷吏传·田广明》）、宛传舍（《汉书·翟义传》）、越嶲传舍（《后汉书·方术列传·任文公》）、上党传舍（《后汉书·鲍永传》）、"轮氏传舍"（《后汉书·陈寔传》）、鄗传舍（《后汉书·耿纯传》）、征羌传舍（《后汉书·党锢列传·范滂》）、平原传舍（《后汉书·史弼传》）[1] 等。居延汉简可见"居延传舍"（77.16）、"显美传舍"（10.17）[2]。其他文物资料中，也可以看到"传舍"设置的记录。[3]

从现有资料看，"传舍"是交通干道上县级以上行政单位设置的交通通信机构。汉昭帝时，涿郡韩福以德行征至京师，赐策书束帛遣归，诏令："行道舍传舍，县次具酒肉，食从者及马"（《汉书·龚胜传》）。刘贺入长安，"居道上不素食，使从官略女子载衣车，内所居传舍"（《汉书·霍光传》）。以及"刘备自成都至白水，多作传舍"（《三国志·魏书·陈群传》）[4]，都说明这一事实。

---

① 《后汉书·史弼传》："（史弼）出为平原相，时诏书下举钩党，郡国所奏相连及者多至数百，唯弼独无所上。诏书前后切却州郡，髡笞掾史，从事坐传责曰：'诏书疾恶党人，旨意恳恻。青州六郡，其五有党，近国甘陵，亦考南北部，平原何理而得独无？'"李贤注："《续汉志》每州皆有从事史及诸曹掾史。传，客舍也。""坐传舍召弼而责。"

② 居延汉简中又有"当舍传舍"简，应是可以停宿传舍的身份证明，如"元延二年七月乙酉居延令尚丞忠移过所县道河津关遣亭长王丰以诏书买骑马酒泉敦煌张掖郡中当舍传舍从者如律令/守令史诩佐襃　七月丁亥出"（170.3A）。内容相近的简文还有183.16B、212.81、293.10A、303.12A等。又如敦煌悬泉置简（Ⅰ0110（1）：5），（Ⅰ0112（2）：18），（ⅠT0114（1）：1），（Ⅰ0210（3）：6），（Ⅱ0113（3）：122B），（Ⅱ0114（3）：447A），（Ⅱ0114（4）：338），（Ⅱ0115（3）：99），（Ⅱ0115（4）：37），（Ⅱ0214（2）：78），（Ⅱ0213（2）：136），（Ⅱ0214（3）：73B），（Ⅱ0216（2）866－869），（Ⅱ0314（2）：220B），（Ⅱ0315（2）：A），（Ⅴ1311（3）：315），（Ⅴ1412（3）：100）。

③ 如《积古斋钟鼎彝器款识》卷九"阳泉使者舍熏炉"铭文："阳泉使者舍熏炉一有般及盖并重四斤□□□□五年六安十三年乙未内史属贤造雒阳付守长则丞善掾胜传舍啬夫充。"又《封泥汇编》有"传舍"封泥。

④ 《三国志·蜀书·先主传》裴松之注引《典略》："（刘）备于是起馆舍，筑亭障，从成都至白水关，四百余区。"

图 14 - 2 传舍之印

秦始皇陵西侧赵背户村秦劳役人员墓地出土瓦文有"平阳驿"字样①，或许秦时已出现"驿"这种通信制度。不过，我们对于其具体细节尚缺乏了解。

颜师古对于《汉书·高帝纪下》五年条田横"乘传诣雒阳"解释说："传者，若今之驿，古者以车，谓之传车，其后又单置马，谓之驿骑。"有的学者指出，"西汉时期，既采用继承前代的传车制度，又采用了逐渐盛行的驿骑制度"。② 居延汉简所见"传驿马名籍"传马驿马合称（284·2A），可能即体现这种过渡形态。郑庄"每五日洗沐，常置驿马长安诸郊"（《史记·汲郑列传》），司马贞《索隐》："置即驿，马

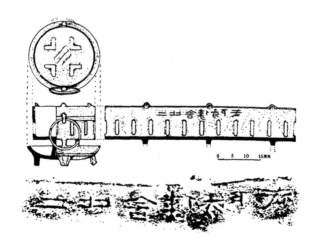

图 14 - 3　赫章可乐出土"武阳传舍"铁炉

---

① 始皇陵秦俑坑考古发掘队：《秦始皇陵西侧赵背户村秦刑徒墓》，《文物》1982 年第 3 期。
② 〔日〕森鹿三：《论居延简所见的马》，《简牍研究译丛》第 1 辑，中国社会科学出版社，1983，第 77 页。

谓于置著马也。"王温舒为河内太守，"令郡具私马五十匹，为驿自河内至长安"，上书奏行往来不过二三日，"河内皆怪其奏，以为神速"（《史记·酷吏列传》）。上官桀、上官安、桑弘羊"怀怨望，与燕王通谋，置驿往来相约结"（《汉书·昭帝纪》）①。顾炎武《日知录》卷二九"驿"条下指出："汉初尚乘传车，如郑当时、王温舒皆私具驿马。后患其不速，一概乘马矣。"边地以军务之紧要和骑术之普及可能得较先推广驿骑通信形式。天汉二年（前99），汉武帝诏令李陵出塞至龙勒水上"徘徊观虏，即亡所见，从浞野侯赵破奴故道抵受降城休士，因骑置以闻"（《汉书·李陵传》）。征和中，桑弘羊等奏言，"张掖、酒泉遣骑假司马为斥候，属校尉，事有便宜，因骑置以闻"（《汉书·西域传下》）。前者颜师古注："骑置，谓驿骑也。"后者亦谓："骑置，即今之驿马也。"汉成帝时，西域都护段会宗为乌孙兵所围，"驿骑上书，愿发城郭敦煌兵以自救"（《汉书·陈汤传》）。汉拓边西北，"列邮置于要害之路，驰命走驿，不绝于时月"（《后汉书·西域传》）。居延汉简多见"驿马"②"驿骑"③简。又有：

悬他駮南驿建平元年八月驿马阅具簿（502.7）

可见明确的驿名，所谓"驿马阅具簿"也说明驿的管理制度相当严密。驿的管理人员，简文可见"驿令史"（E. P. T59：253）、"驿佐"

---

① 《汉书·武五子传·燕刺王刘旦》："（上官）桀等因谋共杀（霍）光，废帝，迎立燕王为天子。（刘）旦置驿书，往来相报，许立桀为王，外连郡国豪桀以千数。"

② 例如"□□驿马一匹驿駮牡齿十四岁高五尺八寸　上　调习"（142.26A）。涉及"驿马"的简文，又有120.95，284.2A，303.2，E. P. T7：37，E. P. T49：11A，E. P. T49：73，E. P. T51：138，E. P. T59：59，E. P. T59：72，E. P. T59：268，E. P. T68：89，E. P. T68：98—101，E. P. T22：194，E. P. F22：352，E. P. F22：477D等。简文"☑□诊视马皆齿长终不任骑☑"（266.17），说明选用驿马，条件相当严格。

③ 如"☑驿骑出"（521.28）等。又有前引"至旁近郡以县厩置驿骑行"（E. P. F22：69）。

（E. P. T49：45A，E. P. T51：555）、"驿卒" （E. P. T49：28—29，
E. P. T49：45A）等。敦煌汉简中也可见有关"驿骑"的简文：

　　　　臣△稽首再拜谨因驿骑奉（138）

东汉时，驿骑通信形式在内地也逐步普及。汉明帝永平元年（58），
"（刘）彊病，显宗遣中常侍钩盾令将太医乘驿视疾"（《后汉书·光
武十王传·东海恭王刘彊》）。刘苍"疾病，帝驰遣名医，小黄门侍
疾，使者冠盖不绝于道。又置驿马千里，传问起居"（《后汉书·光
武十王传·东平宪王刘苍》）。"阳嘉元年，（张衡）复造候风地动
仪"，"尝一龙机发而地不觉动，京师学者咸怪其无征。后数日驿至，
果地震陇西，于是皆服其妙"（《后汉书·张衡传》）。可见当时以驿
骑传递信息已成定制。汉顺帝汉安元年（142），"诏遣八使巡行风
俗"，"分行天下，其刺史、二千石有臧罪显明者，驿马上之"（《后
汉书·周举传》）。

图 14－4　河南一铢阁藏"邮传舍"瓦当

　　秦名将白起"出咸阳西门十里，至杜邮"自杀（《史记·白起王
翦列传》）。刘邦将兵而东平定黥布之乱，"群臣居守，皆送至灞上。

留侯病，自强起，至曲邮"（《史记·留侯世家》）。淮南王刘长废处
蜀郡严道邛邮（《史记·淮南衡山列传》）。都是因"邮"的设置而形
成地名。所谓"因邮上封事"（《汉书·京房传》），"因邮亭书"
（《汉书·平帝纪》），"因邮奏"（《后汉书·光武帝纪下》）等，说明
"邮"也是较为可靠的通信系统。《说文·邑部》："邮，竟上行书
舍。"这种通信形式可能也因军事需要而较早于边地得到发展。居延
汉简多见"以邮行"简文，例如：

> 甲渠鄣候以邮行
>
> ●一事（16.5A）
>
> 张掖都尉章
>
> 肩水候以邮行
>
> 九月庚午府卒孙意以来（74.4）
>
> 张掖居城司马
>
> 甲渠鄣候以邮行
>
> 九月戊戌隧卒同以来●二事（E. P. T 43：29）

又多见所谓"邮书"① "邮檄"② "邮书刺"③ "邮书课"④ "移邮书"⑤
等。陈梦家以为边地"邮"的机构可暂以"邮站"为称，他指出：
"邮为传递文书的专门机构，它与亭、传、置、驿并为大道上有关交
通的设置，且往往重叠一处互相通用"，居延地区"邮站"，"显然与

---

① 如"甲渠候官河平二年三月邮书南□☑"（227.14）。
② 如"宗廪卒家属居延请封檄告宗便逐□☑居令得私留不到请邮檄问状"（220.13A）。
③ 如"临木隧建始二年二月邮书刺"（E. P. T51：391）。
④ 如"□部新始建国地皇上戊三年二月　邮书课"（110.19）。
⑤ 如"☑□酉临木隧长忠敢言之谨移邮书☑"（127.29）。

塞隧相联系，因此所谓邮站多数为隧，少数为亭、驿、关"①。其中也有专设的"邮"，简文可见"邮卒"称谓，如：

> 正月辛巳鸡后鸣九分不侵邮卒建受吞远邮
>
> ……
>
> 卒福壬午禺中当曲卒光付收降卒马印（E. P. T51：6）

邮书传递有严格规定的效率定额"程"。简文多有反映送付邮书"中程"或"留迟"的记录，例如：

> 界中八十里书定行十时留迟二时解何（231.2）
>
> 已夜昏时临木卒□受诚劵北隆卒通武贤
>
> ☑
>
> 隆以夜食七分时付诚北卒寿□十七里中程（173.1）

"邮书失期"，"邮书留迟不中程"，责任者要受到追究，如：

> 邮书失期前檄召候长敞诣官对状（123.55）
>
> 十一月邮书留迟不中程各如朕晏等知邮书数留迟为府职不身拘校而委（55.11，137.6，224.3）

敦煌汉简可见有以"邮车"转递的情形：

> 入粟小石二百五十石多券八十三枚者一石　十二月庚戌使敦

---

① 陈梦家：《汉简考述》第二篇邮程表与候官所在，《汉简缀述》，中华书局，1980，第28页。

煌亭长邮车六两（1227）

"邮车"可能是邮亭公车，一般情况下邮书均为步行传递，如：

东书符验一编　□尉府九月戊子奉邮书走卒过受临街卒颠之
（1242）

"奉邮书走卒"很可能与居延简常见之"行者走"有关，都体现步递
形式。

汉简所见文书传递形式除多见"以邮行"外，又有"传行""以
次传行""隧次行"①"以亭行""以亭次行""亭次急行"等，并有
"以邮亭行"，如：

☑居延县以邮亭行（E. P. T53：7lB）

史籍中多见"邮亭"连称，如汉武帝元光六年（前129）"南夷始置
邮亭"（《史记·汉兴以来将相名臣年表》），汉平帝元始五年（5）
诏："宗师得因邮亭书言宗伯，请以闻"（《汉书·平帝纪》）②，又有
"舍邮亭"（《汉书·循吏传·黄霸》），"止邮亭"（《后汉书·赵孝
传》）事，而"桥梁邮亭不修"，则被看作地方行政长官"不能"的
标志（《汉书·薛宣传》）。

项羽至乌江，"乌江亭长檥船待"（《史记·项羽本纪》），李广夜
行，"还至霸陵亭"为"呵止"（《史记·李将军列传》），都说明
'亭'与交通有关。史籍还可见"止亭舍"（《后汉书·第五伦传》）、

①　如"□甲渠官隧次行"（E. P. T65：326）。
②　颜师古注："邮，行书舍也。言为书以付邮亭，令送至宗伯也。"

图 14－5 《待时轩印存》
著录汉初"邮印"

"息亭舍"（《后汉书·循吏列传·刘宽》）事以及"每行县止息亭传"（《后汉书·刘宽传》）、"观政于亭传"（《后汉书·左雄传》）的记载。《后汉书·张纲传》："汉安元年，选遣八使徇行风俗"，张纲得列其中，"余人受命之部，而纲独埋其车轮于洛阳都亭，曰：'豺狼当路，安问狐狸！'"①埋车轮于都亭以示拒绝"徇行"之命的决心，因为都亭作为邮路上的暂驻之站成为交通通信系统在都市中的标志。②

秦始皇定北边，"筑亭障以逐戎人"（《史记·秦始皇本纪》）。③汉武帝元鼎五年（前112）"北出萧关，从数万骑，猎新秦中，以勒边兵而归，新秦中或千里无亭徼，于是诛北地太守以下"（《史记·平准书》）。元封三年（前108），虏楼兰王，遂破姑师，"于是酒泉列亭鄣至玉门矣"（《史记·大宛列传》）。

---

① 此语起初恰出于汉成帝时京兆尹督察邮驿并负责监察各县官员、管制地方奸滑的东部督邮侯文之口。《汉书·孙宝传》："（孙宝为京兆尹）以立秋日署（侯）文东部督邮。入见，敕曰：'今日鹰隼始击，当顺天气取奸恶，以成严霜之诛，掾部渠有其人乎？'文印曰：'无其人不敢空受职。'宝曰：'谁也？'文曰：'霸陵杜穉季。'宝曰：'其次？'文曰：'豺狼横道，不宜复问狐狸。'"
② 司马相如往临邛，"舍都亭"（《史记·司马相如列传》），严延年母到雒阳，"止都亭，不肯入府"（《汉书·酷吏传·严延年》）。都亭可能又因其交通作用被看作公众活动中心。何并斩王林卿奴头，"县所剥鼓置都亭下，署曰：'故侍中王林卿坐杀人埋冢舍，使奴剥寺门鼓。'吏民惊骇"（《汉书·何并传》）。会稽太守尹兴"使（陆）续于都亭赋民饘粥"（《后汉书·独行列传·陆续》）。酒泉赵娥刺杀仇人于都亭（《后汉书·列女传·庞淯母》）。窦武"召会北军五校士数千人屯都亭下"，事败，"自杀，枭首洛阳都亭"（《后汉书·窦武传》）。王乔为叶令，"每当朝时，叶门下鼓不击自鸣，闻于京师"，"帝乃迎取其鼓，置都亭下，略无复声焉"（《后汉书·方术列传·王乔》）。
③ 《史记·蒙恬列传》："太史公曰：吾适北边，自直道归，行观蒙恬所为秦筑长城亭障，堑山堙谷，通直道，固轻百姓力矣。"

后击大宛，使西域者亦多有成功，"于是自敦煌西至盐泽，往往起亭"（《汉书·西域传上》）①。太初三年（前102），"汉使光禄徐自为出五原塞数百里，远者千余里，筑城鄣列亭至庐朐"（《史记·匈奴列传》）。传递军情军报的"亭"，在边境军事体系中与各种防御工事等军事设施具有相同的地位。对于全国总体防御结构来说，以"亭"结成的军事通信系统在所谓"亭鄣""亭徼"这种"卫边之备"中，可能又具有受到优先重视的作用。

　　在情势极其紧急的特殊情况下，军政长官还可以采用"因骑置以闻"（《汉书·李陵传》《汉书·西域传下》）、"乘疾置以闻"（《汉书·刘屈氂传》）的通信方式。边防军备建设，重视"列邮置于要害之路"（《后汉书·西域传》）。居延汉简有关于"置驰"通信的简文：

　　　　置驰吞远候长党（E.P.T51：213B）

又多见"置佐"职名，如246.7，269.1，269.10A，300.8，300.10，586.5等。②《后汉书·郭太传》李贤注引《风俗通义》：

　　　　汉改邮为置。置者，度其远近之间置之也。

1972～1974年居延甲渠候官遗址（今称破城子）出土汉简中，有长安西行至居延地区之间邮置里程记录的片段：

　　　　长安至茂陵七十里　　　月氏至乌氏五十里

---

①　《史记·大宛列传》："西至盐水，往往有亭。"
②　简269.1："阳朔三年正月丁卯朔乙未置佐博敢言之谨移囷粟魏"，简269.10A："肩水候　甲戌置左博敢言之谨移稟入钱。""置佐博"与"置左博"当为一人，可知"置佐"又写作"置左"。

茂陵至茨置卅五里　　乌氏至泾阳五十里

茨置至好止七十五里　　泾阳至平林置六十里

好止至义置七十五里　　平林置至高平八十里

…………

（以上为第一栏）

媼围至居延置九十里　　删丹至日勒八十七里

居延置至䉤里九十里　　日勒至钧著置五十里

䉤里至循次九十里　　钧著置至屋兰五十里

循次至小张掖六十里　　屋兰至坚池五十里

（以上为第二栏）（E. P. T59：582）

简文虽然只提供了长安至居延地区间"列邮置于要害之路"的局部情形，然而对于认识汉代通信形式，仍然是异常珍贵的资料。

居延汉简还可以看到有关"吏马驰行"（如 E. P. T50：172A）[1]、"甲渠候官马驰行"（如 E. P. T56：1）以及要求"促毋失期"（E. P. T56：115）、"急行毋留"（E. P. T65：434）等简文。对于留迟失期有加以极严厉处罚的规定，如"书一日一夜当行百六十里"（E. P. S4. T2：8A），"不中程，百里罚金半两，过百里至二百里一两，过二百里二两；不中程，车一里夺吏主者劳各一日，二里夺令□各一日"（E. P. S4. T2：8B）。又如"士吏传行各尽界毋得迟时必坐之"（E. P. T57：40）。还可以看到可能是邮书"留稽（滞）失期"事故的责任者请罪自责的内容：

　　☒□皆留稽失期职事毋状罪当死叩头死罪☒（E. P. T59：541）

---

　　① 陈直以为，"派专人用马送递者，称为'吏马驰行'"。见《居延汉简综述》，《居延汉简研究》，天津古籍出版社，1986，第45页。吏，当指较为可靠的下级军官。

对传递速度要求之高，是因为边地通信内容多与军情有关，"驰行以急疾为故"（E. P. F22：713）。

克劳塞维茨在《战争论》中指出，军队和它的基地必须看成一个整体，"交通线是这个整体的一个组成部分，它们构成基地和军队之间的联系，应该看作是军队的生命线"。交通线的构成因素颇多，其中包括"沿线"的"邮局和信差"。"只有那些有专门设施的道路才构成真正的交通线体系。只有设有仓库、医院、兵站和邮局，指定有警备长，派有宪兵队和守备部队的道路，才是真正的交通线。"①"邮局和信差"的作用在交通线的构成中受到重视，说明军事通信系统在军事交通体系中的特殊作用。汉代有"边塞发奔命警备"的制度，边境有警，"驿骑持赤白囊"驰报京师。②据《汉书·赵充国传》记载，赵充国率军与羌人战于湟中，向汉宣帝申奏作战方案及宣帝认可的军事文书，往返前后不过7日，"六月戊申奏，七月甲寅玺书报从充国计焉"。现今公路营运里程西安至西宁间1242公里，可推知当时驿报行速为每日400公里左右。《通典·礼二三》引《汉官仪》说，"奉玺书使者乘驰传。其驿骑也，三骑行，昼夜千里为程"。也说明当时驿传系统效率之高。

秦汉驿传制度的效能可以保证政令通达，从而成为政治一统和军事成功的条件，同时，也有利于各地区间的经济联系与文化交流。但是另一方面，驿传系统的某些活动，又暴露出当时社会文化的阴暗面。例如，为满足皇室"珍无用，爱奇货"（《盐铁论·力耕》）等消

---

① 克劳塞维茨：《战争论》第2卷，中国人民解放军军事科学院译，解放军出版社，1964，第622~623页。

② 《汉书·丙吉传》：丞相丙吉有恩于驭吏，"此驭吏边郡人，习知边塞发奔命警备事，尝出，适见驿骑持赤白囊，边郡发奔命书驰来至。驭吏因随驿骑至公车刺取，知虏入云中、代郡，遽归府见吉白状，因曰：'恐虏所入边郡，二千石长吏有老病不任兵马者，宜可豫视。'吉善其言，召东曹案边长吏，琐科条其人。未已，诏召丞相、御史，问以虏所入郡吏，吉具对。御史大夫卒遽不能详知，以得谴让。而吉见谓忧边思职"。

费需要，曾不远千里以驿传系统转运南国果品，"南海献龙眼、荔支，十里一置，五里一候，奔腾阻险，死者继路"（《后汉书·和帝纪》）。"邮传者疲毙于道，极为生民之患。"（《三辅黄图》卷三）

二 烽燧系统

烽燧是秦汉重要军事通信形式。

中国古代兵学重视对敌情及时准确的了解，称之为"形人"。[①] 传诸葛亮所著《便宜十六策》第三即为《视听》，其中所说"务于多闻"，"察微形，听细声"，包含关注多方面信息的意思，自然也包括军事情报的收集。《孙子·军争》写道："《军政》曰：'言不相闻，故为金鼓；视不相见，故为旌旗。'夫金鼓旌旗者，所以一人之耳目也。"杜佑注："听其音声，以为耳候。瞻其指挥，以为目候。"所谓"耳候""目候"体现的军中信息及时准确的传递，意义同样重要。《说文·人部》："候，伺望也。"银雀山汉简《孙膑兵法·陈忌问垒》："去守五里置候。"《后汉书·光武帝纪下》："遣骠骑大将军杜茂将众郡施刑屯北边，筑亭候，修烽燧。"李贤注："亭候，伺候望敌之所。""《前书音义》曰：'边方备警急，作高土台，台上作桔皋，桔皋头有兜零，以薪草置其中，常低之，有寇即燃火举之，以相告，曰烽。又多积薪，寇至即燔之，望其烟，曰燧。昼则燔燧，夜乃举烽。'"《杜茂传》："因发边卒筑亭候，修烽火。"《南匈奴列传》："增缘边兵郡数千人，大筑亭候，修烽火。"都说"亭候"作为"伺候望敌之所"，使用"烽燧""烽火"传递信息。

《墨子·号令》曾经说到军事情报信息传递的特殊方式："出候无过十里，居高便所树表，表三人守之，比至城者三表，与城上烽燧相

---

① 《孙子·虚实》。

望，昼则举烽，夜则举火。"又《墨子·杂守》："寇烽、惊烽、乱烽，传火以次应之，至主国止，其事急者引而上下之。烽火以举，辄五鼓传，又以火属之，言寇所从来者少多，且弇还。去来属次烽勿罢。望见寇，举一烽；入境，举二烽；射妻，举三烽一蓝；郭会，举四烽二蓝；城会，举五烽五蓝；夜以火，如此数。守烽者事急。"战国时期使用烽燧备边的史例，有《史记·廉颇蔺相如列传》："李牧者，赵之北边良将也。常居代雁门，备匈奴。""习射骑，谨烽火……匈奴每入，烽火谨，辄入收保，不敢战。如是数岁，亦不亡失。"和燕赵同样"筑长城""以拒胡"[1] 的秦人，无疑也在防务制度中设置了"烽火"系统。

秦国调兵所用虎符铭文中，可以看到"燔燧"字样。如杜虎符：

> 兵甲之符，右在君，左在杜。凡用兵兴士被甲五十人以上，必会君符，乃敢行之。燔燧之事，虽毋会符，行殹。

又如新郪虎符：

> 甲兵之符，右在君，左在新郪。凡用兵兴士被甲五十人以上，必会君符，乃敢行之。燔燧之事，虽毋会符，行殹。

都说通常调兵 50 人以上，"必会君符，乃敢行之"，然而"燔燧之事，虽毋会符，行殹（也）"。可见"燔燧"的意义。据陈直考证，这两件"秦兵甲之符""当为始皇八年以前之物"。[2] 可见秦以"燔燧"传递军事情报的制度早已成熟。

---

[1]　《史记·匈奴列传》。
[2]　陈直：《秦兵甲之符考》，《文史考古论丛》，天津古籍出版社，1988，第 310 页。

《史记·周本纪》说："幽王为燧燧大鼓，有寇至则举燧火。"可见这种通信形式很早就已应用。不过，烽燧形成完备的制度并表现出极高的效能，大致还在秦汉时期。

考古工作者沿秦直道或于秦直道左近地方发现了密集的烽燧遗址。这些遗址构成了体系完备的传送军事情报和战争信息的通信设施。这种通信建设大体也属于秦直道交通系统，可以在北部边疆和最高指挥中心之间迅速传递情报信息。

考察者在子午岭上的刘家店林场看到有一座主要用以监测林区火情的瞭望台，修建在秦汉烽燧遗址上，四坡及附近的地面有明显的秦汉建筑材料残件分布。从刘家店到雕岭关的路段，道路两侧依地势每隔相当距离就有一烽燧遗址存在。史念海当年考察时虽然没有专门就烽燧遗址发表调查记录，但是他在论文中写道："登上子午岭主脉路旁的制高点，极目远望，但见群峰起伏，如条条游龙分趋各方，苍翠松柏与云霞相映。"[1] 实际上已经明确说到了登临烽燧遗址时的感受。站在古烽燧当时所据制高点上，可以看到子午岭纵贯南北，形势雄壮，左右两侧，百山纵会，深谷之间，川流如线。依据这样的地形优势，烽火传递可以取得良好的视觉效应，从而增益军情上达和军令下传的效率。

在子午岭上，沿直道利用自然高地修筑的烽燧遗址形成了相次传递军事消息的通信系统。据文物工作者记录，黑马湾林业站附近的烽燧遗址，"位于秦直道东侧的子午岭山梁上，夯筑圆台，底径 8 米，残高 4 米，夯层厚 7～9 厘米。附近散布绳纹砖、瓦及陶器残片"[2]。考察者在烽燧遗址之外，还发现了当时的居住遗址。

---

① 史念海：《秦始皇直道遗迹的探索》，《陕西师范大学学报》1975 年第 3 期，《文物》1975 年第 10 期，收入《河山集》四集，陕西师范大学出版社，1991。

② 张在明主编《中国文物地图集·陕西分册》下册，西安地图出版社，1998，第 415页。

这样的烽燧遗址相隔一定距离就有一处，形制大致相同，有同样规模的夯土台，以及散落在附近的秦砖汉瓦。据陕西文物工作者总结，直道在陕西境内遗迹总长498公里，沿途发现秦汉时期的行宫、城址、兵站、关隘、烽燧等遗址及墓葬一共有近60处。① 《中国文物地图集·陕西分册》著录的旬邑石门关遗址、两女寨遗址、黑麻湾烽燧遗址、雕灵关遗址、转角烽燧遗址、土窑烽燧遗址；黄陵艾蒿店烽燧遗址、五里墩烽燧遗址、五里墩东烽燧遗址、五里墩西烽燧遗址、老芦堡烽燧遗址、桂花烽燧遗址、兴隆关烽燧遗址；富县寨子山烽燧遗址、五里铺烽燧遗址；志丹白杨树湾烽燧遗址、白草湾烽燧遗址、柠条湾烽燧遗址、杨崖根烽燧遗址；安塞堡山烽燧遗址、东里畔烽燧遗址、贺庄烽燧遗址、阳山梁烽燧遗址、高山峁烽燧遗址、新庄烽燧遗址、宋家圪烽燧遗址等②，都保留有显著的痕迹。

据甘肃省文物工作者考察，"在甘肃庆阳地区境内长达290公里的秦直道沿线上，保存着大量的烽燧，经徒步认真调查，至今尚留有126座。这些烽燧多数建在直道沿线两侧的群山之巅，视野开阔；也有的建在直道大转弯的山峁上和垭口两端，互相对应，遥相瞭望。由此可知，古人修建烽燧时，对其所在地理位置是经过周密勘察的，每烽选址都是严谨审慎的"。秦直道烽燧与汉代和明代长城烽燧有明显的区别：①均以黄土夯筑而成，不用土坯垒筑，也不夹植物骨胎；②造型全部为圆形；③烽顶未发现女墙或掩体设置，守护士兵住宿处另建他处；④未见积薪。烽燧遗址现存高度为11米者1处，即黄蒿地畔烽燧，9米者有3处，即涧水坡岭障城、林沟障城、南湾四号烽燧。又白马嶂崄烽燧记录高度25米，底周30米③，疑数据有误。这

---

① 张在明主编《中国文物地图集·陕西分册》上册，西安地图出版社，1998，第116页。

② 张在明主编《中国文物地图集·陕西分册》下册，西安地图出版社，1998，第415、894、906、934、789页。

③ 甘肃省文物局：《秦直道考察》，兰州大学出版社，1996，第64~75页。

里说到的 126 座直道烽燧，由于对直道线路走向的认识存在分析，有些可能不能为多数学者认可。

有的研究者总结直道附近所见烽燧遗址，称之为"五里一墩"。据说从黄毛塔下到沈家园子一段，每隔 2.5 公里左右就有一处烽燧遗址。其中尤以李家塔北 5 公里处的烽燧遗址最为完整，其高 9 米，底周长 24 米。① 这些烽燧遗址，应当经过认真的调查和发掘确定其年代。②

《说文·火部》："燧，燧候表也，边有警则举火。"③ 又《䆆部》；"燧，塞上亭，守燧火者也。"烽是报警用的一种信号。燧是以候望敌情并以烽报警为主要职责的边塞上的一种亭。

图 14 – 6　额济纳汉代烽燧遗址

汉代边防建设的主要内容就是"建塞徼，起亭隧"，"以候望通烽火"，所谓"修障隧备塞之具"，则可以守边待寇（《汉书·匈奴传

---

① 孙相武：《秦直道调查记》，《文博》1988 年第 4 期。

② 参看王子今《试说秦烽燧——以直道军事通信系统为中心》，《文博》2004 年第 2 期。

③ 段玉裁注引《文选》李善注，补作"燧，燧燧候表也"。贺昌群《烽燧考》指出："段氏所补实误。"原载中央大学《文史哲》季刊第 2 期（1940 年），收入《贺昌群史学论著选》，中国社会科学出版社，1985。

下》）。隧是最基层的边防机构。一般相隔数里即设一燧，其间隔里数似无严格的规定。燧有燧长，又有燧卒三四人。白天一般以举烽和燔积薪作为报警信号，夜间则举炬火和燔积薪，有时还以表、烟、鼓作为辅助信号。[①] 居延汉简中可以看到有关边防人员"备羡火"（12.1A）、"惊（警）烽火"（278.7A）的简文，敦煌汉简亦可见所谓"明逢（烽）火"（2279B）。烽燧的作用，主要在于当发现敌情时，根据敌人的数量及入侵程度施示不同等级的信号。关于在不同情况下所应发出信号的规定，称"烽火品约"。1974 年居延甲渠候官16 号房屋遗址中出土较完整的《塞上蓁火品约》，编号为 E. P. F16：1 – 17：

●匈奴人昼入殄北塞举二蓁□烦蓁一燔一积薪夜入燔一积薪举堠上离合苣火毋绝至明甲渠三十井塞上和如品（1）

●匈奴人昼甲渠河北塞举二蓁燔一积薪夜入燔一积薪举堠上二苣火毋绝至明殄北三十井塞和如品（2）

●匈奴人昼入甲渠河南道上塞举二蓁坞上大表一燔一积薪夜入燔一积薪举堠上二苣火毋绝至明殄北三十井塞上和如品（3）

●匈奴人昼入三十井降虏隧以东举一蓁燔一积薪夜入燔一积薪举堠上一苣火毋绝至明甲渠殄北塞上和如品（4）

---

① 《史记·周本纪》："幽王为烽燧大鼓"；《墨子·杂守》："亭一鼓"，"烽火以举，辄五鼓传"；司马相如《子虚赋》："击灵鼓，起烽燧"；《太平御览》卷三三五引晋蔡漠与弟书："军之耳目，当用烽鼓，烽可遥见，鼓可遥闻，须臾百里。"居延汉简可见所谓"鼓下卒"（509·16，513·29），《守御器簿》中也有"鼓一"（506·1），又可见"应皆署鼓下为罢卒治车"（19·33A）简文，敦煌汉简也有涉及"鼓"的内容（1552，2262）。吴礽骧在《汉代蓬火制度探索》一文中说，"但居延、敦煌汉简的蓬火品约中，却无击鼓示警的规定。或许鼓仅用于城防攻战和野战，而不用于边塞候望报警。""在广漠无垠的戈壁沙漠中，音响传播效果极差，故鼓的作用受到很大限制；加上戈壁气候，四季刮风，远距数里的烽燧之间，鼓声是难以起到报警作用的。"《汉简研究文集》，甘肃人民出版社，1984，第 243 页。汉代烽燧制度中"鼓"的作用，可能仍是值得进一步探讨的问题。

●匈奴人昼入三十井候远隧以东举一薰燔一积薪埻上烟一夜入燔一积薪举埻上一苣火毋绝至明甲渠殄北塞上和如品（5）

●匈奴人渡三十井县索关门外道上隧天田失亡举一薰坞上大表一燔二积薪不失亡毋燔薪它如约（6）

●匈奴人入三十井诚劈北隧县索关以内举薰燔薪如故三十井县索关诚劈隧以南举薰如故毋燔薪（7）

●匈奴人入殄北塞举三薰后复入甲渠部累举旁河薰后复入三十井以内部累举埻上直上薰（8）

●匈奴人入塞守亭鄣不得下燔薪者旁亭为举薰燔薪以次和如品（9）

●塞上亭隧见匈奴人在塞外各举部薰如品毋燔薪其误亟下薰灭火候尉吏以檄驰言府（10）

●夜即闻匈奴人及马声若日且入时见匈奴人在塞外各举部薰次亭晦不和夜入举一苣火毋绝尽日夜灭火（11）

●匈奴人入塞候尉吏亟以檄言匈奴人入薰火传都尉府毋绝如品（12）

●匈奴人入塞承塞中亭隧举薰燔薪□□□□薰火品约官□□□举□□毋燔薪（13）

●匈奴人即入塞千骑以上举薰燔二积薪其攻亭郭坞壁田舍举薰燔二积薪和如品（14）

●县田官吏令长丞尉见薰火起亟令吏民□薰□□诚劈北隧部界中民田畜牧者□□☑为令（15）

●匈奴人入塞天大风风及降雨不具薰火者亟传檄告人走马驰以急疾为故（16）

●右塞上薰火品约（17）

居延所出属于"烽火品约"的汉简，还有14.11，288.7 等，敦煌汉简则有 520，2257 等。①

居延汉简可见所谓"蓬隧长"（285.17），"蓬燧长"，"都燧长"（28.15），"督燧长"（214.113），"督蓬隧士吏"（516.26），"大薰燧史"（534.30B），"督薰隧史"（148.8），"督薰掾"（421.8），"督薰☑"（132.39）。敦煌汉简也有"督薰"（2183，2396），"督蓬□"（1544）简文。这些大约都是烽燧系统各级管理人员的官职称谓。陈梦家认为，"在汉代《功令》第四十五，则有'烽隧长'之名，居延汉简有'督燧长'之名，凡此皆是燧长。燧长可以称为烽燧长、督燧长，犹士吏亦称为'督烽燧士吏'。""简中称为'督烽'者为郡'督烽掾'。汉制边郡有督烽掾，其佐或即汉简的'大烽燧史'。"《后汉书·西羌传·滇良》记载，汉章帝元和三年（86）秋，号吾"轻入寇陇西界，郡督烽掾李章追之，生得号吾"。陈梦家指出："至于汉简单称'督烽'者或即督烽掾，犹督邮掾之省称督邮。"②

图 14-7　敦煌马圈湾边塞遗址举烽火燃用"积薪"

---

① 居延可归入"烽火品约"的残简，有 108·18，"143·30，104·39，163·4，279·12，：351·2、351·8、351·6、351·5 等，敦煌汉简又有 2264，2433 等。

② 陈梦家：《汉代烽燧制度》，《汉简缀述》，中华书局，1980，第 176～177 页。

烽燧系统并不仅仅用于消极防御，在调动部队指示攻击目标时，也可以发挥作用。"望亭燧皎皎，飞旗帜之翩翩"（《艺文类聚》卷二七引刘歆《遂初赋》），旗帜即亭上之表，其作用，一则示警，一则激励。司马相如《喻告巴蜀民檄》："夫边郡之士，闻烽举燧燔，皆摄弓而驰，荷兵而走，流汗相属，唯恐居后，触白刃，冒流矢，义不反顾，计不旋踵，人怀怒心，如报私仇。"（《史记·司马相如列传》）烽燧以信息传递之急疾，可以迅速调动军民进入紧急战备状态。《续汉书·百官志五》刘昭注补引《汉官仪》："边郡太守各将万骑，行鄣塞烽火追虏。"说明烽燧信号可用以指示敌情，又可以调度部队。

《汉书·赵充国传》："北边自敦煌至辽东万一千五百余里，乘塞列隧有吏卒数千人。"《后汉书·西羌传·羌无弋爰剑》："障塞亭燧出长城外数千里。""西海之地初开以为郡，筑五县，边海亭燧相望焉。"《后汉书·杜茂传》："镇守北边，因发边卒筑亭候，修烽火。"烽燧之设置，至于汉王朝边地防御体系的最前沿。汉时烽燧还被作为边地沟通内地的通信形式。《后汉书·马成传》：

> 十四年，屯常山、中山以备北边，并领建义大将军朱祐营。又代骠骑大将军杜茂缮治障塞，自西河至渭桥，河上至安邑，太原至井陉，中山至邺，皆筑保壁，起烽燧，十里一候。

烽燧系统实际上已成为覆盖面甚为广阔的通信网络。《史记·匈奴列传》："胡骑入代句注边，烽火通于甘泉、长安。"《后汉书·南匈奴列传》论曰："候列郊甸，火通甘泉。"李贤注："列置候兵于近郊畿，天子在甘泉宫，而烽火时到甘泉宫也。"都说烽火信号可传递至于京畿。讨论汉代烽火信号的传递速度，可依据居延汉简中的资料：

> ☐过半通府府去降虏隧百五十九里当行一时六分定行五时留

迟三时四分解何（181.1A）

正月癸巳日下铺八分时万福隧卒同受平乐隧卒

同即日日入一分半分时东望隧卒□

入亡人赤表一壹通南　兒军隧长音界中卅五里表行三分半分中

程（E．J．T24：46）

据推算，汉代烽火传递速度每时 100 里左右，每昼夜 1800 里左右[1]，烽燧系统显然提供了当时最为迅捷的通信方式。

《汉书·韩安国传》说，秦时蒙恬开拓北边，"辟数千里，以河为竟，累石为城，树榆为塞，匈奴不敢饮马于河，置烽燧然后敢牧马"。可见匈奴也实行烽燧制度。匈奴"置烽燧"的具体情形，以及这种通信形式最初出现于中原农耕区还是草原游牧区，都是值得进一步探讨的课题。

三　民间书信传递

1975 年底至 1976 年春云梦睡虎地发掘的 4 号秦墓中，出土两件秦木牍家信。这两件我国年代最早的书信实物，均出于 4 号墓头箱

---

① 吴礽骧《汉代蓬火制度探索》指出，"汉代蓬火一汉时约行 99 汉里。按，西汉行十八时制，一昼夜当行 1782 汉里。据陈梦家先生推算，一汉里约相当于今 325 米。若以此数折算汉代蓬火传递速度，一昼夜当行 579.15 公里。"初师宾《居延烽火考述——兼论古代烽号的演变》则指出："汉代烽火每时行百里，昼夜约达千八百汉里。""汉一里约四百公尺强，每时百里，昼夜行今千三、四百里左右。新简'居延鸣沙里去太守府千六十三里'（E．P．T50.10）。张掖太守府治觻得。这段路途，按邮传每时行十里计，需六昼夜。新简'诣府定行十三日给俸不便'（E．P．T53.128），约是居延至觻得乘轺车运行的时间。牛车需行廿余日，烽火最快，只需十时六分半。若再继续传至京师长安，约需廿五时，全程二昼夜（卅六时）可达。"两篇论文均载《汉简研究文集》，甘肃人民出版社，1984。在与唐《烽式》"凡烽火一昼夜须行二千里"的传递速度进行比较时，因折算方式不同，结论亦有差异。吴文以为"汉代的蓬火速度较唐代为低"，初文则认为"汉代烽火之速度、效率较唐代烽火高"。

中。木牍甲（M4：11）是黑夫和惊写给中的书信。木牍乙（M4：6）是惊写给衷的书信。中当即衷。三人当为同母兄弟。收信人中（衷）应即4号墓墓主，可能收到信不久就去世了，因而这两件木牍得以随葬墓中。

木牍甲是在淮阳作战的军人黑夫和惊问候家人亲友安好并索要夏衣的书信：

　　二月辛巳黑夫惊敢再拜问中母毋恙也黑夫惊无恙也前日黑夫与惊别今复会矣

　　黑夫寄益就书曰遗黑夫钱毋操夏衣来今书节到母视安陆丝布贱可以为襌

　　帬襦者母必为之令与钱偕来其丝布贵徒 以 钱来黑夫自以布此

　　黑夫等直佐淮阳攻反城久伤未可智也愿母遗黑夫用勿少书到

　　皆为报报必言相家爵来未来告黑夫其未来状闻王得苟得

　　（以上为正面）

　　毋恙也辞相家爵不也书衣之南军毋……不也

　　为黑夫惊多问姑姊康乐季须故术长姑外内……

　　为黑夫惊多问东室季须苟得毋恙也

　　为黑夫惊多问婴记季事可如定不定

　　为黑夫惊多问夕阳吕婴匜里闻误丈人得毋恙……矣

　　惊多问新负婴得毋恙也新负勉力视瞻丈人毋与……勉力也

　　（以上为背面）（M4：11）

木牍乙是惊写给衷（中），向家中急索夏衣或衣料的书信：

　　惊敢大心问衷母得毋恙也家室外内同……

　　以衷母力毋恙与从军与黑夫居皆毋恙也……

钱衣愿母幸遗钱五六百绤布谨善者母下二丈五尺……

用垣柏钱矣室弗遗即死矣急急急

惊多问新负婴皆得母恙也新负勉力视瞻两老……

（以上为正面）

惊远家故衷教诏婴令母敢远就若取新衷令……

闻新地城多空不实者且令故民有为不如令者实……

为惊视祀若大发毁以惊居反城中故

惊敢大心问姑秭姑秭子产得母恙

新地入盗衷唯母方行新地急急

（以上为背面）（M4：6）①

"淮阳"即今河南淮阳②，距湖北云梦约 430 公里，这两件木牍家信的传递方式，有一种意见认为，可能是"通过服役期满的同乡士卒代为捎转"的③。

居延汉简中也多有私信遗札，如著名的"宣"致"幼孙少妇"的书信：

宣伏地再拜请

幼孙少妇足下甚苦塞上暑时愿幼孙少妇近衣强食慎塞上宣幸得幼孙力过行边毋它急

幼都以闰月七日与长史君俱之居延言丈人毋它急发卒不审得见幼孙不它不足数来（10.16A）

记宣以十一日对候官未决谨因使奉书伏地再拜

幼孙少妇足下朱幼季书愿亭掾掾幸为到临渠隧长

---

① 湖北孝感地区第二期亦工亦农文物考古训练班：《湖北云梦睡虎地十一座秦墓发掘简报》，《文物》1976 年第 9 期。

② 黄盛璋：《云梦秦墓两封家信中有关历史地理的问题》，《文物》1980 年第 8 期。

③ 刘广生主编《中国古代邮驿史》，人民邮电出版社，1986，第 365 页。

刘幼孙治所●书即日起候官行兵使者幸未到　　愿豫自辩毋

为诸部殿□（10.16B）

对于收信人"幼孙少妇"的身份尚存异议①，然而作为私人书信的性质，研究者的认识是共同的。"因使奉书"大约是这封典型的汉代家书邮递的形式。书信即日寄出，发信人因至候官处理公事之便，利用候官的交通条件，于"行兵使者幸未到"时书写了这封家信。所谓"愿豫自辩毋为诸部殿"，简略涉及公务，也可以理解为书信结尾时的惯用语式。曹宣的另一封书信，是写给与他相距40余里，住在都仓附近的董房、冯孝"二卿"的；

实宣伏地叩头白记

董房冯孝卿坐前万年毋恙顷者不相见于宣身上部属亭迹候为

事也毋可忧者迫驹执所属故不得诣二卿坐前甚（502.14A，

505.38A，505.43A）

毋状愿房孝卿到自爱怒力加意慎官事叩头＝幸＝甚＝

宣在骓喜隧去都仓三十除里独弟六隧卒杜程李侯

常得奏都仓二卿时＝数寄记书相问音声意中快也实中兄

（502.14B，505.38B，505.43B）

曹宣希望对方多通书信，"时时数寄记书相问音声意中快也"。书信传

---

① 陈直很早就对这封书信进行了释读和解说，认为"此西汉夫寄妇书也"。《居延汉简解要》，《居延汉简研究》，天津古籍出版社，1986，第492～493页。林剑鸣认为，该木牍与家书无干，"实乃某一烽燧戍卒对另一烽燧戍卒即'宣'对'幼孙少妇'之函件"；"幼孙"为男子名；"孙"通"愻"，"妇"通"服"，"'少妇'乃'幼孙'之字"。《汉简中一封奇怪的信》，《陕西历史博物馆馆刊》第1辑，三秦出版社，1994，第78页。马怡认为，《宣与幼孙少妇书》的性质是汉时边官吏之间的私人通信，"幼孙"是受信人之字，"少妇"是其妻子。《居延简〈宣与幼孙少妇书〉——汉代边吏的私人通信》，《中国古中世史研究》第20辑，冠岳社，2008，《南都学坛》2010年第3期。

递方式，是"弟六隧卒杜程、李侯常得奏都仓"，可以往来转送。不仅戍区相近，可以"时时数寄记书"，居延书信简还可以看到"道远数寄书"的文辞（E. P. T53：19），居延大湾出土的一件帛书私信中，也有"数寄书"，"来者数寄书"语。这封书信是答谢对方"厚遗信"问候而借"御史之长安"的机会致送礼品的附信，礼品有"野羊脯"等，"以小笥盛之"（乙附51）。居延汉简还可见寄送衣物之例，如广意致长实的书信：

> 长宾孝君使长卿来取孝君衣至长宾孝君所幸赐广意记言孝君衣
> 长广意丈人毋恙也多问长宾孝足下长宾丈人毋恙也广意□此□□
> 伏地再拜多请长宾孝君马足下　（408.2A）
> 广意伏地再拜　　　广意丈人即
> 进书　　　　　　　孝君衣不行
> □长宾足下　（408.2B）

联系到秦木牍书信黑夫与惊索寄钱、布、衣之例，可以知道秦汉时期由于人员的大规模流动，早期货币及实物包裹转寄已相应得到初步的发展，远道"遗钱"、"遗"衣物、"赍之米财"的情形已经较为普遍。

居延汉简叶宋乃始张佰丈致魏子翘魏子玉书中，有"间者久不相见良苦迫塞上甚邑（悒）邑（悒）毋□已年时"，"谨因甲渠官令史王卿致白□宛魏子翘魏子玉坐前"语（E. P. T50：42B）。敦煌汉简政致幼卿君明的书信中也写道："居成乐五岁余未得迁道里远辟（僻）回（迴）往来希（稀）官薄身贱书不通"，大约"因同吏郎今迁为敦煌鱼泽候守丞"，方得有通信机会（1871）。[①] 看来，公务往来常常成

---

① 《艺文类聚》卷五八引《语林》："殷洪乔作豫章郡，临去，人寄百余函书。既至石头，悉掷水中，因咒之曰：'沉者自沉，浮者自浮，殷洪乔不能作致书邮！'"此虽晚代故事，仍可据此推知汉时吏人远行亦多携运托寄私书。

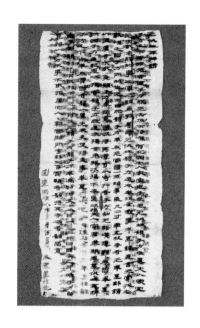

图 14 - 8　敦煌悬泉置遗址出土帛书私人信札

为传递私信的条件，居地"迫塞上"，"道里远辟（僻）回（迴）"，都成为限制通信的障碍。而所谓"官薄身贱"，也使得即使存在通信条件（如有吏卒往来）也往往难以利用。

《古诗十九首》中，有说到远客遗书的诗句：

> 孟冬寒气至，北风何惨栗！愁多知夜长，仰视众星列。三五明月满，四五詹兔缺。客从远方来，遗我一书札。上言"长相思"，下言"久离别"。置书怀袖中，三年字不灭。一心抱区区，惧君不识察。

置书怀袖中三年，说明书信往来疏索。又如"客从远方来，遗我一端绮。相去万余里，故人心尚尔"。《文选》卷二七《饮马长城窟行》："客从远方来，遗我双鲤鱼。呼儿烹鲤鱼，中有尺素书。上有加餐食，下有长相忆。"① 远行之"客",成为民间书信传递的中介。《汉书·苏武传》说,苏武流落匈奴北海上牧羝,后匈奴与汉和亲,汉求武等,匈奴诡言武已死。苏武属吏常惠夜见汉使,教使者谓单于,"言天子射上林中,得雁,足有系帛书,言武等在某泽中。"单于因谢汉使,苏武于是得还归。民间以寄书之不易,后遂有"鱼雁传书"的说法。

《史记·季布栾布列传》记载,楚辩士曹丘生与窦长君善,以"数招权顾金钱",季布寄书谏窦长君"勿与通","及曹丘生归,欲得书请季布。窦长君曰:'季将军不说足下,足下无往。'固请书,遂行。使人先发书,季布果大怒,待曹丘。"可见在交通条件较好的地区,书行可以速于人行。

当然,贵族官僚有较优越的通信条件,私书可能还有借公文传送系统转递的情形,官员"不发私书",是罕见的特例②。陈遵任为河南太守,一次即修书数百封:"既至官,当遣从史西,召善书吏十人于前,治私书谢京师故人。(陈)遵冯几,口占书吏,且省官事,书数百封,亲疏各有意,河南大惊。"(《汉书·陈遵传》)

由于通信条件的限制,有否私书往来,一般可以作为判定"亲疏"的标准。"(杜安)少有志节,年十三入太学,号奇童。京师贵戚慕其名,或遗之书,安不发,悉壁藏之。及后捕案贵戚宾客,安开壁出书,印封如故,竟不离其患,时人贵之。"(《后汉书·杜根传》)杜安不发书,以避免卷入上层党争。《后汉书·宦者列传·曹腾传》记载:"时

---

① 李善注:"郑玄《礼记注》曰:'素,生帛也。'"吕向注:"相思之甚,精诚感通,若梦寐之间似有所使,自夫所来者。'遗我双鲤鱼',鱼者深隐之物,不令漏泄之意耳。命家童杀而开之,中遂得夫书也。'尺素',绢也。古人为书多书于绢。"李善注:"《说文》曰:'跪,拜也。'"张铣曰:"'何如',谓何言也。夫知妇相思不能下食,故言'加餐'也。"一说蔡邕诗。《蔡中郎集》卷四《饮马长城窟行》。

② 如《艺文类聚》卷五〇引谢承《后汉书》:"王闳迁冀州刺史,闳性刻,不发私书,不交豪族,宾客号曰'王独坐'。"卷五八引《吴录》:"王宏为冀州刺史,不发私书,不交豪族,号曰'王独坐'。"又引《鲁国先贤志》:"孔翊为洛阳令,置器水于前庭,得私书皆投其中,一无所发。弹治贵戚,无所回避。"

蜀郡太守因计吏赂遗于（曹）腾，益州刺史种暠于斜谷关搜得其书，上奏太守，并以劾腾，请下廷尉案罪。帝曰：'书自外来，非腾之过。'遂寝暠奏。"是为以书信检查方式防范官僚朋党勾结的实例。

《艺文类聚》卷三一引马融《与窦伯向书》："孟陵奴来，赐书，见手迹，欢喜何量，次于面也。书虽两纸，纸八行，行七字，七八五十六字，百一十二言耳。"① 又引张奂《与阴氏书》："笃念既密，文章灿烂，名实相副，奉读周旋，纸弊墨渝，不离于手。"《北堂书钞》卷一〇四引延笃《答张奂书》："惟别三年，梦想忆念，何月有违。伯英来，惠书四纸，读之反覆，喜不可言。"都描述喜得友人书信的心境，足见当时民间书信对于促进社会交往的不寻常的作用。《艺文类聚》卷三一又引崔瑗《与葛元甫书》："今遣奉书，钱千为赞，并送许子十卷，贫不及素，但以纸耳。"特别值得注意的是，这 4 封年代大致为东汉中期的书信都反映当时纸已经开始成为普及于民间的书写材料。②

较简牍远为轻便，较素帛又远为经济的用纸书写的信件，可以提高邮递效率，密切公众联系，其出现和普及对于文化交往的发展无疑具有不可忽视的进步意义。

---

① 《北堂书钞》卷一〇四引作马融《与窦伯可书》，引文作，"孟陵来，赐书，见手书，欢喜何量。书虽两纸，八行，行七字"。

② 西安灞桥、新疆罗布淖尔、甘肃居延肩水金关遗址和敦煌马圈湾遗址都曾出土西汉麻纸，对于"灞桥纸"的性质尚存在争议。新疆民丰东汉墓曾出土揉成卷的纸，说明纸已传播到西域地区。甘肃武威旱滩坡东汉晚期墓中，发现了留有文字墨迹的纸片，可辨识"青贝"等字。相信今后还会有年代更早的用作书写材料的古纸出土。参看潘吉星《中国造纸技术史稿》，文物出版社，1979；田野《陕西省灞桥发现西汉的纸》，《文物参考资料》1957 年第 7 期；黄文弼《罗布淖尔考古记》，《中国西北科学考察团丛刊》之一，1948；甘肃居延考古队《居延汉代遗址的发掘和新出土的简册文物》，《文物》1978 年第 1 期；甘肃省博物馆、敦煌县文化馆《敦煌马圈湾汉代烽燧遗址发掘简报》，《文物》1981 年第 10 期；党寿山《甘肃省武威县旱滩坡东汉墓发现古纸》，《文物》1977 年第 1 期。

第十五章

秦汉域外通路

一　张骞凿空与丝路西域南北道的开通

　　班固在《汉书·公孙弘卜式儿宽传》最后的赞语中曾经总结了汉武帝时代的文化形势。他列数当时许多身份低下者受到识拔，终于成就功业的实例，指出正是由于汉武帝的独异的文化眼光，"畴咨海内，举其俊茂，与之立功"，使得这些人才不致埋没，于是"群士慕向，异人并出"，形成了历史上引人注目的群星璀璨的文化景观。班固所谓"汉之得人，于兹为盛"的感叹，是符合历史事实的。也正是因为有这样一些开明干练的"群士""异人"能够焕发精神，多所创建，这一历史时期"是以兴造功业，制度遗文，后世莫及"。在汉武帝时代的英雄谱中，张骞姓名位于前列。这就是班固所谓"奉使则张骞、苏武"。

　　汉武帝建元三年（前 138），汉中人张骞以郎应募出使大月氏，期求争取大月氏与汉王朝合力共击匈奴。张骞出陇西，途经匈奴控制地区时被匈奴拘捕，沦落胡地"十余岁"。后逃脱，"西走数十日至大宛"，又转经康居至大月氏。时大月氏已定居于妫水流域（今阿姆河上游地区，即今塔吉克及乌兹别克、土库曼南部、阿富汗北部地区），"地肥饶，少寇，志安乐，又自以远汉，殊无报胡之心"，不欲再与匈奴作战。张骞留居一年多，曾"从月氏至大夏"，因不能实现与月氏建立联盟的目的，只得返回。然而回程中又为匈奴俘获，一年多之后，匈奴"国内乱"，张骞始得"亡归汉"。张骞出发时随从百余人，"去十三岁，唯二人得还"（《史记·大宛列传》）。

张骞向汉武帝报告了西域各国国情，使这位有志于"攘四夷广土斥境"（《汉书·夏侯胜传》）的帝王进一步确定了打通河西道路，经营西域，并进而开拓通往"西极"的国际通道以扬汉王朝威德于四海的决心。

图 15 - 1　武威雷台汉墓出土铜骑士俑侧视图

汉武帝努力巩固新收复的河南地区，并组织远征军击败匈奴，将其主力驱逐到大漠以北，从而控制了河西地区，打通了通往西域的走廊。一时，"金城、河西西并南山（今祁连山）至盐泽（今罗布泊）空无匈奴。匈奴时有候者到，而希矣"（《史记·大宛列传》）。汉王朝在河西置郡，将长城由朔方沿黄河向西拓展至令居，又在河西兴水利、设田官，使这一地区归入农耕文化系统之中，并以强大军力屯戍守备，使汉与西域的交通得到保障。

汉武帝元狩四年（前119），卫青、霍去病率军夹击匈奴，匈奴单于突围逃窜，从此漠南无王庭。匈奴主力向远方转移，然而又加紧了与汉王朝争夺西域的斗争。

图 15 - 2　武威雷台汉墓出土铜骑士俑队列

如若不打破匈奴对西域的控制，就无法维护用万千士兵生命换取的军事胜利。为进一步争取建立抗击匈奴的同盟，并为与西方的贸易交通创造条件，汉武帝又派遣张骞再次出使西域，企图联络乌孙，"招以益东，居故浑邪之地，与汉结昆弟"，以"断匈奴右臂"，预计"既连乌孙，自其西大夏之属皆可招来而为外臣"。汉武帝"拜（张）

骞为中郎将，将三百人，马各二匹，牛羊以万数，赍金币帛直数千巨万，多持节副使，道可使，使遗之他旁国"（《史记·大宛列传》）。

张骞第二次出使西域，可能经由龟兹（地在今新疆轮台、库车、拜城一带）西行。抵达乌孙后，由于乌孙国内政争激烈，未能实现建立共击匈奴的同盟的预期目标，然而亦发展了汉王朝与乌孙之间的友好关系。张骞还利用这一关系，"分遣副使使大宛、康居、大月氏、大夏、安息、身毒、于寘、扜罙及诸旁国"。张骞返回时，乌孙派向导和译员相送，并"遣使数十人，马数十匹报谢"，随张骞东行，考察汉地，"知其广大"，"见汉人众富厚"，"其国乃益重汉"。

汉武帝元鼎二年（前115），张骞回到长安，1年多之后即去世。他派遣通大夏等国的副使在他逝世1年多之后，都各自先后完成任务，陆续和各国派遣的使节一道回到长安，"于是西北国始通于汉矣"。司马迁以"凿空"称誉张骞开通西域道路的历史功绩："张骞凿空，其后使往者皆称博望侯，以为质于外国，外国由此信之。"（《史记·大宛列传》）从此，汉与西域的关系日益密切起来。

后乌孙王遣使献良马，汉武帝以曾发《易》书卜，得"神马当从西北来"句，而名曰"天马"，后又得大宛汗血马，于是更名乌孙马曰"西极"，名大宛马曰"天马"①。《汉书·礼乐志》载《郊祀歌·天马》为汉武帝"太初四年诛宛王获宛马作"，其中有"天马徕，从西极，涉流沙，九夷服"，"天马徕，历无草，径千里，循东道"，"天马徕，开远门，竦予身，逝昆仑"的名句。天马来汉，其实是汉武帝时代"开远门"以通"西极"取得成功的标志。

这一时期，汉使多取道乌孙南境前往大宛，大月氏等国。汉武帝

---

① "《汉铙歌十八曲》'君马黄'篇云：'《易》之有驹蔡有赭。'即指此事。《易》之谓发《易》书，蔡谓著龟。《汉书·礼乐志》'天马歌'云：'虎脊两，化若鬼。'鬼即魏字之假借，谓天马之毛色，变化如骏马浅黑色，即'君马黄'之'《易》之有驹'。'天马歌'又云：'霑赤汗，沫流赭'，即'君马黄'之'蔡有赭'。"参看陈直《史记新证》，天津人民出版社，1979，第192页。

元封元年（前110），乌孙与汉结亲，江都王刘建的女儿细君作为公主远嫁乌孙王。① 细君死后，汉又把楚王刘戊的孙女解忧作为公主嫁给乌孙王。俄罗斯南西伯利亚发现的所谓"中国式宫殿遗址"，有的学者即以为可能与汉家公主"自治宫室居"（《汉书·西域传下》）史事有关。② 俄罗斯与哈萨克斯坦间阿尔泰地区发现一批均有马匹随葬的大型墓葬，其中巴泽雷克5号墓随葬凤凰纹绣缎，并出土"当地独一无二的一辆古代马车"，车单辕，驾四马。有的学者根据这些现象以及"该墓女主人的独特的头饰和发式"，推想她可能是因缔结和亲之盟而下嫁阿尔泰部落首领的中国人，并且与《汉书·西域传下》细君嫁乌孙，"乌孙昆莫以为右夫人，匈奴亦遣女妻昆莫，昆莫以为左夫人"的记载相联系。③

图 15−3 民丰尼雅墓地出土"千秋万岁宜子孙"锦枕

《史记·大宛列传》记载，自此之后，汉"因益发使抵安息、奄蔡、黎轩、条支、身毒国"，"使者相望于道，诸使外国一辈大者数百，少者百余人，人所赍操大放博望侯时。其后益习而衰少焉。汉率一岁中使多者十余，少者五六辈，远者八九岁，近者数岁而反"。汉

---

① 《汉书·西域传下》："公主至其国，自治宫室居。""昆莫年老，语言不通，公主悲愁，自为作歌曰：'吾家嫁我兮天一方，远托异国兮乌孙王。穹庐为室兮旃为墙，以肉为食兮酪为浆。居常土思兮心内伤，愿为黄鹄兮归故乡。'天子闻而怜之，间岁遣使者持帷帐锦绣给遗焉。"

② 周连宽：《苏联南西伯利亚所发现的中国式宫殿遗址》，《考古学报》1956年第4期。

③ 〔苏〕C. H. 鲁金科：《论中国与阿尔泰部落的古代关系》，《考古学报》1957年第2期。

使西行，实际上往往是一种特殊的贸易形式，甚至沿途给养也多以金帛换取，途经各国，"非出币帛不得食，不市畜不得骑用"。西域良马是汉王朝官方贸易的主要追求对象，汉地缯帛、漆器，黄金、铁器则受到西域各国的欢迎。马匹便于迁转，而汉使所赍往者，也大多为单位价值相当昂贵而便于携运的物品，这当然与交通险阻，运输艰难有关。当时，"匈奴奇兵时时遮击使西国者"，"酒泉列亭鄣至玉门"，乃至"西至盐水，往往有亭"，都是为了保证西行使团的安全。傅筑夫指出，"所谓通西域的丝路，实际上是在亭障遍地、烽墩林立和烟火相接的严密保护下才畅通无阻的"①。"而仑头有田卒数百人，因置使者护田积粟，以给使外国者。"（《史记·大宛列传》）《汉书·西域传上》记述沿途交通条件之险恶：

奉献者皆行贾贱人，欲通货市买，以献为名，故烦使者送至县度，恐失实见欺。凡遣使送客者，欲为防护寇害也。起皮山南，更不属汉之国四五，斥候士百余人，五分夜击刀斗自守，尚时为所侵盗。驴畜负粮，须诸国禀食，得以自赡。国或贫小不能食，或桀黠不肯给，拥彊汉之节，馁山谷之间，乞匄无所得，离一二旬则人畜弃捐旷野而不反。又历大头痛、小头痛之山，赤土、身热之阪，令人身热无色，头痛呕吐，驴畜尽然。又有三池、盘石阪，道陿者尺六七寸，长者径三十里。临峥嵘不测之深，行者骑步相持，绳索相引，二千余里乃到县度。畜队，未半阬谷尽靡碎；人堕，势不得相收视。险阻危害，不可胜言。

但尽管如此，仍多有"争上书言外国奇怪利害，求使"者，"天子为其绝远，非人所乐往，听其言，予节，募吏民毋问所从来，为具备人众遣

---

① 傅筑夫：《中国封建社会经济史》第 2 卷，人民出版社，1982，第 439 页。

之，以广其道"。所谓"西北外国使，更来更去"（《史记·大宛列传》），体现出汉文化的强大吸引力，以及当时时代精神中勇于进取的特色。

图 15-4　民丰尼雅墓地出土"五星出
东方利中国"织锦护臂

汉宣帝神爵二年（前 60），匈奴发生政变，统领西部匈奴的日逐王率众归属汉王朝。西域的形势于是又有所改观。汉王朝任命郑吉为西域都护，秩比二千石，都护府设于乌垒（今新疆轮台东）。自此之后，西域地区包括北疆和巴尔喀什湖以东以南的地区都大致归于汉王朝控制之下。帕米尔高原以西以北的大宛等国也都属西域都护监管。郑吉以"拊循外蛮，宣明威信"，"功效茂著"，被封为安远侯，于是"镇抚诸国，诛伐怀集之，汉之号令班西域矣"（《汉书·郑吉传》）。汉哀帝建平四年（前 3），扬雄上书说到"往者图西域，制车师，置城郭都护三十六国"(《汉书·匈奴传下》),汉势力所及,后又至五十余国。《汉书·西域传下》:"最凡国五十。自译长、城长……将、相至侯、王,皆佩汉印绶,凡三百七十六人。而康居、大月氏、安息、罽宾、乌弋之属,皆以绝远不在数中,其来贡献则相与报,不督录总领也。"

汉时开通丝绸之路,在世界文化史上具有极其重要的意义。在中国交通发展的历程中,丝绸之路也是第一次由政府正式开通的对外交往的大道。东西文化于是得以经这条大道交会,"殊方异物,四面而至","赂遗赠送,万里相奉"(《汉书·西域传下》)。国外有汉学家指出:"(丝绸之路开通)在中国史的重要性,绝不亚于美洲之发现在欧洲史上的重要。"[1]

汉时丝绸之路从长安西行,经河西走廊武威、张掖、酒泉、敦煌,敦煌龙勒之玉门关、阳关,再向西则分南北二道。《汉书·西域传上》:

> 自玉门、阳关出西域有两道。从鄯善傍南山北,波河西行至莎车,为南道;南道西逾葱岭则出大月氏、安息。自车师前王廷随北山,波河西行至疏勒,为北道;北道西逾葱岭则出大宛、康居、奄蔡焉。

在南道、北道两条干线之外,又有若干支线。

西汉末年的政治危机,影响到与西域交通的发展。敦煌汉简中有王莽时遣使行西域的内容,如:

始建国天凤三年　正月丁巳朔庚辰使西域大使五威左率(70)
始建国天凤四年正月戊辰使西域大使五威左率都尉(142)
使西域大使五威左率都尉□□□(76)

---

① 俄罗斯汉学家比楚林(Бичурин)语,见〔苏〕狄雅可夫、尼科尔斯基合编《古代世界史》,日知译,中央人民政府高等教育部教材编审处,1954,第224页。

使西域大使五威左率都尉粪土臣△稽首再拜上书（117）

简 118、146 与 117 同。又简 1893 亦见"大使五威将"称谓。其内容似与
王莽"遣五威将王奇等十二人班《符命》四十二篇于天下"事有关，"五
威将乘《乾》文车，驾《坤》六马"，"每一将各置左右前后中帅，凡五
帅"，合计"五威将帅七十二人"，将持节，称"太一之使"；帅持幢，称
"五帝之使"，王莽策命曰："普天之下，迄于四表，靡所不至。"其"西出
者，至西域，尽改其王为侯"，于是"西域后卒以此皆畔"（《汉书·王莽传
中》）。王莽处理边事，外交及军事均未能成功，史称"王莽篡位，贬易侯
王，由是西域怨叛，与中国遂绝，并复役属匈奴"（《后汉书·西域传》）。

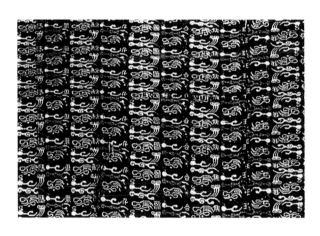

图 15-5　民丰尼雅墓地出土"王侯合昏千秋万岁宜子孙"锦被

东汉时，西域之路数绝数通。建武年间，因"匈奴敛税重刻，诸
国不堪命"，"皆遣使求内属，愿请都护。光武以天下初定，未遑外
事，竟不许之"[①]。后西域各国更相攻伐，永平年间，"北虏乃胁诸国

[①]　《后汉书·西域传》："鄯善王上书，愿复遣子入侍，更请都护。都护不出，诚迫于
匈奴。天子报曰：'今使者大兵未能得出，如诸国力不从心，东西南北自在也。'于是鄯善、
车师复附匈奴。""东西南北自在也"，《资治通鉴》卷四三"汉光武帝建武二十二年"胡三
省注："任其所从。"

共寇河西郡县，城门昼闭"。汉明帝永平十六年（73），汉军北征匈奴，"取伊吾卢地，置宜禾都尉以屯田，遂通西域，于寘诸国皆遣子入侍。西域自绝六十五载，乃复通焉"。次年，置都护、戊己校尉。汉章帝时，不欲疲敝中国以事夷狄，于是迎还戊己校尉，不再派遣都护，又罢屯田伊吾。汉和帝永元元年（89），窦宪大破匈奴。三年（91），班超定西域，任为都护，居龟兹，又置戊己校尉，居车师前部高昌壁，置戊部候，居车师后部候城。六年（94），"班超复击破焉耆，于是五十余国悉纳质内属。其条支、安息诸国至于海濒四万里外，皆重译贡献"。九年（97），"班超遣掾甘英穷临西海而还。皆前世所不至，《山经》所未详，莫不备其风土，传其珍怪焉。于是远国蒙奇、兜勒皆来归服，遣使贡献"（《后汉书·西域传》）。

关于"甘英穷临西海而还"，《后汉书·西域传》中还有如下记载：

> 和帝永元九年，都护班超遣甘英使大秦，抵条支。临大海欲度，而安息西界船人谓英曰："海水广大，往来者逢善风三月乃得度，若遇迟风，亦有二岁者，故入海人皆赍三岁粮。海中善使人思土恋慕，数有死亡者。"英闻之乃止。

在《后汉书·西域传》所引述班勇《西域记》提供的资料中，中亚各国多记有去洛阳里程，最远者如"安息国居和椟城，去洛阳二万五千里"，"自安息西行三千四百里至阿蛮国，从阿蛮西行三千六百里至斯宾国，从斯宾南行度河，又西南至于罗国九百六十里，安息西界极矣"。距洛阳里程之数据，当来自汉人实地考察的经验。自安息西界"南乘海，乃通大秦"，据说，"其王常欲通使于汉，而安息欲以汉缯绵与之交市，故遮阂不得自达。至桓帝延熹九年，大秦王安敦遣使自日南徼外献象牙、犀角、瑇瑁，始乃一通焉"。甘英此次远行，虽然最终未能抵达罗马帝国，但作为中国外交使节探索"西极"者，他是将足迹留在波斯湾地区的第一人。① 中国旅行家因当时条件的限制，在"海水广大"面前不免生疑畏之心，然而他们在陆路交通方面征服荒碛大漠、冰山峻岭所创建的功绩，则永远在世界文化史册上放射着光辉。

人们还应当注意到，虽然汉王朝使团西行止于安息西界海岸，但班勇《西域记》记述大秦国事甚为详备，则似不排除汉民间商人行踪所至更超过甘英的可能②。

东汉后期，汉与西域的关系又趋向恶化。汉和帝死后，"西域背畔"，汉安帝永初元年（107），频攻围都护任尚、段禧等，"朝廷以

---

① 安作璋认为："甘英这次远行，未克到达罗马，其中必然另有原因。""甘英中止海上旅行的原因，与其如史书所说的，似乎是为旅程困难，不如说是为了当时大秦与安息国内局势不好，对远道旅行所要完成的使命不利。不容否认，安息人是有意夸大海上的困难，借以阻止中国和罗马的直接交通，从而垄断这条丝路；但不能想象一个万里长征的有经验的旅行家竟会仅仅被旅途的困难所吓倒。"《两汉与西域关系史》，齐鲁书社，1979，第 88 页。

② 早在"甘英穷临西海而还"之前，古代希腊文和拉丁文文献中已经可以看到当时人对东方丝绸之国"赛里斯"的片断认识。成书于公元前 30 年的维吉尔（Vigile）的《田园诗》中写道："赛里斯人从他们那里的树叶上采集下了非常纤细的羊毛。"作于公元前 29 年前后的霍拉赛（Horace）的《希腊抒情诗集》提到"赛里斯国坐垫"。普罗佩赛（Properce）作于公元前 30 年至公元 15 年的《哀歌》也提到"赛里斯织物和绚丽的罗绮"。赛内克（S6n6que）作于公元 65 年之前的《悲剧作家赛内克》一书中，也说到"遥远的赛里斯人采摘自他们树丛中的丝线"和"旭日出处的赛里斯人采自东方树上的罗绮"。成书于公元 77 年的老普林尼（（Pline L'Ancien）的《自然史》中，也说到"赛里斯人"："这一民族以他们森林里所产的羊毛而名震遐迩。他们向树上喷水而冲刷下树叶上的白色绒毛，然后再由他们的妻室来完成纺线和织布这两道工序。由于在遥远的地区有人完成了如此复杂的劳动，罗马的贵妇人们才能够穿上透明的衣衫而出现于大庭广众之中。"公元 39 ~ 65 年在世的卢坎（Lucain）在《法尔萨鲁姆》（Pharsalo）中写道："克利奥帕特拉（C160pltre）的白腻酥胸透过西顿的罗襦而闪闪发亮。这种罗襦是用赛里斯人的机杼织成。""赛里斯人首先见到你（尼罗河），并探询问你的泉源。"见〔法〕戈岱司编《希腊拉丁作家远东古文献辑录》，耿昇译，中华书局，1987，第 2 ~ 14 页。生活于公元 1 世纪末期的罗马史家佛罗鲁斯（Florus）在所著《史记》一书中，说到奥古斯都皇帝在位时（前 31 ~ 前 14）中国人曾抵达罗马："其余世界，不属罗马帝政所治者，亦皆知罗马国之光荣盛强，见罗马人而生敬心，以其征服众邦……皆遣使结好。不独此也，远如赛里斯人及居太阳直垂之下之印度人，亦皆遣使奉献珍珠宝石及象，求与吾人订交好之约。据其人自云，居地远离罗马，须行四年之久，方能达也。视其人之貌，亦知为另一世界之人。"公元 23 ~ 79 年在世的白里内（Gaius Pliny tllc E1der）在《博物志》中也写道：赛里斯"林中产丝，驰名字内"，"后织成锦绣文绮，贩运至罗马。富豪贵族之妇女，裁成衣服，光辉夺目。由地球东端运至西端，故极其辛苦"。见亨利玉尔《古代中国闻见录》第 1 卷，第 18、200 页，张星烺编注《中西交通史料汇编》第 1 册，中华书局，1977，第 19 ~ 20 页。

其险远，难相应赴，诏罢都护，自此遂弃西域"。17 年之后，延光三年（124），班勇率军又进入西域，破平车师，又于顺帝永建二年（127）击降焉耆，"于是龟兹、疏勒、于窴、莎车等十七国皆来服从，而乌孙、葱领已西遂绝"（《后汉书·西域传》）。永和二年（137），敦煌太守裴岑又大破北匈奴呼衍王子蒲类海，并立碑纪念。① 可以说明汉朝军队维护西域交通的活动的，还有新疆拜城著名的《刘平国等作列亭诵》刻石：

> 龟兹左将军刘平国以七月廿六日发家
> 从秦人孟伯山狄虎贲赵当卑万阿羌
> 石当卑程阿羌等六人共来作列亭从
> □□关八月一日始斫岩作孔至十日
> □坚固万岁人民喜长寿亿年宜
> 子孙永寿四年八月甲戌朔十二日
> 乙酉直建纪此东乌累关城皆
> 将军所作也俱披山☒

旁侧又有题刻：

> 敦煌长□
> 淳于伯隗
> 作此诵

是为修造工事后所刻纪念文字。汉桓帝永寿四年六月已改元延熹，此

---

① 徐松《西域水道记》载碑文云："惟汉永和二年八月敦煌太守云中裴岑将郡兵三千人诛呼衍王等斩馘部众克敌全师除西域之灾蠲四郡之害边竟艾安振威到此立海祠以表万世。"

八月中刻字仍作"永寿四年",是由于西域与中原交通阻障,政令不能及时通达。

东汉末年,因羌人起义及河西战乱,内地与西域的交通愈益艰难。西域地区虽仍不时派遣使节往内地,但面临灭亡危机的东汉王朝已无力施行对西域的控制,西域交通于是仅仅限于有限的民间往来了。

敦煌马圈湾遗址出土汉简多有简文可见西域国名者,如:

焉耆 (50,65,92,98,119,460)

鄯善 (46,65,114,460,513)

车师 (69,72,74,79,84,85,86,88,89A,108,112,113,119,138,460,513,862,962)

乌孙 (88,90,620)

姑墨 (91)

尉梨 (94,129)

龟兹 (108)

原简内容当反映汉与西域各国的交往。敦煌汉简又可见"使者"(1341,2003)及"奉使无状"(82)等简文,反映西域通路使者频繁往来,"相望于道"的情形。又如:

出粟五石二斗二升以食使车师成君卒八十七人丙申一日积八十七人人六升(1926,1935)

出粟一斗二升以食使莎车续相上书良家子二人癸卯□☑(1927)

是为分别往车师和莎车的汉使及其随从提供口粮的记录。又如:

　　十月去时期遣使来食十一月十日今隊为责备不到十一二日即
（40）

说预定遣使来食日期，已做好准备，而使者却逾期未到。此外，还有
关于西域地区国家使者的简文，例如：

　　　大朋朋属禹一食西域大月氏副使者　　　　　卩（1328）
　　　乌孙小昆弥使者雨墨（1915）

西域使者东行内地，一路受到汉王朝军事交通系统的接待与保护。[①]

二　西南丝绸之路

　　《史记·大宛列传》记述，开通西域道路的功臣张骞曾向汉武帝
建议由蜀地道经身毒通大夏：

　　　（张）骞曰：“臣在大夏时，见邛竹杖、蜀布。问曰：‘安得
　　此？’大夏国人曰：‘吾贾人往市之身毒。身毒在大夏东南可数千
　　里。其俗土著，大与大夏同，而卑湿暑热云。其人民乘象以战。
　　其国临大水焉。’[②] 以骞度之，大夏去汉万二千里，居汉西南。今
　　身毒国又居大夏东南数千里，有蜀物，此其去蜀不远矣。今使大
　　夏，从羌中，险，羌人恶之；少北，则为匈奴所得；从蜀宜径，
　　又无寇。”

---

　　① 居延汉简中也有关于“使者”的简文，如 E. P. T51：85，E. P. T52：745，E. P. T59：
87 等，但可能都属于所谓“驻客使者”（E. P. T51：227A）、“行塞使者劳边使者”
（E. P. T52：616），与“使西国者”职任不同。
　　② 夏鼐认为，此“大水”当即印度河。夏鼐：《中巴友谊的历史》，《考古》1965 年第
7 期。

汉武帝久有意交通大宛、大夏、安息以及大月氏、康居诸国，期望"广地万里，重九译，致殊俗，威德遍于四海"，于是"欣然，以骞言为然"。于是令张骞于蜀郡和犍为郡组织人员探索通身毒道路，由駹、冉、徙、邛僰四道并出，皆各行一二千里，而为当地部族阻滞，"其北方闭氐、筰，南方闭嶲、昆明"，"终莫得通"。特别是"昆明之属无君长，善寇盗，辄杀略汉使"。虽然开拓官方外交通路的计划没有获得成功，然而了解到"其西可千余里有乘象国，名曰滇越，而蜀贾奸出物者或至焉"。有的学者通过对其方位、里程、乘象习俗及"滇越"音读的考证，推断"滇越"即"盘越"，是东印度阿萨姆地方的古国迦摩缕波[1]。蜀地民间商人不顾政府"关蜀故徼"的限制，"或窃出商贾"（《汉书·西南夷传》）[2]，以走私方式前往这一地区从事贸易活动。"于是汉以求大夏道始通滇国。"起初，汉欲通西南夷，然而因耗费惊人而道不通遂罢之，自张骞提出可以由此通大夏，"乃复事西南夷"（《史记·大宛列传》）。

　　其实，由川滇通缅甸、印度，越南等地的这条西南丝绸之路（或称"南方丝绸之路""滇缅道""蜀布之路"等），很可能在战国时期已经初步开通。20世纪40年代在四川茂汶地区发现的早期石棺葬中，曾出经测定并不含钡的琉璃珠。[3] 而我国战国时期的琉璃制品均属于铅钡玻璃的体系，西方古代玻璃则一直以钠钙玻璃为主，与中国玻璃成分截然不同。不含钡的钠钙玻璃，当是由中亚或西亚输入。[4] 云南江川李家山年代为战国时期的24号墓也曾出土来自西亚的蚀花肉红

① 汶江：《滇越考——早期中印关系的考察》，《中华文史论丛》1980年第2辑。
② 《史记·西南夷列传》作"开蜀故徼"。《史记会注考证》引王念孙曰："'开'字当依《汉书》作'关'，言秦时常于诸国置吏，及汉初则弃此诸国，而但以蜀诸徼为关也。下文曰'巴蜀民或窃出商贾'，即谓出此关也。若云'开蜀故徼'，则与上下文皆不合矣。"
③ 据童恩正《略谈秦汉时代成都地区的对外贸易》，《巴蜀考古论文集》，文物出版社，1987。
④ 高至喜：《论我国春秋战国的玻璃器及有关问题》，《文物》1985年第12期。

石髓珠。① 看来，当时已存在以南道为贸易方向的商贾活动。

成书于公元前 4 世纪的印度史书《国事论》中，曾经提到所谓"脂那"（Cina），脂那物产，有丝及织皮二种。饶宗颐考证，Cina 是"秦"的对音，"印度文献中的 Cina，似可兼指汉时的永昌郡而言"，"以此推知中印之交往，早在《国事论》成书之前"。"按司马错灭蜀，在秦惠王时（316B.C.），是时蜀已归秦，故蜀产之布，自可被目为秦布，故得以 Cina-patta 称之。"②

汉武帝以"通蜀，身毒国道便近"为出发点，竭力试图打通西南国际通道，"令王然于、柏始昌、吕越人等，使间出西夷西，指求身毒图。至滇，滇王尝羌乃留，为求道四十余辈。岁余，皆闭昆明，莫能通身毒国"。汉武帝争取滇王亲附，又击破"常隔滇道"的头兰，又平南夷为牂柯郡，又杀邛君、筰侯，于是置越嶲郡、沈黎郡、汶山郡，又"以兵临滇"，滇王举国降，请置吏入朝，"于是以为益州郡，赐滇王王印，复长其民"（《史记·西南夷列传》）。

东汉明帝永平十二年（69），"益州徼外夷哀牢王相率内属，于是置永昌郡"（《后汉书·明帝纪》）。汉王朝所实际控制的地域"始通博南山，度兰仓水"，至于今云南保山附近，永昌郡所辖，已包括今缅甸北部部分地区。当时，"行者苦之，歌曰：'汉德广，开不宾。度博南，越兰津。度兰仓，为它人'"（《后汉书·南蛮西南夷列传·哀牢》）。至此，滇缅道路终于打通，汉王朝通过哀牢地区和掸国发生了联系，汉和帝永元九年（97），"徼外蛮及掸国王雍由调遣重译奉国珍宝，和帝赐金印紫绶，小君长皆加印绶、钱帛"。西南丝绸之路的主要路段，于是均处于汉王朝控制之下。《后汉书·南蛮西南夷列传·哀牢》还记述说：

---

① 张增祺：《战国至西汉时期滇池区域发现的西亚文物》，《思想战线》1982 年第 2 期。

② 饶宗颐：《蜀布与 Ctna-patta——论早期中、印、缅之交通》，"中央研究院"《历史语言研究所集刊》45 本 4 分（1974 年 6 月）。

图 15 - 6　新野樊集汉画象砖海西幻人形象

永宁元年，掸国王雍由调复遣使者诣阙朝贺，献乐及幻人，
能变化吐火，自支解，易牛马头。又善跳丸，数乃至千。自言
"我海西人"。海西即大秦也，掸国西南通大秦。

次年元会，"安帝作乐于庭，封雍由调为汉大都尉，赐印绶、金银、
綵缯各有差也"。据《华阳国志·南中志》，永昌郡属县八，户六万，
"去洛六千九百里，宁州之极西南也，有闽濮、鸠僚、僄越、裸濮、
身毒之民"①。是时汉武帝开通"身毒国道"，与古印度人直接交通的
愿望始得实现。永昌郡不仅是诸族混居，民族构成十分复杂的地区②，

---

① 《后汉书·南蛮西南夷列传·哀牢》：哀牢王遣子率种人内属，"其称邑王者七十七
人，户五万一千八百九十，口五十五万三千七百一十一。西南去洛阳七千里，显宗以其地置
哀牢、博南二县，割益州郡西部都尉所领六县，合为永昌郡"。《续汉书·郡国志五》："永昌
郡，明帝永平十二年分益州置。雒阳西七千二百六十里。八城，户二十三万一千八百九十七，
口百八十九万七千三百四十四。"

② 《后汉书·南蛮西南夷列传·哀牢》说，哀牢王属下"其称邑王者七十七人"，体现
所属部族、部落的数目。而内属时户均人口达 10.67 人，也是异乎寻常的。《华阳国志·南中
志》说永昌"僄越"人，或以为即缅甸骠人，或以为《三国志·魏书·乌丸鲜卑东夷传》裴
松之注引《魏略·西戎传》："盘越国一名汉越王，在天竺东南数千里，与益部相近，其人小
与中国人等，蜀人贾似至焉"所谓"盘越"即"僄越"之异译。

其物产"黄金、光珠、虎魄、翡翠、孔雀、犀、象、蚕桑、绵绢、采帛、文绣","又有𦋺罽、帛叠、水精、琉璃、轲虫、蚌珠",也表明因地处西南丝绸之路的重要区段,这里又是南北文化密切交汇的地区。大致至此而中西交通之"南道而西极转东南尽矣"(《三国志·魏书·乌丸鲜卑东夷传》裴松之注引《魏略·西戎传》)。

图 15 - 7　新密打虎亭汉墓壁画幻人吐火表演画面

大致成书于公元前 2 世纪至公元 2 世纪的《摩奴法典》提到"支那人"(Cinas),并有关于丝绸的记载①,看来秦汉时期的中印交通似以丝绸贸易为主。1936 年,考古学家在阿富汗喀布尔以北约 60 公里处的一座城堡中发现许多中国丝绸,童恩正认为,当时匈奴与月氏曾经多次遮断沿河西走廊西行的"丝绸之路","这些丝绸(至少其中的一部分)有可能是从成都经滇缅道运到印巴次大陆,再到达中亚的"②。《魏略·西戎传》说,大秦通中国以取得丝绸的商路,"又有水道通益州,永昌,故永昌出异物"。经由西南丝绸之路外运的物资,

----

① 如 11.168 说到"丝",5.120 说到"丝织品",12.64 说到"丝绸衣服"。10.92 又说到"漆",对照《史记·大宛列传》"自大宛以西至安息","其地皆无丝漆"的记载,可推知印度"丝漆"或许即由蜀滇通道传入。

② 童恩正:《略谈秦汉时代成都地区的对外贸易》,《巴蜀考古论文集》,文物出版社,1987。

除张骞于大夏所见当地贾人"往市之身毒"所得之"邛竹杖、蜀布"外，铁器的数量也不容忽视。越南北部清化省的东山遗址及广平省的汉墓中，曾出土与两汉五铢钱共出的铁器如锸、斧、刀，剑等①。越南北部古骆越人的传统发式亦为"椎髻"，这一地区大致也属于蜀地铁器"贾椎髻之民"（《史记·货殖列传》）的运销范围。

通过这条道路输入汉地的物资，则有玛瑙、琉璃、珠饰、海贝等等。曾出土于云南江川李家山 24 号墓的属于伊拉克和印度河流域文化遗存中的早期产品的蚀花肉红石髓珠，在西汉时仍有从印度输入者，在云南晋宁石寨山年代相当于西汉中期的 13 号墓的随葬品中可以看到实例②。云南滇池地区古墓大量随葬海贝，江川李家山古墓出土 300 余斤，晋宁石寨山古墓出土 2 万余枚，经鉴定，可知为出自深海的"环纹货贝"。货币史学者认为，云南使用贝币是受到印度的影响，大量海贝也来自印度。③

汉武帝"令（张）骞因蜀犍为发间使，四道并出：出駹，出冄，出徙，出邛、僰，皆各行一二千里"（《史记·大宛列传》）。由駹在蜀西北。"出徙"，即经"青衣道""旄牛道"入滇；"出邛僰"，即经僰道、秦"五尺道"入滇。有学者认为，两条路线可能于大理一带会合，再大致循滇缅公路走向，经保山、腾冲，沿大盈江而下，至缅甸八莫。由八莫有水陆两条路线通印度：陆路经密支那，越过亲敦江及那加山脉至阿萨姆地区，再沿布拉马普特拉河西行抵达恒河平原；水路顺伊洛瓦底江航行出海，由海路西北行至于印度。④ 沈福伟则指出：

---

① 〔越南〕黎文兰等著《越南青铜时代的第一批遗迹》，梁志明译，河内科学出版社，1963。

② 云南省博物馆：《云南晋宁石寨山古墓群发掘报告》，文物出版社，1959，图旧版壹壹陆：1；作铭：《我国出土的蚀花的肉红石髓珠》，《考古》1974 年第 6 期，收入《夏鼐文集》中册，社会科学文献出版社，2000，第 458～464 页。

③ 彭信威：《中国货币史》，上海人民出版社，1958；李家瑞：《古代云南用贝币的大概情形》，《历史研究》1956 年第 9 期。

④ 参看江玉祥《古代中国西南"丝绸之路"简论》，《古代西南丝绸之路研究》，四川大学出版社，1990，第 33 页。

"公元前二世纪时中印缅道是由博南山（今永平县境）渡澜沧江，经过嶲唐（保山）、不韦（保山南境），西出高黎贡山，沿亲敦江经胡康河谷由曼尼普尔进入阿萨密，再南下达卡地区，溯恒河而西，经华氏城（巴特那）、曲女城（开瑙季）到朱木拿河畔的马土腊，北上五河流域的奢羯罗（锡亚尔科特）、塔克西拉（锡尔卡普），越开普尔山口直达巴克特里亚。这条大路将印度和中国的西南地区以及西北地区衔接起来，成为千百年来中印交通的大动脉。"①

《华阳国志·南中志》说，汉武帝置不韦县，"徙南越相吕嘉子孙宗族实之，因名不韦，以彰其先人恶"。可见西汉中期云南西部与南越地之间，已形成交通通路。《水经注·叶榆河》："建武十九年，伏波将军马援上言，从麊泠出贲古，击益州，臣所将骆越万余人，便习战斗者二千兵以上，弦毒矢利，以数发，矢注如雨，所中辄死。愚以行兵此道最便，盖承藉水利，用为神捷也。"又说："进桑县，牂柯之南部都尉治也。水上有关，故曰进桑关也。故马援言，从麊泠水道出进桑王国，至益州贲古县，转输通利，盖兵车资运所由矣。自西随至交趾，崇山接险，水路三千里。"可见汉时由交趾至麊泠，经进桑关、西随县、贲古县至益州郡有水陆兼济之道，大略循叶榆河谷上行。交趾在今越南河内东北，麊泠在河内西北，西随在今云南金平一带，贲古在今云南蒙自东南，益州郡治滇池在今云南晋宁东。《三国志·蜀书·许靖传》记载许靖于交趾与曹公书："荆州水陆无津，交部驿使断绝，欲上益州，复有峻防，故官长吏一不得入。前令交趾太守士威彦，深相分托于益州兄弟，又靖亦自与书，辛苦恳恻，而复寂寞，未有报应。"也说由今越云南滇池地区有道路相通，许靖因而觊望由此自交趾往益州。"后刘璋遂使使招靖，靖来入蜀"，终于克服了人为之"峻防"。又《三国志·吴书·士燮传》说，士燮"诱导益州豪姓雍

_____

① 沈福伟：《中西文化交流史》，上海人民出版社，1985，第50页。

阎等率郡人民使遥东附",又《步骘传》:"益州大姓雍闿等杀蜀所署太守正昂,与(士)燮相闻,求欲内附",也说明这条通路上信使往来十分便利。据严耕望考证,"此段叶榆水即为今盘龙江","疑汉世舍红河大水而取盘龙河谷而行,殆亦此道陆行较多之故欤?"[1]

三 北方草原毛皮之路

经由西域实现东西文化交汇的丝绸之路,并非当时唯一的东西通道。在丝绸之路北方,由黑海经伏尔加河流域、中亚北部,直通南西伯利亚,又有横贯欧亚大陆的东西大通道,因沿途多有毛皮往来流通,日本学者白鸟库吉称之为"毛皮路"。

大致成书于战国时期的《禹贡》一书记冀州形势,涉及"岛夷皮服",孔安国解释说,"海曲谓之岛,居岛之夷,还服其皮"。或谓:"岛夷,北夷国。"孔颖达引用古注:"郑玄云:鸟夷,东方之民,搏食鸟兽者也。王肃云:鸟夷,东北夷国名也。"或作"岛夷",或作"鸟夷",都指东北方向的游猎部族。历叙九州贡物,则梁州有"熊罴狐狸织皮",孔安国以为:"贡四兽之皮织金罽。"孔颖达则引"罽也,胡人绩羊毛作衣"语为解。而雍州"织皮崐崘、析支:渠搜,西戎即叙",孔安国解释说:"织皮毛布,有此四国,在荒服之外,流沙之内,羌髳之属,皆就次叙,美禹之功及戎狄也。"

显然,北方"荒服之外,流沙之内"的毛皮贸易,已经对中原文化圈发生了影响。

由于匈奴长期称雄于秦汉北境,"最疆大,尽服从北夷,而南与中国为敌国",北方毛皮贸易通道的文化作用,往往经由匈奴人传递

---

[1] 严耕望:《汉晋时代滇越通道考》,《香港中文大学中国文化研究所学报》第 8 卷第 1 期(1976 年 12 月)。

到汉地。匈奴"自君王以下，咸食畜肉，衣其皮革，被旃裘"，中行说尝谓："其得汉缯絮，以驰草棘中，衣袴皆裂敝，以示不如旃裘之完善也。"（《史记·匈奴列传》）其所居，亦"穹帐""穹幕"①。匈奴与汉之间的毛皮流通，不仅通过"关市"交易，又有"匈奴请降，穹庐旃褥，帐幔毡裘，积如丘山"（《太平御览》卷七〇八引杜笃《边论》）的情形。

图 15-8　西丰西岔沟青铜饰牌所见北方草原民族车辆型式

中国接近北边地区较早接受毛皮制品。《左传·僖公五年》记重耳事迹，士蒍赋曰："狐裘龙茸，一国三公，吾谁适从？"②《史记·孟尝君列传》说，秦昭王有"狐白裘，值千金"。苏秦说赵肃侯曰："君诚能听臣，燕必致旃裘狗马之地。"（《史记·苏秦列传》）《史记·货殖列传》论述秦汉基本经济区划，也说道："龙门、碣石北多马、牛、羊，旃裘、筋角。"在司马迁所处的时代，毛皮制品已成为市场流通的重要商品之一，"通邑大都"之中，拥有"狐貂千皮，羔羊裘千石，旃席千具"者，"此亦比千乘之家"。于是民间不仅仅一般"被裘"（《淮南子·主术》）、"席旃茵"（《淮南子·原道》）而已，"富者黼黻，狐白凫翁，中者蜀衣金缕，燕貉代黄"，"富者绣茵翟柔，蒲子露床，中者獏皮代旃，阚坐平莞"（《盐铁论·散不足》）。身份

---

① 《后汉书·文苑列传·杜笃》："深之匈奴，割裂王庭，席卷漠北"，"烧穹帐，系阏氏"。《后汉书·南匈奴传》："破龙祠，焚穹幕。"
② "狐裘龙茸"，《史记·晋世家》作"狐裘蒙茸"。

低下的平民，亦得"衣羊裘""坐皮褥"①。皇帝服用，则多取名贵皮毛。天子玉几，"冬则以细罽为囊以凭之"，昭阳殿中，据说敷"绿熊席，席毛长二尺余，入眠而拥毛自蔽，望之不能见，坐则没膝其中"（《西京杂记》卷一）。武帝盛饰鞍马，"以绿地五色锦为蔽泥，后稍以熊罴皮为之，熊罴毛有绿光，皆长二尺者直百金"（《西京杂记》卷二）。

名贵皮毛多来自北方草原毛皮贸易通道。《北堂书钞》卷一三四引班固《与弟超书》："月支氍毹，大小相杂，但细好而已。"又引《魏略》："大秦国以羊毛木皮作氍毹之属，有五色九色。"《太平御览》卷七〇八引文又有"其毛鲜于海东诸国所作也"句，是知汉人已可以比较这条贸易通道上各地出产之优劣。②《北堂书钞》卷一三四引《吴时外国传》："天竺国出细靡氍毹。""北冥"之物，又辗转由"南海"传入中国③。《三辅黄图》卷三，温室殿"规定以罽宾氍毹"。题东方朔撰《海内十洲记》，"武帝天汉三年，西国王献吉光毛裘，色黄白，盖神马之类。裘入水数日不沉，入火不焦"。《西京杂记》卷一："武帝时，西域献吉光裘，入水不濡，上时服此裘以听朝。"

中国古文献中有关北方草原毛皮贸易通道相关地区毛皮及毛织品出产的资料，有《后汉书·西域传》：大秦国土多"织成金缕罽"，"又有细布，或言水羊毳，野蚕茧所作也"。《三国志·魏书·乌丸鲜卑东夷传》裴松之注引《魏略·西戎传》也说大秦国出产，"有织成

---

① 《史记·刘敬叔孙通列传》："娄敬脱輓辂，衣其羊裘，见齐人虞将军曰：'臣愿见上言便事。'"《北堂书钞》卷一三四引张璠《汉记》："荀爽为三公，食不过一肉脱粟饭，坐皮褥。"
② "氍毹"之应用，见《太平御览》卷七〇八引《东观汉记》："景丹率众至广阿，光武出城外马坐按毡氍毹上设酒肉。"
③ 同卷引《广志》云："氍毹，白叠毛织也，近出南海，又称北冥之氍毹毲毹，非其所生也。"其流行民间之例，有张衡《四愁诗》："美人赠我貂襜褕"，《太平御览》卷七〇八引作"美人赠我毡氍毹"。又《古乐府诗》："请客上北堂，坐毡及氍毹。"

细布，言用水羊毳，名曰海西布。此国六畜皆出水，或云非独用羊毛也，亦用木皮或野茧丝作，织成氍毹、毾𣰆、罽帐之属皆好，其色又鲜于海东诸国所作也"。此外，又有大秦多"黄白黑绿紫红绛绀金黄缥留黄十种氍毹""五色九色首下毾𣰆"的记载。而天竺国"西与大秦通，有大秦珍物，又有细布、好毾𣰆"。"严国在奄蔡北，属康居，出鼠皮以输之。"（《后汉书·西域传》）《三国志·魏书·乌丸鲜卑东夷传》裴松之注引《魏略·西戎传》：

> 呼得国在葱岭北，乌孙西北，康居东北，胜兵万余人，随畜牧，出好马，有貂。坚昆国在康居西北，胜兵三万人，随畜牧，亦多貂，有好马。丁令国在康居北，胜兵六万人，随畜牧，出名鼠皮，白昆子、青昆子皮。此上三国，坚昆中央，俱去匈奴单于庭安习水七千里，南去车师六国五千里，西南去康居界三千里，西去康居王治八千里。

其地在俄罗斯鄂毕河、叶尼塞河上游地区，丁令所在，大致在贝加尔湖一带。原称"东胡"的乌桓，是北方草原毛皮之路东段相当活跃的部族，其俗"以毛毳为衣"，"妇人能刺韦作文绣，织氍毹"[1]，"常臣伏匈奴，岁输牛马羊皮"，也曾"诣阙朝贡，献奴婢牛马及弓虎豹貂皮"（《后汉书·乌桓传》）。鲜卑亦东胡之支，其主要出产"有貂、豽、鼲子，皮毛柔蝡，故天下以为名裘"（《后汉书·鲜卑传》）。夫余"履革鞜，出国则尚缯绣锦罽，大人加狐狸、狖白、黑貂之裘"。"其国善养牲"，所出有"貂狖"。挹娄亦出"好貂，今所谓挹娄貂是也"。乐浪亦"土地饶文豹"（《三国志·魏书·乌丸鲜卑东夷传》）。

---

① 《三国志·魏书·乌丸鲜卑东夷传》裴松之注引《魏书》："能刺韦作文绣，织缕毡毹。"

由黑海至日本海，形成了毛皮贸易的东西大通道。

应当注意到，这条通道上毛皮贸易的发展状况，常常为强悍的骑马民族所主宰。毛皮之流通，有时甚至是在军事强权的高压下实现的。除前引"岁输牛马羊皮"，献"虎豹貂皮"之例外，匈奴还曾向乌桓征收"皮布税"，乌桓人受汉指令不再予匈奴税，引起军事冲突。匈奴发兵攻击乌桓，"颇杀人民，驱妇女弱小且千人去"，告乌桓曰："持马畜皮布来赎之。"乌桓见略者亲属二千余人持财畜往赎，匈奴受其皮布而留人不遣。（《汉书·匈奴传下》）

与秦汉时期年代相当的希腊和拉丁文著作中，也可以看到有关北方草原毛皮贸易通路的记述。梅拉（Pomponius Mela）大约公元 1 世纪时在《地方志》中写道："经过北洋的荒凉海岸之后，航线在东海中转了一个大湾，折向了面对东方的地带。此地从斯基泰海角开始，一直伸向琐里（Colis）。在第一个地区，因大雪弥漫而根本无法进入；在第二个地区，由于居民野蛮而无法耕耘。这就是食人生番的斯基泰人和塞种（Sacae）人，他们之间为一辽阔地带隔开，而此地由于野兽繁殖而荒无人居。然后又是一片猛兽出没的空旷地带，一直到达俯瞰大海的塔比斯山（Tabis）；在辽边远处便是高耸入云的陶鲁斯山脉。两山之间的空隙地带居住有赛里斯人。"成书于公元 77 年的老普林尼（Plinius Secundus）的《自然史》中也写道，"从里海和斯基泰洋出发"向东，第一个地区"由于常年积雪而无法居住"，第二个地区"由于其居民的残暴也无法耕耘"，这里所指的是传说"靠吃人肉为生"的"食人生番"斯基泰人。"周围是一片荒野，无数野兽出没其间，袭击那些也不比它们怯弱的来往行人。"接着又是斯基泰人，又是只有野兽繁殖的不毛之地。"一直到达一座延伸至海的大山，人称之塔比斯山"的地方，"才有人类栖身"。"人们在这里所遇到的第一批人是赛里斯人。"通过这条道路，赛里斯人曾经营"出口服装和皮货"的贸易。成书于公元 1 世纪末的《厄立特里亚海航行记》中，说到这一地区所以"尚未被人考察过"，"其原因或许是由于那里的强烈风暴，或者是由于千里冰封而使那里难以通行，这也许是由于神力的缘故吧!"公元 2 世纪，托勒密（Ptolemy）在《地理志》中也说道，通过这条道路的旅途往往"伴随着强劲的风暴"，"以致由于风暴这一原因在途中得作多次停留"。这条道路"有许多迂回之处"，中途又"向北兜了一个大圈"。提供资料者说，"由于经商，他才认识这条路的"。索林（Solin）于公元 3 世纪中叶在《多国史》中也写道："继阿加蒂尔斯人（Agathyrses）之后，接着便是一些食人生番。在他们之中有一种令人憎恶的习惯，即以人肉为食。由于某一亵渎宗教的民族的这一习惯，所以附近地区才出现了令人可怕酌寂寞，附近民族出于对这种残暴行为的恐怖而纷纷远逃了。因而在一直到达塔比斯海（Tabis）之前，在面对太阳夏季升起的整个海岸线地区，决不会遇到人类。在一直到达赛里斯国之前，到处唯有一望无际的沙漠。"①

与经过西域地区的丝绸之路在戈壁荒漠之中仍有大小不等的绿洲可以作为运输中继站不同，北方草原毛皮之路经过的地区人烟稀少，交通条件也更为险恶。不过，这条通道对于东西文化交流与融会的意义，却是不可低估的。

在北方草原毛皮之路经过的地区有一个引人注目的文化现象，即该地区作为重要历史文化遗物之一的青铜器，表现出以动物纹为装饰母题的共同的文化风格。

---

① 索林还写道："从斯基泰洋和里海出发，一直向东洋前进，人们首先会在这一地区发现雪堆，然后是一望无际的沙漠，再往前便是一个令人发指的食人肉的生番，此后又是一片被野兽所骚扰的地区，它们使一半道路已断人行了。只是到了一座俯瞰大海的高山之后，这一切障碍方可消失，蒙昧人称此山为塔比斯山，接着又是一片长长的沙漠。在朝着夏日朝阳东升的海岸地段，赛里斯人是经过蒙昧族地区之后所遇到的第一个民族。"以上引文分别见〔法〕戈岱司编《希腊拉丁作家远东古文献辑录》，耿昇译，中华书局，1987，第 8、10、13、19、21、23～24、63 页。

在北方草原毛皮之路东段，这种类型的青铜器，除大量发现于中国鄂尔多斯地区以外，在蒙古中央省诺颜乌拉、海尔罕山、色楞布贝勒赫及后杭爱省的呼尼河等地分布也较为集中①。在俄罗斯西伯利亚的叶尼塞河左岸及科伊巴尔草原，即哈卡斯地区的乌留帕河与楚雷河之间的地区也多有发现②。其分布地域的最东端，至于辽宁西丰西岔沟。

日本学者水野清一和江上波夫针对这种类型的青铜器提出"斯基泰—西伯利亚文化"的命名，并认为这种"北方系青铜文化""一定是从黑海沿岸的斯基泰发源，从西向东顺次流传的"。他们还将这种青铜器共有的动物纹命名为"斯基泰—西伯利亚野兽纹"③。有的学者以为，这种青铜文化源起于西伯利亚米努辛斯克盆地④，有的学者则认为可能源起于鄂尔多斯及其邻近地区⑤，有的学者则断定："这种野兽纹的真正创造者是欧亚大陆的草原部落，其中首先是黑海沿岸地区和亚洲中部草原的居民——斯基泰人。"⑥ 虽然歧见纷纭，但对于这种文化却存在覆盖地域极其广阔、共同特征极其明显这样的共识。

汤因比在《历史研究》一书中曾论述草原对于文化传播的作用。他注意到，"草原象'未经耕种的海洋'一样，它虽然不能为定居的人类提供居住条件，但是却比开垦了的土地为旅行和运输提供更大的方便。海洋和草原的相似之处可以从它们作为传播语言的工具的职能来说明。大家都知道航海的人民很容易把他们的语言传播到他们所居

---

① 〔蒙〕策·道尔吉苏荣：《北匈奴的坟墓》，《科学院学术研究成就》第 1 册，乌兰巴托科学委员会，1956。

② 〔苏〕M. A. 戴甫列特：《西伯利亚的腰饰牌》，莫斯科，1980。

③ 〔日〕江上波夫、水野清一：《内蒙古·長城地带》，《東方考古學叢刊乙种》第 1 册，1935。

④ 〔瑞士〕A. 萨尔莫尼：《米努辛斯克青铜器饰牌》，《美术报道》（巴黎）第 19 卷。

⑤ 田广金、郭素新：《鄂尔多斯式青铜器》，文物出版社，1986。

⑥ 〔苏〕A n. 奥克拉德尼科夫：《西伯利亚考古学——昨天，今天和明天》，《苏联历史问题》1968 年第 5 期。

住的海洋周围的四岸上去。古代的希腊航海家们曾经一度把希腊语变成地中海全部沿岸地区的流行语言。马来亚的勇敢的航海家们把他们的马来语传播到西至马达加斯加东至菲律宾的广大地方。在太平洋上，从斐济群岛到复活节岛、从新西兰到夏威夷，几乎到处都使用一样的波利尼西亚语言，虽然自从波利尼西亚人的独木舟在隔离这些岛屿的广大洋面上定期航行的时候到现在已经过去了许多世代了。此外，由于'英国人统治了海洋'，在近年来英语也就变成世界流行的语言了"。汤因比指出，"在草原的周围，也有散布着同样语言的现象。由于草原上游牧民族的传布，在今天还有四种这类的语言：柏伯尔语、阿拉伯语、土耳其语和印欧语"。对于为"欧亚草原"所中隔的东西两大文化系统来说，"这一大片无水的海洋便成了彼此之间交通的天然媒介"①。

秦汉时期往来于北方草原地区的游牧民族，实际充任了沟通东方与西方的文化使者。

四 域外文化交流

经过西域的丝绸之路、西南丝绸之路、北方毛皮贸易通道及本书第六章讨论过的东洋与南洋航路的开通，创造了空前便利的对外文化交流的条件。

丝绸生产的精纯技艺是秦汉文化受到各国景慕的主要因素之一。丝绸贸易是当时举世瞩目的重要经济形式。中国内地出产的丝绸出土于武威、敦煌、额济纳、吐鲁番、库车、拜城、巴楚及楼兰、尼雅，乃至中业细亚的肯科尔，撒马尔罕等地，标记出运输丝品的商队沿丝路西行的足迹。俄罗斯叶尼塞河畔奥格拉赫提公元 2 世纪的墓葬中出

---

① 〔英〕汤因比：《历史研究》上册，上海人民出版社，1966，第 234～235 页。

土汉锦，蒙古诺因乌拉汉代墓葬出土曾发现于长沙马土堆汉墓和武威磨咀子汉墓的菱纹起绒锦，说明北方毛皮贸易通道也有中国丝品西运。据记载，中国丝绸曾经风靡罗马上层社会。埃及卡乌和幼发拉底河中游的杜拉欧罗波等当时归于岁马帝国版图之内的城市，都曾发现公元 4 世纪左右由中国丝加工的织物，说明自汉代开始繁荣的丝路贸易常盛未衰。

新疆罗布泊地区出土汉锦图案中所见"登高明望四海"的文字，可以体现当时汉文化面对世界的恢廓的胸襟。

在喀布尔以北 70 公里的帕格曼，曾出土汉代漆奁、漆盘和漆耳杯等。巴基斯坦古城塔克西拉也曾出土中国出产的玉，其西运的年代大致在公元前 1 世纪。又有资料说明，中国新疆的软玉，在这一时期还远销中亚、西亚甚至埃及地区。在非洲的麦洛埃还曾发现过制作年代大约为公元 3 世纪的铁铸汉式三足炊器。在秦汉时期开拓的域外通路上，还曾发现汉代输出的釉陶、麻织品及各种装饰品等。

秦汉时期冶铁技术和穿井技术的西传，对于世界文化的进步具有显著的积极意义。

西域地区乃至大宛以西至安息，在丝绸之路开通之前冶铁技术比较落后，轮台、渠犁"其旁国少锥刀"（《汉书·西域传下》），"自大宛以西至安息"其地皆"不知铸钱［铁］器①，及汉使亡卒降，教铸作他兵器"（《史记·大宛列传》）。《汉书·陈汤传》说，汉成帝时，陈汤曾比较西域"胡兵"与汉兵的装备：

> 夫胡兵五而当汉兵一，何者？兵刃朴钝，弓弩不利。今闻颇得汉巧，然犹三而当一。

---

① 裴骃《集解》：徐广曰："多作'钱'字，又或作'铁'字。"《汉书·西域传上》作"不知铸铁器"。

所谓"颇得汉巧",是说汉人铁兵器制作技术已逐步传播到西域以至更远的地区。塔吉克语中铸铁称 Чуян，鞑靼语则称 Чуен，俄语亦称 Чугун，追溯其语源，皆出自汉语的"铸"。有苏联学者考证，活动于今乌兹别克斯坦境内的费尔干纳人是中国铸铁技术西传的中间人[①]。《汉书·西域传上》："鄯善当汉道冲，西通且末七百二十里，自且末以往……作兵略与汉同。"显然汉地钢铁兵器制作技术的西传，正是经由丝绸之路。在汉代龟兹都城所在地进新疆库车的阿艾山，曾发现古代冶铁遗迹，出土汉代陶罐、陶扇、炼铁用坩埚及铁渣、铁矿石等。陶扇形制与传世汉代"霸陵过氏扇"相同。这处汉代冶铁遗址的发现，有助于认识当时中原冶铁技术西传并推进丝绸之路沿途经济发展的历史事实。[②] 老普林尼（Plinius Secundus）在《自然史》中写道："在各种铁中，赛里斯铁名列前茅。赛里斯人在出口服装和皮货的同时也出口铁。"说明汉地铁器西传远至罗马，并因质量精良享有极高的声誉。由于中国钢铁兵器西传时曾于木鹿集散，罗马史学家普鲁塔克将安息骑兵所使用的以中国钢铁锻造的兵器称之为"木鹿武器"。印度梵文中有以 cina 称钢者，意为"秦地生"，也可以说明中国钢铁对印度文化的影响。

汉武帝太初年间贰师将军李广利军远征大宛取善马，"宛王城中无井，皆汲城外流水，于是乃遣水工徙其城下水空以空其城"，这是当时先进生产技术应用于军事的例证。由于汉军"先至宛，决其水源，移之，则宛固已忧困"，又攻破外城，于是宛人大恐，杀其王求和。李广利等因"闻宛城中新得秦人，知穿井，而其内食尚多"，若坚守，"而康居候汉罢而来救宛，破汉军必矣"，于是接受议和条件（《史记·大宛列传》）。汉昭帝始元四年（前83），"卫律为单于谋

---

① 〔苏〕A. A. 罗布卓夫：《"铸"一词的来源》，《铸造》1957 年第 8 期。
② 史树青：《新疆文物调查随笔》，《文物》1960 年第 6 期。有关"扇"的资料，可参看周尊生《汉代冶铸鼓风设备之一——扇》，《文物》1960 年第 1 期。

'穿井筑城，治楼以藏谷，与秦人守之，汉兵至，无奈我何'"，即
"穿井数百，伐材数千"（《汉书·匈奴传上》）。说"穿井"技术也
传至匈奴。所谓"秦人"，即来山内地的汉人。[1]

图 15-9　洛阳西汉画象空心砖所见"天马"

《汉书·西域传下》："汉遣破羌将军辛武贤将兵万五千人至敦煌，
遣使者案行表，穿卑鞮侯井以西，欲通渠转谷，积居庐仓以讨之。"
孟康解释所谓"卑鞮侯井"："大井六通渠也，下泉流涌出，在白龙堆
东土山下。"《汉书补注》引徐松曰："胡注谓时立表穿渠于卑鞮侯井
以西，案今敦煌县引党河穿六渠经县西下流入疏勒河，归哈喇淖尔，
淖尔西即人沙碛，岂古六通渠遗迹欤？"或据白龙堆地里，以为渠在
罗布汛北岸[2]，所谓"居庐仓"，很可能就是罗布泊淖尔汉简所见
"居卢訾仓"[3] 汉地农业技术西传，与汉王朝派遣军队在西域地区设
立屯卫据点有关。汉军屯田，起初西域贵族有以为"迫吾国而田，必
为害"者，但农耕文化不久就对当地游牧经济形成具有积极意义的冲
击。甚至匈奴人亦相仿效，汉昭帝时"使四千骑田车师"，汉宣帝即
位，遣五将将兵击匈奴，方迫使"车师田者惊去"。而"汉复遣长罗

---

① 颜师古注："秦时有人亡入匈奴者，今其子孙尚号'秦人'。"然而由"宛城中新得
秦人"，推想汉时亡人仍称"秦人"，这是因为西部地区长期受到秦文化影响，认识中原文明
首先需通过秦人的缘故。

② 安作璋：《两汉与西域关系史》，齐鲁书社，1979，第 142 页。

③ 罗布淖尔汉简："居卢訾仓以邮行"（13），"河平四年十一月庚戌朔辛酉□守居卢訾
仓车师戊校□"（15），"□交河曲仓守丞衡移居卢訾仓"（16），"元延五年二月甲辰朔己未
□□□土□尉临居卢訾仓以□己卯□□□□□□□□即日到守□"（17）。林梅村、李均明：
《疏勒河流域山土汉简》附录《罗布淖尔汉简释文》，文物出版社，1984，第 98 页。

侯（常）惠将三校屯赤谷"，赤谷城址在今吉尔吉斯斯坦伊什提克。农耕文化的影响进一步向西推移，使得原本"不田作种树，随畜逐水草"的乌孙人也开始了早期农业经营，以致一度"皆以为此天地所以界别区域，绝外内"（《汉书·西域传下》）的险山荒漠等地理障碍，不再是分隔农业区和牧业区的简单的定界。新疆昭苏发掘的一座乌孙墓葬的封土中，发现了一件汉式铁犁铧，"其形制与关中礼泉、长安、陇县等地出土的西汉巾晚期'舌形大铧'非常相似"。[①] 在苏联有关乌孙文化的考古工作成果中，也可以看到说明其农业经营的资料，如谷物及农作和粮食加工工具青铜镰刀，石磨盘、石碾等遗物的出土[②]，都可以反映当时乌孙农牧结合的经济形态及农业生产的技术水平。

《汉书·西域传下》记载，汉宣帝时，龟兹王与汉交好，娶乌孙公主女，"上书言得尚汉外孙为昆弟，愿与公主女俱入朝。元康元年，遂来朝贺。王及夫人皆赐印绶。夫人号称公主，赐以车骑旗鼓，歌吹数十人，绮绣杂缯琦珍凡数千万。留且一年，厚赠送之。后数来朝贺，乐汉衣服制度，归其国，治宫室，作徼道周卫，出入传呼，撞钟鼓，如汉家仪"。《后汉书·西域传》又写道："匈奴单于因王莽之乱，略有西域，唯莎车王延最强，不肯附属。元帝时，尝为侍子，长于京师，慕乐中国，亦复参其典法。常敕诸子，当世奉汉家，不可负也。"死后子康代立。"光武初，康率傍国拒匈奴，拥卫故都护吏士妻子千余口，檄书河西，问中国动静，自陈思慕汉家。"所谓"乐汉衣服制度"，"慕乐中国"，"思慕汉家"，都表现出对汉文化包括中原礼俗制度和生活方式的倾心归服。

秦汉时期开拓的域外通路，还为中亚、西亚和南亚的物产及文化

<hr />

① 新疆维吾尔自治区博物馆、新疆社会科学院考古研究所：《建国以来新疆考古的主要收获》，《文物考古工作三十年（1949～1979）》，文物出版社，1979，第174页。

② 〔苏〕阿基耶夫：《1954年伊犁考古考察团工作报告》，《历史、考古和民族研究著作集》第1卷，阿拉木图，1956；阿基耶夫、库沙耶夫：《伊犁河谷塞克与乌孙的古代文化》，阿拉木图，1963。

成就流入中国创造了条件。

张骞之后，"诸使外国一辈大者数百，少者百余人，人所赍操大放博望侯时"，即"牛羊以万数，赍金币帛直数千巨万"（《史记·大宛列传》），平安归来则多携运当地名产。西域往往来中土[①]，"商胡贩客，日款于塞下"（《后汉书·西域传》），也导致"殊方异物，四面而至"（《汉书·西域传下》）。

西域优良马种传入中国具有十分重要的意义。"天马下"，"迣万里"（《汉书·礼乐志》），马政的进步为增强军备创造了条件。《史记·大宛列传》说，"宛左右以蒲陶为酒，富人藏酒至万余石，久者数十岁不败。俗嗜酒，马嗜苜蓿。汉使取其实来，于是天子始种苜蓿、蒲陶肥饶地。及天马多，外国使来众，则离宫别观旁尽种蒲陶、苜蓿极望"[②]。西域植物移植中国内地者，又有石榴、黄蓝、酒杯藤、胡桃、胡椒、胡瓜、胡麻、胡豆等。胡麻、胡豆见于居延汉简简文，如：

　　☑☑卒艾胡麻☑　☑视老　母书☑（123.63）
　　儋胡麻会甲寅旦毌留如律令　/尉史常富（312.25）
　　胡豆四石七斗（310.2）
　　桂十二
　　胡豆三
　　赍十七（488.1）

---

　　① 西域诸国有精于经商者，如《汉书·西域传上》："罽宾实利赏赐贾市"，"奉献者皆行贾贱人，欲通货市买，以献为名"；安息国"商贾车船行旁国"；"自宛以西至安息国"，其人皆"善贾市，争分铢"；疏勒国"有市列"。《后汉书·西域传》：高附国"善贾贩，内富于财"；大秦国"与安息、天竺交市于海中，利有十倍"。耿舒批评马援行军迟缓："伏波类西域贾胡，到一处辄止，以是失利。"（《后汉书·马援传》）说明当时西域商人已深入内地从事转贩。参看王子今《汉代的"商胡""贾胡""酒家胡"》，《晋阳学刊》2011年第1期。

　　② 陈直指出，"苜蓿现关中地区，尚普遍栽植"，"蒲桃由汉至唐，铜镜花纹，则用为主要题材"。《史记新证》，天津人民出版社，1979，第193页。

毛皮与毛织品的东来，也是当时引人注目的文化现象。如《说文·鼠部》："貉，貉鼠也，出胡地，皮可作裘。""鼢，胡地风鼠。""䶅，䶅鼠，出丁零胡，可作裘。"又《糸部》："纑，西胡毳布也。"《尚书大传》："西海之滨，取白狐青翰。""翰"或作"䶂"。《说文·毛部》："䶂，兽豪也。"《汉书·西域传下》："单于遗天子马裘，常使巫祝之。"① 大约良马和毛皮，是汉王朝西北边地贸易中所希求的主要物资。毛皮及毛织品输入之多，据说一度汉宫廷中甚至"狗马被缋罽"（《汉书·东方朔传》）。

南海通路多输入"犀、象、毒冒、珠玑、银、铜、果，布"等，"中国往商贾者多取富焉"。南海诸国各"多异物，自武帝以来皆献见。有译长，属黄门，与应募者俱入海市明珠、璧流离、奇石异物，赍黄金杂缯而往。所至国皆禀食为耦，蛮夷贾船，转送致之"（《汉书·地理志下》）。汉输出"黄金杂缯"，南洋西洋珍奇诸物于是辗转致于内地。京师"宫人簪瑇瑁，垂珠玑"（《汉书·东方朔传》），说明南海贸易输入的物资，改变了社会物质生活的面貌。据《后汉书·西域传》，大秦国"土多金银奇宝，有夜光璧、明月珠，骇鸡犀、珊瑚、虎魄、琉璃、琅玕、朱丹、青碧"，又有"合会诸香，煎其汁以为苏合"，这些"外国诸珍异"大多传致内地，丰富了中国物质文化的构成。所谓天竺国所山"诸香、石蜜、胡椒、姜、黑盐"等，当大致多经由西南丝绸之路或南洋航路传入汉地。长沙马王堆汉墓帛书《五十二病方》所见"蜀焦（椒）""椒""䕪（姜）""乾薑（姜）""枯䕪（姜）""橿（姜）"，居延汉简所见"蜀椒""姜"（136.25），或许可以说明经域外通路引入的植物又传播至于更广阔的地区。由现代植物地理学有关植物分市区历史变迁的研究成果可知，胡椒原产热

---

① "单于遗天子马裘，常使巫祝之"，即通过赠予物所附加的巫术作用，以危害"天子"。参看王子今《汉匈西域战争中的"诅军"巫术》，《西域研究》2009 年第 4 期。这一记载体现汉王朝上层对匈奴巫术阴谋的警觉，但是并不影响我们对汉家天子贪求北方草原"马裘"的判断。

带亚洲，姜（薑）原产印度尼西亚。

汉武帝时代，"大宛诸国发使随汉使来，观汉广大，以大鸟卵及犁靬眩人献于汉，天子大说"。据应劭的解释，"眩人"即"幻人"。也就是民间魔术艺人。"是时，上方数巡狩海上，乃悉从外国客"，"散财帛赏赐，厚具饶给之"。又"大角氏，出奇戏诸怪物，多聚观者"。"及加其眩者之工，而角氏奇戏岁增变，其益兴，自此始。"（《汉书·张骞传》）据《汉书·西域传上》，乌弋山离同其人即"善眩"。《汉书·西域传下》记载，汉宣帝元康年间，乌孙昆弥及太子入汉迎取少主，"上乃以乌孙主解忧弟子相夫为公主，置官属侍御百余人，舍上林中，学乌孙言。天子自临平乐观，会匈奴使者、外国君长大角抵，设乐而遣之"。这种所谓"大角抵"及"设乐"而会，实际上是值得充分重视的文化交流形式。汉安帝永宁元年（120），掸国王由西南丝绸之路"献乐及幻人"，幻人自言"我海西人"，"能变化吐火，自支解，易牛马头，又善跳丸，数乃至千"。"海西即大秦也，掸国西南通大秦。"次年元会，安帝作乐于庭，令海西艺人在宫廷中作正式表演（《后汉书·南蛮西南夷列传·哀牢》）。[1] 通过留传至今的汉代画象，仍然可以看到当时社会接受这一类神奇的西方艺术的情形。[2]

《汉书·西域传下》评述汉武帝时代域外道路开通之境况：

遭值文、景玄默，养民五世，天下殷富，财力有余，士马强

---

[1] 参看王子今《海西幻人来路考》，《秦汉史论丛》第 8 辑，云南大学出版社，2001；《中西初识二编》，大象出版社，2002。

[2] 许多资料说明秦汉时期西方音乐舞蹈等艺术形式对中土产生过重要的影响。乐器的传入即可见《释名·释乐器》："枇杷，本出于胡中，马上所鼓也。"马融《长笛赋》："近世双笛从羌起。"《汉书·郊祀志上》："塞南越，祷祠泰一、后土，始用乐舞。益召歌儿，作二十五弦及空侯瑟自此起。""空侯"即印度弦乐器箜篌。《风俗通义·声音》："今并、凉二州等形如瑟，不知谁所改作也。或曰：秦蒙恬所造。"可能反映中国乐器传流向域外的演变形态。

盛。故能睹犀布、瑇瑁则建珠崖七郡，感枸酱、竹杖则开牂柯、越嶲，闻天马、蒲陶则通大宛、安息。自是之后，明珠、文甲、通犀、翠羽之珍盈于后宫，蒲梢、龙文、鱼目、汗血之马充于黄门，巨象、师子、猛犬、大雀之群食于外囿。殊方异物，四面而至。于是广开上林，穿昆明池，营千门万户之宫，立神明通天之台，兴造甲乙之帐，落以随珠和璧，天子负黼依，袭翠被，冯玉几，而处其中。设酒池肉林以飨四夷之客，作《巴俞》都卢、海中《砀极》、漫衍鱼龙、角抵之戏以观视之。及赂遗赠送，万里相奉，师旅之费，不可胜计。①

应当肯定，秦汉时期有作为的帝王在发展与域外地区交通的过程中，确实表现出今后世君主多不免愧赧的雄图与伟力。在对外交往中的主动又是以"天下殷富，财力有余，士马强盛"作为实力基础的。还应当看到，当叫中西文化交流的意义绝不仅仅在于西土珍奇"盈于后宫"，"充于黄门"，"食于外囿"，只是丰富了宫廷消费生活。对于秦汉域外交通给予东方与西方文化历史进程的深刻影响，可能尚需进行全面深入的研究方可做出科学的评断。

读秦汉域外交通史料，与物质文化的交流相比，或许张骞"为人强力，宽大信人"（《汉书·张骞传》）的风格，班超"立功异域"，取"万里侯"（《后汉书·班超传》）的气概，给人以更深刻的印象。所谓"汉世有发愤张胆，争膏身于夷狄以要功名，多矣"，这些"坦步葱雪，咫尺龙沙"之"一时之志士"（《后汉书·班梁列传》论

---

① 颜师古注：晋灼曰："都卢，国名也。"李奇曰："都卢，体轻善缘者也。《砀极》，乐名也。"师古曰：'巴人，巴州人也。俞，水名，今渝州也。巴俞之人，所谓賨人也，劲锐善舞，本从高祖定三秦有功，高祖喜观其舞，因令乐人习之，故有《巴俞》之乐。漫衍者，即张衡《西京赋》所云'巨兽百寻，是为漫延'者也。鱼龙者，为舍利之兽，先戏于庭极，毕乃入殿前激水，化成比目鱼，跳跃漱水，作雾障日，毕，化成黄龙八丈，出水敖戏于庭，炫耀日光。《西京赋》云'海鳞变而成龙'，即为此色也。"

**图 15 – 10　合浦红岭头西汉墓出土
来自南海的玻璃杯**

赞），其实代表着当时奋武进取的时代精神。秦汉域外交通事业的成功有多种因素，其中之一当然亦在于中华民族文化素质中积极的一面在当时得到了发扬踔厉的历史条件。

汉通西域以后，印度佛教传入中国。佛教东传，给予中国文化以巨大的影响，又继而波及朝鲜和日本，使整个东方文化的面貌发生了变化，因而在世界文化史上显示出非同寻常的意义。

《三国志·魏书·乌丸鲜卑东夷传》裴松之注引《魏略·西戎传》说："昔汉哀帝元寿元年，博士弟子景卢受大月氏王使伊存口受《浮屠经》。"事虽未见《汉书》，但据佛教传布地域及西域交通状况分析，西汉晚期佛教传入汉地是完全可能的。东汉初，正史已可见佛教传入中国内地的记载。《后汉书·光武十王列传·楚王刘英》记述，刘英"学为浮屠斋戒祭祀"，"尚浮屠之仁祠，絜斋三月，与神为誓"，又"盛馔"供养"伊蒲塞桑门"。汉桓帝延熹年间，"宫中立黄老浮屠之祠"，佛教传播已渗入宫廷。襄楷上书说，"或言老子入夷狄为浮屠。浮屠不三宿桑下，不欲久生恩爱，精之至也。天神遗以好女，浮屠曰：'此但革囊盛血。'遂不眄之。其守一如此，乃能成道"

（《后汉书·襄楷传》）①。可见佛教教义，当时已为士人所熟悉。《后汉书·陶谦传》说，笮融在徐州一带铺张事佛，"大起浮屠寺，上累金盘，下为重楼，又堂阁周回，可容三千许人。作黄金涂像，衣以锦綵。每浴佛，辄多设饮饭，布席于路，其有就食及观者且万余人"。李贤注引《献帝春秋》："融敷席方四五里，费以巨万。"《三国志·吴书·刘繇传》也记载，"乃大起浮图祠，以铜为人，黄金涂身，衣以锦采，垂铜槃九重，下为重楼阁道，可容三千余人，悉课读佛经，令界内及旁郡人有好佛者听受道，复其他役以招致之，由此远近前后至者五千余人户。每浴佛，多设酒饭，布席于路，经数十里，民人来观及就食且万人，费以巨亿计"。可见佛教已渐传布于民间，社会影响幅面已经相当可观，形成了空前的对于"浮图"的狂热信仰。而《续汉书·五行志一》："灵帝好胡服、胡帐、胡床、胡坐、胡饭、胡空侯、胡笛、胡舞，京都贵戚皆竞为之。"又说明佛教开始于中土普及前后，对于中国社会生活产生了广泛的影响。

---

① 李贤注："言浮屠之人寄桑下者，不经三宿便即移去，示无爱恋之心也。"《四十二章经》："天神献玉女于佛，佛曰：'此是革囊盛众秽耳。'"

第十六章

秦汉文明的交通史背景

一　交通与秦汉政体的成立

《礼记·中庸》引"子曰"："今天下车同轨，书同文，行同伦。"郑玄注："今，孔子谓其时。"当时"天下"之规模自然有限，对于各个文化层面"同"的程度也不能估计过高。

大一统的专制主义政体的最初建立，是在秦始皇时代。

秦实现统一的交通条件，不仅在于各国长期经营的交通建设的历史成就形成了大一统政治的基础，还在于秦国本身所具有的交通方面的优势。战争必然充分动员交通力量，即《孙子兵法·作战》中所谓"师者远输"，而往往实际上亦成为交通运输能力即"破车罢马""丘牛大车"的较量。① 秦国最终能够完成击灭六国，实现一统的伟业，

---

① 张预注："兵以车马为本"，"始言'破车疲马'者，谓攻战之驰车也；次言'丘牛大车'者，即辎重之革车也"。

有强劲的交通实力以为倚助，也是重要因素之一。①

秦始皇二十六年（前221），秦初并天下，在议定"皇帝"称号之后，立刻确定了以郡县制度为基础的新的政体，宣布"分天下以为三十六郡，郡置守、尉、监"，"车同轨，书同文字。地东至海暨朝鲜，西至临洮、羌中，南至北向户，北据河为塞，并阴山至辽东"。为了在"六合之内，皇帝之土。西涉流沙，南尽北户。东有东海，北过大夏。人迹所至，无不臣者"的宏阔版图内实现"大治"，秦王朝将"车同轨"即中央政府统一规划的交通建设视为第一要务。除了"堕坏城郭，决通川防，夷去险阻"之外，还由中央直接主持，进行了"治驰道"的伟大工程（《史记·秦始皇本纪》）。秦"为驰道于天下，东穷燕齐，南极吴楚，江湖之上，濒海之观毕至"（《汉书·贾山传》），全国交通网的基本形成，成为大一统的专制主义王朝施行统治的重要条件。

秦始皇三十七年（前210）最后一次东巡时于会稽刻石，颂扬"皇帝休烈，平一宇内，德惠修长"的功德，也说到实现天下"大治"的政治目标：

> 大治濯俗，天下承风，蒙被休经。皆遵度轨，和安敦勉，莫不顺令。黔首修絜，人乐同则，嘉保太平。后敬奉法，常治无极，舆舟不倾。

以"皆遵度轨"比喻政治准则得到维护，以"舆舟不倾"比喻政治体制得以稳定，都使人联想到交通对于实现"天下""大治"乃至"常治无极"的意义。

---

① 参看王子今《秦国交通的发展和秦的统一》，《史林》1989年第4期；《秦统一原因的技术层面考察》，《社会科学战线》2009年第9期。

汉王朝以秦制为基本建立了更为完备的专制主义体制。汉代帝王也同样将交通建设看作奠立治世的首要条件。汉武帝元光五年（前130）"发巴蜀治南夷道，又发卒万人治雁门阻险"，元封四年（前107）"通回中道"等事，都录入《汉书》帝纪。"作褒斜道"，"穿漕渠"，也由汉武帝亲自决策动工（《史记·河渠书》）。汉平帝元始五年（5），王莽"以皇后有子孙瑞，通子午道"（《汉书·王莽传上》）。《金石萃编》卷五《开通褒斜道石刻》记载："永平六年，汉中郡以诏书受广汉、蜀郡、巴郡徒二千六百九十人，开通褒余道。"汉顺帝于延光四年（125），"诏益州刺史罢子午道，通褒斜路"（《后汉书·顺帝纪》）。都说明重要道路的修筑工程往往由最高统治集团规划组织。汉宣帝时，黄霸任京兆尹，就曾经因为"发民治驰道不先以闻"被劾责，受到贬秩的处分（《汉书·循吏传·黄霸》）。

在汉王朝开边斥地的事业中，交通的意义尤为显著。对朝鲜和南越的战争都以"楼船军"为主力。西南地区的开发亦以"通西南夷道"为基础。"与汉隔绝，道里又远"的西域诸国所以"咸乐内属"，当然与许多代"相属不绝"的使者及"壮健""敢徙"的军人的交通实践有关（《汉书·西域传下》）。而匈奴"戎马之足轻利"，"风合而云解"（《盐铁论·备胡》）。秦修直道，建立北边长城防线。起初只能屯重兵消极防御，汉武帝大修马政，使军队的交通能力显著提高而后方的军需供应亦得到保证之后，方出师击败匈奴。于是"匈奴远遁，而幕南无王庭，汉度河自朔方以西至令居，往往通渠置田，官吏卒五六万人，稍蚕食，地接匈奴以北"（《史记·匈奴列传》）。交通建设的成就，使大一统专制政治统治的广度及强度均达到空前的历史水平。

秦汉时期交通系统之功能对于政治稳定的意义，还表现在其效率之高，可以保证中央之政令能够迅速及时地传达到各地基层政权组织，因而大多可以有效地落实。

日本学者大庭脩辑录居延汉简中如下简文，确定为相连接的元康五年诏书册：

御史大夫吉昧死言丞相相上大常昌书言大史丞定言元康五年五月二日壬子日夏至宜寝兵大官抒

井更水火进鸣鸡谒以闻布当用者●臣谨案比原泉御者水衡抒大官御井中二千石二千石令官各抒别火（10.27）

官先夏至一日以除隙取火授中二千石二千石官在长安云阳者其民皆受以日至易故火庚戌寝兵不听事尽

甲寅五日臣请布臣昧死以闻（5.10）

制曰可（332.26）

元康五年二月癸丑朔癸亥御史大夫吉下丞相承书从事下当用者如诏书（10.33）

二月丁卯丞相相下车骑将军将军中二千石二千石郡大守诸侯相承书从事下当用者如诏书

少史庆令史宜王始长（10.30）

三月丙午张掖长史延行大守事肩水仓长汤兼行丞事下属国农部都尉小府县官承书从事

下当用者如诏书/守属宗助府佐定（10.32）

闰月丁巳张掖肩水城尉谊以近次兼行都尉事下候城尉承书从事下当

用者如诏书/守卒史义（10.29）

闰月庚申肩水士吏横以私印行候事下尉候长承书从事下当用者如诏书/令史得（10.31）

大庭脩认为，"由八支简连接而成的元康五年诏书册得以复原"，其意义除明确了居延汉简中存在着的又一册文书而外，还在于"明确了诏书按顺序向下级传达的情形，而且，明确了诏书自发出后到至张掖郡边疆的时间"，"最主要的意义在于，从这个关于围绕夏至的仪式的通常的内容，可以看到不能见于史书的日常的行政命令的传达方法"①。经御史大夫丙吉、丞相魏相、太常苏昌等制定的关于夏至更水火的文书，得到汉宣帝批准（"制曰：可"），于是逐级向下传达，"以闻布当用者"，令有关人员人人周知。我们可以看到逐级"下当用者"的情形：御史大夫→丞相→车骑将军、将军、中二千石、二千石、郡太守、诸侯相→属国农部都尉、少府县官→候城尉→尉候长。历经各级行政部门转递，由中央一直传布到河西边境戍防的基层军事组织，历时不过 53 天。自丞相令史颁下到抵达张掖，相距数千里，历时不过 39 天。

政务军务紧急时，驿传通信可以更为"神速"。王温舒任河内太守，上书长安二三日即得回复。② 赵充国自金城申奏军事计划至汉宣帝批文颁下，往返不过 7 日。③《汉官仪》："奉玺书使者乘驰传，其驿骑也，三骑行，昼夜千里为程。"

边塞更有飞报紧急军情的"发犇命警备"的制度，一旦有警，"驿骑持赤白囊"千里驰行京师，所持军报，称"犇命书"（《汉书·丙吉传》）。

孙毓棠曾经指出："汉代人在中国历史上最大的贡献是中央集权政府组织的完整，和行政效率之高。要达到这个目的，必需得有良好

---

① 〔日〕大庭脩：《秦汉法制史研究》，林剑鸣等译，上海人民出版社，1991，第 200 ~ 201、211 页。

② 《史记·酷吏列传》：王温舒迁为河内太守，"令郡具私马五十匹，为驿自河内至长安，部吏如居广平时方略，捕郡中豪猾，郡中豪猾相连坐千余家。上书请，大者至族，小者乃死，家尽没入偿臧。奏行不过二三日，得可事。论报，至流血十余里。河内皆怪其奏，以为神速"。

③ 《汉书·赵充国传》："六月戊申奏，七月甲寅玺书报从充国计焉。"

的交通系统。因此汉政府每年在国用中提出很大的款项来办理全国的驿传，驿传制度增强了行政效率和中央政府坚强的统治力量。至东汉晚年，因为财政的力量不能再维持这交通系统，政府的统治力也就随着衰弱了下去。"① 汉献帝初平五年正月已改元兴平，而《隶释》卷一《益州太守高眹修周公礼殿记》记述九月事仍用"初平"年号，洪适以为"天下方乱，道路拥隔，置邮到蜀稽晚也"。《隶续》卷三《建平郫县碑》也体现"与《周公礼殿碑》相类"的情形。新疆拜城《刘平国等作列亭诵》刻石也在改元 2 月之后仍沿用旧年号。这些实例说明，"政府的统治力"和交通系统的效能有非常密切的关系。

交通作为基本行政条件的事实，还表现在某些政治结构的定名，本身就直接与交通有关。

《周礼·地官司徒·族师》说到规范化的基层政治结构的形式："五家为比，十家为联；五人为伍，十人为联；四闾为族，八闾为联。使之相保相受，刑罚庆赏相及相共，以受邦职，以役国事，以相葬埋。"以"联"作为"相及相共""以役国事"的基层政治结构的称号，说明其行政机能的实现是以一定的交往关系为背景的。"联"通"连"。《说文·辵部》："连，负车也。"段玉裁注："负车者，人輓车而行，车在后，如负也。""联、连为古今字，连，輦为古今字。"联，作为基层行政组织的名称，暗示其民户"相保相受""相及相共"，犹如共同合力輓车的关系。② 里，是很早就已形成的居民组织，秦汉时期正式成为对上级政府负责的基层行政单位。云梦睡虎地秦简《仓律》："……书入禾增积者之名事邑里于廥籍。"③《封诊式》中"有

---

① 孙毓棠：《汉代的交通》，《中国社会经济史集刊》第 7 卷第 2 期。

② 《周礼·天官冢宰·大宰》："三日官联"，郑玄注："'联'读为'连'，古书'连'作'联'。'联'谓连事通职相佐助也。"

③ 整理小组译文："要把入仓增积者的姓名籍贯记在仓的簿籍上。"睡虎地秦墓竹简整理小组：《睡虎地秦墓竹简》，文物出版社，1978，第 36、38 页。

鞠”及“覆”题下：“可定名事里……”“告臣”题下：“其定名事里……”①《汉书·宣帝纪》：“其令郡国岁上系囚以掠笞若瘐死者所坐名县爵里。”都指明身份籍贯的基本标志在于“里”。居延汉简也可见“鞠系到定名县爵里年☐”（239.46）、“●状辞皆曰名爵县里年姓官禄各如律皆☐”（E. P. T68：34）等内容。可见“里”当时是最基本的行政组织。据长沙马王堆 3 号汉墓出土的《驻军图》所标示，一里多则“百八户”，少者“十二户”，户数可以各不相等，然而都有交通道路相联结，而且大多间距相当。② 这很容易使人联想到“里”同时又是长度单位，而且长期以来一直作为最基本的路程计量标准的事实。《续汉书·百官志五》：

> 里有里魁，民有什伍，善恶以告。本注曰：里魁掌一里百家。什主十家，伍主五家，以相检察。民有善事恶事，以告监官。

刘昭注补：

> 《风俗通》曰：“《周礼》五家为邻，四邻为里。里者，止也。里有司，司五十家，共居止，同事旧欣，通其所也。”

“里者，止也。”“里”的本义，很可能确实是指交通道路上行进一段距离之后应当休止之处。此处聚居的民户所形成的行政组织，可能即因此命名为“里”。

与“里”相类似者，又有所谓“亭”。《汉书·百官公卿表上》：

---

① 整理小组译文：“请确定其姓名、身分、籍贯……”睡虎地秦墓竹简整理小组：《睡虎地秦墓竹简》，文物出版社，1978，第 247～248、250～251、259～260 页。

② 《马王堆汉墓帛书古地图》，文物出版社，1977。

图 16－1 淅川高庄汉画象砖"亭长"图

"大率十里一亭，亭有长。十亭一乡，乡有三老、有秩、啬夫、游徼。"亭长负责治安、诉讼等事。然而"亭"之设置，原本亦与交通有关。《续汉书·百官志五》：

> 亭有亭长，以禁盗贼。本注曰：亭长，主求捕盗贼，承望都尉。

刘昭注补引《风俗通》：

> 汉家因秦，大率十里一亭。亭，留也，盖行旅宿会之所馆。

图 16－2 《弢庵印集》著录
汉初"亭印"

又引《汉官仪》：

> 亭长课徼巡……设十里一亭，亭长、亭候；五里一邮，邮间相去二里半，司奸盗。亭长持二尺板以劾贼，索绳以收执贼。

"邮"的设置，亦兼而"司奸盗"。①

　　秦汉时期，级别与规模与县相当的行政机构"道"，其定名也直接与交通有关。

　　《汉书·百官公卿表上》："（县）有蛮夷曰道。"就是说，"道"一般设置于少数民族聚居地区。秦时陇西郡有狄道、绵诸道、獂道；蜀郡有湔氐道、僰道、严道等。根据《汉书·地理志》的记载，西汉时"道"的设置又有增加：

　　　　左冯翊：翟道

　　　　南郡：夷道

　　　　零陵郡：营道、泠道

　　　　广汉郡：甸氐道、刚氐道、阴平道

　　　　蜀郡：严道、湔氐道

　　　　犍为郡：僰道

　　　　越巂郡：灵关道

　　　　武都郡：故道、平乐道、嘉陵道、循成道、下辨道

　　　　陇西郡：狄道、氐道、予道、羌道

　　　　天水郡：戎邑道、緜诸道、略阳道、獂道

---

　　① 《汉书·百官公卿表上》说："凡县、道、国、邑千五百八十七，乡六千六百二十二，亭二万九千六百三十五。"平均每乡4.47亭，可知"十亭一乡"并非定制。亭长职任与交通有关，见于下引诸例，汉桓帝以安车聘在诏造康，"使者奉诏造康，康不得已，乃许诣。辞安车，自乘柴车，冒晨先使者发，至亭，亭长以韩徵君当过，方发人牛修道桥。及见康柴车幅巾，以为田叟也，使夺其牛。康即释驾与之。有顷，使者至。夺牛翁乃徵君也"（《后汉书·逸民列传·韩康》）。又如"世祖徇襄城，（傅）俊以县亭长迎军"（《后汉书·傅俊传》）。逢萌"给事县为亭长，时尉行过亭，萌候迎拜谒，既而掷楯叹曰：'大丈夫安能为人役哉！'遂去之长安学"（《后汉书·逸民列传·逢萌》）。李贤注："亭长主捕盗贼，故执楯也。"《汉书·王莽传中》记载："大司空士夜过奉常亭，亭长苛之，告以官名，亭长醉曰：'宁有符传邪？'士以马箠击亭长，亭长斩士，亡，郡县逐之。家上书，（王）莽曰：'亭长奉公，勿逐。'"这一事例可以体现亭长管理交通兼负责地方治安的职能。

安定郡：月氏道

北地郡：除道、略畔道、义渠道

上郡：雕阴道

长沙国：连道①

《史记·货殖列传》"督道仓吏"，长沙马王堆3号汉墓出土古地图所见"箭道"②，天津艺术博物馆藏"朐衍道尉"印③，故宫博物院藏"建伶道宰印"④，《封泥汇编》"青衣道令"封泥⑤，又说明秦汉所设置的"道"有《汉书·地理志》未载者。

严耕望《唐代交通图考》在《序言》中指出，"汉制，县有蛮夷者曰道，正以边疆少数民族地区，主要行政措施惟道路之维持与控制，以利政令之推行，物资之集散，祈渐达成民族文化之融合耳"⑥。我们注意到，"道"之所在，大都处于交通条件恶劣的山区。很可能"道"之得名，正在于强调交通道路对于在这种特殊

图 16-3　秦"翟導（道）丞印"封泥

---

① 汉官印及封泥有"夷道长印"（《昔则庐古玺印存》），"夷道之印""夷道丞印""刚氐道长""阴平道印"，"严道长印""严道令印""严道丞印""严道左尉""严道橘园"，"严道橘丞""僰道右尉""灵关道长"，"灵关道丞"（《封泥汇编》）、"故道令印"（《汉铜印丛》）、"义沟道宰印"（《讱庵集古印存》）、"连道长印"（《待时轩印存》）等可以为文物之证。

② 邢义田《论马王堆汉墓"驻军图"应正名为"箭道封域图"》认为，"箭道是县一级单位"。《湖南大学学报》2007年第5期。这一意见还可以讨论。

③ 朐衍，《汉书·地理志下》北地郡属县。

④ 《汉书·地理志上》益州郡有健伶县，"健"，或作"建"。《续汉书·郡国志五》作建伶县。《后汉书·西南夷传》列"建伶"为西南夷诸种之一。

⑤ 青衣，《汉书·地理志上》蜀郡属县。

⑥ 严耕望：《唐代交通图考》，"中央研究院"《历史语言研究所专刊》之八十三，第1册，1985，第1页。

地理条件和特殊民族条件下实施政治管理的重要作用。也可能在这种
交通条件较为落后的少数族聚居地区，政府当时所能够控制的，仅仅
限于联系主要政治据点的交通道路。即中央政府在这些地区实际只控
制着若干点与线，尚无能力实施全面的统治。王莽大规模更改地名
时，对西汉"道"确定的新名称多体现在这种"有蛮夷"的地区对
少数族的管理和镇压。[①] 但是也有体现"道"的交通作用的，如南郡
夷道改称江南，标志这是由南阳南下游历江南首先进入的行政区，此
外陇西氐道改称亭道，北地除道改称通道，仍强调"道"这一行政设
置的交通意义。

在设置"道"的地区，国家行政机
构为实现其政治管理的效能，尤其要重视
"具车船，修道桥，通障豀"（《后汉书·
南蛮传》），以发展交通事业为急务。《后
汉书·西南夷传》记述，白狼王唐菆等
"慕化归义"，"路经邛来大山零高坂，峭
危峻险"，于是作诗三章，抒发"涉危历

图 16－4　天津艺术博物馆藏
"昫衍道尉"印

险，不远万里，去俗归德"的心愿。其中史家所谓《远夷怀德歌》
写道：

> 荒服之外，土地无埂，食肉衣皮，不见盐穀。吏译传风，大
> 汉安乐。携负归仁，触冒险陕。高山歧峻，缘崖磻石。木薄发
> 家，百宿到洛……

---

① 如广汉甸氏道改称致治，阴平道改称摧虏，蜀郡严道改称严治，犍为僰道改称僰
治，武都故道改称善治，陇西狄道改称操虏，天水戎邑道改称填戎亭，安定月氏道改称月
顺等。

白狼等部族，正分布在蜀郡縣虒道一带。① 《后汉书·循吏列传·卫飒》记载，"先是含洭、浈阳、曲江三县，越之故地，武帝平之，内属桂阳。民居深山，滨溪谷，习其风土，不出田租。去郡远者，或且千里。吏事往来，辄发民乘船，名曰'传役'。每一吏出，徭及数家，百姓苦之"。卫飒迁桂阳太守，"乃凿山通道五百余里，列亭传，置邮驿。于是役省劳息，奸吏杜绝。流民稍还，渐成聚邑，使输租赋，同之平民"。卫飒治桂阳事迹可以反映此类地区的交通状况以及加强交通建设对于"郡内清理"，使其政治文化水准逐渐接近内地的意义。

二　交通与秦汉经济的运行

傅筑夫认为，"在经济上，秦汉时期是中国古代国民经济体系的确立时期。而国民经济体系则是建立在发达的商品经济基础之上的。所谓发达的商品经济，是指商业经营和商品生产都打破了地域性限制，这时商业是以远程贸易为主的全国性商业，各个地区的各个生产部门也都是以供应全国市场为目的的商品生产。总之，任何一个经济区或任何一个生产部门，这时都不再是孤立地存在和经营，而是交织在整个国民经济的体系之中，成为它的一个组成部分。这样一种经济结构，显然是以便利的交通为其前提条件的"②。对于秦汉时期商品生产的性质和作用，史学界尚存在不同意见，例如当时是否形成了"发达的商品经济"，当时是否"各个地区的各个生产部门也都是以供应全国市场为目的的商品生产"，均可以商榷。然而确实"任何一个经

① 《汉书·地理志下》："迄于孝平，凡郡国一百三，县邑千三百一十四，道三十二。"《汉书补注》：齐召南曰："《志》中县邑之以道名者得二十九（今按：计左冯翊翟道则为30）"，"尚缺其三，以《续志》证之，则蜀郡汶江道、绵虒道、武威武都道，与三十二之数合。本《志》于汶江、绵虒、武都三县不言道，殆阙文"。
② 傅筑夫：《中国封建社会经济史》第2卷，人民出版社，1982，第49页。

济区或任何一个生产部门，这时都不再是孤立地存在和经营"，而是成为统一的经济共同体的组成部分，这种经济形势，也确实"是以便利的交通为其前提条件的"。

司马迁在《史记·货殖列传》中论各地物产即所谓"天下物所鲜所多"分布之大势：

> 夫山西饶材、竹、谷、纑、旄、玉石；山东多鱼、盐、漆、丝、声色；江南出楠、梓、姜、桂、金、锡、连、丹沙、犀、瑇瑁、珠玑、齿革；龙门、碣石北多马、牛、羊、旃裘、筋角；铜、铁则千里往往山出棋置：此其大较也。皆中国人民所喜好，谣俗被服饮食奉生送死之具也。故待农而食之，虞而出之，工而成之，商而通之。

自秦汉大一统政权建立之后，"海内为一，开关梁，弛山泽之禁，是以富商人贾周流天下，交易之物莫不通，得其所欲"，生产及消费都冲破了地域局限。所谓"农工商交易之路通"（《史记·平准书》），正是以交通建设的成就为基本条件的。

云梦睡虎地秦简《田律》中有政府要求各地及时上报农田受雨、受灾及作物生长情形的内容，规定近县由"轻足"专程递送，远县通过邮驿系统转送，必须在八月底以前送达：

> 雨为澍〈澍〉，及诱（秀）粟，辄以书言澍〈澍〉稼。诱（秀）粟及垦（垦）田畼毋（无）稼者顷数。稼已生后而雨，亦辄言雨少多，所利顷数。旱〈旱〉及暴风雨、水潦、螽（蝨）蛇、群它物伤稼者，亦辄言其顷数。近县令轻足行其书，远县令邮行之，尽八月□□之。田律

政府凭借交通条件，可以及时了解全国各地包括"近县"及"远县"农业生产的全面情况，"轻足"，指行走捷疾者。《淮南子·齐俗》："争升陵阪，上高丘，轻足先升。"①

《汉书·地理志下》说西汉疆土："凡郡国一百三，县邑千三百一十四，道三十二，侯国二百四十一。地东西九千三百二里，南北万三千三百六十八里。提封田一万万四千五百一十三万六千四百五顷，其一万万二百五十二万八千八百八十九顷，邑居道路，山川林泽，群不可垦，共三千二百二十九万九百四十七顷，可垦不可垦，定垦田八百二十七万五百三十六顷。民户千二百二十三万三千六十二，口五千九百五十九万四千九百七十八。汉极盛矣。"《续汉书·郡国志一》刘昭注补引《帝王世纪》指出这是汉平帝元始二年（2）的统计数字②。《续汉书·郡国志五》刘昭注补引"伏无忌所记，每帝崩辄最户口及垦田大数"，其垦田数如下表。

年　代	垦　田　数
和帝永（元）兴元年（105）	7320170 顷 80 亩 140 步
安帝延光四年（125）	6942892 顷 13 亩 85 步
顺帝建康元年（144）	6896271 顷 56 亩 194 步
冲帝永嘉元年（145）	6957676 顷 20 亩 108 步
质帝本初元年（146）	6930123 顷 38 亩

垦田数精确至于"步"，由顺帝建帝康元年、冲帝永嘉元年、质帝本初元年的资料可知，这种统计是每年都进行的。中央政府对于全国农耕生产如此严密的注视，当然是为了进行必要的管理与指导，而

---

① 《群书治要》引文作"轻足者先"。

② 《续汉书·郡国志一》刘昭注补引《帝王世纪》："元始二年，郡、国百三，县、邑千五百八十七，地东西九千三百二里，南北万三千三百六十八里，定垦田八百二十七万五百三十六顷，民户千三百二十三万三千六百一十二，口五千九百一十九万四千九百七十八人，多周成王四千五百四十八万五十五人，汉之极盛也。"

如果没有完备的交通系统，则不能了解各地生产进度，也无从进行具体的规划与部署。

当时以交通建设为条件的农耕文化的进步，还表现在初步形成的经济共同体内，先进生产工具可以迅速推广，先进耕作技术可以迅速普及。例如，汉代特制铁农具，即可能为《盐铁论·水旱》称作"大器"的大铁犁，就出土于辽宁、山东、河北、安徽、陕西、甘肃、福建等广大地域。[①]《三国志·魏书·仓慈传》裴松之注引《魏略》有皇甫隆为敦煌太守，"教作耧犁，又教衍溉"的故事。耧犁，据说是赵过推广代田法时所制作的一种播种器械，是"其耕耘下种田器，皆有便巧"中的一种。汉武帝时代，"令命家田三辅公田，又教边郡及居延城。是后边城、河东、弘农、三辅、太常民皆便代田，用力少而得谷多"（《汉书·食货志上》）。居延汉简所见"代田仓"（148.47，273.14 等）、"代田亭"（E.P.T 4：5），说明这种先进农耕技术确实迅速传播到"边郡""边城"。居延汉简所见有关"治渠"的内容及"水工"（E.P.T65：47）简文，体现农田灌溉技术已普及至河西。《汉书·西域传下》"遣使者案行表，穿卑鞮侯井以西，欲通渠转穀"的记载，又说明这一技术已推广至遥远的西域。

利用当时的交通条件，中央政府还可以根据各地农业基础和耕作条件，进行生产指导，如汉武帝元狩三年（前 120）"遣谒者劝有水灾郡种宿麦"（《汉书·武帝纪》），董仲舒建议"愿陛下幸诏大司农，使关中民益种宿麦，令毋后时"（《汉书·食货志上》），汉安帝永初三年（前 109）"诏长吏案行在所，皆令种宿麦蔬食，务尽地力"（《后汉书·安帝纪》）等，都是政府以行政力量推广先进农耕技术的实例。《后汉书·刘般传》所谓"以郡国牛疫，通使区种增耕"，"诏敕区种，增进顷亩"，则是令各地应用能够达到高产丰收目的的氾胜

---

① 张传玺：《两汉大铁犁研究》，《北京大学学报》（哲学社会科学版）1985 年第 1 期。

之"区田法"的记载。

高度集权的专制政府可以调度各地的运输力量转送当地农产以满足军国需用，往往"转漕甚辽远"（《史记·平准书》），"运行数千里不绝于道"（《汉书·枚乘传》）。由于所需运输人力多直接调用农业劳动力，于是往往导致"百姓骚动，海内摇荡，农夫释末，工女下机"（《史记·郦生陆贾列传》），以至"百姓靡敝，孤寡老弱不能相养，道路死者相望"（《史记·平津侯主父列传》）。[1] 汉武帝时遂开始推行均输制度，"令远方各以其物贵时商贾所转贩者为赋，而相灌输"（《史记·平准书》）。交通运输的进步，愈益使各经济区都融入"财物流通，有以均之"（《盐铁论·通有》）的经济体系之中，于是形成经济上"海内为一"（《史记·货殖列传》）的局面。

在以发达的交通条件为基础的经济体制下，当遭遇严重的自然灾害时，政府即可以调度运输力量"转旁郡钱谷以相救"（《汉书·元帝纪》），同时统一组织安置灾民。如汉武帝元鼎二年（前115）"水潦移于江南"，于是"下巴蜀之粟致之江陵"（《汉书·武帝纪》），又"令饥民得流就食江淮间，欲留，留处"（《汉书·食货志下》）。汉章帝元和元年（84）诏曰："自牛疫以来，谷食连少"，"其令郡国募人无田欲徙它界就肥饶者，恣听之。"（《后汉书·章帝纪》）汉安帝永初年间，"被灾之郡，百姓凋残，恐非赈给所能胜赡"，"尤困乏者，徙置荆、扬孰郡"（《后汉书·樊准传》）。《盐铁论·力耕》：

> 往者财用不足，战士或不得禄，而山东被灾，齐、赵大饥，赖均输之畜，仓廪之积，战士以奉，饥民以赈。故均输之物，府

---

[1] 对于"筑仓治船"的交通基本建设，萧望之曾奏言以为"有动众之功，恐生旱气，民被其灾"（《汉书·食货志上》），也提出婉转的警告。

库之财，非所以贾万民而专奉兵师之用，亦所以赈困乏而备水旱之灾也。

政府组织的运输活动，"丰年岁登，则储积以备乏绝；凶年恶岁，则行币物；流有余而调不足也"[①]。

《盐铁论·本议》说，"陇、蜀之丹漆旄羽，荆、扬之皮革骨象，江南之楠梓竹箭，燕、齐之鱼盐旃裘，兖、豫之漆丝缔纻，养生送终之具也，待商而通，待工而成。故圣人作为舟楫之用，以通川谷，服牛驾马，以达陵陆；致远穷深，所以交庶物而便百姓"。因而汉武帝"开均输以足民财"，"均输，万民所载仰而取给者，罢之，不便也"。秦汉交通成就对于经济进步的最有力的推动，首先即体现为商运的活跃极大地促进了物资的交流，"农商交易，以利本末"（《盐铁论·通有》），使社会经济表现出前所未见的活力。

当时，"重装富贾，周流天下，道无不通，故交易之道行"（《史记·淮南衡山列传》）。"富商大贾或蹛财役贫，转毂百数，废居居邑"（《史记·平准书》），"千里游敖，冠盖相望，乘坚策肥"（《汉书·食货志上》），"或连车骑，交守相"，"转毂以百数，贾郡国，无所不至"（《史记·货殖列传》）。"商贾求利，东西南北各用智巧"（《汉书·贡禹传》），以至"船车贾贩，周于四方；废居积贮，满于都城"（《后汉书·仲长统传》），甚至"求蛮貉之物以眩中国，徙邛笮之货致之东海，交万里之财"（《盐铁论·通有》）。当时人已经普遍意识到"商所以通郁滞"（《盐铁论·本议》）的作用，因而政府"立法崇农而抑商"（《文献通考·征榷考一·征商》）。但是往往于"排富商大贾"（《史记·酷吏列传》）之后不久，即"复弛商贾之

---

① 参看王子今《两汉救荒运输略论》，《中国史研究》1993 年第 3 期。

律"(《史记·平准书》)。① 以交通条件为基本经营基础的商业在抑与非抑的政策转换的间隙中顽强地发展，将各个经济区与各个经济部门联结为一个整体。汉武帝时推行的"平准"政策和王莽所谓"五均六筦"，都试图以行政权力干预商业发展，甚至以执政者身份取商贾之利，然而面对民间贸易倾向自由的特点，其作用其实都是有限的。

东汉晚期，由于交通系统凋败，商业也相对萎缩，以致社会经济形态出现了新的倾向。内部可以"闭门成市"的豪强地主的田庄经济得到发展②，而各经济区和各生产部门间的经济联系相对淡薄了。

三　交通与秦汉文化的发育

许慎《说文解字叙》评述战国时期文化形态，"分为七国，田畴异亩，车涂异轨，律令异法，衣冠异制，言语异声，文字异形"。以文字为例，大约春秋时期，秦国文字即已定型，李学勤指出，"这和春秋时期秦国各种器物都有自己特色一样，是秦与关东长期比较隔绝的结果"③。而晋人活动区域曾流行所谓"科斗"文的字体。与此同时，南方楚、越、蔡等同出现了鸟书。战国中期以后的六国古文，结构复杂，变化奇诡，地域性十分明显。同一个字，在不同国家和地区往往会有差别很大的多种写法。④ 由文字的地域差别所表现的文化的

---

① 例如《文献通考·征榷考一·征商》即指出："按汉初铸钱，轻于周秦，一时不轨逐末之民，蓄积余赢，以稽市物，不勤南亩，而务聚货，于是立法崇农而抑商。入粟者补官，而市井子弟至不得为吏，可谓有所劝惩矣。然利之所在，人趋之如流水。《货殖传》中所载，大抵皆豪商巨贾，未闻有以力田致富者。至孝武时，东郭咸阳以大鬻盐，孔仅以大冶领大司农，桑弘羊以贾人子为御史大夫，而前法尽废矣。"

② 《后汉书集解》引《续汉书》说樊氏田庄"起庐舍高楼连阁，陂池灌注，竹木成林，六畜牧放，鱼赢梨果，檀棘桑麻，闭门成市"。

③ 李学勤：《东周与秦代文明》，文物出版社，1984，第366页。

④ 战国文字由于有其突出的特点，在中国古文字发展史上自成一个阶段，战国文字研究目前已经成为中国古文字学的一个独立的分支。

割裂，严重地影响着历史的进程。秦始皇吞灭六国，实现一统之后，又面临文化统一的重任。他采纳李斯的建议，以秦文字作为统一的标准文字，禁绝古文，"罢其不与秦文合者"。秦始皇"一法度衡石丈尺，车同轨，书同文字"，"坏城郭，决通堤防"，打通交通阻隔，又亲自千里巡行，以艰辛的交通实践推进"匡饬异俗"，"普施明法"的事业。

秦始皇东巡的目的之一，是消除秦与六国故地的文化隔阂，巩固大一统政体的文化基础。秦始皇二十八年（前219）琅邪台刻石中，宣布："六合之内，皇帝之土。西涉流沙，南尽北户。东有东海，北过大夏。人迹所至，无不臣者。"强调"皇帝之明，临察四方"。"皇帝之德，存定四极。"他郑重申明："应时动事，是维皇帝。匡饬异俗，陵水经地。"二十九年（前218）之罘刻石中，也有"黔首改化，远迩同度，临古绝尤"的文句。三十七年（前210）会稽刻石更明确写道：

> 圣德广密，六合之中，被泽无疆。
>
> 皇帝并宇，兼听万事，远近毕清。
>
> 运理群物，考验事实，各载其名。
>
> 贵贱并通，善否陈前，靡有隐情。
>
> 饰省宣义，有子而嫁，倍死不贞。
>
> 防隔内外，禁止淫泆，男女絜诚。
>
> 夫为寄豭，杀之无罪，男秉义程。
>
> 妻为逃嫁，子不得母，咸化廉清。
>
> 大治濯俗，天下承风，蒙被休经。
>
> 皆遵度轨，和安敦勉，莫不顺令。
>
> 黔首修絜，人乐同则，嘉保太平。
>
> 后敬奉法，常治无极，舆舟不倾。

这无异于一篇文化统一的宣言。秦始皇强调要树立"远近""贵贱"共同遵行的文化的"同则",认为这是大一统政治"嘉保太平"的基础。他尤其注重因交通隔绝而存在的地方民俗文化的"饬"与"濯",并且要求对于这一文化政策须"后敬奉法",以求"常治无极"(《史记·秦始皇本纪》)。

《史记·樊郦滕灌列传》记载,"楚骑来众,汉王乃择军中可为骑将者,皆推故秦骑士重泉人李必、骆甲习骑兵,今为校尉,可为骑将。汉王欲拜之,必、甲曰:'臣故秦民,恐军不信臣,臣愿得大王左右善骑者傅之'。可见"故秦民"与作为刘邦军主要成分的东方人之间,文化心理隔阂依然显著。汉并天下后,刘邦以"齐王韩信习楚风俗,徙为楚王",又封子刘肥为齐王,"民能齐言者皆属齐"(《史记·高祖本纪》)。可见各地民俗方言仍难以相通。曹丘生谓季布,有"仆楚人,足下亦楚人也","何足下距仆之深也"语(《史记·季布栾布列传》),也体现当时民间人际情感方面浓重的地方主义色彩。当时有楚"其俗剽轻"(《史记·货殖列传》)以及"其人轻心"(《史记·三王世家》)等说法。对于齐人的心理特征,司马迁总结为"其民阔达多匿知,其天性也"(《史记·齐太公世家》),又谓"其俗宽缓阔达"(《史记·货殖列传》)。《汉书·朱博传》又有"齐郡舒缓养名"的说法。有人建议项羽都关中以图霸业,项羽"心怀思欲东归,曰:'富贵不归故乡,如衣绣夜行,谁知之者!'说者曰:人言楚人沐猴而冠耳,果然"(《史记·项羽本纪》)。"人言楚人沐猴而冠耳"与刘邦骂刘敬曰"齐虏"(《史记·刘敬叔孙通列传》)同样,都表现出交通相互隔绝的各地区间人的相互鄙视的心理倾向。

各地区间文化的进一步融汇,是在再一次出现交通建设高潮的汉武帝时代实现的。

汉武帝时,曾"开路西南夷,凿山通道千余里,以广巴蜀"(《史记·平准书》),又"发数万人作褒斜道五百余里"(《史记·河渠书》），又置河西四郡，打通了联系西域的道路，使汉王朝的威德播扬于中亚，还曾开凿漕渠，使河渭水运发展到新的水平。发水军分五路击南越，也促进了当地交通的发展。发会稽兵浮海救东瓯，遣横海将军韩说浮海击南越，楼船将军杨仆从齐浮"勃海"击朝鲜等，更是交通史上的壮举。汉武帝时还曾多次组织大规模的军事远征和数以十万计的移民运动。军队调动与军需运输，都是技术性要求相当高的军事交通活动，军役征发和大规模移民，其组织过程也十分复杂。"武帝巡狩所幸郡国凡四十九"（《汉书·夏侯胜传》）。因游踪甚广而受到司马光"巡游无度"的批评（《资治通鉴》卷二二"汉武帝后元二年"）。他曾南登天柱山，多次出行东方郡国，西至安定、北地，曾三次北抵长城，循北边道巡行，八次东巡至于海上。汉武帝时代，为加强对于交通运输的管理以进一步适应专制政体的需要，还制定了体制全新的均输制度。这一制度的实施使运输生产的效益提高到新的水平。

正是在汉武帝时代，数十年来屡次挑起战争，策动割据的地方分裂势力终于被基本肃清。对于"有鱼盐之利，铜山之富，天下所仰"的富足之地，亦加强了中央的统制，地方行政者受到"勿使行财币，厚赏赐，以立声誉，为四方所归也"的严厉警告（《史记·三王世家》褚先生补述），经济财政的统一也达到空前的程度。李学勤在《东周与秦代文明》一书中把东周时代列国划分为 7 个文化圈：中原文化圈，北方文化圈，齐鲁文化圈，楚文化圈，吴越文化围，巴蜀滇文化圈，秦文化圈。战国时期到秦代以至汉初，先有楚文化向北的延伸，向南的发展和向东的扩张，继而有秦文化借助军事强权传布各地，而后齐鲁文化的西渐也表现出深远的历史影响。正是在汉武帝时代，楚文化、秦文化和齐鲁文化大体完成了合流的历史过程，这三大文化体系的汇集交融，形成了辉煌的汉代文化的基础。西汉初年，在陕西凤翔高庄、大荔北寨子、耀县，河南三门峡、郑州岗杜，山西侯马乔村，内蒙古准格尔勿尔图沟，湖北云梦睡虎地、宜昌前坪、宜城楚皇城，四川成都的墓地都保留有进入汉以后的含秦文化因素的墓葬，虽葬式已有变化，但在随葬器物中还保留典型秦式陶罐、盆、茧形壶，铜蒜头壶、壶、鍪等。这些墓中伴出秦半两、汉半两钱，但绝不见五铢钱。这表明，到汉武帝时代，全国已经再也看不到这种别具一格的秦式墓葬了。①正是在汉武帝时代，秦时出现的偏旁较为固定，书写较为简便的秦隶，终于取得了全国文化界的认可，秦始皇时提出的所谓"书同文字"的口号，这时方得实现。于是古文字学研究的对象，就大致限定为汉武帝以前的文字。正是在汉武帝时代，具有成熟的统治经验的中央政权开始正式推行带有文化专制色彩的被称作"罢黜百家，表章《六经》"（《汉书·武帝纪》），"推明孔氏，抑黜百家"的政策，结束了"师异道，人异论，百家殊方"的局面，儒学取得思想主导的地位，使"今后学者有所统一"（《汉书·董仲舒传》）。推重儒学，使其成为意识形态正统的政策，对此后两千年中国文化的面貌，产生了规定性的影响，

正是在汉武帝时代，汉王朝辉煌的文明所形成的影响，其范围已经绝不仅仅限于亚洲东部。《史记·留侯世家》记述，刘邦欲易太子，后知其"羽翼已成，难动矣"，令戚夫人为楚舞，自为楚歌："鸿鹄高飞，一举千里。羽翮已就，横绝四海。"如果推想此中也隐含刘邦对自己所开创帝业之前景的预想，那么可以说，汉文化这种"一举千里""横绝四海"的腾飞，是在汉武帝时代实现的。

尽管汉武帝以表现出空前成就的交通建设为文化统一奠定了基础。从司马迁《史记·货殖列传》的记述中仍然可以看到各地文化风情的差异：

（关中）其民犹有先王之遗风，好稼穑，殖五谷，地重，重

---

① 叶小燕：《秦墓初探》，《考古》1982 年第 1 期。

为邪。及秦文、德、缪居雍，隙陇蜀之货物而多贾。献公徙栎邑，栎邑北却戎翟，东通三晋，亦多大贾。孝、昭治咸阳，因以汉都，长安诸陵，四方辐凑并至而会，地小人众，故其民益玩巧而事末也。……

（巴蜀）四塞，栈道千里，无所不通，唯褒斜绾毂其口，以所多易所鲜。

天水、陇西、北地、上郡与关中同俗，然西有羌中之利，北有戎翟之畜，畜牧为天下饶。然地亦穷险，唯京师要其道。……

夫三河在天下之中，若鼎足，王者所更居也，建国各数百千岁，土地小狭，民人众，都国诸侯所聚会，故其俗纤俭习事。

杨、平阳陈西贾秦、翟，北贾种、代。种、代，石北也，地边胡，数被寇。人民矜懻忮，好气，任侠为奸，不事农商。……其民羯羠不均，自全晋之时固已患其儇悍，而武灵王益厉之，其谣俗犹有赵之风也。……

中山地薄人众，犹有沙丘纣淫地余民，民俗懁急，仰机利而食。丈夫相聚游戏，悲歌忼慨，起则相随椎剽，休则掘冢作巧奸冶，多美物，为倡优。女子则鼓鸣瑟，跕屣，游媚贵富，入后宫，编诸侯。……

郑、卫俗与赵相类，然近梁、鲁，微重且矜节。濮上之邑徙野王，野王好气任侠，卫之风也。……

上谷至辽东，地踔远，人民希，数被寇，大与赵、代俗相类，而民雕捍少虑。……

（齐）其俗宽缓阔达，而足智，好议论，地重，难动摇，怯于众斗，勇于持刺，故多劫人者，大国之风也。……

邹、鲁滨洙、泗，犹有周公遗风，俗好儒，备于礼，故其民龊龊。……地小人众，俭啬，畏罪远邪。及其衰，好贾趋利，甚于周人。……

（梁、宋）其俗犹有先王遗风，重厚多君子，好稼穑，虽无山川之饶，能恶衣食，致其蓄藏。

（西楚）其俗剽轻，易发怒，地薄，寡于积聚。……

陈在楚夏之交，通鱼盐之货，其民多贾。

徐、僮、取虑，则清刻，矜己诺。

（东楚）其俗类徐、僮。朐、缯以北，俗则齐。……

（南楚）其俗大类西楚……南楚好辞，巧说少信。江南卑湿，丈夫早夭。……

九疑、苍梧以南至儋耳者，与江南大同俗，而杨越多焉。

颍川、南阳，夏人之居也。夏人政尚忠朴，犹有先王之遗风。颍川敦愿。……

（南阳）俗杂好事，业多贾。其任侠。

司马迁以亲身实地考察的经验来分析天下"人民谣俗"①，其真实性是大体可信的。他不仅注重探索地域文化特征形成的历史渊源，而且注重地域文化特征形成的现实因素，其中也包括地理位置和交通形势的作用。从《史记·货殖列传》的论述可以看到，司马迁以为，所谓"四方辐凑"，"无所不通"，或者"地踔远"，"穷险"，"小狭"，都

---

① 《史记·太史公自序》自述生平经历："生龙门，耕牧河山之阳"，"二十而南游江、淮，上会稽，探禹穴，窥九疑，浮于沅、湘；北涉汶、泗，讲业齐、鲁之都，观孔子之遗风，乡射邹、峄；厄困鄱、薛、彭城，过梁、楚以归。"又"奉使西征巴、蜀以南，南略邛、笮、昆明，还报命"。又《五帝本纪》："余尝西至空桐，北过涿鹿，东渐于海，南浮江淮矣，至长老皆各往往称黄帝、尧、舜之处。"《封禅书》："余从巡祭天地诸神名山川而封禅焉。"《河渠书》："余南登庐山，观禹疏九江，遂至于会稽太湟，上姑苏，望五湖；东阚洛汭、大邳，迎河，行淮、泗、济、漯洛渠；西瞻蜀之岷山及离碓；北自龙门至于朔方。""余从负薪塞宣房。"《蒙恬列传》："吾适北边，自直道归，行观蒙恬所为秦筑长城亭障，堑山堙谷，通直道。"《齐太公世家》："吾适齐，自泰山属之琅邪，北被于海。"此外，又有"适鲁，观仲尼庙堂车服礼器"（《孔子世家》），"适楚，观春申君故城"（《春申君列传》），"适长沙，观屈原所自沈渊"（《屈原贾生列传》），以及"适故大梁之墟"（《魏世家》），"过大梁之墟"（《魏公子列传》），"登箕山"（《伯夷列传》），"尝过薛"（《孟尝君列传》），"适丰沛"（《樊郦滕灌列传》），"如淮阴"（《淮阴侯列传》），"至江南"（《龟策列传》）的记载。

是地域文化形成的交通条件。而且其地"近"则"同俗"或"其俗大类"，也是符合我们对交通文化进行分析的一般原则的。

班固在《汉书·地理志下》中也有关于各地风俗隔离与演变的记录，谓"成帝时刘向略言其地分，丞相张禹使属颍川朱赣条其风俗，犹未宣究，故辑而论之，终其本末著于篇"。其中秦地"五方杂厝，风俗不纯"，"郡国辐凑，浮食者多"；武威以西四郡"其民或以关东下贫，或以报怨过当，或以誖逆亡道，家属徙焉，习俗颇殊"；周地"在于土中"，于是"巧伪趋利，贵财贱义，高富下贫，憙为商贾"，也都是交通条件影响文化特征的实例。此外，"土广杂俗"，地相"接比"者亦"民俗略同"，也体现交通文化的基本规律。班固指出：

> 凡民函五常之性，而其刚柔缓急，音声不同，系水土之风气，故谓之风；好恶取舍，动静亡常，随君上之情欲，故谓之俗。孔子曰："移风易俗，莫善于乐。"言圣王在上，统理人伦，必移其本，而易其末，此混同天下一之壄中和，然后王教成也。

强调圣王大一统的，亦在于混同天下风俗之异。班固还特别说到汉以来风俗史的特殊背景：

> 汉承百王之末，国土变改，民人迁徙。

秦汉包括交通条件演变在内的历史变迁，确实使社会文化面貌发生了重要变化。通过秦汉时期的历史记载，可以看到各地文化差异随着交通事业的发展较前代明显淡化的历史过程。

扬雄的《方言》即《輶轩使者绝代语释别国方言》一书，汇集各地同义词语，分别注明通行范围。其基本资料或来自古籍，或为直接调查所得。通过《方言》，可以了解汉代语言的地域分布状况。

根据《左传·文公十三年》的记载，当时秦晋方言尚不相通："晋人患秦之用士会也"，"乃使魏寿余伪以魏叛者以诱士会，执其帑于晋，使夜逸。请自归于秦，秦伯许之。履士会之足于朝。秦伯师于河西，魏人在东。寿余曰：'请东人之能与夫二三有司言者，吾与之先。'使士会。""既济，魏人譟而还。"士会作为"东人之能与夫二三有司言者"，习晋方言，能够沟通秦晋，而被诱赚还晋。《史记·秦本纪》："戎王使由余于秦，由余，其先晋人也，亡入戎，能晋言。"也体现"能晋言"为秦人所重视。然而扬雄《方言》则视"秦晋"为同一个方言区域①，其所提供的材料也以"秦晋"为最多，有的学者指出，"可见到了两汉之交，由于秦人的东进，秦晋的方言已经糅合而一了"。"到了两汉之交秦晋的方言一跃而占显要地位。在秦汉之后汉语的最终形成和后来的发展中，秦语起了关键的作用。后世的北方汉语就是以当时的秦晋和雒阳一带方言为基础，逐渐定型的。"②

"秦语"在汉语演进史中"关键的作用"，当然与秦汉时期关中"四方辐凑并至而会"（《史记·货殖列传》）的交通地位有关。而"秦晋"方言的"糅合而一"，又是以"秦晋"之间交通的便利为条件的。

据《汉书·地理志下》，西汉西河郡36县，其中20县可考定县址，河西12县，河东8县。据《续汉书·郡国志五》，东汉西河郡13县，其中10县可考定县址，河西5县，河东5县。西汉时郡治在河西平定（今陕西府谷两北），东汉顺帝时郡治迁至河东离石（今山西离

---

① 林语堂"因《方言》书中所引地名之分合而定其统类"，"附证以种姓迁移之迹"，列"汉代方言十四类"：一、秦晋；二、郑韩周；三、梁，西楚。以上为"中国西部系"。四、齐鲁；五、赵魏之西北，燕及代之南部；六、魏卫宋；七、陈，郑之东部，及楚之中部。以上为"中国东部系"。八、东齐（青）与徐；九、吴扬越。以上为"夷系"。十、楚（荆蛮）；十一、南楚。以上为"蛮系"。十二、西秦。为"羌氏系"。十三、为"狄系"。居秦晋之北。十四、为"东胡系"。居朝鲜及燕代之北。"秦晋"列于首位。《前汉方言区域考》，《林语堂名著全集》，东北师范大学出版社，1994，第19卷《语言学论丛》，第19页。

② 周振鹤、游汝杰：《方言与中国文化》，上海人民出版社，1986，第86页。

石）。西汉西河郡跨河为治的特殊形势，充分说明当时隔河相望的秦晋地区，可以通过多处津渡往来交通。史籍中所见秦始皇、汉高祖、汉文帝、汉武帝等帝王往复经行的记录，也可以说明今天划割陕晋的黄河中段，在秦汉时期，两岸的交通是相当便利的。[①]

《说文解字》录有方言词语 191 条，提到方言区域 60 余处，其中涉及"关西"6 次，"关东"5 次。《方言》中说到"关西"，"自关而西""自山而西"共 86 次，"自关而东""自山而东"共 49 次，此外，"关东西""关西关东""关之东西""自关而东西""山之东西"18 次。当时以人为交通限隔函谷关或潼关划分关东、关西，与以自然交通限隔崤山或华山划分山东、山西，其文化含义大抵是相同的。"关东""关西"与"山东""山西"，成为秦汉时期最基本的方言区域的分界。例如《方言》卷九：

> 箭，自关而东谓之矢，江淮之间谓之鍭，关西曰箭。
> 剑削，自河而北燕赵之间谓之室，自关而东或谓之廓，或谓之削，自关而西谓之鞞。
> 舟，自关而西谓之船，自关而东或谓之舟，或谓之航。

司马迁在《史记·货殖列传》中历数各地风物民俗，最后也说道：

> 夫天下物所鲜所多，人民谣俗，山东食海盐，山西食盐卤，领南、沙北固往往出盐，大体如此矣。

盐运之区划，也与山东、山西所勾勒出的文化区分的大势相一致。看

---

① 王子今：《西河郡建置与汉代山陕交通》，《晋阳学刊》1990 年第 6 期。关于秦晋方言的共同性，可参看王子今《古晋语"天开之"索解——兼论秦晋交通的早期发展》，《史志研究》1998 年第 2 期。

来，大约在汉代，作为全国经济、文化重心地区的黄河流域，因交通的发展和文化的融汇，已经可以大致归并为关东（山东）和关西（山西）两个基本文化区。《汉书·赵充国传》："秦汉以来，山东出相，山西出将。"《后汉书·虞诩传》："谚曰：'关西出将，关东出相。'"① 看来，由于各自文化基础的不一致和相互文化交往的不充分，以致两个基本文化区人才素养的倾向也表现出相当显著的差异。

东汉以至魏晋战乱频仍，人民流徙，异族南下，边人内迁，这些特殊形式的交通活动，都进一步加速了文化的融合。扬雄《方言》中的某些方域语，到了晋人郭璞作《方言注》的时代，已经成为各地通语。例如《方言》卷一："秦晋之间凡好而轻者谓之娥，自关而东河济之间谓之媌。"郭璞注："今关西人亦呼好为媌。"又"赵魏燕代之间曰姝"，郭璞注："亦四方通语。"又如《方言》卷八：貔，"关西谓之狸。"郭璞注："此通名耳。"可见到了郭璞所处的时代，许多关西、关东方言逐渐趋于一致。正如周振鹤、游汝杰所说，"《方言注》中提到的关西方言共七条，汉时皆是关东方言，可见晋时关西、关东方言已混化"。关注"方言地理和交通地理"的关系，可以获得有意义的发现。②

自东汉时期起，中原士人多避乱南渡，促进了江南经济、文化的发展。魏晋以后，于是出现了江南、江北两个文化区并峙的局面。由"关东·关西"到"江南·江北"之文化区划的演变，其实反映着交通的进步。③

---

① 《汉书·地理志下》："天水、陇西""及安定、北地、上郡、西河，皆迫近戎狄，修习战备，高上气力，以射猎为先。""汉兴，六郡良家子选给羽林、期门、以材力为官，名将多出焉。"鲁地"其民有圣人之教化"，"今去圣久远，周公遗化销微，孔氏庠序衰坏"。"丧祭之礼文备实寡，然其好学犹愈于它俗。汉兴以来，鲁、东海多至卿相。"

② 周振鹤、游汝杰：《方言与中国文化》，上海人民出版社，1986，第90页。书中有方言地理和交通地理一节，讨论多用三国以后的史料。第68~75页。

③ 参看王子今《中国文化的地域风格》，《武钢党校学报》1991年增刊。

　　回顾文化史的进程，自然应当肯定秦汉交通建设对于秦汉文化统一的积极意义。正如孙毓棠所指出的："交通的便利，行旅安全的保障，商运的畅通和驿传制度的方便，都使得汉代的人民得以免除固陋的地方之见，他们的见闻比较广阔，知识易于传达。汉代的官吏士大夫阶级的人多半走过很多的地方，对于'天下'知道得较清楚，对于统一的信念也较深。这一点不仅影响到当时人政治生活心理的健康，而且能够加强了全国文化的统一性，这些都不能不归功于汉代交通的发达了。"①

---

① 孙毓棠：《汉代的交通》，《中国社会经济史集刊》第 7 卷第 2 期。

第十七章
秦汉人的交通心理与交通习尚

一　民间游艺所反映的交通热忱

讨论秦汉社会的交通交往形态，不能不分析当时人的交通心理及交往意识。

通过秦汉时期的民间游艺形式，可以考察当时社会上下共同表现的交通热忱。

战国至于秦汉时，曾经风行一种驱车争速的竞技运动，史籍称之为"驰逐"。

刘向在《说苑·反质》中记述所谓"晋平公为驰逐之车"，车极奢华，后来受到田差的批评而终于"去车"的故事。此事不见于先秦书，很可能取自汉人传说。反映战国时期驰逐运动的历史记载，有《史记·孙子吴起列传》中孙膑以智谋帮助田忌"驰逐"取胜的故事。① 又《史记·孟子荀卿列传》说淳于髡见梁惠王，"王志在驱逐"。"驱逐"应即"驰逐"。《韩非子·喻老》也有"赵襄主学御于王子期，俄而与於期逐"事。② 这里所说的"逐"，也就是"驰逐"。《战国策·秦策一》所谓"使车毂击驰"，很可能也与"驰逐"之风的兴起有关。

驰逐作为一种比赛行车速度，以"追速致远"（《淮南子·说林》）的竞技运动，在西汉时期更为盛行。

司马迁在《史记·货殖列传》中说各地民俗与人之性情，就有"博戏驰逐，斗鸡走狗，作色相矜，必争胜者，重失负也"的议论。《盐铁论·国疾》也说："里有俗，党有场，康庄驰逐，穷巷蹋鞠。"由于"车器难就而易败，车不累茸"，"一车千石"，因而驰车争速之戏大概只能是中家以上者的爱好，然而其普及程度，其实已经与"穷巷蹋鞠"相近了。

驰逐运动西汉时尤为皇室贵族所酷爱。《汉书·东方朔传》说，汉武帝时，董偃为窦太主爱幸，"董君贵宠，天下莫不闻，郡国狗马蹋鞠剑客辐凑董氏，常从游戏北宫，驰逐平乐，观鸡鞠之会，角狗马之足，上大欢乐之。"或读作"驰逐平乐观，鸡、鞠之会，角狗、马之足"，如《资治通鉴》卷一八"汉武帝元光五年"胡三省注还解释说："平乐观在未央宫北，周回十五里。高祖时制度草创，至帝增修之。《三辅黄图》曰：上林苑中有平乐观。"《艺文类聚》卷六三引李尤《平乐观赋》，说到"天马沛艾，鬃尾布分"，"驰骋百马"，"离合

---

① 《史记·孙子吴起列传》："（田）忌数与齐诸公子驰逐重射。孙子见其马足不甚相远，马有上、中、下辈。于是孙子谓田忌曰：'君弟重射，臣能令君胜。'田忌信然之，与王及诸公子逐射千金。及临质，孙子曰：'今以君之下驷与彼上驷，取君上驷与彼中驷，取君中驷与彼下驷。'既驰三辈毕，而田忌一不胜而再胜，卒得王千金。"

② 《韩非子·喻老》："赵襄主学御于王子期，俄而与於期逐，三易马而三后。襄主曰，'子之教我御术未尽也。'对曰：'术已尽，用之则过也。凡御之所贵，马体安于车，人心调于马，而后可以进速致远。今君后则欲逮臣，先则恐逮于臣。夫诱道争远，非先则后也。而先后心在于臣，上何以调于马？此君之所以后也。'"所谓"进速致远"，又称作"及速致远"（《荀子·王霸》)、"追速致远"（《淮南子·说林》)。

上下"的情形。看来，在汉宫苑中以"平乐"为名的驰逐专用竞技场地进行驰逐比赛时，场面相当壮观。所谓"平乐观"，《汉书·霍光传》作"走马驰逐平乐馆"。东方朔指责汉武帝"淫侈"失度，致"天下侈靡趋末，百姓多离农亩"时，特别对"设戏车，教驰逐"提出批评。不仅汉武帝在世时创置或"增修"这种娱乐内容包括"角狗马之足"的皇家大游乐场，甚至汉武帝陵园中也特辟驰逐场地。《汉书·五行志上》说，孝武园白鹤馆发生火灾，与所谓"园中五里驰逐走马之馆，不当在山陵昭穆之地"有关。"驰逐"，似乎被看作"逸游不正"的行为，与此相联系，汉宣帝时佞臣许章"坐走马上林下烽驰逐，免官"。"五里驰逐走马之馆"，颜师古注："五里者，言其周回五里。"对照平乐观"周回十五里"之说，所谓"五里"，其实也有可能是驰逐这种竞赛的规定距离。

《淮南子·诠言》说："驰者不贪最先，不恐独后，缓急调乎手，御心调乎马，虽不能必先载，马力必尽矣。"高诱注："驰，竞驱也。"庄逵吉以为"驰即骋字省文"。而孙志祖则认为，"《玉篇·马部》有'驰'字，除救切，《广韵》在《四十九宥》内，注皆训为'竞驱'，与高诱注正合，非骋之省文也。"王念孙赞同此说，以为"驰之言逐也"，又谓"'逐''驰'古同声"。其实，"驰"，很可能是"驰逐"二字的快读合音。所谓"不贪最先，不恐独后"等说法，提示了驰逐运动中应注意掌握的原则和要领。

对驰逐的普遍喜好是西汉时期引人注目的文化现象。刘向《九叹·愍命》以"却骐骥以转运兮，腾驴赢以驰逐"来感叹本应于"驰逐"中展示才华的贤能忠直之士不能才尽其用。《初学记》卷二二引李尤《鞍铭》："驺骛驰逐，腾跃覆被。虽其捷习，亦有颠沛。井赢其瓶，罔不斯败。"他在《平乐观赋》中也有"或以驰骋，覆车颠倒"的文句。可见进行驰逐竞技时难免有马蹶车败一类事故发生。然而为了"显逸才之捷武"，人们仍乐于在"风发飙拂，神腾鬼趡"

（扬雄：《河东赋》）的奔进竞争中追求快感。这种心理，可能与《列女传·节义》中所谓"忻悦驰骤"相接近。正是由于这种心理基于当时交通发展形势而形成的广泛的社会感染力，使得人们往往并不甘心做驰逐竞技的旁观者。甚至汉文帝也曾经甘愿冒"马惊车败"的危险，"从霸陵上欲西驰下峻阪"（《史记·袁盎晁错列传》）。

据《汉书·武五子传·昌邑哀王刘髆》记载，昌邑王刘贺入长安，驱车疾驰，"其日中，贺发，晡时至定陶，行百三十五里，侍从者马死相望于道。"车行速度，可能已经超过侍从者单骑行进的速度。《汉书·王吉传》中还说到，刘贺幸方舆，也"曾不半日而驰二百里"。刘贺未脱贵族少年狂放之习，即帝位仅27日，就因"行淫乱"被废。霍光等人历数刘贺恶行，其中就包括"驾法驾，皮轩鸾旗，驱驰北宫、桂宫，弄彘斗虎。召皇太后御小马车，使官奴骑乘，游戏掖庭中"（《汉书·霍光传》）。这位居位未久的皇帝显然是一名狂热的"驰逐"迷。这当然是一时风气使然。《史记·淮南衡山列传》说，淮南王刘安"为人好读书鼓琴，不喜弋猎狗马驰骋"。所以特加表誉，正因为这在当时的贵族阶层中是鲜见的例外。

《史记·司马相如列传》："常从上至长杨猎，是时天子方好自击熊彘，驰逐野兽，相如上疏谏之。"《三国志·吴书·张昭传》也说，孙权好田猎，张昭劝谏说："夫为人君者，谓能驾御英雄，驱使群贤，岂谓驰逐于原野，校勇于猛兽者乎？"因驰逐运动普及于社会，驰车追逐狩猎对象有时也称作"驰逐"。

驰逐这种竞技形式之风行，除了反映民间交通心理追求高速度的倾向而外，又与军旅文化对社会生活的普遍影响有关。在兵车被作为主要军事装备，车战被作为基本作战形式的时代，驰车追速竞击是习见的战争场面，同时当然也是一种特殊的军事交通形式。《吴子·治兵》在论述军事技能训练时，就曾经强调"习其驰逐，闲其进止"，以为"能明此者，横行天下"。从秦始皇陵兵马俑仍以兵车为主力的军阵构成看来，秦时乃至西汉仍距车战时代未远。① 《汉书·赵充国传》："吾士马新倦，不可驰逐。"说明直到西汉后期，"驰逐"依然被作为军事术语。②

驰逐运动之风行，大概只是战国至于西汉这一历史阶段所特有的社会文化现象。东汉时，社会风尚有所转变，大致的趋势是由剽轻急峻转而稳重舒缓。就交通方式来说，以往时兴于世的轻车肥马已逐渐为相对平稳安全然而行进速度甚为缓慢的牛车所取代。《后汉书·章帝八王传·清河孝王刘庆》："约敕官属，不得与诸王车骑竞驱"，也可以说明社会习尚的演变。《抱朴子·审举》说："逸伦之士，非礼不动，山峙渊渟，知之者希。驰逐之徒，蔽而毁之。"看来，到了葛洪所处的时代，所谓"驰逐之徒"已经成为与"逸伦之士"形成鲜明对照的贬抑之称了。

秦汉民间流行的竞技运动又有所谓"走马"之戏。"走马"即骑马竞逐。《汉书·东方朔传》"角狗马之足"，《霍光传》《五行志上》"走马"，都体现这一运动形式之普及。《史记·平准书》："世家子弟富人或斗鸡走狗马，弋猎博戏，乱齐民。"《汉书·眭弘传》说，眭弘"少时好侠，斗鸡走马"。曹植《名都篇》也有"斗鸡东郊道，走马长楸间"的辞句。所谓"乱齐民"者，反映"走马"之风自上漫衍而下，影响到社会底层。

---

① 秦末战争乃至楚汉战争以及汉初战争中仍使用兵车。《史记·陈涉世家》以车乘数量言陈涉军实力。《史记·樊郦滕灌列传》说夏侯婴战功，屡言"以兵车趣攻战疾"："从击秦军砀东，攻济阳，下户牖，破李由军雍丘下，以兵车趣攻战疾，赐爵执帛。常以太仆奉车从击章邯军东阿、濮阳下，以兵车趣攻战疾，破之，赐爵执珪。……因复常奉车从击秦军雒阳东，以兵车趣攻战疾，赐爵封转为滕公。因复奉车从攻南阳，战于蓝田、芷阳，以兵车趣攻战疾，至霸上……汉王赐婴爵列侯，号昭平侯，复为太仆，从入蜀、汉。"

② "驰逐"二字，还被用作竞争超越的同义语。《汉书·艺文志》批评经学之士"务碎义逃难，便辞巧说，破坏形体"的倾向，指出："后进弥以驰逐，故幼童而守一艺，白首而后能言。安其所习，毁所不见，终以自蔽。"后来又有将同一语义表述为"驰竞"者，如《新唐书·薛登传》："后生复相驰竞，赴速趋时。"

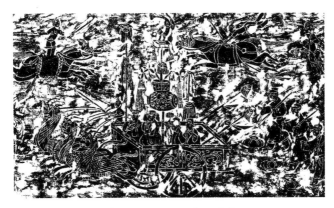

图 17 - 1　沂南汉画象石戏车图

《史记·万石张叔列传》："（卫）绾以戏车为郎，事文帝。"裴骃《集解》："应劭曰：'能左右超乘也。'如淳曰：'栎机辖之类。'"司马贞《索隐》将应劭所谓"能左右超乘"理解为"弄车之戏"，以为"栎"，"谓超逾之也"。《汉书·卫绾传》注："服虔曰：'力士能扶戏车也。'应劭曰：'能左右超乘。'师古曰：'二说皆非也。戏车，若今之弄车之技。'"《汉书·东方朔传》也说到"设戏车"事。又《汉书·韩延寿传》："又使骑士戏车弄马盗骖。"孟康曰："戏车弄马之技也。驰盗解骖马，御者不见也。"《汉书补注》："沈钦韩曰：'《通典》：舞轮伎盖今之戏车轮者，弄马盖舞马，盗骖则秦穆公事效为之，象百戏之始。'"

图 17 - 2　新野李湖汉画象砖戏车图

张衡《西京赋》对于所谓"戏车"则有如下描述：

> 尔乃建戏车，树修旃。侲僮程材，上下翩翻。突倒投而跟絓，譬陨绝而复联。百马同辔，骋足并驰。橦末之伎，态不可弥。弯弓射乎西羌，又顾发乎鲜卑。

童子寻橦上下，忽倒投跟絓，忽弯弓远射。这些表演，应当都在"百马同辔，骋足并驰"的行车之上。这种"戏车"，实际上已经成为复杂的杂技表演的一种道具。山东沂南北寨山土的汉画象石，可见表演者在鼓车高橦顶端倒立的形象①，河南新野李湖出土的汉画象砖，可见2辆戏车间斜拉一索，一人履斜索上行。两车均立橦，后车橦顶端蹲一人，与前车车舆内一人共挽斜索。前车橦顶横竿一人"倒投""跟絓"，双手平伸，各托一球，球上各有一人，一蹲一立，分别作滑稽造型表演。新野樊集 M39，M25 及 M35 也分别出土"戏车"画象砖，甚至有设双索者，表演者多至 8 人，或倒立，或攀缘，或飞跃，极其生动精彩。研究者或根据画面戏车表演形式，分别称之为斜索戏车、平索戏车，双索戏车。②

山东沂南北寨汉墓出画象石，又可见被称作"都卢寻橦"的画面。一赤膊力士头顶长竿，竿上又有横架，两边各一人倒悬作飞舞状，竿顶平置一车轮，上有一表演者，表演时平轮当可旋转。

和林格尔汉墓壁画可见"舞轮"之戏。③ 吴荣曾就"舞轮"形式有所考论："舞轮是一人将一只车轮掷弄于手中。《隋书·音乐志》说是'取车轮、石臼、大盆器等，各于掌上跳弄之'，当是表示演员的膂力过

---

① 南京博物院、山东省文物管理处：《沂南古画像石墓发掘报告》，文化部文物管理局，1956。

② 南阳文物研究所：《南阳汉代画像砖》，文物出版社，1990。

③ 内蒙古自治区博物馆：《和林格尔汉墓壁画》，文物出版社，1978。

图 17-3　新野樊集汉画象砖戏车图

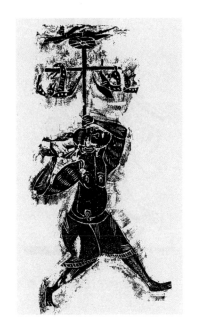

图 17-4　沂南汉画象石竿顶旋转车轮的"戴竿之戏"

人的一种惊险技艺。舞轮在画象石上还未发现过；除和林格尔汉墓壁画
外，过去仅见于辽阳北园、棒台子屯的两个墓的壁画上。① 西晋时傅玄的

---

① 原注："李文信：《辽阳北园壁画墓纪略》，《沈阳博物院集刊》。《辽阳发现的三座壁画古墓》，《文物参考资料》1955 年第 5 期。"

《正都赋》中有'跳丸掷堀，飞剑舞轮'的话。① 不过在他之前也有提到者，如《魏大飨碑》：'惟延康元年八月……乃陈秘戏，巴俞丸剑，奇舞丽倒，冲夹逾锋，上索踏高，扛鼎缘橦，舞轮擿镜……'按延康元年即建安二十五年，舞轮一定比这更早就有了，不过不见于记载而已。这种技艺到隋唐时还存在，《唐书·音乐志》记载，唐代的戏车轮，即唐以前的舞轮技。"② 今按，三国吴朱然墓出土漆器画面所见"舞轮"表演③，也可以与汉代壁画墓描绘的"舞轮"场面联系起来分析。

图 17 - 5　辽阳汉台子汉墓壁画"舞轮"图

"舞轮"为百戏之一。晋人傅玄《正都赋》："手戏绝倒，凌虚寄身。跳丸掷堀，飞剑舞轮。"又《通典·乐六·散乐》："（梁）又有

① 原注："严可均《全上古三代秦汉三国六朝文》。"

② 吴荣曾：《和林格尔汉墓壁画中反映的东汉社会生活》，《先秦两汉史研究》，中华书局，1995，第231～232页。

③ 安徽省文物考古研究所、马鞍山市文化局：《安徽马鞍山东吴朱然墓发掘简报》，《文物》1986年第3期；中国美术全集编辑委员会编《中国美术全集·工艺美术编8·漆器》，文物出版社，1989，第68页。

图 17－6　临淄第二小学汉画象石"舞轮"图

舞轮伎，盖今之戏车轮者。"又说，隋文帝时，"总追四方散乐，大集东都"，"如汉故事"，"为《夏育扛鼎》，取车轮、石臼，大盆器等，各于掌上而跳弄之"。其表演形式与和林格尔汉墓壁画所表现者相近。

图 17－7　和林格尔汉墓壁画"舞轮"图

"戏车"及在民间流传甚为久远的"舞轮"之戏的出现与风行，显然与车辆之普及以及交通在社会生活中地位之重要有一定关系。"侲僮"在戏车高橦悬索上惊险表演的成功，当然也要有高超的车辆驾驶技术以为保证。

山东嘉祥核桃园齐山村出土的汉画象石，山东嘉祥满硐宋山村出土的两件汉画象石，都有表现"孔子见老子"传说的画面，中立一童子，均刻划为手持下端附有小型车轮的木柄。① 这位童子，应是"生七岁为孔子师"的项橐（《史记·樗里子甘茂列传》）。② 傅惜华《汉代画象全集》中收录的一件山东滕县汉画象石，也有大体类同的画面，儿童手中持物也附有小型车轮，其整体结构较前引 3 例似更为复杂。③ 陕西绥德刘家沟汉墓出土的东汉画象石中，也有题材相同且构图类似的画面，童子手推的，则是双轮小车。④ 汉代画象资料中的同类画面还有很多。

这些汉代画象中儿童所持物，应当是一种仿象车辆实物制作的，可以用手推拉在地面运行的玩具车。这种玩具车成为汉代画象中用以标示人物年龄等级的重要道具，说明这是汉代民间曾经广为流行的习见器物。

晋人杜夷《幽求子》说："年五岁有鸠车之乐，七岁有竹马之欢。"⑤ 从河南南阳李相公庄汉墓出土的许阿瞿墓志画象中，可以看到儿童手牵鸠车游戏的情形。画面描绘一儿童"牵一木鸠，鸠有两轮，后一人执鞭赶鸠"。志文记述墓主许阿瞿死去时"年甫五岁"。⑥ 看来，汉

---

① 山东省博物馆、山东省文物考古研究所：《山东汉画像石选集》，齐鲁书社，1982。嘉祥齐山画象石编号为图 179，图版说明："画面两层：上层，孔子见老子。一列 13 人，左起第 8 人手扶曲杖，榜题'老子也'，第 10 人榜题'孔子也'，二人中间有一小儿手推小车轮，面向孔子，应为项橐。"

② 参看王子今《"秦项橐"故事考议》，《秦文化论丛》第 14 辑，三秦出版社，2007。

③ 傅惜华：《汉代画象全集》初编，巴黎大学北京汉学研究所，1950，图 112。

④ 陕西省博物馆、陕西省文物管理委员会：《陕北东汉画象石刻选集》，文物出版社，1959。

⑤ 或作"年五岁间有鸠车之戏，七岁有竹马之欢"。宋人曾慥《类说》卷二三引李石《续博物志》也说："小儿五岁曰鸠车之戏，七岁曰竹马之戏。"

⑥ 南阳市博物馆：《南阳发现东汉许阿瞿墓志画像石》，《文物》1974 年第 8 期；闪修山、王儒林、李陈广：《南阳汉画像石》，河南美术出版社，1989，第 73 页。

代民间可能确实已经形成在这一年龄层次特别喜好车型玩具的风习。

1955年发掘的洛阳涧西区小型汉墓中，墓45出土一件陶鸠车，据发掘报告记录，"体为鸟形，实腹，两翼成车轮状，中有一轴，可拉动，质地属夹砂红陶"。墓41还出土一件铜鸠车，"与墓45的陶鸠车形状类同，在鸟的腹部两旁，向外凸有圆轮轴，其轮未见"。车轮或为木质，可能已朽坏。墓41和墓45都是儿童墓，墓室长度前者仅为1.5米，后者仅为I.4米。发掘者分析这一"贫苦人民的墓地"的出土群物时指出："鸠车出自儿童墓，铜镜多佩于成年者的墓中，疑亦为两汉时代的葬俗。"①

墓中随葬品多为死者生前珍爱之物。汉代儿童墓出土鸠车，说明这种儿童玩具当时在民间曾广为流行。

图 17 - 8　日本藤井有邻馆藏汉代铜鸠车

日本藤井有邻馆收藏有较完整的一件汉代铜鸠车。双轮，长尾，尾端扁平。②用力牵曳，则尾部翘起，若缓行，则尾端摩地，正仿拟鸠鸟飞翔和行走时的不同姿态。分析这一铜鸠车的形制，推想鸠鸟头部上方的空銎似亦可安插类似山东和陕北汉画象石所表现的儿童用以手持的木柄。鸠鸟耳侧似有穿孔，看来又可以拴系绳索牵引运行。

---

①　河南省文化局文物工作队：《一九五五年洛阳涧西区小型汉墓发掘报告》，《考古学报》1959年第2期。

②　〔日〕林巳奈夫：《漢代の文物》，京都大学人文科学研究所，昭和51年版，图8 - 64。

　　洛阳中州路西汉初期房屋基址中曾出土一件所谓"陶鸽"，残长
11.5 厘米，腹宽 6 厘米，厚 5.5 厘米，"首尾残缺，两翼在背上交叠，
下有一方形洞，可插入柱状物"，发掘报告执笔者推测可能是安装在
屋顶上的装饰。[①] 然而根据其形制大小判断，屋顶装饰之说似难以成
立。这件所谓"陶鸽"其实很可能是儿童玩具鸠车的残件，腹下方形
孔，正用于安装在有车轮装置的底盘上，因而可正名为"陶鸠"。

　　汉代民间的玩具车属于活动机械玩具，其形式可以在某种程度上
反映当时的生产技术。有学者论证我国独轮车出现于西汉时期。[②] 现
在有迹象表明，这种对交通道路要求甚低的车辆，可能秦代已经发
明。[③] 独轮车的应用，标志着交通工具发展史上的突出进步。汉代独
轮玩具车的形制，应当与社会生产与社会生活中独轮车的普及有关。
汉代民间的玩具车作为摹仿式玩具在社会中广泛流行，可以说明当时
车辆在儿童生活环境中的地位，也反映当时民间普遍慕效远行的交通
交往心理已经对儿童的行为发生了影响。

图 17 - 9　许阿瞿墓志画象鸠车游戏图

　　王符在《潜夫论·浮侈》中批评世风奢侈，说道："或作泥车、
瓦狗、马骑、倡排，诸戏弄小儿之具以巧诈。""泥车""马骑""诸

　　① 中国科学院考古研究所：《洛阳中州路（西工段）》，科学出版社，1959，第 48～49
页。
　　② 刘仙洲：《我国独轮车的创始时期应上推到西汉晚年》；史树青：《有关汉代独轮车
的几个问题》，《文物》1964 年第 6 期。
　　③ 赵宪亮：《独轮车至晚在秦代已经发明》，《中国文物报》2010 年 7 月 21 日。

戏弄小儿之具"曾经在汉代社会普遍流行，文物资料中所见，不过是其中少数几种型式。①

考察秦汉时期与交通有关的民俗现象，还应当注意到"竹马"这种流布至于相当广阔的地区的民间游戏形式。

《后汉书·郭伋传》记载，东汉光武帝建武年间，郭伋任并州牧，为官廉正，"素结恩德"，以至"民得安业"，于是"所到县邑，老幼相携，逢迎道路"。据说：

> （郭伋）始至行部，到西河美稷，有童儿数百，各骑竹马，道次迎拜。伋问："儿曹何自远来？"对曰："闻使君到，喜，故来奉迎。"伋辞谢之。及事讫，诸儿复送至郭外，问："使君何日当还？"伋谓别驾从事，计日告之。行部既还，先期一日，伋为违信于诸儿，遂止于野亭，须期引入。

这种集体游戏，参与者可以多达"数百"，而且往往先期约定聚会时日，可见当时"竹马"之戏在民间已经相当普及。② 又《三国志·魏书·陶谦传》裴松之注引《吴书》说，陶谦"少孤，始以不羁闻于县中。年十四，犹缀帛为幡，乘竹马而戏，邑中儿童皆随之"。

竹马，是儿童跨骑竹竿仿拟跃马奔走的游戏形式。对竹马之戏的狂热喜好，体现出儿童对较为疾速的生活节奏和富于胜趣的行旅生活

---

① 王子今：《汉代民间的玩具车》，《文物天地》1992 年第 2 期。

② 有人认为关于儿童"竹马"之戏的更早的记载，见于《墨子·耕柱》："子墨子谓鲁阳文君曰：'大国之攻小国，譬犹童子之为马也。童子之为马，足用而劳。今大国之攻小国也，攻者农夫不得耕，妇人不得织，以守为事；攻人者亦农夫不得耕，妇人不得织，以攻为事。故大国之攻小国也，譬犹童子之为马也。'"所谓"童子之为马，足用而劳"，毕沅解释说："言自劳其足，谓竹马也。"孙诒让则以为"此直言童子戏效为马耳，不必竹马"。"竹马"之戏的流行，当然应以骑乘技术的普及为条件。这正与《墨子》的时代大致相当。即使当时"童子之为马"未必"竹马"，《墨子·耕柱》中的这段话仍然可以看作考察"竹马"源流的重要资料。

的向往。① 透过这一民俗现象，可以看到较为积极的交通心理对于社会文化风貌的影响。

二 向慕远行与厌畏远行的心理矛盾

秦咸阳宫发现描绘车马出行场面的壁画，其意义可以与秦始皇"周览东极"，"临察四方"，"巡行郡县，以示疆，威服海内"（《史记·秦始皇本纪》）的交通实践联系起来体会。汉代墓葬中的壁画，随葬帛画、漆画，以及作为建筑材料又兼有装饰意义的画象石、画象砖的画面中多见表现车骑出行的图象。② 这些画面一方面是现实交通生活的写照，墓主借此以炫耀交通经历之丰富，显示交通条件之优越；另一方面，画工又通过其作品表现了当时对于交通行为和行旅生活深怀热忱的普遍的社会心理倾向。

秦始皇陵随葬成组造型精美、装饰华贵的铜车马。著名的河北满城汉墓刘胜墓中放置实用的车6辆，马16匹；窦绾墓则有车4辆，马13匹。长沙马王堆3号汉墓"遣策"简有关于车骑仪仗的内容，出土木牍7枚，其中3枚记侍从、车骑事。广西贵县罗泊湾1号汉墓墓道东侧有车马坑，出土大部分器表鎏金的车马器30多件。一般墓葬也往往出土象征车马的随葬器物。如洛阳汉墓多有出土铅质小型车马饰明器者，有的在耳室中放置车马饰或偶车马以象征车马厩。河西汉墓多随葬木雕牛车、轺车模型。长沙、江陵汉墓除车辆模型外，还出土船舶模型。

秦墓较早风行随葬车马模型的制度在汉时仍得到继承。《史记·封禅书》关于汉初关中诸祠的内容，说到车马和"木禺车马"用作祭

① 参看王子今《"竹马"源流考》，《比较民俗研究》第8号，筑波大学比较民俗研究会，1993。
② 长沙马王堆3号汉墓内棺里有帛画二幅，右侧板上的帛画描绘车马仪仗，现存部分可见百余人，数百匹马和数十辆车。左侧板上的帛画残破严重，除可见车骑、奔马外，又有妇女乘船的场面。广州东汉前期墓葬，又有彩画楼船出土。

品。汉文帝十三年（前167），"有司议增雍五畤路车各一乘，驾被具；西畤畦畤禺车各一乘，禺马四匹，驾被具"。"木车马"，即木偶车马。《盐铁论·散不足》：

> 古者，明器有形无实，示民不可用也。及其后，则有醃醢之藏，桐马偶人弥祭，其物不备。今厚资多藏，器用如生人。郡国徭吏，素桑楺偶车橹轮。

以车马模型随葬的风习流行民间，显然不能简单归结为"士大夫务于权利，怠于礼义，故百姓仿效，颇逾制度"，人们应当注意到"器用如生人"的原则，分析地下世界的车马明器同现实世界的交通活动之间的关系。所谓"偶车橹轮"，其实反映出世人交通心理的某种变化。《汉书·韩延寿传》记载，韩延寿任颍川太守，"历召郡中长老为乡里所信向者数十人，设酒具食，亲与相对，接以礼意，人人问以谣俗，民所疾苦"，"因与议定嫁娶丧祭仪品，略依古礼，不得过法。延寿于是令文学校官诸生皮弁执俎豆，为吏民行丧嫁娶礼。百姓遵用其教，卖偶车马下里伪物者，弃之市道"。张晏注："下里，地下蒿里伪物也。"颜师古注："偶谓木土为之，象真车马之形也。"韩延寿以"古礼"规范新俗，只能在局部地区推行其教。全社会普遍以所谓"偶车马下里伪物"作为"丧祭仪品"的风习，当然不会因某一地方官员的个人态度而轻易改变。《潜夫论·浮侈》："黄壤致藏，多埋珍宝偶人车马。"又批评说："扬名显祖，不在车马。"其实这种葬俗的意义，已未可简单归结为"扬名显祖"，而所形成的社会风习的强大影响，也显然难以用传统道德规范加以拘限了。

　　分析秦汉神仙崇拜的某些现象，也可以了解当时人向慕远游的交通心理。汉代铜镜多以神仙形象作为主题的图案中，可以看到车马图像。东汉铜镜铭文又常见如下字句：

尚方作竟真大巧，上有仙人不知老，渴饮玉泉饥食枣，浮游
天下敖四海。

仙人"浮游天下敖四海"的传说，表现出在交通事业空前进步的背景
下，对"天下"形势和"四海"风物有一定知闻，而自身交通行为
却受到某种限制的秦汉人的心理。文物资料中所见汉代画象又多有仙
人乘龙骑虎以及驾云车、龙车、虎车、鹿车、鱼车飞行的画面①，其
创作者的心理背景，也大体是相近的。

图 17－10　汉镜神仙车马图

《汉书·礼乐志》载《安世房中歌》有所谓"飞龙秋，游上天"②，
"乘玄四龙，回驰北行，羽旄殷盛，芬哉芒芒"，形容神仙出游情景。
又《郊祀歌·练时日》写道：

灵之车，结玄云，驾飞龙，羽旄纷。灵之下，若风马，左仓

---

① 参看王子今《汉代神车画像》，《陕西历史博物馆刊》第 3 辑，西北大学出版社，
1996。

② 颜师古注："苏林曰：'秋，飞貌也。'师古曰：'《庄子》有秋驾之法者。亦言驾马
腾骧，秋秋然也。扬雄赋曰：'秋秋跄跄入西园'，其义亦同。"

龙，右白虎。灵之来，神哉沛，先以雨，般裔裔。

颜师古注："先以雨，言神欲行，令雨先驱也。"又《朝陇首》篇又有"腾雨师，洒路陂"句，颜师古解释说："言使雨师洒道也。"洒道，是防止大型车队行进时土路扬尘的措施。神仙出行亦"先以雨"，说明关于神仙行为的幻想也不能超越现实的交通条件。《朝陇首》为汉武帝"元狩元年行幸雍获白麟作"，"腾雨师，洒路陂"云云，体现交通神话与交通实践往往相交糅。这样，我们似乎有理由认为，秦汉人对于神仙交通行为的咏赞，实际上在某种意义上可以理解为自身交通心理的反映。例如《郊祀歌·华煜煜》：

> 华煜煜，固灵根。神之游，过天门，车千乘，敦昆仑。神之出，排玉房，周流杂，拔兰堂。神之行，旌容容，骑沓沓，般纵纵。神之徕，泛翊翊，甘露降，庆云集。

"神之游""神之行"的威仪，不过反映了帝王乘舆仪仗出行时所期求实现的效果。又如《天门》：

> 泛泛滇滇从高斿，殷勤此路胪所求。佻正嘉吉弘以昌，休嘉砰隐溢四方。专精厉意逝九阂，纷云六幕浮大海。

对神行弘远，可至于"四方''九阂''六幕"的赞颂，其实透露出内心的追慕与向往。而著名的《天马》诗：

> 太一况，天马下，霑赤汗，沫流赭。志俶傥，精权奇，笯浮云，晻上驰。体容与，迣万里，今安匹，龙为友。元狩三年马生渥洼水中作。

天马徕，从西极，涉流沙，九夷服。天马徕，出泉水，虎脊两，化若鬼。天马徕，历无草，径千里，循东道。天马徕，执徐时，将摇举，谁与期？天马徕，开远门，竦予身，逝昆仑。天马徕，龙之媒，游阊阖，观玉台。太初四年诛宛王获宛马作。

深为神秘主义文化所迷醉的汉武帝一方面为神赐天马所感动，另一方面又借此自抒"志俶傥""筭浮云""将摇举""迣万里"的雄心。

图 17 - 11　武氏祠汉画象石神车画面

在秦汉社会心理多向慕远行，不远万里的另一面，人们还可以看到因交通等条件的限制而导致的对远行的犹疑乃至厌畏。

例如，张衡《七辩》有如下文句显示出景慕远行的心绪："驷秀骐之駹骏，载轓猎之牺车。建采虹之长旍，系雌霓而为旗。逸骇飙于青丘，超广汉而永逝。""驾应龙，戴行云，枰弱水，越炎氛，览八极，度天垠，上游紫宫，下栖昆仑。"然而又有著名的《四愁诗》：

一思曰：我所思兮在太山，欲往从之梁父艰，侧身东望涕霑翰。美人赠我金错刀，何以报之英琼瑶。路远莫致倚逍遥，何为怀忧心烦劳！

二思曰：我所思兮在桂林，欲往从之湘水深，侧身南望涕霑

襟。美人赠我金琅玕，何以报之双玉盘。路远莫致倚惆怅，何为
怀忧心烦伤！

三思曰：我所思兮在汉阳，欲往从之陇坂长，侧身西望涕霑
裳。美人赠我貂襜褕，何以报之明月珠。路远莫致倚踟蹰，何为
怀忧心烦纡！

四思曰：我所思兮在雁门，欲往从之雪纷纷，侧身北望涕霑
巾。美人赠我锦绣段，何以报之青玉案。路远莫致倚增叹，何为
怀忧心烦惋！

因交通险阻，虽"欲往从之"，终"路远莫致"，于是不免"怀忧"。
所谓"心烦劳""心烦伤""心烦纡""心烦惋"，都形容面对艰苦的
行旅生活时心理压力之沉重。

汉诗有抒发远行之人思归之心的《悲歌》：

悲歌可以当泣，远望可以当归。思念故乡，郁郁累累。欲归
家无人，欲渡河无船。心思不能言，肠中车轮转。

汉《铙歌十八曲》中的《巫山高》，也抒发旅人思归之凄切愁绪：

巫山高，高以大；淮水深，难以逝。我欲东归，害不为？我
集无高曳，水何汤汤回回。临水远望，泣下霑衣。远道之人心思
归，谓之何。①

---

① 陈直《汉铙歌十八曲新解》写道："此篇疑描写汉高祖都南郑时军士思归之情，属
于军乐类。旧说有以宋玉巫山高唐之事相附会者，恐不可信。""楚汉战争时，高祖所用，多
丰沛子弟，久战思归，见于《汉书·韩信传》。其时都于南郑，属于巴蜀地区，故歌曲以巫
山为代表，与淮水互相对照。后高祖初拟都洛阳时，军士皆欲东归，皆与此诗可以互证。此
歌虽未必即为西汉初作品，至迟亦在西汉中期。"《文史考古论丛》，1988，第76~77页。这
一推想可以参考。

以定居农业为主体经济形式的社会长期形成的讲究"定""静"而"安"的传统观念，形成发展交通最严重的心理阻力。孔子批评"损者三乐"，其中之一就是"乐佚游"（《论语·季氏》）。《礼记·中庸》："君子居易以俟命，小人行险以徼幸。"所谓"居易"，与"行险"形成鲜明的道德倾向的对照。① "行险"这种可能体现较为积极的交通心理的行为类型受到正统儒学的鄙视。《礼记·大学》也明确地强调："知止而后有定，定而后能静，静而后能安，安而后能虑，虑而后能得。"郑玄注："'止'，犹自处也。"所谓"止"，当然有更深刻的人生哲学的含义。然而就其直接意义说来，"止"与"行"反义，则是显而易见的。

《古诗十九首》中的生动诗篇可以使人们真切感受到当时民间对于行旅生活的情感与态度，例如：

> 涉江采芙蓉，兰泽多芳草。采之欲遗谁？所思在远道。还顾望旧乡，长路漫浩浩。同心而离居，忧伤以终老。

又如：

> 行行重行行，与君生别离。相去万余里，各在天一涯。道路阻且长，会面安可知！胡马依北风，越鸟巢南枝。相去日已远，衣带日已缓。浮云蔽白日，游子不顾反。

此外，又如"明月何皎皎，照我罗床帏。忧愁不能寐，揽衣起徘徊。客行虽云乐，不如早旋归。出户独彷徨，愁思当告谁？引领还入房，

---

① 郑玄注："'易'，犹平安也。'俟命'，听天任命也。'险'，谓倾危之道。"《论衡·幸偶》将此语与孔子过鲁城门故事相联系。即"鲁城门久朽欲顿，孔子过之，趋而疾行。左右曰：'久矣。'孔子曰：'恶其久也。'"

泪下沾裳衣"，同样以闺怨为主题。由此可以看到，奔走于"远道"
"长路"，与"旧乡""相去万余里"者，当时不在少数。在闺中"愁
思"，"衣带日已缓"，"忧伤以终老"的另一面，体验"客行"之
"乐"而"不顾反"的"游子"的实践，应当说代表着交通史进程中
积极进步的方向。又如：

> 回车驾言迈，悠悠涉长道。四顾何茫茫，东风摇百草。所遇
> 无故物，焉得不速老！

则状写远行者人生与路途一同转逝的感受，曹植《归思赋》："背故乡
而迁徂，将遥憩乎北滨"，"嗟乔木之无荫，处原野其何为！信乐土之
足慕，忽并日之载驰。"又《盘石篇》："盘石山巅石，飘飘涧底蓬。
我本泰山人，何为客淮东？""一举必千里，乘飔举帆幢。经危履险
阻，未知命所锺。常恐沈黄垆，下与鼋鳖同。""仰天长叹息，思想怀
故邦。乘桴何所志？吁嗟我孔公！"① 也描述客行者的复杂的心态。

正史所见秦汉时人远行经历艰险之感受，比较真实可信。如马援
南征所作《武溪深》：

> 滔滔武溪一何深，鸟飞不度兽不敢临，嗟哉武溪兮多毒淫。

又如曹操《苦寒行》，也真切地记录了行旅时的心境：

> 北上太行山，艰哉何巍巍。羊肠坂诘屈，车轮为之摧。树木何萧
> 瑟，北风声正悲。熊罴对我蹲，虎豹夹路啼。谿谷少人民，雪落何霏
> 霏。延颈长叹息，远行多所怀。我心何怫郁，思欲一东归。水深桥梁

---

① 《论语·公冶长》："子曰：'道不行，乘桴浮于海。'"

绝，中路正徘徊。迷惑失故路，薄暮无宿栖。行行日已远，人马同时饥。担囊行取薪，斧冰持作糜。悲彼《东山》诗①，悠悠令我哀。②

又曹植《愁霖赋》描述行旅困于风雨之愁苦：

> 迎朔风而爰迈兮，雨微微而逮行。悼朝阳之隐曜兮，怨北辰之潜精。车结辙以盘桓兮，马踯躅以悲鸣。攀扶桑而仰观兮，假九日于天皇。瞻沈云之泱漭兮，哀吾愿之不将。

不过，马援有著名的"男儿要当死于边野，以马革裹尸还葬耳，何能卧床上在儿女子手中邪"的壮语（《后汉书·马援传》），曹操也有"举翅万余里"（《却东西门行》），"神人共远游"（《秋胡行》其二）的名句，曹植所谓"驾超野之驷，乘追风之舆，经迥漠，出幽墟，入乎泱漭之野"（《七启》），都表现出在艰苦的交通条件面前积极进取的态度。

秦汉人有关交通生活的心理的复杂性，应当为研究秦汉社会意识和秦汉社会生活的学者所重视。

三　交通禁忌

湖北云梦睡虎地秦墓和甘肃天水放马滩秦墓相继出土成书于战国时期，然而于秦代依然应用的《日书》。《日书》是选择时日吉凶的数术书，其中多有涉及交通文化的内容。比如，表现"行归宜忌"的文字，不仅数量颇为可观，其禁忌方式亦备极繁密。

---

① 即《诗·豳风·东山》，诗有"我徂东山，慆慆不归，我来自东，零雨其濛"句。《毛传》："东山，周公东征也。周公东征，三年而归，劳归士大夫美之？故作是诗也。"

② 曹操又有《秋胡行》诗："晨上散关山，此道当何难！晨上散关山，此道当何难！牛顿不起，车堕谷间。"当是亲身经历的记述。

　　以睡虎地秦简《日书》为例，其中有以出行时日预测吉凶者，如《日书》甲种："达日利以行"（七正贰）、"外害日不可以行"（九正贰）、"外阴日""不可以之野外"（一〇正贰）、"夬光日""行有得"（一二正贰）、"挚日不可以行"（一九正贰）等。在"到室"题下，又有：

　　正月丑，二月戌，三月未，四月辰，五月丑，六月戌，七月未，八月辰，十月戌、丑，十一月未，十二月辰。●凡此日不可以行，不吉。

　　己酉从远行入，有三喜。（一三四正）

　　禹须臾：戊己丙丁庚辛旦行，有二喜；甲乙壬癸丙丁日中行，有五喜；庚辛戊己壬癸铺时行，有七喜；壬癸庚辛甲乙夕行，有九喜。（一三五正）①

　　又如：

　　正月七日、●二月十四日、●三月廿一日、●四月八日、●五月十六日、●六月廿四日、●七月九日、●八月十八日、●九月廿七日、●十月十日、●十一月廿日、●十二月卅日、●（一〇七背）

　　是日在行不可以归，在室不可以行，是是大凶。（一〇八背）

　　正月乙丑、●二月丙寅、●三月甲子、●四月乙丑、●五月丙寅、●六月甲子、●七月乙丑、●八月丙寅、●九月甲子、●十月乙丑、●十一月丙寅、●十二月甲子以（一〇九背）

------

　　①　同书另有一种题为"禹须臾"的行忌规则，即："禹须臾·辛亥、辛巳、甲子、乙丑、乙未、壬申、癸卯、庚戌、庚辰，莫市以行有九喜"（九七背壹），"癸亥、癸巳、丙子、丙午、丁丑、丁未、乙酉、乙卯、甲寅、甲申、壬戌、壬辰，日中以行有五喜"（九八背壹），"己亥、己巳、癸丑、癸未、庚申、庚寅、辛酉、辛卯、戊戌、戊辰、壬午，市日以行有七喜"（九九背壹），"丙寅、丙申、丁酉、丁卯、甲戌、甲辰、乙亥、乙巳、戊午、己丑、己未，莫食以行有三喜"（一〇〇背壹），"戊甲、戊寅、己酉、己卯、丙戌、丙辰、丁亥、丁巳、庚子、庚午、辛丑、辛未，旦以行有二喜"（一〇一背壹）。《后汉书·方术列传》："其流又有风角、遁甲、七政、元气、六日七分、逢占、日者、挺专、须臾、孤虚之术。"李贤注："须臾，阴阳吉凶立成之法也。"

以行，从远行归，是谓出亡归死之日也。（一一〇背）

简文所说的"行"，包括作为交通行为的"行旅"，少数可能也指涵盖相当宽泛的"行事"，即简文所谓"有为"。而其中有关出行禁忌的内容，可以为我们提供反映当时交通文化的重要信息。① 《日书》乙种"行日"题下又有：

庚▢（一三八）

節（即）有急行，以此行吉。（一三九）

又"行者"题下可见：

远行者毋以壬戌、癸亥到室。以出，凶。（一四〇）

简文涉及"远行"。此外，又有题为"行忌"的内容：

凡行者毋犯其大忌，西□□□巳，北毋以□□□□戊寅，南毋以辰、申。●行龙戌、己，行忌。（一四二）

凡行，祠常行道右，左▢（一四三）

睡虎地秦简《日书》甲种有关于同一条件下出行方向不同则各有宜忌的内容，如："辰，北吉，南得，东西凶，毋行"（一三六正贰），"午，北吉，东得，南凶，西不反（返）"（一三八正贰），"未，东吉，北得，西凶，南毋行"（一三九正贰）。在"归行"题下又严格规定：

---

① 参看王子今《睡虎地秦简〈日书〉所反映的秦楚交通状况》，《国际简牍学会会刊》第1号，兰台出版社，1993；《睡虎地秦简〈日书〉秦楚行忌比较》，《秦文化论丛》第2辑，西北大学出版社，1993；《睡虎地秦简〈日书〉所见行归宜忌》，《江汉考古》1994年第2期。

凡春三月己丑不可东，夏三月戊辰不可南，秋三月己未不可
西，冬三月戊戌不可北。百中大凶，二百里外必死。岁忌。（一
三一正）

毋以辛壬东南行，日之门也。毋以癸甲西南行，月之门也。
毋以乙丙西北行，星之门也。毋以丁庚东北行，辰之门也。
●凡四门之日，行之敦也，以行不吉。（一三二正）

在睡虎地《日书》甲种"行"题下，又写道"凡且有大行、远行"，
"毋以正月上旬午，二月上旬亥，三月上旬申，四月上旬丑，五月上旬
戌，六月上旬卯，七月上旬子，八月"（一二七正）"上旬巳，九月上
旬寅，十月上旬未，十一月上旬辰，十二月上旬酉。●凡是日赤啻
（帝）恒以开临下民而降其英（殃），不可具为百事，皆毋所利。节
（即）有为也"（一二八正），"其央（殃）不出岁中，小大必至。有为
而禺（遇）雨，命曰央（殃）蚤（早）至，不出三月，必有死亡之志
至"（一二九正）。所谓"大行"，可能是指意义比较重要的出行行为。
对于官吏来说，可能是指仪卫比较众多，程式比较隆重的出行行为。对
于商贾来说，可能是指携运货资比较丰足，交易数额比较可观的出行行
为。所谓"远行"，当是指路程比较遥远的出行行为，与所谓"大行"
有所不同。《御定星历考原》卷六"远行"条写道："《纪岁历》云：
'凡远旅求谋出入兴贩等事，宜月恩日取索，宜收日，忌大耗、小耗、
天贼、四击日。出入兴贩忌劫杀，宜出行上吉日。'"

睡虎地《日书》甲种简八三背贰至九〇背贰有图：

八月　　西	九月　　戌		十月　　亥
七月　　申	三月　　辰	二月　　卯	十一月　子
	四月　　巳	正月　　寅	
六月　　未	五月　　午	十二月　丑	

图侧有文字："直此日月者不出"（91 背贰），显然也是出行时日禁忌。图中月次顺序形成的匸形，是否有什么特别的象征意义，我们现在还并不理解。

睡虎地秦简《日书》所列行忌凡 14 种，若简单合计，"不可以行"之日数总和竟然超过 355 日。其中当然存在颇多相重合的情形。

如果将《日书》甲种中"除"题下"外害日不可以行"（九正贰）、"秦除"题下"挚日不可以行"（一九正贰）、"稷辰"题下"危阳是胃（谓）不成行"（三六正）几种情形结合外害日（九正）、挚日（一四正壹至二五正壹）、危阳日（二六正壹至三一正壹）历月日次，以及"行"（一二七正至一二九正）、"归行"（一三三正）、"到室"（一三四正）题下所列出行忌日并"直此日月者不出"图示内容（八三背贰至九一背贰），可以列表显示主要的出行禁忌：

	正月	二月	三月	四月	五月	六月
（1）除:外害日不可以行	酉	戌	亥	子	丑	寅
（2）秦除:挚日不可以行	未	申	酉	戌	亥	子
（3）稷辰:危阳是胃不成行	卯	卯	巳	巳	未	未
（4）行:是日赤帝降其英	上旬午	上旬亥	上旬申	上旬丑	上旬戌	上旬卯
（5）归行:此日以归死行亡	七日	四日	廿一日	八日	十九日	廿四日
（6）到室:此日不可以行吉	丑	戌	未	辰	丑	戌
（7）直此日月者不出	寅	卯	辰	巳	午	未

续表

	七月	八月	九月	十月	十一月	十二月
（1）除：外害日不可以行	卯	辰	巳	午	未	申
（2）秦除：蛰日不可以行	丑	寅	卯	辰	巳	午
（3）稷辰：危阳是胃不成行	酉	酉	亥	亥	丑	丑
（4）行：是日赤啻降其英	上旬子	上旬巳	上旬寅	上旬未	上旬辰	上旬酉
（5）归行：此日以归死行亡	九日	九日	廿七日	十日	廿日	卅日
（6）到室：此日不可以行吉	未	辰	辰	戌、丑	未	辰
（7）直此日月者不出	申	酉	戌	亥	子	丑

可以看到，（1）（2）（3）（4）并无重合，（6）与（1）1/3重合。（7）与（3）1/2重合。十二支相继轮回，则（1）至（4）全年出行忌日合计约100日，（5）姑且不计，加上（6）（7）不重合的口数则共计135日。又可见"毋以亥行"（一三九正叁）的行忌，全年亥日30日，减除（1）至（4）可能出现的11日，仍有19日。又数见所谓"六庚不可以行"（甲种九九背贰、一二八背，乙种四四贰），"六庚"全年计36日，与上述行忌日交逢当不超过15日。这样，14种行忌中6种姑且不计，仅已排除重复可能的上述8种，全年行忌日已多达165日，占全年日数的45.2%以上，可见当时交通禁忌之苛繁严密。

固然睡虎地秦简《日书》包容分属秦、楚两大文化体系的数术，两种不同禁忌系统都严格遵行的情形在民间未必普遍，但我们由此仍可以看到当时交通活动所受到的来自观念方面的严重影响。尽管秦汉时代是交通事业得到空前发展的时代，然而在战国晚期至于睡虎地秦简《日书》仍得通用于民间的秦代，至少在《日书》出土的楚地，人们的出行活动是受到多方面限制的。在对当时社会的政治、经济、文化进行考察时，不能不注意到这种交通史的背景。

天水放马滩秦简《日书》甲种中也有"执日不可行行远必执而于公"（18）的内容，"执日"历月日次（1～12）与云梦睡虎地秦简《日书》相同。此外，又有：

禹须臾行日（42）

禹须臾臾臾行得择日出邑门禹步三向北斗质画（66）

地视之日禹有直五横今利行行毋咎为禹前除得（67）

吉☐（68）①

图17-12　睡虎地秦简
《日书》乙种
"行祠"简
（一四五）

放马滩秦简《日书》的年代，研究者认为，其"入葬时间在秦始皇三十年，但其成书和流行时间当在秦统一前"。② 不过，《日书》所反映的民间禁忌对交通的影响，许久之后仍保留有明显的历史文化惯性。

秦始皇是中国历史上著名的游踪甚广的帝王，在他的政治实践中，特别重视"巡行郡县以示强，威服海内"（《史记·秦始皇本纪》）。史载其平生凡8次出巡。其具体行期，则唯见《史记·秦始皇

---

① 秦简整理小组：《天水放马滩秦简甲种〈日书〉释文》，《秦汉简牍论文集》，甘肃人民出版社，1989。又据任步云《放马滩出土竹简日书刍议》，可知放马滩《日书》乙种中也有"甲乙丑东行辰西毋行北凶南得东吉"（216）等有关出行宜忌的内容。《西北史地》1989年第3期。

② 何双全：《天水放马滩秦简甲种〈日书〉考述》，《秦汉简牍论文集》，甘肃人民出版社，1989。

本纪》记载："三十七年十月癸丑，始皇出游。"这是秦始皇最后一次出巡。十月癸丑，睡虎地秦简《日书》中属于秦人建除系统的"秦除"和"稷辰"中皆未见与"行"有关的文字，而在可能属于楚人建除系统的"除"中则正当"交日"。而"交日，利以实事。凿井，吉。以祭门行、行水，吉"（甲种四正贰）。"祭门行"仪式的意义，或即"告将行也"（《仪礼·聘礼》郑玄注），"行水"则是水路交通形式。秦始皇此次出行先抵江汉地区，"十一月，行至云梦"，很可能因此而据楚数术书择日。另一方面，"秦除""稷辰"虽未言"行吉"[1]，但"十月癸丑"亦不值行忌日。可见，事实确如李学勤所指出的，"楚、秦的建除虽有差别"，但"又有一定的渊源关系"[2]。另一方面，当时占日之学流派纷杂[3]，而"齐、楚、秦、赵为日者，各有俗所用"（《史记·太史公自序》），重要的交通活动，大约需要事先综合考虑不同建除系统的出行宜忌。

饶宗颐曾比较睡虎地秦简《日书》"秦除"与《淮南子·天文》之建除法，指出："《淮南》与秦简文字微异，如秦《日书》之'盈'，《淮南》作'满'。荀悦曰：'讳盈之字为满'，则作'满'者，乃避惠帝讳也。其他'执'，秦简作'挚''破'，秦简作'柀'，余悉同。"[4] 又睡虎地《日书》之"盈""挚""柀"，放马滩《日书》

---

① 属于秦人建除系统的"秦除"和"稷辰"中，均未见"行吉"日。据此或许可以推想，秦人有可能是将"不可行"日之外的其他的日子都作为"利以行""行有得"或"行吉"之日看待的。这样，秦人建除中虽不著明"行吉"之日，而事实上的"行吉"日则远较楚人建除为多。

② 李学勤：《睡虎地秦简〈日书〉与楚、秦社会》，《江汉考古》1985 年第 4 期。

③ 《史记·太史公自序》："三王不同龟，四夷各异卜，然各以决吉凶。"《史记·日者列传》褚先生补述："孝武帝时，聚会占家问之，某日可取妇乎？五行家曰可，堪舆家曰不可，建除家曰不吉，丛辰家曰大凶，历家曰小凶，天人家曰小吉，太一家曰大吉。辩讼不决，以状闻。制曰：'避诸死忌，以五行为主。'"

④ 饶宗颐：《云梦秦简日书研究》，香港中文大学中国文化研究所中国考古艺术研究中心专刊（三）《云梦秦简日书研究》，《饶宗颐二十世纪学术文集》，新文丰出版股份有限公司，2003，第 377 页。

作"盈""执""彼",似亦可由另一侧面提供有助于理解饶宗颐"《淮南》与秦简文字微异"说的例证。《汉书·王莽传上》:"十一月壬子,直建冬至。"颜师古注,"壬子之日冬至,而其日当建。"又王莽至高庙拜受金匮神嬗,下书曰:"赤帝汉氏高皇帝之灵,承天命,传国金策之书,予甚祗畏,敢不钦受!以戊辰直定,御王冠,即真天子位,定有天下之号曰新。其改正朔,易服色,变牺牲,殊徽帜,异器制。以十二月朔癸酉为建国元年正月之朔,以鸡鸣为时。""戊辰直定",颜师古注"于建除之次,其日当定"。此日亦在十一月①。睡虎地秦简《日书》甲种"秦除"中写道:"建日,良日也。可以为啬夫,可以祠。利朝(早)不利莫(暮)。可以入人,始寇(冠),乘车。有为也,吉。"(十四正贰)"定日,可以臧(藏),为官府室祠。"(十八正贰)《三国志·魏书·文帝纪》裴松之注引《献帝传》载禅代众事,谓"太史官择吉日","今月十七日己未直成,可受禅命",又谓"太史令择元辰,今月二十九日,可登坛受命"。《献帝传》曰:"辛未,魏王登坛受禅。"自称"择元日,与群寮登坛受帝玺绶"。事在汉献帝延康元年(220)冬十月。十月己未、辛未均"直成",与睡虎地《日书》甲种"秦除"(23正壹)相合。而"成日,可以谋事、起□、兴大事"(二二正贰),因而被择定为受禅之"吉日""元辰'"元日"。看来,秦数术对后世社会曾经发生相当久远的影响。

汉代简牍资料有可归入《日书》的内容。如敦煌后坑墩采集的汉简可见:

▲日书☑(1222)

---

① 又据方诗铭、方小芬《中国史历日和中西历日对照表》(上海辞书出版社,1987)核正不误。

居延汉简还可以看到《日书》有关出行宜忌的简文，如：

> 车祭者占牛马毛物黄白青骊以取妇嫁女祠祀远行入官迁徙初疾☐（E. P. T40：38）

其中有关"车祭"的内容，值得交通史研究者关注。

迁徙也是影响社会层面较广的重要的交通运动，在秦汉时期同样受到种种禁忌的制约。睡虎地《日书》甲种可见有关迁徙禁忌的内容，如：

> 正月五月九月，北徙大吉，东北少吉，若以是月殴东徙，毃，东南剌离，南精，西南室毁，西困，西北辱。（五九正壹）
> 二月六月十月，东徙大吉，东南少吉，若以【是】月殴南徙，毃，西南剌离，西精，西北毃，北困辱。（六〇正壹）
> 三月七月十一月，南徙大吉，西南少吉，若以是月殴西徙，毃，西北剌离，北精，东毁，东北困，东南辱。（六一正）
> 九月八月十二月，西徙大吉，西北少吉，若以是月殴北徙，毃，东北剌离，南精，东南毁，南困辱。（六二正）①
> ☐☐☐毃者，死殴。剌者，室人妻子父母分离。精者，☐☐☐☐☐☐☐☐☐☐☐☐☐☐。困者☐☐☐☐☐。辱者不执而为☐人矢☐。（六三正）

睡虎地秦墓竹简整理小组注释，"本条毃疑读为罄，《尔雅·释诂》：'尽也。'剌疑读为谪。简末疑为'用人矢哭'"②。又如：

---

① "九月"当作"四月"。
② 睡虎地秦墓竹简整理小组：《睡虎地秦墓竹简》，文物出版社，1990，第189页。

　　以甲子、寅、辰东徙，死。丙子、寅、辰南徙，死。庚子、
寅、辰西徙，死。壬子、寅、辰北徙，死。（一二六背）

《日书》乙种又可见：

　　☑徙，死。庚子、寅、辰北徙，死。（八八壹）

禁忌内容与《日书》甲种有所不同。

　　《史记·秦始皇本纪》记载，秦始皇三十六年（前211），有人于
华阴平舒道持璧遮使者，预言"今年祖龙死"①，"使御府视璧，乃二
十八年行渡江所沈璧也。于是始皇卜之，卦得游徙吉。迁北河榆中三
万家。拜爵一级"。可知以天子之尊，亦卜问迁徙之吉凶。如果其占
卜方式与睡虎地《日书》属同一系统，时在秋季，而北河榆中地当咸
阳正北，其卜问结果当与简五九正壹一致，"迁北河榆中三万家"，其
时当在九月。

　　汉代关于迁徙的禁忌，大致集中列于《论衡·难岁》中说到的
《移徙法》一类数术书中。②

　　《后汉书·郭躬传》说，"桓帝时，汝南有陈伯敬者，行必矩步，
坐必端膝"，"行路闻凶，便解驾留止，还触归忌，则寄宿乡亭"。
"后坐女婿亡吏，太守邵夔怒而杀之。时人罔忌禁者，多谈为证焉。"
李贤注引《阴阳书历法》曰："归忌日，四孟在丑，四仲在寅，四季

---

　　① 《史记会注考证》引梁玉绳曰："'今年'，《搜神记》'明年'。《初学记》《文选》
注引《史》文，正作'明年'。"钱锺书《管锥编》亦有补证。中华书局，1979，第1册，第
264页。
　　② 《论衡·难岁》："俗人险心，好信禁忌，知者亦疑，莫能实定。"《移徙法》曰：'徙
抵大岁凶，负太岁亦凶。'抵太岁名曰岁下，负太岁名曰岁破，故皆凶也。假令太岁在甲子，
天下之人皆不得南北徙。""移徙之家禁南北徙者，以为岁在子位，子者破午，南北徙者抵触
其冲，故谓之凶。""人居不能不移徙，移徙不能不触岁，触岁不能不得时死。工伎之人，见
今人之死，则归祸于往时之徙。俗心险危，死者不绝，故太岁之言，传世不灭。"

在子，其日不可远行、归家及徙也。"其内容正与《日书》甲种中有关"归行"的内容类似。

睡虎地秦简《日书》甲种"反枳（支）"题下可见如下内容：

> 子丑朔，六日反枳（支）；寅卯朔，五日反枳（支）；辰巳朔，四日反枳（支）；午未朔，三日反［枳］（支）；申酉朔，二日反（一五三背）
>
> 枳（支）；戌亥朔，一日反枳（支），复卒其日，子有（又）复反枳（支）。一月当有三反枳（支）。（一五四背）

《后汉书·王符传》："明帝时，公车以反支日不受章奏。"李贤注：

> 凡反支日，用月朔为正。戌、亥朔一日反支，申、酉朔二日反支，午、未朔三日反支，辰、巳朔四日反支，寅、卯朔五日反支，子、丑朔六日反支。见《阴阳书》也。

所说正与睡虎地《日书》甲种"反枳（支）"题下简文相合。《汉书·游侠传·陈遵》："（张）竦为贼兵所杀。"颜师古注："李奇曰：'竦知有贼当去，会反支日，不去，因为贼所杀。桓谭以为通人之蔽也。"

睡虎地《日书》甲种有"艮山离门图"：

图下有文字说明："此所胃（谓）艮山，禹之离日也。从上右方数朔之初日"（四七正叁）"及枳（支）各一日，数之而复从上数。□与"（四八正叁）"枳（支）剌艮山之胃（谓）离日。"（四九正叁）"离"（五二正叁）"日不可以行，行不反（返）。"（五三正叁）李学勤称此为《艮山图》，指出"图与《易》有关"，"是推定一月中'离日'的方法"，按照这一数术，遇到"离日"不宜出行，"因为据说这一天曾是夏禹的'离日'。图下文字之"'支'当为'反支'的简称"。山东临沂银雀山汉简中汉武帝元光元年历谱注出"反"字者，也是"反支"的简称。综合这两种资料研究，可知"每月的'离日'只能在十一日到十二日之间，少则一日，多则二日"。①

"反支"出行禁忌由秦而汉一脉相承，说明这一历史时期民间交通心理的共同性。

《史记·太史公自序》：司马谈论六家之要指曰："尝窃观阴阳之术，大祥而众忌讳，使人拘而多所畏。"② "各有教令，顺之者昌，逆之者不死则亡，未必然也，故曰'使人拘而多畏'。"王充《论衡》中专有 8 篇批判当时社会流行的各种禁忌。其中《辨祟》指出，"世俗信祸祟，以为人之疾病死亡，及更患被罪，戮辱欢笑，皆有所犯"。如"移徙"，"行作"等，"不择吉日，不避岁月，触鬼逢神，忌时相害。故发病生祸，缚法入罪，至于死亡，殚家灭门，皆不重慎，犯触忌讳之所致也。如实论之，乃妄言也"。王充说："居位食禄，专城长邑，以千万数，其迁徙日未必逢吉时也。" "赵军为秦所坑于长平之下，四十万众同时俱死，其出家时，未必不择时也。" "涂上之暴尸，未必出以往亡；室中之殡枢，未必还以归忌。由此言之，诸占射祸祟者，皆不可信；信用之者，皆不可是。"可见有识见的思想家往往对数术之学包括其中对交通发展形成显著消极影响的有关行归宜忌的内容持怀疑否定的态度。

然而，司马谈又说，"然其序四时之大顺，不可失也"。王充虽指责"世俗所讳，虚妄之言也"，同时又承认"实说，世俗讳之，亦有缘也"（《论衡·四讳》）。就是说，这种迷信心理之构成，可能也有某种合理的成分，其形成及影响，又有不容忽视的社会历史条件。

---

① 李学勤：《睡虎地秦简中的〈艮山图〉》，《文物天地》1991 年第 4 期。

② 张守节《正义》："言拘束于日时，令人有所忌畏也。"

交通禁忌的存在，显然与以交通不发达的社会现实为背景的原始鬼神崇拜心理的遗存有关。

法国社会学家列维－布留尔对原始人的思维特征曾进行卓有成就的研究。① 他在《原始思维》一书中指出，落后民族往往"按照自己的原逻辑的和神秘的思维行事"，"常常有这样的情形，土人脚夫们特别不听话，如果他们胆敢冒险，他们甚至拒绝上路"。"白种人旅行者如果不深知自己这队人的思维，他只会在这里面看到懒惰、不服从、食言、无可救药的不诚实，其实，很可能不是这么一回事儿。也许黑人睡醒以后，其中一个人发现了什么预示他或者全队人将要遭难的凶兆。"② 中国古代与此类似的对出行逢凶的恐惧常常与忌惮鬼魅的心理相关。

传说中多见道行遇鬼的故事。《风俗通义·怪神》："昔晋文公出猎，见大蛇，高如堤，其长竟路。"于是以为"见妖"而请庙自责修政。据《史记·秦始皇本纪》，卢生说始皇曰："方中，人主时为微行以辟恶鬼，恶鬼辟，真人至。"于是秦始皇"乃令咸阳之旁二百里内宫观二百七十复道甬道相连"，"行所幸，有言其处者，罪死"。可见虽贵为天子，对行道恶鬼也不敢不忌避。睡虎地秦简《日书》甲种"诘"题下可见：

鬼恒从男女，见它人而去，是神虫伪为

人，以良剑刺其颈，则不来矣。（三四背贰至三五背贰）

鬼恒从人游，不可以辞，取女笔以拓之，则不来矣。（四六背贰）

鬼恒逆人，入人宫，是游鬼，以广灌为戟以燔之，则不来矣。（五一背贰）

---

① 值得注意的是，阅读司马迁《史记》的法文译本成为列维－布留尔萌发研究原始思维这一意念的契机。他在研究中还十分重视有关中国的资料。

② 〔法〕列维－布留尔：《原始思维》，丁由据俄文版译，商务印书馆，1981，第281～282页。

人行而鬼当道以立，解发奋以过之，则已矣。（四六背叁）

都说出行遇鬼的应对方式。《史记·封禅书》记载，汉武帝用齐人少翁言，"乃作画云气车，及各以胜日驾车辟恶鬼"。司马贞《索隐》："乐产云：'谓画青车以甲乙，画赤车丙丁，画玄车壬癸，画白车庚辛，画黄车戊己。将有水事则乘黄车，故下云'驾车辟恶鬼'是也。""胜日"，《汉书·郊祀志上》颜师古注引服虔曰："甲乙五行相克之日。"《潜夫论·卜列》："欲使人而避鬼，是即道路不可行。"看来在当时人的意识中，行道之鬼是最为集中而绝对无法完全避除的。

从某些令人已难以理解的神秘主义观念出发，当时还曾形成若干特殊的交通禁忌。《史记·秦本纪》："（秦德公）二年，初伏，以狗御蛊。"张守节《正义》："六月三伏之节起秦德公为之，故云初伏。伏者，隐伏避盛暑也。"《史记·十二诸侯年表》：秦德公二年（前676），"初作伏，祠社，磔狗邑四门"。于城门以狗御蛊，暗示仪式内容与交通有关。这种形式在一些民族调查资料中也有发现。①《后汉书·和帝纪》：汉和帝永元六年（94）"六月己酉，初令伏闭尽日"。李贤注引《汉官旧仪》："伏日万鬼行，故尽日闭，不干它事。"又如汉章帝元和二年（85）"冬十一月壬辰，日南至，初闭关梁"②。元和三年（86）春二月乙丑，"敕侍御史、司空曰：'方春，所过无得有所伐杀。车可以引避，引避之；骓马可辍解，辍解之'"（《后汉书·章帝纪》）。所谓"伏""闭""引避""辍解"，都是交通禁忌形式。

秦汉交通建设之规划与施工也往往受到当时神秘主义观念的影响。《华阳国志·蜀志》说，蜀郡"西南两江有七桥"，"长老传言：李冰造七桥，上应七星。故世祖谓吴汉曰：安军宜在七星间"。《史

---

① 王子今：《秦德公"磔狗邑四门"宗教文化意义试说》，《中国文化》总第12期。
② 李贤注："《易》曰：'先王以至日闭关，商旅不行。'"

记·秦始皇本纪》："营作朝宫渭南上林苑中，先作前殿阿房"，"周驰为阁道，自殿下直抵南山。表南山之颠以为阙。为复道，自阿房渡渭，属之咸阳，以象天极阁道绝汉抵营室也"。类似史例又有《汉书·王莽传上》："莽以皇后有子孙瑞，通子午道。"颜师古注引张晏曰："时年十四，始有妇人之道也。子，水；午，火也。水以天一为牡，火以地二为牝，故火为水妃，今通子午以协之。"以神秘主义意识指导交通建设，其布局结构是否真正合理，其运输效用能否得以实现，显然都是难以保证的。

贡禹曾批评"今汉家铸钱，及诸铁官皆置吏卒徒，攻山取铜铁"，以致"凿地数百丈，销阴气之精，地臧空虚，不能含气出云"（《汉书·贡禹传》）。汉顺帝永建四年（129），"二月戊戌，诏以民入山凿石，发泄藏气，敕有司检察所当禁绝，如建武、永平故事"（《后汉书·顺帝纪》）。是汉光武帝及汉明帝时代都曾严禁开山工程。汉安帝延光年间，杨震上疏亦曾指责"今盛夏土王，而攻山采石"（《后汉书·杨震传》）。结合睡虎地秦简《日书》"土忌"甚为详密的事实①，可知秦汉时期交通建设工程也受到诸种禁忌的严格制约。蒙恬筑长城，通直道，面对"无过而死"之结局，曾自叹曰："恬罪固当死矣。起临洮属之辽东，城堑万余里，此其中不能无绝地脉哉？此乃恬之罪也。"于是吞药自杀。（《史记·蒙

---

① 睡虎地《日书》甲种可见两种"土忌"。如："土徽正月壬，二月癸，三月甲，四月乙，五月戊，六月己，七月丙，八月丁，九月戊，十月庚，十一月辛，十二月乙，不可为土攻（功）。"（一〇四正壹）"春三月寅，夏巳，秋三月申，冬三月亥，不可兴土攻（功），必死。五月六月不可兴土攻（功），十一月十二月不可兴土攻（功），必或死。申不可兴土攻（功）。"（一〇六正）又如："土忌日，戊、己及癸酉、癸未、庚申、丁未，凡有土事弗果居。"（一三〇背）"正月寅，二月巳，三月未，四月亥，五月卯，六月午，七月酉，八月子，九月辰，十月未，十一月戌，十二月丑，当其地不可起土攻（功）。"（一三一背）"正月亥，二月酉，三月未，四月寅，五月子，六月戌，七月巳，八月卯，九月丑，十月申，十一月午，十二月辰，是胃（谓）土"（一三二背）"神，毋起土攻（功），凶。"（一三三背）"春三月戊辰、己巳，夏三月戊申、己未，秋三月戊戌、己亥，冬三月戊寅、己丑，是胃（谓）地冲，不可"（一三四背）"为土攻（功）。"（一三五背）

恬列传》）蒙恬之感叹，也可以体现当时山川土地崇拜观念对于交通建设的消极影响。

睡虎地（日书）甲种列有四季所谓"大败日"日次：

> 春三月季庚辛，夏三月季壬癸，秋三月季甲乙，冬三月季丙丁，此大败日。取妻，不终；盖屋，燔；行，傅。（一背）

睡虎地秦墓竹简整理小组注释："傅，疑读为痛，《诗·卷耳》正义引孙炎云：'人疲不能行之病。'"其实，与"取妻不终""盖屋燔"并列，"行傅"或即"行覆"。交通禁忌之繁密，也部分由于因道路和车辆等条件限制所导致的交通事故的频繁。《汉书·景十三王传·临江闵王刘荣》可见所谓"轴折车废"。《隶释》卷四《武都太守李翕西狭颂》亦可见所谓"颠覆賈（陨）隧（坠）"。《李翕析里桥郙阁颂》所谓"常车迎布，岁数千两，遭遇陨纳，人物俱隋（堕），沈没洪渊，酷烈为祸"，也是道路条件不完备时行车失事频数的记载。汉代画像中也可以看到车行桥上，而车轮脱落水中的画面。

秦汉时代是交通事业得到空前发展的时代。随着交通在整个社会文化中的作用的逐步上升及交通条件的逐步改善，世俗数术书中有关交通的内容也应当有所变化。由于出土汉代《日书》或残缺过甚，或尚未整理发表，目前尚无法进行全面的比较研究。然而通过对有限资料的分析，仍可以发现交通禁忌渐次弛懈的趋势。例如睡虎地秦简《日书》甲种及乙种可见有关"墼车"（一三正贰）、"製车"（一三〇）的内容。然而到了东汉思想家王充所处的时代，"世人信用畏避"的"日禁"中已不再存在车辆制作的禁忌。《论衡·讥日》说："裁衣有书，书有吉凶。凶日制衣则有祸，吉日则有福。"又指出：

衣服不如车马。九锡之礼，一曰车马，二曰衣服。作车不求
良辰，裁衣独求吉日，俗人所重，失轻重之实也。

王充还指出：

工伎之书，起宅盖屋必择日。夫屋覆人形，宅居人体，何害
于岁月而必择之？如以障蔽人身者神恶之，则夫装车、治船、着
盖、施帽亦当择日。

可见当时"作车不求良辰"，"装车、治船"也已不再"择日"了。
其实，在睡虎地《日书》甲种中，称"寇（冠）、犂车、折衣常
（裳）、服带吉"（13 正贰），《日书》乙种中亦"製车及寇（冠）"
连文。至王充著《论衡》时"作车不求良辰，裁衣独求吉日"，不能
责怪"俗人所重，失轻重之实"，其根本原因在于交通事业取得了显
著的历史性的进步。所谓"俗人所重"，即民俗文化其排除行政干预
力影响的自然取向，从顺应文明前进的大势的角度看，其实可以说真
正把握住了所谓"轻重之实"。

四　祀行与祖道

先秦时期已初步形成，秦汉时期在人们精神世界中进一步凝定
化，其覆盖社会层面亦更为广阔的行神或道路神崇拜，对于当时交通
的发展也形成了不容忽视的重要影响。

据《礼记·祭法》，王及诸侯有"国行"之祭，大夫、士有
"行"之祭。《礼记·月令》：孟冬之月，"其祀行"。郑玄注："冬阴
盛寒于水，祀之于行，从辟除之类也。"《仪礼·聘礼》："又释币于
行。"郑玄注："告将行也，行者之先其古人之名未闻。天子、诸侯有

常祀，在冬。大夫三祀：曰'门'，曰'行'，曰'厉'。""今时民春秋祭祀有行神，古之遗礼乎。"① 孔颖达疏："此谓平地道路之神。""至于出城，又有軷祭，祭山川之神，喻无险难也。"《管子·小问》说，齐桓公北伐孤竹，曾路遇"登山之神"。《说苑·辨物》亦记载此事，而作"知道之神"。《说文·车部》：

> 軷，出将有事于道，必先告其神。立坛四通，尌茅以依神为軷。既祭祀軷，轹牲而行为范軷。

段玉裁注："山行之神主曰軷，因之山行曰軷。"《诗·大雅·生民》："取萧祭脂，取羝以軷。"毛亨传："軷，道祭也。"郑玄笺："取萧草与祭牲之脂，爇之于行神之位，馨香既闻，取羝羊之体以祭神。"《仪礼·聘礼》："出祖释軷，祭酒脯，乃饮酒于其侧。"郑玄注："行出国门，止陈车骑，释酒脯之，奠于軷，为行始也。"軷，"谓祭道路之神"。"道路以险阻为难，是以委土为山，或伏牲其上，使者为軷，祭酒脯祈告也。卿大夫处者于是饯之，饮酒于其侧，礼毕，乘车轹之而遂行"。《周礼·夏官司马·大驭》："大驭掌驭玉路以祀，及犯軷，王自左驭，驭下祝，登受辔，犯軷，遂驱之。"郑玄注："行山曰軷，犯之者封土为山象，以菩刍棘柏为神主，既祭之，以车轹之而去，喻无险难也。"可见"行神"有"登山之神""山行之神""山川之神""道路之神""知道之神""平地道路之神"种种，祭祀形式也有一定

---

① 《淮南子·时则》：孟冬之月，"其祀井"。高诱注："'井'，或作'行'。行，门内地。冬守在内，故祀也。"《礼记·月令》：是月也，"坏城郭，戒门闾，修键闭，慎管籥，固封疆，备边竟，完要塞，谨关梁，塞徯径"。《淮南子·时则》作："禁外徙，闭门闾，大搜客。"（高诱注："《传》曰：'禁旧客，为露情也。有新客，挍出之，为观衅也。'门，城门也。闾，里门也。严闭之，守备也。"）又"修城郭，警门闾，修楗闭，慎管籥，固封玺，修边境，完要塞，绝蹊径"。祀行之月禁绝交通，也是值得重视的礼俗。

的区别。①

《史记·五宗世家》说临江闵王刘荣故事："荣行，祖于江陵北门。"司马贞《索隐》："祖者行神，行而祭之。""崔浩云：'黄帝之子累祖，好远游而死于道，因以为行神。'"《风俗通义·祀典》：

> 谨按《礼传》："共工之子曰脩，好远游，舟车所至，足迹所达，靡不穷览，故祀以为祖神。"祖者，徂也。《诗》云："韩侯出祖，清酒百壶。"《左氏传》："襄公将适楚，梦周公祖而遣之。"是其事也。《诗》云："吉日庚午。"汉家火行，盛于午，故以午祖也。

"行神"或"祖神"，《路史·后纪》以为"條"，《宋书·历志》引《四民月令》以为黄帝之子累祖，《礼记·曾子问）孔颖达疏又谓"其神曰纍"。

对于行神神话原型的不同记述，体现早期鬼神观念较为凌乱错杂而缺乏系统性的特点，同时又说明民间行神崇拜非正统化、非殿堂化的倾向。

睡虎地秦简《日书》中可以看到明确的关于"祠行"择日的内容。如《日书》甲种：

> 祠行良日，庚申是天昌，不出三岁必有大得。（七九正贰

以"三岁"为期，推想当是远行。又《日书》乙种：

---

① 《礼记·曾子问》孔颖达疏："《诗》云'取羝以軷'，谓诸侯也。卿大夫以酒脯。既行，祭軷竟，御者以酒祭车轼前及车左右毂末。故《周礼·大驭》云：'及犯軷，王自左驭，驭下祝，登受辔，犯軷，遂驱之。'又云：'及祭，酌仆，仆左执辔，右祭两轵，祭轨，乃饮。'轵即毂末，所谓车轼前是也。其祭宫内行神之軷及城外祖祭之軷，其制不殊。崔氏云：'宫内之軷，祭古之行神；城外之跋，祭山川与道路之神。'义或然也。"

祠行日，甲申，丙申，戊（三七贰）

申，壬申，乙亥，吉。龙，戊，己。（三八贰）

又"行祠"题下可见：

祠常行，甲辰、甲申、庚申、壬辰、壬申，吉●毋以丙、丁、戊。壬▢（一四四）

睡虎地秦墓竹简整理小组注释："常行，疑即道路之神行。"又有题为"行行祠"者：

行行祠：行祠，东行南〔南行〕，祠道左；西北行，祠道右。其谪（号）曰大常行，合三土皇，耐为四席。席叕（餟）。其后亦席，三叕（餟）。其祝（一四五）

曰："毋（无）王事，唯福是司，勉饮食，多投福。"（一四六）

详细记述了通行的仪式规程。《礼记·月令》孟冬之月"其祀行"郑玄注可以作为补充：

行在庙门外之西，为軷壤，厚二寸，广五尺，轮四尺，祀行之礼，北面设主于軷上，乃制肾及脾为俎，奠于主南，又设盛于俎东，祭肉、肾一、脾再，其他皆如祀门之礼。

行神虽然平时并没有绝对的威严，然而王者与平民当远行时均谦恭礼祀，不敢有所疏慢。

《墨子·贵义》："子墨子北之齐，遇日者。日者曰：'帝以今日杀黑龙于北方，而先生之色黑，不可以北。'子墨子不听，遂北，至淄水，不遂而反焉。日者曰：‘我谓先生不可以北。’子墨子曰：
‘南之人不得北，北之人不得南，其色有黑者，有白者，何故皆不遂
也？且帝以甲乙杀青龙于东方，以丙丁杀赤龙于南方，以庚辛杀白
龙于西方，以壬癸杀黑龙于北方，若用子之言，则是禁天下之行者
也。’”由日者之言，可知行忌有时源于天帝崇拜。睡虎地《日书》
甲种“行”题下可见“是日赤啻（帝）恒以开临下民而降其英
（殃），不可具为百事，皆毋（无）所利”，尤其不能“大行远行”
（一二七正至一三〇正）的内容。《日书》乙种也有大体相近的条文
（一三二至一三七）。史籍中往往可以看到神灵当路的传说。《风俗
通义·怪神》：“谨按《管子》书：‘齐公出于泽，见衣紫衣，大如
毂，长如辕，拱手而立。还归，寝疾，数月不出。有皇士者见公语，
惊曰：物恶能伤公，公自伤也。此所谓泽神委蛇者也，唯霸主乃得
见之。于是桓公欣然笑，不终日而病愈。’”又如《史记·秦始皇本
纪》记载：

> （三十六年）秋，使者从关东夜过华阴平舒道，有人持璧遮
> 使者曰：“为吾遗滈池君。”因言曰：“今年祖龙死。”使者问其
> 故，因忽不见，置其璧去。使者奉璧具以闻。始皇默然良久，
> 曰：“山鬼固不过知一岁事也。”退言曰：“祖龙者，人之先也。”
> 使御府视璧，乃二十八年行渡江所沈璧也。

神灵虽未启示世事，仅在道中显身者，有《史记·高祖本纪》所载刘
邦被酒夜经丰西泽中遇“大蛇当径”，“拔剑击斩蛇’事，传谓“白
帝子也，化为蛇，当道”。《史记·封禅书》还记述如下故事：

> 文帝出长门，若见五人于道北，遂因其直北立五帝坛，祠以
> 五牢具。

后"长门五帝使祠官领，以时致礼"。"若见"五帝临道之幻觉，竟导致增置了祠礼制度完备的新的祀所。

江绍原在研究中国古代旅行者"行途遭逢的神奸（和毒恶生物）"时指出："古中国人把无论远近的出行认为一桩不寻常的事，换句话说，古人极重视出行。夫出行必有所为，然无论何所为，出田，出渔，出征，出吊聘，出亡，出游，出贸易……总是离开自己较熟悉的地方而去之较不熟习或完全陌生的地方之谓。"古人"对于过分新奇过分不习见的事物和地方，每生恐惧之心"，陌生的地方，"不但是必有危险，这些危险而且是更不知，更不可知，更难预料，更难解除的。言语风尚族类异于我，故对我必怀有异心的人们而外，虫蛇虎豹，草木森林，深山幽谷，大河急流，暴风狂雨，烈日严霜，社坛邱墓，神鬼妖魔，亦莫不欺我远人"。江绍原还指出："上古人自以为出行不论远近，随时随处有为超自然物所乘之可能。这些超自然物，或在山林川泽，或在木石水火，或在道涂邱墓，或在馆舍庙堂。他们大抵不出自然精灵与人鬼两大类，其中较大较有力者，有时被呼为'神'。"[①] 秦始皇东巡封禅泰山，不从儒生博士"为蒲车""埽地而祭"诸议，径直登山，"中阪遇暴风雨"（《史记·封禅书》）[②]，诸儒生于是讥之，以为神灵惩戒。又有湘山祠"大风"影响行程事，"浮江，至湘山祠，逢大风，几不得渡。上问博士曰：'湘君何神？'博士对曰：'闻之，尧女，舜之妻，而葬此。'于是始皇大怒，使刑徒三千人皆伐湘山树，赭其山"（《史记·秦始皇本纪》）。秦始皇侮蔑湘君之神的狂暴行为，固然是政权强压神权之例，然而这一

---

① 江绍原：《中国古代旅行之研究》，上海文艺出版社，1989年7月据商务印书馆1935年版影印，第5、75页。

② 《史记·秦始皇本纪》："二十八年，始皇东行郡县，上邹峄山，立石，与鲁诸儒生议，刻石颂秦德，议封禅望祭山川之事。乃遂上泰山，立石，封，祠祀。下，风雨暴至。"

事件又同样可以说明交通活动中山川神崇拜的强有力的影响。《史记·封禅书》还记述，汉武帝"独与侍中奉车子侯上泰山"，"既已封泰山，无风雨灾，而方士更言蓬莱诸神若将可得，于是上欣然庶几遇之，乃复东至海上望，冀遇蓬莱焉。奉车子侯暴病，一日死。上乃遂去"。行程中种种意外事件，往往都被看作神灵有意识的暗示。

道路神及行神崇拜的发展，导致秦汉时期祖道风习的盛行。

《史记·五宗世家》记载，临江王刘荣因罪被汉景帝征召，临行，"祖于江陵北门，既已上车，轴折车废"。江陵父老私叹曰："吾王不反（返）矣！"刘荣后来果然自杀，葬于蓝田。张守节《正义》引《荆州图副》云："自此后北门存而不启，盖为荣不以道终也。"《汉书·刘屈氂传》："贰师将军李广利将兵出击匈奴，丞相为祖道，送至渭桥。"汉宣帝时，太傅疏广与其兄子疏受一同"归老故乡"，"公卿大夫故人邑子设祖道，供张东都门外，送者车数百两"（《汉书·疏广传》）。《淮南子·主术》："尧、舜、禹、汤、文、武，皆坦然天下而南面焉。""行不用巫祝，鬼神弗敢祟，山川弗敢祸。"追念先古圣王不行祀行祖道之礼，以批评当时祖道等礼仪之隆重与殷勤。

甚至偏远至河西边塞基层守备军人之中，也流行祖道风习。居延汉简可见如下简例：

候史襃予万岁候长祖道钱　出钱十付第十八候长祖道钱

祖道钱　出钱十付第廿三候长祖道钱

祖道钱　出钱十

出钱☒（104.9，145.14）

"祖道",已经成为汉代民间最为引人注目的交通礼俗。①

东汉著名文士蔡邕曾作用于祖道时祝诵的文字《祖饯祝》,其中写道:

> 令岁淑月,日吉时良。爽应孔嘉,君当迁行。神龟吉兆,林气煌煌。著卦利贞,天见三光。鸾鸣雍雍,四牡彭彭。君既升舆,道路开张。风伯雨师,洒道中央。阳遂求福,蚩尤辟兵。仓龙夹毂,白虎扶行。朱雀道引,玄武作侣。勾陈居中,厌伏四方。往临邦国,长乐无疆。

通过祝文的内容,可以知道当时的祖道仪式,主要是为了祈祝行旅的安全。"鬼神弗敢祟,山川弗敢祸",正是旅行者在交通实践中最基本的愿望。

《潜夫论·巫列》说到"小人之所望畏"的"土公、飞尸、咎魅、北君、衔聚、当路、直符七神"。其中"当路"神,当有主宰行旅吉凶的威力。而《抱朴子·登涉》说:"山中寅日,有自称虞吏者,虎也;称当路君者,狼也。"《老子·德经》有"陆行不遇兕虎"语。包括山行虎狼毒虫之凶害在内的交通风险,也是行忌规则之繁密与行神崇拜之狂热的基本因素之一。《后汉书·儒林列传·刘昆》:"崤,黾驿道多虎灾,行旅不通。"虎患之严重,甚至曾经阻断最重要的交通干道。②

据孙星衍校刊本《抱朴子·登涉》,抱朴子曰:"山无大小,皆有神灵","入山而无术,必有患害",包括疾病伤刺,光影异声,大木

---

① 参看许志刚《祖道考》,《世界宗教研究》1984年第1期。
② 参看王子今《秦汉虎患考》,《华学》第1辑,中山大学出版社,1995;《汉代驿道虎灾——兼质疑几种旧题"田猎"图像的命名》,《中国历史文物》2004年第6期,收入《崤函古道研究》,三秦出版社,2009。

摧折，岩石坠落，猛兽犯人等，都严重威胁交通安全。而"入山之大忌，正月午，二月亥，三月申，四月丑，五月戌，六月卯，七月子，八月巳，九月寅，十月未，十一月辰，十二月酉"，又恰恰与睡虎地《日书》甲种"行"题下"大行远行"的忌日基本相同。只是《日书》仅限于各月上旬。与秦汉多种交通禁忌所表现出的历史延续性同样，秦汉祀行与祖道礼俗对于后世也曾保持长久的历史影响。

初版后记

当我作为西北大学历史系考古专业 77 级学生，刚刚步入社会科学研究之门时，已开始注意中国交通史研究的若干课题。自 1982 年初起，在林剑鸣教授指导下以秦汉史为研究方向攻读硕士学位，确定学位论文题目为《论秦汉陆路运输》。论文写作、修改直至通过答辩，又得到陕西师范大学史念海教授，西北大学张岂之教授，中国社会科学院历史研究所李学勤研究员、田昌五研究员，上海社会科学院历史研究所方诗铭研究员、刘修明研究员的指教。为取得第一手资料，在陈直提倡的重视考古发现与文献记载相结合的学术原则指导下，我曾只身骑自行车越秦岭循丹江进行古武关道实地考古调查。毕业之后，仍以相当多的精力从事秦汉交通史的研究，又曾对子午道、傥骆道、直道等古代道路遗迹进行数次考古勘察。在进行这一工作时，西北大学周苏平博士，陕西省考古研究所焦南峰副研究员，陕西省文物保护技术中心张在明副研究员、秦建明副研究员曾与我共同经历艰难险阻。他们的热诚帮助，是我永远难以忘怀的。在古道路遗迹实地勘察过程中，西北大学李之勤教授、李健超教授曾经提出过指导性的意见。

本书初稿于 1992 年 3 月完成。中国社会科学院历史研究所林甘泉研究员、中共中央党校文史教研部刘景录教授审读了书稿，提出了重要的意见。改定的二稿虽然可以看作在诸多师友指导帮助下数年研究工作的初步总结，然而因学力之浅薄，疏误在所难免。江陵张家山汉简、敦煌悬泉置汉简等重要资料未得利用，亦是一大憾事。今后如果条件允许，或当仍以部分精力继续秦汉交通史研究。因而如若能够得到读者对于本书的批评，则笔者以为幸甚。

本课题研究得到国家社会科学基金会青年社会科学研究基金资助。本书出版得到中共中央党校学术著作出版基金资助。

除了对本课题研究予以指导、支持和帮助的师长和学友之外，中共中央党校出版社的同志们为本书出版付出了大量劳动，克服了插图制版及僻字排校等诸多烦难，谨此亦一并致谢。

王子今

1993 年 7 月

于北京大有庄

增订版后记

　　《秦汉交通史稿》作为 1989 年立项的国家社会科学基金资助项目"秦汉交通史研究"的最终成果，1994 年 7 月由中共中央党校出版社出版。责任编辑龙润霞付出的劳动，对我个人的学术进步，是有力的鼓励，对秦汉时期交通史乃至中国古代交通史的研究，在某种意义上也形成了积极的推动。

　　《秦汉交通史稿》出版后，曾经通过首届国家图书奖初选，又于 1999 年 9 月获国家社会科学基金项目优秀成果三等奖。《西北大学学报》1993 年第 1 期发表李学勤序，《中央党校通讯》1994 年 11 月 15 日发表李学勤序摘要，《北京日报》1994 年 12 月 14 日发表李学勤序摘要。相关学术评论，又有《光明日报》1995 年 10 月 9 日发表的刘昭瑞书评，《历史研究》1995 年第 5 期发表的周苏平书评，日本《中国研究月刊》1995 年第 4 期发表的田人隆书评，《社会科学报》1995 年 2 月 9 日发表的刘修明书评，香港《中国书评》总第 3 期（1995 年 3 月）发表的赵瑞民书评，《北京社会科学》1995 年第 1 期发表的余仁书评,《学术界》1995 年 1 期发表的刘昭瑞书评等。师友们的鼓励,成为我学业进步的动力。

由于初版印数只有一千册,海内外学界朋友和学生们索询频繁。此次承中国人民大学出版社美意,得以增订再版,我表示深心的感谢。增订的工作,除了将初版本中的疏误有所改正之外,对于相关新出重要考古资料予以必要的介绍。这样的增补,因为时间和篇幅的关系,只能是非常有限的。我在初版后记中写道:"因学力之浅薄,疏误在所难免。江陵张家山汉简、敦煌悬泉置汉简等重要资料未得利用,亦是一大憾事。"现在应当承认,江陵张家山汉简中有关资料的理解和运用,依然做得很不够。而敦煌悬泉置汉简资料的发布,我们依然在期盼之中。

对于秦汉交通史以及中国古代交通史的研究,是我学术生命中耗时甚多的工作。自攻读硕士学位时选择《秦汉时期的陆路运输》作为学位论文题目起,长期对这一研究主题怀有学术兴趣。除了导师林剑鸣教授的指引之外,李学勤教授对于研究应避免纯交通技术层面的局限,注意考察交通于社会史和文化史的意义的指导性意见,对我学术思路的形成,有非常重要的意义。我参与了《中国经济通史·秦汉经济卷》(经济日报出版社,1999,中国社会科学出版社,2007)一书有关"交通"等部分的撰写任务,得到主编林甘泉教授的指导。在张岂之教授任总主编的《中国历史》6 卷本(高等教育出版社,2001)中,我承担了秦汉三国史部分的撰写任务,其中包括"交通"部分。张岂之教授主编的《中国历史十五讲》(北京大学出版社,2003)中,我撰写了《中国古代交通与文化传播》一讲。工作中多承张岂之教授教诲。在交通史研究以及其他学术专题的研究中,多年来得到何兹全教授、史念海教授、方诗铭教授、田馀庆教授、田昌五教授、孙达人教授的关怀和指教,作为学生,也永远深心感铭。

秦汉交通考古,无论是调查还是发掘,乃至交通文物的研究,对于秦汉交通史学术认识的推进，意义非常重要。就此不能不对在相关工作中曾经予以指导、合作和各种帮助的学友张在明研究员、焦南峰研究员、张廷皓研究员、张德芳研究员、王辉研究员、罗丰研究员、汤惠生教授、周苏平教授、高大伦教授、刘昭瑞教授、王建新教授、赵瑞民教授、郎保利教授、张庆捷教授、李书吉教授、赵化成教授、信立祥研究员、杨林研究员等深致谢意。

此次增订，几位青年学者给予了诸多帮助。在北京师范大学历史学院读书的曾磊、王海、韩帅、尤佳，在中国人民大学国学院读书的赵宠亮、吕方、熊龙，都付出了不少时间和心力，这里也真诚地表示感谢。

因为年迈力衰，工作效率很低。中国人民大学出版社谭徐锋等朋友给予了充分的理解。他们的鼓励和耐心让我感动。谨此致谢同时致歉。

王子今

2011 年 11 月 5 日

北京大有北里

2020 年再版后记

《秦汉交通史稿》中共中央党校出版社 1994 年 7 月初版，2013 年 1 月增订版中国人民大学出版社列入"当代中国人文大系"推出。承宋月华社长热诚支持鼓励，2020 年由社会科学文献出版社列入"社科文献学术文库·文史哲研究系列"再版。

此次再版，充实了若干新的学术信息。如汉长安城沴河桥发掘资料、汉长安城北渭桥发掘资料等，得以部分参考。而居延汉简释文，采用了"中央研究院"历史语言研究所简牍整理小组编《居延汉简》新的释读意见，释文的更定，使得原有简例相应有所调整。

总体来说，对于 1994 年版和 2013 年版的基本内容，没有大的变更。书后"作者相关研究成果目录"可以反映，就秦汉交通史这一主题的新的研究收获，已经多以其他形式发表。作者另一部学术专著《秦交通史》，2020 年将由西北大学出版社出版。就春秋战国时期秦国以至统一的秦王朝的交通发展情状、交通建设成就与交通管理形式的研究，以"秦"为空间和时间限定，自然会提出这部《秦汉交通史稿》以外的一些学术认识。这是需要向读者说明的。

我在 2013 年"增订版后记"中写道:"现在应当承认,江陵张家山汉简中有关资料的理解和运用,依然做得很不够。而敦煌悬泉置汉简资料的发布,我们依然在期盼之中。"由于张德芳、张春龙、陈伟、朱凤瀚、陈松长等先生的努力,现今出土文献资料的整理发表,工作效率和成果质量都明显改观。新出简牍资料在研究中未能及时充分地利用,责任应当主要在研究者本身。这是我应当深心致歉的。

从 1984 年初确定硕士学位论文主题"论秦汉陆路运输",并在春季考察武关道至这本拙著面世,前后三十六年。比较认真地实地考察过武关道、子午道秦岭北段、濒骆道、三门峡黄河栈道、直道部分路段(如淳化、旬邑、富县、甘泉、志丹、伊金洛霍旗、东胜、达拉特旗、包头等路段),对于褒斜道、故道、金牛道、米仓道、荔枝道等秦巴道路,川黔盐道,川西北至河湟草原通路,韶关南岭古道等,也曾通过局部考察有所体验。而丝路重要路段河西通路,湘西里耶秦洞庭郡迁陵水路,灵渠附近交通形势等,也都通过交通实践获得了书斋中得不到的认识。我愿意遵循实证原则,通过传世文献与考古资料的结合探求秦汉交通史的真实情势。《礼记·学记》说:"学然后知不足,教然后知困。知不足,然后能自反也;知困,然后能自强也。"经过历年的工作,"不足"与"困"的体会日益深切。只是"自反""自强",仅能勉力为之,时恐年岁耽迟,已经来不及了。

承首都博物馆李兰芳博士对史料的辛苦核正,社会科学文献出版社编辑对拙稿的认真编校,《秦汉交通史稿》再版,纠正了原书许多疏误。包括引文多处误录缺衍以及正文各种疏失错舛。其中地图的重新绘制,得到中国地图出版社王俊友编审的热诚帮助。

《秦汉交通史稿》2020 年版,是中国人民大学科学研究基金(中央高校基本科研业务费专项资金资助)项目"中国古代交通史研究"(项目编号:10XNL001)的成果之一。其中有些学术体会,是我在中国人民大学国学院讲授本科生课程"《史记》研读""《汉书》研读""出土文献研究",博士生课程"中国古代史主文献研读""研究指导"等因"教学相长"(《礼记·学记》)取得的收获。

谨此感谢中国人民大学,感谢中国人民大学国学院,感谢王俊友先生,李兰芳博士以及平时为我的学术工作提供各种有力帮助的李迎春、曾磊、孙闻博、孙兆华、熊长云等青年学者。

读校样不似写新文新书,总是因烦琐枯燥感到劳累。正值抗击新型冠状病毒肺炎疫情时节,却也满城清静,恰好平心伏案做事。记此数语,以为特殊形势下特殊心境的纪念。

王子今

庚子年正月初六日

北京大有北里

插图索引

作者相关研究成果目录

著作：

1. 《中国古代交通文化》，三环出版社，1990；

2. 《交通与古代社会》，陕西人民教育出版社，1992；

3. 《秦汉交通史稿》，中共中央党校出版社，1994；

4. 《跛足帝国：中国传统交通形态研究》，敦煌文艺出版社，1996；

5. 《中国古代交通》，广东人民出版社，1996；

6. 《中国古代行旅生活》，商务印书馆国际有限公司，1996，台湾"商务印书馆"，1998；

7. 《驿道驿站史话》，中国大百科全书出版社，2000；《驿道史话》，社会科学文献出版社，2011；

8. 《邮传万里：驿站与邮递》，长春出版社，2004，长春出版社，2008；

9. 《秦汉交通史新识》，中国社会科学出版社，2015；

10. 《中国蜀道·历史沿革》，三秦出版社，2015；

11《秦汉交通考古》，中国社会科学出版社，2015；

12.《战国秦汉交通格局与区域行政》，中国社会科学出版社，2015；

13.《中国古代交通文化论丛》，中国社会科学出版社，2015；

14.《秦始皇直道考察与研究》，陕西师范大学出版总社，2018。

论文：

1.《秦汉"复道"考》（与马振智合署，第一作者），《文博》1984年第3期；

2.《关于秦陵二号铜车御者俑》（与高大伦、周苿平合署，第一作者），《文博》1985年第1期；

3.《"伐驰道树殖兰池"解》，《中国史研究》1988年第3期；

4.《秦汉长城与北边交通》，《历史研究》1988年第6期；

5.《秦汉时代的并海道》，《中国历史地理论丛》1988年第2期；

6.《秦汉时期的私营运输业》，《中国史研究》1989年第1期；

7.《秦汉黄河津渡考》，《中国历史地理论丛》1989年第3期；

8.《秦国交通的发展与秦的统一》，《史林》1989年第4期；

9.《秦汉的陆路运输》，《平准学刊》第4辑（光明日报出版社，1989）；

10.《秦汉时期的内河航运》，《历史研究》1990年第2期；

11.《西河郡建置与汉代山陕交通》，《晋阳学刊》1990年第6期；

12.《秦人经营的陇山通路》，《文博》1990年第5期；

13.《秦汉时期的近海航运》，《福建论坛》1991年第5期；

14.《秦汉时代关中的桥梁》，《长安史话·两汉分册》（陕西旅游出版社，1991）；

15.《秦汉农田道路与农田运输》，《中国农史》1991年第3期；

16.《秦始皇直道沿线的扶苏传说》（与张在明合署，第一作者），《民间文学论坛》1992年第2期；

17. 《汉代民间的玩具车》，《文物天地》1992 年第 2 期；

18. 《秦汉时期的东洋与南洋航运》，《海交史研究》1992 年第 1 期；

19. 《居延汉简所见〈车父名籍〉》，《中国历史博物馆馆刊》总 18、19 期合刊（1992）；

20. 《汉代洛阳的交通建设》，《洛阳——丝绸之路的起点》（中州古籍出版社，1992）；

21. 《马王堆汉墓古地图交通史料研究》，《江汉考古》1992 年第 4 期；

22. 《说"周""舟"通义兼论周人经营的早期航运》，《西周史论文集》（陕西人民教育出版社，1993）；

23. 《秦汉时期的船舶制造业》，《上海社会科学院学术季刊》1993 年第 1 期；

24. 《秦汉"甬道"考》，《文博》1993 年第 2 期；

25. 《两汉救荒运输略论》，《中国史研究》1993 年第 3 期；

26. 《两汉盐产与盐运》，《盐业史研究》1993 年第 3 期；

27. 《战国至西汉时期河洛地区的交通地位》，《河洛史志》1993 年第 4 期；

28. 《"竹马"源流考》，《比较民俗研究》第 8 号（筑波大学比较民俗研究会，1993）；

29. 《睡虎地秦简〈日书〉秦楚行忌比较》，《秦文化论丛》第 2 辑（西北大学出版社，1993）；

30. 《睡虎地秦简〈日书〉所反映的秦楚交通状况》，《国际简牍学会会刊》第 1 号（兰台出版社，1993）；

31. 《战国秦汉"驰逐"竞技浅说》，《简牍学报》第 15 期（兰台出版社，1993）；

32. 《〈禹贡〉黑水与堂光古道》，《文博》1994 年第 2 期（中日古代交通研究专号）；

33. 《〈九章算术〉汉代交通史料研究》，《南都学坛》1994 年第 2 期；

34. 《西汉均输制度新议》，《首都师范大学学报》1994 年第 2 期；

35. 《周秦时期河洛地区的交通形势》，《文史知识》1994 年第 3 期；

36. 《睡虎地秦简〈日书〉所见行归宜忌》，《江汉考古》1994 年第 2 期；

37. 《两汉流民运动及政府对策的得失》，《战略与管理》1994 年第 3 期；

38. 《古代道路》，《中华文明》（社会科学文献出版社，1994），《中华文明读本》（社会科学文献出版社，1999）；

39. 《古代交通与秦汉文明》，《光明日报》1995 年 1 月 9 日；

40. 《西汉帝陵方位与长安地区的交通形势》，《唐都学刊》1995 年第 3 期；

41. 《秦二世元年东巡史事考略》，《秦文化论丛》第 3 辑（西北大学出版社，1994）；

42. 《汉代河西长城与西北边地贸易》，《长城国际学术研讨会论文集》（吉林人民出版社，1995）；

43. 《秦汉时期的官营运输业》（与孙中家合署，第二作者），《求是学刊》1996 年第 3 期；

44. 《汉代神车画像》，《陕西历史博物馆刊》第 3 辑（西北大学出版社，1996）；

45. 《关于居延"车父"简》，《简帛研究》第 2 辑（法律出版社，1996）；

46. 《秦汉都市交通考论》，《文史》第 42 辑（中华书局，1997）；

47. 《古代西北地域の交通と長城》，《黄土高原とオルドス》（勉誠社，1997）；

48. 《龙川秦城的军事交通地位》，《佗城开基客安家：客家先民首批南迁与赵佗建龙川 2212 年纪念学术研讨会论文集》（中国华侨出版社，1997）；

49. 《汉代长安十二城门释名》，《西安古代交通文献汇辑》（《西安古代交通志》，陕西人民出版社，1997）；

50. 《西汉诸陵分布与古长安附近的交通格局》，《西安古代交通文献汇辑》（《西安古代交通志》，陕西人民出版社，1997）；

51. 《西汉长安的交通管理》，《西安古代交通文献汇辑》（《西安古代交通志》，陕西人民出版社，1997）；

52. 《秦汉时期京畿的阡陌交通》，《西安古代交通文献汇辑》（《西安古代交通志》，陕西人民出版社，1997）；

53. 《古晋语"天开之"索解——兼论秦晋交通的早期发展》，《史志研究》1998 年第 2 期；

54. 《"造舟为梁"及早期浮桥史探考》，《文博》1998 年第 4 期；

55. 《汉代拱桥考述》，《远望集：陕西省考古研究所华诞 40 周年纪念文集》（陕西人民美术出版社，1998）；

56. 《秦汉时期的人口流动与文化交融》，《重庆师范学院学报》1999 年第 3 期；

57. 《秦直道石门琐议》（与焦南峰合署，第一作者），《秦俑秦文化研究——秦俑学第五届学术讨论会论文集》（陕西人民出版社，2000）；

58. 《秦法"刑弃灰于道者"试解——兼说睡虎地秦简〈日书〉"鬼来阳（扬）灰"之术》，《陕西历史博物馆馆刊》第 8 辑（三秦出版社，2001）；

59. 《秦国君远行史迹考述》，《秦文化论丛》第 8 辑（陕西人民出版社，2001）；

60. 《轩辕传说与早期交通的发展》，《炎黄文化研究》第 8 期（《炎黄春秋》增刊，2001 年 9 月），《黄陵文典·黄帝研究卷》（陕西人民出版社，2008）；

61. 《海西幻人来路考》，《秦汉史论丛》第 8 辑（云南大学出版社，2001），《中西初识二编》（大象出版社，2002）；

62. 《秦汉"夜行"考议》，《纪念林剑鸣教授史学论文集》（中国社会科学出版社，2002）；

63. 《四川汉代画像中的"担负"画面》，《四川文物》2002 年第 1 期；

64. 《秦陵步兵俑的行縢》，《秦汉文化比较研究：秦汉兵马俑比较暨两汉文化研究论文集》（三秦出版社，2002）；

65. 《中国古代交通与文化传播》，《中国历史十五讲》（北京大学出版社，2003），《中国历史的十五堂课》（五南图书出版公司，2006）；

66. 《说张家山汉简〈二年律令·津关令〉所见五关》（合作），《中国历史文物》2003 年第 1 期，《张家山汉简〈二年律令〉研究文集》（广西师范大学出版社，2007）；

67. 《汉代丝路贸易的一种特殊形式：论"戍卒行道贳卖衣财物"》，《简帛研究汇刊》第 1 辑"第一届简帛学术讨论会论文集"（中国文化大学历史系、简帛学文教基金会筹备处，2003），《西北史研究》第 3 辑（天津古籍出版社，2005）；

68. 《汉代南阳的交通地理形势——兼论诸葛亮躬耕南阳的战略选择》，《南都学坛》2004 年第 1 期，《诸葛亮与南阳学术研究文集》（三秦出版社，2004）；

69. 《居延汉简所见"戍卒行道物故"现象》，《史学月刊》2004 年第 5 期；

70. 《走马楼简所见"邮卒"与"驿兵"》，《吴简研究》第 1 辑（崇文书局，2004）；

71. 《关于秦始皇二十九年"过恒山"——兼说秦时"北岳"的地理定位》，《秦文化论丛》第 11 辑（三秦出版社，2004）；

72. 《〈封龙山颂〉及〈白石神君碑〉北岳考论》,《文物春秋》2004
年第 4 期;

73. 《秦汉时期的"天下之中"》,《光明日报》2004 年 9 月 21 日,
《根在河洛——第四届河洛文化国际研讨会论文集》(大象出版
社,2004);

74. 《秦汉时期湘江洞庭水路邮驿的初步考察——以里耶秦简和张家
山汉简为视窗》,《湖南社会科学》2004 年第 5 期;

75. 《试说秦烽燧——以直道军事通信系统为中心》,《文博》2004 年
第 2 期;

76. 《两汉时期"梁宋"地区的商路》,《河南科技大学学报》(社会
科学版)2004 年第 4 期;

77. 《汉代驿道虎灾——兼质疑几种旧题"田猎"图像的命名》,《中
国历史文物》2004 年第 6 期;

78. 《走马楼舟船属具简与中国帆船史的新认识》,《文物》2005 年第
1 期;

79. 《"镔铁"和张骞西行的动机》,《博览群书》2005 年第 4 期;

80. 《荥经何君阁道石刻再发现的意义》,《四川省における南方シル
クロード》(南伝仏教の道)の研究(シルクロード学研究 24)
(シルクロード学研究センタ—2005 年 3 月),《中国古代文明研
究与学术史:李学勤教授伉俪七十寿庆纪念文集》(河北大学出
版社,2006);

81. 《论汉文帝三年太原之行》,《晋阳学刊》2005 年第 4 期;

82. 《秦直道的历史文化观照》,《人文杂志》2005 年第 5 期;

83. 《康巴草原通路的考古学调查与民族史探索》(与王遂川合署,第
一作者),《四川文物》2006 年第 3 期,《康巴地区民族考古综合
考察》(天地出版社,2008);

84. 《汉晋时代的"瘴气之害"》,《中国历史地理论丛》2006 年第

3 期；

85. 《〈全汉赋〉辑注班彪〈冀州赋〉疑议》，《高敏先生八十华诞纪念文集》（线装书局，2006）；

86. 《两汉漕运经营与水资源形势》，《陕西历史博物馆馆刊》第 13 辑（三秦出版社，2006）；

87. 《论战国晚期河洛地区成为会盟中心的原因》，《中州学刊》2006 年第 4 期；

88. 《木镫试论——骑具发展史中一种特殊形态的考察》，《西部考古》第 1 辑（三秦出版社，2006）；

89. 《说"鲜水"：康巴草原民族交通考古札记》（与高大伦合署，第一作者），《中华文化论坛》2006 年第 4 期，《康巴地区民族考古综合考察》（天地出版社，2008），《巴蜀文化研究集刊》第 4 卷（巴蜀书社，2008）；

90. 《居延简及敦煌简所见"客"——汉代西北边地流动人口考察札记》，《秦汉社会史论考》（商务印书馆，2006）；

91. 《漢魏時代黄河中下游域における環境と交通の関係》，《黄河下流域の歴史と環境——東アジア海文明への道》（東方書店，2007）；

92. 《北辺交通と漢帝国の文化の拡大》，《シルクロードを拓く 漢とユーラシア世界》（〔財〕なら・シルクロード博記念国際交流財団／シルクロード学研究センター，平成 19 年 1 月）；《Transportation in the Northern Territories and the Dissemination of the Han Culture》，《Opining up the Silk Road The Han and the Eurasian World》（The Nara International Foudation Commemorating the Silk Road Exposition/Research Center for Silk Roabology）；

93. 《汉代北边的"关市"》（合作），《中国边疆史地研究》2007 年第 3 期；

94. 《汉代"亡人""流民"动向与江南地区的经济文化进步》，《湖南大学学报》2007 年第 5 期；

95. 《论西汉北边"亡人越塞"现象》，《暨南史学》第 5 辑（暨南大学出版社，2007）；

96. 《略论秦汉时期朝鲜"亡人"问题》，《社会科学战线》2008 年第 1 期；

97. 《汉代北边"亡人"：民族立场与文化表现》，《南都学坛》2008 年第 2 期；

98. 《武关道蓝桥河栈道形制及设计通行能力的推想》，《栈道历史研究与 3S 技术应用国际学术研讨会论文集》（陕西人民教育出版社，2008）；

99. 《漢代西北邊境關於"亡人"的行政文書》，《中國古中世史研究》第 20 辑（2008 年 8 月）；

100. 《汉代北边"亡人"与民族文化交融》，《河套文化论文集》（三）（内蒙古人民出版社，2008）；

101. 《阴山岩画古车图像与早期草原交通》，《文博》2008 年第 6 期，《河套文化论文集（四）》（内蒙古人民出版社，2009）；

102. 《论杨仆击朝鲜楼船军"从齐浮渤海"及相关问题》，《鲁东大学学报》（哲学社会科学版）2009 年第 1 期，《登州与海上丝绸之路》（人民出版社，2009）；

103. 《中国古代交通システムの特徵——秦漢出土資料を中心として》，《資料学の方法を探る——情報発信と受容の視点から》（愛媛大学「資料学」研究会，2009），《東アジアの出土資料と情報傳達の研究》（愛媛大学法文学部，2009）；《中国古代交通系统的特征——以秦汉文物资料为中心》，《社会科学》2009 年第 7 期；

104. 《西汉时期匈奴南下的季节性进退》，《秦汉史论丛》第 10 辑

（内蒙古大学出版社，2009）；

105.《范蠡"浮海出齐"事迹考》，《齐鲁文化研究》第 8 辑（2009 年）（泰山出版社，2009）；

106.《"匈奴西边日逐王"事迹考论》，《新疆文物》2009 年第 3～4 期；

107.《释里耶秦简"端行"》，《中国文物报》2010 年 3 月 5 日；

108.《长沙东牌楼汉简"津卒"称谓及相关问题》，《中华文史论丛》2010 年第 1 期；

109.《汉代的"海贼"》（与李禹阶合署，第一作者），《中国史研究》2010 年第 1 期；

110.《秦汉时期渤海航运与辽东浮海移民》，《史学集刊》2010 年第 2 期；

111.《中国古代的路权问题》，《文景》总 66 期（2010 年 6 月）；

112.《岭南移民与汉文化的扩张——考古资料与文献资料的综合考察》，《中山大学学报》2010 年第 4 期；

113.《说长沙东牌楼简所见"津吏"》，《湖南省博物馆馆刊》第 6 辑（岳麓书社，2010）；

114.《秦汉农人流动对都市生存空间的压抑》，《学术月刊》2010 年第 8 期；

115.《居延简文"临淮海贼"考》，《考古》2011 年第 1 期；

116.《"汉三颂"交通工程技术史料丛说》，《南都学坛》2011 年第 1 期；

117.《汉代的"商胡""贾胡""酒家胡"》，《晋阳学刊》2011 年第 1 期；

118.《秦人的蜀道经营》，《咸阳师范学院学报》2012 年第 1 期；

119.《东海的"琅邪"和南海的"琅邪"》，《文史哲》2012 年第 1 期；

120. 《咸阳—长安文化重心地位的形成与蜀道主线路的移换》（与刘林合署，第一作者），《长安大学学报》2012年第1期；

121. 《古代蜀道的"关"》，《蜀道》2012年1期，《四川文物》2012年第3期；

122. 《秦汉"北边"交通格局与九原的地位》，《2012·中国"秦汉时期的九原"学术论坛专家论文集》（内蒙古人民出版社，2012）；

123. 《秦直道九原"度河"方式探讨》，《2012·中国"秦汉时期的九原"学术论坛专家论文集》（内蒙古人民出版社，2012），《史念海先生百年诞辰纪念学术论文集》（陕西师范大学出版总社有限公司，2012）；

124. 《汉代"街卒"与都市交通秩序》，《古代文明》2012年第4期；

125. 《说"反枳"：睡虎地秦简〈日书〉交通"俗禁"研究》，《简帛》第7辑（上海古籍出版社，2012），《第一届饶宗颐与华学国际学术研讨会论文集》（齐鲁书社，2016）；

126. 《蜀道文化线路的历史学认知》，《宝鸡文理学院学报》2012年第5期；

127. 《中国古代的驿壁文学》，《文学遗产》2012年第6期；

128. 《秦汉时期南岭道路开通的历史意义》，《中国社会科学报》2012年12月28日；

129. 《"译人"与汉代西域民族关系》（与乔松林合署，第一作者），《西域研究》2013年第1期；

130. 《匈奴控制背景下的西域贸易》，《社会科学》2013年第2期；

131. 《李斯〈谏逐客书〉"駃騠"考论——秦与北方民族交通史个案研究》，《人文杂志》2013年第2期；

132. 《米仓道"韩溪"考论》（与王遂川合署，第一作者），《四川文物》2013年第2期；

133. 《说甘谷汉简"著赤帻为伍长守街治滞"——以汉阳陵兵俑为对证》，《汉阳陵与汉文化研究》第 2 辑（三秦出版社，2012）；

134. 《放马滩秦地图林业交通史料研究》（与李斯合署，第一作者），《中国历史地理论丛》2013 年第 2 期，《天水放马滩地图研究论集》（中国社会科学出版社，2019）；

135. 《汉末米仓道与"米贼""巴汉"割据》，《陕西理工学院学报》（社会科学版）2013 年第 2 期；

136. 《建安二十年米仓道战事》（与王遂川合署，第一作者），《南都学坛》2013 年第 2 期；

137. 《唐人米仓道巴江行旅咏唱》，《重庆师范大学学报》（哲学社会科学版）2013 年第 3 期；

138. 《秦皇汉武的海上之行》，《中国海洋报》2013 年 8 月 28 日；

139. 《丹江通道与早期楚文化——清华简〈楚居〉札记》，《简帛·经典·古史》（上海古籍出版社，2013）；

140. 《秦汉闽越航海史略》，《南都学坛》2013 年第 5 期；

141. 《秦军事运输略论》，《秦始皇帝陵博物院 2013》（三秦出版社，2013）；

142. 《"武候"瓦当与战国秦汉武关道交通》，《文博》2013 年第 6 期；

143. 《骡驴驮驼，衔尾入塞——汉代动物考古和丝路史研究的一个课题》，《国学学刊》2013 年第 4 期；

144. 《中国古代交通法规的"贱避贵"原则》，《中国古代法律文献研究》第 7 辑（社会科学文献出版社，2013）；

145. 《"博昌习船者"考论》，《齐鲁文化研究》2013 年总第 13 辑（泰山出版社，2013）；

146. 《论秦汉辽西并海交通》，《渤海大学学报》2014 年第 2 期；

147. 《关于王昭君北行路线的推定》，《西北大学学报》（哲学社会科学版）2014 年第 3 期，《昭君文化》2017 年第 3 期；

148.《生态史视野中的米仓道交通》，《陕西理工学院学报》（社会科学版）2014 年第 2 期，《中国蜀道学术研讨会论文集》（三秦出版社，2014）；

149.《赵充国时代"河湟之间"的生态与交通》，《青海民族研究》2014 年第 3 期；

150.《论渠县汉阙骑乘画面》，《汉阙与秦汉文明学术研讨会论文集》（中国文史出版社，2014）；

151.《汉代"舞轮"画象》，《中国国家博物馆馆刊》2014 年第 8 期；

152.《秦汉"五岭"交通与"南边"行政》，《中国史研究》2014 年第 3 期；

153.《汉武帝"西夷西"道路与向家坝汉文化遗存》，《四川文物》2014 年第 5 期，《秦汉史论丛》第 14 辑（四川人民出版社，2017）；

154.《河西汉简所见"马祺祝"礼俗与"马医""马下卒"职任》，《秦汉研究》第 8 辑（陕西人民出版社，2014）；

155.《甘泉方家河岩画与直道黄帝传说——上古信仰史与生态史的考察》，《陕西历史博物馆馆刊》第 21 辑（三秦出版社，2014）；

156.《秦始皇二十七年西巡考议》，《文化学刊》2014 年第 6 期，《秦文化探研：甘肃秦文化研究会第二届学术研讨会论文集》（甘肃人民出版社，2015）；

157.《论汉昭帝平陵从葬驴的发现》，《南都学坛》2015 年第 1 期，《"汉代文化研究"论文集》第 2 辑（大象出版社，2017）；

158.《诸葛亮"流马""方囊"考议》，《四川文物》2015 年第 1 期；

159.《早期中西交通线路上的丰镐与咸阳》，《西北大学学报》（哲学社会科学版）2015 年第 1 期；

160.《前张骞的丝绸之路与西域史的匈奴时代》，《甘肃社会科学》

2015 年第 2 期；

161. 《西汉辽西郡的防务与交通》，《辽宁大学学报》（哲学社会科学版）2015 年第 2 期；

162. 《"秦东门"与秦汉东海郡形势》，《史林挥麈：纪念方诗铭先生学术论文集》（上海古籍出版社，2015），《海洋遗产与考古》第 2 辑（科学出版社，2015）；

163. 《马王堆三号汉墓遣策"马竖"杂议》，《文博》2015 年第 2 期；

164. 《马援楼船军击交阯九真与刘秀的南海经略》，《社会科学战线》2015 年第 5 期；

165. 《秦汉时期政治危局应对的交通控制策略》，《人文杂志》2015 年第 7 期；

166. 《岳麓书院秦简〈数〉"马甲"与战骑装具史的新认识》，《考古与文物》2015 年第 4 期；

167. 《秦兼并战争中的"出其人"政策——上古移民史的特例》，《文史哲》2015 年第 4 期；

168. 《汉代"海中星占"书论议》，《史学集刊》2015 年第 5 期；

169. 《说"作徧桥阁"》，《陕西历史博物馆馆刊》第 22 辑（2015 年）（三秦出版社，2015）；

170. 《秦俑"偪胫"说》，《秦始皇帝陵博物院 2015》（陕西师范大学出版社，2015）；

171. 《〈盐铁论〉"掌蹄""革鞮"推考》，《朱绍侯九十华诞纪念文集》（河南大学出版社，2015）；

172. 《汉代河西市场的织品——出土汉简资料与遗址发掘收获相结合的丝绸之路考察》，《中国人民大学学报》2015 年第 5 期，《出土文献与中国古代文明研究论文集》（中国社会科学出版社，2017）；

173. 《早期丝绸之路跨民族情爱与婚姻》，《陕西师范大学学报》（哲学社会科学版）2016 年第 1 期；

174. 《草原民族对丝绸之路交通的贡献》，《山西大学学报》2016 年
第 1 期；

175. 《直道与丝绸之路交通》，《历史教学》2016 年第 4 期；

176. 《秦汉海洋交通与中外文化交流》，《中国社会科学报》2016 年 4
月 15 日 4 版；

177. 《论〈赵正书〉言"秦王""出游天下"》，《鲁东大学学报》
2016 年第 2 期；

178. 《说敦煌马圈湾简文"驱驴士""之蜀"》，《简帛》第 12 辑
（上海古籍出版社，2016）；

179. 《说"仇陇"——出土文献交通史料研究札记》，《简牍学研究》
第 6 辑（甘肃人民出版社，2016）；

180. 《秦岭"四道"与刘邦"兴于汉中"》，《石家庄学院学报》2016
年第 5 期；

181. 《汉代洛阳与丝绸之路》，《河洛文化与华夏历史文明的传承与创
新》（河南人民出版社，2016）；

182. 《西汉上郡武库与秦始皇直道交通》，《秦汉研究》第 10 辑（陕
西人民出版社，2016）；

183. 《"巡狩"：文明初期的交通史记忆》，《中原文化研究》2016 年
第 6 期，《国家与文明》第 1 辑（科学出版社，2017）；

184. 《秦始皇直道的盐运效能》，《中国矿业大学学报》（社会科学
版）2016 年第 6 期；

185. 《战国秦代西—雍交通》，《东方论坛》2016 年第 6 期；

186. 《秦始皇直道起点辨正》，《人文杂志》2017 年第 1 期；

187. 《说"圣人道""圣人条"：秦始皇直道研究札记》，《西北大学
学报》（哲学社会科学版）2017 年第 2 期；《秦直道》2018 年第
1 期；

188. 《汉武帝"巡边至朔方"与直道交通》，《南都学坛》2017 年第 2 期；

189. 《河西"之蜀"草原通道：丝路别支考》，《丝绸之路研究集刊》第 1 辑（商务印书馆，2017），《黄今言教授八十华诞纪念文集》（江西人民出版社，2017）；

190. 《直道与匈奴"祭天金人"》，《社会科学》2017 年第 6 期；

191. 《西汉"穷河源"探索与丝路经营》，《新疆艺术》汉文版 2017 年增刊；

192. 《汉代河西的蜀地织品——以"广汉八稷布"为标本的丝绸之路史考察》，《四川文物》2017 年第 3 期；

193. 《上郡"龟兹"考论——以直道史研究为视角》，《咸阳师范学院学报》2017 年第 3 期；

194. 《"西夷""西夷西"疑问与汉武帝"指求身毒国"探索》，《丝绸之路研究》第 1 辑（三联书店，2017）；

195. 《论两汉军事"委输"》，《新疆大学学报》（哲学·人文社会科学版）2017 年第 4 期；

196. 《论秦王政"之河南""之邯郸""游至郢陈"》，《咸阳师范学院学报》2017 年第 5 期；

197. 《交通史视角的早期国家考察》，《历史研究》2017 年第 5 期；

198. 《丝绸之路贸易史上的汉匈关系》，《文史知识》2017 年第 12 期；

199. 《多民族共构丝绸之路》，《中央社会主义学院学报》2017 年第 6 期；

200. 《论洛阳"武库"与"天下冲阸""天下咽喉"交通形势》，《三门峡职业技术学院学报》2017 年第 4 期；

201. 《说地湾"武关候"简文》，《湖南省博物馆馆刊》第 13 辑（岳麓书社，2017）；

202. 《秦二世直道行迹与望夷宫 "祠泾" 故事》，《史学集刊》2018 年第 1 期；《秦史：崛起与统一》（西北大学出版社，2019）；

203. 《焉耆在丝绸之路交通格局中的地位》，《唐都学刊》2018 年第 1 期；

204. 《武关·武候·武关候：论战国秦汉武关位置与武关道走向》，《中国历史地理论丛》2018 年第 1 期；

205. 《刘贺昌邑—长安行程考》，《南都学坛》2018 年第 1 期；

206. 《论李翕黾池五瑞画象及 "修崤嵚之道" 题刻》，《文博》2018 年第 6 期；

207. 《秦汉长城与丝绸之路》，《光明日报》2018 年 3 月 26 日，《万里长城》特刊（总 74 期）；

208. 《汉代 "天马" 追求与草原战争的交通动力》，《文史知识》2018 年第 4 期；

209. 《里耶秦简 "邮利足" 考》，《首都师范大学学报》（社会科学版）2018 年第 2 期；

210. 《论伯乐、九方堙为秦穆公 "求马"》，《重庆师范大学学报》2018 年第 2 期；

211. 《文化史视角下的秦直道考察》，《中国社会科学报》2018 年 8 月 10 日；

212. 《论秦先祖 "善御" "善走" 传说》，《秦汉研究》第 12 辑（西北大学出版社，2018）；

213. 《汉中与汉文化的发生与发育——以交通史为视角的历史考察》，《陕西理工大学学报》（社会科学版）2018 年第 4 期；

214. 《"高平第一城" 与丝绸之路 "陇道" 交通》，《丝绸之路暨秦汉时期固原区域文化国际学术研讨会论文集》（宁夏人民出版社，2016）；

215. 《汉与罗马：交通建设与帝国行政》，《武汉大学学报》（哲学社会科学版）2018 年第 6 期；

216. 《汉代河西的交通格局与民族关系》，《中国民族报》2018 年 11
月 2 日；

217. 《〈龟兹左将军刘平国作关城诵〉考论——兼说"张骞凿空"》，
《欧亚学刊》新 7 辑（商务印书馆，2018）；

218. 《战国秦汉"赘民"的文化表现与巴山交通》，《周秦汉唐文化研
究》第 10 辑（三秦出版社，2018）；

219. 《"米仓道""米仓关"考》，《宝鸡文理学院学报》（社会科学
版）2018 年第 5 期；

220. 《郭钦"剿胡子""剃胡子"辨——汉代丝绸之路史与西域民族
关系史一个断面的考察》，《丝路文明》第 3 辑（上海古籍出版
社，2018）；

221. 《论帝舜"巡狩"》，《陕西历史博物馆论丛》第 25 辑（三秦出
版社，2018）；《舜帝与孝道的历史传承与当代意义》（厦门大学
出版社，2019）；

222. 《秦交通考古及其史学意义》，《光明日报》2019 年 1 月 7 日；

223. 《"隔绝羌胡"与"通货羌胡"：丝绸之路河西段的民族关系》，
《西域研究》2019 年第 1 期；

224. 《说秦"底柱丞印"封泥》，《故宫博物院院刊》2019 年第 3 期；

225. 《秦造船技术论略》，《江苏师范大学学报》（哲学社会科学版）
2019 年第 3 期；

226. 《"北胡""西域"盐色与丝路交通地理》，《历史地理研究》
2019 年第 1 期；

227. 《丝绸之路与中原"音乐"的西传》，《西域研究》2019 年第 4
期；

228. 《说"戎盐累卵"：以丝绸之路史为视角的考察》，《丝路文明》
第 4 辑（上海古籍出版社，2019）；

229. 《汉晋"鸠车"考识》，《湖南省博物馆馆刊》第 15 辑（岳麓书社，2019）；

230. 《论秦始皇出行逢"盗"及秦代"盗"的法律身份》，《西北大学学报》（哲学社会科学版）2020 年第 1 期；

231. 《行走的秦汉少年：教育史视角的考察》，《中山大学学报》2020 年第 1 期；

232. 《汉帝国交通地理的"直单于庭"方向》，《中国历史地理论丛》2020 年第 1 期。

考古调查简报：

1. 《古武关道栈道遗迹调查简报》（合作），《考古与文物》1986 年第 2 期；

2. 《子午道秦岭北段栈道遗迹调查简报》（合作），《文博》1987 年第 4 期。

3. 《陕西丹凤商邑遗址》（合作），《考古》1989 年第 7 期。

学术述评和学术短文：

1. 《试评〈宝鸡古代道路志〉》，《陕西地方志通讯》1989 年第 4 期；

2. 《应当重视秦人与西方北方部族文化交往的研究》，《秦陵秦俑研究动态》1991 年第 3 期；

3. 《漫说"竹马"》，《历史大观园》1992 年第 10 期；

4. 《古人折柳赠别礼俗的象征意义》，《华夏文化》1996 年第 3 期；

5. 《"行囊"与"行橐"的文化风貌》，《华夏文化》1996 年第 4 期；

6. 《古路新声：祝贺〈洛阳志·交通志〉面世》，《河洛史志》1997 年第 4 期；

7. 《穆天子神话和早期中西交通》，《学习时报》2001 年 6 月 11 日；

8. 《〈长罗侯费用簿〉应为〈过长罗侯费用簿〉》，《文物》2001 年第

6 期；

9. 《武威雷台铜马"紫燕骝"说商榷》，《光明日报》2001 年 8 月 14 日；

10. 《张骞事迹与天马象征》，《学习时报》2001 年 9 月 17 日；

11. 《中国交通史研究一百年》，《历史研究》2002 年第 2 期，《〈历史研究〉五十年论文选·20 世纪中国历史学回顾》（社会科学文献出版社，2005）；

12. 《河套地区是民族交往的走廊》，《巴彦淖尔日报》2005 年 8 月 26 日；

13. 《康巴民族考古与交通史的新认识》，《中国文物报》2005 年 10 月 5 日，《康巴地区民族考古综合考察》（天地出版社，2008）；

14. 《中国古代文化交流史研究的力作——读罗丰著〈胡汉之间——"丝绸之路"与西北历史考古〉》，《中国文物报》2005 年 11 月 2 日；

15. 《张骞和苏武：汉代外交的双子星座》，《光明日报》2006 年 4 月 4 日；

16. 《徐福：回归中国的主流》，《中华遗产》2007 年增刊；

17. 《古代帝国的血脉》，《中国国家地理》2007 年第 5 期；

18. 《交通考古学的成功实践——评〈黄河漕运遗迹（山西段）〉》，《中国文物报》2008 年 8 月 13 日；

19. 《〈全汉赋〉班彪〈冀州赋〉题名献疑》，《文学遗产》2008 年第 6 期；

20. 《早期草原丝路的文化地图——读纪宗安著〈9 世纪前的中亚北部与中西交通〉》（合作），《中国史研究》2009 年第 2 期。

21. 《秦直道与公子扶苏被赐死的背后》，《国家人文地理》2009 年第 5 期；

22. 《"街卒"：汉代都市秩序的守护人》，《北京日报》2012 年 10 月 29 日；

23. 《读李禹阶教授主编〈重庆移民史〉》，《中国史研究动态》2015

年第 1 期；

24. 《〈秦汉马政研究〉序》，《秦汉马政研究》（中国社会科学出版社，2015）；

25. 《菩提叶与稻花：上古中印交通》，《中国国家历史》（人民出版社 2015 年第 6 期）；

26. 《〈飞轮广路：中国古代交通史论集〉序》，《飞轮广路：中国古代交通史论集》（中国社会科学出版社，2015）；

27. 《迁陵"邮人"的历史足音》，《邮苑春秋》2016 年第 3 期；

28. 《张骞凿空》，《光明日报》2017 年 5 月 18 日；

29. 《感悟丝路精神——读〈丝路之魂：天府之国与丝绸之路〉》，《人民日报》2017 年 6 月 27 日；

30. 《一部手绘的草原交通史——〈蒙古游牧图〉评介》，《光明日报》2017 年 8 月 29 日；

31. 《"瀚海"行程——评乌云毕力格的〈蒙古游牧图〉》，《人民日报》2017 年 9 月 19 日；

32. 《合浦的海气珠光》，《美文》2017 年第 9 期；

33. 《"秦直道"丛书总序》，《"秦直道"丛书》（陕西师范大学出版总社，2018）；

34. 《〈秦直道研究论集〉序》，《秦直道研究论集》（陕西师范大学出版总社，2018）；

35. 《〈秦直道线路与沿线遗存〉序》，《秦直道线路与沿线遗存》（陕西师范大学出版总社，2018）；

36. 《踏行秦始皇直道》，《光明日报》2018 年 11 月 18 日；

37. 《〈秦陇青泥古道与丝路茶马贸易研究〉序》，《秦陇青泥古道与丝路茶马贸易研究》（四川大学出版社，2018）。

图书在版编目（CIP）数据

秦汉交通史稿／王子今著． -- 北京：社会科学文
献出版社，2020.12
（社科文献学术文库. 文史哲研究系列）
ISBN 978 - 7 - 5201 - 6460 - 3

Ⅰ. ①秦…　Ⅱ. ①王…　Ⅲ. ①交通运输史 - 研究 - 中
国 - 秦汉时代　Ⅳ. ①F512.9

中国版本图书馆 CIP 数据核字（2020）第 051784 号

社科文献学术文库 · 文史哲研究系列
秦汉交通史稿

著　　者／王子今

出 版 人／王利民
组稿编辑／宋月华
责任编辑／李建廷　范明礼

出　　版／社会科学文献出版社 · 人文分社（010）59367215
　　　　　地址：北京市北三环中路甲 29 号院华龙大厦　邮编：100029
　　　　　网址：www. ssap. com. cn
发　　行／市场营销中心（010）59367081　59367083
印　　装／三河市东方印刷有限公司

规　　格／开　本：787mm × 1092mm　1/16
　　　　　印　张：48.75　字　数：649 千字
版　　次／2020 年 12 月第 1 版　2020 年 12 月第 1 次印刷
书　　号／ISBN 978 - 7 - 5201 - 6460 - 3
审 图 号／GS（2020）3823 号
定　　价／468.00 元